[개정증보판]

지식정보의 소통과 한국 금속활자 발달사

조선시대

지은이

남권희

경북대학교 사회과학대학 문헌정보학과 교수(서지학 전공)

[개정증보판]

지식정보의 소통과

한국 금속활자 발달사 -조선시대

초판 1쇄 2018년 4월 27일
개정 1쇄 2022년 2월 24일
지은이 남권희
펴낸이 홍원화
펴낸 곳 경북대학교출판부
출판등록 1973년 10월 10일 ㉶97호
주소 대구광역시 북구 대학로 80
전화 053-950-3830
팩스 053-953-4692
이메일 press@knu.ac.kr
홈페이지 http://knupress.com

ISBN 978-89-7180-581-7 94580
978-89-7180-580-0 94580(세트)

정가는 뒤표지에 있습니다. 파본은 바꾸어 드립니다.

이 저서는 2013년 정부(교육부)의 재원으로 한국연구재단의 지원을 받아 수행된 연구임
(NRF-2013S1A6A4018800)

지식 정보의 소통과 한국 금속활자 발달사

조선시대

[개정증보판]

남권희 지음

경북대학교출판부

서문

우리나라의 출판문화는 전 세계에서 유래를 찾기 힘들 정도로 그 역사가 깊고, 현존하는 유물 등에서 우수성과 독창성을 인정받고 있다. 일반적으로 출판이라는 것은 개인의 지식과 감정 등을 문자나 기호로써 매체에 수록하여 여러 사람에게 전달하는 행위로, 인류의 지식을 개인적인 경험에 그치지 않고 타인과 서로 소통하고 다음 세대로 전달하기 위해서는 반드시 매체가 필요하다. 이때의 매체는 시대와 문명의 발전에 따라 끊임없이 변화하여 왔다.

역사적으로 볼 때 출판을 이루는 요소 중 물리적인 요소로는 종이, 붓, 먹이 있는데, 이를 수단으로 손으로 베껴 쓰거나(필사본), 목판에 새겨 먹을 발라 찍어 내거나(목판본), 활자로 판을 짠 후 먹을 발라 찍어 내는(활자본) 등 여러 가지 과정이 전통시대의 책을 만드는 기본적인 방법이었다. 목판 인쇄는 한번 판각하여 많은 양을 인쇄할 수 있고 판목을 영구히 보존할 수 있다는 장점이 있고, 활자 인쇄는 이미 만들어진 활자를 가지고 판을 짜기 때문에 다양한 출판 수요를 충족시킬 수 있을 뿐만 아니라 제작 속도 면에서 장점이 있었다. 동양에서는 이 두 가지 방식이 상호보완적으로 발달해 왔다.

특히 활자의 경우 손쉽게 만들 수 있는 목활자, 토활자를 비롯하여, 비록 만드는 과정이 복잡하고 조기 비용이 많이 드나 오랫동안 사용·보관이 가능한 금속활자 등이 그 용도에 맞게 제작되고 사용되었다. 뿐만 아니라 활자는 중앙정부와 지방 관청 및 문중과 서원, 사찰, 개인에 이르기까지 수요나 목적에 따라 그 수량,

서체, 크기, 한글자 등의 측면에서 다양하게 주조되어 지식과 정보의 유통은 물론 축적에 이르기까지 전통시대의 학술을 진흥시키는 최고의 매체가 되었다.

한국 금속활자의 시원은 고려시대인 13세기 중앙의 활자 인쇄본인『南明泉和尙頌證道歌』를 비롯하여『古今詳定禮文』,『東國李相國全集』에 관련된 기록과 번각본을 토대로 연구되어 왔고 또 이를 증명하는 실물로는 지방의 사찰 인쇄본인『直指』와 흥덕사자의 번각본인『慈悲道場懺法集解』등이 있다. 이러한 기록과 실물을 바탕으로 할 때 우리나라 금속활자는 세계문화사의 정점에 위치하고 있다. 더구나 근래에 다량으로 발견된 실물활자인 證道歌字는 국립중앙박물관에 소장된 '𡨸' 자에 대한 여러 가지 의문과 논란을 해결할 수 있고, 네 다리를 가진 새로운 형태의 활자도 발견되어 서체와 형태 등에서 고려 활자로부터 조선 초기 癸未字로 이어질 수 있는 중요한 단서를 제공하고 있다.

한편 이 證道歌字는 그간 방사성 탄소연대 분석과 금속성분 분석 등 과학적 실물 분석과 서체 비교 등을 통하여 세계 최고(最古)의 금속활자임이 논증되었다. 북한의 개성 만월대에서도 같은 종류의 금속활자 다섯 점이 발굴되어 그러한 사실을 뒷받침하고 있다. 또 서체 분석에 있어서도 전문가들의 연구로 그 연관성이 입증되고 있는데, 그럼에도 불구하고 이 활자에 대한 직접적인 연구나 검토 없이 일부에서의 그것의 진위를 두고 의문을 제기하고 있다. 이는 이 분야 연구의 발전을 저해함은 물론 한국의 활자 인쇄의 세계적인 우수성을 우리 스스로 훼손시키는 결과를 초래하고 있다.

이 책에서는 이 분야의 질적인 수준을 향상시키기 위해 인문학적 방법은 물론 자연과학적인 방법을 동원하여 지금까지의 고식적인 논의에서 탈피하여 새로운 연구 방향을 제시하고자 하였다. 또 그간에 새롭게 알려진 자료나 기록을 정리하고 기존에 알려져 있었으나 제대로 검토되지 않았던 부분도 다시 조명하는 계기로 삼았다.

모든 학문이 그러하듯 이 분야도 기존의 이론을 바탕으로 새로운 자료와 더 전문화된 분석 방법을 찾고자 노력하였지만 아직 완전하다고는 볼 수 없다. 이 책에서 다룬 새로운 자료와 연구 방법도 향후 더 많은 기록과 더 정밀한 분석 방법에 따라 한 차원 높은 단계의 연구가 이루어질 수 있다고 믿는다.

우리가 전통시대의 세계 출판문화와 인쇄 기술력을 선도하였던 민족이라면 그에 걸맞은 연구력과 규모를 갖추어야 한다. 즉 서양의 구텐베르크 활자 인쇄에 대하여 연구하고 있는 외국의 연구 수준에 뒤떨어지지 않는 수준을 갖추는 것은 물론 이 분야를 주도적으로 이끌어 갈 수 있는 본격적인 단계로의 도약이 필요한 시점이다.

이 책의 제1권에서는 활자 연구의 방법론과 초기 활자의 시원으로서 고려시대의 활자 인쇄와 관련된 연구를 집약하였고, 제2권에서는 조선시대의 금속활자와 목활자에 대한 인본 검토와 더불어 그 근거가 되는 역사적 기록들을 제시하였다.

한국의 출판문화사에서 세계적으로 중요성을 가진 현존 최고(最古)의 목판본인『無垢淨光大陀羅尼經』, 고려시대의『初雕大藏經』,『教藏』,『再雕大藏經』과 더불어『直指』로 대표되는 고려 금속활자 인쇄술의 기록과 실물은 그 유례를 찾아보기 힘들 정도로 뛰어난 조상들의 지혜라고 할 수 있으며, 이를 올바르게 인식하고 학문적으로 정립하고자 많은 연구가 축적되어 왔다.

이와 더불어 활자 인쇄의 발달은 조선시대에 들어서도 중앙에서는 주조와 조판 등의 금속활자 인쇄기술이 기술적으로 진전을 이루었고 지방에서의 수요와 요구에 부응하는 다양한 목활자 인쇄는 20세기 전반에 이르기까지 시대·지역·계층에 부응하여 지식과 정보를 활발하게 유통하고 통합하고자 하는 사명을 충실하게 반영하였다.

요컨대 필자는 이와 같이 문화사적으로 중요한 의미를 가진 활자 및 출판인쇄사를 재조명한 이 연구서가 고려시대와 조선시대 활자 연구의 방향을 제시하는 데 조금이나마 도움이 되기를 바랄 뿐이다.

끝으로 이 연구서가 나오기까지에는 기초자료 정리와 원고의 교정 및 편집에 힘이 되어 준 경북대학교 대학원 박사과정 권오덕 군과 석사과정 안휘섭 군의 전적인 도움이 있었다. 이 자리를 빌려 권오덕 군과 안휘섭 군에게 감사의 뜻을 표한다. 또 이 책의 출판을 흔쾌히 허락해 주신 경북대학교출판부장님과 출판부 운영위원분들, 출간 작업에 애써 주신 편집진 여러분께 감사드린다.

2018년 4월 경북대학교 연구실에서

남 권 희

목 차

한국 금속활자 발달사
지식 정보 소통과의

조선시대

제1장 총설

제2장 鑄字所와 校書館

제3장 朝鮮時代 金屬活字 鑄造와 組版에 관한 研究

제4장 朝鮮時代 活字와 그 印本

제5장 결론

제1장 총설

조선시대

1

제1절
조선시대의 금속활자 인쇄술

1. 개요

활자인쇄술은 1종의 서책만 생산할 수 있는 목판인쇄술의 단점을 극복하고 다양한 서책 생산을 가능하게 함으로써 인쇄기술사에 커다란 진보를 가져왔다. 특히 한국의 금속활자 인쇄술은 고려시대부터 이미 실용화되었다. 그 기원에 대해서는 여러 가지 학설이 제기되었으나 '고려 고종 19년(1232) 이전 기원설'이 현재 학계의 정설로 받아들여지고 있다. 이는 금속활자본을 重彫한『南明泉和尙頌證道歌』의 책 끝에 "이에 기술자들을 모집하고 주자본을 중조하여 오래도록 전해지게 하고자 하는 바이다. 기해년(1239) 9월 상순 중서령 진양공 최이는 삼가 기록한다."[1]라는 기록에 근거하고 있다. 이 책은 고려 때 찍은 금속활자본은 남아 있지 않으나 그 활자본을 뒤집어서 다시 목판에다 새긴 번각본이 전해오고 있어 고려 때 활자로 찍은 책이 있었음을 알게 한다. 최근에 이『남명천화상송증도가』의 금속활자인본을 인쇄할 때 쓰인 것으로 확인된 고려 금속활자 실물이 발굴되기도 하였다. 이 활자의 발견으로 금속활자 인쇄의 기원에 대한 재인식이 필요하게 되었고 주조, 조판 등 인쇄기술에 관한 연구가 활발히 이루어지고 있다.

한국의 금속활자 인쇄는 고려시대인 13세기에 등장하여 조선시대를 거치면서 다양한

---

1 『南明泉和尙頌證道歌』跋文: "夫南明證道歌者 實禪門之樞要也 故後學叅禪之流 莫不由斯而入升堂覩奧矣 然則其可閉塞而不傳通乎 於是募工重彫鑄字本 以壽其傳焉 時己亥九月上旬 中書令晉陽公 崔怡 謹誌."

형태로 발전해 나갔으며, 고려 금속활자 鑄造와 組版, 인쇄 기술의 역사는 현재까지 가장 오래된 것으로 알려져 있다. 특히 조선에 와서는 금속활자가 다양하게 주조되었는데, 금속활자에 관한 연구도 주조된 활자의 유형과 주조 방법, 인쇄를 위한 조판, 주자인쇄 업무를 담당했던 중앙기구 등에 집중되어 있다.

조선시대의 금속활자를 시기별로 볼 때 15세기는 매우 의미 있는 시기로, 건국 이후에 국가주도하에 금속활자 인쇄를 이루었으며 그 인쇄기술 수준이 유래를 찾아보기 힘들 정도로 높은 수준을 보여 주고 있다. 이 시기에 새롭게 주조한 금속활자는 현재까지 알려진 것만도 11종에 이른다.

또한 이 당시 만들어진 서적은 상당수가 조선 후기까지 영향을 미치는 것으로 조선시대 인쇄문화의 전형이 되었고 인쇄된 서적의 형식을 바탕으로 그대로 번각되어 간행되는 것이 많았으며, 판식이나 서체 등에 큰 변화 없이 조선 후기까지 이어진 경우도 많았다. 그러한 높은 수준에 있는 인쇄 서적의 대부분은 왕실의 주도로 간행이 이루어진 것이며, 그중 상당수가 佛經類였으며 世宗과 世祖의 재위기간에 이루어진 것으로 파악된다.

인쇄문화사적 측면에서 세종은 조선의 금속활자 인쇄기술을 정점에 이르게 하였고 세조는 그것을 계승·발전시킨 왕으로 세조의 재위기간(1455~1468) 중에 새로 주조한 금속활자만도 乙亥字, 丁丑字, 戊寅字, 乙酉字 등 4종이나 되고 丁丑字와 세종조의 丙辰字의 글자본을 직접 쓰기도 하였다. 이는 곧 서적의 편찬 간행과 연결되었고 알려진 것만도 역사, 지리, 경서, 법률, 어문학, 불경, 의학, 기술 등 매우 다양한 분야에 걸쳐 있다.

임진과 정유의 두 차례 전쟁과 함께 16세기가 마무리되고, '전후 복구'라는 시대적 과업을 떠안게 된 17세기는 조선 역사에서 매우 특수한 위치를 차지하고 있다. 금속활자 인쇄에 있어서도 마찬가지로 복구기간인 17세기 전반기에는 금속활자나 목판보다는 비용이 적게 드는 목활자 인쇄가 중점적으로 이루어졌다. 간행의 주체 또한 중앙기구나 지방감영 외에도 개인, 사찰, 서원 등 사사로이 간행하는 빈도가 증가하는 경향을 보인다. 이후 17세기 후반기는 전란 이후 붕괴된 출판시스템을 복구하고 새로운 전개를 해 나가는 기초가 형성되었으며, 특히 현종과 숙종 초기는 복구된 출판시스템이 완전하게 자리잡게 되고, 이후에 전개되는 영조, 정조시대의 활발한 지식문화 활동을 이끌어 내는 원동력을 키워 내게 된다. 이는 회복기에 접어든 현종과 숙종 시기에 이루어 낸 다양한 유형의 활자 주조와 활발하게 진행되는 서적 간행의 양상을 통해서 확인할 수 있다.

18세기에 들어서는 17세기 후반에 제작된 금속활자의 활용과 정조 대에 이루어진 새로운 활자의 제작으로 또 다른 전성기를 맞이하였지만 19세기에 들면서 활자를 이용한 출판인쇄는 점차적으로 쇠퇴하게 되고 1857년에 발생한 주자소의 화재, 19세기 말 서양식 인쇄기술의 도입으로 점차 사라지게 된다.

조선의 금속활자는 목판에 비해 다양한 종류의 많은 책을 인쇄할 수 있다는 장점을 가지고 있었다. 또 본격적인 정부 주도의 활자 주조량도 대자·중자·소자를 합하여 한 번에 15만~20만 자까지 만들었고 주조기간은 3~7개월 정도가 소요되었다. 보통 5개의 쇠를 녹이는 고로를 사용하였고 하루에 약 2천~3천 자의 활자를 주조하였다.

주성된 활자는 7개의 장에 넣어 보관하였고 활자를 식자하는 조판대의 경우 초기에는 2개에서 17세기에는 12~13개까지 늘려서 생산성을 높였다. 일반적으로 활자를 처음 제작할 때 비용이 많이 들 뿐만 아니라 금속 사용에 대한 정책적 통제 등으로 인해 금속활자본은 다른 판본보다 대중화되지 못한 아쉬움이 많았다. 그러나 중요한 전적에 대하여는 국가가 주도하여 대량으로 인쇄·배포하여 지식과 문화 보급에 대한 의지를 보여주었다. 또 금속활자 인쇄가 비교적 어려웠던 지방관아나 개인의 경우 중앙에서 배포된 금속활자본을 목판으로 번각하여 다시 간행하기도 하였다.

2. 조선 전기

1) 15세기-조선 금속활자의 기반 조성

조선의 금속활자 인쇄에서 15세기는 완성과 발전을 모두 거치는 시기이다. 15세기 중엽에 활자 주조, 조판, 인쇄기술이 기본적으로 완성되어 이후 인쇄문화의 전형으로 자리를 잡았다.

15세기 조선의 금속활자 인쇄에 중요한 의미를 부여할 수 있는 국가 차원의 정책 바탕을 조성한 국왕으로는 초기의 기반을 닦은 太宗과 전성기를 이룬 世宗, 독자적 서체와 불교 서적 출판에 힘쓴 世祖, 그리고 중자·소자 활자를 주조한 成宗 등이 있다.

조선왕조에서 왕권이 안정되고 정치적 기반이 자리 잡힌 것은 태종조에 이르러서였다. 서적의 인쇄 또한 태종 1년(1401)에 태조가 등극하면서 설치하였던 교서감을 校書館으로 개칭하고 또 동왕 3년(1403)에 비로소 鑄字所를 설치하여 능동적으로 숭유정책을 구현하는 데 필요한 전적의 인쇄를 가능하게 하였다. 교서관과 주자소는 조선 초기부터 인쇄를 담당했던 중앙기관이었다. 특히 금속활자 주조와 관련이 깊은 주자소는 활자의 주조와 관리뿐만 아니라 서적의 편찬 및 인쇄, 반사, 목판 관리, 장서 관리 등의 기능도 가지고 있었다. 이는 고려의 서적포, 서적점, 서적원 등의 인쇄출판기구를 계승한 것으로, 조선이 새롭게 개국되면서까지 이어진 것으로 볼 수 있지만 고려 말 조선 초기의 혼란스러웠던 정세만큼이나 인쇄출판과 관련된 중앙기구는 이 시기에 여러 가지 변화를 겪었다. 특히 주자소는 태종 3년(1403)에 활자의 주조와 개량이라는 업무를 통하여 교서관과 상호 보완적 역할을 한 것으로 보인다. 일반적인 인쇄방식이었던 목판인쇄로는 다양한 종류의 중국 서적을 손쉽게 찍어 내 배포할 수 없었던 단점을 주자소의 금속활자 주조와 개량으로 책의 출판체제를 보완하고자 한 것으로 파악된다.[2] 실제로 주자소 설치와 함께 계미자를 주조하기 위해 기록한 權近의 '계미자 주자발문'을 통하여 활자 주조의 의의와 경비 조달 방법, 참여 인물, 자본, 제작 기간 등의 내용을 살필 수 있다.

이를 살펴보면, 태종이 계미자를 만든 이유는 다음과 같다. 올바른 정치를 하려면 먼저 서적을 읽어 이치를 깨닫고 마음을 바로잡아야 '修身齊家治國平天下'의 효력을 낼 수 있는데, 특히 우리나라는 중국으로부터 바다 건너에 있어 중국 서적이 들어오는 것이 드물고 또 판각한 책은 이지러지기 쉽고 또 천하의 서적을 모두 인쇄하기 어려우므로 銅으로 글자를 만들어 서적을 얻을 때마다 인출하여 널리 퍼트린다면 그 이로움이 무궁할 것이라고 하였다.

주자에 드는 비용은 백성으로부터 구하지 말고 임금과 신료 가운데 유지들이 모아서 내도록 하였고, 참여 인물로는 감독관으로 司平府事 李稷, 驪城君 閔無疾, 知中事 朴錫命, 右代言 李膺 등을 임명하고 실제 주조를 맡은 사람으로 軍資監 姜天霔, 長興庫使 金莊侃, 代言司 注書 柳荑, 壽寧府 丞 金爲民, 校書著作郎 朴允英 등을 두었다. 또 활자의 자본은 경연에 있는 古注本 『詩傳』, 『書傳』, 『左氏傳』을 바탕으로 하였으며 제작 기간은 2월 19일부터 주조를 시작하여 수개월 동안 수십만 자를 주성하였다.[3]

---

2 남권희, 「조선시대 금속활자 주조와 조판에 관한 연구」, 『甲寅字와 한글活字』, 청주: 청주고인쇄박물관, 2008.

3 權近, 『陽村先生文集』, 卷22 跋語類, 大學衍義跋 永樂元年春二月 殿下謂左右曰 凡欲爲治 必須博觀典籍 然後可以窮理正心而致修齊治平之效也 吾東方在海外 中國之書罕至 板刻之本 易以剜缺 且難盡刊天下之書也 予欲範銅爲字 隨所得書 必就

즉 다양한 서적을 인쇄할 수 있는 활자인쇄의 장점을 최우선으로 고려하였음을 알 수 있는데, 태종 때에 이르러 왕권이 안정되어 즉위 후 유교를 숭상하는 정책을 강력하게 펼치기 위해서는 다양하고 많은 양의 서적을 보급할 필요가 있었기 때문에 즉위 2년 후인 1403년에 承政院 직속으로 주자소를 설치하고 활자를 주조하여 완성한 것이 '癸未字'였던 것이다.

인쇄된 책을 바탕으로 살펴보았을 때 이 활자의 크기는 중자 1.4×1.7cm, 소자 1.0×0.8cm 정도이다. 중자는 한 줄에 17자가, 소자는 한 줄에 19~20자가 들어간다. 작은 글자의 폭은 큰 글자의 반 정도인 까닭에 조판 시 半郭에 큰 자는 8줄, 작은 자는 16줄로 판이 짜여지는 특색이 있다. 필체는 남송본에서 볼 수 있는 글자체와 비슷한 구양순체의 바탕에 圓筆이 곁들여져 있다.

활자의 크기와 모양이 고르지 않고 또 자획의 굵기가 일정하지 않으며 획이 부분적으로 나타나지 않은 것도 있는 등 인쇄상태가 깨끗하지 않지만, 조선조 최초의 금속활자로 큰 의미를 지닌다.

계미자의 주조로 시작된 조선시대 금속활자의 인쇄는 경자자와 이어지는 갑인자의 주조로 보다 발전적으로 개선되면서 완성된다. 인쇄된 현존본들을 살펴보면 기술의 발전을 바탕으로 전체의 조화를 위하여 조판, 여백 등을 고려하고 있음을 알 수 있다.

세종은 즉위 초부터 주자인쇄에 관심을 갖고 주자소를 지원함과 동시에, 선왕 때 주조한 계미자보다 편리하고 아름다운 활자를 만들기 위해 직접 관여하여 사업을 적극 추진하였다. 그 결과 庚子字를 비롯한 여러 종류의 활자를 만들어 사용하면서 전례 없이 많은 활자본들을 인쇄하였다. 금속활자를 개량하여 완성단계에 이른 경자자, 갑인자는 개량 방식이나 인출된 판면의 전체 형태와 짜임새 등에서 확연히 발전적인 모습을 보인다.

경자자는 세종 2년(1420) 11월에 착수하여 7개월에 걸쳐 계미자의 단점을 보완하여 만든 조선조 두 번째 금속활자이다. 계미자의 모양이 크고 가지런하지 못하고 거칠어서 인

而印之 以廣其傳 誠爲無窮之利 然其供費 不宜斂民 予與親勳·臣僚·有志者 共之庶有成乎 於是悉出內帑 命判司平府事臣李稷·知申事臣朴錫命·右代言臣李膺等監之 軍資監臣姜天霔·長興庫使臣金莊侃·代言司注書臣柳美·壽寧府丞臣金爲民·校書著作郎臣朴允英等掌之 又出經筵古注詩·書·左氏傳 以爲字本 自其月十有九日 而始鑄數月之間 多至數十萬字 恭惟我殿下 濬哲之資·文明之德·萬機之暇 留神經史 孜孜無倦 以濬出治之源 而闡修文之化 思廣德敎 以淑當時 而傳後世拳拳焉 爲鑄是字 以印群書 可至於萬卷 可傳於萬世 規模宏大 思慮深長如此 王敎之傳·聖曆之永 固當竝久而彌堅矣 是年十一月初吉推忠翊戴佐命功臣 正憲大夫 參贊議政府事 判禮曹事 寶文閣大提學 知經筵春秋 成均館事 吉昌君 臣(權近) 拜手稽首 敬跋.

쇄하는 도중 활자의 동요가 자주 생겨 능률이 오르지 않아 개량하게 된 것이며, 세종의 지휘 아래 李蕆이 주관하고 南汲, 金益精, 鄭招 등이 감독하였다.

경자자의 주자 사실은 성종 때 갑진자를 주성하고 쓴 김종직의 「新鑄字跋」과 갑인자본 『眞西山讀書記乙集上大學衍義』의 권말 卞季良의 「庚子字鑄字跋」 등을 통하여 알 수 있다. 그 내용을 살펴보면, 주자의 인쇄는 책을 찍어 전하기에 이로움이 무궁하나 처음으로 주조한 활자인 계미자의 자양이 아름답지 못하고 또한 책을 인쇄하는 데도 불편함이 있으므로 경자년 11월에 왕이 친히 연구하여 공조참판 李蕆에게 새로이 활자를 주성할 것을 명하였고 그 업무는 金益精과 鄭招 등에게 관장케 하였다. 활자의 제작기간은 약 7개월이었으며 인쇄 시에 편리함이 더하여 하루 20여 지를 인쇄할 수 있었고 주성된 활자의 모양은 정교하고 세밀하였다. 이에 따라 인출하지 못할 책이 없게 되었으며 책이 없어서 배우지 못하는 사람 또한 없게 되었으니 문교와 세도가 날로 신흥할 것이며 漢, 唐 때에 재리와 병혁을 나라의 우선으로 삼는 것을 본받으면 실로 우리나라에 있어서도 만세의 복이 될 것이라 하였다.

경자자의 개량은 활자의 네 면을 반듯하게 내고, 銅印版도 활자의 옆면과 잘 맞도록 하고 튼튼하게 改鑄한 것이다. 활자의 크기도 癸未字보다 훨씬 작으면서 보다 정교하였다. 실록의 기록에는 "구리판을 다시 주조하여 글자의 모양과 꼭 맞게 만들었더니, 蠟을 녹여 붓지 않아도 글자가 흔들리지 않고 더 楷正하여 하루에 수십, 수백 장을 찍어 낼 수 있다."[4]고 하였다. 즉 활자에 맞추어 판틀을 새로 주조하였고, 활자를 보다 해정하고 가지런한 모양으로 만들기 위하여 노력한 사실을 알 수 있다. 이러한 사실은 현존하는 경자자의 인본이 계미자에 비하여 글자의 어긋남이 거의 없이 보다 가지런하고 정돈된 것으로도 확인된다. 판짜기에서도 작은 글자로 찍힌 16行 18字本을 제외하고 대부분 11行 21字로서 광곽의 크기가 일정한 사실을 확인할 수 있다. 이 활자로 찍은 책으로는 『莊子鬳齋口義』, 『老子鬳齋口義』, 『忠義直言』, 『文選』, 『西山先生眞文忠公文章正宗』, 『資治通鑑綱目』, 『戰國策』 등 확인된 것만 해도 20여 종이 넘는다.

세종 26년(1404) 7월에는 새로운 활자의 주조에 착수하여 두 달 걸려 20여 만 개의 대자, 소자 동활자를 만들게 되었는데 이것이 갑인자이다. 金鑌의 발문에 의하면 앞서 주

4 『世宗實錄』 卷11, 3年 3月 丙戌 條.

성한 경자자의 자체가 가늘고 빽빽하여 열람이 어려워 대자가 필요한 데서 重鑄한 것이 그 동기라 하였다.[5] 李蕆의 감독 아래 金墩, 金鑌, 蔣英實, 李世衡, 鄭陟, 李純之, 李義長 등 당시의 물리학자와 천문관측기기의 제작을 담당했던 기술자들이 대거 참여하여 만들었기 때문에 활자의 모양이 정교하였다. 경자자와 비교하면 대자와 소자의 크기가 고르고 활자가 네모 반듯하여 뒷면은 평평하고 판짜기를 완전한 조립식으로 고안하여 활자 간의 빈 공간을 대나무로 메우는 단계로 개량·발전시켰다. 그리하여 하루 인출량이 경자자의 두 배로 크게 늘었다. 현재 전해지고 있는 여러 甲寅字本들을 보면 글자 획에 필력의 약동이 잘 나타나고 글자 사이가 여유 있게 떨어져 있으며 판면이 크고 튼튼하다. 먹색 또한 한결 선명하고 깨끗하여 조선 금속활자의 진정한 아름다움을 느낄 수 있다. 이는 앞서 언급한 대로 글자 획의 필력이나 인쇄된 글자의 선명함, 글자 배열의 가지런하고 정교함, 판면 구성의 단정함 등을 통하여 충분히 확인할 수 있으며 그 외에도 판짜기 기술이 발전하면서 판형의 크기 등이 다양하게 나타나는 점을 들 수 있다. 즉 서책의 분량과 성격에 따라 판의 크기도 다양화되고 다품종 소량 생산이라는 활자 인쇄의 특징을 그대로 반영하여 다양한 크기의 인본을 금속활자로 인쇄하기 시작한 것이다. 이는 뒤에 제작시기가 다른 활자를 같은 면에 배열하는 등 여러 가지 형태로 판면을 구성하는 기법을 선보이는 것으로도 확인할 수 있다.

또한 字體에 있어서도 經筵에 소장된『孝順事實』,『爲善陰騭』,『論語』등을 字本으로 하고 부족한 글자는 뒤에 세조가 된 晉陽大君이 써서 보충하였다. 비록 닮게 쓰기는 하였지만 명필로 하여금 글꼴을 쓰게 하여 우리나라 금속활자의 독창적인 글씨체를 쓰는 데 시초가 되고 있다.

이 초주갑인자는 선조 13년(1580)에 다시 주조될 때까지 140여 년에 걸쳐 사용되었으며, 오래 사용하는 사이에 활자가 닳고 이지러지고 부족한 글자가 생겨 연산군 5년(1499)에『成宗實錄』을 찍어 낼 때와 중종 10년(1515)에 보주가 이루어졌고, 그 밖에도 수시로 목활자를 만들어 보충하였다.

활자의 글자체를 국내 명필가로 하여금 쓰게 하여 독창성을 확보하였고 이는 다양한 형태의 글꼴을 탄생시키게 된다. 즉 새로운 활자체의 개발이 갑인자 이후 지속적으로 이

5 『高麗史節要』卷35, 卷末, 金鑌 鑄字(甲寅字)跋.

루어졌고 높은 수준의 인쇄기술이 다양하고 독창적인 형태의 금속활자 개발로 이어졌음을 알 수 있다. 따라서 갑인자의 주조와 조판, 인쇄기술의 완성이 이 시기에 이루어진 것으로 볼 수 있다. 갑인자 이후 주조된 금속활자의 면면을 살펴보면 이러한 특징이 그대로 드러난다.

세종 20년(1438)에 완성된 丙辰字는 晉陽大君에게 대자를 쓰게 해서 字本으로 삼고 鉛으로 제작하였다. 세종은 李季甸, 金汶에게 명하여 『資治通鑑綱目』 訓義를 편찬하게 하였는데, 李思哲, 崔恒 등의 수교를 거쳐 1438년에 완성하여 인출하였다. 柳義孫이 지은 『資治通鑑綱目』 訓義의 서문에 따르면, 『資治通鑑綱目』 訓義는 임금의 하교를 받고 3년에 걸쳐서 완성되었으나 그 舊註의 글자 모양이 너무 작아서 나이가 많으면 보기가 어렵다고 하여 晉陽大君에게 대자를 쓰게 하여 새로 주조한 후에, 그 대자로써 綱을 삼고 舊字인 甲寅字로써 目을 삼아 총 149권을 인출하여 널리 배포하였다고 한다.[6] 이 활자는 한국의 고활자 중 가장 큰 활자로서 최초의 鉛活字이자 독자적인 서체의 금속활자이다.

또한 세종 29년(1447)에 『釋譜詳節』, 『月印千江之曲』을 지었는데 이 두 책을 찍기 위해 漢字는 甲寅字를 사용하고 한글은 甲寅字 竝用 한글字를 銅으로 만들어 사용하였다. 이때 처음 주성된 한글 활자인 갑인자 병용 한글자는 세종이 한글을 창제하고 처음 주조한 한글 금속활자인 점에서 더욱더 그 가치가 크다. 이 활자는 자음자와 모음자의 획이 모두 곧게 그은 선으로 결구된 고딕 인서체의 대자와 細筆 인서체의 소자로 되어 있다.

세종 32년(1450)에는 安平大君의 글씨를 字本으로 대자와 소자의 동활자인 庚午字를 주조하였다. 당시 명필가로 널리 알려졌던 안평대군의 독특한 글씨체가 특히 대자에 박력 있게 잘 나타나 있다.

이 활자는 安平大君이 형인 세조의 왕위 찬탈을 반대하다 賜死된 뒤 녹여서 乙亥字의 주조에 사용했기 때문에, 사용기간이 6년에 불과하여 그 인본의 전래가 매우 드물다. 현재 전해지고 있는 인본으로는 문종 즉위년(1451)에 찍은 『歷代十八史略』, 문종 연간에 찍어 단종 즉위년(1452)에 반사한 『詳說古文眞寶大全 後集』, 『歷代兵要』, 『新編算學啓蒙』 만이 전해지고 있다.

조선 전기의 인쇄술은 세조 때에 이르러서 세종이 완성해 놓은 최고 수준의 금속활자

---

6 『資治通監綱目』, 柳義孫 序. 이 글은 柳義孫(1900년경), 『檜軒先生逸稿』, 木板本에도 그 全文이 있다.

인쇄 기술을 바탕으로 그것을 계승하여 크게 발전시키게 된다. 세조는 재위 14년 동안에 금속활자로 乙亥字를 비롯하여 丁丑字, 戊寅字, 乙酉字를 잇따라 주조하였다.

을해자는 세조 1년(1455)에 경오자를 녹여서 晋體의 楷書로 쓴 姜希顔의 글씨를 字本으로 하여 대자·중자·소자로 만든 것이다. 경오자를 대신하기 위하여 이 활자를 새로 주조한 시기는 수양대군이 실권을 잡은 때인 1455년 4월경이었다.[7]

을해자의 글씨체는 대체로 폭이 넓은 둥근 필획이며 갑인자에 비하여 약간 편평한 편이다. 갑인자 다음으로 오랜 기간 사용되었으며 보통 중자·소자가 주조되는 다른 활자와 달리 대자·중자·소자 3종이 주조되었다. 조선 사람의 글씨를 바탕으로 字本 전체를 쓴 활자로서 가장 널리, 그리고 오랫동안 쓰여졌다는 점에서 의의가 있다.

또한 세조 3년(1457) 9월에서 세조 7년(1461) 초까지는 불경의 간행을 목적으로 乙亥字와 함께 乙亥字 竝用 한글자도 쓰였다. 이들 활자로 여러 종의 경전들을 인출하였는데, 이때 인출한 한자본 경전들로는 『法華經』, 『金剛經』, 『圓覺經』, 『楞嚴經』, 『禪宗永嘉集』, 『天台四敎儀』 등이 있으며, 이들 한자본 중에서 『楞嚴經』과 『禪宗永嘉集』은 세조 7년(1461) 5월에 孝寧大君이 檜巖寺의 불사를 계기로 국역을 주청하여 완성시키고, 그중 『楞嚴經』의 諺解를 그해 9월에 인출하여 널리 반포하였다. 이때 銅으로 만든 한글 활자가 을해자와 함께 처음으로 사용되었는데, 이 한글 활자가 을해자 병용 한글字이다.

이 한글 활자의 자체는 초기의 강직한 인서체에서 부드러운 필서체로 옮아가는 과정의 특징을 보여 준다.

세조 4년(1458)에는 『交食推步法』 假令의 본문 대자와 『易學啓蒙要解』의 본문 대자, 細註의 특소자를 찍어 내기 위하여 戊寅字라는 동활자를 주조하였다. 그 주조에 있어서는 먼저 『交食推步法』 假令의 본문 인출에 필요한 큰 활자를 만들었고, 이어 『易學啓蒙要解』의 본문과 細註 인출에 필요한 대자와 특소자를 더 만들었다.

이 활자의 자체는 松雪體의 필의가 짙게 나타나고 있음이 특징인데, 字本을 쓴 사람은 세조일 것으로 추측하나 확실치는 않다.

이와 더불어 비슷한 시기에 사용된 丁丑字는 彦琪, 宏德, 祖庭의 註釋에 조선의 得通이 補註한 『永嘉眞覺大師證道歌』와 信眉, 弘濬 등이 교정한 得通의 說義와 決議를 합친 『金剛

7 『端宗實錄』 3年 4月 甲申 條.

經』(五家解)을 인쇄할 때 쓰인 활자이다. 본문 중의 正文에 쓰인 대자는 세조가 직접 쓴 것을 字本으로 하여 주조한 큰 동활자이며, 『금강경』 註釋의 중자와 소자는 갑인자를 사용하였다.

또한 冶父와 宗鏡의 주석에 得通의 설의를 합친 『金剛經』(三家解)을 찍을 때에도 正文 대자 『金剛經』(五家解)과 미찬가지로 丁丑字가 쓰였는데, 주석의 중자와 소자는 乙亥字, 그리고 한글은 을해자 병용 한글字로 찍었다. 앞서 살펴본 병진자의 경우처럼 제작시기나 크기가 다른 활자를 같은 면에 배열하는 등 여러 가지 형태로 판면을 구성하는 기법을 보인다.

세조는 갑인자의 부족한 활자를 비롯하여 병진자, 정축자의 자본을 직접 썼고, 혹은 무인자의 자본까지 썼을 가능성이 있을 정도로 활자의 주조에 적극 참여하였으며, 그 외에도 을해자와 을유자도 주조하게 하여 활자인쇄 문화를 크게 진작시켰다.

을유자는 세조 11년(1465)에 鄭蘭宗이 쓴 松雪體의 글자를 바탕으로 대자·중자·소자의 동활자를 주조한 것이며 口訣을 찍기 위해 한글활자도 만들었다. 을유자의 주소 사실은 『慵齋叢話』의 "세조 11년(1465) 『圓覺經』을 인출하고자 정난종에게 字本을 쓰게 하여 주조한 활자가 을유자인데, 그 자체가 매우 고르지 않다."[8]라는 기록을 통해서 알 수 있다. 이 활자는 글자의 字體가 단정치 않아 별로 사용되지 못하고 성종 15년(1484)에 甲辰字를 새로 주조할 때 녹여 사용하였다. 비록 활자의 모양에 대한 선호도가 떨어져서 다른 활자를 주조할 때 녹여서 사용하였지만 초기에 인쇄한 불경을 살펴보면 비교적 정교한 조판기술이 적용되고 있음을 알 수 있다.

성종 대에는 甲辰字, 癸丑字가 주조되었다. 갑진자는 성종 15년(1484) 8월에 大內에 소장된 明本 『歐陽文忠公集』과 『列女傳』의 글자를 바탕으로 하고, 부족한 글자는 당시 細字의 명필인 朴耕에게 쓰게 하여 銅으로 대자와 소자 30여 만 자를 주조한 것이며, 을유자를 녹여 사용하였다.

이 활자를 새로 주조한 동기는 당시 주로 사용하였던 갑인자와 을해자의 자체가 커서 인쇄할 때 종이가 많이 들고 책을 만들면 권질이 무거워 불편했던 점, 또 오랜 사용으로 補註가 이루어져 인쇄가 깨끗하지 못했던 점, 그리고 바로 앞서 주조한 을유자는 본시 불경을 찍기 위해 만든 활자이기 때문에 유학을 신봉하는 신하들이 선호하지 않았으며 또한 글자 모양이 단정치 않아 인쇄하기를 모두 꺼려했던 점을 들고 있다. 그리하여

8 成俔, 『慵齋叢話』 卷7, 活字 條. "世祖…其後乙酉年 欲印圓覺經 命鄭蘭宗書之 字體不整 名曰乙酉字…"

자체가 아주 작으면서도 단정한 글자를 明本에서 가려내어 주조한 것이 바로 이 활자로, 조선 초기의 활자 중에서 그 크기가 가장 작다.

이 활자는 『王荊文公詩』, 『纂註分類杜詩』, 『東國通鑑』 등 다양한 종류의 시문집과 역사서 등 주로 권질의 양이 많은 책의 간행에 쓰였다. 임진왜란 전까지 사용되었고 甲寅字와 乙亥字 다음으로 오래 사용되었다.

성종 24년(1493)에는 명나라의 新版本인 『資治通鑑綱目』을 字本으로 하여 銅으로 대·중·소 세 가지 크기의 활자를 주조하였는데 곧 癸丑字이다. 계축자의 자체는 楷書體로 갑인자보다 큰 것이 특징이다. 이 활자는 中宗朝까지 사용되고 곧 폐기된 것으로 추정된다. 현재 전래되는 인본으로는 『朝鮮賦』, 연산군 8년(1502) 인출의 『資治通鑑綱目』과 계축자 소자 인출의 『宋朝奏議』, 『東國輿地勝覽』, 중종 23년(1528)에 李荇 등이 新增에 착수하여 同王 25년(1530)에 찍어 낸 『新增東國輿地勝覽』이 있다.

2) 16세기-다양한 서적의 인쇄와 전쟁의 피해

16세기에 들어서는 15세기에 이미 제작된 금속활자의 활용으로 새로운 활자의 주조는 줄었지만 기존의 금속활자를 사용하여 다양한 종류의 서적을 인쇄하였다. 특히 중종 시기는 왕권 강화와 백성 교화를 위한 서적의 간행에 힘을 기울였으며 금속활자 인본의 刊行과 함께 기존 금속활자 인본의 번각본으로서 목판인쇄도 성행하였다. 또한 15세기에 제작된 금속활자가 오래 사용하여 마멸되었기 때문에 보주하거나 완전하게 다시 주조하는 사례가 비교적 많았다는 것이 특징이다. 이 시기에 새로이 주조한 금속활자는 중종과 선조 대에 각각 두 차례 이상 확인된다.

중종 11년(1516)에는 中國本 『資治通鑑』을 字本으로 하여 銅으로 丙子字를 주조하였다. 중종조에 들어와서 주로 사용해 온 갑인자는 물론 갑진자에도 활자 전반에 마멸이 나타나고 목활자의 혼용도 심해져서 인쇄가 깨끗하지 못하였기에 활자를 주조할 것을 건의하였고, 그에 따라 이듬해 정월 22일에 鑄字都監을 설치하였다. 이 활자를 부어 내는 데에는 주자도감의 郎官을 두 편으로 나누어 경쟁시켜서 이긴 편은 관직을 올려 주기도 한 일이 있었다.[9] 병자자는 갑인자, 을해자, 갑진자 다음으로 오래 쓰였으며, 임진왜란 직전

9 『中宗實錄』 卷23, 11年 正月 甲辰 條 ; 同 卷24, 11年 4月 甲子 條.

까지 70여 년간 사용되었다. 이 활자는 중종 14년(1519) 己卯에 만들어진 활자와 구분 짓기도 하지만 형태적으로 거의 같아 구별이 힘들고 현재 전래되고 있는 인본으로는『歷代兵要』,『朱子語類大全』,『唐柳先生集』,『文苑英華』,『瀛奎律髓』 등이 있다.

한편 갑인자는 초주 이후 오랫동안 사용하여 활자가 많이 없어지고 닳고 이지러져 자주 보주하였는데, 100년이 지나고부터는 보주와 마멸의 정도가 심하여 인쇄가 깨끗하지 못하였다. 그리하여 선조 13년(1580) 정월에 다시 주조하였으니 곧 庚辰字로, 두 번째 주조한 갑인자라는 의미로 재주갑인자로도 부른다. 金貴榮의『東園先生集』에 따르면, 선조 13년(1580)에 朴淳 등이 그 일을 보고 黃允吉 등이 감독하여 갑인자본『大學衍義』를 자본으로 삼아 주조에 착수해 그해 9월에 일을 마쳤으며 옛 활자인 초주갑인자는 따로 두고 사용하였다고 한다.[10] 이 활자는 초주갑인자에 비하여 글자 획이 좀 굵고 둔탁하여 주조의 정교함이 떨어져 보이지만 초주갑인자의 필획이나 미려한을 그대로 느낄 수 있다. 인본으로는『箋註靖節先生集』,『梅月堂詩集』,『會纂宋岳鄂武穆王精忠錄』,『詩傳』,『光國功臣會盟錄』 등이 있다.

乙亥字體 經書字는 임진왜란 직전인 선조 21년(1588)에서 선조 23년(1590) 사이에『小學諺解』를 비롯하여『大學諺解』,『中庸諺解』,『論語諺解』,『孟子諺解』 등 四書諺解와『孝經諺解』 등의 經書를 인출하기 위하여 주조한 중자와 소자의 동활자이다. 기록이 남아 있지 않아 언제, 어디서, 누구의 글씨체를 바탕으로 만들어졌는지 확인하기 어렵지만 초인본인『小學諺解』가 정서된 선조 19년(1586) 여름부터 선조가 인쇄를 하명하고 아울러 李山海에게 발문을 쓰게 한 선조 20년(1587) 4월 이후 수개월 사이로 주조 연대를 추정하고 있다.[11]

을해자체 경서자의 자체는 을해자와 많이 닮았지만 글자 획이 가늘고 정교해서 보다 세련된 느낌이 들며 활자의 배열이나 판의 짜임도 난아하다. 책을 간행한 직후에 안동의 도산서원과 임고서원 등에 빈사한 내사본이 현재 남아서 전해진다.

한편 조선시대 천문, 기상의 업무를 맡아 보던 觀象監에서도 금속활자를 보유하고 각

---

10 萬曆庚辰正月 上下御札 若曰 活字旣久 殘缺失眞 兼且雜用木字 印書殊不精 今宜別設一局 改鑄舊字 乃命臣朴 淳等監其事 臣黃允吉等董其役 出內藏大學衍義甲寅字爲範本 九閱月而功訖 上覽印紙 嘉之曰 新字頗好 若與舊 字混中 印必有不類者矣 新鑄者 曰庚辰 與前甲寅者 各用可也 恭惟 我聖上留神講明 致精書籍 不靳三序之勞 用 闡萬世之利 功光先朝 惠及來學 猗歟盛哉 臣貴榮 敬識 詩曰 燕間書史屬宸衷 活本殘頑舊範銅 爰命重臣開鑄局 更頒豊饒勸勤工 甲寅字作庚辰字 先哲功光後聖功 心得躬行能事畢 右文治化日興隆.

11 千惠鳳,『韓國 書誌學』(개정판), 서울: 민음사, 1997, pp. 338–339.

종의 曆書를 간행하였다. 현재 전해지고 있는 冊曆 중에 임진왜란 당시 주자로 인출한 『大統曆』이 남아 있다. 관상감 활자의 재료는 철로 여겨지며, 크기는 대·중·소 세 가지가 있는데 현재까지 다른 서책의 인출에 사용된 예를 찾아보기 어려우므로 책력의 간행을 주목적으로 주조된 활자일 것으로 여겨진다.

이렇듯 갑인자 이후 조선 전기의 금속활자 인쇄는 본격적으로 다양한 크기와 형태를 추구하였으며, 후대로 갈수록 점점 발전해 특정 주제의 서책 인출을 목적으로 활자의 주조가 이루어지는 경향도 보인다.

하지만 1592년 임진년과 1597년 정유년에 벌어진 일본의 침략전쟁으로 이전의 금속활자와 인쇄도구 등이 대부분 소실되면서 조선의 금속활자 인쇄는 큰 위기를 맞게 된다. 전쟁으로 인해 경복궁, 창덕궁, 창경궁 등 궁궐이 대부분 불타고 화재와 약탈로 궐내의 장서각이나 각 부서의 藏書는 물론 활자 등 서책 간행에 필요한 기본적인 도구들 또한 큰 피해를 입었다.[12] 이로 인해 국정 참고용 도서마저 제대로 갖추지 못하여 시급한 정책을 진행하는 데에 많은 어려움을 겪기도 하였다. 전쟁 중에도 이러한 상황을 타개하고 유교적 사회 질서를 바로 세우기 위해 역사서와 유교서, 그리고 국정 참고서와 함께 의서, 병서 등 다양한 서적들을 국내와 중국을 통해 수집, 구비하는 노력을 기울였지만[13] 이 또한 제대로 갖출 수 없었으며 그 공급도 수요에 비해 턱없이 부족하였다. 당시 서적의 간행 업무를 맡고 있었던 교서관은 경비 부족뿐만 아니라 인력 수급도 어려웠으며, 서적 간행에 필요한 금속활자와 여러 도구 등도 전란 중에 소실되어 거의 대부분이 사라지고 말았다.

3. 조선 후기

1) 17세기-전후 복구와 금속활자

선조 대에 일어난 임진왜란과 정유재란, 인조 대의 병자호란 등은 국토 황폐화와 인명

12 『宣祖修正實錄』 卷26, 25年 4月 14日.

13 『宣祖實錄』 卷56, 27年 10月 21日.

손실 등 사회·정치·경제 모든 부문에 막대한 피해를 입혔다. 이와 더불어 가뭄과 전염병이 잇따라 발생하여 백성들의 삶이 피폐해지고 국고가 고갈됨에 따라 지배 체제가 흔들리는 등 사회 혼란은 더욱 가중되었다. 특히 서책 관련 피해가 심각하였으며 전쟁 이후 무너진 출판시스템을 복구하는 데에도 많은 시간과 비용이 요구되었고 시급히 필요로 하는 서적을 빠른 시간 내에 필요한 만큼 인출하여 배포해야 하는 상황에 봉착하였다.

이러한 출판문화적 상황하에 17세기 전반기 조선에서는 서적 간행 방식에 큰 변화가 있었는데, 금속활자나 목판보다는 비용이 적게 드는 목활자 인쇄가 중점적으로 이루어졌다는 것이다. 간행의 주체 또한 중앙기구나 지방감영 외에도 개인, 사찰, 서원 등 사사로이 간행하는 빈도가 증가하는 경향을 보인다. 이후 17세기 후반기는 전란 이후 붕괴된 출판시스템을 복구하고 새로운 전개를 해 나가는 기초가 형성되었으며, 특히 현종과 숙종 초기는 복구되는 출판시스템이 완전하게 자리 잡게 되고, 이후에 전개되는 영조, 정조시대의 활발한 지식문화 활동을 이끌어 내는 원동력을 키워 내게 된다. 이는 회복기에 접어든 현종과 숙종 시기에 이루어 낸 다양한 유형의 활자 주조와 활발하게 진행되는 서적 간행의 양상을 통해서 확인할 수 있다.

특히 숙종시대에 주조되거나 주로 쓰인 금속활자는 조선 후기 금속활자 인쇄의 역사에서도 큰 비중을 차지한다. 이때 조선 후기 금속활자 중에서 가장 오랫동안 쓰인 교서관 인서체자와 현종실록자를 주조하였으며, 직전인 현종 9년(1668)에 주조한 戊申字도 숙종대에 본격적으로 사용되기 시작하여 중앙의 활자인쇄가 활발하게 자리잡는 전기를 제공하게 된다. 이 시기 주요한 금속활자의 사용과 주조 상황을 정리해 보면 다음과 같다.

우선 임진왜란 이후 숙종 직전의 시기까지 금속활자를 주조한 것으로는 주자도감을 설치하고 광해군 10년(1618)에 戊午字를 만든 것이 그 시작이다. 전쟁으로 인한 물자 부족으로 60여 년이 흐르는 동안 국가적으로 공식적인 금속활자의 주조는 단 한 차례밖에 없을 정도였다. 인본은 『書傳大全』, 『詩傳大全』, 『皇華集』, 『勞酒宴頌德會編』 등이 확인되고 있다. 이 활자는 광해군 말기의 실정으로 인쇄사업이 부진한 데다 인조 연간 이괄의 난과 병자호란으로 산실되어 버렸다. 인조 말에 이르러서야 교서관의 활동도 정상을 되찾게 되는데, 현종 9년(1668) 戊申字가 주조되어 금속활자 인쇄가 원활하게 수행되기까지 교서관에서는 주로 목활자를 사용하였다. 무신자는 호조와 병조의 판서와 수어사를 겸직하고 있던 金佐明이 호조 및 병조의 물자와 인력을 사용하여 수어청에서 주조한

66,100여 자의 대자와 46,000여 자의 소자로, 영조 말까지 100여 년간 사용되었다. 『潛谷先生遺稿』, 『潛谷先生年譜』, 『詩經諺解』, 『己巳增廣司馬榜目』 등 인본의 종수가 매우 많고 한글활자도 만들어서 국역본을 인출하기도 하였는데, 숙종의 재위기간 동안 간행된 이 활자의 초기 인쇄물은 세종시대 인쇄 수준에 버금갈 정도로 그 수준이 매우 높았다.

숙종 2년(1676)에 『捷解新語』를 인출한 활자는 교서관에서 금속으로 제작하였는데 安愼徽의 글씨이며 일본 문자 인쇄에는 목활자가 사용되었다.[14] 이 활자의 주조는 본시 陽坡 鄭太和(1602~1673)가 1670년(현종 11)에 교서관에서 『첩해신어』를 鑄字로 찍을 것을 계청하여, 현종 서거 6년 후인 1676년에 비로소 이루어진 것이다. 1676년에 인쇄한 책이 현재 규장각도서 한국본으로 2부가 남아 있다.[15] 『첩해신어』는 원래 선조 때 사역원의 倭學 譯官으로 있던 康遇聖이 편찬한 책으로, 조선인과 일본인의 질문과 대답, 조선 사절이 일본을 방문했을 때의 대화, 서간문 등으로 구성되어 있어서 실용적인 성격이 강하다.

숙종 3년(1677)에는 『顯宗實錄』을 인출하기 위해 동활자를 차용하였는데 이것이 顯宗實錄字이다. 이 활자는 민간의 洛東契 활자 3만여 자를 차용하고 1만여 자를 加鑄한 것이다. 『顯宗實錄』 인출이 끝난 후 소유주에게 되돌려 주지 않고 교서관에 내려 주어 『前漢書』와 『後漢書』를 인출하였다. 또한 활자의 소유주가 그 대금을 고사했으므로 이후 이 활자로 인출한 모든 책을 원 소유주에게 한 건씩 내려 주도록 하였다.[16] 이 활자는 『顯宗實錄』 인출 이전에도 이미 『唐宋八大家文抄』, 『庚子增廣司馬榜目』, 『壬子式年司馬榜目』을 간행한 바 있었다.[17] 현종실록자를 사용하여 현종, 숙종, 경종, 영조, 정조, 순조, 헌종, 철종의 실록을 간행하였다. 이 외에도 列聖御製, 誌狀과 『三國史記』 등의 서적도 간행하였다. 『憲宗實錄』에서는 글자가 현저하게 명료해진 것을 보아 이때 보주가 이루어진 것으로 보고 있다.[18] 잔존 현종실록자는 현재 국립중앙박물관과 민속박물관에 수장되어 있다.

숙종 초부터 교서관은 명나라 간본을 글자본으로 인서체의 금속활자를 주조하였다. 초기 인본은 숙종 10년(1684) 김석주의 서문이 있는 『樂全先生歸田錄』과 『息庵先生遺稿』

14 尹炳泰, 「倭諺大字考」 『도서관』 30권 4호 (1975. 4.), pp. 54–68.
15 尹炳泰, 『朝鮮後期의 活字와 册』, 서울: 범우사, 1991, p. 87.
16 實錄廳, 『顯宗大王實錄纂修廳儀軌』, 筆寫本, 肅宗 3, 張22.
17 尹炳泰, 「洛東契活字考」, 『도서관』 31권 제3호 (1976. 3.), pp. 43–51.
18 千惠鳳, 『韓國典籍印刷史』, 서울: 汎友社, 1990, p. 310.

이다. 다양한 서적을 간행했는데 특히 高官과 名儒의 문집이 많기 때문에 文集字라고도 한다. 정조 연간부터는 목활자가 혼용되어 조잡하게 나타나며 순조 이후는 더욱 심해진다. 고종 32년(1895)부터 3년간은 學部에서 印書體木活字로 교과서를 간행할 때 혼용되었다. 『增修無冤錄諺解』를 간행할 때는 한글활자도 사용되었다.

숙종시대에 교서관은 낙동계활자에 이어 또 다른 사가의 동활자를 구입하여 사용하였으니 곧 韓構字이다. 이 활자는 무신자의 주조를 주관하였던 김좌명의 아들 金錫冑가 韓構로 하여금 자본을 쓰게 하여 주조한 것이다. 이 활자는 독특하고 매력 있는 소형 필서체이다. 숙종 21년(1695) 나라에서 이를 사들여[19] 『行軍須知』와 『潛谷先生遺稿』 등을 간행하다가 정조 6년(1782) 평안도 관찰사 서호수에게 명해 8만여 자를 다시 주조하였으니[20] 이를 재주한구자 또는 壬寅字라고 한다. 재주한구자로는 정조 연간 『文苑黼黻』과 『雷淵集』 등을 간행하였다. 이 활자는 철종 8년(1857) 주자소의 화재로 소실되자, 이듬해인 1858년에 철종이 규장각검교제학 金炳冀과 규장각제학 尹定鉉, 金炳國에게 새로 31,829자를 주조하게 하니 세 번째로 주조한 한구자라 하여 三鑄韓構字라고 부른다.[21] 삼주한구자는 거의 사용되지 않아서인지 『文苑』 외에는 인본이 별로 없다. 국립중앙박물관에 수장되어 있는 잔존 활자 실물을 살펴보면 사용 흔적이 없는 것이 많다.

한구자는 17세기 후기부터 19세기 중기까지 세 차례에 걸쳐 거듭 주조되는 특징을 보인다. 그 첫 번째인 초주한구자는 '1677년(숙종 3) 무렵'에 주성되었고, 재주한구자는 1782년(정조 6)에 평양에서 주조되었으며, 삼주한구자는 1858년(철종 9)에 주조되었다. 한구자는 조선 후기에 들어와, 중국풍의 글씨체가 아닌, 조선 명필의 글씨를 저본으로 하여 금속활자를 주조하였다는 의미도 있다.

숙종 19년(1693)에는 인조의 아버지인 元宗이 쓴 글씨를 사본으로 활자를 주조하여 『孟子大文』과 『孟子諺解』를 간행하였다. 이 『孟子諺解』에는 숙종의 글씨를 자본으로 한 활자로 인출한 발문이 있다.[22] 이를 『板堂考』에서는 '御筆序文大字 435자, 孟子眞書字 5,594

---

19 『朝鮮王朝實錄』 肅宗 21年 3月 壬午 條.

20 『朝鮮王朝實錄』 正祖 20年 3月 癸亥 條.

21 尹定鉉 記, 金炳國 書, 鑄字事實, 拓本, 年期未詳, 張4.
『朝鮮王朝實錄』 哲宗 8年 10月 壬戌 條.

22 白麟, 「朝鮮後期活字本의 形態書誌的 硏究 上」, 『韓國史硏究』 3(1969), pp. 149-150.

자, 諺書字 4,605자'라고 하였다.[23] 즉 어필서문의 대자는 숙종어필이며, 『孟子』의 한자활자는 元宗字, 한글활자는 원종한글자이다. 정교하게 주조된 활자에는 원종의 필서체의 특징이 잘 나타나고 있다. 이 활자는 1857년(철종 8) 주자소 화재로 소실되었다.

2) 18세기-정조의 활자 제작과 19세기 주자소 화재

18세기에 들어서는 17세기 후반에 제작된 금속활자의 활용과 정조 대에 새로운 활자의 제작으로 다양한 주제의 서적 간행이 이루어졌다. 숙종 후반기에 해당하는 18세기 초까지 교육, 성리학, 어학, 법률, 사상, 예학 등의 주제분야별 간행이 이루어졌으며 이는 곧 이어진 영조와 정조시대 문화융성의 밑거름이 되었다.

특이한 점은 18세기 중반의 대부분을 차지하는 영조 대에는 새로운 금속활자를 주조하지 않고 전대에 제작된 기존의 금속활자를 적극적으로 활용한 정책으로 무신자, 현종실록자, 한구자, 교서관인서체자 등을 보충하여 사용하고 말년에 당시 동궁이었던 정조의 청으로 임진자를 주조한 데 그치고 있다.

하지만 18세기 후반기에는 시간이 흐름에 따라 기존 활자가 마멸되고 누락되어 새로이 활자를 주조할 필요성이 대두되었다. 정조 연간에는 총 6종 100만여 자의 활자가 제작되었다. 동궁 시절에 만든 임진자(1772), 그리고 등극 후에 만든 정유자(1777), 재주한구자(1782), 생생자(1792), 정리자(1795), 춘추강자(1796)가 그것이다. 이 중에 춘추강자와 생생자는 목활자이고 나머지는 모두 금속활자이다.

정조가 동궁으로 정사를 돕고 있을 때인 영조 48년(1772) 예문관제학 徐命膺에게 명하여 갑인자본 『心經』과 『萬病回春』을 자본으로 삼아 15만여 자의 동활자를 주조하였는데, 이를 壬辰字라고 한다.[24] 이 활자도 교서관에서 관장하였는데 그 字譜는 『新訂字藪』이다. 주조 후 최초로 『易學啓蒙要解』와 『易學啓蒙集箋』을 간행하였다.[25] 영조 연간에 『資治通鑑綱目續編』과 『經書正文』을, 정조 연간에는 『明義錄』, 『續明義錄』과 『雅誦』 등을 인출하였다. 이 활자는 정조 1년(1777)에 주조한 정유자와 자양이 매우 닮아 식별이 매우 어렵다. 따라서 서로 섞이지 않게 하기 위하여 임진자는 교서관에 두고 정유자는 규장각의 본원인

---

23 奎章閣編, 「板堂考」, 『書物同好會會報』 11號 (昭和 16), p. 4.

24 『朝鮮王朝實錄』 正祖 元年 8月 丙申 條, 卷4, 册44, p. 684.

25 尹炳泰, 「壬辰字의 鑄造와 그 初印本들」, 『朝鮮後期의 活字와 册』, 서울: 범우사, 1991, pp. 155-175.

내각에 따로 두고 사용하였다. 그러나 정유자는 정조 18년(1794) 창경궁 내 주자소를 설치하여 수장했고 철종 8년(1857) 화재로 소실된 후에는 임진자가 조선 말까지 사용되었다. 잔존 활자는 다른 활자들과 함께 국립중앙박물관으로 이관되어 지금까지 보존되고 있다.

정조 1년(1777)에 평안감사 徐命膺에게 명하여 농활자인 丁酉字 15만 자를 주성하였다. 정유자의 자보는 『奎章字藪』이다. 여기에 수록된 글자 수와 『板堂考』나 『袖香編』에 수록된 위부인동자의 글자 수는 일치한다.[26] 정유자는 임진자에 보태지 않고 내각 즉 규장각 본원에 두고 사용하였는데 한글활자도 만들었다. 정유자로는 『八子百選』과 『御定杜陸千選』 등을 간행하였다. 순조 14년(1814)의 『鑄字所應行節目』에 '衛夫人字 동자 105,638자, 소자 44,532자는 箕營에서 주성한 것'으로 기록되어 있음을 보아 평양감영에서 이관되었음을 알 수 있다. 철종 8년(1857) 8월 창경궁 주자소 화재 때 소실된 '衛夫人字 105,638자, 소자 44,531자'가 바로 정유자였다. 다른 활자는 이듬해 다시 주성하였지만 정유자는 주성하지 않았는데 이마도 교서관에 임진자가 남아 있었기 때문이었을 것으로 보인다.[27]

19세기 전반기인 순조 연간에는 교서관에서 철활자를 만들어 사용하였으니 교서관필서체철활자이다. 이 활자는 순조 5년(1805)에 『白村金先生遺事』를 간행한 것을 비롯하여, 광무 6년(1902) 『璿源續譜』까지 70종 이상이 확인된다. 이 활자는 늦어도 순조 4년(1804) 말 교서관에서 주조한 것으로 추정되는데 대자와 소자가 있다.[28] 광무 10년(1906)부터 1916년까지는 목활자나 신식 연활자와 혼용되어 쓰이기도 하였다.

19세기 들어 가장 대표적인 활자로는 순조 16년(1816)에 중국의 聚珍板을 모방하여 20만 자를 주조한 全史字를 들 수 있다. 이 활자는 순조의 생모인 綏嬪 박씨의 오빠였던 朴宗慶이 사사로이 만든 활자로, 그의 부친의 문집인 『錦石集』, 친지의 저술인 『近齋集』을 비롯하여 『完山誌狀』 등을 찍는 데 사용되었다. 철종 연간 이후 중앙과 지방 등 민간에서 필요한 여러 책을 찍었고 대원군이 집정한 때는 雲峴宮에 몰수되어 雲峴宮活字라 불리기도 하였다. 이 활자의 실물은 현재 서울대학교 규장각과 국립중앙박물관에 소자의 일부가 전하고 있다.

---

26 尹炳泰, 「丁酉字의 鑄造와 奎章字數」, 『圖書館學會誌(연세대학교)』 제4호 (1979. 3), pp. 151–169.

27 金斗鍾, 「近世 朝鮮後期 活字印本에 관한 綜合的 考察」, 『大東文化硏究』 제4집 (1976. 7), pp. 34–38.
白麟, 「朝鮮後期 活字本의 形態書誌學的 硏究 下」, 『韓國史硏究』 4 (1969. 6), pp. 136–139.

28 尹炳泰, 「校書館筆書體鐵活字와 그 印本들」, 『朝鮮後期의 活字와 冊』, pp. 414–438.

제2절 조선시대의 목활자 인쇄

1. 조선 전기

1) 15세기

조선시대에 간행된 목활자본으로 가장 빠른 것은 태조 4년(1395, 을해) 2월에 찍은 『大明律(直解)』로 추정되는데, 비록 실물은 아직 알려지지 않았지만 권말에 기록된 尙友齋 金祗의 발문에서 그 간행이 확인된다. 그에 따르면 白州知事 徐贊이 나무로 새긴 글자를 書籍院에서 백여 권 찍었다[29]고 하였다. 이때의 서적원은 『高麗史節要』에서 처음에 書籍院을 설치하여 鑄字를 관리하고 서적의 인쇄를 맡게 하였다[30]는 기록에서의 서적원으로 볼 수 있으며 문종 때에 書籍店, 숙종 때에 書籍鋪 등으로 부르던 기관들과 같은 성격 내지는 그 후신 기관으로 볼 수 있다.

이 『大明律(直解)』와 같은 해 10월에 찍은 『開國元從功臣錄券』의 형태는 卷子本이며 찍은 활자는 목활자이다. 지금까지 알려진 『개국원종공신녹권』 중에 목활자로 인출된 것은 韓奴介錄券(1395년), 沈之伯錄券(1397년 10월), 李元吉錄券(1395년 윤9월) 등이다. 이 녹권들의 내용은 각각 다르며 형태적으로는 글자체나 크기, 排字가 일정하지 못하고 刀刻도 소박하고 木理가 보인다. 형태적으로 볼 때 심지백녹권의 경우 1행은 21자, 이원길녹권은 23자까지 배열되어 있고 계선도 있으며 이원길녹권의 마지막 장 23행은 목판으로 녹권 발급에 관련된 공신도감 임원의 手決이 새겨져 있다.

그 밖에 수급자를 알 수 없는 『개국원종공신녹권』인 舊誠庵古書博物館 소장본은 1행이 21자로 배열되어 공개되지 않은 개인 소장의 2건이 더 있다.

이후 15세기에는 정부 차원에서 본격적으로 금속활자의 주조와 인쇄술의 개량에 힘

---

29 『大明律』 卷末 ; "付書籍院 以白州知事 徐贊所造刻字 印出 無慮百餘本 時洪武乙亥二月初吉 尙友齋金祗謹識".

30 『高麗史』 書籍店 條, 高麗史節要, "恭讓王四年 置書籍院 掌鑄字印書籍 有令丞".

을 기울였으므로 목활자로 인쇄된 판본은 그리 많지 않았다. 다만 금속활자를 주조하려면 먼저 父字인 목활자를 만들어 주조의 본으로 삼아야 하기에 적지 않은 목활자가 만들어졌을 것임은 충분히 짐작되지만 이를 활용하거나 목활자 인쇄로 발전시킨 예를 찾기는 어렵다.

세종 30년(1448)에는 『東國正韻』을 찍어서 반포할 때 한글과 한자의 큰 글자는 목활자를 사용하였고 자체는 고딕체로 직선의 강한 느낌이 들어 훈민정음 당시의 모습이 반영되어 있는 것 같으며 이때 한자의 글자는 晋陽大君 瑈의 필적이다. 또 단종 3년(1455)에 찍은 『洪武正韻譯訓』에서도 한글과 한자의 큰 자는 목활자로(작은 자는 초주갑인자로) 한글의 경우 직선으로 결구된 동국정운자와 달리 부드러운 필체로 결구되어 있어서 차이가 나며 한글 창제 당시의 초기 형태인 인서체의 유행에서 벗어나 필서체로 변화를 보이고 있다는 점에서 그 가치를 평가할 수 있다.

세조가 등극하면서 왕실 자원에서 불교를 후원하여 여러 종류의 불서가 간행되었고 그와 더불어 언해와 함께 언해본의 간행도 빈번해졌다. 이 시기를 즈음하여 불서를 목활자로 찍어 내어 유통시키기도 하였는데, 그 제작과 장소 등 구체적인 사항은 현재까지 발견된 문헌에서는 확인되지 않는다. 그러나 학계에서는 서체 등에 근거하여 倣乙酉字體木活字로 통용되고 있다. 이 활자본들의 주제별 특징은 불교문헌 가운데 주로 章疏類들이 찍어져 『碧巖錄』이나 『傳法正宗記』 등 현재까지 10여 종이 알려져 있다. 이 활자본들은 목활자 인본인 까닭에 글자의 크기와 모양이 일정하지 않고 획도 太細의 차이가 많지만 전체적인 느낌은 13~14세기 고려 판본들의 서체와 판식과 비슷하다.

다만 15세기 말에는 燕山君 1년(1495)에 仁粹大妃 등 대비들이 성종의 명복을 빌기 위하여 圓覺寺에서 佛經을 대대적으로 간행하고 같은 내용의 跋文을 목활자로 찍어서 책의 말미에 붙였다. 이후 성종의 계비인 貞顯大妃와 덕종의 비인 仁粹大妃 등이 정부의 內帑金과 學祖의 주관에 힘입어 계속 한글과 한자의 목활자를 만들어 국한문본 『六祖大師法寶壇經』, 『眞言勸供』, 한문본 『天地冥陽水陸雜文』 등의 책을 찍어 내었다. '印經木活字'라 불리는 이 활자는 단정한 필서체이며 글씨의 새김도 정확하고 부드럽다.

2) 16세기

16세기 초에는 세종 때 납으로 주조한 금속활자인 丙辰字로 『資治通鑑綱目』(중자는 초주갑인자)을 찍은 후 다시 重刊할 때 大字인 병진자 대신에 이를 모각한 倣丙辰字體木活字를 별도로 만들어 綱目 인쇄에 사용하였다.

中宗 21년(1526)경에 榮川에서 丙子字나 乙酉字風의 목활자가 蒙庵 柳希齡에 의하여 사용되었다.

中宗 33년(1538)에는 호남관찰사로 부임한 金正國(1485~1541)이 都事 金晦伯과 논의하여 錦城에 있던 목활자에 새로 활자를 새겨 보충하여 『性理大全書節要』를 4백 부 찍었다. 이 활자의 이름은 羅州牧의 옛 이름을 그대로 살려 '錦城字'로 부르고 있으며 그 서체는 갑인자와 을해자를 섞어 놓은 것과 유사하고 비록 새김은 정교하지만 보충된 활자의 서체는 앞의 활자보다 거친 편이다. 이 활자로 찍은 다른 인본은 柳希春이 지은 『續蒙求分註』가 있다고 알려져 있다. 동왕 36년(1541)경 한성의 明禮坊에서도 『漢書列傳』을 찍었고 같은 해 10월에 忠州에서도 『忠州救荒撮要』를 石宗元 목활자로 찍었다.

明宗 16년(1561) 5월에는 永川의 臨皐書院에서 사용하던 丙子字體 목활자로 『晦菴書節要』를 찍었다. 그 서체는 필서체이며 전체적인 인면은 가지런하지 못하고 글자 간의 太細 등이 차이가 있고 行列도 고르지 않다.

宣祖 1년(1580) 晋州에서는 崔岦이 『資治通鑑綱目』의 글자를 본떠 목활자를 만들고 『陶隱詩集』과 『十家近體詩』를 찍었다.

또 舒川의 鳴谷書院에서는 선조 14년(1581)에 甲辰字를 닮은 목활자로 『標題句解孔子家語』와 『新刊素王事記』를 찍고 그 권말에 목활자를 새긴 각수의 이름과 교정자, 인출자 등 관계자 이름을 밝혀 두었다. 海州에서도 1564년 柳仲郢이 『朱子書節要』를 찍었다.

16세기 후반에는 중앙이나 지방정부에서 활자로 찍은 출판활동이 주를 이루었지만 그 밖에 私家에서도 사사롭게 만들어 책을 찍은 湖陰雜稿字도 있었다. 이 활자는 鄭士龍(1491~1570)의 문집인 『湖陰雜稿』를 선조 6년(1573)에 찍은 것으로, 서체는 필서체이며 새김이 정교하고 깨끗하다.

宣祖 23년(1590)에 經書字로 찍은 『孝經大義』의 大字는 본문과 다른 목활자로 찍은 것이다. 이듬해인 1591년 南原府에서 印行된 『菊磵集』은 조선 중기의 문신인 尹鉉(1514~1578)의 시문집으로, 저자의 조카인 尹安性(1542~1615)이 남원부사로 재직할 때 유고를 수습하여 편집한 후 목활자를 구해서 3권 2책으로 찍었다.

이와 같이 지방의 官署는 물론 서원이나 사가에서도 목활자를 제작하여 책을 찍는 데 자주 사용하였는데 그 傳本이 많지 않고 더욱이 구체적인 제작과 인출에 관계된 사항을 알기 어려운 실정이다. 당시 平壤(3종),[31] 松都, 晋州, 仁同[32]에서 목활자로 책을 찍어 유통시켰다.

한편 활자의 내력과 찍은 장소나 시기를 정확하게 알 수는 없으나 서체나 형태서지학적인 특징으로 미루어 볼 때 16세기 후반일 것으로 추정되는 科擧 학습용 책들 몇 종이 乙亥字나 甲寅字의 小字와 닮은 작은 서체로 찍어 유통되었다. 그 예로는 『御試策』, 『東國壯元集』, 『東人策選』, 『通鑑』 등이 있다. 또 정확한 출판 기록은 없지만 16세기 후반에 인출되었을 것으로 추정되는 또 다른 서원의 목활자본으로는 川谷書院의 전신인 星州의 迎鳳書院에서 을해자풍 서체의 목활자로 찍은 『迎鳳書院記』가 있다.

그 밖에도 乙酉字의 小字를 닮은 『宋元史略』이나 2종의 『東策精粹』 등도 16세기 말의 목활자 인쇄본으로 추정된다.

實錄의 경우에도 태조-태종, 문종-성종, 중종(일부), 인종, 명종실록까지는 금속활자인 갑인자와 글자체가 유사한 목활자를 제작하여 섞어서 찍었고 세종실록, 연산군일기부터 중종 32년 4월까지는 을해자와 을해자풍의 목활자를 혼입하여 찍었다.

2. 조선 후기

1) 17세기

17세기에는 1592년에 발발하여 수년간 지속되었던 전쟁으로 말미암아 서책의 간행과 배포를 비롯한 문화진흥 정책이 유지될 수 없었던 까닭에 조선 전기에 활발하였던 금속활자 인쇄활동도 쇠퇴하였다. 다만 宣祖 27년(1594) 2월 전쟁에 대응하기 위하여 설치되었던 訓鍊都監에서 17세기 들어 전후의 남는 인력을 동원하여 약 60년 동안 목활자로 책을 찍어 전후의 문화 복구에 기여하였다. 이때 제작된 목활자를 훈련도감자라 하며 이 활자의 서체는 앞서 활용하던 금속활자의 서체를 본뜬 것으로 갑인자체, 경오자체,

31 尹炳泰, 『朝鮮後期의 活字와 冊』, p. 22에서는 평양의 목활자로 1566~1567년경의 활자와 1580년 安平活字, 1589년 匪懈堂活字를 제시하고 있다.

32 尹炳泰, 『朝鮮後期의 活字와 冊』, p. 22 ; 『吳山志』 仁同의 吳山書院 木活字.

을해자체, 갑진자체, 병자자체 등 여러 종류가 사용되었다.

전쟁이 끝난 후 훈련도감은 그 운영이 어려워져 유휴병력을 이용하여 활자를 만들어 校書館을 대신하여 실비를 받고 서책을 찍어 부족한 경비를 충당하였다. 서체별로 볼 때 갑인자체는 선조 36년(1603) 韓孝純이 엮은 『神器祕訣』, 『陣說』 등을 비롯하여 대부분 선조 말기의 인출본과 더불어 光海君, 仁祖朝에 이르기까지 다양하게 나타난다. 대표적인 예를 든다면 경오자체는 光海君 2년(1610)의 『朱文公校昌黎先生集』, 을해자체는 光海君 3년(1611)의 『內訓』, 갑진자체는 仁祖 14년(1636) 인출의 『五峯先生集』, 병자자체는 인조 4년(1626) 內賜된 『皇華集』 등 서체별로 여러 책들을 찍어 내었다.

이 활자의 인본들은 글자의 모양이 바르지 않고 획도 고르지 않으며 인쇄 역시 정교한 느낌이 들지 않는다. 그러나 전쟁 후의 어려운 상황에서 빨리 서책을 찍어 문화와 교육의 부흥에 이바지하는 데 기여한 부분이 많다.

이 훈련도감자와 더불어 시기적으로나 글자의 서체상 구분하기 어려운 목활자로 교서관에서 필서체 목활자로 찍은 책들이 있다. 仁祖 21년(1643) 인출의 『神應經』이나 동왕 26년(1648)에 내사한 『纂圖互註周禮』 등으로 이 필서체 목활자는 임란 이후 교서관을 정상화시키는 과정에서 금속활자 무신자가 주조되어 사용되기 전까지 서책을 찍는 데 주로 사용되었다.

한편 이 훈련도감자의 운용상 특이한 점은 임란 후 內醫院에서 1608년부터 1615년 사이에 별도의 국을 설치하고 醫書를 교정하고 찍어 내었을 때도 사용되었다는 것이다. 활자를 옮겨서 찍었다는 기록은 없으나 글자와 인출 시기를 비교하면 동일한 활자라는 것이 확인된다. 宣祖 41년(1608)에는 『諺解胎産集要』와 『諺解痘瘡集要』, 光海君 4년(1612)에는 『纂圖方論脉訣集成』, 1613년에 『東醫寶鑑』 등 여러 책이 이 활자로 인출되었다.

이와 같이 훈련도감에서 여러 종류의 책을 찍어 내고 유통하는 가운데 정부에서는 전쟁에 헌신한 공신들에게 논공행상을 하고자 功臣都鑑에서 錄券과 會盟錄을 찍어 배포하였다. 이때 제작한 목활자가 功臣都鑑字로 宣祖 37년(1604)에는 十五功臣會盟文, 1605년에는 扈聖, 宣武, 淸難原從功臣錄券을 찍었고, 光海君 6년(1614)에는 定運, 亨難原從功臣錄券을, 인조 3년(1625)에는 靖社, 振武原從功臣錄券과 十七功臣會盟錄, 1628년에는 寧社原從功臣錄券과 十九功臣會盟錄, 1646년에는 寧國原從功臣錄券과 二十功臣會盟文 등을 찍었다.

임진왜란 이전에 『인종실록』과 『명종실록』을 찍을 때 보충한 목활자를 일부에서 實錄

字라고 부르는데 여기에 선조, 인조, 효종의 세 실록을 더 추가하여 부르기도 한다.

光海君 9년(1617) 4월에 인출한 『宣祖實錄』은 앞의 갑인자체와 을해자체 목활자에 새로 새긴 목활자를 혼합하여 찍은 宣祖實錄字本으로, 印面이 고르지 않고 획이 정교하지 않다. 또 孝宗 3년(1652) 2월에 착수하여 1653년 6월에 완성한 『仁祖實錄』을 찍을 때는 여러 지역에서 황양목과 각수들을 징발하였으며 이때 만든 활자인 仁祖實錄字의 서체는 앞의 선조실록자보다 약간 큰 것이 특징이다. 이어 顯宗 1년(1660) 8월에 착수하여 이듬해 2월에 완성한 『孝宗實錄』을 찍은 효종실록자는 『仁祖實錄』의 글자보다 약간 작고 균형이 잡혀 있다.

그 밖에 현존하는 인본으로 볼 때 당시 지방에서 사용되었던 목활자도 여러 종류가 있어서 光海君 1년(1609) 2월에 평양감영의 秋香堂에서 甲辰字를 닮은 목활자로 『儷語編類』, 『自警編』 등을 찍었고 고흥에서도 1616년에 『蘇文抄』를 인출하였다.

仁祖 4년(1626) 8월에는 羅州牧에서 『薛文淸公讀書錄』을 甲寅字體의 목활자로 인출하였으며 동왕 14년(1636) 2월에 洪州地方에서 甲辰字를 닮은 목활자가 사용되었다.

영남지역에서는 光海君 13년(1621) 鄭造(1559~1623)가 경상도 관찰사로 부임했을 때 嶺營에서 文繼朴에게 활자를 새기게 한 후 이 목활자로 鄭造의 선조문집인 『首陽世稿』와 鄭希良(1469~?)의 문집인 『虛庵遺藁』 등을 찍었으며 그 서체는 楷書體로 을해자체 訓鍊都監字風을 띠고 있다.

17세기 후반인 顯宗 6년(1665)에는 소형 필서체 목활자로 『黃驪世藁』를 지방에서 찍었다. 중앙의 교서관에서는 肅宗 14년(1688)에 南龍翼(1628~1692)이 엮은 『箕雅』를 비롯하여 『詩選』, 『柳文抄』 등을 찍었는데, 활자의 재료에 대해서 기록의 혼란 등으로 금속과 나무라는 논란이 많다.

이 시기 특기할 만한 활자는 肅宗 2년(1676)에 安愼徽의 글씨로 된 『捷解新語』 내용 중 일본 문자 부분은 목활자로 찍었으며 丙辰倭諺大字라 부르고 1747년에도 사용되었을 가능성이 크다.

2) 18세기

17세기에 주조되었던 중앙의 금속활자가 18세기에도 校書館을 중심으로 계속 사용되는 가운데 지방의 곳곳에서도 목활자를 제작하여 문집 등의 서책을 활발히 간행하였다.

영조 11년(1735)에는 중앙의 司譯院에서 經書正音字라 부르는 목활자로 8종의 책을 찍어 유통시켰다. 이 활자는 1734년에 司譯院에서 李聖彬 등의 역관들이 四書와 詩傳, 書傳, 春秋의 三經에 대한 중국의 바른 음을 한글로 표기하여 책을 만들고 찍을 때 사용하였다. 글자의 서체는 筆書體이며 기록상에는 鑄字로 나타나지만 찍은 인본을 검토하면 목활자로 판단된다.

영조 19년(1743)에는 校書館에서 인서체의 목활자로 『攷事撮要』를 찍었다.

영조 49년(1773)에는 『通鑑續編』을 찍어 낼 때 주석은 금속활자인 임진자로 하고 綱은 대자로 하면서, 『홍무정운』의 글자를 본떠 만든 것이라 하여 倣洪武正韻大字로 부르는 목활자를 사용하였다.

정조 14년(1790)에는 중국에서 목활자를 수입해 왔던바 庚戌燕貿木字와 辛亥燕貿木字의 2종인데, 이 활자로 찍은 인본은 알려지지 않았다.

순조 14년(1814)에 작성한 『板堂考』 기록에 따르면, 주자소 보관 활자 가운데 정조 15년(1791)과 정조 16년(1792), 두 차례에 걸쳐 중국에서 구입한 활자가 있었고 그 수량까지 나와 있다. 燕貿木字 대자 11,500자와 소자 11,450자(1790), 연무목자 대자 9,600자와 소자 9,900자(1791)가 그것이다.

국립중앙박물관 소장 활자 가운데 이때 수입해 온 활자가 남아 있다. 이 활자들을 중국 활자로 보는 데는 몇 가지 근거가 있다. 우선 조선의 일반적인 목활자와는 달리 규격이 일정하며, 글자체도 조선시대 목활자본에서는 확인되지 않는 것들이다. 특히 腰高字처럼 활자의 높이가 높은 활자는 기존의 다른 활자와 함께 쓸 수 없다. 나무 재질도 정조가 제작한 생생자를 비롯, 조선시대 활자 제작 관련 기록에 주로 등장하는 나무인 黃楊木이 아니라 대추나무이다.[33] 그 인본과 그에 대한 기록이 없는 관계로 확정하기는 어려우나 가능성이 높을 것으로 추정된다.

정조 16년(1792) 6월에는 새로운 활자 제작을 위해 평양으로 활자의 자본을 보냈고 이를 바탕으로 2년 뒤인 정조 18년(1794)에 나무로 生生字가 만들어졌다. 이 활자는 청의 『四庫全書』에 포함되어 있는 聚珍板 『康熙字典』의 글자를 자본으로 삼고 황양목을 사용하여 32만 자를 제작한 것이다. 이 생생자는 후에 금속활자인 整理字를 만드는 본이 되

33 국립중앙박물관 편, 『활자의 나라 조선』, 서울: 동관, 2016, p. 33.

었지만 哲宗 8년(1857)의 鑄字所 화재 때에 다른 활자들과 함께 불타 버렸다.[34] 이듬해인 1795년에는 주자소에서 정리자로 『五倫行實圖』를 찍을 때 한글 부분을 목활자로 만들어 사용하였다.

정조 21년(1797)에는 주자소에서 曹允亨과 黃運祚의 글씨로 '春秋綱字'라 불리는 『春秋』 經文의 大字를 목활자로 만들어 찍었다. 1796년에 초계문신 李書九 등에게 명하여 주희의 『資治通鑑綱目』을 바탕으로 세종 18년(1436)에 편찬된 思政殿訓義 『資治通鑑綱目』의 체제를 따라 經文을 들어내어 綱으로 하고 傳文을 붙여 目으로 만들어 『春秋左氏傳』을 편찬한 것이다. 여기에 사용된 활자는 두 사람 각각의 글씨로 만든 것으로 『春秋左氏傳』 두 종류를 찍었지만 활자는 1857년 화재로 소실되었다.

18세기의 각 시기 및 지역별 목활자로 책을 찍은 사례를 지역과 명칭이나 내력이 밝혀진 것을 중심으로 살펴보면 나음과 같다.

표 1-1 18세기 지역별 목활자 인쇄 사례

연도	지역 및 간행처	서적명	비고
1700년(肅宗 26)	江華	澤齋遺唾	
1710년(肅宗 36)	茂朱	玄洲集	印書體
1712년(肅宗 38)	羅州		印書體
1732년(英祖 8)	漢陽 竹洞	丙午式年文武科榜目	
1740년(英祖 16)	振威 餘洞	原州元氏族譜	黃自顯筆書體字
1753년(英祖 29)	榮州郡	再造藩邦志	
1763년(英祖 39)	漆谷 松林寺	慶州裵氏大族譜	1765년까지 사용
1778년(正祖 2)	淸州	剡溪李先生門人錄	大字
	棱湖齋		倣芸閣印書體
1782년(正祖 6)	白峯書院	南坡先生文集	印書體
1791년(正祖 15)	長興 茶山精舍		筆書體 '魏氏筆書體木活字'
1792년(正祖 16)	平壤 箕營	五山集	筆書體 '箕營筆書體字'
1795년(正祖 19)		鹿門先生文集	聚珍字體
1797년(正祖 21)	尙州		印書體
	木川	[族譜]	筆書體
1798년(正祖 22)	成川	門韶世稿	筆書體 '成川字'
1799년(正祖 23)	露峯書院		印書體

34 현재 국립중앙박물관에는 정리자와 형태가 같은 목활자 글자가 남아 있는데, 이 목활자들이 일부 남아 정리자와 함께 사용되었던 것으로 추정된다.

3) 19세기

국가적으로는 영조와 정조의 문예가 부흥되던 시기에 서적의 출판이 눈에 띄게 많아졌고 주자소나 교서관 등의 중앙출판기관은 물론 각 부서와 지방정부, 지방 문중이나 개인의 사적인 출판에 이르기까지 목판을 비롯하여 금속활자, 목활자도 다양하게 제작되어 문화발전에 이바지하게 되었다.

이러한 앞 시대의 분위기를 이어 19세기 전반에도 중앙과 지방에서 여러 형태의 출판활동이 계속되었다. 특히 중앙에서는 전시기에 사용하던 금속활자들인 壬辰字, 丁酉字를 비롯하여 全史字, 整理字나 校書館印書體字, 韓構字 등의 활자로 책을 찍었으며 그 밖에 지방의 출판과 영향이 깊은 希顯堂鐵字나 後期校書館 筆書體鐵字 등도 많이 사용되었다. 그중 주자소에 보관되어 있었던 금속활자나 목활자 등은 1857년 주자소 화재로 많은 양이 소실되었다가 다시 보충되기도 하였다.

그럼에도 불구하고 활자 인쇄는 19세기 말까지 중앙은 물론 지방에서도 활발하게 전개되었다.

이 시기의 목활자 인쇄활동으로 두드러지는 것은 徐氏木活字로, 순조 6년(1806)에 찍은 梁得中(1665~1742)의 문집인 『德村先生集』을 비롯하여 20세기 초반에 이르기까지 교체되거나 보충되고 다른 활자와 혼입되어 민간의 다양한 책을 많이 찍어 내어 그 인본들이 다수 전하고 있다. 이 활자와 인쇄용구는 1942년부터 국립중앙도서관에 수장되어 있다.

순조 5년(1805) 3월에는 茂長의 禪雲寺에서 필서체 목활자로 『私淑齋集』 등을 찍어 내었고 이듬해인 1806년 4월에는 『旋忠錄』을 인서체 목활자로 인출하였다. 동왕 10년(1810)에는 소형의 굵은 필서체 목활자인 張混字[35]로 『唐律集英』 등을 찍었다.

순조 15년(1815) 4월에는 세로로 길고 글자의 끝이 뾰족한 소위 '聚珍字'를 제작하여, 찍은 곳이 분명하지 않은 『金陵集』, 『海東名將傳』 등을 인출하였다. 이 활자는 南公轍(1760~1840)이 중국풍의 서체를 바탕으로 중간 자와 작은 자를 사사로이 제작한 것이다.

이후 19세기 전반에 걸쳐 각 지방에서는 다양한 서체의 목활자를 만들어 문집, 족보 등의 자료를 찍어 내었다. 이에 대하여 책을 찍어 내는 데 관련된 기록이 있는 자료를 중

---

35 박철상, 「조선후기 목활자 '張混字' 명칭의 재검토」, 『書誌學報』 제31호(2007. 12), pp. 49-50. 이 활자에 대하여 『御定奎章全韻』 등을 근거로 정조 때의 寫字官인 李命藝의 글씨로 비정하였다.

심으로 시기별로 그 사례를 들면 다음과 같다.

표 1-2 19세기 지역별 목활자 인쇄 사례

연도	지역 및 간행처	서적명	비고
1817년(純祖 17)	木川		筆書體
1823년(純祖 23)	松湖書院		印書體
1825년(純祖 25)	漢陽	增註三字經	筆書體
1827년(純祖 27)	永同 九湖齋	慶州裵氏大族譜	
1830년(純祖 30)	玉溪書院		筆書體
	開城		印書體
1837년(憲宗 3)	庇仁		印書體
1842년(憲宗 8)	淸風		筆書體
1849년(憲宗 15)	柄山祠		印書體, 倣整理字
1854년(哲宗 5)	宣川 龍馬所	宣川邑誌	
	大崎祠	李氏兩賢實紀	筆書體
1859년(哲宗 10)	大邱	葵史	印書體
1864년(高宗 1)	大溪書院	隱峯全書	筆書體
1869년(高宗 6)	漢陽 寶光社	金剛經石註	印書體
	義州	顯忠祠誌	宋朝體, 白氏木活字
	古阜	御賜棠溪金公寶硯記蹟	印書體
1873년(高宗 10)	洪州	洪州李氏族譜	
1879년(高宗 16)	羅州		印書體, 茂朱印書體字
1881년(高宗 18)	開城	初庵先生全集	印書體
1888년(高宗 25)	金龍寺	括虛集	印書體
	安邊 釋王寺 內院菴	櫟山集	
	平壤 箕營	鄕禮三選	筆書體
1895년(高宗 32)	耶蘇敎書局	眞理便讀三字經	耶蘇三字經大字
1897년(建陽 2)			倣箕營筆書體字
1898년(光武 2)	安東		倣整理字體

4) 20세기

이 시기에는 종래에 사용하던 금속활자와 목활자를 그대로 활용하고 19세기 중엽에 주자소 화재로 불타 버린 활자를 다시 주조한 금속활자를 비롯해 당시 전존하던 목활자를 이용하여 內閣이나 學部에서 인쇄활동이 계속되었다.

중앙에서 신식 연활자 인쇄가 점차 확산되어 가는 가운데 지방에서는 전통의 목활자 인쇄가 지속되고 있었다. 그중 호남에서는 서씨목활자와 광주 지역에서 필서체 목활자가 자주 사용되었다. 반면 영남에서는 상주나 진주, 산청 등지에서 인서체 목활자를 이용한 문집의 간행이 많았으며 또 성천에서 가져온 五山集字도 사용되었다.

光武 4년(1900)에는 『順庵先生文集』과 대형 목활자로 『金鑑錄』 등을 인쇄하였다. 같은 해 全州의 完營에서 『尤庵先生言行錄』을 인서체 목활자로 찍었다.

1902년 丹山의 隱樂齋에서 『孤松先生遺集』을 찍었고 龍山齋에서도 『淸溪誌』를 목활자로 인출하였다. 같은 해 진주의 校宮에서 인서체 목활자로 『儀節』을 찍었고 울산에서도 邑誌를 찍었다.

1905년 10월에는 『湖南倡義同事錄』을 찍는 데 雲水大板의 필서체 목활자가 사용되었다. 이후 목활자는 개인의 문집이나 집안의 족보를 찍는 데 간헐적으로 사용되어 그 찍어 낸 인본들의 서문이나 발문, 간기 등을 볼 때 가장 늦은 것은 1960년대 말까지 전통인쇄방식으로 조판하고 먹을 발라 인출한 자료들이 존재한다.

제2장

지식정보의 소통과 한국 금속활자 발달사

鑄字所와 校書館

조선시대

조선시대 전 시기 동안 서책을 찍어 내고 배포하는 기관은 중앙과 지방기관 등 다양한 체제로 운영되었다. 대표적인 기관으로 중앙에서는 주자소, 교서관, 책방, 정음청, 수어청, 훈련도감 등을 들 수 있고 지방에서는 감영을 위주로 출판활동이 활발하게 전개되었다. 이 기관들 중 일부에서는 목활자, 금속활자를 주조하거나 제작하여 인쇄에 활용하거나 목판을 판각하여 지역의 다양한 요구에 부응하기도 하였다. 특히 箕營(평양 감영)과 같은 경우 국가가 주도한 금속활자들을 제작하여 중앙의 쓰임에 공여하기도 하였고, 기본적으로 刻手를 지방관아에 상시로 배치하여 둠으로써 중앙에서 보내온 판본을 번각하거나 인근 지역에서 다시 나누어 빠른 시간 내에 판각하여 배포하는 중요한 역할을 수행하였다.

이러한 기관뿐만 아니라 필요에 따라 鑄字都監과 같은 임시관청이 만들어져 시급성이 요구되는 활자주조 사업에 대응하기도 하였고 實錄의 의궤 등을 비롯한 국가적인 필요성이 있을 때에도 별도의 조직이 만들어져 출판에 기여하였다.

이러한 기관 중 가장 대표적인 기관이 주자소와 교서관으로, 두 기관은 역사적으로 고려시대부터 주자를 관리하면서 서책을 찍고 배포하였던 서적점, 서적포 등의 역할을 이어받은 기관으로 볼 수 있다. 다만 조선에 들어서는 새로운 성리학적 국가 체제를 확립하기 위해 교화와 문예 진흥에 관련된 문헌을 수집하고 필요 시 간행하고 배포하여 교육을 확산시키려는 노력의 일환으로 역대 왕들이 중점을 두어 서적 출판 정책을 시행하게 되었다.

제1절
鑄字所

1. 鑄字所의 設立

주자소와 관련한 선행연구를 살펴보면, 유대군[1]은 조선 초기의 주자소 설립과 금속활

1 劉大軍, 「朝鮮初期 鑄字所에 관한 硏究」, 동국대학교 대학원 박사학위논문, 2002.

자를 만드는 기술을 중심으로 연구하였고, 반혜정[2]은 주자소의 기능에 대해서 고찰하였다. 그리고 한동명[3]은 制度史的 측면에서 11~15세기 교서관 제도를 중심으로 韓國의 中世印刷文化를 정리하였다. 김원용[4]은 「李氏朝鮮 鑄字印刷 小史」에서 鑄字所의 설치·활동 등을 집중적으로 검토하였다.

외국인 중 丸龜金作[5]은 조선의 활자 주조소에 대하여 주자소의 설치, 서적의 인쇄, 주자소의 기능 등을 설명하였고, 藤田亮策[6]은 『鑄字所應行節目』에 대해 항목별로 간략한 설명을 제시하였다.

朝鮮을 建國한 太祖 李成桂(1335~1408)는 건국 후 書籍院(書籍鋪)을 설치하고, 그 목적을 다음과 같이 밝히고 있다. 즉, 『增補文獻備考』에서

> 대체로 선비들이 向學하는 마음을 가지고 있을지라도 서적을 얻어 볼 수 없으니 어찌하겠는가! 우리나라는 서적이 적어서 배우는 사람들이 모두 서적을 많이 읽지 못하는 것을 한탄하고 있으며, 나도 이것을 가슴 아프게 여긴 지 오래다. 書籍鋪를 두고 금속활자를 주조하여 모든 經·史·子·集과 시문집·의학서적·군사서적·법전들을 모두 인쇄하여 배우는 사람들로 하여금 누구나 글을 읽게 함으로써 공부하는 때를 놓치는 한탄이 없도록 하려고 한다.[7]

라고 하여 이전까지 주로 목판을 이용해 소량의 책을 찍어 내거나, 중국에서 수입한 한정된 양의 서적으로 유통을 해 왔기 때문에 공급이 수요를 따라가지 못하고 있었음을 언급하였다. 이러한 데는 태조가 나라를 세울 때 자신을 도와준 개국공신들과 더불어 자신의 왕권강화에 후원이 되어 줄 새로운 이념으로서 성리학의 보급과 관련 서적의 출판을 절실히 원하였던 배경이 깔려 있다.

태종은 이와 같은 태조의 이데올로기를 더욱 실천적으로 강화하여 주자소를 설립하

2 潘惠貞, 「鑄字所의 機能에 관한 研究」, 청주대학교 대학원 석사학위논문, 2006.
3 韓東明, 「韓國中世印刷文化의 制度史的 研究」, 경희대학교 대학원 박사학위논문, 1986.
4 金元龍, 「李氏朝鮮鑄字印刷小史-鑄字所를 中心으로」, 『鄉土 서울』 3, 1958.
5 丸龜金作, 「朝鮮の活字鑄造所について」, 『朝鮮學報』 4, 1953.
6 藤田亮策, 「鑄字所應行節目に就きて」, 『書物同好會報』 11, 京城: 書物同好會, 1941.
7 洪鳳漢 等編, 『增補文獻備考』(影印本), 서울: 明文堂, 1985, 歷代書籍, 總論, 朝鮮 條.

였는데, 『太宗實錄』의 기록에 그 동기가 강하게 나타난다.

> 새로 鑄字所를 설치하였다. 임금이 본국에 서적이 적어서 유생들이 널리 볼 수 없는 것을 염려하여 주자소 설치를 명하고 藝文館大提學 李稷·摠制 閔無疾·知申事 朴錫命·右代言 李膺으로 提調를 삼았다. 內府의 銅鐵을 많이 내게 하고, 또 대소 신료에게 명하여 자원해서 동철을 내도록 하여 그 용도에 이바지하게 하였다.[8]

이러한 목적으로 설치한 주자소에서 역점을 둔 사업은 역시 금속활자의 주조와 이를 이용한 서책의 간행이었다. 權近은 癸未字 鑄字跋에서 주자소 설립 동기와 금속활자 주조의 장점과 타당성을 다음과 같이 자세히 기록하고 있다.

> 永樂 元年(1403) 봄 2월에, 전하께서 좌우의 신하에게 이르시기를 대저 나라를 다스리고자 하면 반드시 널리 서책을 보아야 한다. 그런 뒤에야 모든 이치를 추구하고, 마음을 바르게 하여 몸을 닦고, 家道를 정연히 바로잡고, 나라를 잘 다스리고, 천하를 태평하게 할 수 있을 것이다. 우리나라가 중국 바다 건너 있어 서적이 드물게 이르고, 판각한 판본도 쉽게 훼손되며, 또 천하의 서적을 다 간행하기는 어려운 것이다. 내가 銅으로 활자를 만들어 서적을 얻는 대로 반드시 이를 인쇄하여 그 배포를 널리 하고자 하니, 진실로 무궁한 이익이 될 것이다.[9]

즉 太宗이 주자소를 만든 목적은 기존에 사용하던 목판을 찍어 부족한 서적을 충당하기도 어렵고, 중국에서 새롭게 간행되는 책을 전부 새겨 찍기도 어려우므로 금속활자를 주조하여 활자판 인쇄의 장점을 살려 서적의 종수를 늘리고 배포하는 데 있었다.

---

8 『太宗實錄』 卷5, 太宗 3年 2月 庚申 條.

9 權近, 『東文選』 卷103, 跋語類, '鑄字跋' 條.

1) 鑄字所의 설립 배경

(1) 사상의 변화

고려 후기 安珦(1243~1306)에 의해 성리학이 보급됨에 따라, 조선 건국 초 불교문화는 점점 쇠퇴하기 시작했다. 건국 초기 불교의 폐단을 막고 유학을 건국이념으로 하여 국가의 기초를 확립하기 위해 연등회 및 팔관회 등의 불교 행사가 초래하는 경제적인 패악과 구시대의 정치 세력을 무력화하는 데 목적을 두고 불교 정비 사업이 진행되었다.

그 後 조선에서 유학은 정치·경제·사상·문화 전 분야에 걸쳐 사회를 지탱해 주는 중추적인 역할을 하게 되었다. 한편 이러한 목적 달성의 수단이 되는 성리학을 보급하기 위해서는 유생들이 학문을 닦아 발전시키는 것이 급선무로, 이를 위해서는 서적을 다량으로 신속하게 발간하고 보급해야만 했다.

(2) 性理學의 유행

성리학은 송나라의 朱熹가 二程의 학설을 바탕으로 하여 발전시킨 학문으로, 朱子學이라고도 하며, 중국에서 짧은 시기에 빠르게 성장하여 당시 사회의 주요한 사상을 형성하였다. 이러한 사상은 고려 후기 새로이 등장한 사대부 세력을 통해 元에서부터 전래되었는데, 우리나라에 처음으로 도입될 때 성리학을 전파한 대표적인 인물로는 고려 후기 安珦(1243~1306)을 들 수 있다. 그 후 白頤正, 權溥, 禹倬 등에 의해 연구와 보급을 통하여 확대되었고, 이후 李齊賢(1278~1367), 李穀(1298~1351)과 그 아들인 李穡(1328~1396) 등에 의해서 본격적으로 수용되었던 까닭[10]에 성리학은 점차 사람들의 관심을 끌게 되고 새로운 국가이념으로 받아들여지고 정착할 수 있었다. 성리학은 전통적인 유학과 비슷하게 君臣, 父子 등의 인간관계를 주요한 대상으로 삼았으며, '三綱五常'을 기본적 도덕규범으로 삼았다. 그러나 전통적 유학과는 다르게 성리학자들은 우주와 인류의 근원에 대해 연구하는 데 목적을 두고 조화와 통일을 강조하였다. 여말선초 이와 같은 새로운 가치관의 등장과 사상적 변화는 당시 유행하던 佛教教理, 詩文, 訓詁와는 많은 차이가 있었고, 이를 뒷받침하는 학문의 경향 변화는 새로운 서적에 대한 수요와 독서경향에 영향을 주었으며 새 시대에 맞는 중국의 신간 서적 도입, 간행과 배포에 대한 요구가 급격히 늘게 되고

---

10 정재훈, 『조선전기 유교 정치사상 연구』, 서울: 태학사, 2005.

종류 또한 다양하게 바뀌고 증가하게 되었다. 이런 변화는 주로 성리학 서적이나 당시까지 주목받지 못했거나 중시하지 않던 주제 분야 서적에서 나타났다.

이러한 성리학의 도입과 빠른 발전은 지식인의 관심을 크게 불러일으켜 성리학 서적에 대한 수요 증대를 가져왔다. 여말선초의 학풍 전환으로 인하여 지식층은 다양한 서적에 관한 수요가 이전 시대에 비하여 활발하게 신장되는 변화를 가져오게 되었다.

한편 당시에 간행되었던 금속활자 인본을 살펴보면『宋朝表牋總類』등과 같이 국가의 통치·경영과 관련된 서적이나 기본 교육서, 외교 서적 등이 기본을 이루고 있었다.

2. 鑄字所의 기능과 조직

1) 鑄字所의 기능

(1) 서적 편찬

조선 초기 국가에서 주도한 서적의 편찬과 印出, 소장 및 관리에 이르기까지 일련의 과정들은 왕명에 의해 결정되었던 까닭에 서적 편찬 방법도 太宗 代 이전의 都監이나 修撰所 등의 임시 관사를 설치하고 문신을 모아 主管者를 임명하고 일을 맡게 하였다. 일례로 태조 3년 7월에는 음양책정도감을 설치하고 정도전으로 하여금 地理 圖讖 서적을 修撰케 하거나[11] 또 太宗 7年(1409) 8월에는 修撰所를 설치하고 河崙으로 하여금 續六典 편찬을 주관케 하였다.[12] 이후 世宗朝의 서적 편찬도 주로 학술적 기관인 집현전에서 이루어졌음은 주지의 사실이다.

(2) 서적 印出

조선 초기의 서적 인쇄는 鑄字所가 중심이 된 활자인쇄로, 太宗 때 계미자 주조를 시작으로 世宗 때 庚子字, 甲寅字가 계속 주조되어 활자인쇄가 활발하게 이루어짐에 따라 서적의 보급도 전보다 훨씬 원활하였다.

---

11 『太祖實錄』卷6, 太祖 3年 7月 己酉 條.

12 『太宗實錄』卷14, 太宗 7年 8月 己亥 條.

주로 대상이 된 서적은 集賢殿에서 편찬한 서적이나 국내에서 수집된 개인의 저작, 지방에서 진상하는 서적, 중국에서 수입된 서적이었으며, 목판 중 보관되어 있는 것은 그것으로 인쇄하고, 없는 것은 鑄字로 인쇄하였다. 다만 주자로 인쇄할 수 없는 특수한 서적은 목판본으로 인출하게 하였으나 문서 형식의 表箋, 策問 등은 鑄字로 인쇄·배포하는 것이 효율적이었다.

(3) 서적 頒賜 및 판매

조선 초기의 활판인쇄는 활자의 주조 기술과 조판 기술의 미숙함으로 말미암아 소량 인쇄에 그치는 수준이었다. 따라서 인출된 서적 대부분을 왕실과 중앙 관사에 우선 분배하고, 제한된 신하들에게 頒賜할 수밖에 없으므로 국가의 전반적 운영을 위한 기본 수요를 충족시키는 데는 그 보급이 미치지 못하는 상태였다.

세종 때부터는 서적을 내려 줄 때 內賜印을 찍고 頒賜記를 작성하였다. 서책 인쇄가 끝나면 먼저 내려 줄 대상자를 선정하고 頒賜할 때, 경우에 따라서 그 숫자를 증감하였다. 그러나 인출량이 적어 頒賜에는 항상 제약이 따랐고, 국가 차원의 보관을 최우선적 방침으로 삼았기 때문에 문신을 제외한 일반인들은 서적을 구하기가 어려웠다. 그러나 학문 진흥 정책과 유학자들의 요구 수요를 충족시킬 목적으로 주자소에서 간행된 책을 판매하는 방안이 설립 초기부터 논의되었으며, 이후 일반인들에게 서적을 보급하기 위하여 교서관에서 인출한 서적을 대상으로 따로 官을 두어 종이, 쌀, 콩 등을 받고 판매하고 그 돈으로 서적을 더욱 많이 보급하는 데 힘쓰기도 하였다.

(4) 활자 주조

太宗 3年(1403) 2월에 주자소를 설치하고 금속활자를 주조한 이래 여러 왕들은 관심을 기울여 활자인쇄를 발전시키고 개량하여 학문과 출판문화를 활성화하는 바탕을 마련하였다. 1403년 癸未字를 시작으로 전쟁으로 인하여 활자인쇄가 마비되었던 임진왜란 전까지 주조된 주요 활자는 庚子字(1420), 甲寅字(1434), 丙辰字(1436), 庚午字(1450), 乙亥字(1455), 丁丑字(1457), 乙酉字(1465), 甲辰字(1484), 癸丑字(1493), 丙子字(1516), 庚辰字(1580) 등이며 이들 활자로 간행한 책의 종류만도 수백 종이나 된다.

(5) 板木과 鑄字 관리

鑄字所의 중요한 기능으로는 활자의 주조와 서적 인출, 서적 頒賜 외에도 판목과 활자의 관리를 들 수 있다.

世宗 17年(1435) 9月에 鑄字所를 景福宮 內로 이전한[13] 후 舊鑄字所는 木板庫로 쓰고, 이전한 곳에서는 활자를 관리토록 하였다. 그리고 2品 이상 1인, 承旨 1인을 提調로 삼아 校書校理와 參外 2~3명이 나누어 관장하게 하고 교체될 때에도 그 사유를 자세히 기록하여 주고받도록 하였으며, 이를 일정한 法式으로 삼도록 하였다.[14]

(6) 장서와 문서 印出

주자소는 활자 주조, 서적 인출, 목판 관리의 주 업무 외에 수집된 책과 인출된 많은 서적을 관리하는 등 도서관적 기능도 갖고 있었다고 추정된다.

주자소는 왕명에 의해 문서를 인출하는 기능을 가지고 있었다. 世宗 13年(1431) 1월 21일에 吏文謄錄 속의 年例를 除한 緊要文書를 가려 뽑아 鑄字所로 하여금 印出하게 하였고,[15] 同年 6월에 恤刑의 敎旨를 내려 鑄字所에서 印出하여 中外에 하사하였다.[16] 그리고 世宗 15年(1433)에 柳義孫이 왕명을 받들어 편찬한 誡飮酒의 敎書를 내려 鑄字所에 명하여 中外에 하사했다[17]는 기록과 世宗 30年(1448)에 量田算計의 법을 정하여 鑄字所로 하여금 이를 印出 頒用하게 했다[18]는 기록이 이를 뒷받침한다.

2) 鑄字所의 조직

조선 건국 후 高麗의 祕書省이 하던 역할을 校書監과 書籍院을 설치하여 서적의 간행 업무를 이원체제로 운영했으나, 효과를 거두지 못하자 태종은 이를 통합하여 校書館이라 하고, 太宗 3年(1403)에 주자인쇄 업무를 전담시킬 鑄字所를 설치하였다.

그러나 鑄字所는 기능적으로는 校書館의 分司 형태로 임시 운영되었던 까닭에 『經國

---

13 『世宗實錄』 卷70, 世宗 17年 9月 庚辰 條.
14 『世宗實錄』 卷70, 世宗 17年 10月 丁巳 條.
15 『世宗實錄』 卷51, 世宗 13年 丙戌 條.
16 『世宗實錄』 卷52, 世宗 13年 6月 甲午 條.
17 『世宗實錄』 卷64, 世宗 15年 10月 丁丑 條.
18 『世宗實錄』 卷120, 世宗 30年 1月 庚午 條.

大典』의 정식 衙門에 편입되어 있지 않았고 그 직제와 관원도 정해지지 않았다.

太宗, 世宗 代는 校書館 제도를 바꾸지 않고 주자소에서 활자의 주조, 서책의 印出, 頒賜의 업무를 맡게 하고, 교서관 관원으로 하여금 주자소의 업무를 함께 맡도록 한 결과 주자소는 따로 직제와 관원을 둘 필요가 없었다. 다만 太祖 元年에 설치된 書籍院의 관원이 令 1명과, 丞 2명, 司吏 2명이었던 것으로 보아 태종이 만든 鑄字所도 비슷한 직제로 이루어져 있었을 것으로 추정될 뿐이다.

태종이 처음 주자소를 설치할 당시 大提學(正2品) 李稷을 비롯한 4명을 提調로 두고,[19] 世宗 3年(1421)에는 庚子字의 주자 동판을 개량할 때 별도로 李蕆과 南汲을 提調로 임명하였으며,[20] 同王 14年(1432)에 庚子字 주조 시 鑄字와 銅板의 改良에 경험이 있는 李蕆, 金益精, 鄭招 등에게 새로운 활자 주조 업무를 맡겼다.[21] 그리고 世宗 16年(1434)에 甲寅字를 주조할 때도 따로 李蕆, 金墩, 金鑌, 蔣英實, 李世衡, 鄭陟, 李純之 등을 提調로 임명했다.

이와 같이 주자소의 기본적인 조직이나 직제는 활자를 개량하거나 새로이 활자를 주조할 때에만 업무를 감독하는 자를 따로 임명하고, 주자소의 관원은 그 필요에 따라서 교서관에서 충당시키고 주어진 업무가 끝난 후엔 몇 명의 관원만을 유임시켜 鑄字를 관리토록 하였다.

그 후 世宗 17年(1435)에 주자소가 경복궁으로 이관될 당시 承旨 2인에게 그 업무를 담당케 하였는데, 이것이 주자소의 祿官을 정식으로 임명한 최초의 기록이다. 世宗 18年(1436) 10월 7일에는 주자소의 책을 인쇄하는 기능이 중요하므로 口傳衙門의 예에 따라 담당자를 提擧, 別坐라 칭하고 提調로 하여금 평가하여 만기까지 근무하고 2人을 久任으로 정하여 30개월에 체차되도록 하였다.[22] 그리고 世宗 19年(1437) 9월 9일에도 鑄字所와 軍器監의 구임이 각각 두 사람씩 예전대로 하라는 기록이 있는 것을 보면 주자소의 官員은 2명이었을 것으로 추정된다.

世宗 25年(1443) 6월 21일 吏曹에서 주자소의 提擧와 別坐는 다른 기관의 예대로 一週

---

19 『太宗實錄』 卷5, 太宗 3年 2月 庚申 條.
20 『世宗實錄』 卷11, 世宗 3年 3月 丙戌 條.
21 『世宗實錄』 卷18, 世宗 14年 10月 壬子 條.
22 『世宗實錄』 卷75, 世宗 18年 10月 己巳 條.

年을 기다려 서용하기를 청하므로 따랐다.[23]

그리고 世宗 30年(1448) 7월 20일에는 의정부에서 吏曹의 첩정에 의거하여 아뢰기를 口傳衙門 중 推刷色과 詳定所 등 다른 아문에서의 별감 칭호가 주자소에서만은 提擧로 칭하고 있는 것은 부당하니 '提擧'를 혁파하고 '別坐'로 호칭을 바꾸게 하였다.[24] 이는 同王 18年에 提擧와 別坐를 따로 설치하고 평가한다던 정책이 바뀐 것이다.

文宗 元年 7月에 司憲府에서 啓를 올리기를, 주자소는 반드시 문신이 맡는 것이 구례인데 문신이 아닌 金永湔·鄭永通 등이 맡는 것은 安平大君 李瑢과 연관되어 직임을 받았기 때문이며, 비록 일이 많을 때도 7인에 지나지 않는데, 일이 없는데도 불구하고 두 사람을 더 두는 것은 구법에 어긋난다[25]고 하였다.

이것으로 보아 시기는 정확하지 않지만, 世宗 20年 이후 주자소의 관원이 최대 7명으로 증원된 때도 있었던 것으로 보인다.

또 文宗 2年(1452) 4월 여러 도감의 하급 기술직이 사무가 긴요하지 않음에도 정원의 수가 많아 일괄적으로 줄일 때 주자소도 함께 별좌 7명 중 2명을 감원한 것[26]으로 보아 주자소의 관원은 필요에 따라 그 수를 임의로 조정하였던 것 같다.

이 밖에 鑄字所에는 필요한 雜職官과 工匠도 두고 있었다. 그중 書員은 實差官이 15명, 預差 9명 모두 24명이었는데,[27] 이것도 부족하여 世宗 24年(1442) 10月에 10명이 증원되어[28] 34명에 이르렀다. 그 밖에 工匠의 수는 명확하지 않으나 문종 즉위년에 儒臣들과 正音廳에서 행하고 있는 서적 인출의 폐단을 이야기하던 가운데 右承旨 盧叔仝은 주자소로 서적의 일을 모두 이룰 수 있는데, 冊房까지 두어 그곳에 있는 관원들의 숫자가 많고, 그 일의 실효가 높지 않으므로 책방을 혁파하자[29]고 건의하였다.

端宗 2年(1454) 5월 2일에 『世宗實錄』을 편찬·간행하던 때의 鑄字所 書吏 黃文 등 3인에 대하여 매 1일마다 別仕 셋을 주고 근무일수가 찬 뒤에는 取才하지 않고 東班에 서용

23 『世宗實錄』 卷100, 世宗 25年 6月 甲辰 條.
24 『世宗實錄』 卷121, 世宗 30年 7月 甲辰 條.
25 『文宗實錄』 卷8, 文宗 1年 7月 15日 辛亥 條.
26 『文宗實錄』 卷52, 文宗 2年 4月 丙寅 條.
27 『世宗實錄』 卷52, 世宗 13年 4月 乙未 條.
28 『世宗實錄』 卷98, 世宗 24年 10月 壬辰 條.
29 『端宗實錄』 卷6, 端宗元年 5월 乙丑 條.

하게 하였다.[30]

그리고 文宗이 정음청의 鑄字와 工匠을 주자소에 모두 돌려보냈다고 한 점[31]으로 보아 많은 수의 기술자가 있었음을 알 수 있다. 그리고 書員과 工匠 이외에도 서적을 粧冊하고 판목을 刻字하는 승려도 상당수 있었던 것 같다.

이러한 주자소의 직제와 그 변천은 주로 실록과 같은 사료에서 확인할 수 있지만 상설의 기구 외에도 활자를 만드는 기구는 鑄字都監과 같이 필요 시 임시로 만들어 운영되는 경우도 많았다. 따라서 이러한 경우 사료에는 언급이 없으나 개인의 문집 등에서 일부 확인할 수 있다.

즉, 金正國(1485~1541)의 『思齋集』 권2에 따르면 "李弘胤과 鑄字監에서 함께 일한 것이 이미 20년 전 일이고, 鑄監의 일을 함께한 지 10년이 넘었다. 동시에 종사한 자는 6, 7인이었다."[32]라는 기록과 그의 생몰년을 살펴볼 때 中宗 11年(1516)에 설치된 鑄字都監에서 일을 했던 인물임을 추정할 수 있고, 그 당시 鑄字都監의 인원은 6, 7인 정도였음을 추정할 수 있다.

또, 白光勳(1537~1592)의 경우 그의 문집인 『玉峯集』 別集에서 "庚辰年(1580)은 公의 나이 44세이던 4월에 禮賓寺參奉 兼鑄字都監 監造官에 제수되었다. 또 당시 주자도감에 朴淳(1523~1589)도 함께 근무하였다."[33]는 기록이 있고, 金貴榮의 『東園先生集』 卷1에는 "鑄局을 열어 봉록을 넉넉하게 주었으며 甲寅字로 庚辰字를 만들었으니 先哲의 功이 後聖의 功으로 빛났다."[34]고 되어 있으며, 卷4에는 "庚辰年(1580)에 호조판서로 內局活字를 改鑄하고 서문을 지었는데 특별히 崇政을 더하여 右贊成을 제수했다."[35]고 한다. 이는 庚辰年(1580)에 재주갑인자를 주조할 때 金貴榮과 더불어 白光勳이 '鑄字都監 監造官'으로 일에 참여하였음을 알려 준다.

이상과 같이 주자소는 『經國大典』에 正式衙門으로 편입되어 있지 않은 관계로 그 직

---

30 『端宗實錄』 卷11, 端宗 2年 5月 壬子 條.

31 『文宗實錄』 卷4, 文宗卽位年 10월 戊戌 條.

32 金正國, 『思齋集』 卷2, '書簡尾復蘇彦謙'
…與李弘胤同事于 鑄字監已在二十年前同時從事子六七人…鑄監同事十年强…

33 白光勳, 『玉峯別集』 36面
庚辰 公四十四歲 四月并禮賓寺參奉 兼鑄子都監監造官..按朴思菴淳與公書曰…歲庚辰與公先君 從事 鑄字都監…

34 金貴榮, 『東園先生年譜』 卷1, …命重臣開鑄局…甲寅字作庚辰字先哲功光後聖功…

35 金貴榮, 『東園先生年譜』 卷4, …庚辰以戶判改鑄內局活字 撰序文 特加崇政并右贊成

제와 정원이 정해져 있지 않았지만, 초기에는 承旨 2명으로 활자를 관리하게 했고 점차 서적 인출 사무가 주자소를 중심으로 이루어지면서 교서관원의 파견 근무자 이외에도 업무량에 따라 별좌 등이 증감되었으며 또한 이에 따라 많은 인원의 雜職官, 工匠과 僧까지 동원되고 있었다.

그리고 『經國大典』에 나오는 校書館의 직제는 冶匠 6명, 활자를 조판하는 기술자인 均字匠 40명, 책을 찍어 내는 印出匠 20명, 글자를 새기는 刻字匠 14명, 주물 기술자인 鑄匠 8명, 彫刻匠 8명, 木匠 2명, 紙匠 4명으로 되어 있으며, 鑄字所도 校書館의 屬司로서 임시기능을 하고 있기 때문에 그 직제 또한 교서관의 범위에서 이루어졌을 것으로 추정된다.

3. 鑄字所의 變遷

鑄字所는 조선 초기 1403년에 태종이 설치한 기관으로, 활자 주조나 서적 인쇄 업무를 담당하였다. 국가 차원에서 중앙관서가 주자 인쇄 업무를 한 것은 고려 때의 書籍鋪가 처음이었으며, '書籍'의 명칭이 관서 이름에 처음 붙은 것은 문종 때 설치된 서적점부터이다.

초기에는 錄事 2인이 임시로 업무를 담당하고, 그 밑에 吏屬으로 記事, 記官, 書者 각 2명을 두어 실무를 맡게 하였던 것으로 미루어, 서적의 인출을 담당하던 秘書省의 分司와 같은 역할을 했던 것으로 추정된다.

서적점은 설치된 후 여러 번 변화가 있었으나, 고종조까지 존속하며 서적을 인출하여 유통시키는 업무를 하였다. 당시 崔瑀는 林椿의 『西河文集』을 서경에 보내어 새기게 하고 그 판을 개경의 서적점으로 보내어 보관하고 인출하여 보급하였다. 그 당시 인쇄기관에서는 목판을 새기고 인출할 뿐 아니라 鑄字 印刷 기술도 가지고 있었다. 몽고의 침입에 의하여 강화로 천도하기 전 13세기 초 개성에서 鑄字 印刷한 『南明泉和尙頌證道歌』는 1239년(고종 26)에 목판으로 重彫한 책이 전하고 있는 사실로 보더라도 이미 당시 개성에서는 어느 정도로 숙련된 단계의 금속활자 인쇄가 이루어졌을 것으로 추정되고 있다. 또 『詳定禮文』을 손쉽게 인쇄하여 여러 기관에 나누어 소장하는 등 지속적으로 활자 인쇄가 이루어졌으나 元의 정치 간섭이 심해지자 주자 인쇄는 그 기능을 다하기 힘들었을 것으로 생각된다.

이와 같은 이유로 비서성은 忠烈王 24年(1298)에 祕書監으로, 1308년에 다시 典校署로 명칭이 바뀌고, 그 기능이 축소됨과 동시에 書籍店·右文館·進賢館 등과 藝文春秋館으로 倂合되고 縮小되었다.

고려 말기가 되자 元을 배척하는 사상이 커지고, 주권을 찾아야겠다는 의식이 높아짐에 따라, 書籍鋪를 두어 책을 鑄字로 인쇄해 학문을 증진시켜야 한다는 논의 중에서 가장 대표적인 것이 鄭道傳의 『三峰集』 중의 '置書籍鋪詩幷書'이다. 그 이후 1392년(공양왕 4)에 다시 書籍院이 설치되고, 주자 인쇄를 위한 직책인 令과 丞이 나타나게 된다.

조선이 건국된 이후에도 고려의 法制와 官制를 따랐으므로 書籍院의 명칭도 그대로였고, 그 職制도 같았다. 하지만 왕조 교체의 혼란기였기 때문에 문화 창달의 여력이 미치지 못하여 鑄字 印刷를 유지하지 못하였고, 목활자나 목판으로 중요한 문서나 서적만을 찍어 사용한 것으로 추정된다.

太宗 때에 이르러 왕권이 안정되자 개국 후 설치하였던 祕書監을 校書館으로 개칭하고 書籍院을 합쳤다. 유교를 숭상하는 정책을 강력하게 펼치기 위해서는 다양하고 많은 양의 서적을 보급할 필요가 있었기 때문에 즉위 2년 후인 1403년에 承政院 직속으로 鑄字所를 설치하고 활자를 주조하여 완성된 것이 癸未字이다. 주자소는 조선 초기에 한성의 남부 훈도방[36]에 있었다가, 世宗 17年(1435)에 경복궁 안으로 자리를 옮겼다.

단종 1년 5월에 尹誠源은 초기의 주자소가 궐 밖에 있었으나, 궐내로 옮긴 것은 안팎의 일을 편하게 하고자 함인데, 이때에 이르러 주자소의 부분적인 기능을 수행하는 冊房을 다시 세워 工匠과 使令을 두 곳으로 나누어 일을 시키는 폐단이 발생하므로 속히 혁파할 것을 주장하였다.[37]

이후 주자소는 文宗 即位年(1451)에 世宗의 죽음을 애도하기 위해 大君들이 佛經을 찍어 내던 것을 儒臣들이 반대하자 5개월간 잠시 폐지하기도 하였다. 그리고 2년 뒤인 1453년에는 불경을 찍어 내기 위해 만들어진 冊房을 합병시켰다.

---

36 『薰陶坊鑄字洞志』 中. 청계천의 남쪽인 남산 자락은 가난한 선비들의 땅이었다. "薰陶坊 땅은 偏在하고 도로는 나쁜 데다가 조시장은 멀고 적막무료하다."

37 『端宗實錄』 卷6, 端宗 1年 戊午 條.

그 뒤 世祖 6年(1460) 5월에 校書館으로 소속을 옮기고 校書館을 典校署라 개칭하였다. 그것은 주자인쇄 업무가 본래 校書館의 업무인데, 그 업무의 중요성에 따라 확장 설치한 것이므로 합속시킨 것이다.

조선시대 전반에 걸쳐 활자를 주조할 때는 통상적으로 鑄字都監을 임시로 설치하거나 지방감영 또는 守禦廳 등에 명하여 만들었지만, 그 주자는 교서관으로 보내져 인쇄에 사용되었다. 이와 같이 주자소는 교서관에 합속 운영되어 오다가 정조 때에 이르러 조선 초기와 같이 따로 설치하여 분리 운영되었다.

정조는 규장각을 설치하여 내각으로 삼고 교서관을 외각으로 삼아 편찬업무를 발전시켰으며, 正祖 18年(1794) 창경궁의 예전 弘文館 자리에 주자소를 새로 설치하고 監印所로 개칭하였으나, 이후 太宗의 뜻을 기려 鑄字所로 개칭하였다.[38]

이후 春坊과 桂坊의 直所가 연이어 들어와 자리 잡은 뒤로 주자소를 옮겨 설치할 필요가 생겨, 正祖 24年(1800) 윤4월 13일(乙丑)에 直提學 李晩秀가 주자소를 儀仗庫로 옮겨 설치할 것을 건의하여, 弘化門 오른쪽 翼廊의 의장고 大廳과 東北衛將所 및 御營軍番所 등 도합 10여 칸의 차지가 논의되고 시행되었다.

이때 옮긴 주자소의 부속 건물은 새로 찍은 책들을 보관하던 十字閣庫와 宣人門 쪽으로 연결된 행랑이며, 책을 찍기 위해 새긴 목판과 활자 인쇄에 필요한 각종 인쇄도구를 보관하던 板堂이 포함되어 있었다.

정조 때 復設되어 그 기능을 원활하게 수행하던 주자소가 궐내의 공간조정으로 인하여 부득이 옮겨지게 되고 또 시간이 지남에 따라 관리도 소홀해져 이를 개선하기 위하여 몇 가지 방안이 모색되었다. 즉 『內閣日曆』[39] 1801년 10월 6일의 金祖淳이 올린 글에 따르면 주자소는 守直하는 사람이 없고, 주위에 東北衛將部將과 忠壯, 忠翊의 兩衛와 別將廳으로 둘러싸여 있기 때문에 이 네 곳의 담당자로 하여금 주자소의 수직

38 『正祖實錄』卷41, 正祖 18年 戊寅 條.

39 『內閣日曆』純祖 1年 10月 6日
金祖淳所啓 城役義軌 今已竣役 鑄字所別無緊關故 姑爲撤罷鑄字穀則 日前本營提調已爲稟目 請得移屬本營 今無更論 本所所在內下書册及 鐵鑄字木鑄字册板等屬 仍舊藏置板堂 及庫中其他紙物 與各種會計 付之內閣 員役則書吏 還歸閣中 其他下隷則 臣於退出之後 與閣僚相議 姑爲付之內閣 以爲目下使用 有闕勿補旣有所藏弃則 不可無守直而 本所未設之前 東北所衛將部將 入接於此處 忠壯忠翊兩衛今亦權接於局 別將廳 臣意則 此四處直所還接於鑄字所諸處 兼爲守直 書册及鑄字册板等屬 閣吏五日一次輪回看審 有無事 來告入直閣臣之地似好 故敢此仰達矣 上曰依爲之 祖淳曰 此不必出擧條 直爲口傳分付 於兵曹好矣.

그림 2-1 동궐도 내의 주자소[40]

을 겸하게 하는 것이 바람직하다고 건의하였다. 더불어 書冊, 鑄字, 冊版 등은 閣吏가 5일에 1번씩 輪回하여 그 유무를 入直閣臣에게 보고하는 것이 좋겠다는 방안을 제시하였다.

이러한 시행에 대하여 김조순은 따로이 규정을 만들지 않고 兵曹에 口傳하는 것이 좋을 것이라는 기록에서, 옮겨 설치한 주자소의 규모와 관리방법을 구체적으로 제시하고 있음을 볼 수 있다.

『내각일력』 純祖 5年(1805) 4月 27日과 28日 양일간에 걸쳐 순조와 朴宗薰은 주자소와 궁중의 서적보관처와 보관제도에 대하여 여러 가지 논의를 하였다. 그중 주자소의 서책을 어느 곳에 두고 있는가라는 물음에 박종훈이 十字閣庫 안에 두고 이 모두 새로 찍은 책자이므로 새로 찍은 후에 봉함해서 소장했기 때문에 포쇄는 하지 않았다고 하였다. 또 혹 비가 새기 때문에 손상이 많아 신하들이 항상 걱정하고 있으나 그것을 해결할 좋은 방법이 없다고 답하였다.

이러한 답에 대하여 왕이 西庫와 宜春門庫 중 어디에 이장할 수 있는가라고 질문하자 두 곳으로 나누어 옮겨 수장하는 것이 주자소에 두는 것보다는 낫다고 하였지만, 주자

40 文化部 文化財管理局, 『東闕圖』, 1991.

소가 너무 좁다고 하므로 순조는 주자소의 책자가 모두 몇 권이나 되는지 목록을 살펴 보고 보고하라고 지시하였다. 이러한 지시에 따라 박종훈이 보고하기를 『四部手圈』 100여 건이 있는데 목록에는 수록되어 있지 않다고 하였다.

위와 같은 문답에 따르면 주자소에는 별도의 장서목록이 있었고, 신간과 구간을 별도로 관리하였음을 알 수 있다.

그러나 이러한 노력에도 불구하고 관리가 제대로 되지 않았는데, 『鑄字所應行節目』에 따르면 주자소는 교서관에서 관리하는 곳이지만 서로 떨어져 있고, 당시 책을 인출하는 일이 없고 소장하던 書籍, 冊版, 鑄字와 제반 물품들도 관리하지 못해 비가 스며들고 좀먹은 것 또한 많아 따로 절목을 만들어 영구히 지킬 것[41]을 제시할 정도로 관리가 어려운 상태였다. 이에 純祖 14年(1814)에 절목을 만들어 운영 규칙을 제정하였으나, 시간이 지나도 여전히 관리의 허술함을 면치 못하였다.

그 후 43년이 지난 哲宗 8年(1857) 1월 10일의 『內閣日曆』[42]을 보면 李公翼은 주자소의 대청과 판당이 다년간 버려두어 폐허가 되어 가고, 鑄字도 점차 잃어버리는 상태가 되었으므로 부득이 鑄字樻 일체를 보수할 것을 해당 부서에 지시해 달라고 건의하여 받아들여지도록 하였다. 당시 전체적인 관리정비와 활자 보관상자의 보수가 이루어졌는지는 알 수 없지만, 오히려 그해 10月 15日에 殯殿都監의 假家에서 시작된 불이 번져 宣仁門과 東北所·部將廳·衛將所 등 62칸을 태우고, 鑄字所의 大廳과 板堂은 물론 소장된 活字가 불타고 일부만 남게 되었다.

이러한 화재사건에 대한 복구책으로 이듬해에 균역청에 주자소를 설치하고 정리자와 한구자를 다시 주조하게 된다. 鄭元容이 기록한 『袖香編』을 살펴보면 화재 후 남아 있는 활자의 수와 새로 주조한 활자의 수량이 기록되어 있는데, 표로 나타내면 다음 [표 2-1]과 같다.

『袖香編』에서는 표에서 보는 바와 같이 합계의 계산이 틀리게 기록되어 있다. 또한 『內閣日曆』 등에 기록되어 있는 鑄字의 수량과도 일치하지 않는다.

---

41 『鑄字所應行節目』 中, 鑄字所 雖是本閣句勾管 而各在東西 近無印役 一向抛置 未克照察所藏書籍·冊 板·鑄字及諸般物種 雨漏 蠹傷 且多散亂 誠極悶然 自今爲始 另成節目 以爲永久遵行之地爲齊

42 『內閣日曆』 哲宗 8年(1857), …今日入 侍時直提學李公翼所 啓臣以本閣事有所仰達者矣 鑄字所係是 本閣所管而 多年抛棄 大廳板堂擧皆頹圮 以致鑄字多有闖失之弊 不可不及今修改 與鑄字樻一體修補 之意分付該曹何如 上曰 依爲之…

표 2-1 『袖香編』의 '鑄字所鐵木鑄字'

활자			개수	비고
整理字	大字	燼餘在	63,969字	
		新鑄	89,449字	
		合	153,411字	계산 시 153,418字
	小子	燼餘在	59,307字	
		新鑄	39,417字	
		合	98,724字	
韓構字		燼餘在	54,256字	
		新鑄	31,834字	
		合	84,256字	계산 시 86,090字
燼餘合			177,532字	
新鑄合			160,693字	계산 시 160,700字
都合字數			338,225字	계산 시 338,232字

당시의 활자주조 상황에 대해서는 사료에 언급되어 있으므로 서로 비교해 보면 몇몇 『內閣日曆』과 '鑄字事實' 편액의 내용과는 일치하며 『國朝寶鑑』은 韓構字의 수량에서 차이를 보인다.

표 2-2 『袖香編』의 '鑄字新鑄'와 『內閣日曆』, 『國朝寶鑑』의 新鑄字 내용 비교

구분	活字		『袖香編』	『內閣日曆』 哲宗 9年 9月18日	鑄字事實 편액	『國朝寶鑑』 第98卷 哲宗 9年
新鑄	整理字	大字	89,449字	89,203字	89,203字	89,203字
		小了	39,417字	39,416字	39,416字	39,416字
	韓構字		31,834字	31,829字	31,829字	31,829字
新鑄合			160,693字 (계산 시 160,700字)	160,448字		160,000字
燼餘合			177,532字	175,698字	175,698字	175,698字

이 화재사건에 대한 복구책으로 이듬해에 균역청에 주자소를 설치하고 정리자와 한구자를 다시 주조하게 되었지만 이후로 중앙기구에서 주도하는 전통방식의 금속활자인쇄 빈도는 점차적으로 줄어들게 된다. 오히려 민간에서 주조한 全史字나 整理字體鐵活

字 그리고 다양한 종류의 목활자를 이용한 인쇄가 급격히 늘어났으며, 19세기 말 서양식 인쇄기술의 도입으로 전통방식의 금속활자 인쇄는 점차 사라지게 된다.

참고로 이 당시까지 쓰였던 금속활자와 保管欌이 국립중앙박물관에 남아서 전해지고 있다. 지금까지 알려진 조선시대 실물 금속활자는 조선 전기의 을해자 소자 한글활자 열여덟 점, 조선 후기 무신자 한글활자를 비롯하여 교서관인서체자, 임진자, 재주정리자, 한구자 등 사십만 자가 넘는다. 그 밖에 규장각에 全史字, 원광대학교 박물관에 整理字體鐵活字 등이 알려져 있다. 국립중앙박물관에서 소장 활자에 대한 현황조사와 더불어 활자의 실물 사진자료를 공개하고 있으며 현재까지 한글활자와 교서관인서체자가 도록으로 발간되었다.

이렇듯 주자소는 시대별로 변화해 온 정치·사상·문화·학풍 등의 흐름과 같아서 여러 차례 설치와 폐지를 거듭하면서 변천·발전해 왔다. 주자소의 변천을 표로 정리하면 다음과 같다.

표 2-3 鑄字所의 변천

시기	활동 내용	명칭	위치
文宗	秘書省 소속	書籍店	
肅宗 6年(1101)	國子監 소속	書籍鋪	
恭讓王 3年(1393)	서적점 폐지	·	
恭讓王 4年(1394)	주자를 맡음	書籍院	
太宗 卽位(1401)	비서성을 校書館으로 개칭, 서적원 병합		
太宗 3年(1403)	새로 주자소 설치, 승정원 직속 癸未字 鑄造	鑄字所	薰陶坊
世宗 2年(1420)	庚子字 鑄造		
世宗 16年(1434)	甲寅字 鑄造		
世宗 17年(1435)	경복궁 안으로 옮김, 校書館에서 관장		景福宮 內
世宗 18年(1436)	提擧別坐로 승격		
文宗 卽位 (1451. 7. 4.~12. 17.)	鑄字所 임시 폐지		
世祖 12年(1466)	校書館을 典校署로 개칭		
成宗 15년(1484)	다시 典校署를 校書館으로 고침		
中宗 11年(1516)	주자도감 설치	鑄字都監	
宣祖 13年(1580)	庚辰字(再鑄甲寅字) 鑄造		
光海君 2年(1610)	校書館에서 임란 때 일실된 서적만 간행	書籍校印都監	
正祖 18年(1794)	奎瀛新府의 편액	監印所	창경궁 옛 홍문관 자리
正祖 20年(1796)	監印所를 주자소로 개칭, 整理字 完成	鑄字所	
正祖 24年(1800)	儀仗庫로 이동	鑄字所	홍화문 翼廊의 儀仗庫 대청
哲宗 8年 (1857)	대청과 판당고 화재	鑄字所	
哲宗 9年 (1858)	再鑄整理字, 三鑄韓構字 鑄造	鑄字所	均役廳에 주자소 설치

4. 平壤에서의 活字 鑄造

역대 기록으로 미루어 보아 금속활자의 주조는 중앙의 주자소를 중심으로 활자의 크기와 수량, 재료 등이 수요와 기능에 맞게 조정되고 발전을 거듭하였으나 경우에 따라서는 다른 관서에서 만들기도 하고 지방관아나 민간에서 만들어진 것을 중앙기관에 옮겨오거나 중앙에서 매입하여 국가의 출판사업에 활용하기도 하였다.

그중 정조 때는 丁酉字와 韓構字를 만들면서 활자 주조의 경험이 많은 徐命膺과 徐浩修가 평양에서 관직생활을 하고 있었던 까닭에 그곳에서 활자를 주조하도록 하였다. 그러나 활자의 주조는 주조에 대한 지식만으로 이루어지는 것이 아니다. 지역적으로 평양은 각종 物産과 기술자 등 人力을 제공받을 수 있는 곳이며 이전 시기에 많은 인쇄경험이 축적되어 있는 등 서석 출판에 관련된 경제적·기술적·역사적 기반을 고루 갖추고 있었다.

그중 鑄字印刷에 관련된 기록으로는 일본의 天理大學에 소장된 자료 중 純祖 4年(1804)에 편찬된 당시 평양부 三五庫의 소장물품 점검목록인 『三五庫重記』에 따르면 '書冊'과 '冊版秩'에 이어 '破不用庫在秩'에서,

① 新舊活字 7斗 5升	⑦ 字折板 1立
② 鑄字入盛藏 2坐	⑧ 沙板 100立
③ 大鑄字 174字	⑨ 臺床釘 184箇
④ 小鑄字 193字	⑩ 錫鐵引札金 163箇
⑤ 上板 2立	⑪ 鑄末 6斤
⑥ 錫鐵引札板 8立	⑫ 刀子 3箇

등의 기록에 따라 사용 후 남은 鑄字와 보관상자, 조판 시 사용되는 沙板, 주조 때 들어가는 鑄末[43]의 기록과 수량을 볼 수 있다.

이 기록이 수록된 三五庫는 平壤의 公廨 중 하나로 그중에는 九三院, 五謹堂 등의 관련기록도 확인되며 『各司謄錄』 중 『關西營事例』의 제2책 '開國五百四年 三月 日 平安監

---

43 鑄末(쇳가루)은 『眉巖日記』에 교서관에서 활자를 주조할 때 필요한 재료로 기록되어 있는데, 오늘날에도 도가니에서 금속을 녹일 때 온도를 낮추는 용도로 넣는 것으로 알려져 있다.

營事例'에는 '三五庫'에서 1년간 소요되는 물자에 대한 내용이 수록되어 있다.

이 책에 수록된 비품과 재료와 관련이 있을 것으로 추정되는 평양에서 주조된 정유자와 한구자는 正祖 1年(1777) 8月 3日[44]의 실록기사에 "전 평안감사 徐命膺에게 명하여 箕營에서 鑄造를 개시하되 갑인자를 本으로 하여 15만 자를 더 주조해서 올리도록 했었으니, 이것이 丁酉字이다."라는 기록이 있다.

또한 『燃藜室記述』 별집 제14권 '文藝典故'의 鑄字 부분을 보면 "正宗 元年 丁酉에 평안감사 徐命膺에게 명하여 甲寅字를 대본으로 15만 자를 任所에서 주조하게 하여 內閣에 儲藏하였고, 壬寅年에 평안감사 徐浩修에게 명하여 韓構의 글씨를 대본으로 8만여 자를 그 감영에서 주조하게 하여 또 內閣에 간수하였다."라 하였다. 徐命膺과 徐浩修는 부자지간으로, 正祖 5年(1781) 임금의 명을 받아 『奎章總目』 등 서목의 편찬사업에 함께 참여하였으며 활자의 주조와 관련해 많은 경험을 가지고 있었다.

제2절 『鑄字所應行節目』

1. 작성 시기와 版本

『鑄字所應行節目』은 주자소에서 이루어지는 각종 작업과 器物 및 준수해야 할 규칙을 기록한 필사본으로, 규장각과 장서각에 필사본이 각각 소장되어 있다.

규장각 소장의 『鑄字所應行節目』의 표제는 '板堂考'로 되어 있으며, 책이 편찬된 시기는 절목 말미에 나타나는 甲戌 7月로 보아 純祖 14年(1814)에 편찬되었을 것으로 보인다. 절목 이외의 각 항목에는 전부 '摛文院印'이 찍혀 있으며, 恒式과 '各種紙地實數'가 끝나는 부분은 着官과 手決이 있다. 절목의 작성일자는 甲戌 7月이지만 '各種紙地實數'의 내

44 『正祖實錄』 卷4, 正祖 1年 8月 丙申 條.

용에는 '壬辰(1832) 九月 各種紙地'라는 기록이 있어 절목의 작성시기와 절목 뒷부분 내용의 작성시기가 서로 다름을 알 수 있다.

한국학중앙연구원 장서각 소장본은 11行 20字의 1冊 26張으로 구성되어 있으며, 표제는 '鑄字所應行節目'이다. '大正 6年(1917) 12月 謄寫'라는 필사기록이 있고, 규장각본과 내용은 동일하나, 절목 바로 뒤에 '純祖甲戌 摛文院編'이라는 기록과 함께, 『御製人瑞錄』 조에서 鑄字와 관련된 내용이 있다. '各種紙地實數' 뒤에 '東行閣書目'이 추가되어 있고 '書目'의 변란 밖에 '辛丑六月準'이라는 기록이 있는 것으로 보아 憲宗 7年(1841)에 작성한 목록으로 추정된다.

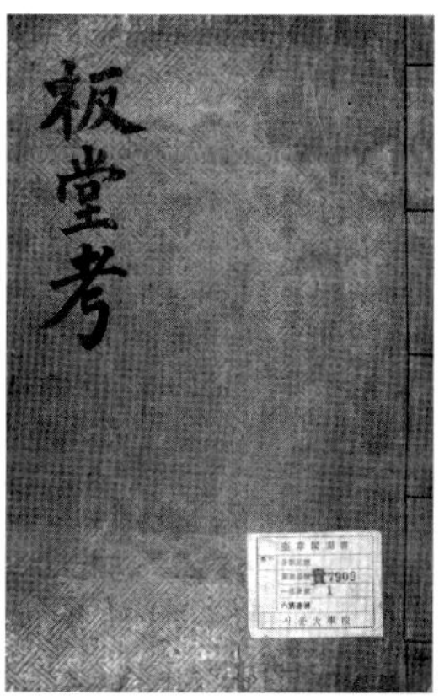

▲ 규장각 소장본(34.4×22.2cm)

▲ 장서각 소장본(26.6×17.8cm)

그림 2-2 『鑄字所應行節目』

2. 구성 체제와 수록 내용

『鑄字所應行節目』은 應行節目과 活字, 冊板, 冊丐里, 鑄字穀, 器用, 癸酉印役時新備器用, 恒式, 內下冊子, 水原外帑庫上來冊子, 各種紙地實數로 구성되어 있다. 여기에 장서각 소장본은 편찬 기구와, 주자 관련 내용, 東行閣書目을 첨부하였다.

각 항목의 전개에 앞서 권두 부분에는 주자소에서 근무하는 諸員들이 지켜야 할 守則을 몇 가지로 나누어 제시하고 있다. 특히 여기서는 활자와 책, 각종 도구의 보관과 관리에 관한 내용이 대부분으로, 그 내용은 다음과 같다.

① 生生字와 整理字는 인출 후에 散失이 많으므로 印役 후 그 수량을 대조하여 별도로 都錄을 작성하고 典守하도록 할 것
② 生生字와 整理字는 인출 후에 수량을 파악하여 都錄을 작성하고 板堂에 備置하고 各欌의 아래에 諸員의 이름을 써서 후일 인출 시에 缺縮된 경우에는 엄히 다스릴 것
③ 守欌諸員이 바뀔 때는 後任官에게 수량을 인계하고 新任官은 이상 유무를 本閣에 보고한다. 지체함이 있으면 節目에 따라 처리하고 都錄 아래에 성명을 고쳐 기록할 것
④ 활자를 사용할 때마다 수량을 대조하고 입장 후 도록과 자물쇠는 본각에 비치할 것
⑤ 冊版과 鐵印札은 都錄대로 대조하고 유별로 구분할 것
⑥ 內下의 책자와 주자소의 책자는 점검하여 목록을 작성하고 포쇄에 유념할 것
⑦ 책장의 포쇄는 일 년에 한 차례 하되 閣吏가 상의하여 정할 것
⑧ 담당 閣吏는 매월 한 차례씩 점검하고 이상 유무를 보고할
⑨ 종이와 목판을 都錄에 수록하고 보관에 유념할 것

1) 活字

이 항목에서는 銅字 또는 木字로 재질을 밝힌 衛夫人銅字, 韓構銅字, 整理銅字, 生生木字 등 4종과 御筆序文大字, 孟子眞書-諺書字, 五輪行實諺解字, 春秋綱字 등 인출한 서적에 따라서 구분한 활자 4종을 기술하고 있다.

위부인동자는 '丁酉自箕營鑄成'의 기록에 따라 정유자임을 알 수 있고 다른 활자들도 마찬가지로 활자를 만든 간기를 확인할 수 있다.

인조의 父인 元宗(1580~1619)의 글씨를 자본으로 주조한 활자로 찍은 『孟子大文』, 『孟子諺解』에 사용된 孟子眞書-諺書字와 『孟子諺解』의 앞부분에 나오는 숙종의 글씨를 자본으로 한 어필서문대자가 肅宗 19年(1693)에 주조되어 『鑄字所應行節目』에 기록된 활자 중 가장 앞선 시기의 활자이며, 가장 나중에 만들어진 것은 『春秋左氏傳』의 綱에 해당하는 大字 목활자인 춘추강자로 正祖 21年(1797)에 만들어진 활자이다.

1693년에서 1798년 사이에 만들어진 활자 중에 後期校書館印書體字와 壬辰字는 『鑄字所應行節目』에 기록되어 있지 않은데, 두 활자를 교서관에서 관리하였기 때문이다.

정유자와 한구자는 正祖 18年(1764) 창경궁 옛 홍문관 자리에 주자소를 마련할 때 주자소로 옮겨 왔다. 哲宗 8年(1857) 화재로 주자소가 소실되자 이듬해 규장각에 주조를 명하

여 정리자와 한구자를 다시 주조[45]하였지만, 정유자는 갑인자를 저본으로 한 임진자가 교서관에 남아 있었기 때문에 제외된 것으로 추정된다.

한편, 庚戌年(1790)과 辛亥年(1791)에 淸에서 수입한 燕貿木字가 기록되어 있는데, 연무목자는 현존자료의 부족으로 찍은 인본이 알려진 바가 없으며, 경술년과 신해년에 각기 수입된 연무목자가 같은 활자인지 다른 활자인지도 알 수 없다.

전체 총 9종 918,074자를 기술하고 있으며 '活字' 항목에 나오는 사항을 표로 정리하면 다음과 같다.

표 2-4 『鑄字所應行節目』에 수록된 활자별 활자 수

구분		활자 수	비고
御筆序文大字		435字	
孟子	眞書字	5,594字	
	諺書字	4,605字	
衛夫人銅字	大字	105,638字	丁酉自箕營鑄成
	小字	44,532字	
韓構銅字		83,660字	壬寅自箕營鑄成
燕貿木字	大字	11,500字	庚戌貿來
	小字	11,450字	
燕貿木字	大字	9,600字	辛亥貿來
	小字	9,900字	
生生木字	大字	157,200字	甲寅造成
	小字	164,300字	
整理銅字	大字	160,000字	丙辰鑄成
	小字	140,000字	
五倫行實諺書字		4,400字	乙卯造成
春秋綱字		5,260字	丁巳造成·唐筆黃筆並入

이와 같이 당시에는 활자가 총 91만여 자였는데, 1911년 조선총독부 取調局에서 작성한 『圖書關係 書類綴』(규26764)에 따르면 鑄字 653,921字, 71盒과 板木 9,507板, 附屬

45 『內閣日曆』 哲宗 9年 2月 16日
…本閣啓曰 鑄字經記事今旣會同矣 役處以均役廳爲之 始役日字以今月三十日卯時 推擇之意敢啓 傳 曰知道…
『內閣日曆』 哲宗 9年 9月 18日
…又啓曰 整理大字八萬九千二百三字 小字三萬九千四百十六字 韓構字三萬一千八百二十九字 合十六萬四百四十八字 今旣畢鑄 竝與燼餘完字 十七萬五千六百九十八字 彙類分部入樴于鑄字所之意敢 啓 傳曰知道…

品 12種, 御製 및 御筆刻板 471板, 手帖木刻板 53板이다. 활자가 27만여 자나 차이 나는 것은 철종 때 화재로 소실된 것을 복구하였으나 이전의 수량만큼 만들지 못하였기 때문으로 보인다.

1915년 2월에서 11월까지 작성된 『도서수불대장』(규장각도서 22156) 중 조선총독부 참사관 분실에서 박물관 물품회계관리 앞으로 보낸 서류를 참고하면 아래와 같다.

「活字及付屬品目錄」; 活字 總數 884,644個

活字內譯

金屬製部

衛夫人大字	105,894	個
同 小字	75,181	
實錄字大字	55,749	
同 小字	13,996	
韓構字	46,451	
整理字大字	116,766	
同 小字	108,100	
鐵活字大字	9,149	
同 小字	7,107	
言文字大字	262	
同 小字	575	
字名未定字	1,017	
計	537,217	個

陶製部

陶活字大字	96	個
同 小字	129	
計	225	個

附屬品部

硯石	7	個
植字板	32	個
眞鍮製罫	96	本
鐵製箸	1	組
竹製箸	3	組
墨汁入土器	6	個
箱(活字用古箱)	165	個
馬鬣	2	個
刷毛	2	個
刷毛(水注之用)	2	個
活字欌	21	個

木製部

新活字

腰高大字	9,797	個
同小字	9,035	
普通大字	10,934	
同小字	11,221	
計	40,987	個

舊活字

極大字	533	個
大字	186,587	
小字	58,196	
極小字	51,790	
諺文字大字	6,631	
諺文字小字	2,448	
計	347,172	個

『鑄字所應行節目』에 수록된 활자 수는 鄭元容의 『袖香編』에 나오는 활자의 수량과 孟子眞書字와 生生字 小字, 整理字 小字에서 약간의 차이를 보이는데, 이를 비교하면 다음과 같다.

표 2-5 활자 수량 비교표

구분	『鑄字所應行節目』		『袖香編』	
	명칭	활자 수	명칭	활자 수
元宗字	孟子眞書字	5,594字	元宗御筆孟子	5,394字
生生字	生生木字 小字	164,300字	生生字 小字	144,300字
整理字	整理銅字 小字	140,000字	整理字 小子	160,000字

2) 冊板

전체 20종에 달하는 책판이 수록되어 있으며, 판의 크기에 따라 대·중·소로 구분하거나, 『恩重經』 등과 같이 도판이나 언해로, 저본의 글자를 쓴 사람이 다른 경우 각각 구분하여 기술하였다.

주자소에 소장된 冊板은 책뿐 아니라 立春板과 같은 書板이나 그림판, 石板 등도 함께 포함되어 있으며 각 책판에 대해서는 만들어진 시기와 장소가 기록되어 있다. 또 소장된 판이 지방이나 다른 장소로 이동된 내용도 기록하였다. 즉 평양의 감영에서는 『正音通釋』과 『八子百選』이 새겨져 옮겨 왔으며, 강원도 원주 감영에서는 『恩重經』 石板과 『小學』의 목판이 옮겨져 왔다. 또 鑄字所에서 제작 후 보내 준 것으로는 『恩重經』 銅板을 華城의 龍珠寺로 보내고 曹允亨의 글씨로 새긴 『春秋』는 完營으로, 『濟衆新編』은 典醫監으로 보내어 책을 찍도록 하였다.

표 2-6 『주자소응행절목』에 수록된 책판 및 수량

서명		판수	비고
正音通釋		59板	辛丑自箕營造成
八子百選		113板	癸卯自箕營造成
祈福偈		17板	乙卯造成
奎章全韵	大本	90板	乙卯造成
	小本	90板	
立春板	大板	5言3句	丙辰造成
	中板	7言6句	越送本閣
	小板	5言9句	
		7言39句	
恩重經	圖鐵板	7板	丙辰造成 內入
	經文	13板	丙辰造成下送 華城 龍珠寺
	圖	5板	
	諺解	35板	
祈福偈		9板	

恩重經眞言	大板	1板	丙辰造成
	小板	1板	
整理儀軌圖		56板	丁巳造成
五倫行實		165板	丁巳造成
五經百篇		155板	戊午造成
春秋	黃筆	457板	戊午造成
	曹筆	457板	己未造成下送 完營次
濟衆新編		164板	己未造成出給典醫監
雅誦		72板	己未造成
朱書百選		95板	庚申造成
恩重經石板		24板	己未造成 內入
石板		20板	自原營上來恩重經用餘封置
御定四部手圈		388板	辛酉造成
小學	大全	163板	辛酉自原營上來
	諺解	248板	
濟衆丹板		2立	大1 小1

3) 冊亐里

'책우리'에서는 총 6종의 철우리와 3종의 인찰판을 기록하고 있으며, 위부인자·한구자·정리자·생생자 등 4종은 모두 금속제 철우리로 되어 있고, 또 별도의 철우리로 『御製』가 있다. 목재로 만들어진 목우리로는 『整理儀軌』가 기록되어 있다. 활자나 책에 대한 명칭 없이 단지 鐵亐里·小亐里로 기록된 것이 각각 1종 있다. 『日省錄』과 『實錄』은 철 인찰판으로 기록되어 있으며, 『五經百篇』은 변란과 계선이 나무로 제작된 목 인찰판이 사용되었고, 현존본을 조사하면 본문은 필사되어 있다. 이와 같은 '우리'의 기록은 책을 조판할 때 활자별로 크기에 알맞은 고정식 틀을 갖추고 상황에 맞게 사용하였던 것으로 판단된다.

일반적으로 활자 인쇄의 경우 조판할 때 네 변의 테두리 즉 '우리'도 각각 조립되는 경우가 많으므로 인출을 마침과 동시에 해체된다. 그러나 이 절목에서 보는 바와 같이 활자별, 行字數別로 별도의 우리를 유지한다는 것은 같은 활자를 이용한 서적 간행이 빈번하고 활자의 크기나 조판의 방법이 거의 정형화 내지는 표준화되어 있었기 때문에 일체형의 亐里를 유지하는 것이 조판의 시간을 단축하는 데 훨씬 효율적이었음을 방증한다. 또 中字와 小字 역시 표준화되었던 까닭에 小字로 조판되는 책에도 中字의 亐里를 가져다 쓸 수 있었음을 보여 준다.

한편, 활자의 재료와 亐里의 재료가 대부분의 경우는 일치하나 여기서는 목활자인 생

표 2-7 『주자소응행절목』에 수록된 책우리 비교

구분		판수/좌수	행자수	비고
衛夫人字鐵亐里		30板内	10行18字	30板 外閣
韓構字鐵亐里		12板	10行20字	
生生字	鐵亐里	25板	10行20字	
	鐵亐里	20板	10行18字	
	小亐里	10板	10行22字	5板 印札鐵條所入裁折移用於分韵小板
整理字鐵亐里		30板	10行20字	
整理儀軌木亐里		15板	10行22字	8坐 杜律分韻 小板移用
日省録鐵印札板		1坐	10行20字	
五經百篇木印札板		1坐	7行	
實録鐵印札板		1坐	15行	杜律分韻 小板移用
御製鐵亐里		2坐	10行20字	

생자의 우리가 금속이며, 『整理儀軌』를 찍은 정리자의 경우는 별도의 木亐里를 사용한 점이 특이하다.

계선이 되는 印札의 경우도 나무와 금속재로 나누어지는데, '鐵'이라는 표시는 글자대로 금속재료인 철이 아니라 '銅'을 재료로 하는 금속의 일반표현인 '쇠'로 보는 것이 타당할 것이다. 이는 교서관인서체자가 각종 기록에서 '鐵'로 되어 있지만 현존 활자를 대상으로 금속재료를 분석하면 '銅活字'로 판명되는 것으로도 알 수 있다.

4) 鑄字穀

주자소에서 책의 인출에 소요되는 각종 물품과 동원된 기술자와 관계되는 사람들의 급료 등을 지급하는 데 쓰기 위하여 거두어들인 곡식의 수량과 날짜 등이 기록되어 있다. 호남 지역에서 14,750石, 영남 지역에서 5,250石을 거두어 총 20,000石을 거두었다.

표 2-8 『주자소응행절목』에 수록된 주자곡 관련 기록

구분		수량	일시	비고
湖南	移劃米	5,500石	丁巳 5月	自均廳移劃
	城役加區劃移録米	3,674石	丁巳 閏6月	自均廳移劃
	丁巳耗	367石6斗		
	留置米	5,208石9斗	戊午5月	留置
	以上	14,750石		
嶺南	劃付米	5,250石	丁巳 閏6月	移劃
都合兩南米		20,000石		每年耗条 2,000石 嶺南劃付米 5,250石 内 14石 2斗 6升 3合9夕 戊午因繡

5) 器用

'器用'에는 어필맹자자, 위부인자, 한구자, 생생자, 정리자, 연무당자 등의 활자를 보관하는 欌과 책판과 활자를 보관하는 樻의 수, 『奎章全韻』, 『正音通釋』, 『八子百選』, 『書筆春秋』, 『五經百篇』, 『整理儀軌』, 『祈福偈』, 『四部手圈』 등의 板을 보관하는 樻와 匣의 수량이 기록되어 있다. 뿐만 아니라 여러 종류의 床, 탁자, 坐板 등의 가구를 비롯하여, 濕紙板, 墨石, 벼루 등 인쇄에 필요한 각종 도구 목록이 있다. 이 비품들은 필요 시 宙合樓나 外閣에 옮겨져 서책과 實錄字를 수장하는 데도 사용되었다. 또 작성 당시 이들의 보관 상태나 분실 여부도 기록되어 있다. '器用' 항목을 표로 나타내면 [표 2-9]와 같다.

〈그림 2-3〉은 이러한 器用 중에서 현재 국립중앙박물관에서 수장·전시하고 있는 실물의 활자 보관장이다. 이 활자 보관장에는 36개의 서랍이 있고 조선시대의 활자 보관에 관련된 기록과 이 책의 내용에서 7欌에 나누어 보관하였다는 기록이 있다.

그림 2-3 활자 보관장[46]

이를 바탕으로 활자 보관장의 수용량을 추정해 보기 위하여 철종 9년(1858)에 新鑄된 再鑄整理字의 경우를 적용해 보면, 전체 30만 자로 가정하고, 『國朝寶鑑』에서는 7개의

46 국립중앙박물관 편, 활자의 나라 조선, 서울: 동관, 2016, pp. 83–85.

표 2-9 『주자소응행절목』에 수록된 기용의 명칭과 수량

<table>
<tr><th>구분</th><th colspan="2">품목</th><th>수량</th><th>비고</th></tr>
<tr><td rowspan="6">活字欌 / 活字樻</td><td colspan="2">御筆孟子字欌</td><td>1坐</td><td></td></tr>
<tr><td colspan="2">衛夫人字欌</td><td>7坐</td><td></td></tr>
<tr><td colspan="2">韓構字欌</td><td>7坐</td><td></td></tr>
<tr><td colspan="2">生生字欌</td><td>5坐</td><td></td></tr>
<tr><td colspan="2">整理字欌</td><td>7坐</td><td></td></tr>
<tr><td colspan="2">燕貿唐字樻</td><td>2坐</td><td></td></tr>
<tr><td rowspan="2">欌</td><td colspan="2">行用冊欌</td><td>1坐</td><td>移奉於宙合樓</td></tr>
<tr><td colspan="2">朱漆大欌</td><td>1坐</td><td></td></tr>
<tr><td rowspan="7">각종 樻</td><td colspan="2">正音通釋板樻</td><td>2坐</td><td></td></tr>
<tr><td colspan="2">八子百選板樻</td><td>5坐</td><td></td></tr>
<tr><td colspan="2">四部手圈板樻</td><td>11坐</td><td></td></tr>
<tr><td colspan="2">會計大樻</td><td>1坐</td><td></td></tr>
<tr><td colspan="2">行用中樻</td><td>4坐</td><td>1坐 實録鑄字 入盛藏於外閣</td></tr>
<tr><td colspan="2">朱漆長樻</td><td>1坐</td><td></td></tr>
<tr><td colspan="2">灰樻</td><td>3坐</td><td>2坐 破傷</td></tr>
<tr><td rowspan="6">板匣</td><td rowspan="2">奎章全韻</td><td>大板匣</td><td>4坐</td><td></td></tr>
<tr><td>小板匣</td><td>5坐</td><td></td></tr>
<tr><td colspan="2">御筆春秋板匣</td><td>13坐</td><td></td></tr>
<tr><td colspan="2">五經百篇板匣</td><td>4坐</td><td></td></tr>
<tr><td colspan="2">整理儀軌板匣</td><td>1坐</td><td></td></tr>
<tr><td colspan="2">祈福偈板匣</td><td>1坐</td><td></td></tr>
<tr><td rowspan="2">보관함 종류</td><td colspan="2">紙籠</td><td>1坐</td><td>腐傷</td></tr>
<tr><td colspan="2">木函</td><td>200坐</td><td>60坐 見失</td></tr>
<tr><td rowspan="7">각종 板</td><td colspan="2">裁折長椴板</td><td>2坐</td><td>見失</td></tr>
<tr><td colspan="2">刀鍊椴板</td><td>3坐</td><td>1坐 失</td></tr>
<tr><td colspan="2">濕紙板</td><td>3立</td><td>1立 失</td></tr>
<tr><td colspan="2">褙板</td><td>1立</td><td></td></tr>
<tr><td colspan="2">省記板</td><td>1坐</td><td></td></tr>
<tr><td colspan="2">坐板</td><td>15立</td><td>還下戸曹</td></tr>
<tr><td colspan="2">大粉板</td><td>1坐</td><td></td></tr>
<tr><td rowspan="5">床</td><td colspan="2">冊登床</td><td>4坐</td><td></td></tr>
<tr><td colspan="2">長臺床</td><td>8坐</td><td></td></tr>
<tr><td rowspan="2">短足</td><td>長冊床</td><td>2坐</td><td></td></tr>
<tr><td>小冊床</td><td>4坐</td><td></td></tr>
<tr><td colspan="2">朱漆登床</td><td>1坐</td><td></td></tr>
<tr><td rowspan="2">탁자</td><td colspan="2">藏書卓子</td><td>11坐</td><td></td></tr>
<tr><td colspan="2">冊衣卓子</td><td>1坐</td><td></td></tr>
<tr><td rowspan="5">文具</td><td colspan="2">墨石</td><td>10坐</td><td>2立 失</td></tr>
<tr><td colspan="2">硯匣</td><td>3坐</td><td></td></tr>
<tr><td colspan="2">硯滴</td><td>1坐</td><td></td></tr>
<tr><td colspan="2">大硯</td><td>2面</td><td>1面 失</td></tr>
<tr><td colspan="2">小硯</td><td>4面</td><td>2面 失</td></tr>
<tr><td>기타 물품</td><td colspan="4">鍮燭臺1坐, 木燭臺2坐, 要江2坐, 唾口1坐, 銅絲2巨 懸鈴具, 門帳2部, 提燈1坐 破傷, 屛風1坐, 食鼎3坐, 1坐失鍮沙用1坐, 水桶1坐, 破傷水釜1坐, 鍮大也1坐, 鍮火爐1坐, 地衣5浮, 腐傷草席地衣2浮, 腐傷按息4坐, 腐傷方席3立 腐傷</td></tr>
</table>

서가에 나누어 보관하였다고 했으므로 총 252개의 서랍에 보관되었을 것으로 추정된다. 정리자 한 개당 무게가 大字 약 3.95g이고, 小字 1.84g[47]으로 총 30만 자의 무게는 889.6kg이고, 한 개의 서랍 속에는 약 3.53kg의 활자가 보관되었을 것이며, 이로 한 서랍속의 활자의 개수를 계산하면 약 1,190字가 보관되었을 것으로 추정된다.

6) 癸酉印役 時 新備器用

이 항목은 器用 중에서 癸酉年(純祖 13, 1813)에 서책을 인출할 때 새로이 구비한 용품을 따로 적은 목록이다. 이때는 활자의 주조나 보관에 관련된 비품은 없으며 책을 찍는 데 필요한 벼루나 먹, 종이를 재단하는 칼, 판과 제본에 필요한 도구들이 주를 이룬다.

표 2-10 정유년 인출 시 새로 구비한 기용의 명칭 및 수량

구분	품목	수량	비고
文具	小硯匣	2坐	
	硯石	4面	
	硯滴	3箇	
	小磨墨石	5箇	
函	紅函	3坐	
	木函	5坐	
板	刀鍊椴板	1坐	
	裁折長板	1坐	
	濕紙板	2立	
	巨楕板	1立	
칼	搗鍊刀	3箇	
	巨楕引刀	2箇	
탁자 / 상	册卓子	2坐	
	册登床	1坐	
기타 물품	方席3立, 毛方席25立, 草方席12立, 茶鍾3箇 1具, 要江1坐, 衣巨里2箇, 提燈2坐, 木燈檠2坐, 大盤1坐, 楪匙8立, 小門帳1浮, 按息7坐, 登每6立, 斗1坐, 灰槓3箇, 鍮煮1箇, 鎖鑰10箇, 大鎖鑰2箇, 㨗2箇, 執介2箇, 水桶1坐, 濕紙器5立, 方丫赤4箇, 每要1坐		

7) 恒式(丁巳 6月 定式)

주자소에서 지출되는 여러 가지 항목에 대한 비용이 기술되어 있다. 春夏, 秋冬에 각

47 南權熙, 「韓國 古活字 特別展의 展示資料에 대한 槪觀」, 『한국 古活字 특별전 – 淸州古印刷博物館 開館 10周年 紀念』, 청주: 청주고인쇄박물관, 2002, p. 138.

각 사용되는 땔감과 기름 비용을 포함하여 公事, 謄錄, 正書會計, 草會計, 日記 등에 사용되는 종이의 가격과 함께, 大廳直, 使令, 房直, 軍士 등 주자소 인력의 인건비 등 총 경비 981냥에 대한 항목을 기록하고 있다.

표 2-11 지출 항목 및 소요 경비

항목		수량	식	소요 경비
春夏		6朔	每朔 柴油債 6兩式	36兩
秋冬		6朔	每朔 柴油債 10兩式	60兩
每朔	公事次白綿紙	2卷	每卷價 2兩式	48兩
	行用次白紙	20卷	每卷價 3錢式	72兩
	告祀債		3兩式	36兩
	監官朔下		15兩式	180兩
	大廳直	2名加布	各 4兩式	96兩 册匠兼役
	使令	2名朔下	各 9兩式	216兩
	房直	2名朔下	各 5兩式	120兩
	軍士	2名朔下	各 4兩式	96兩
每年	謄録次 白綿紙	5卷	每卷價 2兩式	10兩
	正書會計次 白綿紙	4卷	每卷價 2兩式	8兩
	草會計次 白紙	5卷	每卷價 3錢式	1兩5錢
	日記次 白紙	5卷	每卷價 3錢式	1兩5錢
以上 錢文				981兩

8) 內下冊子(庚申 內下)

庚申年(1800)에 소장하고 있던 서책의 목록으로, 서명과 수량을 비롯하여 內入과 頒賜, 없어진 책과 추가된 책의 수량이 기록되어 있다. 특히 頒賜用 책을 많이 비치하고 있음을 알 수 있다.

표 2-12 내하책자(경신년) 소장 서적 현황

서명	수량	비고
五經百篇	10件	
春秋	110件	1件送于玉堂 1件頒賜 在100件 8件無 不帙 壯白紙 合76册在
八子百選	187件	37件 內入及 頒賜 在159件 9件加 不帙 6册在
朱書百選	274件	24件 內入及 頒賜 在253件 3件加 不帙 5册在
史記英選	218件	22件 內入及 頒賜 在206件 10件加 不帙 7册在
陸奏約選	236件	13件 內入及 頒賜 在234件 11件加
奎章全韻	1,458件	大本87件 小本 571件 大小合 222件 內入及頒賜 在1,244件 8件加
杜律分韻	33件	13件 內入及 頒賜 在23件 3件加

杜陸分韻	5件	在4件內 1件 第1第2无 1件无
杜陸千選	128件	6件 內入及 頒賜 在121件 1件无
雅誦	226件	32件 內入及 頒賜 在196件 2件加
五倫行實	148件	在141件 7件无 不帙 8册在
鄕禮合編	31件	在32件 1件加 不帙 1册加
賡載軸	58册	
人瑞録	38件	在39件 1件加
整理儀軌	20件	3件出給都監 1件 內入 1件移奉 望廟樓 在17件 1件加
忠武公全書	40件	在34件 6件加
濟衆新編	69件	
四部手圈	97件	在95件 2件加 不帙 23册在
正始文程	27件	
瓊林聞喜録	2件	
賓興録	14件	
司馬榜目	13件	
太學恩盃詩集	22件	在21件 1件无
恩重經具解	4件	
祈福偈	27件	
孟子	1件	
周易	1件	
詩傳	1件	

9) 水原 外帑庫 上來冊子(甲子 9月 上來本閣, 甲戌9月 移置本所)

甲子(1804) 9月에 奎章閣에 입수되어, 甲戌(1814) 9月에 鑄字所로 옮겨 둔 것이 기록되어 있다. 총 22종의 서책이 수록되어 있으며, 그중『新印經書』와『新印春秋』는 인출한 종이의 종류에 따라 구분하여 적고 있다. 앞의 內下冊子는 官撰書가 많은 데 비하여 여기서는 개인의 문집도 다수 포함되어 있다.

표 2-13 상래책자 소장 서적 현황

서명		수량	비고
新印經書	毛面紙本	1件	木匣
	壯紙本	1件	
嶺板	經書	2件	
	諺解	2件	
新印春秋	壯紙	1件	
	白紙	2件	
朱書百選		50件	
八子百選		19件	
史記英選		5件	
陸奏約選		27件	
五經百篇		1件	

奎章全韻		203件	
正音通釋		28件	
大典通編		7件	
兵學指南		7件	
武藝	通譜	2件	在1件內 第1第2无 1件无
	諺解	1件	
五倫行實		20件	
思齋集		1件	
慕齋集		1件	
朴訥齋集		1件	
挹翠軒集		2件	
石洲集		1件	
孤山集		1件	
金息菴集		1件	
江漢集		1件	

10) 各種 紙地 實數

粉唐紙, 毛面紙, 太史紙 등 11종에 달하는 다양한 종이에 대한 보관 수량이 기록되어 있는데, 종이의 재료, 생산지, 용도, 크기 등으로 나누어 기술되어 있다. 항목의 끝에 기록된 자작나무판 약 5천 판은 庚辰年 내각에서 사서삼경을 새길 때 사용되었다.

표 2-14 보유 용지 보관 현황

분류	권수	장수	비고
粉唐紙	68卷	15張	
毛面紙	37卷	6張	20卷 別置貸用
小毛面紙	61卷	18張	
太史紙	826卷		
嶺册紙	9卷		
壯紙	4卷		
寧邊紙	41卷		5卷以別置 完册紙空印札 5卷相換
白綿紙空印札	2卷		
藁精紙	45卷	16張	10卷 別置貸用 丁亥 5月27日
白紙	2,368卷		1000卷 丁丑 10月初 2日 內入 500卷 己卯 4月初 4日 內入 500卷 戊寅 7月 13日 內入 201卷 15張 禮記 5件印出 所入, 實時在 310卷 5張 合 2,201卷 50張除 1000卷 丁丑 10月初 2日 內入 500卷 己卯 4月初 4日 內入 500卷 戊寅 7月 13日 內入 201卷 15張 禮記 5件印出 所入, 實時在 310卷 5張 合 2,201卷 50張除
嶺白紙	144卷		
落幅紙	6軸	5張	大廳障子 塗褙所入下 己卯 6月 日

※ 自作板 4,956立 庚辰 三經四書 開印時取用

11) 壬辰 9月 各種 紙地 除腐傷 從實數 移付別置實數

'紙地實數' 항목을 기록하고 난 다음 壬辰年(1832) 당시 이월된 종이량과 훼손되거나 쓰지 못하는 양 및 實數를 다시 기록하였다. 남은 수량은 관리개선의 목적으로 대부분 별도로 보관되었다. 이때 고정지와 같이 재료로 구분하거나, 嶺冊紙, 寧邊紙와 같이 생산 장소로 구분하거나, 粉唐紙나 毛面紙, 白紙와 같이 재질로 구분하거나 용도로 구분하였다.

표 2-15 보유(임진년) 용지 관리 현황

분류		권수	장수	비고
粉唐紙	前在	68卷	15張	
	腐傷	15卷	15張	
實		53卷		移付別置
毛面紙	前在	37卷	6張	
	別置前 移去	20卷		
	腐傷	3卷	6張	
實		14卷		移付別置
小毛面紙	前在	61卷	18張	
	腐傷鼠破	22卷	18張	
實		39卷		移付別置
太史紙	前在	826卷		
	破傷	39卷		
實		787卷		移付別置
嶺冊紙	前在	9卷		
	腐傷	2卷	10張	
實		6卷	10張	移付別置
壯紙		4卷		移付別置
寧邊紙	前在	41卷		5卷 以別置 完冊紙空印札5卷 前已相換 移付別置
	破傷		2張	
實		35卷	18張	全張 30卷 9張 移付別置 裁折 218張 5卷 9張
白綿紙印札空冊		2卷		移付別置
藁精紙	前在	45卷	16張	
	別置前 移去	10卷		丁亥 5月 27日
	破傷		12張	
實		35卷	4張	移付別置
白紙	前在	310卷	5張	30卷 壺洞左議政宅取用追會減
	腐傷	9卷	12張	
實		270卷	13張	內 印札空冊 11卷 13張 移付別置

3. 儀軌 印出色과의 比較

1) 『扈聖宣武原從功臣都鑑儀軌』[48]

이 책은 임진왜란 당시 宣祖를 호종하고 倭軍과 전투를 벌이는 과정에서 正功臣이 될 정도는 아니나 어느 정도 공을 세운 사람을 대상으로 국가가 백성을 교화시키고 애국심과 풍속을 교정하는 차원에서 원종공신으로 녹훈하고 시상하는 과정을 기록한 것으로, 扈聖, 宣武, 淸難功臣에게 내린 교서의 내용과 절차가 정리되어 있다.

그중 扈聖功臣은 宣祖를 의주까지 호종했던 신하이며, 宣武功臣은 직접 군사를 이끌고 일본군과 싸운 공이 있는 사람이며, 淸難功臣은 1596년 7월에 충청도에서 발생한 李夢鶴의 난을 진압하는 데 공을 세운 사람이다. 1601년부터 녹공에 대한 논의가 진행되어 1604년 11월에 정리를 마치고 1605년에는 원종공신까지 녹훈하였다. 이 과정에서 만들어진 자료가 『扈聖宣武淸難功臣都監儀軌』와 '扈聖功臣原從定規'가 포함된 『扈聖宣武原從功臣都監儀軌』이다.

여기서는 이 錄券을 제작할 때 活字를 사용하여 조판·인쇄하고 粧冊의 과정을 거치면서 사용되었던 기구나 재료와 수량을 '印出色' 항목에서 살펴보았다. 敎書軸을 만드는 과정에서 들어가는 전체 재료나 도구, 관련 기술자는 여러 영역으로 나누어져 있지만 가능한 한 활자의 조판과 인출의 관점으로 한정하여 정리하였다.

표 2-16 印出色 관련 재료

항목	수량	비고
均字板	4立 付5 3立 付2	
刻字凉板	2介	
刻刀	4介	
巨末釘	3介	
巨号音鐦	3介	
小鉅	2介	3立付 隅亐里
分紙板	2介	
小佐耳	2介	
巾刀字	2介	
鍮金	2介	
大針	1介	

48 서울대학교 奎章閣 編, 『扈聖宣武淸難功臣都監儀軌』, 『扈聖宣武原從功臣都監儀軌』, 서울: 규장각, 1999.

沙板		5介	
大槓		2介	
分紙廳 2層架子所入	小椽木	20介	
	長木	8介	造排

2)『昭武寧社錄勳都鑑儀軌』[49]

이 책은 1627년 10월 강원도 橫城에서 일어난 李仁居의 난과 1628년 3월 竹山에서 일어난 柳孝立의 역모사건을 진압하는 과정에서 공을 세운 사람들을 1644년 5월에 시상하고 녹훈한 후 편찬한 의궤이다.

(1) 印出色

항목	항목	수량	비고
原後906人 印出時所用	松烟	60貼	3兩式
	黃蜜	80貼	爲1兩
	褙休紙	10册	7兩式
册衣粧績所入	黃蜜	每10册	3錢式
	眞末	每10册	1升式
	紅鄉紙	每10册	3錢式
	刻子付刻眞末		5升式
	岩	3石	
	湯水燒木		

(2) 參與人物 및 匠人

직책	성명	인원수	비고
補字官	李震靖		
分紙唱准	裵麟吉		
	金鷸林		
校正唱准	彭德男	等 6人	
守藏	申禮仲	等 8名	
均字匠	金厚生	等 5名	
印出匠	李是男	等 5名	
刻字匠	朴處出	等 5名	
粧册諸員	姜自豊	等 5名	
小木匠		1名	
守直軍士		2名	
土宇直軍士		2名	兵曹定送

49 서울대학교 奎章閣 編,『昭武寧社錄勳都監儀軌』·『錄勳都監儀軌』, 서울: 규장각, 1999.

3)『錄勳都監儀軌』[50]

이 책은 1644년 3월에 일어난 沈器遠의 역모사건과 1646년 3월에 일어난 柳濯과 權大用의 모반사건을 진압하는 과정에서 공을 세운 사람들을 시상하고 녹훈한 후 편찬한 의궤이다. 儀軌에는 사건과 관련된 供草의 내용, 녹공과 시상 과정의 전말이 기록되어 있다.

두 책 말미의 '印出色' 항목에는 소용되었던 재료와 기구, 補字官을 비롯한 참여자의 성명과 숫자를 기록하였다. 『昭武寧社錄勳都監儀軌』는 관련 기록이 소략한 편이지만 『錄勳都監儀軌』에서는 기술자별로 도구와 재료 및 수량을 상세하게 밝히고 있다. 또 別工作에서는 '諸色匠人所用'으로 각종 槓와 板 등이 수록되어 있다.

(1) 印出色

<table>
<tr><th>구분</th><th>항목</th><th>개수</th><th>단위</th><th>비고</th></tr>
<tr><td rowspan="7">進上會盟錄2件所入</td><td>草注紙</td><td>4卷</td><td></td><td>豊儲倉</td></tr>
<tr><td>大節眞墨</td><td>半張</td><td></td><td rowspan="4">以上戶曹</td></tr>
<tr><td>衣次草綠匹段全幅</td><td>2尺</td><td></td></tr>
<tr><td>白綾半骨</td><td>1尺</td><td></td></tr>
<tr><td>紅眞絲</td><td>3錢</td><td></td></tr>
<tr><td>後褙楮紙</td><td>4張</td><td></td><td>長興庫</td></tr>
<tr><td>隔紙楮注紙</td><td>4張</td><td></td><td>豊儲倉</td></tr>
<tr><td rowspan="5">御諱付籤所入</td><td>紅絲匹段</td><td>4尺</td><td></td><td rowspan="2">以上戶曹</td></tr>
<tr><td>淸沙匹段</td><td>3人5寸</td><td></td></tr>
<tr><td>順賜會盟錄</td><td>399件</td><td></td><td>內1件 忠勳府上</td></tr>
<tr><td>楮注</td><td>每2貼式</td><td></td><td></td></tr>
<tr><td>大節常墨</td><td>60貼 2丁式</td><td></td><td>重3兩工曹</td></tr>
<tr><td rowspan="7">粧䌌所入</td><td>後褙休紙
楮注紙每</td><td>10冊
1冊 1張式</td><td>7兩式</td><td>司贍寺
以上長興庫</td></tr>
<tr><td>隔紙楮注紙</td><td>每 1冊 1張式</td><td></td><td></td></tr>
<tr><td>紅鄕絲</td><td>10冊</td><td>3錢式</td><td>濟用監</td></tr>
<tr><td>眞木</td><td>10冊</td><td>1升式</td><td>禮賓寺</td></tr>
<tr><td>衣次草注紙</td><td>每 2冊 1張式</td><td></td><td rowspan="2">以上 長興庫</td></tr>
<tr><td>題目草注紙</td><td>15張</td><td></td></tr>
<tr><td rowspan="3">歸臥5件所入</td><td>猪毛</td><td>各 4兩式</td><td></td><td>司畜署</td></tr>
<tr><td>宋脂</td><td>各 3兩式</td><td></td><td>膳工監</td></tr>
<tr><td>黃蜜</td><td>各 3兩式</td><td></td><td>義盈庫</td></tr>
</table>

50 上揭書.

刻字匠所用	延日石, 巡威石	各 1塊		軍器寺
	炭	3石		膳工監
印出匠所用	黃蜜	80貼	1兩式	義盈庫
	馬鬣	10斤		工曹
	尾箒入量 生麻	2斤		膳工監
	墨赤亇	5件		
	依擴看			濟用監
	濕紙松板	2部	長1尺5寸 廣1尺	別工作
均字匠所用	塡空休紙	每 1板	2兩式	司贍寺
	初再三見白紙	5卷		長興庫
印札所入	銅鉄	2斤		戶曹
	塡空大竹	2介		膳工監
	均字板	10部	所用自作板	校書館
補字官所入	黃毛筆	2柄		
	眞墨	2丁		
昌准所用	白筆	5柄		以上每朔工曹
	常墨	3丁		
字木付刻	眞末		5升	禮賓寺
諸色匠人所用				別工作進排
分紙昌准所用	座板	1部 2立付	長4尺	
	大刀	1介		
	剪板	1介		
	長尺	1介		
守藏所用	木藏	7介		
	拾字沙板	7介		
均字匠所用	沙板	1介		
校正唱准所用	書草紛板	8部		
	長床	1介		
	樻子	1介		
	均字匠長床	1介		
	小刀	5介		
刻字匠所用	長床	1介		
	小鉅	1介		
	小佐耳	1介		
	刻刀	5介		
	鐦	2介		
	小鐙鉄	5介		
粧冊匠小用	大冊床	3介		
	椵板	3介		
	打	3介		
	冊刀	3介		
	宋板	3介	長1尺 廣8寸	
	小剪板	3介		
	導板	3介	長1尺 廣3寸	
	朴達方亇赤	3介		
	均字板朴兄小頭釘	120介		
補字木所用	黃楊木	100介		前期江泉道卜定
活字				校書館上取用

(2) 印出雜物

구분	항목	개수	단위	비고
	松墨	60貼	3兩式	工曹
	塡空休紙	1板	2兩式	司贍寺
	黃蜜	80貼	1兩式	義盈庫
	衣後褙休紙	10冊	1兩式	司贍寺
粧績所用	黃蜜	10冊	3錢式	義盈庫
	眞末	10冊	1升式	禮賓寺
	鄕紅絲	10冊	3錢式	濟用監
刻字匠付刻	眞末		5升	禮賓寺
	炭	3石		膳工監
	印出紙地			朝士大夫則戶曹進批 下賤人則 各3卷式 捧上印出

(3) 參與人物 및 匠人

직책	성명	인원수	비고
補字官	鄭琛		
分紙唱准	金敬益		
	裵麟吉		
校正唱准	宋俊謙	等 3名	
守藏	吳悌先	等 5名	
粧冊匠	崔愛男	等 4名	
均字匠	朴天成	等 3名	
印出匠	吳俊立	等 3名	
刻字匠	金種金	等 4名	
小木匠	金大奎		
銅鉄匠		1名	
木手		1名	
冶匠		1名	
蹄履匠			
守直軍士		2名	
土宇直軍士		2名	兵曹定送

(4) '別工作' 印出色 所用

구분	항목	수량	비고
	坐板	1部	
	濕紙板	2部	
	沙板	7部	
	木橶	7部	
	朴達方亇赤	3介	
	大刀	1介	
	小佐耳	1介	
	刻刀	5介	
	鐦	2介	
	小鐙鐵	5介	
	打丁	3介	
	冊刀	3介	
	小頭丁	110介	
	大粉板	7部	
	長床	6部	
	遵板	3立次	
	楸木	1條里	
	椵板松板	各 1立	
	匠人所用樻子	3部	
	文書樻子	2部	
	雜物入盛樻	2 介	
	剪板	1介	
	長尺大小幷	4介	
	小鉅	1介	
	硯匣	2部	
	書案	2部	
	挾板	1介	
都廳所用	文書樻	加 2部	
	書寫文書樻	1部	
	木斗升	各 1介	
	硯	1部	
	書案	1部	
	軍匠牌	1部	
	挾板	1部	
	小剪板	1介	
工作所用	假家	4間	
	漆土宇	2間	
	雜物入盛樻	1介	
	文書樻	1介	
	匠人所役入盛樻	1介	
	漆匠所用漆機	1介	
	匠人所用長床	3介	
	小爐	2坐	
	冶爐	1坐	
	軍匠牌	1部	
	硯匣	1坐	
	書案	1部	

제3절
鑄字所 關聯 扁額

1. '鑄字所' 편액

그림 2-4 주자소 편액[51]

위의 전서로 쓰여진 주자소 현판은『韓國古印刷資料圖錄』54쪽에 실려 있고, 문화재 관리국 소장이라고 되어 있으나, 현재 소장처가 파악되지 않고 있다.

그림 2-5 주자소 편액, 국립고궁박물관 소장(59×165cm)[52]

국립고궁박물관 소장 주자소 현판은 穎漁 金炳國(1825~1905)이 썼으며, 좌측 하단에 '金炳國印'의 낙관이 있다.

51 韓國圖書館學硏究會,『韓國古印刷資料圖錄』, 서울: 鮮文出版社, 1976, p. 54.
52 국립고궁박물관,『국립고궁박물관(개관 도록)』, 서울: 놀와, 2005, p. 169.

2. '鑄字事實' 편액

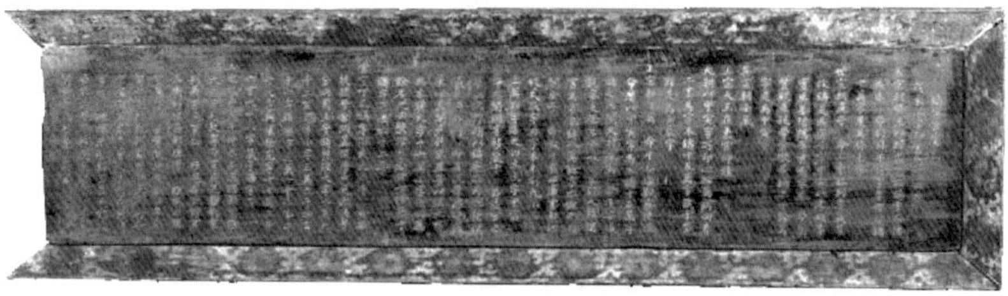

그림 2-6 鑄字事實 편액, 국립고궁박물관 소장(58.5×241cm)

哲宗 9年(1858) 穎漁 金炳國이 쓴 글을 양각하여 鑄字所에 걸었던 편액으로, 내용은 다음과 같다.

我東活字印書之法始自
太宗朝癸未以經筵古註詩書左傳
　爲本　命判司平府事李稷等鑄
　十萬字是爲癸未字
世宗朝庚子　命工曹參判李蕆等
　改鑄是爲庚子字甲寅以孝順事
　實爲善陰騭等書爲字本　命集
　賢殿直提學金敦等鑄二十餘萬
　字是爲甲寅字
英宗朝壬辰
正宗大王在東宮仰請
大朝以甲寅字所印心經萬病回春
　二書爲字本鑄十五萬字藏于芸
　館是爲壬辰字
正宗朝丁酉　命平安道觀察使徐
　命膺以甲寅字爲本鑄十五萬字
　儲之內閣又於壬辰　命平安道
　觀察使徐浩修以　本朝人韓構
　書爲字本鑄八萬餘字亦儲之內
　閣壬子　命倣中國四庫書聚珎
　板式取字典字本木刻大小三十
　二萬餘字名之曰生生字甲寅
　命內閣銅字移藏于 昌慶宮之
　舊弘文館稱以鑄字所丙辰整理
　儀軌將印行 命直提學李晩秀
　原任直閣尹行恁監董以生生字
　爲本鑄大字十六萬小字十四萬
　餘名之曰整理字分儲七欌藏于
　鑄字所後六十二年
當宁丁巳鑄字所失火 戊午 命檢
　校提學金炳翼提學尹定鉉提學
　金炳國主管鑄整理大字八萬九
　千二百三字小字三萬九千四百
　十六字韓構字三萬一千八百二
　十九字與□餘完字十七萬五千
　六百九十八字藏于鑄字所
上之九年戊午仲冬上浣 經筵日
　講官輔國崇祿大夫行判敦寧府
　事兼吏曹判書判義禁府事知春
秋館事五衛都摠府都摠管原任
　奎章閣提學致仕奉朝 賀尹定
鉉記 經筵日講官輔國崇祿大
　夫行知中樞府事兼戶曹判書判
　義禁府事知春秋館事五衛都摠
　府都摠管 奎章閣檢校提學金
　炳國書

3. '鑄字監董諸臣題名錄' 편액

그림 2-7 鑄字監董諸臣題名錄, 국립고궁박물관 소장(44×126cm)

哲宗 9년(1858) 崔應夏가 쓴 글을 음각으로 새긴 편액이며 鑄字所에 걸었다. 내용은 다음과 같다.

鑄字監董諸臣題名錄

太宗癸未鑄字監掌
判司平府事 李 稷 興叔乙亥 延安人
知 申 事 朴錫命 賚卿甲戌 密城人
右 代 言 李 膺 聖甫丙戌 鰲山人
軍 資 監 姜天霔 霈卿癸未 平康人
長興庫使 金莊侃 敬叔丙戌 金海人
代言司注書 柳 荑 茂叔甲申 全州人
壽寧府丞 金爲民 仁甫乙酉 海州人
校書著作郎 朴允英 大而戊子
世宗庚子鑄字監掌
工曹參判 李 蕆 芳卿丙戌 鷄林人
知 申 事 金益精
左 代 言 鄭 招
世宗甲寅鑄字監掌
集賢殿直提學 金 墩 固叔癸酉 金海人
直 集 賢 殿 金 鑌 癸酉 金海人
護 軍 蔣英實 實甫癸酉 慶州人
僉知司譯院事 李世衡 韓山人
議政府舍人 鄭 陟 登升 東萊人
奉 常 主 簿 李純之
訓練觀參軍 李義長
寶文閣提學 卞季良 叔眉丙戌 水城人

正宗丁酉關西鑄字監董
平安道觀察使 徐命膺 君受丙申 達城人
正宗壬寅關西鑄字監董
平安道觀察使 徐浩修 養直丙辰 達城人
正宗丙辰鑄字監董
奎章閣直提學 李晩秀 成仲壬申 延安人
奎章閣原任直閣尹行恁 聖甫壬午 南原人
當宁戊午鑄字監董
奎章閣檢校提學金炳冀 聖尊戊寅 安東人
奎章閣提學 尹定鉉 鼎叟癸丑 南原人
奎章閣提學 金炳國 景用乙酉 安東人
上之九年戊午秋九月上浣

제4절
校書館

1. 교서관의 기능

교서관의 기능은 국가적인 규모와 측면에서 ① 書籍(經籍, 圖書) 인쇄·출판, ② 香祝 管掌, ③ 印篆 管掌, ④ 木板·藏書(文籍, 圖書)·鑄字 관리, ⑤ 도서 頒賜 및 판매, ⑥ 기타 임무 등으로 크게 나누어지지만 여기서는 서적과 활자 등 인쇄·출판과 관련된 부분을 중심으로 그 기능을 요약한다.

1) 서적 인쇄·출판 기능

서적의 印出(인쇄·출판)과 관련하여, 앞에서 인용한 문헌들에서는 ① 掌文籍圖書, ② 掌印頒書籍, ③ 校書館專掌 群書, ④ 許人模印, ⑤ 印出廣布, ⑥ 本署職掌, ⑦ 則 曰書籍 而歷代皆重其任 등으로 다양하게 제시되고 있는바, 여기에서 '서적(및 文籍)'은 '유학의 여러 經籍 및 諸般圖書'를 의미하고, '인출'은 '編次·印刷·粧績(製本) 등 출판의 제반업무'를 의미한다고 볼 수 있다. 그 실례로 성종 때 典校署 博士인 高彦謙 등이 上書한 내용을 보면,

> 本朝에서는 祖宗朝로부터 내려오면서 유교를 숭상하고 道理를 중하게 여겨서, 서적을 나라의 귀중한 보물로 삼아 천하의 책을 모아서 隆文樓·隆武樓에 간직하여 考閱에 대비하였습니다. 文樓·武樓를 맡은 곳은 本署에 있으며, 또 책을 인쇄할 때에는 典校官이 한쪽에는 正本을 가지고 한쪽에는 인쇄된 책을 가지고서 글자마다 교정하고 줄마다 검사하여, 글이 빠진 것은 보충하고 글자가 잘못된 것은 바로잡아서 編次하고 粧績합니다. 그리하여 성상께서 독서하시는 데에 대비하여 우리 전하로 하여금 제왕의 마음가짐과 다스리는 요지를 연구하고 前代의 治亂興亡의 원인을 살피게 하니, 그 직임이 진실로 가볍지 아니합니다.[53]

---

53 『成宗實錄』 161卷, 成宗 14年 12月 23日 壬午 條.
…本朝自祖宗以來 崇儒重道 以書籍爲國之重寶 聚天下之書 藏之隆文隆武樓 以備考閱 而文武樓所掌 在本署 又於印書之時 典校官一執正本 一執印書 字字讎校 行行檢會 書之脫落者補之 字之魯魚者正之 編次之 粧纊之…

라 하여, 조선시대 서적은 '국가의 귀중한 보물'로 간주되었으며, '책을 인출할 때 전교관이 정본과 인본을 엄정하게 對校하는 업무내용과 그 편차와 장황'에 이르기까지의 자세한 임무를 설명하면서, 교서관의 서적 인출 職任이 매우 중요함을 지적하고 있음을 확인할 수 있다.

실제로 교서관에서 서적을 인출한 여러 사례들을 실록 등에서 종합하여 보면, 王命이나 신하들의 進言에 의하여 인출하되, 기존의 판목이 없는 서적 중 정부로서 널리 印頒할 필요가 있는 것은 교서관에서 처음에 활자로 印出하고 그 印本을 지방 감영에 보내어 다시 각판(飜刻)케 하였다.[54] 또한 기존의 판목이 있는 것은 판본으로 인쇄하고, 주자로 인쇄할 수 없는 지도류 등 특수서적은 목판본으로 인출하였다. 告示文이나 서류의 형식 및 表箋·策文 등의 書式은 언제나 주자로 인출·배포하였다.[55] 그리고 科擧와 관련한 유학서적 및 유생들에게 대량으로 필요한 서적은 '鑄字印書로는 廣布할 수 없으니 板木으로 인출하도록 하고 있음'[56]이 그 특징이라 할 수 있다. 그리하여 각 지방 감영에서 판각된 판본을 교서관에 進上케 하고, 서적의 인출 및 반포는 교서관에서 主管하는 것이 상례였다.[57] 그러다가 인쇄술의 발전과 함께 각 지방에서도 서적 인출이 활발해지자, 교서관은 전국의 판본 소장 상황을 파악하는 업무도 맡게 되었다.[58]

위와 같이 '교서관의 인출사업'은 지방에서 판각한 판목이나 교서관에 소장되어 있는 목판·활자를 가지고 서적을 인출·보급하는 업무가 그 주된 기능이었다고 볼 수 있다.

2) 木板(板木)·藏書(文籍·圖書) 관리 기능

교서관의 제반 관리기능 중 첫 번째로 교서관의 '목판 관리 기능'을 먼저 기술하면, 조선 조정에서는 국초 이래 교서관의 대청 3칸을 비롯하여 西板堂庫 등 차례로 모두 29칸

54 金斗鍾, 『韓國古印刷技術史』, 서울: 탐구당, 1974, p. 204.

55 ① 韓東明, 「韓國 中世印刷文化의 制度史的 硏究」, 경희대학교 대학원 박사학위논문, 1980, p. 152.
② 『世宗實錄』 44卷, 世宗 11年 5月 癸酉 條.
③ 『世宗實錄』 62卷, 世宗 15年 10月 丁丑 條.
④ 『世宗實錄』 84卷, 世宗 21年 2月 乙卯 條.

56 『世宗實錄』 51卷, 世宗 13年 3月 癸亥 條. 목판본의 제작은 주로 목재가 풍부한 경상도와 전라도에 집중되는 경우가 많으며, 충청도와 강원도 지역의 官司로 하여금 刻板하게 하였다.

57 韓東明, 前揭書, p. 153.

58 實例 ; 『世祖實錄』 40卷, 世祖 12年(1466) 11월 17일 乙酉 條에 京中의 서적관리는 典校署(교서관)가 맡고 있지만, 각 外方의 板本의 소장 및 관리 상황을 승정원으로 하여금 파악하게 하고, 각 외방에서 소장한 판본을 1부씩 印出·進上하게 하여, 이를 교서관에서 詳考하게 하였다.

의 건물에 四書五經 및 諸史字集 판본을 所藏·分藏하였던[59] 기록을 확인할 수 있다. 또한 1435년(世宗 17) 9월에 鑄字所를 景福宮 내로 이전하고 그 사후 조치로 舊鑄字所는 木板庫로 용도 변경하고 교서관으로 하여금 이를 관장케 한 기록도 보인다.[60] 이와 같은 기록들로 보아, 교서관 본연의 업무 중 '목판 관리' 기능을 중요시하였기 때문에 조선 초부터 국가의 중요한 모든 판본은 교서관에서 소장·관리하고 있었음을 알 수 있다.[61] 뿐만 아니라 地方官司 및 寺刹 등에 보관되어 있는 판목도 교서관으로 하여금 관리토록 하고 있다.[62] 이로 보아 '목판 관리'가 교서관의 첫 번째 관리 기능으로, 업무량이 많았음을 확인할 수 있다.

두 번째로 '장서 관리' 기능은 교서관의 고유 기능으로 중요시되었다고 볼 수 있다. 왜냐하면, '교서관 자체가 판목의 관리와 서적의 印出·頒賜 기능 이외에 국가적인 장서를 관리하는 도서관적 기능도 갖고 있었음'[63]을 실록을 비롯한 여러 문헌에서 확인할 수 있기 때문이다. 그리하여 지방의 감영에서 인쇄하여 진상하는 여러 서적,[64] 국가의 중요한 서고의 소장본 중 기타 서적[65] 및 교서관(校書館)에서 인출하는 서책 가운데서 장기간 보존할 필요가 있는 서책은 반드시 교서관에 1건씩 分藏하도록 하고 있음[66]을 보아도, 교서관의 장서 관리 기능이 중요시되었음을 알 수 있다.[67]

---

59 『新增東國輿地勝覽』 卷2, 京都下 校書館 條.

60 『世宗實錄』 70卷, 世宗 17年 10月 19日 丁巳 條. …鑄字所自初設立, …. 其舊鑄字所 唯置木板 令校書館掌之…

61 韓東明, 前揭書, pp. 174–175.

62 ①『世宗實錄』 11卷, 世宗 3年 2月 丙申 條. ②『世宗實錄』 39卷, 世宗 10年 2月 己酉 條. ③『世宗實錄』 39卷, 世宗 12年 11月 己酉 條. 즉, 지방관사에 소장된 판목은 所在 관사의 관리로 하여금 소장·관리하면서, 守令이 교체될 때마다 명백히 유실된 책판을 보완케 하였으며, 중앙의 교서관으로 하여금 그 실행 여부를 규찰하도록 하면서, 지방에서 소장이 어려운 판본은 교서관에서 회수하여 관리케 하였다.
④『世宗實錄』 104卷, 世宗 26年 5月 壬戌 條. ⑤『世宗實錄』 28卷, 世宗 7年 4月 庚子 條. ⑥『端宗實錄』 7卷, 端宗 元年 9月 戊寅 條. 즉, 각 사찰에서 소장하고 있는 판본 및 寫經, 인쇄된 佛經 등도 도난·파손되지 않도록, 소재지의 수령으로 하여금 그 소장 상황을 목록을 만들어 啓聞토록 하고, 사찰 소장 중요한 책판들은 교서관으로 移置·관리케 하였다.

63 한동명, 前揭書, pp. 178–179.

64 『世宗實錄』 14卷, 世宗 7年 11月 丁酉 條. …慶尙監司 河演進 入學圖說·易·詩·春秋·中庸·大學·論語·孝行錄·篆書千字文·大學千字文 頒賜宇成均館·校書館·四部學堂…

65 『世祖實錄』 40卷, 世祖 12年 11月 乙酉 條.
…春秋館及 外三史庫 文武樓內 不緊書册並皆出 分置藝文·成均館·典校署 以革混雜難考之弊…

66 『世祖實錄』 40卷, 世祖 12年 11月 乙酉 條. …今典校署 印出書册內 出於一時之事不必傳久者外 例將十件 弘文館藏二件 春秋館外三庫 典校署·文武樓·藝文館·成均館 各藏一件…

67 한동명, 前揭書, p. 179.

3) 鑄字 관리 기능

『세종실록』의 1440년 2월 12일의 기록에서 교서관의 업무는 '木板·鑄字(목활자 포함)·印篆(香祝 포함)·藏書의 管掌'임을 분명히 하면서, 교서관의 여러 事務가 몹시 번다함을 지적하고 있다.

> 議政府에서 吏曹의 첩정에 의하여 아뢰기를, "校書館은 여러 서적의 板[목판]과 字[鑄字: 활자]와 模印[摹印: 印篆] 및 群書[藏書]를 專門的으로 管掌(專掌)하여, 그 사무가 몹시 번다하건만, 단지 參上官 1인만이 있으므로 일이 많이 궐실되오니, 提擧(別提)와 別坐 두 사람을 두게 하되 3품 이하 6품 이상으로 充差하여 본관의 관원과 같이 서무를 맡아서 일체로 시행하게 하옵시고, 교체해서 갈릴 때에는 祿官例에 의하여 解由하여 傳掌하게 하옵소서." 하니, 그대로 따랐다.[68]

라 하여 교서관의 전문 업무 중 '주자 관리' 기능이 포함되어 있음을 확인할 수 있다. 그리고 조선 후기인 『英宗大王實錄廳儀軌』에 따르면, 1780년(庚子) 4월에 『영조실록』을 인출하기 위하여 교서관에서 보관해 온 주자들을 실록청으로 옮겨 인쇄하였던 記事의 내용[69]을 보더라도, 교서관에서는 조선 초기부터 그 후기에 이르기까지 주자의 관리업무를 충실히 수행하고 있었음을 알 수 있다.

4) 도서 頒賜 및 판매 기능

조선시대는 개국 초부터 '서책을 국가의 重寶'로 간주하고 儒教·崇文主義에 입각한 정책을 펼쳤기 때문에, 새로운 건국의 기반 마련 및 정치 질서 확립을 위한 儒學書를 비롯한 정치·역사·경제·사회·문화 등과 관련한 다양한 서적의 인쇄·출판이 요구되었고, 이와 더불어 출판된 도서의 보급 문제도 수반되었다. 이에 따라 인쇄·출판 기능을 남낭

68 『世宗實錄』 88卷, 世宗 22年 2月 12日 乙酉 條.
…議政府據吏曹呈啓 校書館 專掌諸書板字模印群書 事務浩(穰)(繁) 但有參上官一人 事多闕失 請置提擧別坐二人 以三品以下八品以上充差 與本館官員 同中庶務一體施行 遞代時 依祿官例 解由傳掌 從之…

69 ①『英宗大王實錄廳儀軌』 1780년(更子) 4月 條.
…영조실록의 교정이 끝나면서 인출을 해야 할 때, 교서관에 보관해 둔 주자들을 실록청으로 옮겨 실록을 인출하는 데 관련되는 기술자와 담당자들이 차질 없이 대비할 것…
② 남권희, 「조선시대 금속활자 주조와 조판에 관한 연구」, 『갑인자와 한글활자』, 청주: 청주고인쇄박물관, 2007, pp. 81–82.

하였던 교서관에서 반사 기능도 자연스럽게 담당하게 되었던 것으로 보인다.

그러나 당시 인출되는 각 서적의 부수가 많지 않았기 때문에, 이를 실무에서 참고해야 할 六曹를 비롯한 관련 각 기관에 골고루 반사하는 데에도 많은 제약이 따랐던 것으로 보인다. 그리하여 인출하는 서적의 부수와 성격에 따라서 그 반사의 관등에 제한을 두거나 특정인을 지명하여 반사한 사례 등을 다수 찾아볼 수 있다.[70] 이와 같은 조선시대 서적의 인출과 반사는 항상 왕명에 의하여 이루어졌으며, 거의 모든 경우에 반사 대상을 선정하고[71] 頒賜記를 작성하여 내려 주었다.

위와 같이 조선 초기부터 인출되는 서적은 그 수량이 적고 반사에 있어서도 제한이 따랐기 때문에, 관련 현직의 중요 관료들을 제외한 일반인들은 인쇄된 서적을 구하기가 어려웠다. 따라서 일반 儒臣들과 유생들은 교서관 등에서 인출한 서적들을 紙·米·豆 등으로 교환·구입하고자 하였고, 정부 또한 교서관에서 인출한 서적들을 판매하는 방안을 마련하였다. 그리하여 1410년(太宗 10) 2月 鑄字所에서 인출한 서적을 판매하도록 처음으로 허가하였고,[72] 세종 때(1435) 許稠의 啓에서 '인쇄된『集成小學』을 교서관에서 판매하도록' 진언하자, 세종은『소학』뿐 아니라 무릇 鑄字所(校書館)에 있는 冊板을 모두 찍어 내어 판매하는 방안을 의논하게 하였고,[73] 또한『性理大全』과 四書五經大全 등도 각 지방의 鄕校나 개인이 소장·구입하고자 할 때 '換紙의 교환' 방법으로 판매·보급하는 방안을 강구하였다.[74] 그리하여 世祖 때인 1457년에는 교서관 소장의 판본들을 인쇄하여 판매하고 있었

---

70 '二品 以上'『世宗實錄』44卷, 世宗 11年 4月 丁酉 條 ; '堂上官 以上'『世宗實錄』43卷, 世宗 11年 2月 壬午 條 ; '東班五品以上, 西班三品以上'『世宗實錄』43卷, 世宗 11年 3月 甲子 條 ; '特定人'『世祖實錄』17卷, 世祖 5年 8月 癸巳 條

71 그 실례로,『端宗實錄』7卷, 端宗 1年 7月 22日 丁丑 條.

72 『太宗實錄』19卷, 太宗 10年 2月 7日 甲辰 條. …始令鑄字所 印書籍鬻之…

73 『世宗實錄』68卷, 世宗 17年 4月 8日 己酉 條. ….判中樞院事許稠啓曰…又啓曰『集成小學』切於日用之書 學者病其難得 願依惠民局賣藥例 或紙或米豆 量給爲本 令一官一匠掌其事 印出萬餘本鬻之 還本於官 如此則其利無窮 而於學者有益 上曰 予嘗讀史 有曰 頒之大矣 鬻之非矣 然卿言固善 予將行之 卽命都承旨辛引孫曰 一如稠啓 非唯「小學」凡諸鑄字所在冊板 竝宜印之 其議以啓

74 『世宗實錄』70卷, 世宗 17年 10月 25日 癸亥 條. …傳旨各道監司『性理大全』及四書五經大全 中朝諸儒承命撰述之書 採輯先儒諸說而折衷之 實理學之淵源 學者當先講究者也 太宗皇帝賜與以後 已曾板刊 置于鑄字所 向者印頒臣僚 期於廣布 但外方各官鄕校與窮村僻巷 曾無一本之藏 鄕邑有志之士 雖欲考閱 無由得見 誠爲可慮 今同封各冊卷數 曉諭各官 如有不干民力 無弊自備 欲印置于鄕校者 曁邑人如有能辦自願印之者 收其紙以送 則皆許印送 如或不願 不必强使爲之 其自願者 亦不必一時盡印諸書 雖一經一書 隨其所備紙數 收納上送…

고,[75] 1470년 成宗 때에도 교서관에서 서책을 염가로 판매하고 있었음[76]을 보면, 교서관의 서적 판매 기능에 따라 일반 儒生들에게도 서적이 판매·보급되었음을 확인할 수 있다.

마지막으로 교서관의 기능을 하나 덧붙이자면, '활자 주조' 기능을 들 수 있을 것이다. 그러나 조선 전기의 경우, 鑄字所·正音廳(冊房)·鑄字都監 등의 임시기관을 설치하여 금속활자를 주조하였고, 조선 중기의 경우 訓練都監 등에서 활자 주조를 대행하였다. 즉 엄밀하게 말하면, 16세기 이전 교서관의 고유기능에서 '활자 주조'는 그 주요 기능이 아니었다고 볼 수 있다. 그러다가, 임진왜란 이후 조선 후기인 17세기 후반에 와서야 비로소 교서관은 '校書館印書體字' 등을 주조하면서 '활자 주조 기능'을 본격적으로 확보하였다고 볼 수 있다. 특히 교서관인서체자는 2차례나 주조되어[77] 여러 관찬 서적 및 文集類의 인쇄에 끊임없이 사용되었으며, 대한제국 시기 學部木活字와 함께 교과서 인쇄에 사용되는 등, 무려 200년 이상 오랜 기간에 걸쳐 활용된 점이 가장 큰 특징이라 할 수 있다.

2. 교서관의 組織 및 변천

교서관의 임무는 '文籍·圖書와 祭醮의 祝疏, 즉 서적의 印出과 頒賜 및 香祝과 印篆 등의 업무를 管掌'하는 것이었다. 太祖 때 이러한 기능을 수행한 校書監의 조직은 "정3품의 判事 2명, 종3품의 監 2명, 종4품의 少監 2명, 종5품의 丞 1명, 정7품의 郎 2명, 정8품의 著作郎 2명, 정9품의 校勘 2명, 종9품의 正字 2명"[78]으로 총 15명의 文臣이 그 업무를 담당하는 이른바 '正三品의 衙門(기관)'이었다.

---

75 『世祖實錄』 9卷, 世祖 3年 9月 18日 己卯 條. …傳于承政院曰 予於教育儒生 委之學官 無所勸勵 深以爲嫌 念諸生書籍難得 令梁誠之錄藝文館所藏書 將以刊行 都承旨曺錫文曰 校書館有五經板子 官爲印賣 成均館書籍亦多 教官宜隨諸生所無授之…

76 『成宗實錄』 6卷, 成宗 1年 7月 24日 庚子 條. …한명회가 아뢰기를 祖宗朝에서는 典校署로 하여금 종이를 바꾸어 책을 찍게 하고, 값을 줄여서 和賣하여 中外에 널리 펴게 하였습니다…

77 1차: 1684년 무렵, 2차: 1723년 무렵.

78 ① 『太祖實錄』, 卷1, 太祖 元年 7月 丁未 條.
…校書監掌文籍圖書 及祭醮祝疏等事 判事二正三品 監二從三品 少監二從四品 丞一從五品 郎二正七品 著作郎二正八品 校勘二正九品 正字二 從九品.
② 서울 特別市史編纂委員會, 『東國與地備考』, 서울: 協進文化社, 1956, pp. 45-46.
…國初 置校書監 掌印頒經籍 及 香祝印篆之任 又置書籍監[書籍院] 太宗元年 合爲校書館…

표 2-17 校書館 組織의 變遷[79] (×: 혁파)

品階			正二品	從二品	正三品	從三品	從四品	從五品		正六品	從六品	正七品	正八品	正九品	從九品				
職階			提調(他官兼)		判事(他官兼)	監(他官兼)	少監(他官兼)	校理	別坐	別提	參上	博士	著作	正字	副正字	直長	司錄	綠事	參外官
王·年度	西紀年度	館名																	
太祖元年[80]	1392	校書監			判事2	監2	少監2	丞1				郎2	著作郎2	校勘2	正字2				
太宗元年[81]	1401	校書館(併合書籍院)			×	×		校理1			副校理1	2	2	2	2				
增補文獻備考 太宗元年[82]	1401	校書館	2(其一大提學例兼)		判校1(他官兼)			1	1		別提2	博士2	著作2	正字2	副正字2				
世宗22年[83]	1440	校書館							1充差	1充差	1既存								
(世祖6年) 世祖7年[84]	(1460) 1461	(合屬鑄字所) 校書館	2									校書郎1	著作郎2	校勘2	正字1				
世祖12年	1466	典校署(從五品衙門降等)						1	1	2		博士1	著作2	正字2	副正字2				
(成宗2年) 成宗5年	(1471) 1484	(合屬刊經都監) 校書館			判校1			校理1				2	2	2	2				
經國大典 禮典 (成宗 16) 최종본 반포	1485	校書館	2	1				1	他官兼(1)	1	他官兼(1)	2	2	2	2	他官兼(1)	他官兼(1)	他官兼(1)	他官兼(1)
燕山君12年[85]	1506	校書館	2	1				1		1		2	×	×	×	專擔			
正祖元年	1777	奎章閣外閣(屬司編入)	2(本閣提學兼任)		副提調2(本閣直提學兼任)			校理1(本閣直閣兼任)				1(兼任官)							

79 이 표는 한동명, 前揭書, p. 128의『經國大典』교서관 직관표 1, 2를 바탕으로 새롭게 수정한 것이다.

80 『太祖實錄』1卷, 太祖 1年 7月 28日 丁未 條.

81 太宗實錄』2卷, 太宗 1年 7月 13日 庚子 條.
…改校書監爲校書館 革少監以上官 置校理一從五品 副校理一從六品 參外依舊…

82 『增補文獻備考』卷220, 職官考7, 校書館 條.
…太宗元年 改校書監爲校書館 定提調二員 其一大提學例兼 判校一員 他官兼 校理別坐各一員 別提 二員 博士二員 著作二員 正字二員 副正字二員…

83 『世宗實錄』88卷, 世宗 22年 2月 12日 乙酉 條.

84 『世祖實錄』25卷, 世祖 7年 7月 18日 丙辰 條. 桂陽君璔啓: "校書館官吏不謹看守鑄字, 或埋塵土, 或致遺失, 以至鑄成之時, 多有被竊之弊." 卽傳旨吏曹, 校書館提調梁誠之, 鄭顯祖收驅使, 校書郎金補輪, 著作郎徐効虞·宋守殷, 校勘姜致恕·鄭惟産, 正字金耋定本館書員.

85 『燕山君日記』卷62, 燕山君 12年 6月 日 己未 條.

그러다가 1401년(太宗 1)에 태종이 국가의 제도를 개편하면서 교서감과 書籍院을 병합하여 교서감을 '校書館'으로 명칭을 변경하면서 少監 이상의 관원을 혁파하고, 종5품 校理 1명, 종6품 副校理 1명을 두고, 參外는 전과 같이 하였다.[86] 즉, 이는 교서관 兼職의 堂上官은 혁파하고 그 실무자인 종6품의 부교리 1명을 더 배치하는 모양으로 나타나, 실제의 직제와 官員이 축소된 것으로 보인다. 그런데 위 사항에 대하여 『增補文獻備考』에는 1401년에 '정2품의 대제학 2명을 提調, 정3품의 판교 1명, 종5품의 별좌 1명, 종6품의 별제 1명'이 더 추가된 직제가 기록되어 있다. 이것은 아마도 태종의 직제 개편 때 교서관의 당상관은 他官兼職이어서 그 겸직을 언급하지 않았기 때문으로 볼 수도 있다. 또는 "1403년(太宗 3)에 鑄字所가 설치되면서, 주자소의 제조 및 관련 文臣들을 바로 교서관에 보강하면서 이루어진 사실들을 기록한 것이 아닌가 여겨진다."[87] 그렇다면 15세기 벽두 무렵(1401~1403)의 교서관은 그 조직 총원이 모두 15명으로, 개국 당시와 다름없는 기능을 유지하고 있었다고 볼 수도 있다.

표 2-18 校書館 雜職[88]

雜職名 / 時代·文獻	司准	司勘	守藏	粧冊	書吏	冶匠	均字匠	印出匠	刻字匠	鑄匠	雕刻匠	木匠	紙匠	工造	工作	司令	軍事	僧
太宗 代	1	1	44	20	16	6	40	20	14	8	8	2	4	4	2	약간명	약간명	약간명
成宗 代	10	1	44	20	10	6	40	20	14	8	8	2	4	4	2	〃	〃	〃
經國大典[89]	1	1	44	20	16	6	40	20	14	8	8	2	6	4	2			
英宗(英祖)大王實錄廳儀軌[90]	2~5	補字官 1~2	10~23	册匠 2~3			2~18	2~4	2~4	屏風匠 4	多繪匠 4	小木匠 1~2	㴑匠 1	推造匠 2		助役 1~2	使喚軍 2	

…傳曰 錄考官承文院校書館七品以下人員 已革罷 其加設各司直長以下官 差塡錄考官 專掌記事 而兼掌書册製述事 承文院 校書館七品以下官 亦令兼帶於本衙門 往來治事…

80 『太宗實錄』 2卷, 太宗 1년 7月 13日 庚子 條.

…改校書監爲校書館 革少監以上官 置校理一從五品 副校理一從六品 參外依舊

87 한동명, 前揭書, p. 124

88 ① 이 표는 한동명, 前揭書, p. 128에 근거하고, 그 하단부는 추가한 것이다.

② 『增補文獻備考』 卷220, 職官考7, 校書館 條.

89 ① 『經國大典』 吏典 雜職 校書館 條.

② 『經國大典』 吏典 雜職, 校書館 司贍寺 造紙所 條.

③ 『經國大典』 吏典 京官職 校書館 條.

④ 『經國大典』 工典 京工匠 校書館 條.

90 ① 『英宗大王實錄廳儀軌』 庚子 6月 日, 戶兵曹. ② 남권희, 「朝鮮時代 金屬活字 鑄造와 組版에 관한 硏究」, 『갑인자와 금속활자』, 청주: 청주고인쇄박물관, 2007, p. 83.

또한 앞의 표에서 보는 바와 같이, 太宗 代에 들어와서 '司準'에서부터 '工作' 등에 이르기까지 서책 인출 등 교서관의 고유기능을 발휘할 수 있는 관련 匠人들이 무려 190명 이상 확보되어, 서책 인출의 工程을 온전하게 수행할 수 있는 하나의 조직체계를 완비하게 되었다고 볼 수 있다. 그리하여 교서관의 잡직은 『經國大典』에서 제도화되면서 '서적 인출'을 비롯한 실제의 여러 업무와 기능들을 원활하게 수행하였음을 알 수 있다.

한편 앞의 표에 따르면 1440년(世宗 22) 실록 기사에서 '종6품 참상관 단 1명만이 업무를 담당하고 있는 교서관의 열악한 상황에 대하여, 종5품(1명)과 정6품(1명)의 실무책임자격인 중간 관료 2명을 充差'한 사항이 보인다. 아마도 이는 세종 때 주자소에서 庚子字(1420)와 初鑄甲寅字(1434), 丙辰字(1434)를 연이어 주조하면서 주자소의 서적 인출업무가 눈부실 정도로 활발하게 전개되었고, '교서관의 관원들도 모두 주자인쇄에 참여'[91]하는 경향을 보였기 때문에 나타난 현상이라고 추정할 수 있다. 따라서 이 당시 교서관의 조직은 일시 퇴보하였으나 그 기능은 지속적으로 유지되고 있었다고 판단된다. 그러다가 世宗 代에 설치된 正音廳과 冊房에서 正音(한글)의 언해와 佛經 인쇄 사업 등이 1455년(端宗 3)에 책방이 혁파되는 시점까지 이루어지고,[92] 세조는 1460년(世祖 6)에 주자소를 혁파하면서 이를 교서관에 합속시켰다. 그리고 1461년에는 당시 대학자로서 명망이 있고 실용을 중요시하며 국력 배양과 민생 안정을 중요시한 梁誠之를 교서관 제조로 임명하면서 '二品官의 衙門(기관)'으로 그 면모가 새롭게 변모되었다고 볼 수 있다.

세조가 즉위한 후, 1461년(世祖 7)에 刊經都監을 설치해 이 기관에서 佛經을 비롯한 세조 시대의 많은 서적의 인출을 주관하도록 하고 1466년(世祖 12)에 교서관이 '典校署'로 그 명칭을 변경하면서 '五品의 아문(기관)'으로 강등되었다. 그러다가 간경도감은 1471년(成宗 2) 12월에 혁파됨과 동시에 교서관에 合屬되었지만 교서관 조직의 승격은 없었다.

成宗 시대에 들어와 전교서의 박사 고언겸 등이 상소(1483. 12. 23.)함에 따라,[93] 약 1개월 뒤인 1484년(成宗 15) 1월 21일에

---

91 한동명, 前揭書, p. 58.

92 한동명, 前揭書, pp. 72-86 참고.

93 『成宗實錄』 161卷, 成宗 14年 12月 23日 壬午 條.
… 列聖朝로부터 내려오면서 藝文館·成均館·校書館을 三館이라고 일컬어서, …그런데 本署에 대해서만 館이라는 한 글자를 아끼니, 어찌 先王의 제도에 어긋남이 있지 아니하겠습니까? … 만약 전교서는 先王이 정한 관제이므로 가볍게 고칠 수 없다고 말한다면, 校書監·校書館 역시 선왕의 관제인데 세조께서 고쳤고, … 本署를 정3품 아문으로 올리고 선왕의 제도를 회복하여 이름과 실상이 서로 맞게 하면… 斯文의 한 가지 큰 다행입니다.

> 典校署를 고쳐서 다시 校書館으로 일컬었다. 품계는 '3품 衙門'에 비하고, 兼判校 1員과 校理 1員을 설치하고, 나머지는 예전대로 하였는데, 이는 本署 관원(고언겸 등)의 上疏에 인한 것이다.[94]

라 하여, 성종이 '전교서'를 '교서관'으로 고치고 그 관제를 '3품의 아문'으로 승격·조정함으로써 교서관은 개국 초의 조직 면모를 회복하게 되었다. 또한 앞의 [표 2-18]에서 보는 바와 같이, 성종이 마련한 교서관 제도는 1485년『經國大典』이 최종 반포되면서 명실상부한 '三品의 官衙'로 제도화되었다. 그리하여 교서관은『경국대전』반포 때부터 1777년(正祖 1)까지 조직적 측면에서 큰 변화 없이 '三品의 衙門'으로 그 기능을 수행하였다고 볼 수 있다. 그러다가 1777년에 정조가 국가경영이 큰 틀을 마련할 때, 奎章閣의 外閣으로 편입되어 조선 말기까지 그 기능을 지속하였다.

3. 교서관의 인쇄활동

교서관의 핵심기능은 '국가 주도의 官撰書에 대한 印出 기능'이라 볼 수 있다. 이는 조선의 국가체제가 완비되었던 成宗 12년경에 도승지가 임금에게 교서관(典校署)의 업무에 관하여 설명할 때, "典校署에서는 서적을 印出하는 일을 관장합니다."[95]라고 단 한마디로 대답한 것에서도, '서적의 인출업무'가 교서관의 핵심 기능임을 파악할 수 있다.

따라서 조선왕조 전 시기에 걸쳐 인쇄·출판된 모든 관찬서적은 교서관의 인쇄활동과 직간접적으로 모두 관련되어 있다고 볼 수 있을 것이다. 왜냐하면, 이는 비록 鑄字所·刊經都監·訓練都監·內醫院·觀象監·實錄廳·司譯院 등에서 주조된 활자라 하더라도 모든 활자와 木板들이 교서관의 관리하에 있었고, 태종 때의 교서관 雜職의 입무분과 및 소요 인원이 成宗 代에 계승되고, 이것이『經國大典』에서 제도화됨으로써, 모든 관찬서

---

94 『成宗實錄』162卷, 成宗 15年 1月 21日 己酉 條.
…改典校署 復稱校書館 秩視三品衙門 設兼判 校一員 校理一員 餘仍舊 因本署員上疏也.

95 『成宗實錄』133卷, 成宗 12年 9月 24日 乙未 條.
…禮曹判書李坡等來啓曰 四館十一員缺職 事多廢 傳曰… 傳曰 館科所爲何事歟 都承旨金升卿啓曰 … 典校署, 則掌印書籍…

적이 교서관에 소속된 인쇄·출판(제본 등 포함) 전문 匠人들에 의하여 인출되는 것이 일반화 되었다고 볼 수 있기 때문이다.

위와 같은 교서관의 인쇄활동은 임진왜란이 발발하기 전까지는 꾸준하게 지속되었다고 볼 수 있다. 그러나 임진왜란부터 병자호란 이후 仁祖 말까지는 교서관의 인쇄활동은 물론 국가경영 자체가 전반적으로 침체될 수밖에 없었고, 인조 말기에 훈련도감의 匠人들을 흡수한 교서관이 국가의 인쇄 기능을 다시 회복한 것은 17세기 중기 이후로 보아야 할 것이다. 즉, 四鑄甲寅字인 戊申字 주조가 교서관의 인쇄활동을 촉진시켰다. 무신자는 金佐明이 1668년(顯宗 9)에 戶曹와 兵曹의 물자와 인력을 활용하여 守禦廳에서 주조한 大字 66,100여 자와 小字 46,600여 자로, 1672년에 교서관으로 옮겨졌다. 그리하여 무신자를 이용한 교서관의 인쇄활동은 임진왜란 이후 그 인출 기능이 부활하였고, 연이어 교서관에서 직접 銅活字로 주조한 校書館印書體字(1684, 1723: 2차 주조)를 비롯해 壬辰字(1772: 五鑄甲寅字) 등을 이용한 인쇄활동은 조선 말기(대한제국)까지 지속되었다고 볼 수 있다.

조선시대 전 시기에 걸쳐 교서관 인출활동의 특징은 다음과 같이 몇 가지로 종합하여 정리할 수 있다.

첫째, 중앙의 교서관에서 국가의 史書·典章 및 王室에 관한 중요한 官撰書들은 반드시 王命에 의하여 처음에 활자로 인쇄하였다가, 그 후에 다시 板刻하거나, 그 印本을 地方監營에 보내어 刻板케 하였다. 또 이들 인쇄활동을 감독하고 총괄하여 主管하는 부서가 바로 교서관이었다.

둘째, 대량 인쇄가 필요한 서적, 즉 모든 유학자들에게 필요한 유학서적 및 農書와 같이 국가경제의 부흥을 위해 대규모로 널리 배포할 필요가 있는 서적들은 아예 처음부터 木板本으로 대량 인출하도록 하였다.[96] 심지어 『世宗實錄』 1435년 4월 8일의 기록에서는, '『集成小學』은 日用에 긴요하면서도 구하기 어려운 책이라 교서관에 紙·豆·米를 주어 밑천으로 삼게 하고, 인쇄하는 담당자를 두어 10,000부를 인쇄하여 판매하는 방안'을 進言하고 있는 실정이다.[97] 따라서 조선시대 교서관의 인쇄·출판에서는, 금속활자의

---

96 ①『世宗實錄』 51卷, 世宗 13年 2月 28日 癸亥 條.
…『左傳』 學者所當觀覽 用鑄字印之 則未能廣布 宜令刊板 使之廣行…
②『世宗實錄』 40卷, 世宗 10年 閏4月 13日 甲午 條.
…傳旨慶尙道監司 … 訪之老農 撮要成書以進… 且農書一千部 以國庫米豆 換紙印進…

97 『世宗實錄』 68卷, 世宗 17年 4月 8日 己酉 條.

鑄造와 인출 못지않게, 대량의 목판인쇄 활동 또한 매우 활발하였던 특징이 있다.

셋째, 조선시대는 전기·후기를 막론하고 전 시기에 걸쳐 금속활자 등이 꾸준히 주조되었다는 점을 주목할 수 있다. 즉 조선 전기는 18종의 활자가 주조되었고,[98] 후기에도 20여 종의 활자가 주조되는[99] 등 조선시대에는 50여 종의 활자가 지속적으로 주조되어 교서관의 인쇄 및 출판활동에 동원되었다. 다시 말해, 조선 중기의 兵禍(임진: 1592·병자: 1636)로 인한 기간을 제외하고는 끊임없이 금속활자가 주조되었고, 이에 따라 교서관의 인쇄·출판활동도 지속적이고 활발하게 진행되었다.

넷째, 교서관의 구체적인 인쇄활동에 있어서는 "誤字와 脫字가 없이 본문을 깨끗이 찍어 내기 위하여 매 판마다 그 校勘이 철저하였으며, 監印官은 校書館員으로 하여금 맡아보게 하였고, 특히 그 교감과 인쇄의 소임이 아주 엄격하게 이루어졌으며, 관판본에 따라서는 監校와 監印의 관등성명을 권말에 표시하기도 하였다."[100]는 사실 등에서, 조선시대 교서관의 인쇄활동에 입각한 인쇄본은 철두철미하게 교정하였다[101]는 특징을 들 수 있다. 조선 초기부터 관례화된 이와 같은 특징은 조선 후기인 正祖 때까지 계승되어, 교서관이 奎章閣의 外閣으로 편입되어서도, '교서관(외각)의 제조·부제조·교리의 직임은 內閣(규장각)의 제학·직제학·직각에게 각각 겸임시켜 監校과 監印의 기능을 한층 더 강화'[102]하였던 사실에서도 이를 확인할 수 있다.

… 又啓曰『集成小學』切於日用之書 學者病其難得 願依惠民局賣藥例 或紙或米豆 量給爲本 令一官一匠掌其事 印出萬餘本鬻之 還本於官 如此則其利無窮 而於學者有益 上曰 予嘗讀史 有曰 頒之大矣 鬻之非矣 然卿言固善 予將行之 卽命都承旨辛引孫曰 一如稠啓 非唯『小學』凡諸鑄字所在册板 竝宜印之 其議以啓…

98 계미자(1403: 태종 3), 경자자(1420: 세종 2), 갑인자(1434: 세종 16), 월인석보한글자(1447: 세종 29), 병진자(1436: 세종 18), 경오자(1450: 문종 즉위년), 을해자(1455: 세조 1), 을해자병용한글자(1461: 세조 3), 정축자(1457: 세조 3), 무인자(1458: 세조 4), 을유자(1465: 세조 11), 갑진자(1484: 성종 15), 계축자(1493: 성종 24), 병자자(1516: 중종 11), 기묘자, 인력자(16세기), 경신자(1580), 을해자체 경서자(1587년경: 선조 20년경) 등

99 무오자(1618: 광해 10), 무신자 및 무신자병용한글자(1668: 현종 9), 병진왜언자(1676: 숙종 3), 낙동계자(1673년경: 현종 14), 현종실록자(1677: 숙종 3), 초주한구자(1677년경: 숙종 초기), 전기 교서관인서체자(1684년 이전: 숙종 초기), 원종자 및 원종한글자(1693: 숙종 19), 숙종자(1693: 숙종 19), 후기 교서관인서체자 및 병용한글자(1723년 이전: 경종 초기), 율곡전서자(1749: 영조 25), 임진자 및 병용한글자(1772: 영조 48), 정유자 및 병용한글자(1777: 정조 1), 재주한구자(1782: 정조 6), 초주 정리자 및 병용한글자(1795: 정조 19), 정리자체철활자(1800년 이전), 전사자 및 병용한글자(1816: 순조 16), 필서체철활자(1800년 초기), 재주 정리자 및 병용한글자(1858: 철종 9), 삼주한글자(1858: 철종 9), 신연활자(1883년경: 고종 20년경).

100 천혜봉, 『한국 서지학』, 서울: 민음사, 2006, p. 30.

101 中宗 때 『大典後續錄』에서는, 오자와 탈자가 없는 철저한 인쇄·출판을 위하여 監校官·監印官·唱準·守藏·均字匠·印出匠에 대한 罰則條項까지 마련되기도 하였다.

102 천혜봉, 前揭書, 同面.

제3장 朝鮮時代 金屬活字 鑄造와 組版에 관한 研究

조선시대

제1절 고려시대 기록

고려시대의 금속활자 사용과 관련된 기록 중 대표적인 것은 첫째, 1230년대 초반으로 추정되는 '新印詳定禮文跋尾'로 李奎報가 晉陽公 崔怡를 대신해서 새로 찍은 詳定禮文의 발문을 지은 것이다. 당시는 몽고군의 침입으로 수도를 강화도로 옮겼을 때에 해당하며 통치에 필요한 자료를 궁중에 비치할 목적으로 천도 시 겨우 가지고 왔던 최이의 소장본을 대상으로 금속활자본 28부를 찍어 여러 관사에 나누어 주었다는 기록이다. 이 때의 기록에는 활자 주조에 관련된 내용은 없으며, 다만 책의 권수가 50권이나 되어 규모가 크고, 수요면에서는 관용으로 소량의 부수만 필요하였으며, 시기적으로는 천도와 관련되어 시급한 사안이었으므로 이러한 조건은 활자인쇄의 특징인 신속, 소량 인쇄라는 측면에 잘 부합되었다고 볼 수 있다.

둘째, 역시 강화도로 천도한 후 불교 진흥에 필요한 선학의 기본서인 증도가를 高宗 26년(1239) 에 당시 천도할 때 가지고 왔던 鑄字本을 목판에 뒤집어 새겨 간행한 『南明泉和尙頌證道歌』의 重刊과 관련된 기록을 들 수 있다. 이 중간의 기록에서 기술자들을 모아 주자본을 다시 새긴다는 내용에서 이미 1232년에 가지고 온 책이 주자본이었다는 사실과, 목판에 번각된 판본의 서체나 글자의 배열 등에서 그 저본이 활자본임을 추정할 수 있다.

셋째, 禑王 3년(1377)에 淸州牧 밖 興德寺에서 주자로 찍어 내었다는 『白雲和尙抄錄佛祖直指心體要節』의 권말기록이다. 이 책의 실물이 프랑스 국립도서관에 보관되어 있고 금속활자본으로서의 형태적인 측면은 물론 '鑄字印施'라는 인출 기록에서 고려 말 당시

중앙의 활자인쇄와 더불어 지방의 작은 사찰에서도 활자로 책을 찍어 낼 수 있을 정도로 고려의 출판문화가 융성하였다는 것을 알 수 있다.

넷째, 『高麗史』와 『高麗史節要』에 書籍鋪(1101년 설치), 書籍店(1392), 書籍院(1392) 등의 기관에서 서적의 출판과 활자 주조를 관장하였다는 기록이 있다.

제2절 조선 초기의 금속활자

조선 초기에 주조된 금속활자의 기본적인 데이터는 다음 표와 같아서 후기에 주조된 임진자와 비교해도 거의 유사한 양상을 볼 수 있다. 즉 주조 수량이나 기간, 활자의 크기 등이 용도나 서체에 따라 차이가 있을 뿐 비슷하게 나타난다.

활자명	주조 시작일	소요 시일	수량	크기(가로×세로×높이)
癸未字	太宗 3年(1403) 2月 19日	수개월	수십만 자	1.4×1.7×0.7cm
庚子字	世宗 2年(1420) 11월	약 7개월		1.1×1.3×0.7cm
甲寅字	世宗 16年(1434) 7月 12日	약 2개월 (9월 9일까지)	20여 만 자 (1일 약 3,500자)	1.5×1.5×0.7cm
壬辰字	英祖 48년(1772) 夏	약 3개월	142,767자 (1일 약 1,700자)	1.5×1.3×0.7cm

1. 癸未字

계미자 주조는 『太宗實錄』의 태종 3년(1403) 2월 庚申 條에서 鑄字所 설치의 목적을 유생들에게 서적을 보급하기 위한 것이라 밝히면서 그 실천방법으로 제시된 것이다. 주조의 실무적인 일은 李稷, 閔無疾, 朴錫命, 李膺이 주도하였으며 중국에서 간행된 『左氏傳』을 글자본으로 하여 주조하였지만 개국 초기의 사업이라 주조된 활자의 글자 모양이 고르지 못하고 조판도 조잡하여 미숙한 단계의 인쇄기술에 그쳤다. 뿐만 아니라 주조 당시는 국왕의 정책 결정에도 불구하고 銅鐵이 부족하고 많은 신하들이 반대하여 주조가 쉽지 않았는데, 태종의 강력한 지시로 주조가 이루어졌다.

그 인본은 『宋朝表牋總類』을 비롯하여 『東萊先生校正北史詳節』, 『十七史纂古今通要』, 『纂圖互註周禮』, 소자본의 『陶隱先生詩集』, 『新刊類編歷擧三場文選對策』, 『四時纂要』와 특소자본으로 인출된 『地理全書銅氏洞林照膽』 등이 있다.

2. 庚子字

태종 때의 계미자에 이어 국가의 문교정책을 실천하고 학문을 진작시키며 성리학적 풍토를 조성하기 위하여 세종은 그 기반이 되는 서적의 출판과 지원방법으로서의 활자 인쇄에 노력을 기울이게 되어 인쇄 방법을 개량하는 등 출판 환경을 개선하는 데 치중하였다. 그 결과 새로운 활자 주조를 위하여 세종 2년(1420) 11월에 착수하여 이듬해 5월에 마침내 경자자를 완성하였다.

이 경자자는 李蕆, 金益精 등에 의해 주조된 중자·소자의 동활자로, 전대의 계미자가 인쇄 능률이 떨어지는 점을 보완하고 분량이 많은 거질의 책을 간행하기 위하여 계미자보다 글자를 작게 만들어 완성된 책의 물리적 형태가 간편해지는 효과를 추구하였다.

또 활자 조판의 미숙함을 개선하기 위하여 활자 형태를 고쳐 사각모양 바닥의 아랫부분 네 모서리를 추처럼 돌출시켜 균형을 잡게 하여 흔들림을 줄이고 활자나 글자의 크기도 축소하였다. 이러한 시도가 효율성을 거두기 위해서는 印版의 개선도 필수적이어서 활자 배열의 동판을 활자에 맞게 개선하였다. 그러한 결과 계미자로 책을 찍어 낼 때 하루에 數紙에 불과하던 인출량이 경자자에 이르러서는 작업의 수월성으로 말미암아 하루 20여 장으로 늘어나게 되었다.

경자자로 찍은 대표적인 인본으로는 『類說經學隊仗』, 『論語集註大全』, 『資治通鑑綱目』, 『莊子鬳齋口義』, 『戰國策』, 『史記』 등이 있다.

3. 甲寅字

계미자, 경자자에 이어 조선에 들어 세 번째로 주성된 갑인자는 1434년 7월 12일부터 주조 작업을 시작하여 약 2개월 동안 20여 만 자가 주조되었고 9월 9일부터 책을 인쇄하는 데 사용되었다. 이때 참여한 대표적 인물은 集賢殿直提學 金墩을 비롯하여 直集賢殿 金鑌, 護軍 將英實, 僉知司譯院事 李世衡, 議政府舍人 鄭陟, 奉常注簿 李純之, 訓練觀參軍李義長 등이 주도하였다. 이때 인쇄기술의 개량과 바르고 아름다운 활자를 만들어 내려는 노력으로 글자체가 바르고 경자자에 비해 글자가 크고 박력이 있으며 분명하였기 때문에 인출이 쉽게 이루어져서 전보다 능률이 배가되어 하루에 40여 장을 인쇄할 수 있었다. 경자자로 하루에 20여 장을 인출한 것에 비하여 2배나 발전한 것이다.

이 활자의 주조와 관련된 기록으로는 世宗 16년(1434) 7월 丁丑 條[1]의 기록과 『眞西山讀書記乙集上大學衍義』에 수록된 金鑌의 鑄字跋[2]이 있으며, 또 같은 달 중추원 사신 李蕆도 앞서 만든 활자의 자체가 가늘고 빽빽하여 열람에 어려움이 있어 다시 대자본을 사용하여 활자본을 만드니 더욱 보기가 좋았다고 언급하였다.

이 활자의 字本이 된 것은 경연에 소장되었던 『孝順事實』, 『爲善陰騭』, 『論語』 등이었으며 그중 부족한 글자가 있으면 晉陽大君 瑈가 글씨를 본떠서 쓰고 만들었다. 이때 만들어진 갑인자의 글자체는 후대에 만들어진 재주갑인자에 비하여 그 인본의 글자 획이 고르고 굵은 편이다. 또 갑인자로 인출된 책은 世宗 16년(1434)에 만들어진 『眞西山讀書記乙集上大學衍義』을 비롯하여 『近思錄』, 『分類補註李太白詩』 등이 계속 간행되었고 오랫동안 사용되었던 까닭에 다른 활자들에 비해 남아 있는 인본도 많은 편이다. 더불어 한글활자도 주조되어 함께 사용되었다.

---

1 『世宗實錄』 卷65, 16年 7月 丁丑(2日) 條.

2 宣德九年秋七月 殿下謂知中樞院事臣李蕆曰 卿所嘗監造鑄字 印本固爲精好矣 第恨字體纖密 難於閱覽 更用大字本 重鑄之尤佳也 仍命監其事 集賢殿直提學臣 金墩 直集賢殿臣 金鑌, 護軍臣 將英實, 僉知司譯院事臣 李世衡, 議政府舍人 鄭陟, 奉常注簿臣 李純之, 訓練觀參軍臣李義長等管之 出經筵所藏 孝順事實 爲善陰騭 論語等書爲字本 其所不足 命 晉陽大君臣王柔 書 之 自其有十有二日 始事 再閱月而所鑄至二十有餘萬字 越九月初九日 始用以印書 一日所印 可至 四十餘紙 字體之明正 功課之易就 比舊爲倍矣 … 凡再變而鑄字之文尤爲盡 美誠我朝鮮萬世之寶也哉 宣德九年 九月 日 中訓大夫試集賢殿直提學臣 金鑌拜手矯謹跋

4. 再鑄甲寅字(庚辰字)

조선시대 금속활자 인쇄술에 있어서 기술적 발전과 더불어 정책적인 지원 아래 본격적인 서적 출판과 교육으로 성리학적 세계관을 구현하는 데 일조한 초주갑인자는 世宗 16년(1434)부터 宣祖 13년(1580)까지 140여 년간의 補鑄를 거듭하면서 비교적 오랫동안 사용되어 왔다. 이후 문종, 세조 등 15세기 후반의 역대 왕들도 지속적으로 새로운 금속활자 주조와 인쇄방법 개선에 노력하면서 다양하면서도 효율적인 인쇄술을 확립할 수가 있었다. 특히 초주갑인자의 거듭된 사용은 선조대에 이르러 활자와 획이 닳아 찍은 글자체가 분명하지 않게 되었고 글씨의 굵기 등이 고르지 않게 되어 새롭게 활자를 주조할 필요성이 제기되어 같은 서체를 살려 재주갑인자를 주조하게 되었다. 그러나 이 글자의 주조 시기와 명칭에 대하여 종래 일부 학자들 사이에 서로 주장하는 내용이 달랐던바 그 근거가 되었던 기록은 다음과 같다.

즉 宣祖 6년(1573) 계유년 주조설과 宣祖 13년(1580) 경진년 주조설이 제기되었다. 전자인 계유자설은 유희춘의 『眉巖日記草』에서 "갑인자를 주성하는 데 철이 460근 1냥 1전이 들었는데 주자에 사용한 것은 397근 3전이다."라는 기록에 따른 것이다.

한편 경진년 주조설은 『光海君日記』에 "평시에는 서적 인쇄를 주자로 하였으나 후에 경진년에 선왕이 갑인자를 개주할 것을 명하여 일국에 통하도록 하였다."는 기록에 따른 것이다. 또 金貴榮의 『東園先生集』에도 宣祖 13년(1580)에 朴淳 등이 그 일을 보고 黃允吉 등이 감독하여 갑인자본 『大學衍義』를 자본으로 삼아 주조에 착수하여 그해 9월에 일을 마쳤으며 옛 활자인 초주갑인자는 따로 두고 사용케 하였다[3]는 구체적인 기록이 있다.

---

3 題鑄字都監契軸并小識 萬曆庚辰正月 上下御札 若曰 活字既久 殘頑失眞 兼且雜用木字 印書殊不精 今宜別設一局 改鑄舊字 乃命臣朴淳等監其事 臣黃允吉等董其役 出內藏大學衍義甲寅字爲範本 九閱月而功訖 上覽印紙 嘉之曰 新字頗好 若與舊字混中 印必有不類者矣 新鑄者 目庚辰 與前甲寅者 各用可也 恭惟 我聖上留神講明 致精書籍 不靳三序之勞 用闡萬世之利 功光先朝 惠及來學 猗歟盛哉 臣貴榮 敬識 詩曰 燕間書史屬宸衷 活本殘頑舊範銅 爰命重臣開鑄局 更頒豐餼勸勤工 甲寅字作庚辰字 / 先哲功光後聖功 心得躬行能事畢 右文治化日興隆

제3절

2021년 서울 공평동 출토 조선 전기 금속활자

1. 금속활자 발굴 배경

서울의 매장문화재 조사기관인 (재)수도문물연구원은 2020년 3월 9일 발굴 조사에 들어가 1년 3개월이 흐른 지난 2021년 6월에 1,600여 점의 금속활자를 포함한 1,755 점의 금속재 유물을 발견하였다.

해당 연구원은 조사 중이던 '서울 탑골공원 옆 공평구역 제15·16지구 도시환경정비 사업 부지 내 유적'에서 항아리에 담긴 조선 전기 제작 추정 금속활자 1,600여 점이 발굴되었음을 2021년 8월 초에 공개하였고 이어 그 활자들을 국립고궁박물관으로 이관하여 정리와 보존 처리를 한 후 같은 해 11월에 일반에게 공개하였다.

활자들이 발견된 조사 현장은 현재의 종로2가 사거리의 북서쪽으로, 조선시대 한양 도성의 중심부였던 곳이다. 이 지역은 조선 전기까지는 한성부 中部 堅平坊에 속하였으며, 주변에 관청인 義禁府와 典醫監을 비롯하여 왕실의 宮家인 順和宮, 竹洞宮 등이 위치, 남쪽으로는 상업시설인 市廛行廊이 있었던 雲從街가 위치했던 곳이다. 발굴에 참여한 연구원들에 의하면 유물 발굴 지점에 불을 땐 흔적이나 온돌 같은 시설이 없는 것으로 볼 때 창고였던 것으로 추정하고 있다.

발굴 층위에 대한 조사 결과, 조선 전기부터 근대까지 총 6개의 문화층(2~7층)이 확인되었다. 금속활자 등이 출토된 층위는 현재 지표면으로부터 3m 아래인 6층(16세기 중심)에 해당되며, 각종 건물지 유구를 비롯하여 조선 전기의 것으로 추정되는 자기 조각과 기와 조각 등도 같이 확인되었다.

해당 유물들은 지표면 아래 3.5미터 정도인 16세기 문화층에서 발굴되었는데, 처음에는 소형 火器인 銃筒이 나왔고 유물 중 금속활자들을 제외한 나머지는 잘게 잘라 파편으로 만들어 도기 항아리 안과 옆에 묻어 둔 것으로 추정된다. 또한 활자들의 외부 형태는 대체로 온전했지만 일부는 불에 녹아 서로 엉겨 붙은 것들도 확인되었다.

이 유물들의 사용·폐기 시점은 제작 연대를 알 수 있는 유물 중 萬曆 戊子年에 제작된 小勝字銃이 있어 1588년 이후에 묻혔다가 다시 활용되지 못하고 오늘날까지 이어진 것으로 추정된다. 즉 1592년에 임진왜란이 발발한 것을 감안하면 전쟁 과정에서 이 유물들이 파손되어 임진왜란 이후에 다시 녹여 재활용하기 위하여 모아 두었지만 이어진 정유재란 등 격변의 세월 속에서 재활용되지 못하고 16세기 말에서 17세기 초의 어느 시기에 의도치 않은 외부 상황으로 인해 파묻힌 것으로 짐작된다. 즉 이러한 추론에는 발견된 유물 중 부서지거나 파손된 것이 많았고 심지어 활자의 경우 녹아서 활자들 간에 엉겨 붙은 것도 일부 있어서 이렇게 사용하지 못하게 된 기물들을 한데 모아서 다시 녹여 재활용하기 위하여 특정 공간에 모아 둔 것으로 볼 수 있을 것이다.

구체적으로 그 유물들은 勝字銃筒(1583) 1점, 小勝字銃筒(1588) 7점과 銅鐘의 파편, 두 마리 용 형상을 한 龍鈕(용 모양 손잡이), 별자리를 이용해 시간을 가늠하는 물건인 日星定時儀, 자동 물시계 부품인 籌箭으로 추정되는 銅版 조각들이었다.

발굴 과정은 건물 벽체의 기초인 고막이 옆에서 銃筒과 日星定時儀를 수습하였고 그 가운데 土壓으로 깨진 항아리의 아랫부분 조각 속에 금속활자들이 담겨 있었다. 즉 銅鐘같이 덩어리가 큰 것은 항아리 밖에 두고, 금속활자처럼 작은 것은 항아리 안에 보관되어 있었다.

이러한 금속재 쇠붙이들은 모두 구리(銅)로 만들어졌는데, 구리는 삼국시대에는 장신구·마구, 통일신라와 고려 때는 불상·범종을 만드는 데 썼으며, 이어 조선 시대에도 동의 주조 기술이 좋아서 1417년(태종 17)『太宗實錄』기록 중 "대마도 수호 宗貞茂가 銅鐵 5백 근을 보내었으니, 鍾을 본보기로 만들어 주기를 청"했다는 내용을 보면 구리의 사용과 주조 기술을 간접적으로 알 수 있다.

공개된 유물 가운데는 금속활자 외에도 자동 물시계의 부품인 '籌箭', 천문시계 '日星定時儀' 1점, 그리고 銃筒과 銅鐘 등이 포함되어 있었다. 그중 물시계 주전과 일성정시의 등은 그동안 기록으로만 남아 있던 것으로, 이번에 실물을 처음 볼 수 있게 된 것이다.

2. 발굴된 금속활자 이외의 유물 개요

발견된 금속활자의 주조 및 사용 시기, 배경 등을 발굴된 기물들과 사료의 기록에 근거하여 살펴보면 다음과 같다.

1) 籌箭: 자동 물시계의 時報 장치를 작동시키는 부품

부서진 항아리에서는 금속활자와 함께, 세종~중종 때 제작된 자동 물시계의 주전으로 추정되는 금속제품들이 조각난 상태로 출토되었다. 그 금속제품은 동판(銅板)과 구슬의 방출 기구로 구분되고 동판에는 여러 개의 원형 구멍과 '一箭'이라는 글자가 새겨져 있으며 구슬 방출 기구는 원통형 동제품의 양쪽에 각각 걸쇠와 은행잎 형태의 고리가 결합되어 있다.

즉 이러한 형태는 작은 구슬을 저장했다 방출하여 자동 물시계의 時報 장치를 작동시키는 부품인 주전의 『세종실록』 기록과 일치한다. 주전은 1438년(세종 20)에 제작된 흠경각 옥루이거나 1536년(중종 31) 창덕궁에 새로 설치한 보루각의 자격루로 추정되는데, 기록으로만 전해 오던 조선 시대 자동 물시계 주전의 실체가 처음 확인된 것으로 의미가 크다.

2) 日星定時儀

활자가 담겼던 항아리 옆에서는 주·야간의 천문시계인 일성정시의가 출토되었다. 이 기구는 지름 2尺의 청동제 儀器로서, 그 구조는 적도와 평행한 원반에 周天度分環, 日晷百刻環, 星晷百刻環 등 3環을 차례로 설치한 것이다.

이 기구는 『세종실록』에 따르면 1437년(세종 19)에 네 개를 만들어 滿春殿과 書雲觀에 두고, 나머지 두 개는 兩界(함경도와 평안도)의 元帥營에 두어, 낮에는 해시계로 사용하고 해를 이용할 수 없는 밤에는 별자리를 이용하여 시간을 가늠하도록 하였다.

이번에 출토된 유물은 일성정시의 중 周天度分環, 日晷百刻環, 星晷百刻環 등 日星定時儀의 주요 부품들로, 시계 바퀴 윗면의 세 고리로 추정된다. 현존하는 자료 없이 기록으로만 전해 오던 세종 대의 과학기술의 실체를 확인한 것으로 의미가 크다.

3) 銃筒

소형 화기인 총통은 勝字銃筒 1점, 小勝字銃筒 7점 등 총 8점이다. 발굴조사 당시 최상부에서 확인되었고, 완형의 총통을 고의적으로 절단한 후 묻은 것으로 추정하고 있다. 복원된 크기는 대략 50~60cm이며, 총통에 새겨진 명문을 통해 癸未年 勝字銃統(1583)과

萬曆 戊子年 小勝字銃統(1588)으로 추정한다.

총통에는 제작에 관련된 기술자인 匠人의 이름이 '希孫, 末叱同'이라고 새겨져 있는데, 이 가운데 장인 '希孫'은 현재 보물로 지정된 서울대학교 박물관 소장 '次勝字銃統'의 명문에서도 확인되는 이름이다. 더불어 같은 만력 무자년이 새겨진 승자총통들은 명량 해역에서도 확인된 바 있다.

4) 銅鐘

동종은 일성정시의의 아랫부분에서 여러 점의 작은 파편으로 나누어 출토되었는데 포탄을 엎어 놓은 종과 같은 형태로, 두 마리 용 형상을 한 龍鈕도 있다. 귀꽃 무늬와 연꽃 봉우리, 잔물결 장식 등 15세기 조선시대에 제작된 왕실 발원 동종의 양식을 계승하였다. 종신의 상단에 隸書體 명문으로 '嘉靖十四年乙未四月日'이라는 기록이 새겨져 있어서 1535년(중종 30) 4월에 제작되었음을 알 수 있다. 일반적으로 왕실 발원의 銅鐘에는 주로 楷書體가 사용되던 것과는 차이가 있다. 또 1469년 제작된 것으로 추정되는 '傳 檜岾寺 銅鐘'(국립춘천박물관 소장)과 1491년 '海印寺 銅鐘'(보물) 등의 유물과도 양식이 비슷하다.

3. 출토된 금속활자 개요

출토된 금속활자는 15~16세기 말까지 주조되어 사용된 것으로 보인다. 그중 한자 활자는 1,000여 점, 한글 활자는 600여 점이다.

1) 1420년 주조된 庚子字로 추정되는 금속활자

〈그림 3-1〉의 활자들은 형태나 크기, 서체 등으로 볼 때 1420년에 주조된 금속활자인 '경자자'로 추정된다. 경자자는 1418년 세종이 즉위하고 나서 집현전의 李蕆 등에게 명하여 '癸未字'(1403년 주조된 조선 최초의 동활자)의 단점을 보완하여 만든 활자이다. 즉 계미자는 글자 크기가 너무 커서 내용이 많은 책은 찍기 어렵고 활자의 모양도 고르지 않아서 조판할 때 좌우가 맞지 않으며 활자 고정에 다량의 밀랍이 소요되어 경비가 지나치게 많이 들어가는 문제점을 개선한 것이었다.

원본

반전

그림 3-1 '경자자' 인쇄본

이 활자는 대자와 소자가 주조되었는데, 계미자보다 활자의 크기가 작다. 주요 인쇄본으로 『文選』, 『通鑑節要』, 『通鑑續編』 등 여러 종류가 남아 있다. 특히 『통감속편』은 서문은 계미자로, 본문은 경자자로 인쇄되었다.

한편 이번에 발견된 활자들은 크기와 서체 면에서 경자자와 유사하지만, 크기와 서체가 이와 비슷한 활자로 '丙子字'(1516), '己卯字'(1519) 등이 있어서 반드시 인본과 정밀하게 대조해야 할 것이다. 물론 인본에 의한 추정치로서의 병자자는 발견된 실물 활자보다 크기가 조금 더 큰 것으로 보이지만 실물이 없는 이상 활자의 크기보다는 서체의 특징을 비교하는 것이 반드시 필요하다.

2) 甲寅字 계열

초주갑인자는 庚子字가 가늘고 빽빽해 독서하기 힘들다 하여 세종 16년(갑인, 1434)에 다시 금속으로 주조한 동활자로, 衛夫人字라고도 한다. 李蕆의 감독 아래 蔣英實과 李純之 등이 주조 업무를 관장하여 그해 7월부터 2개월이 걸려 20여만의 대자와 소자를 만들어 냈다. 글자의 자본은 經筵에 소장된 『孝順事實』, 『爲善陰騭』, 『論語』 등으로 하고, 부족한 글자는 후에 세조로 즉위한 晋陽大君이 모사한 글자로 보충하였다.

초주갑인자는 松雪體의 아름다움을 가진 활자로, 조선 후기까지 6차례에 걸쳐 같은 서체로 활자를 주조하여 출판에 사용할 만큼 널리 지속적인 호응을 받았던 활자였다.

이번 발굴에서도 다른 활자들과 더불어 갑인자로 추정되는 大字와 다량의 小字가 확인되었다.

소자 앞면

소자 뒷면

대자 앞면

그림 3-2 뒷면이 'ㅁ'형으로 홈이 파인 금속활자: 임진왜란 이전 갑인자 계열로 추정

출토된 한문 금속활자 중에서 뒷면에 사각형의 홈이 파인 활자(대자와 소자)는 지금까지 '丁酉字'로 추정되어 온 규장각 소장의 금속활자와 형태가 같다. 그러나 大字는 그 수가 많지 않고 활자 표면에 부식된 부분도 확인된다. 수량이 많은 小字와 함께 뒷면의 형태 등 갑인자 계열의 활자로 볼 때, 그 밖의 여러 출토 활자와 비교해 보면, 1434년에 주조된 갑인자일 가능성이 높다고 추정되고 있다.

그러나 발견된 유물들의 매몰 시기와 출토 활자의 사용 시기를 연결해 보면 1580년에 다시 주조된 再鑄甲寅字인 庚辰字와의 관련도 검토해야 한다. 또 국립중앙박물관에 일부 남아 있는 활자와 경복궁 창고에서 이관되어 규장각에 남아 있는 활자와의 관계도 깊이 검토하고 분석해야 한다. 출토된 몇 글자만으로 활자를 판정하는 것은 대단히 우려스러운 부분이 있다.

1434년 초주갑인자가 주조된 후 을해자, 병자자 등 많은 활자들이 만들어졌고 특히 이번에 발견된 유물들의 매장 시기와 가까운 1580년의 경신자가 갑인자 계열인 점에서 더욱 그렇다. 갑인자 계열의 활자들은 일부 특정한 활자를 제외하고는 거의 서체가 유사하고, 한 글자에서도 母型이 다른 글자가 복수로 있으므로 이를 전체적으로 대조하여야 한다.

더욱이 이번에 발표된 활자들 중 갑인자 소자로 추정되는 소자의 경우 필자가 이 활자들이 공식적으로 발표되기 전 사전 조사 과정에서 크기가 다른 2가지 형태가 나타난다는 것을 확인하였기에 같이 사용한 활자의 작은 자로 볼 수 있는지도 조심스럽다.

활자의 연구에서 서체를 대조하기 위해서는 인본의 서체와 활자의 서체를 반전하여 대조하여야 하지만 실물 활자에 먹을 발라 종이에 찍어 그 인본을 대조하지 못하는 한 금속활자의 현재 표면에서 마모와 부식에 의한 오차를 어느 정도 인정할 것인지도 중요한 문제이다.

아무튼 시기적으로 볼 때 초주갑인자가 매몰 당시까지 남아 있었을 가능성이 있을까? 또 서체가 같은 재주갑인자가 임신왜란 후 光海君 때 三鑄甲寅字인 戊午字가 주조될 때 이미 없었는데 전쟁과 여러 여건 속에서 훼손 활자가 남았다면, 초주갑인자와 재주갑인자 중 어느 활자일 가능성이 높을까? 물론 초주갑인자를 처음 주조한 후 두세 차례의 補鑄를 거쳐 약 150년 동안 사용한 점도 고려해 보아야 할 것이지만 특정의 몇 글자만으로 활자를 명명하기는 쉽지 않을 것이다. 어차피 금속활자는 금속의 성분으로 주조 시대가 추정되지 않으며 그나마 사용 시기는 서체만으로 추정이 가능하여 비록 출토된 활자가 적지 않은 수량이지만 직접 찍어 볼 수 없는 상황에서 크기가 다른 계열까지 있다면 더욱 신중해야 할 것이다.

또 발견된 1천여 점의 한자 활자들이 대부분 小字라는 점에서 조선 전기 인본에 나타나는 小字들에 대하여 글자 간의 정교한 대조를 통해 판별의 범주를 먼저 제시하고 이 활자들과 대조하는 과정도 필요하다.

한편 1777년에 주조한 '丁酉字'는 正祖의 명으로 갑인자를 본떠 만든 활자로서 '六鑄甲寅字'라고도 하는데, 현재 출토된 활자와 유사한 형태의 활자 일부가 규장각, 일본 동경예술대학 박물관 그리고 개인 등에게 적게는 몇 글자에서 많게는 몇백 글자까지 전해지고 있다. 향후 '甲寅字(初鑄~六鑄)' 계열의 활자에 대한 사료와 선행연구를 바탕으로 한 체계적인 재연구와 함께, 발견된 실물 활자 및 국립중앙박물관에 소장된 실물 활자를 비교 분석할 필요가 있다.

그림 3-3 규장각 소장 갑인자체 금속활자

그림 3-4 일본 동경예술대학 박물관 소장 금속활자

그림 3-5 개인 소장 금속활자

이러한 관점에서 볼 때 활자의 형태나 뒷모습 등으로 시기를 판정하는 것은 일종의 모험이며 섣부른 판단일 수 있으므로 활자의 주조, 전래 과정이나 인본과의 대조, 주조 시 같은 글자의 다른 父字에 대한 정교한 연구가 필요할 것이다.

특히 이번 발굴을 통하여 조선 전기의 다양한 활자의 실물은 물론, 그 활자들의 형태, 그중에서도 뒷면의 형태가 그간 알려진 조선 후기의 활자들과 큰 차이를 보인다는 점에서 주조 및 조판 방법과 기술 측면에서 주목을 받고 있다.

그간의 선행연구에서는 활자의 뒷면에 보이는 '∧, ∩' 형태의 터널이 17세기 이후에 나타난다고 하였으나 이미 필자는 16세기부터 이러한 형태가 나타나는 것을 인본을 제시하여 증명한 적도 있다. 더욱이 13세기에 주조된 證道歌字 및 뒷면이 다양한 고려시대의 금속활자가 나타남에 따라 금속활자의 주조 방법과 조판 기술 등에 대한 새로운 차원의 검토가 필요하게 되었다.

3) 한글 금속활자: 1447~1500년 사용 추정

원본

반전

그림 3-6 훈민정음 창제 당시의 표기법을 보여 주는 활자들

이번에 발견된 한글 활자에서 받침으로 쓰인 'ᇙ'은 이영보래(以影補來)이다. 동국정운식 한자음 표기법으로, 15세기 훈민정음 창제 이후 중국의 한자음을 표기하기 위하여 사용되다가 16세기 동국정운식 표기가 사라지면서 같이 사라졌다.

① 금속활자로 발견된 활자인 'ᄋᆔᇙ', 'ᄒᆔᇙ'의 글자는 『월인석보』나 『능엄경언해』 등에서 그 사용 例를 찾아볼 수 있다. 또한 'ᅀᅵ'의 반치음도 16세기 중반까지 사용되다가 임란 이후 없어진 글자로, 지금까지 금속활자 실물이 학계에 보고된 적이 없다.

② '왓' 자는 사용된 용례를 찾기 쉽지 않지만, 표기법상 16세기 이전에 등장하는 글자이다.

③ '왕' 자는 종성에 꼭지 있는 'ㆁ'(음가가 있음. 음가가 없으면 꼭지 없는 'ㅇ'으로 구분함)이 사용되었다. 이는 훈민정음 창제 당시 제자 원리에 의해 반드시 초성과 중성과 종성을 갖추어 쓴 흔적('凡字必合而成音' 訓民正音 合字解)으로 볼 수 있다.

참고로, 현재 남아 있는 가장 오래된 한글 금속활자로는 국립중앙박물관에 을해자와 함께 소장되어 있는 금속활자 小字 몇 점이 있을 뿐이다. 위 활자들은 모두 大字로, 훈민정음 창제 당시 주조되어 사용되었을 것으로 판단된다. 또한 합용병서로 초성과 종성이 표기된 금속활자들도 훈민정음 창제 후 임란 전까지 사용되었던 글자들로, 인쇄용으로 주조된 활자들로 추정된다.

4) 1455년 乙亥字의 大字와 中字

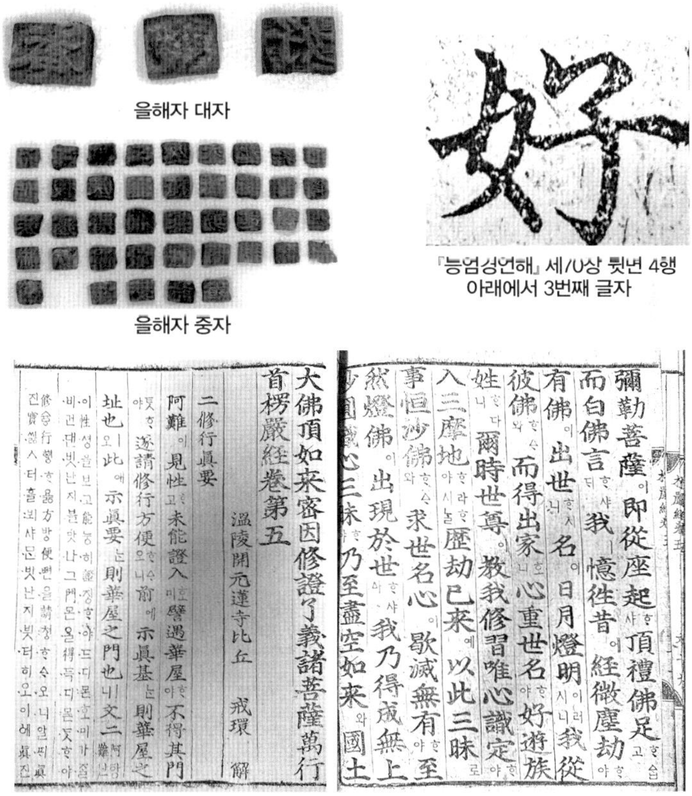

그림 3-7 『능엄경언해』 인본

출토 활자 가운데 乙亥字와 乙酉字(1465) 병용 한글 금속활자가 다수 확인되었다. 을해자는 1455년 주조되어 사용된 활자로, 이를 확인할 수 있는 유물로 『楞嚴經諺解』가 있다.

이번에 발견된 활자는 지금까지 학계에 그 존재가 보고되지 않은 한자 활자 대자와 중자를 포함한 한글 활자들이다. 특히 동일한 한글 활자의 작은 활자 몇 점이 국립중앙박물관에 소장되어 있지만, 이번에 발굴된 한글 활자들은 을해자와 을유자 병용 한글 활자의 인쇄기술사 연구에 귀중한 계기를 마련해 줄 것으로 판단된다.

5) 1465년 乙酉字 병용 한글 금속활자와 連鑄活字

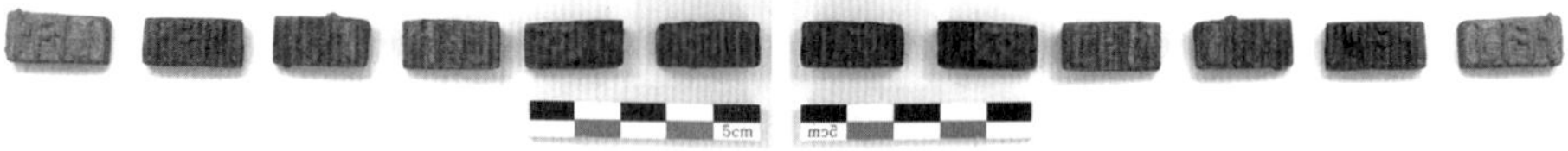

그림 3-8 연주활자 원본과 글자 반전

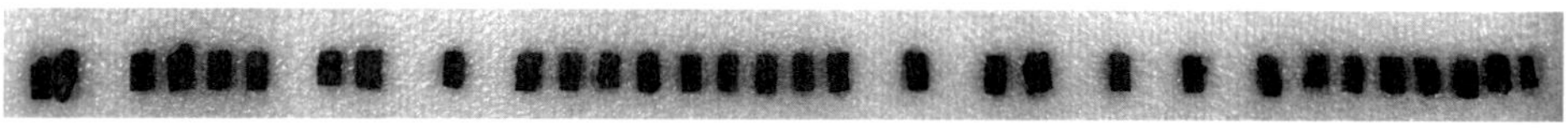

그림 3-9 을유자 특소자 추정 금속활자

을유자는 1465년(세조 11)에 『圓覺經』을 인출하고자 鄭蘭宗에게 字本을 쓰게 하여 주조한 활자이다. 대·중·소 크기의 활자와 口訣을 달기 위한 한글자로 주조하였지만 전체적으로 글자체가 고르지 못하다는 평가가 成俔의 『慵齋叢話』와 金宗直의 「新鑄字跋」 등에 언급되어 있다. 글자를 쓴 정난종은 松雪體의 楷書에 능한 당대의 명필가였다.

발견된 이 활자들은 1484년(성종 15)에 작은 서체의 甲辰字를 새로 주조할 때 녹여 사용하였고 사용 시기는 약 20년이며 그 인본으로는 『六經合部』, 『唐書』 등이 있다.

보통 활자들은 하나에 한 글자씩 만들어 사용한다. 특히 한글 금속활자에서 연주활자가 발견된 예는 거의 없다. 국립중앙박물관에 조선 중기 이후 사용된 것으로 보이는 한글 금속활자 하나가 소장되어 있을 뿐이다. 위 연주활자는 일반적으로 한글 언해본의 조사로 사용된 활자들로 측정되며, 서체나 형태로 보아 앞서 설명한 활자들과 같은 종류로 보인다. 그 밖에 단독으로 주조된 주격조사 'ㅣ' 등의 활자는 이번에 최초로 확인된 활자이다. 특히 발견된 연주활자는 『圓覺經』의 구결을 달기 위하여 주조한 한글 활자이다. 또 발견된 활자 중 크기가 상대적으로 작은 특소자는 『원각경』의 계선 한 행에 4줄의 註를 넣어 찍어 내는 데 사용된 활자로 추정된다.

6) 1590년 經書字 한글 활자로 추정되는 금속활자

16세기 후반 선조 때에 만들어진 활자이다. 서체나 크기 등으로 보아 1590년을 전후한 시기에 『논어』, 『대학』, 『중용』, 『맹자』 등을 인쇄하기 위해 주조된 활자로 추정된다. 그 이유는 앞서 살펴본 훈민정음 창제 당시의 표기법이나 초·중·종성법 등이 나타

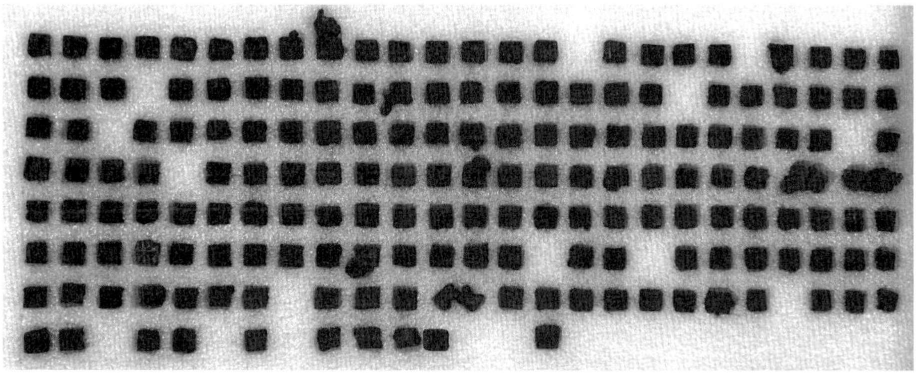

그림 3-10 경서자 한글 활자

나지 않기 때문이다. 아울러, '△(반치음)'의 등장으로 보아 임진왜란 이전 사용된 활자임이 분명하다.

경서자 언해본은 1588년(선조 21)부터 1590년 사이에 인출되었는데, 인출에 사용된 활자의 주조에 대한 기록이 없어 자세히 알 수 없다. 향후, 인본 대조 등 지속적인 연구가 필요하다.

7) 기타

그림 3-11 불에 녹아 엉겨 붙은 금속활자

8) 출토 활자의 뒷면 형태

출토된 활자들의 뒷면은 대부분 '∧', '∩' 형태이다. 현재 국립중앙박물관, 규장각, 고려대학교, 해외 등에 전하고 있는 실물 금속활자들의 형태를 보면 시대가 올라갈수록 '∧'의 형태를, 후대로 내려올수록 '∩'형태임을 알 수 있다.

※ 금속활자 뒷면 형태의 변화 과정

① 원형홈 활자(고려)

* 원형홈(圓形凹) 활자: 뒷면에 원형의 홈이 있는 활자
* 원형홈 날개(翼形) 활자: 원형홈 활자의 좌우에 돌출된 하단부가 있는 활자

② 네다리형(四脚形) 활자(여말선초): 뒷면이 네 개의 다리로 되어 있는 활자

③ ㅁ자 형(口字形) 활자(갑인자 계열): 뒷면에 'ㅁ' 자로 뒷면이 있는 활자

④ ∧자 터널형 활자(임란 이전): 활자 뒷면이 ∧자 형으로 길게 파인 활자

⑤ ∩자 터널형(∩字 터널形) 활자(임란 이후): 활자 뒷면이 터널형으로 되어 있는 활자

⑥ 평저형(平底形) 활자(조선 후기 민간 등): 활자의 뒷면이 평편한 활자, 철활자

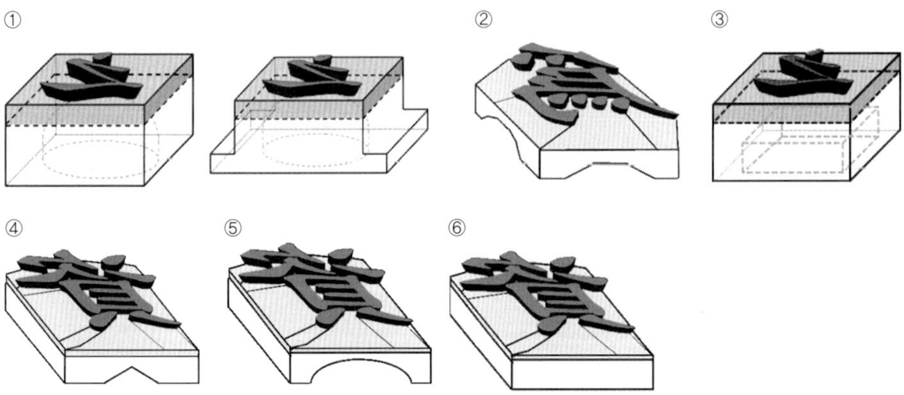

4. 출토 금속활자의 의의와 향후 과제

출토된 금속활자는 15~16세기까지 주조되어 사용된 활자들로 보인다. 조선 전기 경자자와 갑인자의 최초 발견과, 특히 훈민정음 창제 당시의 표기법을 자세히 알 수 있는

한글 금속활자 일부는 글자나 크기, 형태 등에서 지금까지 관련 학계에 보고된 바 없는 귀중한 활자이다. 출토 활자에는 여러 종류의 활자들이 혼합되어 있으며, 이에 대해서는 차후 정확한 조사가 필요하다. 또한, 활자에 대한 과학적 분석과 인본 등에 대한 정밀한 조사를 통해 현재 전존하는 금속활자들과의 비교연구도 필요하다.

특히 이번에 공개된 금속활자는 한글 활자가 포함되어 있는데, 훈민정음 창제 당시의 표기가 반영된 한글 금속활자로는 가장 빠른 시기의 것으로 추정된다. 뿐만 아니라 출토된 금속활자들은 조선 전기 다종다양한 활자가 한곳에서 출토되었다는 의미에서도 중요하다. 지금까지 알려진 국립중앙박물관 소장 활자들은 일제강점기 조선총독부 시절에 조사된 것으로, 조선시대 궁중에서 사용되던 활자들이었다. 이에 비하여 이번의 활자들은 발굴 즉 출토되어 나타난 것으로, 사용 시대의 하한선을 추정할 수 있는 중요한 지표를 제공하고 있다.

특히 훈민정음 창제 시기인 15세기에 한정되어 사용된 동국정운식 표기법을 쓴 금속활자가 실물로 확인되고, 한글 금속활자를 구성하던 다양한 크기의 여러 활자가 출토되기는 이번이 처음이다.

그 외에도 전해지는 예가 극히 드문, 두 글자를 하나의 활자에 새겨 연결하는 어조사 역할을 한 乙酉字의 連鑄活字도 10여 점 출토되었다. 현재까지 전해진 가장 이른 조선 금속활자인 세조 '을해자(1455, 국립중앙박물관 소장)' 갑인자 계열로 추정되는 활자가 다량 확인된 점은 유례없는 성과이다. 현재 금속활자의 종류가 다양해 조선 전기 인쇄본으로만 확인할 수 있었던 여러 활자의 실물이 추가로 확인될 가능성도 있다. 이는 한글 창제의 실제 여파와 더불어 활발하게 이루어진 그 당시의 인쇄 활동을 살펴볼 수 있는 중요한 자료이다.

일반에게 세계기록문화유산인 『직지』로 알려진 세계 최고의 한국 금속활자 인쇄술에 관한 내용에서 금속활자가 어떤 글자인지, 어느 시대에 어떤 책을 찍어 냈는지 등이 중요하지만 이를 뒷받침하는 이론적이고 체계적이며 전문적인 영역인 '금속활자 주조 기술' 연구 영역에서도 아주 중대한 의미가 있다. 활자의 생김새, 특히 주조된 활자의 높이, 뒷면의 모양과 크기, 획의 각도 등을 통해 시제와 당시의 주조 기술에 접근할 수 있기 때문이다. 이런 데이터들이 세계 최고의 금속활자 주조 기술을 복원하는 데 큰 단서를 제공해 줄 것이다.

제4절 한국 금속활자의 형태

한국의 금속활자 형태는 현존하는 실물 활자들을 통하여 살펴볼 때 크게는 고려시대의 활자와 조선 전기, 조선 후기의 활자로 나누어 볼 수 있다. 크기는 대·중·소 및 특대·특소로 나누어 볼 수 있고 중자를 기준으로 가로, 세로 각 약 1~1.5cm 크기에 높이는 0.7~0.9cm가 대부분이며 간혹 0.3~0.5cm 높이를 가진 활자도 예외적으로 존재한다. 또 글자가 있는 상부와 활자의 몸체나 다리가 되는 하부의 비율은 상하부가 1:2에서 1:3 정도로 나타나고 간혹 예외적으로 하부의 비율이 훨씬 높은 경우도 있다.

1. 고려시대 금속활자

현존하는 활자 중 국립중앙박물관에 소장되어 있는 '複' 활자는 뒷면에 둥근 홈이 있고 높이는 0.7cm 내외이다. 글자의 획 중 가장자리 부분의 마모가 심하여 둥그스름한 타원 형처럼 남게 되어 중국의 일부 학자들은 먹이 묻는 글자 면이 평면이 되지 않아 활자로서의 기능을 하지 못하였을 것으로 추정하였다. 그러나 이 활자를 자세히 관찰하면 최근에 발견된 증도가자 중의 일부 활자에서도 같은 현상을 볼 수 있으므로 이는 보존 상태와 마모라는 측면을 같이 검토하여야 정확한 결론을 낼 수 있을 것으로 추정된다.

또 이 활자를 정면에서 자세히 관찰하면 네 모서리에 이중의 층, 즉 분할선이 있는 것을 알 수 있다. 이는 당시의 활자 주조법을 간접적으로 시사해 주는 현상으로, 글자면과 몸체의 하부구조가 상하로 주물사에 매립되었다가 父字를 빼내고 주물틀의 상하부가 결합될 때 접합면을 완전히 일치시키지 못하여 나타나는 현상으로 추정해 볼 수 있다.

한편 이와 같은 형태의 활자는 2015년 11월 개성의 고려 궁전터인 만월대를 발굴하던 남북한 공동 발굴팀에서도 발견되어 보고된 바 있다. 이 금속활자의 크기와 형태도

'복' 자와 유사하지만 글자의 획이 선명하고 글자면이 수평을 이루고 있으며 활자면에 먹이 잔류하고 있는 것이 확인됨에 따라 이 활자들이 13세기경 인쇄 활동에 직접 사용되던 것임을 알 수 있었다.

이와는 별도로 형태적으로 다른 고려 금속활자인 '顚(이마 전)' 자가 북한의 개성역사박물관에 소장되어 있는데, 글자의 형태는 사각형이 아니며 바닥면도 홈이 아니고 현재의 상태는 다른 물질로 메워진 모습이다. 글자면의 획이 제대로 정리되지 않았으며 비록 평면을 이루고 있지만 그 모습은 마치 연마용구로 갈아 낸 것과 같은 모습을 띠고 있어서 실제로 활용되었던 활자로 추정하기 어렵다.

이상의 활자들은 증도가자의 형태이거나 유사한 범주에서 살펴볼 수 있지만 2010년에 필자가 증도가자와 함께 소개한 소위 네다리형 활자는 형태 면에서 앞의 바닥에 원형 홈이 있는 활자와는 확연히 구분된다. 크기 면에서는 전자에 비하여 가로, 세로 모두 약간씩 크지만 높이는 약 0.7cm로 거의 같다. 글자면은 획이 분명하고 획이 솟은 상태가 날카롭게 보일 정도로 깊이가 느껴진다. 또 증도가자에 비하여 글자 부분이 상대적으로 높아 보인다. 활자의 아랫부분인 바닥의 중앙 부분은 원형 또는 사각형의 흔적에서 네 모서리 부분으로 산을 이루며 경사지게 올라가 네 다리를 형성하고 있다. 이러한 모습은 이전의 연구에서나 다른 외국의 예에서도 찾아볼 수 없다.

2. 『慵齋叢話』의 기록

成俔은 『慵齋叢話』 권7에서 세종 때 경자자 활자의 뒷모습이 송곳과 같았다고 언급하고 있다. 여기서는 활자를 조판하는 방법에 대하여, 처음에는 글자를 벌여 놓는 방법을 알지 못하여 판에 밀랍을 녹여 놓고 활자를 거기에 붙였는데 그 때문에 경자자는 끄리가 모두 송곳과 같았다[4]고 하였다. 그 후로는 대나무나 파지를 이용하여 빈 곳을 메우는 방법을 사용하게 되어 밀랍을 녹이는 비용이 들지 않았다고 기록하고 있다. 여기서 활자의 모양을 언급하면서 조판의 편의를 위하여 바닥 부분이 돌출되어 있었다고 기술하였다.

4 『慵齋叢話』, 권7. "… 始者不知 列字之法 融蠟於板 以字着之 以是庚子字 尾皆如錐 其後始用竹木塡空之術 而無融蠟之費 …"

3.『實錄』의 기록

조선 초기에 금속활자의 형태가 변천되는 기록으로는『世宗實錄』의 세종 17년(1435) 8월 癸亥 條에 비교적 자세하게 언급되어 있다.

이 기록에 따르면 먼저 조선의 鑄字는 밀랍을 사용하여 조판하는 까닭에 그 작업이 많았으므로 후에 활자의 네 모퉁이를 평평하고 바르게 하여 활자의 흔들림을 줄여 작업의 능률을 배가시켰고 따라서 당시의 鑄字 체제는 두 가지라 하였다. 여기서 차이점을 들어 본다면 활자의 형태와 조판 방법으로 나누어 볼 수 있다. 즉 활자의 모양은 돌출부가 있던 바닥의 네 모서리를 평평하게 하여 흔들림이 없어짐에 따라 활자의 고정을 위하여 필요하던 밀랍을 사용하지 않는 조판 방법, 즉 나무와 종이를 사용하여 빈틈을 메워 활자 간의 요동을 막을 수 있었다. 이 기록에 의하여 이러한 활자 형태와 조판 방법의 변화는 조선 후기까지 이어졌고, 고려시대의 네다리형 활자가 세종 대의 경자자까지 유지되었다가 초주갑인자에 이르러 혁신적으로 변화하였음을 알 수 있다.

4. 활자 형태 변천에 대한 새로운 접근

최근 알려진 증도가자와 더불어 국립중앙박물관에 소장되어 있는 '複' 활자, 2015년 만월대에서 발견된 13세기 활자 몇 점은 그 뒷면에 둥근 홈이 있는 것이 특징이다. 이 둥근 홈은 선행의 연구들에서는 구리 등 금속을 절약하는 방편이며 조판 시 밀랍을 고착제로 사용할 때 밀랍이 홈 속에 채워져 움직이지 않게 하는 기능을 가졌을 것으로 추정하였다. 그러나 70개 정도의 증도가자가 확인된 이후 많이 사용되었던 활자의 바닥 홈에서 밀랍과 같은 물질이 전혀 보이지 않는 것으로 보아 활자의 고정을 위하여 고안된 것은 아닐 것으로 판단된다.

현재까지 발견된 고려활자의 형태에 근거해 볼 때 글자면과 하단부, 즉 활자의 외부를 형태적으로 관찰하면 측면에 주조 후 연마한 흔적과 더불어 아래위로 구분되는 분할선이 나타나므로 주물사 주조법에 따른 주조과정에서 나타난 현상으로 추정할 수 있다. 그 가능성은 처음 나무에 새긴 목활자인 父字의 글자면과 아래 몸체가 주물틀의 아래위

그림 3-12 교서관인서체자 '幀' 자

주물사에 각각 매몰되었다가 제거되는 과정을 거치고 다시 아래위 주물틀이 합해질 때 분할선이 생긴 후 주물이 부어져 주성된 것으로 추정된다.

현존하는 고려 활자 중 증도가자의 형태는 바닥에 둥근 홈을 가지고 있으며 좌우 측면에 약 1mm 폭의 돌출부가 있는 것과 없는 것 두 가지가 있다. 그중 돌출부, 즉 좌우 측 날개라 임시로 이름 붙인 이 부분은 검토 결과 일반적인 판본의 경우 행간을 구분하는 界線이 없을 때 좌우의 획이 서로 닿는 현상을 방지하고자 고안된 것으로 보인다.

한편 또 다른 유형의 고려 활자인 네다리형 활자는 바닥 부분 네 모서리에 삼각형 돌출부가 마치 활자의 다리 형태로 만들어져 있다. 이는 이미 언급한 기록과 같이 세종조 경자자까지 활자의 뒷모습이 추와 같았다는 것과 일치하고, 같은 세종 대의 기록 중 활자와 소반상의 기술적 개량을 언급하면서 아랫면의 네 모서리를 평정하게 하여 바닥을 평평하게 했다는 것과 서로 연결되는 내용이다.

이러한 네 모서리가 돌출된 활자의 예로 국립중앙박물관 소장의 校書館印書體字 중에도 네다리형 활자가 있는바 이는 父字를 새길 때 조각칼로 목활자 뒷면의 가운데를 종횡으로 파냄으로써 자연적으로 네 다리가 생기게 된 결과일 것이다.

활자의 형태와 관련하여 고려시대의 활자는 『直指』에서 보는 바와 같이 정방형이 아니라 획에 따라 불규칙한 부정형의 모습으로 추정되었고 또 활자의 뒷면에 관해서도 선행의 연구에서는 뒷면이 원뿔, 사각뿔의 형태라 추정하기도 하였다. 그러나 최근 발견된 고려활자의 형태에 근거하여 볼 때 기록상의 '錐'라는 형태는 네다리 형태와 유사하였을 것으로 추정할 수 있다.

제5절
朝鮮前期 金屬活字 印刷와 組版 方法

1. 조판 방법

활자와 조판에 관련된 선행 연구에서는 조판의 방법 즉 植字 방법과 변란의 조합 형태에 따라 용어를 달리 사용하였다.

1) 부착식(고착식)

	활자 배열 방식		변란 연결 방식	
천혜봉	고착식	조립식		
유탁일	부착식	조립식		
손보기			고정식	맞춤식
조형진	부착식	조립식	부분일체식, 완전일체식	조립식

이 방법은 조판대에서 활자를 배열할 때 밀랍과 같은 접착성 물질을 사용하여 활자를 부착하고 고정시키는 방법을 말한다.

① 활자 주조 초창기 때 제작이 정밀하지 못하여, 인쇄 시 매번 밀랍을 판 밑에 먼저 깔고 그 위에 글자를 맞추어 꽂음
② 밀의 성질이 물러서 활자를 꽂은 것이 굳지 못하여, 겨우 두어 장만 찍으면 글자가 옮겨 쏠리고 많이 비뚤어짐

③ 밀랍을 이용하여 활자를 판에 부착시킴
④ 가장자리 네 모퉁이가 연결된 판의 바닥에 밀랍을 깔고 활자를 식자함
⑤ 불로 바닥을 녹이고 윗면을 눌러 주어 활자판을 평평하게 만듦
⑥ 활자와 붙은 아래 바닥의 밀랍이 굳으면 인쇄함
⑦ 시간 소모가 크며, 여러 번 문질러 찍게 되면 글자가 서로 밀리고 흔들림
⑧ 밀랍 비용이 많이 듦

2) 조립식

이 방법은 활자를 조판할 때 접착성 물질로 활자를 바닥판에 고정시키는 것이 아니라 활자의 모양을 고치거나 보조적인 재료로 빈 공간을 채워 움직이지 않게 하는 방법을 말한다.

① 이천에게 고쳐 만들기를 명하여 지혜를 써서 판을 만들고 주자를 다시 부어 만듦
② 활자가 모두 바르고 견고함
③ 판을 짤 때 밀을 쓰지 아니하고 많이 박아 내어도 글자가 비뚤어지지 않음
④ 갑인자와 같이 뒷면이 평면임
⑤ 활자의 모양이 정방형이고 크기가 일정함
⑥ 활자의 네 면을 평평하게 만들어서 바닥에 밀랍을 쓰지 않고 활자를 조립함
⑦ 빈 공간은 대나무나 파지 등으로 메워서 활자가 움직이지 않도록 함
⑧ 두 개의 인판틀을 만들어 한 판을 인쇄하는 동안 다른 판을 조판함
⑨ 인쇄량이 늘고 작업의 효율성이 배가됨

3) 조판 방법과 순서

(1) 부작식

① 고정된 印版틀을 마련하여 바닥에 먼저 밀랍을 깐 다음 활자를 배열함
② 熱로 밀랍을 녹이고 鐵板으로 위에서 눌러 活字面을 고르게 다듬음
③ 밀랍이 식어 굳게 되면 인쇄함
④ 활자의 뒷면은 둥근 홈으로 들어가게 하고 밀랍이 차도록 함
⑤ 밀랍이 굳어 움직이지 않거나, 활자의 뒤끝을 뾰족하게 하여 밀랍 속에 박혀 동요하지 않게 함

(2) 조립식

① 먼저 놋쇠로 만든 다수의 印版틀을 준비함

② 印版틀은 四邊에 둘레를 돌리고 중간의 版心에 魚尾 또는 黑口 등을 삽입함

③ 界線을 준비함

④ 印版이 마련되면 唱準이 原稿의 글자를 부름

⑤ 守藏이 부르는 원고의 活字를 찾아 원고 글자 위에 놓음

⑥ 선택한 活字가 일정량이 되면 版에 올려 上版 즉 식자를 함

⑦ 조판할 때 대나무 조각 또는 破紙 등으로 활자의 높이나 계선과의 간격을 조정함

⑧ 균자장이 활자가 움직이지 않도록 잘 다져 고정시킴

⑨ 먹물을 칠한 다음 종이를 놓고 털뭉치[馬鬣] 등으로 문지름

2. 조판과 관련된 기록 및 선행연구 정리

	활자 뒷면	밀랍 사용	변란	인판	인판대 연결여부	변란/계선	인출량	특징
계미자	뒷면 송곳형	○(아래에서 가열식)	네 모서리 고정	동판	동체	연결	數紙	글자의 겹침 현상
경자자	송곳형(성현)	○	사주쌍변 고착인판	동판		변란 연결	20여 紙	
갑인자	평면	×(죽목, 파지)	연결/분리	동판			40여 紙	
임진자	터널형	○(가열 없음)	사주 연결인판	목판	분리			
고려	뒷면 평면(초기) 둥근 홈(후기)							

활자의 조판에 관련된 선행의 연구[5]에서는 실록 등의 기록에 근거하여 활자 조판술의 발달을 네 시기로 구분하였다. 활자가 밀랍에 잘 꽂히도록 송곳과 같이 뾰족하게 주조하였다가 갑인자에 이르러 활자의 모양을 개선하고 밑바탕을 평정하게 함과 동시에 나무와 파지로 활자 사이를 고정시킨 단계를 세 번째 발달 과정으로 보고, 영조 때의 임진자에 이르러서는 다시 밀랍을 사용한 단계를 마지막 발달 단계로 간주하였다. 이때는 구리

5 千惠鳳, 「活字印刷」, 『古印刷文化』 創刊號, 1993, pp. 5-34.

를 절약하기 위하여 활자 뒷면을 터널 모양으로 휘게 하고 두께를 줄였으며 밀랍을 사용하여 이 둥근 홈에 밀랍이 밀려 들어가 인쇄 시에 흔들리는 현상을 줄였다고 보고 있다.

3. 간행 시기에 따른 甲寅字 印本의 조판형식 분석

조선시대에 주성된 금속활자들의 판식은 그 찍은 인본으로 살펴보면 시대에 따라 달리 나타나며 활자 종류에 따라 달리 나타나기도 한다. 특히 조선 전기의 대표적 금속활자인 갑인자도 책의 종류나 조판 시기에 따라 그 형식이 차이가 난다.

1) 邊欄의 형태와 半郭의 크기

표 3-1 간행시기별 변란의 양상

간행시기	사주단변	사주쌍변
세종 연간	12	13
문종~연산군 연간	11	3
중종 연간	5	9
명종 연간	2	9
선조 이후	2	7
합계	32	41

이와 같은 갑인자 계열 판본은 조선 전기 전체로 볼 때는 비슷한 비율로 나타나지만 간행 시기별로 나누어 본다면 변란의 양상, 즉 단변과 쌍변의 분포가 서로 큰 차이를 보인다. 이를 구분하여 보면 다음과 같다.

① 사주쌍변이 사주단변에 비해 더 많이 나타남
② 세종 연간에는 단변과 쌍변이 비슷한 빈도로 나타남
③ 문종에서 연산군에 이르는 시기에는 단변이 주종을 이룸
④ 중종 이후부터는 쌍변이 단변에 비해 빈번하게 나타남
⑤ 심우준 『日本傳存韓漢籍韓國版內賜本版式調査硏究』[6]에 인용된 내사본의 경우

6 심우준, 「日本傳存韓, 漢籍韓國版內賜本版式調査硏究」, 『書誌學硏究』 第3輯, 1981, pp. 91–135.

명종조까지는 단변과 쌍변이 혼재, 명종조부터 선조조 말까지는 모두 쌍변

⑥ 半郭의 크기는 후기로 갈수록 세로×가로의 크기가 작아짐. 즉 세종조에는 11행 19자의 인본이 많았기 때문에 다른 시기에 비해 크고 세종 이후에는 크기가 대략 24.0×16.5cm 정도로 고정되는 경향이 있었지만 예외로 보존용인 실록류는 52.5×27.0cm로 일반 유통본보다 크게 제작됨

2) 行數과 글자 수

조선 전기 갑인자본의 판식 중 구분된 행수와 배열된 글자의 수를 정리하면 다음과 같다.

표 3-2 간행시기별 행자 수

간행시기	행자수	종수	간행시기	행자수	종수
세종 연간	9행 18자 10행 12자 10행 17자 10행 18자 11행 19자 11행 20자	2 1 1 10 11 1	명종 연간	9행 15자 9행 18자 10행 17자 10행 18자 12행 20자 16행 36자	1 1 3 4 1 1 *실록
문종~연산군 연간	9행 15자 9행 17자 10행 17자 16행 36자 19행 17자	3 1 7 1 *실록 1 *소자본	선조 이후	9행 16자 9행 17자 10행 17자 10행 18자 16행 36자	1 1 4 2 1 *실록
중종 연간	9행 15자 9행 17자 10행 17자 16행 36자 19행 17자	3 1 7 1 *실록 1 *소자본			

이 시기는 활자의 규격과 모양이 일정해지고 조판기술이 발전하면서 글자의 줄이 맞게 나타난다.

또 이를 구체적으로 비교하기 위하여 같은 行字 數일 때 半郭의 크기를 비교하면 다음과 같아서 같은 10행 17자 중에서는 미세한 차이뿐이며 글자의 크기가 일정해짐에 따라 가로줄과 자간도 잘 맞고 정연해졌다. 이는 조판기술이 발전한 결과 같은 行字 數일 때 반곽의 크기가 일정하였음을 보여 준다.

표 3-3 같은 자수일 때 반곽의 크기

시기	서명	반곽의 크기
세종 연간	朱文公校昌黎先生集	25.4×16.9cm
문종~연산군	高麗史節要	24.5×16.9cm
	永嘉眞覺大師證道歌	24.8×16.9cm
	國朝寶鑑	24.8×16.4cm
	原從功臣錄券	25.0×17.0cm
	高麗史節要	24.9×17.2cm
	經國大典	25.0×17.2cm
	文選	25.5×16.7cm
중종 연간	文選	25.1×17.1cm
	經國大典	25.2×17.0cm
	歐陽文忠公集	25.0×17.1cm
	增刊校正玉狀元集註分類東坡詩	24.9×16.9cm
	性理源撮要	25.2×16.8cm
	大典後續錄	25.2×16.8cm
	高麗史節要	25.0×16.8cm
	司馬溫公經進稽古錄	25.1×17.2cm
명종 연간	經國大典註解	25.0×17.1cm
	詳說古文眞寶大全前集	25.0×17.1cm
	晉書	25.1×17.0cm
	心經附註	24.2×16.8cm

3) 版口와 魚尾

판식을 구성하는 요소 중 판면의 중심이 되는 版心 속 版口의 형태는 시대 변화를 판정할 수 있는 중요한 정보를 담고 있다. 그중 조선 전기의 초주갑인자들의 형태로 볼 때 세종 연간에는 黑口 인본이 나타나지 않으며 성종 연간에 이르러 흑구가 보이기 시작하여 중종 연간에 이르면 大黑口가 상대적으로 빈번히 나타난다. 그 후 명종 대에도 간혹 대흑구가 보이나 1568년『夙興夜寐箴』이후로는 보이지 않는다. 또 魚尾의 형태를 보면 세종조에 주로 유행한 형태는 上下下向黑魚尾였으며 연산군 시기까지는 上下內向黑魚尾가 다수였고 중종조에서 선조까지는 花紋魚尾, 上下內向黑魚尾와 함께 3葉花紋魚尾가 혼용되었다.

이러한 양상은 비단 활자본뿐만 아니라 일반적인 목판본의 어미가 변천되는 양상과도 서로 부합한다. 초주갑인자에 이어 재주갑인자가 나타나는 1580년 이후부터 광해군 시기까지는 작은 화문어미가 없어지고 좀 더 큰 화문의 上下內向3葉花紋魚尾가 나타나고 있다.

표 3-4 판구와 어미의 시대별 변화 양상

시기	서명	판구	어미
1434	眞西山讀書記乙集上大學衍義		下向黑魚尾
1435	詩傳大全		上下下向黑魚尾
1435	分類補註李太白詩		下向黑魚尾
1437	歷代將鑑博議		下向黑魚尾
1438	資治通鑑綱目		下向黑魚尾
1438	朱文公校昌黎先生集		下向黑魚尾
1444	七政算內篇		上下黑魚尾
–	四餘纏度通軌		上下下向黑魚尾
–	唐柳先生集		下向黑魚尾
–	新編音點性理群書句解		下向黑魚尾
1450	妙法蓮華經		下向黑魚尾
1418~1450	資治通鑑		上下下向黑魚尾
–	纂註附音資治通鑑外紀增義		上下向黑魚尾
–	新編音點性理群書句解		上下下向黑魚尾
–	太陽通軌		上下黑魚尾
–	大統曆日通軌		上下下向黑魚尾
–	宣德十年月五星凌犯		上下下向黑魚尾
–	庚午元曆		上下下向黑魚尾
–	太陰通軌		上下下向黑魚尾
–	緯度太陽通經		上下下向黑魚尾
–	授時曆捷法立成		上下黑魚尾
–	授時曆立成		上下下向黑魚尾
1418~1450	朱文公校昌黎先生集		內向3葉花紋魚尾
–	五星通軌		上下下向黑魚尾
–	交食通軌		上下下向黑魚尾
1453	高麗史節要		內向黑魚尾
1457	永嘉眞覺大師證道歌		內向黑魚尾
–	國朝寶鑑		上下黑魚尾
–	原從功臣錄券		上下內向黑魚尾
1469	經國大典		內向黑魚尾(間混)
1482	壬寅年元日內宴御製詩		內向黑魚尾
–	壬寅度載軸		上下黑魚尾
1483	鼓吹續編		內向黑魚尾

1476	海東諸國記	黑口	内向黑魚尾
1469～1494	文選	大黑口	上下花紋魚尾
1495～1544	精選唐宋千家聯珠詩格	黑口	内向黑魚尾
1499	成宗實錄		上下花紋魚尾
1501	弘治十四年辛酉二月生員進士		内向黑魚尾
1506～1567	須溪先生校本韋蘇州集	上下黑口	3葉花紋魚尾
1506～1544	經國大典	大黑口	内向3葉花紋魚尾
–	燕山君日記		上下内向黑魚尾
–	陳思王集	大黑口	上下内向細花紋魚尾
–	文選	大黑口	上下内向花紋魚尾
–	資治通鑑綱目		下向黑混入3葉花紋魚尾
1506～1567	增刊校正玉狀元集註分類東坡詩		上下内向細花紋魚尾
1530	歐陽文忠公集		内向3葉花紋魚尾
1536	司馬温公經進稽古錄	大黑口	上下黑魚尾
1539	皇華集	黑口	内向3葉花紋魚尾
1542	高麗史節要		上下黑魚尾
1543	大典後續錄	大黑口	上下細花紋魚尾
1544	性理源撮要		上下内向黑魚尾
1545～1569	近思錄		細花紋魚尾
1548	天磨钃頭綠	黑口	内向3葉花紋魚尾
1550	中宗實錄		上下花紋魚尾
1555	經國大典註解		上下花紋魚尾
1556	眞文忠公續文章正宗		内向3葉花紋魚尾
1545～1567	新編音點性理群書句解		上下黑魚尾
–	詳說古文眞寶大全前集		上下細花紋魚尾
–	資治通鑑綱目		上下下向花紋魚尾
–	皇華集	黑口	内向3葉花紋魚尾
–	晉書		内向3葉花紋魚尾
1507～1608	王荊文公詩		上下細花紋魚尾
1545～1608	資治通鑑綱目		下向3葉花紋魚尾
1566	心經附註		上下内向花紋魚尾
1568	夙興夜寐箴	上下黑口	3葉花紋魚尾
1571	明宗實錄		上下花紋魚尾
1580	分類補註李太白詩		上下花紋魚尾
1567～1608	晉書		上下花紋魚尾
–	朱文公校昌黎先生集		内向3葉花紋魚尾
1568～1608	句解南華眞經		内向2葉花紋魚尾

※ '–'는 정확한 연도는 모르나 전후로 표기된 시기와 비교적 근접한 시기임을 의미함.

4. 甲寅字 계열 활자판의 組版方法

조선 초기의 활자 인쇄술 중 조판 방법은 기록만으로 추정할 뿐이며 후기의 주자소나 교서관에서 진행되었던 활자 인쇄는 현존하는 글자판과 활자, 도구 등을 바탕으로 간접적으로 추정할 뿐이다. 그중 현재 남아 있는 활자와 활자판 자체는 18~19세기의 것이나 조판된 상태는 일제강점기경에 다시 植字한 것으로 알려져 있다. 특히 임진자와 관련된 조판틀이 일제강점기 때 일본인 학자 今西龍이 전래되고 있었던 임진자의 중자와 소자 활자를 수습하여 『國朝寶鑑』 등을 복원·인출하였으며 그때의 조판이 그대로 남아 전하고 있다.

현재 전하고 있는 임진자 조판틀의 제원은 다음과 같다.

1) 인판대

① 고려대박물관: 세로 32.5cm, 가로 46cm, 두께 7cm
② 국립민속박물관: 세로 36cm, 가로 44cm
③ 국립중앙박물관: 세로 37.2cm, 가로 49.8cm, 두께 11.2cm

2) 인판틀

① 고려대박물관: 세로 27cm, 가로 37.7cm
② 국립민속박물관: 세로 25cm, 가로 36cm(우리)
③ 국립중앙박물관: 세로 24.2cm, 가로 35.4cm

이 조판틀들은 조선 전기 실록의 기록과 같이 竹, 木, 破紙로 공간을 채우는 방식이 아니라 밀랍을 밑바닥에 깔고 활자를 고정시키는 부착식 조판에 사용하던 도구이다. 부착식 조판은 조선 후기 지방에서 목활자를 이용하여 책을 찍을 때 많이 사용하던 방법이다. 전기와 달리 후기 중 정조시대에는 정리자와 같은 경우 조판할 때 젖은 종이를 바닥에 깔거나 빈 공간에 채운 후 마르게 하여 고정시켜 인출 시 활자가 흔들리지 않게 하였다.

5.『鑄字所應行節目』의 字版 및 字欌

▼ 字版

구분		행자 수	비고
衛夫人字鐵亐里	30板內	10行 18字	30板內閣
韓構字鐵亐里	12板	10行 20字	
生生字鐵亐里	25板	10行 20字	
鐵亐里	20板	10行 18字	
小亐里	10板	10行 22字	5板印札鐵條所入裁折移用於分韻小板
整理字鐵亐里	30板	10行 20字	
整理儀軌鐵亐里	25板	20行 22字	8坐杜律分韻小板移用
日省錄鐵印札板	1板	10行 20字	
五經百篇木印札板	1板	7行	
實錄鐵印札板	1板	15行	杜律分韻小板移用
御製鐵亐里	2板	10行 20字	

▼ 字欌

구분		수량	비고
器用	御筆孟子字欌	1坐	
器用	衛夫人字欌	7坐	
器用	韓構字字欌	7坐	
器用	生生字欌	5坐	
器用	整理字欌	7坐	
器用	燕貿唐字樻	2坐	

6. 活字本의 邊欄의 組立 形態 比較

한국 금속활자 인본을 대상으로 판식의 형태를 조사하면 대체로 다음 그림과 같이 7가지 이상의 유형으로 구분된다. 즉 변란이 단변인지 쌍변인지, 변란의 네 모퉁이가 서로 연결되었는지 분리되었는지, 상하와 좌우의 변란이 분리되었을 경우 떨어진 방향과 위치가 어떠한지에 따라 그 유형이 나누어진다. 이러한 현상은 판본의 시대별 유행과도 관련되어 있어서 활자별로 변란의 모습이 다르거나 같은 활자를 사용한 경우에도 찍어 낸 시기에 따라서 변란이 다르게 나타나는 경우도 있다.

첫째, 癸未字와 庚子字는 D형으로 네 모서리가 모두 붙어 있고, 甲寅字의 경우는 초기의 일부 네 모서리가 떨어진 형태이지만 주로 A/F형이 많이 나타난다.

둘째, 世祖 때의 乙亥字부터는 A형이 비교적 우세하고, 이후에 조성된 癸丑字, 丙子字, 再鑄甲寅字 등과 임란 후의 각 서체별 訓鍊都監字, 功臣都監字, 校書館印書體字 등에서 A형이 자주 보인다.

셋째, B형의 경우 庚辰字本과 元宗字本, G형은 戊申字本 중의 일부(『嘉禮』, 『精忠錄』, 『國朝喪禮補編』)와 校書館印書體字本의 일부, 丁酉字本의 일부 등에서 나타난다.

넷째, C형의 경우 倣丙辰字 資治通鑑綱目, 丁酉字, 壬辰字의 대부분, 全史字의 대부분, 再鑄整理字本 일부 등에서 찾아볼 수 있다.

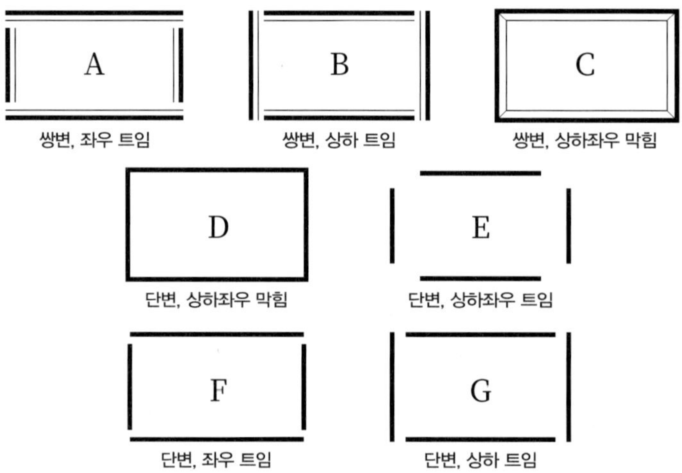

그림 3-13 금속활자별 변란 결합 형태의 예

활자	서명	사용 판수	형태
초주갑인자	사기	4판 이상	A
초주갑인자	상설고문진보대전	4판 이상	A
초주갑인자	성리대전서	2판 이상	A
초주갑인자	소미가숙점교부음통감절요		A
초주갑인자	음점춘추좌전상절구해	4판	A
초주갑인자	증수부주자치통감절요속편	4판 이상	A
초주갑인자	잔주분류두시	8판 이상	A
초주갑인자	한서	7~8판 이상	A
초주갑인자	황화집	2판 이상	A

을해자	당시정음집주	6판 이상	A
을해자	대명일통지	5~6판	A
을해자	동문선	8판 이상	A
을해자	문장일관	6판 이상	A
을해자	소학서집해	4판 이상	A
을해자	주자대전속집	4판 이상	A
을해자	진서산독서기을집상대학연의	6판 이상	F
갑진자	문헌통고	6판 이상	A
갑진자	사문유취	6판 이상	A
재주갑인자	공국원종공신녹권	4판 이상	B
재주갑인자	증수부주자치통감절요속편	4판 이상	A
무신자	동래여선생좌씨박의	2판 이상	G
초주한구자	성명오대가율시초	4~5판	C
한구자	대학장구혹문	4~5판	A
한구자	자치통감강목	4판 이상	A
현종실록자	마사초	6판 이상	A
정유자	가례	4판	G
정유자	사기영선	6판	B
정유자	순암집	2판 이상	G
정리자	육율분운	5~6판 이상	A, G
희현당철자	기봉집	4판	B

7. 實錄字의 조판 관련 기록

1)『孝宗大王實錄編修廳儀軌』

- 庚子 9월 17일: 지난 8월 11일 글자를 새기기 시작한 이래 刻手 소용의 黄楊木 과재단한 종이 및 均字板의 圍裏次 自作板 사든 것, 각종 크기의 못, 새기는 길 등을 都廳이 監董이 만들어 보내지 않아 일에 차질이 생기므로 즉시 시행할 것

- 庚子 7월 4일
  인출 시 均字板 23立(매 판 우리 안(圍裡內) 너비 1척 3촌 8푼, 길이 1척 5푼)
  우리용 자작나무판(圍裡次自作板) 5립 반
  均字板 매 1판 작은머리못(小頭釘) 16개

틈 메움 대나무(塡空大竹) 4개

分紙大床 1부, 印出紙入盛大樻子 1부(具鎖鑰), 裁紙大刀 2개, 剪板 2개

均字匠所用長床 4부, 刻字所用長床 2부, 刻刀 7개, 鐗 3개, 登子金 8개, 小引鉅 小佐耳

雜物入盛樻子 1부(具鎖鑰), 校正唱準所用長床 2부, 濕紙板 2척, 磨墨石 1개 등을 만들어 올릴 것(戶曹, 工曹, 校書館, 軍器寺, 膳工監, 別工作)

- 8월 8일: 인출 시 활자 배열의 우리(圍裏)에 쓰이는 大竹 3개, 字間朴只 一寸釘 2,500개, 拾字器 15개 등을 만들어 보낼 것

- 10월 30일: 실록의 인출이 긴급함에도 날씨가 너무 추워 均字板이 얼어 인출할 수가 없으므로 부득이 일이 중지됨을 면키 어려우니 同板을 穀草의 불에 녹여 쓰도록 穀草를 5속씩 지급할 것

- 12월 13일: 실록 인출의 일은 하루에 10판씩 인출하다가 일이 급하면 14일부터는 12판씩 인출하므로 매판에 빈틈을 메우는 휴지(塡空休紙) 4兩과 初見, 再見의 精潔 休止 2장 등을 매일의 항식으로 마련해 줄 것

- 別工作謄錄

  均字板 23立(厚板 11立 半 圍裏內廣 1尺 6寸 7分, 長 1尺 3寸 4分 用周尺)

  圍裏朴只廣頭釘 매 1立 16개씩

  均字匠所用長床 6부

  刻字匠所用長床 5부

  拾字器 15부

  字間朴只 一寸釘 2,500개

- 補字官 分紙唱準 校正唱準 上板諸員 守藏諸員 粧冊諸員

  均字匠 印出匠 刻字匠 造字匠

  小木匠 木手 冶匠 注匠 漆匠 鎖鑰匠 穿穴匠 多繪匠 蹄刻匠

  銅鐵匠 匙匠

표 3-5 宣祖, 仁祖, 孝宗實錄修正廳儀軌의 印刷諸具 條에 나타난 항목 비교

항목 \ 의궤명	宣祖實錄修正廳儀軌	仁祖實錄纂修廳儀軌	孝宗實錄纂修廳儀軌
册制	每 1張 30行 每 1行 26字 長 1尺 廣 6寸 用布帛尺	每 1張 30行 每 1行 26字 長 1尺 廣 6寸 用布帛尺	每 1張 30行 每 1行 26字 長 1尺 廣 6寸 用布帛尺
書草大粉板	21立	40立	40立
均字板	16立	23立	23立
圍埋次自作板	1立	5立半	5立半
均字板 每一板 小頭釘	16介	16介	16介
銅印札	34介	34介	34介
塡空休紙	4兩	4兩	4兩
初再見休紙			2張
均字刀	8介	15介	15介
强礪石	1塊	1塊	1塊
延日礪石		1塊	2塊
分紙大床	1部	1部	1部
印出紙入盛大樻(具鎖鑰)	1部	1部	1部
裁紙大刀(裁折大刀)	2介	2介	2介
剪板	2介	2介	2介
均字匠所用長床	4部	4部	4部
雜物入盛樻子(具鎖鑰)	1部	1部	1部
刻字匠所用長床	2部	2部	2部
刻刀	8介	7介	18 介
鐦	1介	3介	3介
登子金	3介	8介	18介
小引鉅	1	1	1
少佐耳	1	1	1
雜物入盛樻子(具鎖鑰)	1部	1部	1部
補字所用自作板	10立	補字所用自作板 黃楊木 8兩	補字所用自作板 黃楊木 8兩
板匠唱準長床	1部	2部	2部
白筆	8柄		
朱筆		10柄	
朱土	20塊		
眞墨	2丁		
紫硯	1面		
朱沙鉢	6立	6立	6立
印出匠所用牙子次馬鬣	20斤	4斤	4斤
尾箒	100柄	24柄	20柄
生麻	2斤	2斤	2斤
濕紙板	2隻	2隻	2隻

磨墨石	1	1	1
擧乙乃布裳	2件	2件	2件
濕紙上下隔厚紙	4張	2張	2張
白紋席	4立	2立	2立
印出常墨	每1板 6錢	每1板 6錢式	每1板 6錢
陶火爐		13介	5介
土火爐			13介
校正所用朱土		8量	8量
黃蜜	7錢	每朔 黃蜜 15兩 5錢	每朔 黃蜜 15兩 5錢
汲水瓮	1	1	1
陶東海	3	3	3坐
沙鉢(諸匠通行)	5	5立	5立
補字白紙	每朔 3卷	3卷	
眞墨	1丁		
抄字白紙	3卷	抄字記白紙 3卷	
守直軍士	2名	2名	2名
都助役	4名	3名	3名
均字助役	2名	2名	2名

8. 整理字의 주조와 조판 관련 기록

정리자의 조판 기록이 비교적 상세한 正祖 20년(1796) 3월 17일자의 『日省錄』 기사에 따르면, 正祖 19년(1795) 11월 2일부터 이듬해 3월 16일까지 135일간에 걸쳐서 약 30만 자를 조성하였는데, 그중 大字는 16만 자, 小字는 14만 자를 주조하였다. 이때 소요된 재료인 鍮鐵(황동: 구리/아연 합금) 1,400근과 鑄鐵(납/주석 합금) 250근은 호조에 있는 기술자들의 급료를 활용하고 각종 물력에 사용된 돈 2,300냥은 整理穀에서 남은 돈을 활용하였다. 그리고 당시 주조된 활자는 7개의 字欌에 나누어 넣어 奎瀛新府에 보관토록 하였다.

이때 조성된 활자는 앞서 만든 활자에 비하여 조판과 식자에서 나름대로 개선된 방법을 모색하여 정리자는 운용제도가 완전히 정비되어 털끝 하나 들어갈 틈이 없어졌고 활자의 출입에 있어서도 활자를 '彙'로 넣고 '類'로 빼내는 방식이 있어 전에 주조한 활자에 비하면 출입이 매우 간편하고 빨라졌으며 비용과 노력도 배로 줄게 되었다.

그러나 이러한 정리자도 여전히 조판에 있어서 해결하지 못한 부분이 많아서 이전에 주조된 활자들과 섞어 조판할 때는 전후 鑄字의 銅體가 같지 않아 활자를 배열할 때 젖은 종이를 사용하여 고루 붙게 하고 흔들리지 않게 하였다. 또 한 판씩 인쇄할 때마다 몇 사람을 세워 두고 붉은 먹을 사용하여 조판 상태에 따라 표시하여 교정하였지만 삐뚤어질 우려가 계속 있었고 시일이 오래 소요되었다.

9. 한국 금속활자 조판에 대한 일본 학자들의 이해

조선시대의 활자 인쇄방법에 대하여 관련된 역사 기록이나 실물자료를 통하여 여러 학자들이 다양한 의견들을 제시하였지만 그중에는 특정 기록이나 제한된 실물에 의거한 까닭에 실체에 제대로 접근하지 못한 견해도 많다. 특히 일본 학자들 중에는 조선 후기의 목활자 조판 시 밀랍을 사용한 사례라든가 부착식 방법 등에 대하여 기술적으로 후퇴하였다고 간주하기도 하였다. 그러나 이는 중앙과 지방의 인쇄기술 차이나 현존 자료를 잘못 이해하거나 인용함으로써 빚어진 결과이다.

먼저 川田久長(1949)은 동의 광곽을 끼운 목제의 식자판 가운데 밀랍이나 수지, 아교 등을 섞어 합친 것을 녹여서 두께를 1.5cm 정도로 담고 그 위에 활자와 계선을 심고 평평한 판을 대고 꾹 눌러서 요철부분을 없앤 다음 밀랍이 굳어져서 활자와 계선이 고정되고 움직일 수 없게 되면 인쇄를 하였다고 언급하였다.

또 金子和正은『慵齋叢話』의 기록을 인용하여 다음과 같이 설명하였다.

① 처음에는 밀랍을 녹여서 식자판에 붓고 나서 식자한다.
② 그다음 대나무와 나무 또는 종이를 빈 곳에 끼워 넣고 견고하게 하여 활자가 움직이지 않게 한다.
③ 이런 관점에서 일본의 칙판도 밀랍을 쓰지 않았을 것이며 대나무 못 등의 흔적으로 보아 사변을 짜 맞추는 방법을 사용한 것으로 판단하였다.
④ 실록에 기록된 계미자나 경자자의 조판에 사용되었던 밀랍, 즉 활자의 모양과 관련하여 먼저 판에 깔린 밀랍은 활자의 모양을 개선하여 네 모퉁이가 평정하게 됨에 따라 인출 시 조판된 활자의 움직임이 없어졌으며 밀랍을 사용하는 경비를 줄일 수 있었다는 언급에 대하여, 식자판의 바닥에 까는 고착제까지 필요

치 않게 되었다는 것이 아니라 인쇄할 때 활자가 움직이는 것을 막는 데 필요한 밀랍이 필요 없어졌다는 것으로 추정하였다.

⑤ 밀랍이 사용된 예로 현존하는 국립민속박물관이나 고려대학교 박물관 소장의 壬辰字版『國朝寶鑑』과 유탁일 교수가 조사한 영남지방 목활자의 조판 예를 들고 있다.

이러한 金子和正의 설명은 밀랍을 사용한 부착식 조판은 일본에서는 사용하지 방법으로 일본은 밀랍을 사용하지 않고도 인쇄를 잘할 수 있었다는 점에서 상대적인 기술 우위를 저변에 깔고 있는 것이다. 그러나 중앙의 인쇄는 儀軌 등의 각종 기록을 살펴보아도 조판에 밀랍이 사용되지 않았고 다만 인출과 표지 장황을 하는 데만 사용되고 있었다. 또 밀랍을 사용한 지방의 활자 인쇄도 인력과 경비를 줄이고 활자의 높낮이 등에 크게 구애받지 않고 인쇄를 편리하게 할 수 있는 환경에 적응한 일종의 최적화한 시스템이라 할 수 있다.

한편 森上修(1991)는 큰 범주에서 조선의 활자조판 방식은 일본과 다르며 일본의 조판 방식은 기리시탄판의 영향을 받아 이루어진 것이라 하면서 조선의 방식은 밀랍을 사용하는 부착식 방법으로만 일괄하여 단정하였다.

그는 조선시대 16세기 활자 인본 특히 再鑄甲寅字로 찍힌 자료들의 인면을 분석하여 글자의 획이 계선에 닿는 현상에 주목하였다. 글자 모양과 계선의 두께와 조립 방법을 설명하면서 경진자와 휴려도감자는 부착식 조판인 반면 일본의 고활자판은 고착제를 사용하지 않는 자립식 활자로 규정하였다. 또 일본의 활자는 글자의 몸체가 수직인 반면 조선의 활자는 밀랍과의 부착을 위하여 아래가 좁아지는 것으로 정리하고 있다. 그러나 국립중앙박물관에 소장된 금속활자들의 실물을 보면 이 견해가 잘못된 것이라는 것을 쉽게 알 수 있다.

한편 조판에 사용된 활자판 즉 조판대의 수량에 대하여 훈련도감자본인『찬도호주주례』권3, 4를 대상으로 인판을 조사한 결과 12종류가 쓰이고 같은 판이 2~12판까지 불규칙적으로 쓰였다고 밝혔다. 또 임란 직전의 재주갑인자판에 쓰인 四周一體型과 四周分離型 조판틀도 보통 12~13대의 식자판이 혼용되어 사용되었다고 밝혔다. 이와 더불어 한 번 사용된 식자판의 중복 사용에 대한 조사를 통하여 18세기에 인출된 임진자판『東國通鑑』을 조사한 천리대 辻本의 연구를 인용하여 같은 식자판의 사용 예를 다른 인쇄면에서 魚尾나 界線의 部材가 같이 사용되었음을 밝히고, 조판된 면을 먹을 발라 인출한 후 판을 해체할 때 어미나 계선은 그대로 두고 활자만 제거하는 방법도 있었음을 언급하였다. 이때 같은 식자판의 계선이 사용되었지만 좌우 평행으로 약간씩 이동되고 있음은 밀랍을 고착제로 사용하였기 때문이라고 하였다.

이러한 관점에서 조선의 식자판이 四周一體型인 것은 광곽과 아래 바닥이 밀랍의 사용이라는 측면에서 밀착되어야 했지만 일본의 활자는 慶長勅版의 초기 간본 일부를 제외하고는 거의 대부분이 조립판인 점을 들어 일본과 한국의 방법이 서로 다르며 일본은 조선의 방법에 영향을 받지 않았음을 강변하고 있는 것이다. 즉 일본은 1590년경 규슈 지역에서 시작된 기리시탄판을 모방하여 조립식 목활자 조판과 인쇄의 방법으로 발전되었다고 보는 것이 타당하다는 것이다.

그러나 이와 같이 일본학자들이 예로 들고 있는 밀랍 사용의 조판 예 중 고려대학교 박물관 소장의 『國朝寶鑑』 조판틀에 대한 전래 과정에 대하여 今西龍이 그것을 직접 사용하였다고 밝혀 둔 기록이 일본 天理大學 도서관 소장의 今西龍 장서 중에 있다. 즉 1909년 목판으로 간행한 『國朝寶鑑』 책의 표지 여백에 묵서한 今西龍의 기록에는 당시 남아 있던 정유자 번각본 『國朝寶鑑』 목판에서 인출하여 책을 만들 때 缺板되어 모자라는 책판이 있어서 今西龍이 당시 남아 있던 금속활자(임진자)를 이용하여 조판한 후 인출하여 목판의 인출 분량에 끼워 보충하였다는 내용이 있다. 따라서 이는 조선의 국가 중앙에서 통용되던 전통적인 방법이 아니라 시급한 요구에 따라 밀랍을 가지고 임시방편으로 조판한 것이라고 보는 편이 더 타당하다.

이미 앞서 언급하였듯이 각종 기록 중 현종실록자로 인출하였던 현종, 영조, 정조의 실록을 찍을 때 그 과정을 기록한 纂修廳儀軌 등에서는 '實入秩' 항목에서 均字匠이나 守欌諸員 등에 들어간 밀랍은 전혀 보이지 않고 다만 장황과 제책 항목에서만 밀랍의 사용이 보인다. 즉 『國朝寶鑑監印廳儀軌』의 '監印廳甘結秩'에서 刻手匠, 唱准, 補字官, 守欌諸員, 均字匠이 필요로 하는 여러 가지 물품을 준비하여 올리라는 문건에서 蜜蠟은 전혀 언급되지 않고 있다. 특히 조판과 관련된 균자장 소용의 물품은 ① 빈 공간을 메울 휴지 매판 8戔식, ② 均刀 7개, ③ 迭執巨 각 1개, ④ 靑竹 2節, ⑤ 廣頭丁 12개, ⑥ 登床 3좌로 나타나고 있다. 반면 印出匠이 필요로 하는 물품은 '黃蜜 매 10권 4戔 식'이라 기록되어 있다. 즉 조판에는 실록의 기록대로 대나무, 나무, 파지 등이 쓰였을 뿐 밀랍이 사용되었다는 기록은 보이지 않는다.

제6절 顯宗實錄字의 鑄造 및 組版 관련 기록

1. 鑄造 背景

현종실록자는 肅宗 3년(1677)에 『顯宗實錄』을 찍기 위해 私家에서 주조·사용해 오던 洛東契字 35,830字를 차용하고 거기에 부족한 1만여 자를 더 주조하였다. 이때 새로 주조한 활자 수는 40,825자였다.

이 현종실록자의 모체가 된 洛東契字는 尹深의 『庚子增廣四馬榜目』 跋文에 따르면 顯宗 15년(1674) 4월 庚子年에 실시했던 司馬試驗 合格者 名單의 인출에도 사용되었다. 이 활자로 찍은 인본 중 가장 빠른 시기의 것은 顯宗 14년(1673) 무렵의 『唐宋八大家文抄』이며, 이후 현종·숙종·경종·영조·정조·순조·헌종·철종의 실록을 비롯하여 列聖御製와 각종 誌狀類 등 일반 전적의 인출에 자주 쓰였다.

국가에서 洛東契字를 빌렸을 당시 政府가 더 주조한 활자에 대한 기록은 『顯宗實錄纂修廳儀軌』의 肅宗 3년(1677) 5월 22일 조 임금이 先王의 實錄 印出을 허락한 기록으로, 그 무렵에 추가로 주성된 것으로 추정되고 있다.

이 차용한 활자의 처리에 대하여 『實錄纂修廳儀軌』의 3년 8월 20일 조 기록에 따르면 실록의 인출을 마친 뒤 빌려 온 활자를 私家에 돌려주지 못하였고 또 활자를 두 곳으로 나누어 보관하면 인출에 필요한 활자의 수량이 부족하여 책을 찍어 낼 수 없으므로 활자를 모두 校書館으로 보내어 『前·後漢書』의 인쇄에 사용하게 하였다는 것이다. 다만 활자를 빌린 대가를 활자의 주인이 받지 않으므로 그 대신 인쇄할 때마다 책 1부를 주기로 결정하였다고 기록되어 있다.

이 활자의 字樣은 해정한 晉體系로, 크기가 甲寅字보다 작고 迫力이 떨어지며 英祖 이후의 활자들은 마멸이 생기고 『憲宗實錄』 이후 점차 補字가 증가하는 경향을 보인다. 그 印本 중에는 顯宗 이후 역대 왕의 실록들과 列聖御製를 비롯한 各種 誌狀類, 一般圖書 등이 있다.

현재 남아 있는 국립중앙박물관의 활자는 형태와 주조기법이 英祖 48년(1772)에 주조된 壬辰字, 哲宗 9년(1858)에 주조된 再鑄整理字, 三鑄韓構字와 비슷하므로 이것들은 처음에 주조된 것이 아니라 뒤에 다량 補鑄한 것이 전래된 것으로 추정된다. 그 숫자는 1911년 6월 1일 자로 宮內府 奎章閣이 장서와 함께 총독부 取調局으로 활자를 인계할 때 大字는 55,749字, 小字는 13,996字였다. 현재 활자를 소장하고 있는 곳은 국립중앙박물관과 국립민속박물관이며 일부 전시되어 있는 재료는 청동, 字本은 洛東契字, 수량은 대자 5만여 자, 소자 4만여 자로 소개되어 있다.

2.『顯宗實錄 纂修廳儀軌』

1) 활자 주조 관련 기록(달/일자)

(1) 乙卯 閏5월 15일

▶ 鑄字에 필요한 鍮鐵, 鑄鐵은 각각 100斤, 熟銅鐵 4斤 半

(2) 乙卯 12월 2일

▶ 鑄字할 때 쓰이는 陶罐용으로 靑涯에서 생산되는 白土 2駄를 이달 10일 내로 色吏를 別定하여 掘取하여 上納하고, 松明 5駄도 관에서 分定할 것

▶ 鑄字匠이 쓸 浦板 1부, 炉冶 1좌, 竹節 2부 등을 준비하여 올릴 것

(3) 乙卯 12월 4일

▶ 鑄字를 넣을 樻 7樻 중 부서진 2樻을 보수하고 자물쇠를 갖출 것

(4) 乙卯 12월 6일(漢城府)

▶ 鑄字에 사용되는 油土 2駄를 掘取하고 수송하여 本廳에 가져올 것

(5) 丙辰 1월 10일

▶ 실록 인출 시 부족한 鑄字를 加鑄해야 하므로 본관의 諸員 중 李承世, 閔厚益 등을 使役次 먼저 정하여 보낼 것

▶ 실록 인출 시 鑄字와 쇳가루를 담을 찢어진 油芚 1浮를 올릴 것

▶ 本廳이 사용할 鑄字를 옮겨 올 때 輸運次 架子 10部와 守欌諸員 1人은 明日 날이 밝을 때까지 기다릴 것(校書館, 繕工監)

(6) 丙辰 2월 19일

▶ 활자를 넣을 장 2부를 수리하고 서랍 90부, 小蘭 168개를 준비할 것

▶ (戶兵曹) 실록 인출 시 鑄字에 사용되는 鑄鐵 200斤을 輸送하는 일을 일찍이 移文하였다고 하므로 주철 100斤이 남아서 鍮鐵 100근과 주철 100근을 각각 반씩 섞어 본청에 수송하되 주철 100근에 交用次 每 1근마다 鍮鑞 2兩을 마련하여 신속히 수송해 올 것

(7) 丙辰 2월 20일

▶ 사용되는 주자를 守欌諸員에게 명하여 글자 수량을 파악하여 그 결과를 1부 만들어 올릴 것

(8) 丙辰 3월 6일

▶ 鑄字小爐 1部, 盖具用 還次를 진배할 것

(9) 丙辰 3월 13일

▶ 사용할 활자에 대하여 守欌諸員이 하나하나 조사하여 꺼내고, 원래의 숫자가 많이 부족할 때는 활자를 주조하는 것이 매우 크고 힘든 일이므로 補字官 1인, 守欌諸員 2명, 균자판을 만들 均字匠 2명을 우선 참여하도록 할 것

(10) 丙辰 4월 21일

▶ 鑄字로 印出하는 데 전과 비교하여 異字의 수가 태반 부족하여 加鑄의 일이 극히 많아 본청에 배당된 인력만으로 불가하므로 小木匠 2명, 造字匠 1명, 刻手 2명, 守欌諸員 2명, 補字官 1명, 小炉匠 1명, 募助役 2명, 冶匠 1명, 助役 2명, 木手 1명 등을 추가하고 급료를 날짜에 맞추어 준비할 것

(11) 丁巳 5월 10일

▶ 鑄字가 태반 부족하여 지금 加鑄하고자 小爐匠이 쓸 麻浦에서 생산되는 浦土 2駄를 급히 실어 본청으로 운송해 올 것

▶ 주자가 너무 부족하여 이날부터 加鑄하고자 小爐匠이 쓸 소금 10말, 陶罐에 쓸 休紙 5근, 生麻 1냥, 塾麻 2근, 草省 2개 등을 올릴 것

(12) 丁巳 5월 13일

▶ 실록 인출 시 鑄字를 다듬는 汁匠이 쓸 昌牛皮 半令 등을 즉시 올릴 것

(13) 丁巳 5월 20일

▶ 실록을 인출할 때 活字를 만드는 데 드는 鍮鐵, 鑄鐵 각 100근, 鍮鑞 20근을 먼저 가져와 일을 시작하였지만 鑄字의 숫자가 태반 부족하고 鍮鐵, 鑄鐵 각 100근과 鍮鑞 20근을 우선 가져와 加鑄에 쓰도록 할 것

(14) 丁巳 6월 4일

▶ 활자를 주조하는 일은 대단히 크고 일이 많은 까닭에 小炉匠 1명이 부족하므로 小炉匠 1명과 助役 1명을 지난 5월 29일부터 동원함

(15) 丁巳 6월 5일

▶ 鑄字匠이 쓸 松明 3駄가 더 필요하므로 연락이 닿는 즉시 밤중으로 올려 보내어 일이 중지되지 않도록 할 것(경기 감사)

(16) 丁巳 6월 12일

▶ 活字를 만드는 데 드는 鍮鐵, 鑄鐵 각 100근, 鍮鑞 20근이 이미 다 쓰고 없으므로 鍮鐵, 鑄鐵 각 100근과 鍮鑞 20근을 우선 가져올 것

(17) 丁巳 6월 14일

▶ 활자를 즉시 加鑄하기 위하여 小炉匠이 쓸 通津에서 생산되는 白土 2駄를 연락이 닿는 즉시 구하여 보내어 작업이 중지되지 않도록 할 것

(18) 丁巳 7월 14일

▶ 抄記 鑄字하였는데 부족하여 부득이하게 加鑄하는 것이니 鍮鐵 50斤, 鑄鐵 50斤, 鍮鑞 10斤을 문서가 도착하는 즉시 本廳으로 수송하여 加鑄의 재료로 삼을 것

(19) 丁巳 8월 20일

- 사용된 鑄字가 전에 받은 鑄鐵, 鍮鐵이 이미 다하여 鑄鐵 30근, 鍮鐵 30근, 鍮鑞 6근을 더하여 받아 수송하여 때에 맞도록 할 것
- "鑄字는 當初에 私家에서 취하여 썼는데, 그 수가 겨우 30,000여 자였습니다. 都監에서 加鑄하여 또 40,000여 자에 이르러 실록의 인출 작업을 마쳤으니, 私家의 鑄字는 마땅히 本主에게 還給해 주어나 하나, 나누어 둘로 하면 책을 인출하는 데 부족하고, 합하여서 쓰면 비록 권이 많은 책이라도 족히 인출할 수 있습니다. 鑄字를 모두 校書館에 내리고 玉堂에 있는 前後漢書는 다만 1건에 불과하니 마땅히 인출하여 널리 반포해야 합니다. 때문에 감히 仰達하게 되었습니다. 또 鑄字本主가 비록 給價를 받지 않으려 한다고 하나 그 字로 인출한 冊을 인출한 바에 따라 매번 1건을 주는 것이 어떻겠습니까?"
  上曰 "실록을 완성한 후 모두 校書館에 내려 그것으로 前後漢書를 인출하게 하고 인출할 때마다 1건을 주고 일을 하게 하라."

2) 조판 관련 기록

(1) 乙卯 12월 4일

- 均字板 23立, 銅印札 34介씩을 마련하여 올릴 것
- 이날부터 글자를 나누어 가리는 작업을 시작, 守襪諸員 12인이 抄字에 쓸 백지 4卷, 白膠筆 5자루, 眞墨 2정, 紫硯 2면을 즉시 올릴 것
- 均字板 23立, 圍裏次自作 5立 半, 造字匠 所用의 小圓逵 1介, 執介 1개 등의 물건을 준비할 것

(2) 乙卯 12월 25일

- 均字板의 테두리를 만들 때 小木匠이 쓸 沙魚皮 半令, 木賊 2兩을 올릴 것

(3) 丙辰 1월 10일

- 小逵 10介, 鞭逵 5介, 執介 10介, 亇赤 5介 등을 올릴 것(戶曹, 別工作)

(4) 丙辰 2월 19일

- 균자판 23립 등 박기(1촌짜리 못) 1,670개 등과 관련 작업 기술자, 보조인력과 급료를 준비할 것

(5) 丁巳 5월 27일

▶ 唱准이 補劃用으로 쓸 黃筆 2자루, 眞墨 1정을 올리며 인출 시 쓸 均字板 23立 내 8板에 빼내는 銅印札이 부족하여 枚板의 銅印札 34개씩 마련하도록 견본을 보내고 준비시킬 것

(6) 丁巳 5월 28일

▶ 실록 인출의 일이 하루가 급한데 한편으로는 활자를 주조하고 또 다른 한편으로는 인쇄하므로 校正唱準의 숫자가 부족하여 2인을 이달 26일부터 동원하고 급료를 준비할 것

(7) 丁巳 6월 17일

▶ 실록 인출하는 일이 하루가 급하게 되었는데, 여러 色工匠 중에서 均字匠이 더욱 부족하다. 막중한 印役을 하루라도 지체할 수 없기 때문에 金興碩을 均字의 일을 시키게 하고자 하니 즉시 내정하여 보낼 것(精抄廳)

(8) 丁巳 6월 28일

▶ 1일 12판씩 인출하기 위하여 이달 26일부터 일을 시작하여 上板하는 데 동원되는 唱准 2명, 균자장 2명, 印出匠 1명 등에 대한 급료를 준비할 것

(9) 丁巳 6월 28일

▶ 실록 인출의 제도는 대제학이 먼저 아침 일찍 본청에 나와 草本을 편집한 후 그 내용과 문자의 미진한 부분을 수정하고 謄錄官에게 보내면 등록관이 글자를 쓰고 粉板에 글자가 배열되면 인출이 시작된다. 이러한 과정이 늦지 않게 진행되어야만 여러 기술자들이 일이 없이 작업이 중지되는 것을 막을 수 있다.

(10) 丁巳 8월 29일

▶ 당초 취하여 온 잡물 중에 白休紙, 塡空休紙, 松煤墨 등의 물건이 이미 다 소비되어 그 필요한 수를 헤아려 보니 白休紙 40권, 塡休紙 40근, 松煤墨 6근 등이 었다. 이를 신속히 마련하여 수송하여 공역이 멈추는 일이 없도록 할 것

3) 기술자 관련 기록

(1) 乙卯 12월 6일(訓練都監)

▶ 使役할 均字匠 韓成建이 기축·기해년 등록부에 都監 中軍 旗手를 맡고 있다 하니 속히 일을 마치고 使役地로 보내도록 잡역을 부과하지 말 것

(2) 乙卯 12월 27일

▶ 본청 사역에 동원할 刻手, 造字匠, 小木匠, 冶匠, 穿穴匠, 蹄刻匠, 小炉匠, 銅鐵匠 등을 즉시 정하여 보낼 것

(3) 丙辰 2월 20일

▶ 수장제원과 上板諸員을 합하여 12명은 매월 초에 포(布)로 급료를 지급할 것

▶ 刻字용으로 쓸 黃楊木, 톱질하여 바르게 다듬은 均字板 23립의 테두리(변란)를 만들 小木匠 2명 등의 급료를 전례에 따라 계산할 것

(4) 丙辰 3월 1일

▶ 印札次 畫員 1명을 정하여 보낼 것

(5) 丙辰 4월 13일

▶ 圍裏銅印札을 두드려[打造] 만드는 데 필요한 銅鐵匠 1명, 銅印札을 바르게 다듬는[正鍊] 匙匠 2명, 鑄字를 正鍊하는 注匠 2명 등의 급료를 이달 1일까지 마련할 것

(6) 丁巳 12월 6일

▶ 훈련도감의 등록 중 기축과 기해년에 소속키로 한 균자장 韓成建을 작업이 끝날 때까지 잡역으로부터 면제해 달라는 요청

4) 丁巳 9월 20일: 印出諸具

1冊制(매 1장 30행, 매 1행 30자, 長 1尺 1寸, 廣 7寸, 用布帛尺)

草書大粉板 40立

均字板 23立(圍裏内長一尺七寸五分 廣一尺三寸五分)

조선시대 尺의 길이는 그 종류와 시대에 따라 변화하였으므로 정확한 수치를 알 수는 없고 근사치를 추정할 수 있을 뿐이다. 따라서 布帛尺을 사용하는 『顯宗實

錄』은 布帛尺 1尺을 약 46.66cm라고 할 경우[7] 책의 크기는 세로가 51.32cm, 가로가 32.62cm이며 均字板의 크기는 세로가 81.58cm, 가로가 62.94cm가 된다.

책 크기(布帛尺 기준, 46.66cm)

長(세로) 1尺1寸 = 46.66cm + 4.66cm = 51.32cm

廣(가로) 7寸 = 4.66cm × 7 = 32.62cm

균자판 테두리(布帛尺 기준, 46.66cm)

長(세로) 1尺7寸5分 = 46.66cm + 32.62cm + 2.3cm = 81.58cm ÷ 2 = 40.79cm

廣(가로) 1尺3寸5分 = 46.66cm + 13.98cm + 2.3cm = 62.94cm ÷ 2 = 31.47cm

圍裏次自作板 5立 半
均字板 每一板 小頭釘 16介
銅印札 34介
塡空休紙 4兩
初再見休紙 2張, 均字刀 15介
强礪石 1塊
延日礪石 2塊
分紙大床 1部
印出紙入盛樻子 1部 具鎖鑰
雜物入盛樻子1部 具鎖鑰
裁紙大刀 2介
剪板 2介
均字匠等 所用 長床 4部
補字所用 自作板 黃楊木入量 刻手
所用 長床 2部
刻刀 5介
鐦 3介
登子金 10介

白紋席 2立
印出常墨 每 1板 6戔
朱沙鉢 6立
汲水瓮 1陶
東海 3坐
沙鉢 5立
陶火爐 5介
土火爐 13介
校正 所用 朱土入量 每朔, 黃蜜 15兩5戔
補字白紙 3卷
抄字白紙 3卷
朱筆 10柄
守直軍士 2名
都助役 3名
均字助役 2名

7 李宗峯, 『韓國中世度量衡制硏究』, 서울: 혜안, 2001, p. 110.

小引鉅 1
小佐耳 1
雜物入盛樻子 1部 具鎖鑰
校正唱准 長床 2部
印出 所用 牙子次馬鬣 4斤
尾箒 20柄
生麻 2斤
濕紙板 2隻
磨墨石 1
擧乙乃布 2件
濕紙 上下 隔厚紙 2張
* 甘結秩: 印札井間을 맡을 畫員 1명, 刻手 1명을 즉시 정하여 보낼 것

3. 『英宗實錄 纂修廳儀軌』: 일부 발췌

1) 辛丑 3월 11일 〈校讐廳甘結秩〉

- 인출 시 守欌諸員이 쓸 布 수건 6건, 均字匠이 쓸 먹치마 14건, 印出匠이 쓸 먹치마 2건, 補字官이 쓸 수건 布 1건을 즉시 올릴 것(工曹, 濟用監, 平市署)
- 인출 시 守欌諸員이 쓸 대나무 젓가락용 긴 대나무 3節 등을 올릴 것(繕工監, 別工作)
- 刻手匠이 쓸 刻刀 6개, 造字刀 2개, 礪石 1괴를 즉시 올릴 것(軍器寺, 別工作)

2) 辛丑 3월 12일 〈校讐廳甘結秩〉

唱準 1명, 刻手匠 5명, 小木匠 3명을 즉각 대령하고 造字刀 2개, 刻刀 5개, 小鉅 1개를 올릴 것(校書館, 別工作)

3) 辛丑 3월 13일 〈校讐廳甘結秩〉

黃楊木 熟正에 쓸 소금 3말, 땔나무 3단을 올릴 것

4) 辛丑 3월 14일 〈校讐廳甘結秩〉

- ▶ 인출할 때 쓸 去樣刀 2개, 橙床 1좌, 均字刀 6개, 補字官이 쓸 去樣刀 1개, 塡空에 쓸 白休紙 15근, 灾傷休紙 15근을 올릴 것(戶曹, 司贍寺, 別工作)
- ▶ 鑄字를 담는 데 쓸 沙板 10좌를 올릴 것(別工作)
- ▶ 인출할 때 쓸 字代紙용 白休紙 1근, 黃蜜 1근을 올릴 것(司贍寺, 義盈庫)

5) 辛丑 3월 16일 〈校讐廳甘結秩〉

守樴諸員이 쓸 대나무 젓가락용 대나무 2節, 布 수건 5건, 均字匠이 쓸 먹치마 6건을 올릴 것(繕工監, 濟用監)

6) 辛丑 3월 19일 〈校讐廳甘結秩〉

이번 인출할 때 均字匠이 쓸 塡空 대나무 3節, 작은 질동이 2좌, 먹방고리 2개, 尾帚30柄, 馬鬣 5근, 守樴諸員이 쓸 抄字記 白休紙, 刻字匠 字臺白休紙 合 3근, 紫硯 2 면, 草席 2립을 올릴 것(工曹, 繕工監, 長興庫, 司贍寺, 平市署)

7) 辛丑 3월 21일 〈別工作謄錄〉

- ▶ 이번 실록을 인출할 때 冊鉄丂里 6部에 드는 鍮鐵 16근 14兩, 鑄鐵 16근 14兩, 鍮鑞 3斤 12兩, 印札 180介에 드는 熟銅 24근 등 각 담당관청에서 올릴 것
- ▶ 이미 지시한 鉄丂里板 6좌, 印札 180개 등을 만들어 올릴 것

  (後) 冊板 6坐: 각 廣厚板 너비 3척 5촌

  鉄丂里 6坐: 각 鍮鐵 2斤 13兩, 鑄鐵 2斤 13兩, 鍮鑞 10兩

  印札鐵 6부: 각 熟銅 3근 10냥

  丂里朴只 小廣頭丁 20개

  燒爐匠이 쓸 陶罐 5개, 浦土 3駄, 松明 吐木 각 3迲乃 … 松脂 4兩 …

8) 辛丑 3월 23일 〈校讐廳甘結秩〉

인쇄를 담당하는 기술자는 모두 당해 관청의 소속사환이며 그중 均字匠이 가장 부족하므로 전례를 구분하지 말고 일일이 조사하여 이름과 거주지를 책자로 만들어 올릴것(校書館)

9) 辛丑 4월 일 〈別工作謄錄〉

이번 실록 인출에서 守欌諸員이 쓸 鑄字가 들어갈 井間이 없는 小沙板 10개와 鉄亐里를 전일에 고칠 때 廣頭丁 30개, 지금 고치는 데는 廣頭丁 20개로 그전의 기록을 참고하여 기록 후 해당 부서에서 올릴 것

(後) 小沙板 10立: 각 얇은 송판, 1尺
亐里에 쓸 小小条里木 1尺式, 朴只 8分 못 12介式
前日 鉄亐里를 고칠 때 廣頭丁 30개, 지금 고치는 데 20개

10) 辛丑 4월 초2일 〈校讐廳甘結秩〉

均字匠의 塡空작업에 쓸 白休紙는 경비가 많이 소요되므로 灾傷休紙 5근을 올릴 것이며 많이 들어온 灾傷休紙는 모아 두고 수시로 올릴 것(戶曹)

4.『正宗實錄 纂修廳儀軌』: 일부 발췌

1) 乙丑 3월 28일 〈校正廳甘結〉

다음 달 초1일 校書館의 鑄字를 옮겨 올 때 架子 및 군인, 보자기 등을 준비시키고 본관 관원은 守欌諸員과 함께 들어올 것(校書館, 濟用監)

2) 乙丑 3월 30일 〈校正廳甘結〉

均字匠이 쓸 중줄 2개, 只巨 2개, 먹치마 20건 … 刻手가 쓸 小鉅 2개를 올릴 것

3) 乙丑 4월 일 〈別工作謄錄〉

▶ 본청의 守欌諸員이 쓸 大沙板 11立, 中沙板 48립, 小沙板 35립
대나무 젓가락으로 쓸 大竹 1개
均字匠이 塡空에 쓸 大竹 1개
均刀 30자루(자루가 갖춤)
刻字匠이 쓸 登子金, 刻刀, 造字刀, 小鉅刀乼
등의 물력을 마련할 것
(後)

守欌諸員이 쓸 隔間大沙板	1坐	(매좌 긴 송판 半立, 朴只 1寸 5分丁 42개)
中沙板	48坐	(긴 송판 半半立, 朴只 1寸丁 16개)
대나무 젓가락으로 쓸 小升	1개	
均字匠이 쓸 均字刀	30개,	자루로 쓸 2년생 나무 1개 반
塡空에 쓸 대나무 小升	1介	
中金乬執介 각	2개	
刻手匠이 쓸 刻刀	36개	
造字刀	6개	
小鉅	3개	
刀乷	1개,	中乷 2개, 小乷 1개

▶ 본청 … 鉄丂里板 朴只 수리하는 데 쓸 廣頭丁 60개

▶ 實入秩

松烟 8兩 … 松脂 8兩

鍮鐵 5兩, 鍮鑞 12근 8냥, 熟銅 4냥

▶ 造作用還秩

鉄丂里冊板	20立	
隔間沙板	35立	
小沙板	40立	移送 校書館
濕地板	2立	
刻刀	20介	
均字刀	20介	
去樸刀	3介	
小鉅	2介	

4) 乙丑 4월 25일 戶曹 〈移文秩〉

실록 인출 때 쓸 鐵丂里와 粉板이 메우 부족히므로 鐵丂里 10죄, 粉板 60립을 마련하여 올릴 것

5) 乙丑 5월 초1일 〈校正廳日結〉

▶ 본청의 刻手가 쓸 刻刀 11자루, 鐠子鐵 9개, 造字刀 1지루를 올릴 것(別工作)

▶ 印出匠이 쓸 먹치마 5건, 刻手가 쓸 牛皮 1疋을 급히 올릴 것(濟用監, 昌慶)

6) 乙丑 5월 초2일 〈校正廳甘結〉

▶ 인출할 때 字代로 쓸 白休紙 1근을 올릴 것

▶ 割付로 쓸 厚白紙 10권, 補字官 2인이 쓸 白休紙 1근, 黃筆 3자루, 眞墨 1丁을 올릴 것

▶ 인출할 때 補字官이 쓸 竹淸紙 2장을 올릴 것

7) 乙丑 5월 초3일 〈移文秩〉

이번 실록 인출 때 校正唱準 7인, 補字官 2인을 보태어 문서에 기록하고 급료를 마련할 것

8) 乙丑 5월 초4일 〈來關秩〉

실록 인출의 일이 대단히 어려워 均字匠 金鼎三은 한시도 자리를 비울 수 없으므로 轝士軍 명단에서 뺄 것

9) 乙丑 5월 초5일 〈校正廳甘結〉

인출할 때 刻手字代로 쓸 白休紙 1근을 올릴 것(戶曹, 司贍寺)

10) 乙丑 5월 초9일 〈校正廳甘結〉

인출할 때 補字官이 쓸 升淸紙 2장을 올릴 것(紙廛)

11) 乙丑 5월 15일 〈校正廳甘結〉

▶ 인출장이 쓸 黃蜜 1근, 刻手匠이 쓸 白休紙 1근, 守殲諸員이 쓸 沙板 7立을 올릴 것(司贍寺, 別工作, 義盈庫)

▶ 인출할 때 割付로 쓸 厚白紙 10권 등을 올릴 것(長興庫)

5. 조판 관련 기록

1) 機器 및 材料

(1) 鉄亐里册板

형태: 冊板鉄亐里

부속재료: 鐵圍里, 목, 테두리 고정용 못, 木亐里
　　　　廣頭丁, 小鍮丁(보수용 못)
주자소응행절목
印札板: 나무로 테두리와 行間을 표시한 판
좌우 마구리: 가래나무 小小条里 2尺 2寸식
冊板: 14부, 廣厚板, 全長 廣 3尺 5分식(別工作, 영조, 경자 6/13)

(2) 銅印札
형태: 熟銅印札, 印札鐵
수량: 熟銅 3斤 10兩

(3) 塡空休紙: 균자장이 塡空에 쓰는 灾傷休紙, 塡空竹·木
白休紙

(4) 字間朴只
기능: 空木
付接朴只: 1寸 5分, 못 5개식

(5) 沙板
井間이 표시되지 않은 판: 守藏諸員이 사용
주자를 담는 데 쓸 沙板 10좌(영조, 신축 3/14)
木沙板

(6) 刀: 均字刀(균자장), 雕字刀(각수)
　造字刀(각수장) 2개, 刻刀(각수장) 5개: 용도가 다를 것으로 추정됨
　去樣刀 2개(영조, 신축 3/14)

(7) 床: 均字匠, 刻手, 校正唱準用

(8) 正鐵, 鍮鐵, 豆錫, 含錫, 熟銅, 九未

2) 담당자 및 기술자

① 校正 관련

② 均字匠

③ 守藏諸員: 抄字記 白休紙, 대나무 젓가락, 小沙板을 필요로 함

④ 補字官: 臺字紙, 먹, 붓, 먹치마를 필요로 함

⑤ 刻字匠: 小鉅, 雕字刀, 黃楊木, 字臺白休紙를 필요로 함

⑥ 唱準

⑦ 小木匠

제4장 朝鮮時代 活字와 그 印本

조선시대

제1절 금속활자와 그 인본

1. 癸未字

1) 계미자 개요

이성계가 조선을 건국한 뒤 조선의 제3대 왕위에 오른 이방원(태종)은 1403년 유생들에게 서적을 보급할 목적으로 새로 鑄字所를 설치[1]하게 된다. 주자소를 설치한 태종은 신하들에게 금속활자 주조를 명하였다.[2] 이에 經筵廳에 소장된 古注『詩』·『書』·『左氏傳』을 字本[3]으로 하여 수십만 개의 크고 작은 銅活字를 주성하는데, 이 활자가 바로 조선시대 최초의 동활자로서 주성된 해의 간지를 붙여 '癸未字'라 한다.[4]

계미자는 1403년 2월 19일에 주조가 시작되어 수개월 만에 10여 만 자가 주조되었는데,[5] 계미자 주조에 참여한 인물을 보면 감독관으로 判司平府事 李稷·驪城君 閔無疾·知申事 朴錫命·右代言 李膺과 실무자로 軍資監 姜天霔·長興庫使 金莊侃·代言司 注書 柳

1 『太宗實錄』 卷5, 1403年(太宗 3) 2月 13日(庚申) 條: 新置鑄字所 上慮本國書籍鮮少 儒生不能博觀 命置所.

2 『太宗實錄』 卷5, 1403年(太宗 3) 2月 13日(庚申) 條: 多出內府銅鐵 又命大小臣僚自願出銅鐵 以支其用.

3 「鑄字跋」, 『陽村集』 卷22: 出經筵古注詩書左氏傳以爲字本.

4 成俔(1439~1504)의 『慵齋叢話』 기록에 의하여 1407년(丁亥)에 주조된 것으로 보고 그해의 간지를 붙여 '丁亥字'라고도 하는데, 일반적으로 '癸未字'로 지칭된다.

5 「鑄字跋」, 『陽村集』 卷22: 自其月十有九日而始鑄 數月之間 多至數十萬字.

荑·壽寧府 丞 金爲民·校書著作郎 朴允英 등이 있다.[6]

『世宗實錄』 기사에 계미자의 조판 및 인출 방법과 그 단점을 확인할 수 있는데 이를 살펴보면 다음과 같다.

> 知中樞院事 李蒧을 불러 의논하기를, "태종께서 처음으로 鑄字所를 설치하시고 큰 글자(癸未字)를 鑄造할 때에, 조정 신하들이 모두 만들기 어렵다고 하였으나, 왕이 억지로 강요하여 만들게 하고, 모든 책을 인쇄하여 중외에 널리 폈으니 또한 거룩한 것이다. 다만 草創期이므로 주조가 정밀하지 못하여 매번 인쇄할 때면, 반드시 銅板에 黃蠟을 끓여 붓고 植字한 다음, 固着되기를 기다렸다가 찍어 내는데, 밀랍의 특성상 두어 장 찍어 내면 글자가 치우치거나 삐뚤어져 고르게 바로잡아야 하므로 인쇄하는 자가 괴롭게 여겼다.[7]

라고 기록되어 있다. 이 기사를 볼 때 계미자를 이용한 인본의 인출은 동인판에 밀랍을 녹여 붓고 활자를 식자하여[8] 활자가 고착되기를 기다린 다음 인출을 하는데, 겨우 두어 장을 찍어 내면 활자가 밀리거나 삐뚤게 되어 인출장들이 힘들어하였음을 알 수 있다. 이는 물론 초기 금속활자 인쇄술의 단점으로, 이후 금속활자의 주조 및 인쇄술이 개량되어 계미자 다음으로 주조된 경자자로는 하루 이십여 장을 인출하였다는 기사가 『世宗實錄』에 기록[9]되어 있다.

계미자의 크기는 대자 1.4×1.7cm, 소자 1.0×0.8cm이며,[10] 소자의 幅은 큰 글자의 절반 정도이다. 한편 이 활자의 대자·소자 크기에 대하여 조병순은 1990년대 초에 대자·소자의 새로운 검토, 판식 분석, 『新刊類編歷擧三場文選對策』[11] 두 가지 판본에 대한

---

6 「鑄字跋」, 『陽村集』 卷22: 命判司平府事臣李稷 驪城君臣閔無疾 知申事臣朴錫命 右代言臣李膺等監之 軍資監臣姜天霔 長興庫使臣金莊侃 代言司注書臣柳荑 壽寧府丞臣金爲民 校書著作郎臣朴允英等掌之.

7 『世宗實錄』 卷65, 1434年(世宗 16) 7月 2日(丁丑) 條: 但因草創 制造未精 每當印書 必先以蠟布於板底 而後植字於其上 然蠟性本柔 植字未固 纔印數紙 字有遷動 多致偏倚 隨卽均正 印者病之.

8 활자 조판 시 半郭에 대자는 8행, 소자는 16행으로 조판되며 한 행에 대자는 17자, 소자는 19~20자가 植字된다.

9 『世宗實錄』 世宗 3年 辛丑(1421, 永樂 19) 3月 24日(丙戌) 條.

10 옥영정, 「직지와 금속활자의 아름다움: 조선전기 금속활자를 통하여 살펴본 선조의 미의식」, 『書誌學研究』 第28輯(2004), p. 141.

11 『新刊類編歷擧三場文選對策』 중 고려본으로 불리는 인본에 계미자 대자의 서체와 계열이 같고 다른 작은 소자와 구분되는 활자가 다른 계미자의 소자본에도 나타나므로 고려본 여부의 판단에는 신중을 기해야 된다.

비교를 통해 '고려의 書籍院活字가 癸未字를 주조하고 책을 인출할 때 舊字로 本文의 小字도 사용되었고 新字로 대치되었다'라는 의견을 개진하였다. 그러나 高麗 書籍院活字라는 견해와 대자·소자의 同時鑄造, 병행 사용에 대하여 일부에서는 부정적인 입장과 함께 신중론의 입장에서는 한 벌의 활자가 만들어져 책을 찍어 낼 때 대자·소자가 고루 갖추어지는 것이 필수적이란 점을 피력하였다. 이에 대해 조병순은 반드시 그렇지 않을 수도 있고 기존의 활자에 大字만을 새롭게 만들고 또 부족한 小字는 대자에 맞는 書體로 補完하였을 것으로 추정하였다.

2000년대 들어서 필자는 '조선왕실 주조 금속활자 복원사업(청주고인쇄박물관, 2007-2010)' 가운데 『조선전기 한국의 금속활자』에서 계미자 소자의 자면을 분석하여 서체, 책의 크기, 글자의 굵기 등을 기준으로 新字·舊字를 구분하였다. 또한 조판에 있어서 2종 이상이 혼합되었으며 인면의 다분히 작은 활자가 시간적으로 좀 더 먼저 구성되었을 가능성과 함께 상대적으로 자형이 큰 소자는 획이 가늘고 작은 자보다 宋朝體의 영향을 더 받은 것으로 보았다. 그러나 이 형태도 크기면에서는 글자마다 약간씩 다르므로 초기 활자의 형태를 반영한 것인지, 여러 활자가 섞인 것인지, 아니면 계미자의 字本이 되었을 『詩』, 『書』, 『左氏傳』의 小字 글자가 달랐던 것인지 알 수 없다.[12]

2) 계미자 주조 관련 기록

(1) 權近, 「鑄字跋」, 『陽村先生文集』 卷22

> 永樂 元年(1403) 봄 2월에 전하께서 좌우 신하에게 이르기를, "무릇 나라를 다스리고자 한다면 반드시 典籍을 널리 보아야 한다. 그런 뒤에야 모든 이치를 추구하고 마음을 바로잡아 修身·齊家·治國·平天下의 공효를 이루게 되는 것이다. 우리나라는 해외에 있어 중국의 서적이 드물게 전해지고, 板刻은 쉽게 훼손된다. 게다가 천하의 많은 서적을 다 간행하기 어렵다. 내가 銅活字를 만들어 서적을 얻는 대로 반드시 인출하여 널리 보급하고자 하니, 진실로 무궁한 이익이 될 것이다. 그러나 그 소요되는 비용을 백성에게 거두는 것은 마땅하지 않으니, 내가 종친·훈신들 중에 뜻이 있는 자

12 남권희, 「조선초기 金屬活字의 鑄造와 組版에 관한 연구: 癸未字·庚子字·丙辰字」, 『조선전기 한국의 금속활자』, 청주: 청주고인쇄박물관, 2009, pp. 66-67.

와 이를 같이하면 아마도 성취할 수 있을 것이다." 라고 하셨습니다. 이에 內帑의 돈을 다 내고, 判司平府事 臣 李稷·驪城君 臣 閔無疾·知申事 臣 朴錫命·右代言 臣 李膺 등에게 이를 감독하게 하시고, 軍資監臣 姜天霔·長興庫使臣 金莊侃·代言司注書臣 柳荑·壽寧府丞臣 金爲民·校書著作郎臣 朴允英 등에게 이를 관장하게 하셨습니다. 또 經筵에 소장된 古注本『詩』·『書』·『左氏傳』을 字本으로 삼게 하여, 그달 19일부터 주조하기 시작한 것이 수개월 사이에 수십만 자가 되었습니다. 삼가 생각건대, 우리 전하께서는 명철한 자질과 빛나는 덕으로 萬機를 다스리는 여가에 經史에 뜻을 두고 항상 게을리하지 않으시니, 나라 다스리는 근원을 깊이 하고 백성 가르치는 교화를 열며, 德敎를 넓혀 當世를 맑게 하고 후세에 전할 것을 생각하여 정성을 기울여서 이 글자를 주조하셨으니, 이것으로 여러 서적을 인출하면 萬卷에 이를 것이고, 萬代에 전할 수 있을 것입니다. 넓고 큰 규모와 깊고 먼 사려가 이와 같으시니, 王敎의 전승과 聖壽의 영원함도 이와 아울러 오랠수록 더욱 견고할 것입니다.

이해 11월 초하룻날에 머리 조아려 두 번 절하고 삼가 발문을 씁니다.[13]

(2)『太宗實錄』5卷, 1403年(太宗 3) 2月 13日 庚申 條

새로 '鑄字所'를 설치하였다. 임금이 우리나라에는 서적이 드물어 儒生들이 널리 볼 수 없는 것을 염려하여, 주자소를 설치하라 명하고 藝文館大提學 李稷·摠制 閔無疾·知申事 朴錫命·右代言 李膺으로 提調를 삼았다. 內府의 銅鐵을 많이 내놓고, 또 大小臣僚에게 自願해서 동철을 내어 그 비용을 대게 하였다.[14]

---

13 永樂元年春二月 殿下謂左右曰 凡欲爲治 必須博觀典籍 然後可以窮理正心 而致修齊治平之效也 吾東方在海外 中國之書罕至 板刻之本 易以剜缺 且難盡刊天下之書也 予欲範銅爲字 隨所得書 必就而印之 以廣其傳 誠爲無窮之利 然其供費 不宜斂民 予與親勳臣僚有志者共之 庶有成乎 於是悉出內帑 命判司平府事臣李稷 驪城君臣閔無疾 知申事臣朴錫命 右代言臣李膺等監之 軍資監臣姜天霔 長興庫使臣金莊侃 代言司注書臣柳荑 壽寧府丞臣金爲民 校書著作郎臣朴允英等掌之 又出經筵古注詩書左氏傳以爲字本 自其月十有九日而始鑄 數月之間 多至數十萬字 恭惟我殿下濬哲之資 文明之德 萬機之暇 留神經史 孜孜無倦 以濬出治之源 而闡修文之化 思廣德敎 以淑當時而傳後世 拳拳焉爲鑄是字 以印群書 可至於萬卷 可傳於萬世 規模宏大 思慮深長如此 王敎之傳 聖曆之永 固當並久而彌堅矣 是年後十一月初吉 拜手稽首敬跋

14 新置鑄字所 上慮本國書籍鮮少 儒生不能博觀 命置所 以藝文館大提學 李稷 摠制 閔無疾 知申事 朴錫命 右代言 李膺 爲提調 多出內府銅鐵 又命大小臣僚自願出銅鐵 以支其用

(3) 『世宗實錄』 65卷, 1434年(世宗 16) 7月 2日 丁丑 條

知中樞院事 李蕆을 불러 의논하기를, "태종께서 처음으로 주자소를 설치하시고 큰 글자를 鑄造할 때에, 조정 신하들이 모두 주조하기 어렵다고 하였으나, 태종께서는 억지로 우겨서 만들게 하고, 여러 책을 인쇄하여 중외에 널리 보급하였으니 또한 거룩한 것이 아닌가. 다만 초창기이므로 제조가 정밀하지 못하고 매번 인쇄를 할 때, 반드시 먼저 蜜蠟을 板面에 깔아 둔 뒤 그 위에 글자를 차례로 맞추어 꽂는다. 그러나 밀랍의 특성이 본디 柔軟하므로, 植字한 것이 固着되지 못하여, 겨우 두어 장을 인출하고 나면 글자가 옮겨지거나 한쪽으로 치우친 것이 많아 비뚤어져서 즉시 고르게 바로잡아야 하므로 인출하는 자가 힘들어하였다. 내가 이 폐단을 염려하여 일찍이 경에게 고쳐 만들기를 명하였더니, 경도 어렵게 여겼다. 내가 강요하자, 경이 지혜를 내어 板을 만들고 글자를 鑄造하니 모두 평평하고 똑바르며 견고하여 비록 밀을 쓰지 않고 많이 인출하여도 글자가 비뚤어지거나 치우치지 않으니, 내가 매우 가상하게 여겼다. 이제 대군들이 큰 글자로 改鑄하여 책을 인출하여 보자고 청하였다. 내가 생각하건대, 근래 北征으로 인하여 兵器를 많이 잃어서 銅鐵을 사용할 곳이 많고, 더구나 지금 工匠들이 각처에 흩어져 일을 하고 있으며, 일이 매우 번거롭고 많다. 그러나 이 일도 하지 않을 수 없다."라 하고, 이에 이천에게 명하여 그 일을 감독하게 하고, 集賢殿直提學 金墩·直殿 金鑌·護軍 蔣英實·僉知司譯院事 李世衡·舍人 鄭陟·注簿 李純之 등에게 일을 맡기고, 經筵 소장 『孝順事實』·『爲善陰騭』·『論語』 등의 책을 字本으로 삼고, 부족한 것은 晋陽大君 瑈(世祖)에게 명하여 쓰도록 하였다. 鑄字 20여 만 자를 만드니 이것으로 하루에 인출한 양이 40여 장(紙)인데, 字體가 깨끗하고 바르며, 일하기의 쉬움이 예전에 비하여 갑절이나 되었다.[15]

15 召知中樞院事 李蕆 議曰 太宗 肇造鑄字所 鑄大字時 廷臣皆曰 '難成 太宗 强令鑄之 以印群書 廣布中外 不亦[偉]歟 但因草創 制造未精 每當印書 必先以蠟布於板底 而後植字於其上 然蠟性本柔 植字未固 纔印數紙 字有遷動 多致偏倚 隨卽均正 印者病之 予念此弊 曾命卿改造 卿亦以爲難 予强之 卿乃運智 造板鑄字 竝皆平正牢固 不待用蠟 印出雖多 字不偏倚 予甚嘉之 今者大君等 請改鑄大字印書以觀 予念近因北征 頗失兵器 銅鐵所用亦多 矧今工匠分役各處 務甚繁夥 然此亦不可不爲也 乃命 蕆 監其事 集賢殿直提學 金墩 直殿 金鑌 護軍 蔣英實 僉知司譯院事 李世衡 舍人 鄭陟 注簿 李純之 等掌之 出經筵所藏 孝順事實 爲善陰騭 論語 等書爲字本 其所不足 命 晋陽大君 瑈 書之 鑄至二十有餘萬字 一日所印 可至四十餘紙 字體之明正 功課之易就 比舊爲倍

(4)『新增東國輿地勝覽』 2권 비고편 –「東國輿地備攷」 제1권, 京都

鑄字所는 宣仁門 안에 있다. 태종 3년(1403)에 비로소 주자소를 두어 古註本『詩』와『左氏傳』을 자본으로 삼아 수십만 자를 주조하고, 丁亥字(1407)라 하였다. 權近이 跋文을 지었다.

(5)『慵齋叢話』 卷7(1525)

태종께서 永樂 元年(1403)에 좌우 신하에게 이르기를, "무릇 다스리고자 한다면 반드시 典籍을 널리 보아야 한다. 우리나라는 해외에 있어 중국의 서적이 드물게 전해지고, 板刻은 쉽게 훼손된다. 게다가 천하의 많은 서적을 다 간행하기 어렵다. 내가 銅活字를 만들어 서적을 얻는 대로 반드시 인출하여 널리 보급하고자 하니, 진실로 무궁한 이익이 될 것이다."라 하고, 古注本『詩』·『書』·『左氏傳』을 字本으로 삼아 鑄造하시니 이것이 글자를 주조하게 된 연유다. 이를 丁亥字라 한다.[16]

3) 계미자 인본 리스트

(1) 활자본

표 4-1 계미자 인본 리스트

서명	권차	수량	간행 연도	소장처	행자 수	비고
①『陶隱先生詩集』	卷1	1冊	太宗 6년(1406) 10月	성암고서박물관		大·小字本
	卷3	1冊	太宗 6년(1406) 10月	故 김완섭		小字本
②『十七史纂古今通要』	卷11·12	2冊		故 大塚鐙	8行 17字	大·小字本
	卷16	1冊	太宗 12년(1412) 7月	서울대 규장각		大·小字本 국보 제148호
	卷17	1冊	太宗 12년(1412) 7月	국립중앙도서관		大·小字本
	卷17	1張	太宗 12년(1412) 7月	청주고인쇄박물관		大·小字本
③『東萊先生校正北史詳節』	卷4·5	1冊	太宗朝(1401～1418)	간송미술관		大字本 국보 제149-1호
	卷6	1冊	太宗朝(1401～1418)	성암고서박물관	8行 17字	大字本 국보 제149-2호
	卷6	1張	太宗朝(1401～1418)	영남대	8行 17字	大字本

16 太宗於永樂元年 謂左右曰 凡爲治 必須博觀典籍 吾東方在海外 中國之書罕至 板刻易以刓缺 且難盡刻天下之書 予欲範銅爲字隨所得而印之 以廣其傳 誠爲無窮之利 遂用古註詩書左氏傳字鑄之 此鑄字所由設也 名曰丁亥字

④『纂圖互註周禮』	卷1·2	1冊		일본국회도서관		大·小字本
⑤『宋朝表牋總類』	卷6~11	1冊	太宗朝(1401~1418)	호암미술관		大·小字本
	卷7	1冊	太宗朝(1401~1418)	서울대 규장각	8行 21字	大·小字本 국보 제150호
	卷1·2	1冊	太宗朝(1401~1418)	청주고인쇄박물관	8行 21字	大·小字本
⑥『新刊類編歷擧三場文選對策』	卷5·6	1冊		성암고서박물관	11行 19字	小字本
	卷7·8	1冊		개인 소장		小字本
⑦『地理全書洞林照膽經』	卷上·下	1冊		성암고서박물관		小字本
⑧『四時纂要』	卷1~5	1冊		개인 소장		小字本
⑨『通鑑續編』序文	序文	4張		개인 소장		大字本 국보 제283호
⑩『少微家塾點校附音通鑑節要』序文	序文	2張	世宗朝	범우사	8行 字數 不定	大字本

①『陶隱先生詩集』

李崇仁(1347~1392)의 詩文集으로, 癸未字 小字를 사용하여 인출한 책이다. 이 책은 1406년(太宗 6) 太宗이 李崇仁에게 '文忠'이라는 시호를 내리면서 卞季良에게 編次하게 하고 權近이 서문을 지어 印行한 것이다. 明 周卓, 鄭道傳, 權近의 서문과 李穡, 明 張溥, 明 高巽志가 쓴 跋文이 수록되어 있고 본문은 詩集 3권, 文集 2권으로 구성되어 있다.

형태적 특징을 살펴보면 邊欄은 上下單邊·左右雙邊으로 네 모서리가 모두 붙어 있으며 上下邊欄과 界線 그리고 魚尾와 界線 또한 모두 붙어 있다. 行字 數는 11行 18~19字이고 魚尾는 上下內向黑魚尾이다. 계미자로 찍은 유일한 개인의 시문집이며 계미자 小字로 찍은 것이 특징이다.

②『十七史纂古今通要』

元 胡庭芳이 중국 三皇五帝부터 五代까지의 17正史를 간추려 엮은 책으로, 癸未字를 사용하여 1412년(太宗 12)에 인출한 것으로 추정된다. 모두 17권으로 三皇五帝의 上古史, 西·東周의 興亡盛衰, 春秋戰國 列國史, 秦國 通史 등의 내용을 수록해 놓았다.

太宗 12年(1412) 7月 壬辰 條 기사를 보면, 요동사람 申得財가 華紙를 만들어 바쳐 그

것을 주자소로 보내『十七史』를 인쇄하였다는 기록[17]이 있는데, 이때 인쇄된 책이 바로『十七史纂古今通要』일 것으로 추정된다. 이 중 국립중앙도서관 소장본의 형태적 특징을 살펴보면 邊欄은 上下單邊·左右雙邊이고 半郭의 크기는 세로 23.2cm, 가로 14.6cm이며 行字 數는 8行 17字이다. 어미의 모양은 上下下向黑魚尾이고 版心題는 '通要'이다.

③『東萊先生校正北史詳節』

南宋의 유학자 呂祖謙(1137~1181)이『史記』에서 五代史까지 중국 17개 正史를 축약하여 편찬한 책이다. 성암고서박물관 소장본의 형태적 특징을 살펴보면 邊欄은 上下單邊·左右雙邊이고 半郭의 크기는 세로 29.8cm, 가로 19.0cm이며 行字 數는 10行 16字이다. 어미의 형태는 上下下向黑魚尾이고 版心題는 '北史'이다.

④『纂圖互註周禮』

周公의『周禮』에 註를 달고 그림을 삽입하여 편찬한 책으로, 日本國會圖書館에 癸未字本 卷1~2 零本 1책이 소장되어 있다. 이 책에는 鄭玄의 註와 陸德明의 音義가 붙어 있는데 그 형태사항을 살펴보면, 邊欄은 上下單邊·左右雙邊이고 半郭의 크기는 세로 23.3cm, 가로 14.2cm이며 行字 數는 8行 17字이다. 어미의 모양은 上下下向黑魚尾이고 어미와 계선이 붙어 있다.

⑤『宋朝表牋總類』

宋나라 황제와 황후에게 올렸던 각종 表·牋文들을 類別로 분류하여 참고·사용하기 편리하도록 정리하여 편찬한 책이다. 청주고인쇄박물관 소장본의 형태적 특징을 살펴보면, 邊欄은 上下單邊·左右雙邊이고 半郭의 크기는 세로 23.2cm, 가로 14.3cm이며 行字 數는 大字 8行 17字, 小字 雙行 22字이다. 어미의 모양은 上下下向黑魚尾이고 版心題는 '宋表'이다. 이음종이가 많이 사용되었고 표지가 改裝되었다.

---

17 『太宗實錄』卷24, 太宗 12年 7月 9日 壬辰 條, "賜申得財 米及緜布 得財遼人也 造華紙以進 下鑄字所印十七史 賜 得財米五石綿布三匹 令紙工傳習."

⑥『新刊類編歷擧三場文選對策』

元代에 실시한 江浙鄕試, 江西鄕試 등의 鄕試와 中書堂 會試에서 뽑은 모범 답안을 對策·經疑·古賦로 분류하여 편찬한 것이다. 처음『歷擧三場文選』을 元代 順帝 연간의 인물로 추정되는 劉霖 등이 편찬하였고 그 후에 劉貞(字, 仁初)이 이를 주제별로 분류하여 다시 엮은 것이다.

對策類만을 수록하고 있는 성암고서박물관 소장의 계미자본 零本 1책(권5~6)은 앞뒤로 각 1장이 떨어져 나갔다. 형태적 특징으로 邊欄은 上下單邊·左右雙邊, 行字 數는 小字 11行 18~20字이며 版心은 細黑口 上下內向黑魚尾이다. 다른 癸未字本에서 나타나는 것과 같이 四周邊欄의 네 모서리, 上下邊欄과 界線, 魚尾와 界線이 모두 붙어 있다.

⑦『地理全書洞林照膽經』

풍수지리에 관한 기본 서적으로, 중국 五代時代의 范越鳳이 편찬한 것이다. 고려시대 宋 太祖(960~975)로부터 사본을 입수하여 목판으로 간행한 이후 조선조에서도 과거시험을 위한 참고 서적으로 많이 사용되었다.

이 책은 癸未字 小字로 찍혀졌고 卷上下 1冊으로 구성되어 있다. 형태적 특징을 살펴 보면, 邊欄은 上下單邊·左右雙邊이고 半郭의 크기는 세로 19.8cm, 가로 12.3cm이며 行字數는 小字 11行 17~20字로 일정하지 않다. 版心은 上下細黑口 上下內向黑魚尾이고 인면의 훼손이 심한 상태이다. 현재 성암고서박물관에 소장되어 있다.

⑧『四時纂要』

- ○ 表題: 無
- ○ 卷首題: 四時纂要春令 卷下第2, 四時纂要夏令 卷第3, 四時纂要秋令 卷第4, 四時纂要冬令 卷第5
- ○ 卷末題: 四時纂要春令 卷上第1終, 四時纂要春令 卷下第2終, 四時纂要夏令 卷第3終, 四時纂要秋令 卷第4終
- ○ 版心題: 要
- ○ 저자 사항: 韓鄂(唐)
- ○ 판 사항: 金屬活字本(癸未字 小字)
- ○ 간행 사항: [鑄字所 ; 1403~1420年]

○ 형태 사항: 1冊. 上下單邊左右雙邊, 半郭 19.7×12.3cm, 有界, 11行 19字, 註雙行, 細黑口 上下內向黑魚尾(間混有紋魚尾) ; 26.8×15.9cm. 假綴

○ 張數: 77張(권수, 권말 일부 낙장)

○ 세로 발끈 폭: 2.3~2.5cm

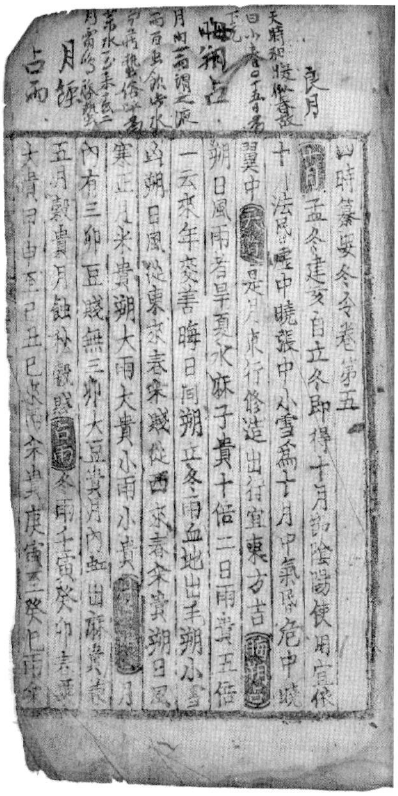

그림 4-1 『四時纂要』 卷5, 卷首題

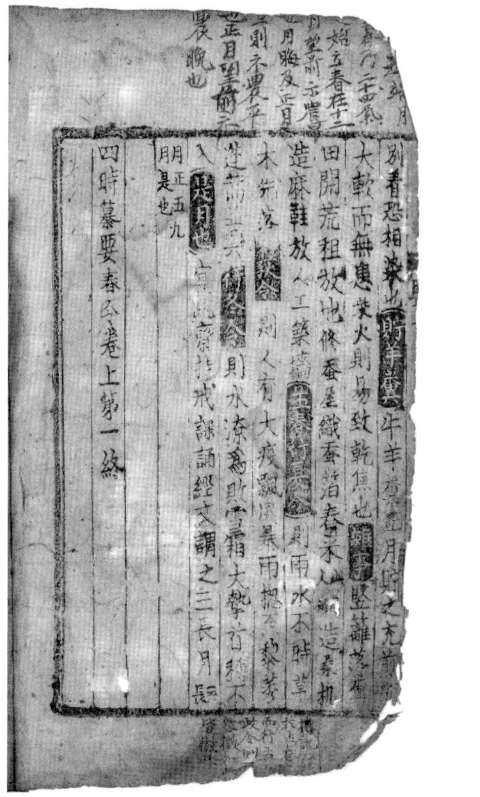

그림 4-2 『四時纂要』 卷1, 卷末題

㉠ 개요 및 형태

『四時纂要』는 조선 초기 鑄字所에서 太宗의 명에 의하여, 조선시대 처음으로 鑄造된 癸未字(1403~1420)를 이용하여 인출 및 간행된 農書이다. 이제까지 동북아 삼국에서 알려진 『사시찬요』의 판본 가운데 가장 이른 시기의 간행본이며 본문의 내용은 月令式 農家雜錄이 수록되어 있고, 주제별로 보면 '농업', '농·부산품 가공', '의약 위생', '기구 수리 보관', '상업 경영' 등의 내용으로 분류할 수 있다.

『사시찬요』는 중국 당나라 韓鄂이 편찬하였으나, 중국에는 간행본이 전하지 않으며 일본에는 1590년 조선의 慶尙左兵營(현재 울산)에서 간행된 木板本이 1960년에 발견되어 전하고 있다. 최근 한국에는 17세기경 필사본도 전하고 있다.

계미자 소자본 『사시찬요』는 이제까지 전혀 알려지지 않은 것으로, 그 형태적 특징을 보면 裝幀 형태는 표지가 떨어져 나가 假綴된 상태이고 1책 77장으로 구성되어 있지만, 권1의 권말 3장만 남아 있고 권5의 권말 일부가 낙장되어 정확한 장수는 알 수 없다. 卷首題와 卷末題는 '四時纂要'이고, 邊欄은 上下單邊 左右雙邊이며, 半郭의 크기는 세로가 19.7cm, 가로가 12.3cm이다. 본문에 界線이 있고 行字 數는 11행 19자에 註는 特小字 및 特特小字가 雙行으로 되어 있다. 版心部에는 細黑口와 上下內向黑魚尾가 나타나고 版心題는 略稱인 '要'로 기록되어 있다. 또한 글자의 조판 및 배열 중 활자가 거꾸로 植字되거나 크기가 다른 활자를 같이 섞어 조판한 경우도 확인된다. 한편 계미자 소자본인 『사시찬요』는 이미 발견된 『新刊類編歷擧三場文選對策』과 동일한 조판틀을 사용한 특징이 나타난다.

또한 글자의 조판, 배열 중 활자가 거꾸로 植字되거나 크기가 다른 활자를 같이 섞어 조판한 것, 版式이 계미자 소자본인 『신간유편역거삼장문선대책』과 같고, 활자 가운데 송 태조의 성명인 '趙匡胤' 중 '匡' 자의 마지막 1획이 결획(匡)된 것 등도 『신간유편역거삼장문선대책』과 같은 양상으로 확인된다. 아울러 16세기 말 간행된 목판본과 17세기경의 필사본과 판본을 대소하면 글자 및 문장의 도치, 항목 간 이동과 추가, 삭제, 오류 등이 나타나 조선시대 간행 및 유통된 『사시찬요』의 계열을 파악할 수 있다. 그리고 내용면에서는 농업과 관련되어 세종조에 간행된 『農事直說』과 함께 중국과 조선 초기의 농업사를 연구할 수 있는 중요한 자료가 된다.

㉡ 저자와 성립 시기

『사시찬요』의 저자는 한악으로 唐末五代 시기의 인물이지만 그의 관향이나 생애는 알려진 것이 없다. 그의 저술로 『사시찬요』 외에 풍속 및 세시와 관련하여 四時·十二月·節序로 나누어 사실을 수록한 『歲華紀麗』가 있다.

『사시찬요』의 성립을 확인할 수 있는 문헌기록이 한정되어 있어 정확한 성립 시기를 알 수 없다. 그러나 1590년에 경상좌병영에서 간행된 목판본 『사시찬요』의 底本이 된 발문에 따르면 996년(宋, 至道 2)에 杭州 潘家에서 刻手 施元吉이 판각한 사실을 확인할 수 있다. 이 외에 중국에서 1020년(天禧 4) 『제민요술』·『산거요술』·『농상집요』·『범승서』 등을 바탕으로 『사시찬요』가 간행이 되었고, 紹興年間(1131~1162)에 重刻하여 민간에 유포하기도 하였다. 이러한 사실로 볼 때, 『사시찬요』는 8세기 말에 편찬되어 이후 여러 곳에서 간행·유포되었던 것으로 추정할 수 있다.

㉢ 판본 및 구성

이제까지 알려진 『사시찬요』의 판본으로 중국에는 전존본이 없고, 일본에는 1590년에 경상좌병영에서 간행된 목판본이 발견되어 1961년에 影印되었다. 경상좌병영에서 간행된 목판본은 1577년 柳希潛이 朔州에서 구하여 朴宣에게 간행을 부탁하여 간행이 이루어진 것이다. 한편 한국에는 계미자 소자본과 17세기경에 필사된 필사본이 전하고 있는데, 일본의 경상좌병영 목판본과 17세기경의 필사본 그리고 계미자 소자본은 저본의 차이로 내용에 있어서 일부 차이가 난다.

계미자 소자본 『사시찬요』는 5권 1책으로 봄·여름·가을·겨울 각 계절별로 정월부터 12월까지 차례로 기술하고 있다. 각 달은 占卜, 時令, 禁忌, 農事, 養畜, 加工, 雜事 등으로 구성되어 있다. 내용은 농가잡록이 월령식으로 수록되었으며, '농업', '농·부산품 가공', '의약 위생', '기구 수리 보관', '상업 경영' 등의 주제로 분류할 수 있다.

⑨ 『通鑑續編』 序文

중국 고대의 盤古氏에서부터 祥興 2年(1279)까지의 사적을 기록한 것으로, 陳桱(元末~明初)이 편찬하였다. 24卷 6冊의 庚子字本으로 序, 目錄, 書例는 癸未字 大字로 찍은 것이다. 卷頭에 周伯琦, 陳基, 叢桂堂, 姜浙, 陳桱의 序文이 있고 卷末에는 世宗 4年(1422) 卞季良이 쓴 鑄字跋이 수록되어 있다. 序文 등 癸未字 大字로 찍힌 인면의 형태적 특징을 살펴보면 邊欄은 四周雙邊이고 行字 數는 8行 17字이다. 版心은 細黑口 上下內向黑魚尾이다.

⑩ 『少微家塾點校附音通鑑節要』 序文

중국 송나라 江贄가 司馬光이 지은 『資治通鑑』을 간추려 엮은 역사서로, 총 50권 15책으로 구성되어 있다. 이 책의 본문은 경자자로 찍혔고 序文만 癸未字 大字로 인출되었다. 계미자 인면의 경우 邊欄은 四周雙邊이고 行字 數는 8行 17字이다.

(2) 번각본

표 4-2 계미자를 번각한 인본 리스트

서명	권차	수량	간행 연도	반곽(cm)	소장처	행자 수	비고
① 禮記淺見錄	卷1~26		肅宗 31年(1705) 飜刻		영남대 도서관	8行 17字	
	卷10~13 卷24~26	2冊	太宗 18年(1418)	23.0×14.6 (卷10)	학봉 김성일 종손가	8行 17字	보물 제905-1호
② 音註全文春秋括例始末左傳句讀直解	卷1~70				두산동아	8行 17字	
	卷1~61 卷66~69	21冊	明宗 年間(1545~1567)	21.7×14.5	국회 도서관	8行 17字	
	卷4~6 卷37~49	5冊	端宗 2年(1454)	22.5×15.3 (卷4)	학봉 김성일 종손가	8行 17字	보물 제905-50호
	零本	1張			영남대 도서관		

① 『禮記淺見錄』

중국 元 陳澔의 『禮記集說』을 바탕으로 權近이 자기의 견해를 덧붙여 편찬한 책이다. 太宗 7年(1407) 經筵에서 이 책을 進講하였고 太宗은 校書館으로 하여금 鑄字로 印頒케 하였으며 太宗 18年(1418)에는 濟州牧에서 이것을 飜刻하였다. 그 후 肅宗 31年(1705) 濟州牧使 宋廷奎가 癸未字本을 다시 飜刻하였다.

형태 사항을 살펴보면, 邊欄은 四周單邊이고 半郭의 크기는 세로 22.5cm, 가로 14.4cm이며 行字 數는 8行 17字이다. 어미의 모양은 上下內向黑魚尾, 2葉花紋魚尾, 有紋魚尾 등 다양하며 版心題는 '禮淺'이다.

② 『音註全文春秋括例始末左傳句讀直解』

중국 송나라 林堯叟가 『春秋』와 『左氏傳』의 어려운 어구를 音註하고 全文을 풀이한 책이다. 漢武帝 시기를 전후하여 중국에서 크게 유행하였으며 그것이 우리나라에 전래되어 癸未字로 인출되었고 飜刻本이 간행되었다.

형태적 특징을 살펴보면, 邊欄은 上下單邊·左右雙邊이고 半郭의 크기는 세로 21.7cm, 가로 14.5cm이며 행자 수는 大字 8行 17字이다. 어미의 모양은 上下下向黑魚尾이다.

4) 계미자 인본 이미지

(1) 계미자본

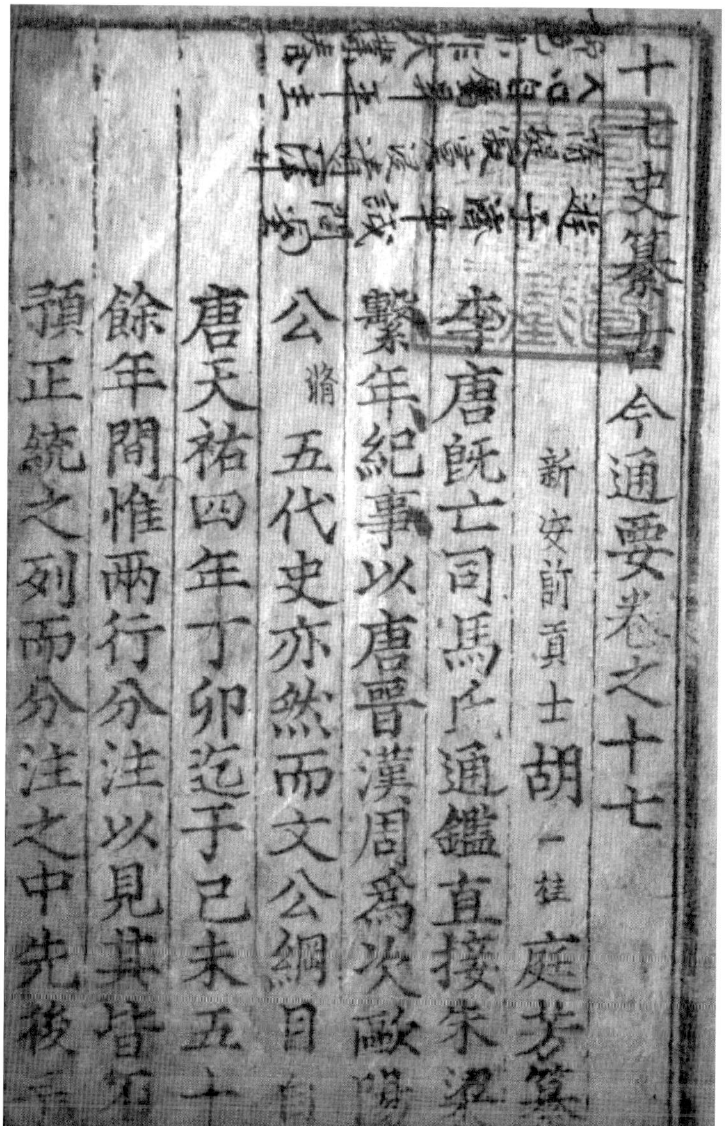
十七史纂古今通要卷之十七
新安前貢士胡一桂庭芳纂
唐既亡司馬氏通鑑直接朱梁
繫年紀事以唐晉漢周爲次歐陽
公脩五代史亦然而文公綱目自
唐天祐四年丁卯迄于己未五十
餘年間惟兩行分注以見其皆[illegible]
預正統之列而分注之中先後[illegible]

그림 4-3 『十七史纂古今通要』 卷17[18]

18 국립중앙도서관 소장본.

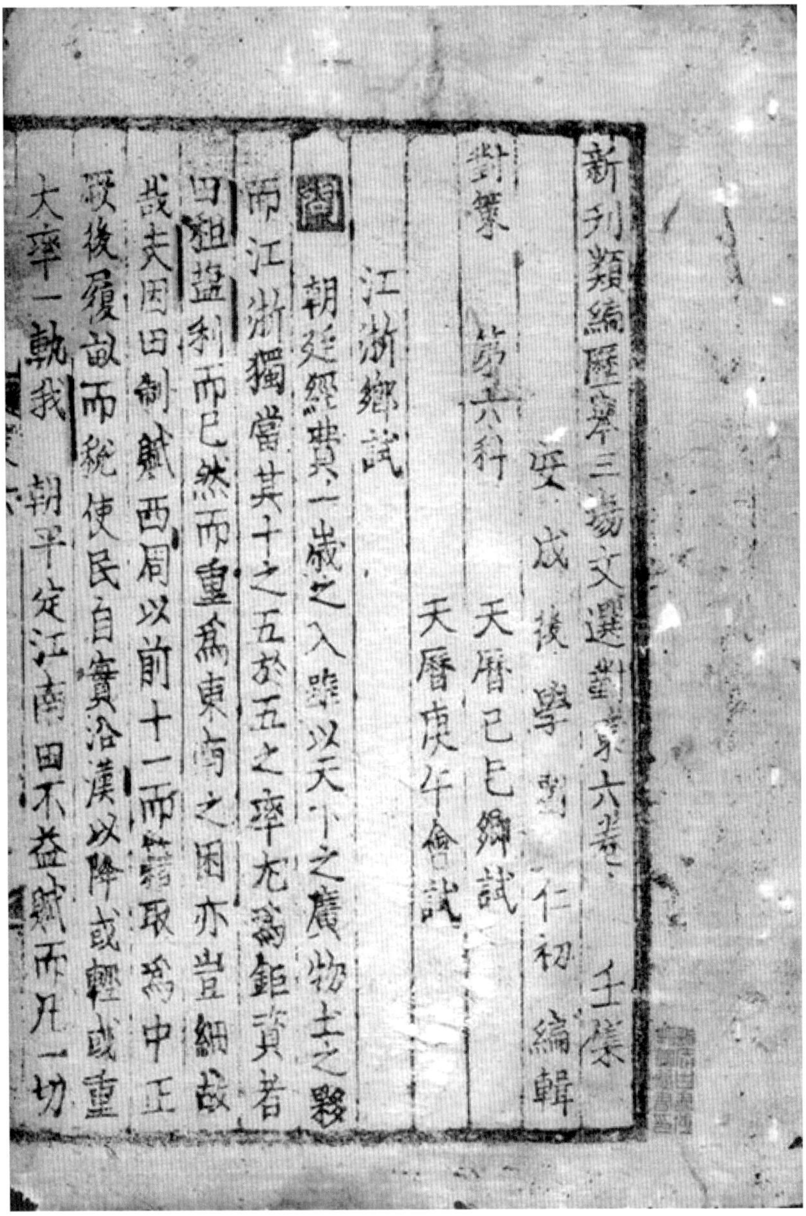
新刊類編歷擧三場文選對策六卷　壬集
安成後學劉仁初編輯
對策　第六科　天曆己巳鄉試
天曆庚午會試
江浙鄉試
問　朝廷經費一歲之入雖以天下之廣物土之殷
而江浙獨當其十之五於五之率尤爲鉅資者
四独鹽利而已然而重爲東南之困亦豈細故
哉夫因田制賦西周以前十一而籍取爲中正
歿後履畝而税使民自實沿漢以降或輕或重
太平一軌我　朝平定江南田不益賦而凡一切

그림 4-4 『新刊類編歷擧三場文選對策』 卷6[19]

19 구 성암고서박물관 소장본.

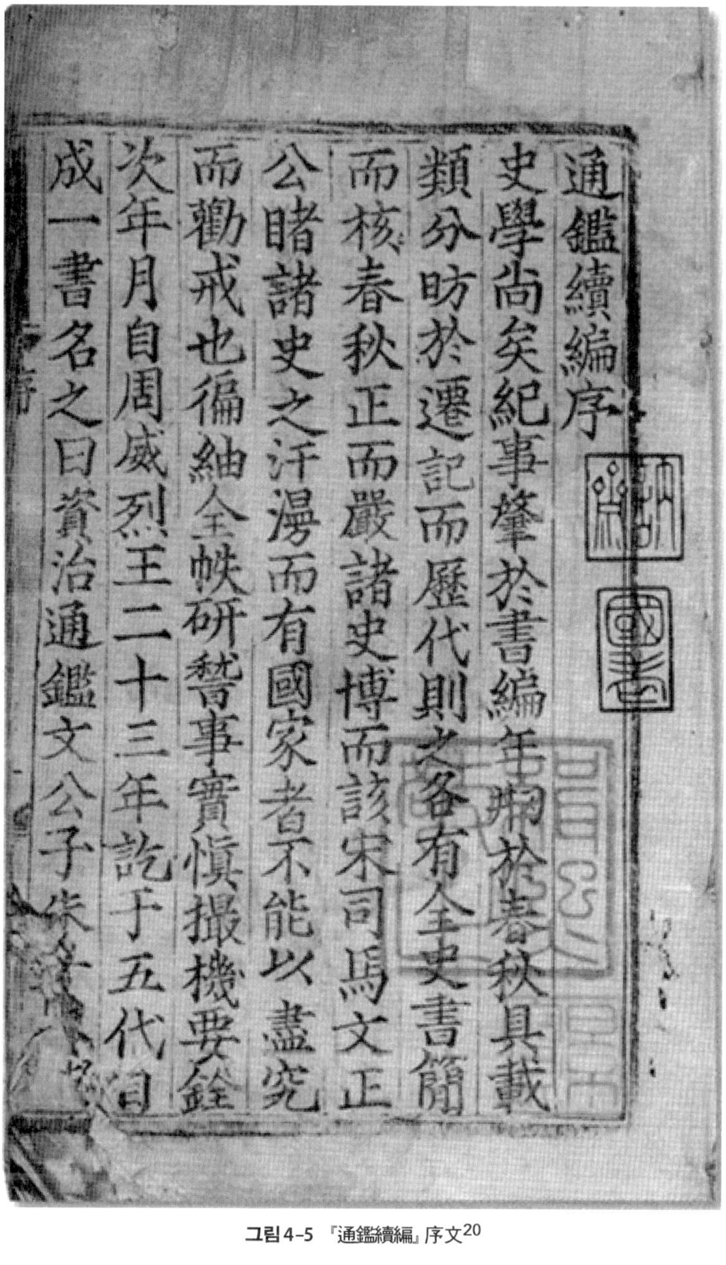
通鑑續編序
史學尙矣紀事肇於書編年昉於春秋具載
類分昉於遷記而歷代則之各有全史書簡
而核春秋正而嚴諸史博而該宋司馬文正
公睹諸史之汗漫而有國家者不能以盡究
而勸戒也徧紬全帙研覈事實愼撮機要銓
次年月自周威烈王二十三年訖于五代
成一書名之曰資治通鑑文公子朱

그림 4-5 『通鑑續編』 序文[20]

20 개인 소장본.

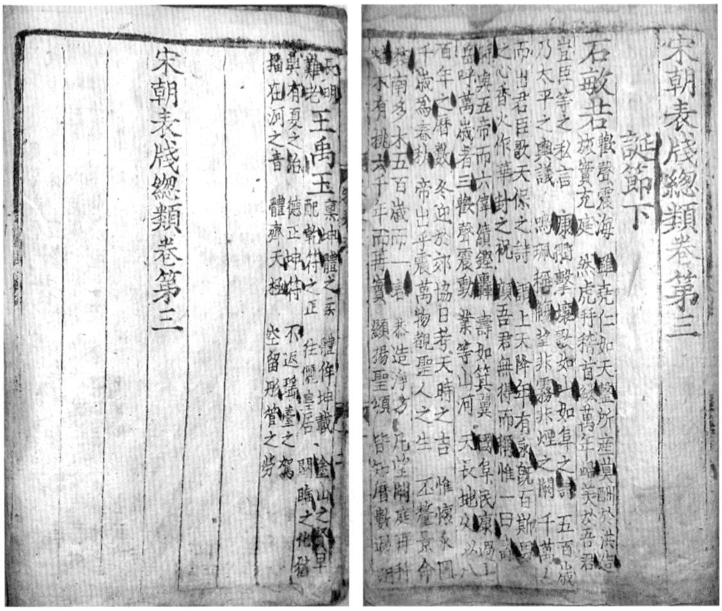

그림 4-6 『宋朝表牋總類』 卷3, 卷首·卷末[21]

(2) 인면 분석[22]

① 『十七史纂古今通要』 卷17에 사용된 판형

A	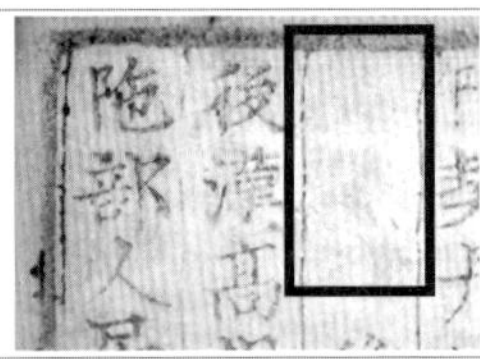	銅版 鑄造 후 銅印札을 연마할 때 그것이 늘어나는 현상	
B	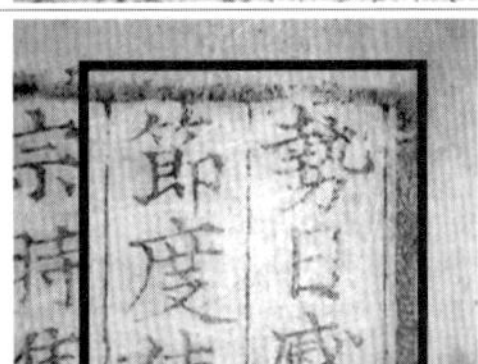	C	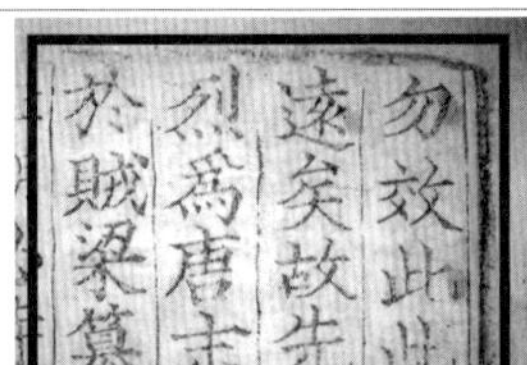
D		E	
동인찰의 시작 부분이 휘거나 끊어짐			

21 개인 소장본.

22 사용된 이미지는 남권희, 「조선초기 金屬活字의 鑄造와 組版에 관한 연구: 癸未字·庚子字·丙辰字」, 『조선전기 한국의 금속활자』, 청주: 청주고인쇄박물관, 2009, pp. 80-87에서 발췌하여 재편집한 것이다.

② 『宋朝表牋總類』의 卷首題 및 卷末題 사용이 다르게 나타나고 있다.

元版本에 가끔 권수제와 권말제의 서명이 서로 다르게 표기되는데, 『宋朝表牋總類』의 경우 중국본이 전하지 않아 원본의 서명을 확인할 수가 없다. 따라서 원본이 그러한지 아니면 조판할 때의 실수로 빠지거나 誤植된 것인지 확실히 알 수 없다.

권말	권수	권말	권수	권말	권수	권말	권수	권말	권수

③ 『宋朝表牋總類』 권1, 2의 인면에 활자가 서로 겹치거나 획이 물리어 맞닿은 부분이 많이 발견된다.

卷1-1B	卷1-4B	卷1-9B	卷1-10B	卷2-2A

④『宋朝表牋總類』卷1, 2의 小字 字面에서 글자의 크기와 서체가 다른 활자가 섞여 있다.

권2-2A

권2-1B

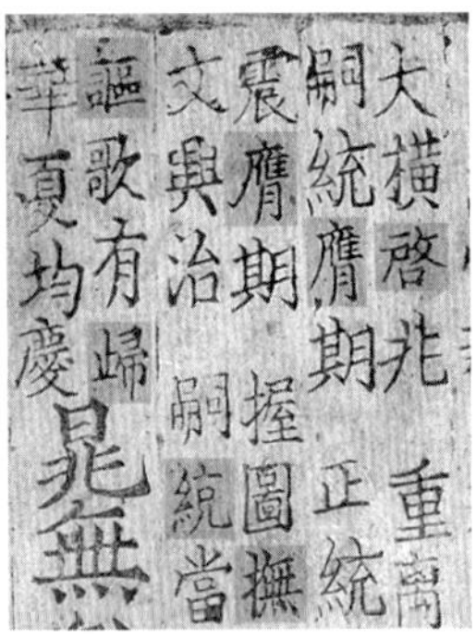

권2-1A

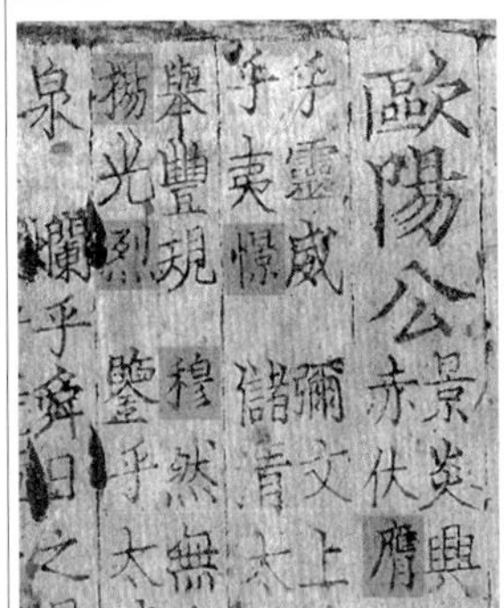

권1-1A

⑤ 자형을 따라서 활자의 테두리가 찍힌 곳이 나타나는데, 이를 통해 계미자 활자의 字面 모습은 정방형이 아니었음을 추정할 수 있다.

권2, 4A-8-a8

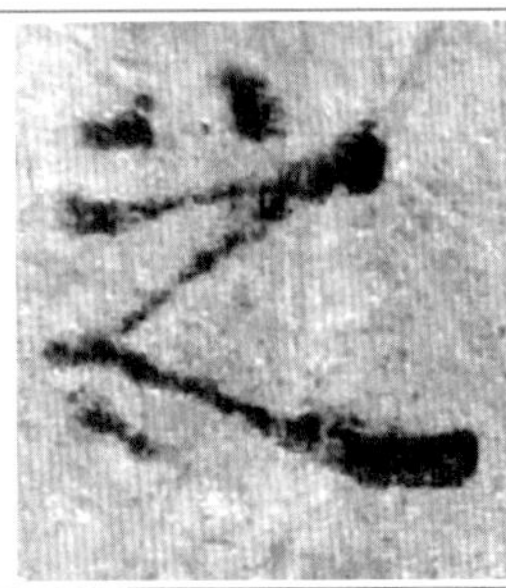

권2, 4A-7-a6

『宋朝表牋總類』卷1~2의 字面 테두리

⑥『宋朝表牋總類』卷1, 2를 인쇄하는 데 사용된 닥종이의 발끈 폭과 발촉을 측정한 결과 발끈의 폭은 4.8~5.7cm이고 3cm 내 발촉의 수는 9촉으로 나타났다. 이러한 수치는 고려 말 조선 초기의 종이에서 많이 보인다.

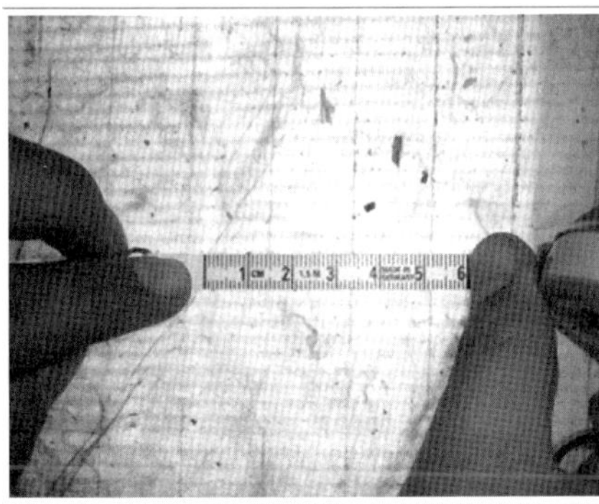

발끈 폭: 4.8~5.7cm

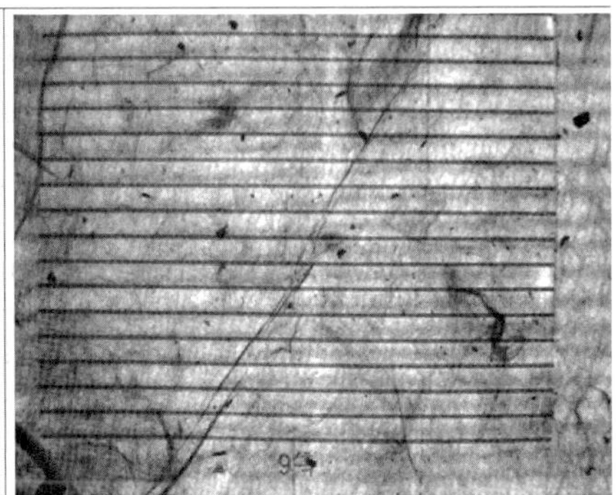

3cm 내 발촉 수: 9촉

⑦ 금속활자본의 특징은 활자의 표면장력으로 인해 먹이 고루 묻지 않고, 그 결과 紙面에 흡착될 때 반점이 생기고 농담의 차이가 뚜렷하게 나타난다는 것이다. 다음은 Industrial Megascope System을 통해 인면을 ×60 배율로 확대해 본 것으로, 금속활자본 인면의 특징을 확인할 수 있다.

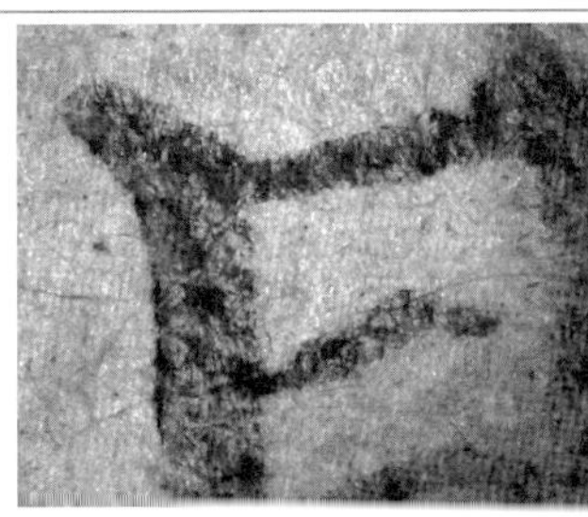

大字

小字

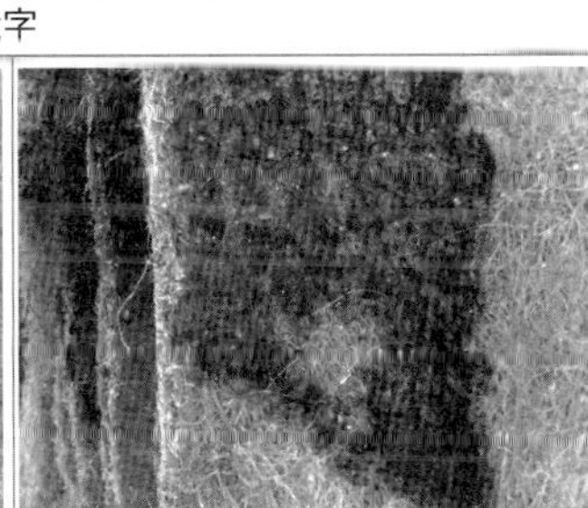

魚尾

(3) 계미자 번각본

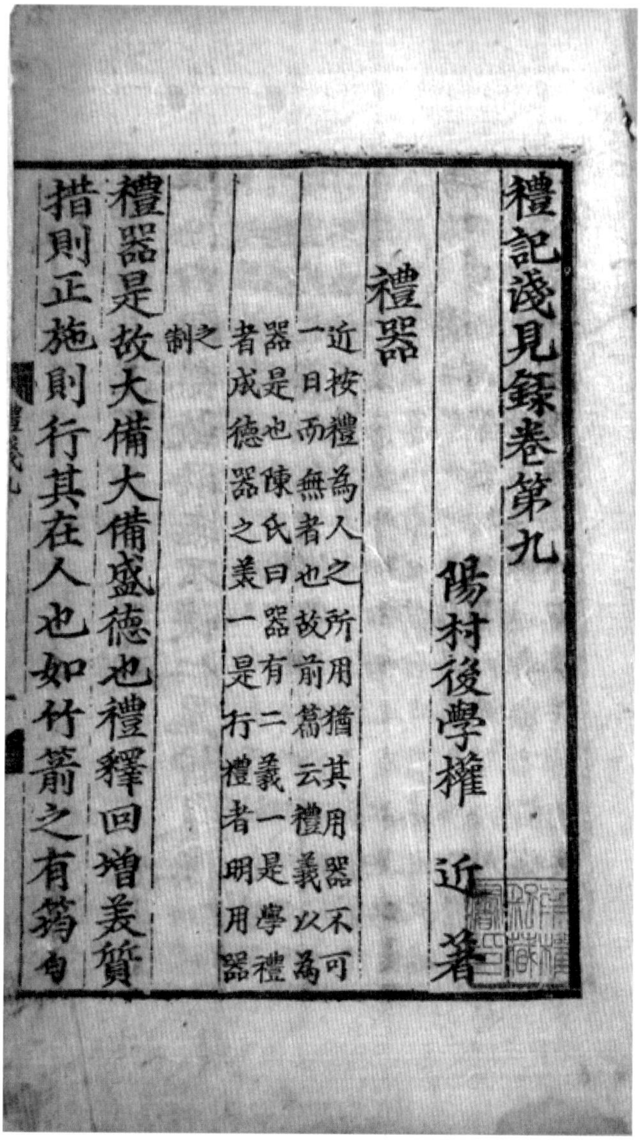

禮記淺見錄卷第九

陽村後學權近著

禮器

近按禮爲人之所用猶其用器不可一日而無者也故前篇云禮義以爲器是也陳氏曰器有二義一是學禮者成德器之美一是行禮者明用器之制

禮器是故大備大備盛德也禮釋回增美質措則正施則行其在人也如竹箭之有筠也

그림 4-7 『禮記淺見錄』 卷9[23]

23 개인 소장본.

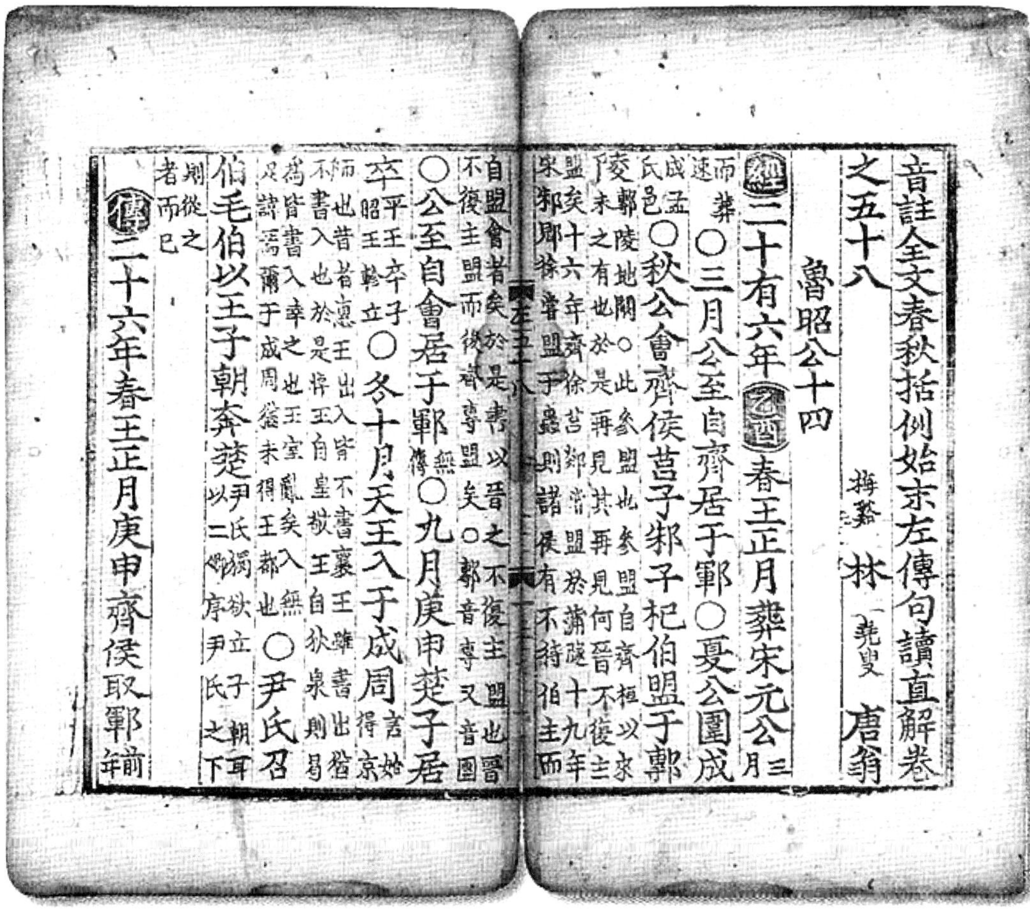

그림 4-8 『音註全文春秋括例始末左傳句讀直解』 卷58[24]

24 개인 소장본.

2. 庚子字

1) 경자자 개요

경자자는 1403년 조선시대 최초로 주조된 癸未字의 단점인 크기와 조판의 효율성을 보완하기 위하여 만들어진 조선시대 두 번째 금속활자이다. 세종의 명에 따라 李蕆이 주관하고 그 외 南汲·金益精·鄭招 등이 감독을 하였는데, 주조 시기는 약 7개월로 1420년 11월부터 이듬해인 1421년 5월에 주조를 마쳤다. 경자자의 字本은 經筵에 소장된『詩』·『書』·『左氏傳』에서 택한 것으로[25] 계미자와 같지만, 底本으로 삼은 서책의 판본은 元版 계열일 가능성이 높고[26] 字體가 원나라 倪士毅가 편집한『中庸朱子或問』의 서체와 비슷하다.

활자의 네 면이 반듯하고, 크기는 인출면의 글자로 볼 때 대략 대자가 1.1×1.3cm, 소자가 1.1×0.6cm로 추정된다.[27]『세종실록』의 "銅印版과 활자 모양을 개주하여 서로 잘 맞도록 하여 하루에 수십여 지를 찍어 낸다."[28]는 기록에 의하여 인쇄의 효율을 높이기 위하여 활자의 모양을 방형으로 만들고 인쇄판도 고정식 판에서 조립식 판으로 고친 것을 세종 후기의 경자자 인본에서 찾아볼 수 있다.

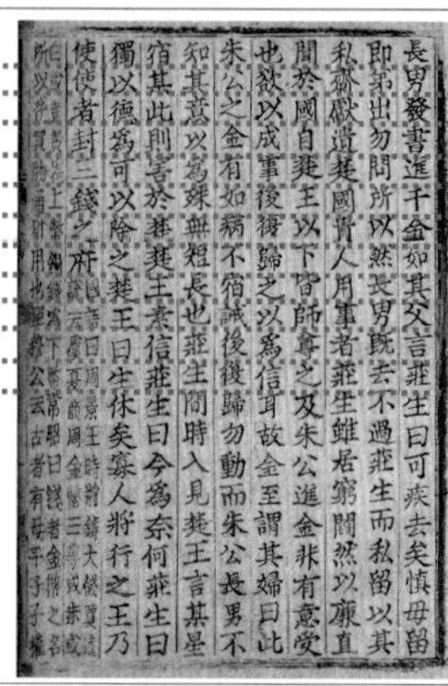	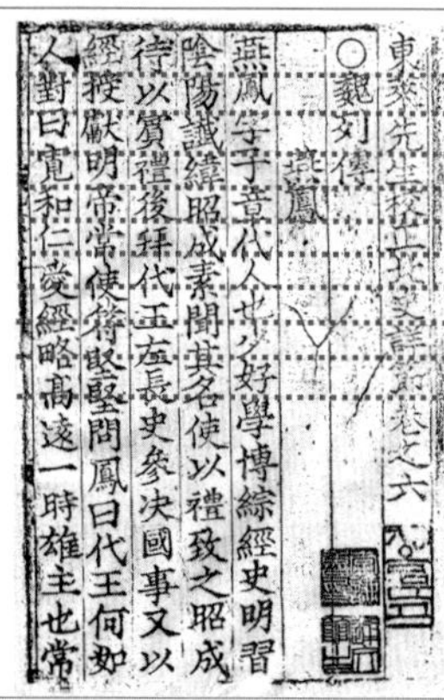
庚子字本『史記』[29]	癸未字本『東萊先生校正北史詳節』권6[30]

그림 4-9 경자자본과 계미자본 인면의 비교

---

25 金宗直,「新鑄字(甲辰字)跋」.

26 옥영정,「직지와 금속활자의 아름다움: 조선전기 금속활자를 통하여 살펴본 선조의 미의식」,『書誌學研究』第28輯(2004), p. 145.

27 清州古印刷博物館,『한국의 옛 인쇄문화』, 청주: 清州古印刷博物館, 2009, p. 64.

28 『世宗實錄』卷11, 1421年(世宗 3) 3月 24日(丙戌) 條.

29 국립중앙도서관 소장. 국립중앙도서관 도서관연구소 고전운영실,『古典에서 만난 우리 금속활자』, 서울: 국립중앙도서관, 2015, p. 19.

30 韓國圖書館學研究會,『韓國古印刷史』, 서울: 韓國圖書館學研究會, 1976, p. 135.

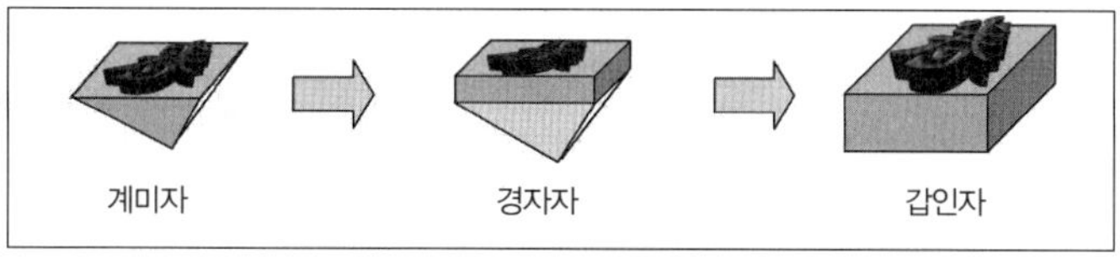

▲ 선행연구에서의 활자 변천

▲ 복원 활자(계미자, 경자자)의 모습

그림 4-10 활자 형태의 변천

2) 경자자의 주조와 인쇄 관련 기록

(1)『世宗實錄』卷11, 1421年(世宗 3) 3月 24日(丙戌) 條

> 鑄字所에 술 120병을 내려 주었다. 전자에 책을 인출하는데 글자를 銅板에 배열해 두고 黃蠟을 녹여 부어 단단히 굳은 뒤에 이를 인출했기 때문에 밀랍이 많이 들고 하루에 인출해 내는 것이 두어 장에 불과하였다. 이에 임금께서 몸소 지휘하여 工曹參判 李蕆과 前少尹 南汲으로 하여금 구리판을 다시 주조하여 글자의 모양과 꼭 맞게 만들게 하였더니, 납을 녹여 붓지 않아도 글자가 움직이지 않고 더 楷正하여 하루에 수십 장에서 수백 장을 찍어 낼 수 있었다. 임금께서 그 공역의 수고로움을 생각하여 자주 술과 고기를 내려 주시고,『資治通鑑綱目』을 인출하라고 명하고, 집현전 학사들로 하여금 그 잘못된 곳을 교정하게 하였다. 경자년(1420) 겨울부터 임인년(1422) 겨울에 이르러 일을 끝냈다.[31]

한편 이 당시 인출한『資治通鑑綱目』이 2014년 10월 국외소재문화재재단에서 진행한 중국 상해도서관 소장 한국 전적 조사과정에서 발굴되었는데, 經筵에서 사용되었던 59권 59책(11행 21자) 完帙이었다.[32]

---

31 賜鑄字所酒百二十瓶 前此印册 列字於銅板 鎔寫黃蠟堅凝 然後印之 故費蠟甚多 而一日所印 不過數紙 至是 上親自指畫 命工曹參判 李蕆 前少尹 南汲 改鑄銅板與字樣相準 不暇鎔蠟 而字不移 却甚楷正 一日可印數十百紙 上念其功役之勞 屢賜酒肉 命印資治通鑑綱目 令集賢殿正其謬誤 自庚子冬至壬寅冬乃訖

32 또한 상해도서관에 소장된 한국 전적으로 경자자 11행 22자본『資治通鑑綱目』과 1455년(세조 1) 乙亥字本『文山先生別集』, 그

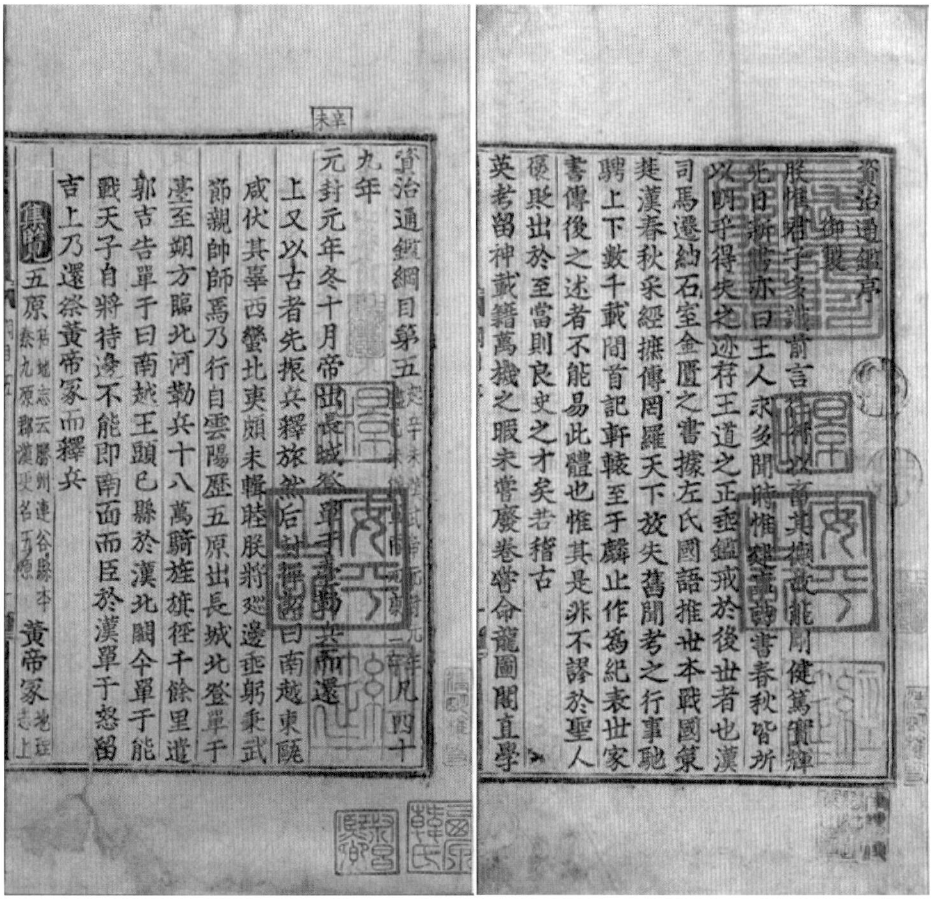

그림 4-11 『資治通鑑綱目』[33]

그림 4-12 상해도서관 소장 『資治通鑑綱目』 印記[34]

리고 16세기 初鑄甲寅字本 『文選』 32책 및 『分類補註李太白詩』 16책 등이 확인되었다.

33 『헤럴드경제』 2014년 12월 30일 자.

34 왼쪽부터 ① [尾陽文庫](德川家康의 아들로 尾張의 초대 번주였던 德川義直이 소장했던 장서에 주로 날인됐던 인장), ② [景和], ③ [安平之記], ④ [經筵], ⑤ [南陽後學洪暹退之章], ⑥ [西原韓氏/叔昌熙卿]이다.

(2)『世宗實錄』 卷18, 1422年(세종 4) 10月 29日(癸丑) 條

임금이 주자소에 명하여 글자 모양을 다시 주조하여 책을 인출하게 하고, 卞季良에게 跋文을 짓도록 명하였다.

그 글에 "글자를 주조하는 것은 여러 서적을 인출하여 길이 후세에 전하는 것이니, 진실로 무궁한 이로움이 될 것이다. 그러나 그 처음 만든 글자(癸未字)는 모양이 다 좋지 못하여, 책을 인출하는 사람이 그 일이 쉽게 이루어지지 않음을 병통으로 여겼다. 永樂 庚子年(1420) 겨울 11월, 전하께서 이를 근심하여 工曹參判 李蕆에게 새로 글자 모양을 주조하게 명하니, 매우 정교하고 치밀하였다. 知申事 金益精과 左代言 鄭招에게 명하여 그 일을 맡아 감독하게 하여 일곱 달 만에 일을 마치니, 인출하는 사람들이 이를 편리하다고 하였고, 하루에 인출한 것이 많게는 20여 장에 이르렀다."[35]

(3)『世宗實錄』 卷65, 1434年(世宗 16) 7月 2日(丁丑) 條

세종이 知中樞院事 李蕆을 불러 의논하기를,

"태종께서 처음으로 鑄字所를 설치하시고 큰 글자(癸未字)를 鑄造할 때에, 조정 신하들이 모두 이룩하기 어렵다고 하였으나, 태종께서는 억지로 우겨서 만들게 하여, 모든 책을 인쇄하여 중외에 널리 폈으니 또한 거룩한 것이다. 다만 草創期이므로 주조가 정밀하지 못하여, 매번 인쇄할 때면, 반드시 먼저 蠟을 板 밑에 펴고 그 위에 글자를 차례로 맞추어 꽂는다. 그러나 밀의 성질이 본디 부드러워 植字한 것이 굳지 못하여, 겨우 두어 장만 박으면 글자가 움직여 쏠리고 많이 삐뚤어져서 고르게 바로잡아야 하므로 인쇄하는 자가 힘들게 여겼다. 내(세종)가 이 폐단을 생각하여 일찍이 경(李蕆)에게 고쳐 만들기를 명하였더니, 경도 어렵게 여겼으나 내가 강요하자 경이 지혜롭게 板(銅印板)을 만들고 鑄字를 부어 만드니 모두 바르고 고르며 견고하여 비록 밀을 쓰지 않고 많이 박아 내어도 글자가 비뚤어지는 것이 없으니 내가 심히 아름답게 여긴다. 이제 대군들이 큰 글자로 고쳐 만들어서 책을 박아 보자고 청하나, 내가 생각하건대, 근래 北征으로 인하여 兵器를 많이 잃어서 銅鐵의 소용도 많으며 더구나 이

35 上命鑄字所 改鑄字樣印書 命卞季良跋之曰: 鑄字之設 可印群書 以傳永世 誠爲無窮之利矣 然其始鑄 字樣有未盡善者 印書者病其功未易就 永樂庚子冬十有一月 我殿下發於宸衷 命工曹參判李蕆 新鑄字樣 極爲精緻 命知申事金益精 左代言鄭招 監掌其事 七閱月而功訖 印者便之 而一日所印 多至二十餘紙矣 …

제 공장들이 각처에 나뉘어 있어 일을 하고 있는데, 일이 심히 번거롭고 많지만 이 일도 하지 않을 수 없다."

라고 언급하면서, 이에 이천에게 명하여 그 일을 감독하게 하고 집현전 직제학 金墩·直殿 金鑌·호군 蔣英實·僉知司譯院事 李世衡·舍人 鄭陟·주부 李純之 등에게 일을 주장하도록 맡기고, 경연에 간직한『孝順事實』·『爲善陰騭』·『논어』등 책의 字形을 자본으로 삼아 鑄字 20餘 萬 字를 만들어, 이것으로 하루에 찍어 낸 수량이 40餘 紙에 이르니, 字體가 깨끗하고 바르며, 일하기의 쉬움이 예전에 비하여 갑절이나 되었다.[36]

(4)『慵齋叢話』卷7(1525)

태종께서 永樂 元年(1403)에 좌우 신하에게 이르기를, "무릇 다스리고자 한다면 반드시 典籍을 널리 보아야 한다. 우리나라는 해외에 있어 중국의 서적이 드물게 전해지고, 板刻은 쉽게 훼손된다. 게다가 천하의 많은 서적을 다 간행하기 어렵다. 내가 銅活字를 만들어 서적을 얻는 대로 반드시 인출하여 널리 보급하고자 하니, 진실로 무궁한 이익이 될 것이다."라 하고, 古注本『詩』·『書』·『左氏傳』을 字本으로 삼아 鑄造하시니 이것이 글자를 주조하게 된 연유다. 이를 丁亥字(癸未字)라 한다. 또 세종께서는 庚子年(1420)에 (이미) 주조된 글자가 크고 정연하지 못하므로 다시 글자를 주조하게 하였는데, 그 모양이 작고 똑바르게 되었다. 이로 말미암아 인쇄하지 않은 책이 없으니 이것을 庚子字라 이름하였다. … 처음에는 글자를 벌여 놓는 법을 몰라서 판에 밀랍을 녹여서 글자를 붙였다. 이런 까닭에 경자자는 끝이 모두 송곳 같았다. 그 뒤에 비로소 대나무로 틈을 메우는 방법을 써서 밀랍을 녹이는 비용을 덜었으니, 비로소 사람의 재주 부리는 것이 무궁함을 알았다.[37]

---

36 召知中樞院事李蕆議曰: 太宗肇造鑄字所 鑄大字時 廷臣皆曰 難成 太宗强令鑄之 以印群書 廣布中外 不亦[偉]歟 但因草創 制造未精 每當印書 必先以蠟布於板底 而後植字於其上 然蠟性本柔 植字未固 纔印數紙 字有遷動 多致偏倚 隨卽均正 印者病之 予念此弊 曾命卿改造 卿亦以爲難 予强之 卿乃運智 造板鑄字 竝皆平正牢固 不待用蠟 印出雖多 字不偏倚 予甚嘉之 今者大君等 請改鑄大字印書以觀 予念近因北征 頗失兵器 銅鐵所用亦多 矧今工匠分役各處 務甚繁夥 然此亦不可不爲也 乃命蕆監其事 集賢殿直提學金墩 直殿金鑌 護軍蔣英實 僉知司譯院事李世衡 舍人鄭陟 注簿李純之等掌之 出經筵所藏孝順事實 爲善陰騭 論語 等書爲字本 其所不足 命晋陽大君瑈書之 鑄至二十有餘萬字 一日所印 可至四十餘紙 字體之明正 功課之易就 比舊爲倍

37 太宗於永樂元年 謂左右曰 凡爲治必須博觀典籍 吾東方在海外 中國之書罕至 板刻易以剜缺 且難盡刻天下之書 予欲範銅爲字 隨所得而印之以廣其傳 誠爲無窮之利 遂用古註詩書左氏傳字鑄之 此鑄字所由設也 名曰丁亥字 世宗又於庚子年以所鑄之 字大而不整改鑄之 其樣小而得正 由是無書不印 名曰庚子字 … 始者不知列字之法 融蠟於板以字着之 以是庚

(5) 金宗直, 「新鑄字跋」

活板(版)법은 沈括에게서 시작되고 楊克에서 성행하여 천하 고금의 서적이 印行되지 않은 것이 없었으니 그 이로움은 廣博하였다. 그러나 그 활자는 대체로 한결같이 흙을 구워서 만들었으므로 쉽게 殘缺될 뿐만 아니라 오래도록 견딜 수도 없었다. 百載의 下代에 神智가 탄생되는 행운으로 銅을 녹여 활자를 鑄成하여 영세로 전할 수 있게 된 것은 그 시작이 우리 조정에 있는 것이다. 삼가 생각건대 태종 공정대왕께서 처음으로 시작하셨으며 세종 莊憲大王과 世祖 惠莊大王께서 후에 그것을 이으신 것으로, 이에 활자를 주조하는 정밀한 공정은 거의 더 이상 추가할 것이 없었다. 영락 계미(1403)에 鑄成된 것을 계미자라 하며, 경자년(1420)에 주성된 것을 경자자라 하니 그 字本은 경연에 古註本『詩』·『書』·『左氏傳』 등의 서적이었으나 지금 이미 전존되지 않고 있다. … 成化 21년(1485) 3월 某日에 嘉善大夫 吏曹參判 兼 同知經筵 成均館事 臣 金宗直은 삼가 跋을 쓴다.[38]

3) 경자자 인본

(1) 경자자본

표 4-3 경자자 인본 리스트

서명	권차	수량	소장처	행자수	비고
資治通鑑綱目	卷1~59	59卷 59册	중국 상해도서관	11行 21字	四周雙邊
	卷5	1册	호림박물관		
	卷6	1册			
	卷17	1册			
	卷23	1册			
	卷38	1册			
	卷16	1册	서울역사박물관		
	卷39	1册			
	卷20	1册	국립중앙박물관		
	卷35	1册	청주고인쇄박물관		
	卷57	1册			
	卷43	1册	서울대 규장각		
	卷52	1册	화봉문고		

子字尾皆如錐 其後始用竹木填空之術 而無融蠟之費 始知人之用巧無窮也

38 活板之法 始於沈括 而盛於楊克 天下古今之書籍 無不可印 其利博矣 然其字 率皆燒土而爲之 易以殘缺 而不能耐久 百載之下 誕運神智 範銅爲字 以貽永世者 其權輿 於我朝乎 恭惟太宗恭定大王作之於始 而世宗莊憲大王 世祖惠莊大王術之於後 於是乎鑄字之精工 殆無以加矣 成於永樂癸未字 謂之癸未字 成於庚子者 謂之庚子字 其字本 乃經筵古註詩書左氏傳等書也 今已無存焉 … 成化 二十一年 三月 一 嘉善大夫 吏曹參判 兼 同知經筵 成均館事 (臣) 金宗直 謹跋

資治通鑑綱目	卷55	1冊	개인 소장	11行 21字	四周雙邊
	卷56	1冊	개인 소장		
	卷58	1冊	개인 소장		
	卷59	1冊	개인 소장		
		1冊	존경각		
	卷3	1冊	고려대	11行 22字	四周單邊
	卷5	1冊			
	卷10	1冊			
	卷32	1冊			
	卷52	1冊			
	卷10	1冊	존경각		
	卷13	1冊	국립중앙도서관		
	卷17	1冊			
	卷19	1冊			
	卷57	1冊	영남대		
重新校正入註附音通鑑外記		零本1冊	서울대 규장각	11行 21字	四周雙邊
			윤형두		
通鑑續編 世宗5년(1423) 8月		24卷 6冊 (全帙)	손성훈		四周雙邊 국보 제283호
宋朝名賢五百家播芳大全文粹	卷4	零本2冊	고려대 화산문고	11行 21字	四周雙邊
莊子鬳齋口義	卷6	1卷1冊	국립중앙도서관	11行 21字	四周雙邊
	卷8	1卷1冊	국립중앙도서관	11行 21字	四周雙邊
	卷6	1卷1冊	두산동아	11行 21字	四周雙邊
	卷1～3		개인 소장		
史記	卷41	1冊(31張)	국립중앙도서관	11行 21字	四周雙邊
		14冊	학봉 김성일 종손가	11行 21字	四周雙邊 보물905-2호
西山先生眞文忠公文章正宗	卷1, 5, 8	零本3冊	서울대 규장각	11行 21字	四周雙邊
	卷24		범우사	11行 21字	四周雙邊
	卷17		회연서원		四周雙邊
楚辭	卷2	1張	영남대		四周雙邊
選詩演義	卷上下	1冊	범우사		
	卷上下	1冊	일본 봉좌문고		
	卷上下	1冊	개인 소장		鑄字跋 있음
戰國策	卷10		일본 내각문고		
類說經學隊仗	卷 上, 中, 下	1冊	국립중앙도서관	16行 18字	小字本
新刊類編歷擧三場文選對策	卷8	零本	국립중앙도서관		계선 끊어짐
新刊類編歷擧三場文選古賦		零本	영남대		
			조병순		
新刊類編歷擧三場文選經疑	卷1～3	零本1冊 (41張)	국립중앙도서관	16行 18字	小字本 四周單邊
漢書	卷86		영남대		계선 끊어짐
	卷34上	1冊(35張)	서울대 규장각	11行 21字	落張本
			이인영		

論語集註大全		零本(21張)	서울대 규장각	11行 21字	四周雙邊
		1卷1册	연세대	11行 20字	四周雙邊
文選	卷50		청주고인쇄박물관	11行 21字	四周雙邊
	卷53		두산동아	11行 21字	四周雙邊
			손보기		
	卷51		천혜봉	11行 21字	四周雙邊
少微家塾點校附音通鑑節要	卷17, 46~47		청주고인쇄박물관	11行 21字	四周雙邊
	卷16~17		범우사	11行 21字	四周雙邊
新箋決科古今原流至論	卷1 外 落張	1册(零本)	서울대 규장각	11行 21字	四周雙邊
	卷8	1册(零本)	개인 소장	11行 21字	四周雙邊
	卷4~7	1册	개인 소장	11行 21字	四周雙邊
辭學指南			국학진흥원(위탁)		
	不分卷	72張	일본 동양문고	11行 21字	四周雙邊
忠義直言	卷 上, 中, 下	1册	청주고인쇄박물관	11行 21字	四周雙邊
老子鬳齋口義	卷 上, 下	1册	청주고인쇄박물관	11行 21字	四周雙邊
列子鬳齋口義			개인 소상		
文公朱先生感興詩			개인 소장		
孝經		1册	개인 소장	11行 21字	四周雙邊

※ 庚子字本『孝經』

○ 卷首題: 孝經

○ 卷末題: 孝經集註 卷終

○ 版心題: 孝經

○ 저자: 三山後學 林 莘甫 集註

○ 판 사항: 金屬活字本(庚子字)

○ 간행 시기: 世宗 11年(1429)

○ 형태 사항: 1冊. 四周雙邊, 半郭 22.7×14.2cm, 有界, 11行 21字, 註雙行, 大黑口 上下內向黑魚尾 ; 25.9×18.0cm

○ 刊記: 宣德四年己酉(世宗 11, 1429)五月 日印

○ 序: ① 孝經格言大訓聖人…延祐丙辰(1216)上元三山林莘甫謹序

② 朕聞上古…今存於疏用廣發揮(唐玄宗皇帝御製)

○ 卷末 鑄字事實: 鑄字之設…宣德三年(1428)閏四月 日…卞季良(1369~1430)拜手稽首敬跋

○ 張數: 38張(서문 5장, 본문 32장, 주자 사실 1장)

○ 종이 두께: 0.5~0.7mm / 발폭·촉수: 2.0cm·12촉

① 개요 및 형태

庚子字本『孝經』은 이제까지 실록의 기사를 통해 간행되었을 것으로 추정하다가 최근 그 실물이 확인되어 조선 전기 경자자 인본들의 간행 시기를 추정하는 데 중요한 자료가 되고 있다. 본 책은 글자의 서체 및 版式의 특징 그리고 卷末의 卞季良(1369~1430)이 쓴 '鑄字事實'과 1429년에 인출되었다는 刊記로 볼 때 조선 전기에 鑄造된 庚子字를 이용하여 인출된 금속활자본이다.

경자자본『효경』의 형태적 특징을 보면, 裝幀 형태는 5針眼 線裝本이고 1책 38장으로 구성되어 있다. 대략적인 구성은 서문과 본문 그리고 권말의 변계량이 쓴 주자 사실과 간행 기록 '宣德四年己酉(世宗 11, 1429) 五月 日印'으로 이루어져 있다. 邊欄은 四周雙邊이고, 半郭의 크기는 세로가 22.7cm, 가로가 14.2cm이다. 본문에 界線이 있고 行字 數는 11행 21자에 註는 小字雙行으로 되어 있으며, 版心部에는 大黑口와 上下內向黑魚尾 그리고 版心題인 '孝經'이 확인된다. 卷首題는 판심제와 동일하고 卷末題는 '孝經集註'이다. 권말에 주자 사실과 간기가 기록되어 있는데, 주자 사실은 당시 世子貳師로 있던 변계량이 1428년 閏4월에 쓴것이고, 이듬해인 1429년 5월에 책의 간행이 이루어졌다.

경자자본『효경』의 저자 사항에는 '三山後學 林 莘甫 集註'라고 기록되어 있고, 이와 관련하여 麗末鮮初의 文臣인 雙梅堂 李詹(1345~1405)이 쓴「新刊孝經跋」에서 '林氏' 및 '三山'이 언급되고 있는데 내용은 다음과 같다.

> …南屈父의『喪祭圖式』을 간행하고자 했는데, 이 책의 권두에는 林氏의「孝經序」만 실려 있었고『효경』의 경문은 빠져 있다. …과연 三山이 주석한 것이다.…[39]

또한 1373년 한충호가 발문을 쓴 고려 목판본의 저자 사항이 '三山後學 林 [莘]甫 [集]註'로 기록되어 있어 경자자본과 동일한 것으로 추정된다. 이러한 사실을 통해 볼 때 이첨이 언급한 임씨 및 삼산은 원나라 때 인물인 三山 林莘甫를 말하는 것으로 보이며, 이를 통하여 여말선초에 元代 임신보가 集註한『효경』이 유통되었음을 확인할 수 있다. 임

39 李詹,「新刊孝經跋」,『雙梅堂先生篋藏文集』卷25: 予嘗得南屈父之所蓄喪祭圖式…試欲刊行 得疑其篇首所著 林氏孝經序獨存 而經闕焉…歸其孝經十三章以後果三山所註也…

신보는 원나라 사람으로 자세한 행적은 알려진 것이 없고 『新編聖朝科擧詞格』을 집성한 것으로 확인된다.

한편 본 책의 본문 가운데 제9~11장(章: 聖治章, 紀孝行章, 五刑章) 그리고 제14~15장(章: 廣揚名章, 諫爭章)의 내용 일부가 印出되지 않고 空面으로 되어 있다. 공면으로 된 부분의 紙質은 내용이 인출된 부분의 지질과 동일한데, 이러한 공면이 발생한 이유는 인출 당시의 실수이거나 裝幀 시 잘못 製冊된 것으로 추정된다. 또한 제6章의 주석 중 8번째 公案 다음에 墨蓋子가 빠진 곳도 보인다. 본 책의 인출되지 않은 본문의 내용 및 제6장의 묵개자는 동일 계통의 판본을 저본으로 삼아 간행된 것으로 추정되는 고려 목판본(1373, 11행 22자)을 통해서 그 내용을 확인할 수 있다. 고려 목판본과 본 책은 행자 수나 판식에서 차이가 있지만 인신보와 당 현종의 서문, 각 장의 순서 및 본문 내용 그리고 저자 사항·권수제·권말제·묵개자와 공안 등이 동일하다.

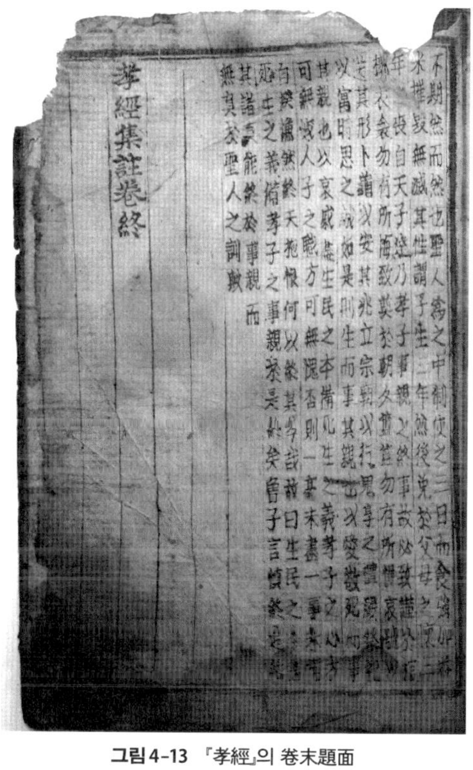

그림 4-13 『孝經』의 卷末題面

그림 4-14 『孝經』의 卷首題面

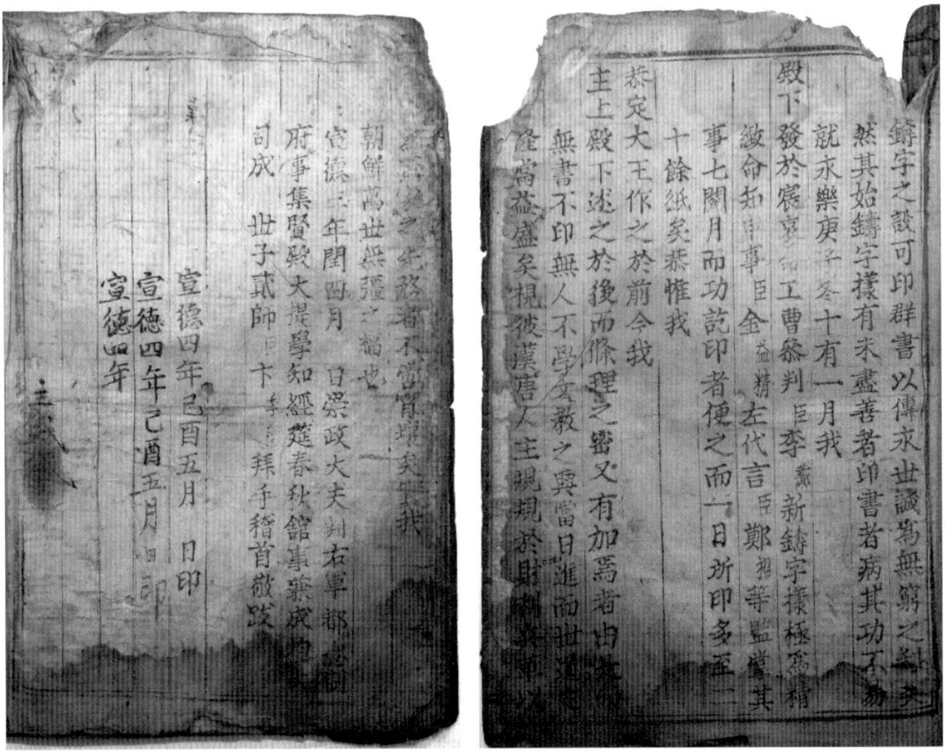

그림 4-15 『孝經』 권말 鑄字 事實 및 刊記

② 판본 및 구성

중국에서 전래된 『효경』은 『삼국사기』나 『고려사』의 기록을 통해 삼국시대에 이미 필수교과목으로 채택된 것으로 볼 때, 삼국시대 이전에 전래되어 유통되었을 것으로 추정해 볼 수가 있다. 또한 유교사회인 조선시대 들어서 공통적으로 효가 강조되고 이에 따라 송나라 朱熹가 刊誤한 『孝經刊誤』, 元나라 董鼎의 『孝經大義』, 『孝經諺解』 등의 책들이 다수 간행이 된다.

『효경』이 우리나라에서 간행된 것으로 현재까지 알려진 가장 이른 시기의 간본은 고려시대 寧海郡守인 韓冲浩가 1373년(홍무 6)에 跋文을 쓴 木板本 『효경』이며, 조선시대 들어서는 實錄의 기사를 통해 조선 초기에 『효경』이 인출·반포된 사실을 확인할 수 있다.

조선 전기 실록의 기사를 보면 1423년 鑄字所에서 『直解孝經』을 인출하였고[40] 1429년에도 經筵의 『句解孝經』을 내어 주자소로 하여금 250秩을 인쇄 및 반포한 사실[41]과 함께, 같은 해 5월에는 『효경』을 頒賜한 기록[42]이 전하고 있다.

이후 1475년(성종 6) 全州府尹 尹孝孫(1431~1503)이 전주에서 주희의 『효경간오』를 목판본으로 간행하였고, 1590년에는 원나라 동정의 『효경대의』에 유성룡의 '奉教跋(1589)'을 붙여 孝經大字와 經書字를 이용하여 인출하였으며, 또한 같은 해에 경서자 한문본 『효경대의』와 『효경언해』가 合部되어 반사되기도 하였다.

경자자본 『효경』은 모두 18장으로 구성되어 있는데, 이는 『今文孝經』과 고려 목판본 『효경』과 동일하다. 이를 통하여 고려 목판본과 경자자본이 『금문효경』을 바탕으로 편찬되었음을 알 수가 있다. 다음은 효경류의 본문 구성을 정리한 것이다.

표 4-4 효경류 본문 구성

장＼서명	今文孝經	孝經 高麗刊本(1373)	孝經 庚子字本(1429)
1	開宗明義章	開宗明義章	開宗明義章
2	天子章	天子章	天子章
3	諸侯章	諸侯章	諸侯章
4	卿大夫章	卿大夫章	卿大夫章
5	士章	士章	士章
6	庶人章	庶人章	庶人章
7	三才章	三才章	三才章
8	孝治章	孝治章	孝治章
9	聖治章	聖治章	聖治章 [일부 낙장]
10	紀孝行章	紀孝行章	紀孝行章 [일부 낙장]

장＼서명	古文孝經
1	開宗明義章
2	天子章
3	諸侯章
4	卿大夫章
5	士章
6	庶人章
7	孝乎章
8	三才章
9	孝治章
10	聖治章
11	父母生績章

장＼서명	孝經正義 (十三經注疏)
1	開宗明義章
2	天子章
3	諸侯章
4	卿大夫章
5	士章
6	庶人章
7	三才章
8	孝治章
9	聖治章
10	紀孝行章
11	五刑章

40 『世宗實錄』 卷20, 1423年(세종 5) 6月 23日(壬申) 條: 예조에서 司譯院 牒呈에 의하여 계하기를, "『老乞大』『朴通事』『前漢書』·『後漢書』·『直解孝經』 등의 서적이 版本이 없어서 배우는 자가 傳寫하여 誦習하게 되니, 鑄字所에 명하여 印出하게 하소서." 하니, 그대로 따랐다(禮曹據司譯院牒呈啓 老乞大朴通事前後漢直解孝經等書 緣無板本 讀者傳寫誦習 請令鑄字所印出 從之).

41 『世宗實錄』 卷43, 1429年(세종 11) 3月 22日(戊辰) 條: 판부사 허조가 계하기를, "『孝經』과 『小學』은 모두 처음 배우는 자가 마땅히 먼저 습독할 책이오나, 다만 이 『소학』을 과거 볼 때에 講하기 때문에 선비들이 모두 마지 못하여 이를 읽사옵고, 『효경』은 세상의 初學들이 전혀 읽지 아니하오니, 청컨대 경연에서 『句解孝經』을 내다가 이를 간행하여 초학들을 가르치게 하소서." 하니, 임금이 말하기를, "그렇다." 하고, 좌대언 許誠에게 명하기를, "주자소로 하여금 250질을 인쇄하여 반포하도록 하라." 하였다(判府事許稠啓 孝經小學 皆初學所當先習之書也 而小學講於科擧之時 故儒者皆不得已而讀之 若孝經則世之初學 專不讀習 請出經筵句解孝經刊行, 以敎初學 上曰 然 命左代言許誠曰 可令鑄字所印出二百五十帙 頒行).

42 『世宗實錄』 卷44, 1429年(세종 11) 5月 20日(乙丑) 條: 東班으로 集賢殿 應教 이상의 관원과 西班으로 僉摠制 이상의 관원에게 『孝經』을 頒賜하였다(頒賜孝經于東班集賢殿應教以上西班僉摠制以上).

11	五刑章	五刑章	五刑章 [일부 낙장]	12	孝優劣章	12	廣要道章
				13	紀孝行章	13	廣至德章
12	廣要道章	廣要道章	廣要道章	14	五刑章	14	廣揚名章
13	廣至德章	廣至德章	廣至德章	15	廣要道章	15	諫諍章
14	廣揚名章	廣揚名章	廣揚名章 [일부 낙장]	16	廣至德章	16	感應章
				17	感應章	17	事君章
15	諫爭章	諫爭章	諫爭章 [일부 낙장]	18	廣揚名章	18	喪親章
				19	閨門章	–	
16	應感章	應感章	應感章	20	諫諍章		
17	事君章	事君章	事君章	21	事君章		
18	喪親章	喪親章	喪親章	22	喪親章		

(2) 경자자 번각본

서명	권차	수량	소장처	행자수	비고
楚辭	卷1~8		영남대	11行 21字	四周雙邊
	卷4~7		청주고인쇄박물관	11行 21字	四周雙邊
楚辭後語			이인영		淸芬室書目
莊子鬳齋口義	卷5~7 卷8~10	2冊	국립중앙도서관	11行 21字	四周雙邊
小學大文吐			이인영		
論語集註大全					
五朝名臣言行錄					淸芬室書目
新刊類編歷擧三場文選對策	卷1~8	8卷 4冊	고려대	11行 21字	四周雙邊
	卷4, 6	2卷 2冊(缺帙)	고려대	11行 21字	四周雙邊
		7卷 2冊	성암고서박물관	11行 21字	四周雙邊
三朝名臣言行錄		1冊	국회도서관	11行 21字	四周雙邊

(3) 동 시기에 인출한 것으로 추정되는 경자자 인본

서명	간행연도	비고
老乞大	世宗5년(1423) 6月	[世宗實錄]
朴通事	世宗5년(1423) 6月	
前後漢直解	世宗5년(1423) 6月	
孝經大義	世宗5년(1423) 6月	
大學大全	世宗6년(1424) 2月	
唐律疏義	世宗9년(1427) 3月	
集成小學	世宗10년(1428) 9月	
直指芳	世宗13년(1431) 5月	
傷寒類書	世宗13년(1431) 5月	
醫方集成	世宗13년(1431) 5月	

4) 경자자 주요 자형

之 以 爲 而 世 於 也 所 無 明 心

5) 경자자 인본 이미지

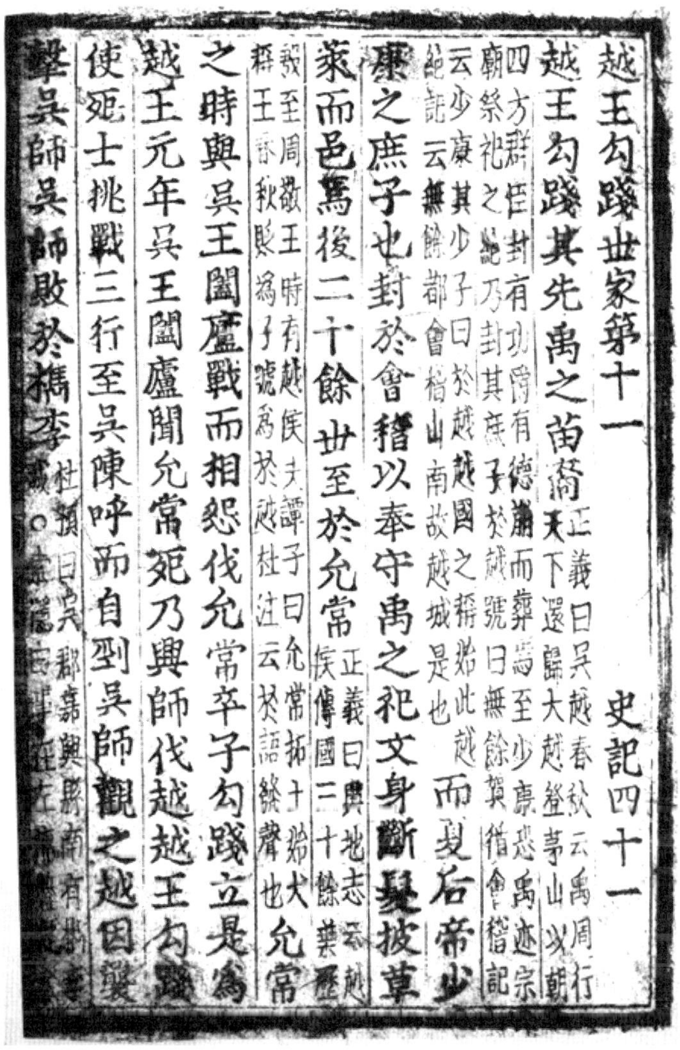
越王勾踐世家第十一　史記四十一
越王勾踐其先禹之苗裔正義曰吳越春秋云禹周行天下還歸大越登茅山以朝四方群臣封有功爵有德崩而葬焉至少康恐禹迹宗廟祭祀之絶乃封其庶子於越號曰無餘賀循會稽記云少康其少子曰於越越國之稱始此越絶記云無餘都會稽山南故越城是也而夏后帝少康之庶子也封於會稽以奉守禹之祀文身斷髮披草萊而邑焉後二十餘世至於允常正義曰輿地志云越侯傳國三十餘葉歷殷至周敬王時有越侯夫譚子曰允常拓土始大稱王春秋貶爲子號爲於越杜注云於語發聲也允常之時與吳王闔廬戰而相怨伐允常卒子勾踐立是爲越王元年吳王闔廬聞允常死乃興師伐越越王勾踐使死士挑戰三行至吳陳呼而自剄吳師觀之越因襲擊吳師吳師敗於檇李杜預曰吳郡嘉興縣南有檇李

그림 4-16 『史記』卷41, 「越王句踐世家」[43]

43 韓國圖書館學研究會, 『韓國古印刷史』, 서울: 韓國圖書館學研究會, 1976, p. 143.

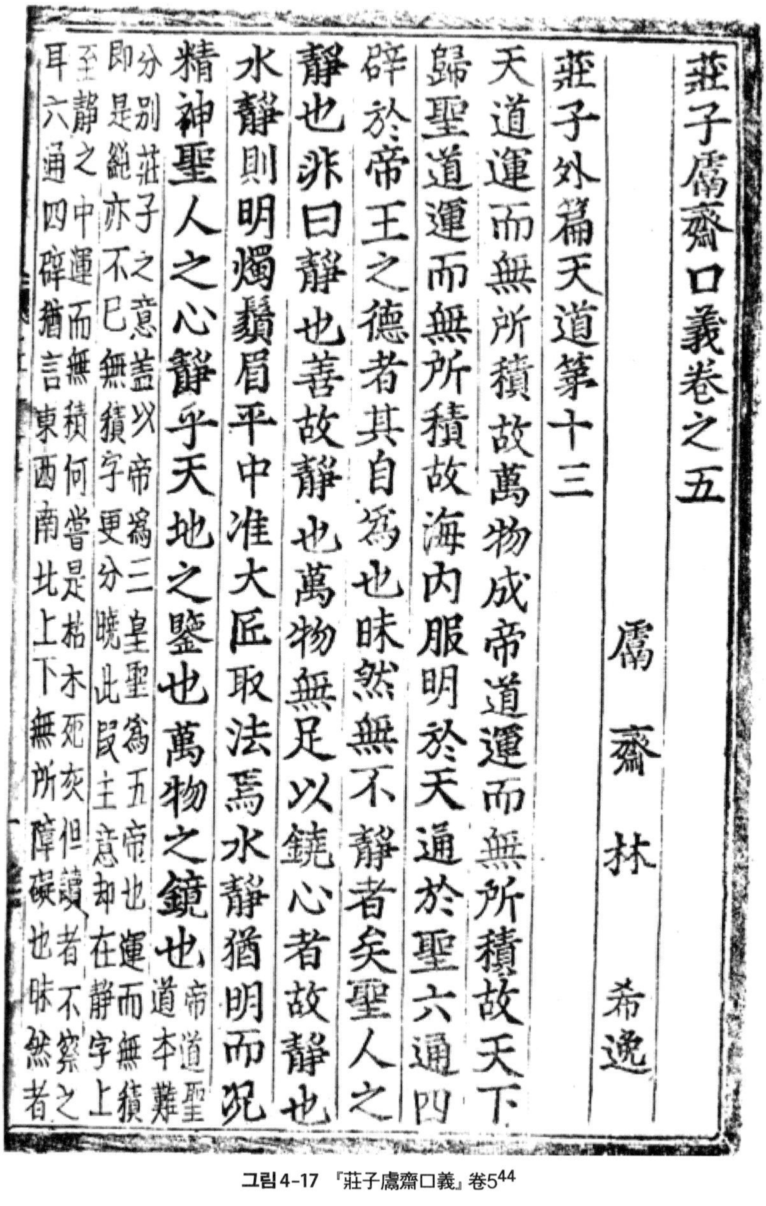
莊子鬳齋口義卷之五
鬳齋 林 希逸
莊子外篇天道第十三
天道運而無所積故萬物成帝道運而無所積故天下
歸聖道運而無所積故海内服明於天通於聖六通四
辟於帝王之德者其自爲也昧然無不靜者矣聖人之
靜也非曰靜也善故靜也萬物無足以鐃心者故靜也
水靜則明燭鬚眉平中准大匠取法焉水靜猶明而況
精神聖人之心靜乎天地之鑒也萬物之鏡也帝道聖道本雖
分別莊子之意蓋以帝爲三皇聖爲五帝也運而無積
即是總亦不已無積字更分曉此段主意却在靜字上
至靜之中運而無積何嘗是枯木死灰但讀者不察之
耳六通四辟猶言東西南北上下無所障礙也昧然者

그림 4-17 『莊子鬳齋口義』 卷5[44]

44 손보기, 『새판 한국의 고활자』, 서울: 寶晋齋, 1982, p. 261.

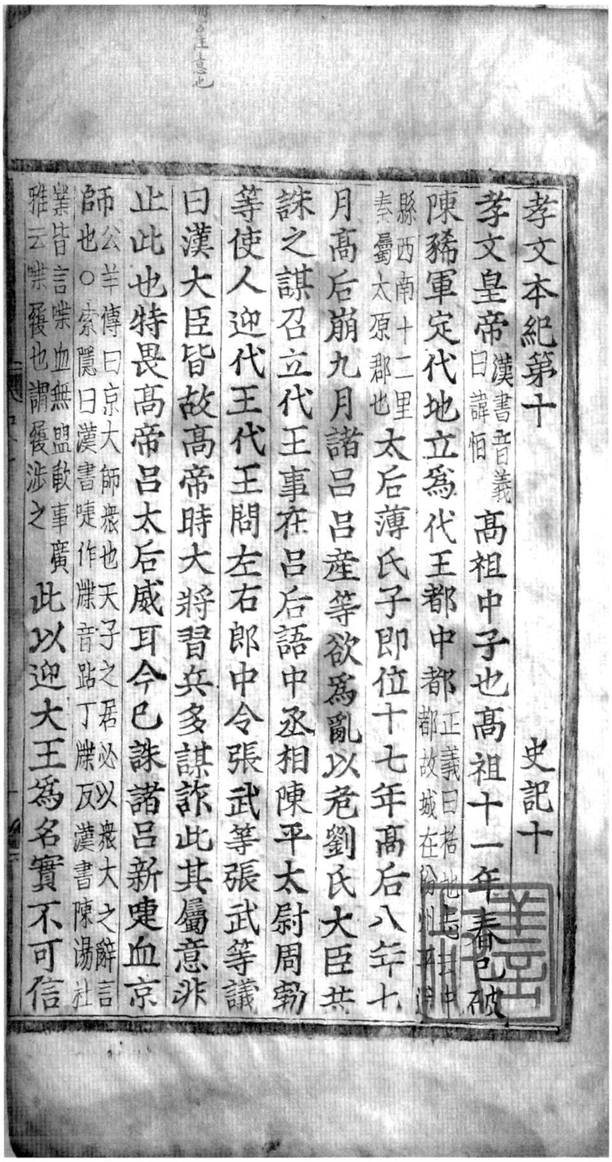
孝文本紀第十　史記十

孝文皇帝 漢書音義曰諱恒 高祖中子也高祖十一年春已破陳豨軍定代地立爲代王都中都 正義曰括地志云中都故城在汾州平遙縣西南十二里秦屬太原郡也 太后薄氏子即位十七年高后八年七月高后崩九月諸呂呂産等欲爲亂以危劉氏大臣共誅之謀召立代王事在呂后語中丞相陳平太尉周勃等使人迎代王代王問左右郎中令張武等張武等議曰漢大臣皆故高帝時大將習兵多謀詐此其屬意非止此也特畏高帝呂太后威耳今已誅諸呂新啑血京師 公羊傳曰京大師衆也天子之居必以衆大之辭言之○索隱曰漢書啑作喋音跕丁牒反漢書陳湯杜業皆言喋血無盟歃事廣雅云喋履也謂履涉之 此以迎大王爲名實不可信

그림 4-18 『史記』卷10, 『孝文本紀』[45]

45 개인 소장본.

6) 경자자 인본 분석[46]

① 철우리의 여러 형태

	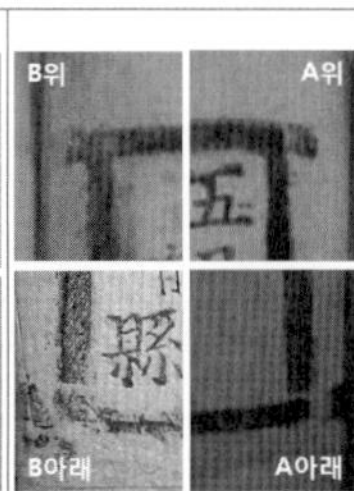			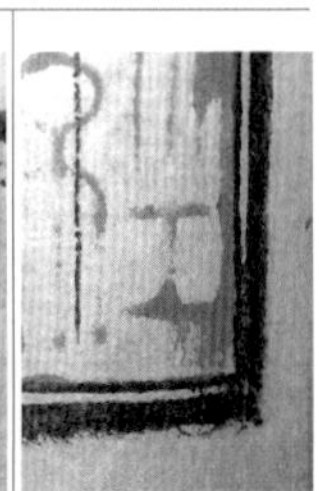
『資治通鑑綱目』 卷25 (청주고인쇄박물관)	『資治通鑑綱目』 卷57 (영남대도서관)	『資治通鑑綱目』 卷57 (영남대도서관)	『漢書』 卷86 (영남대도서관)	『選詩演義』 卷上·下 (개인 소장)

② 卷題 및 卷末題가 서로 다름

『新箋决科古今源流至論』 권8~10의 권수제 및 권말제가 '斯[新]箋(誤植)', '新箋', '重刊'으로 다르게 나타나고 있다.

권10 권수제	권9 권말제	권9 권수제	권8 권말제

46 사용된 이미지는 남권희, 「조선초기 金屬活字의 鑄造와 組版에 관한 연구: 癸未字·庚子字·丙辰字」, 『조선전기 한국의 금속활자』, 청주: 청주고인쇄박물관, 2009, pp. 112–114에서 발췌하여 재편집한 것이다.

③『資治通鑑綱目』 권57의 판식 차이

변란 및 행자 수, 주요 단어에 대한 별도의 풀이 여부에 차이가 있다.

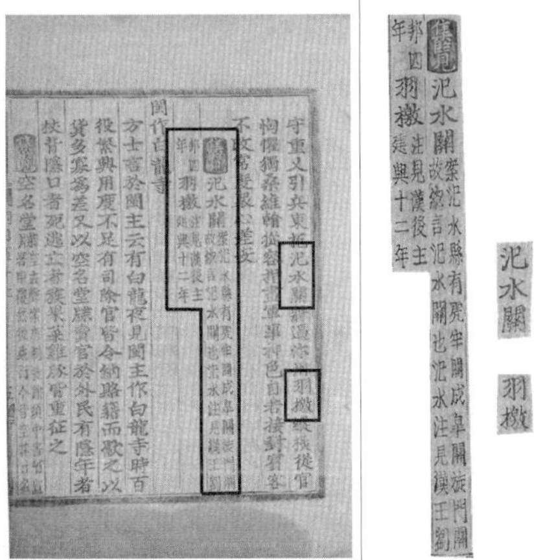

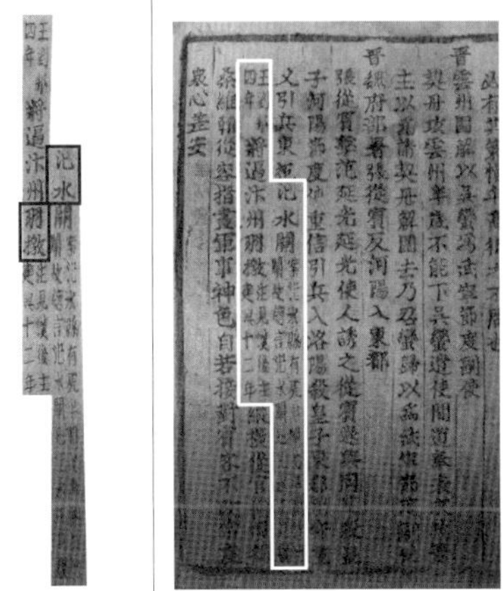

〈청주고인쇄박물관〉 四周雙邊, 11行 21字 | 〈영남대도서관〉 四周單邊, 11行 22字

④ 같은 내용 중 오자로 잘못 식자한 경우

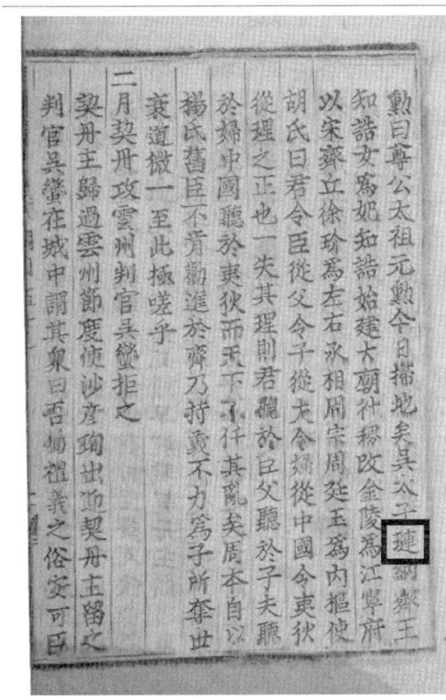

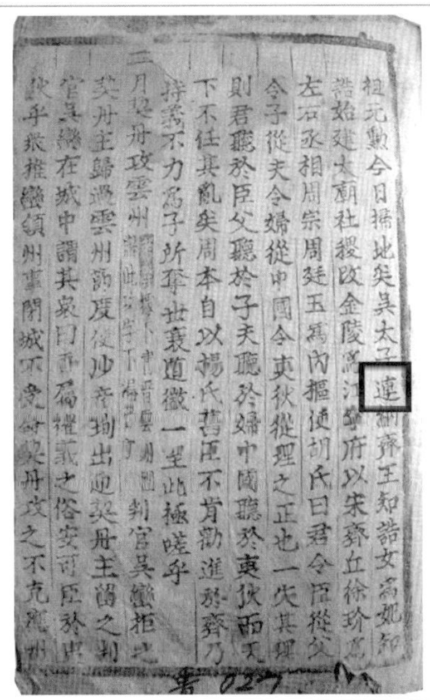

〈청주고인쇄박물관〉 '璉' 字 | 〈영남대도서관〉 '連' 字

⑤『資治通鑑綱目』 卷25를 인쇄하는 데 사용된 닥종이의 발끈 폭과 발촉을 측정한 결과 발끈의 폭은 1.9~2.1cm이고 3cm 내 발촉의 수는 29촉으로 매우 촘촘한 것으로 나타났다.

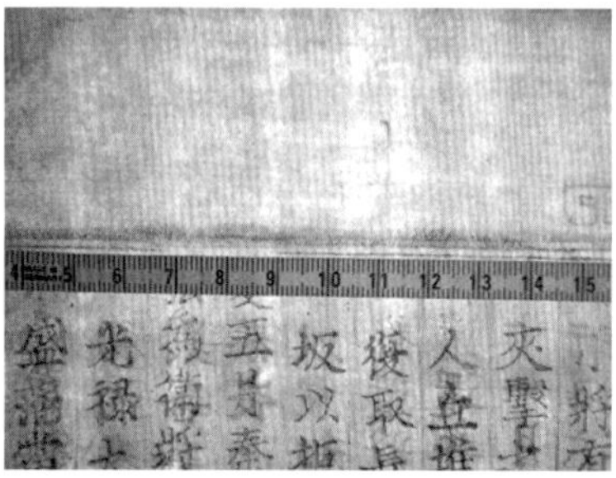	
발끈 폭: 1.9~2.1cm	3cm 내 발촉 수: 29촉

3. 甲寅字 계열 금속활자

1) 初鑄甲寅字

(1) 초주갑인자 개요

초주갑인자는 갑인자 계열의 활자 중에서 가장 먼저 주조된 활자로 세종 16년(1434)에 만들어졌다. 조선조에 들어 癸未字, 庚子字에 이어 세 번째로 조성된 금속활자로서, 초기에 활자를 주조하고 인쇄할 때 여러 가지 미숙했던 부분들을 개선하여 글자의 서체는 물론 인쇄의 효율도 높였다. 세종은 학문에 열중하여 통치의 여가에도 책을 가까이 하였으며 활용에 편리하게 하고 세상에 널리 배포하여 모든 사람들이 한결같이 깨우침을 얻는 방안을 추구하였다.

구체적으로는 세종 2년(1420)에 만든 庚子字의 글씨가 작고 촘촘하여 보기가 어렵다고 판단되어 좀 더 크고 단정한 글자를 만들고자 시도된 활자이다. 세종은 이천에게 경자자의 주조를 감독하게 하였더니 그 印本이 정교하고 좋아졌다고 하면서, 한 가지 흠으로 글자체가 너무 세밀하여 열람하기 어려우니 대자의 자본을 사용하여 재차 주조해 달라고 지시하였다. 그 일은 李蕆에게 감독을 맡기고 集賢殿直提學 金墩, 直殿 金鑌, 護軍 蔣英實, 僉知司譯院事 李世衡, 議政府舍人 鄭陟, 奉常注簿 李純之, 訓練觀參軍 李義長 등이 일을 담당하였다. 이때 사용된 글자의 본은 經筵에 소장하고 있던 『孝順事實』, 『爲善陰騭』, 『論語』 등의 책을 자본으로 하고 부족한 글자는 晋陽大君 瑈[47]에게 명하여 쓰게 하였다.[48]

활자의 주조에 걸린 시일은 2개월로, 1434년 7월 2일부터 9월 9일 처음 서적을 인출할 때까지이며 이때 크고 작은 활자 20여 만 자를 만들었다. 글자의 서체가 바르고 정확하며 일의 효율도 전에 비하여 2배나 향상되어 하루 동안에 40여 장을 인출할 수가 있었다.[49]

이 甲寅字는 달리 衛夫人字라고도 불리는데, 이는 중국의 명필가 王羲之가 글씨를 배운 李充의 어머니인 晉나라 衛夫人의 글자체와 비슷하여 부르는 별칭이다.

당시의 내부적 형편은 北征으로 인하여 병기를 많이 잃어서 銅鐵의 소용도 많았고 기술자들이 각처에 나뉘어 있어 일을 하고 있어 활자 주조의 일이 번거롭고 어렵지만 세종의 의지에 의하여 힘들게 추진되었다.

이러한 어려움뿐만 아니라 주조와 조판의 기술적 문제로 말미암아 인쇄 상태가 좋지 않고 작업이 더뎌지는 폐단을 개선하고자 세종이 이천에게 고쳐 만들기를 명하였으나 처음에 어려워하자 세종이 강요하여 이천이 지혜를 내어 활자판을 만들고 주자를 부어 만드니 활자가 모두 바르고 고르며 조판틀은 견고하여 비록 밀랍을 쓰지 않고도 종이를 문질러 많이 찍어 내어도 글자가 비뚤어지지 아니하였다고 하였다. 또 대군들도 이전보다 큰 글자로 고쳐 활자를 만들어 책을 찍어 보자고 청하였다.[50]

---

47 晋陽大君 瑈의 명칭 변천

시기	명칭	기사
세종 10년 6월 16일 (1428)	晋平大君	以朴氏 崔氏並爲貴人. 瑈大匡輔國 晋平大君 瑢大匡輔國 安平大君 璆大匡輔國 臨瀛大君 義生元尹 崔府右軍摠制.
세종 15년 6월 27일 (1433)	咸平大君	(戊)(戊)申/以瑈爲咸平大君 裀咸寧君 裀初封恭寧君 今避恭定大王諡改封. 尹淮中樞院使 鄭招藝文大提學 李興發仁壽府尹 鄭麟趾藝文提學 權聃 申得海竝僉知中樞院使. 以得海守閭延 有功於征討也. 李孝仁忠淸道觀察使 趙賚江原道都觀察使 李澄石慶尙道兵馬都節制使.
세종 15년 7월 1일 (1433)	晉陽大君	以瑈爲晋陽大君. 先是封咸平 咸平乃咸興別號 而嫌於咸平縣 故改之.
세종 27년 2월 11일 (1445)	首陽大君	以瑈改爲首陽大君 南智爲刑曹判書 辛引孫藝文館大提學 金乙玄中樞院副使 李審僉知中樞院事.

48 『世宗實錄』 卷65, 1434年(세종16) 7月 2日(丁丑) 條: 予念此弊 曾命卿改造 卿亦以爲難 予强之 卿乃運智 造板鑄字 並皆平正牢固 不待用蠟 印出雖多 字不偏倚 予甚嘉之…乃命蕆監其事 集賢殿直提學金墩 直殿金鑌 護軍蔣英實 僉知司譯院事李世衡 舍人鄭陟 注簿李純之等掌之 出經筵所藏『孝順事實』·『爲善陰騭』·『論語』等書爲字本 其所不足 命晋陽大君瑈書之…

49 金鑌의 鑄字跋文, 『高麗史節要』 跋: 宣德九年秋七月…自其月十有二日始事再閱月而所鑄至二十有餘萬字 越九月初九日始用以印書 一日所印可至四十餘紙 字體之明正功課之易就比舊爲倍矣

50 『世宗實錄』 卷65, 1434年(세종16) 7月 2日(丁丑) 條

(2) 주조와 조판의 개선

갑인자에 이르러 세종의 강한 의지와 관심으로 전과 비교하여 새로운 단계의 활자인쇄술을 터득하게 되었다. 이때의 개선이 어떠한 영역에서 이루어졌는지 실록의 기사에 상세하게 수록되어 있다. 이에 따르면 활자인쇄의 초창기여서 기술이 정밀하지 못하였으므로 매번 인쇄할 때는 반드시 먼저 밀랍을 판 바닥에 깔고 그 위에 활자를 차례로 맞추어 꽂아서 식자를 하였다. 그러나 밀랍의 성질이 본디 부드럽고 연약해 植字를 해도 빨리 굳지 않아 겨우 두어 장만 찍으면 글자가 움직이고 한쪽으로 쏠리고 많이 비뚤어져서 이를 고르게 바로잡아야 했으므로 인쇄하는 기술자가 매우 불편하게 여겼다.[51] 이러한 조판 상황을 개선하기 위하여 밀랍을 쓰지 않아도 활자가 움직이지 않고 비뚤어지지 않도록 나무나 대나무, 종이를 활자 사이에 끼워 흔들리지 않게 하였다.

이와 같은 조판 작업의 개선은 물론 기본적으로 앞선 庚子字부터 활자의 모양을 정방형으로 만들어 반듯하게 하고 높이도 일정하게 하며 활자의 바닥도 평평하게 함으로써 한쪽으로 기울거나 높고 낮음으로 인하여 먹을 칠한 후 문질러 인출할 때 먹색이 고르지 않게 되는 것을 방지하였다. 현전하는 초주갑인자 초기의 인본들은 대체로 먹색이 선명하고 글자체도 정교하다.

조선 초기 금속활자 인쇄술의 발전을 활자와 조판의 기술적 개선 측면에서 단계별로 나누어 보면 다음 표와 같다.

표 4-5 조선 초기 금속활자의 특징

	癸未字	庚子字	甲寅字
주조 시작일	태종 3년(1403) 2월 19일	세종 2년(1420) 11월	세종 16년(1434) 7월 12일
소요 시일	수개월	약 7개월	약 2개월(9월 9일까지)
인출량	數 紙	20餘 紙	40餘 紙
수량	수십만 자	미상	20여 만 자

51 上揭書, 同日: …但因草創 制造未精 每當印書 必先以蠟布於板底 而後植字於其上 然蠟性本柔 植字未固 纔印數紙 字有遷動 多致偏倚 隨卽均正 印者病之

특징	• 조판이 조잡하여 인쇄기술이 미숙한 단계이며 글자 모양이 고르지 못하고 활자 뒷면은 송곳형 • 동판틀 바닥에 밀랍을 깔고 활자를 배열한 다음 열을 가하여 밀랍을 녹이고 평평한 판으로 위에서 눌러 활자면을 고르게 한 다음, 식어서 밀랍이 단단해지면 인쇄함	• 계미자 인쇄 능률의 보완 목적 • 계선이 위아래 변에서 떨어지는 고착식 인판틀로 개량 • 활자와 맞도록 개량된 동판에 활자를 배열한 후 밀랍을 부어 고정시킴 • 동판과 圍裏가 일체형인지 분리형인지 알 수 없음	• 밀랍을 사용하지 않고 활자의 바닥을 평정하게 하여 틈새에 나무와 대나무 쐐기를 박아 인출 시 흔들리지 않게 함 • 臺와 圍裏의 재질에 대한 기록이 없으므로 고정과 연결의 방법이 불확실함 • 활자 조판에 나무와 파지를 쓰고 있으므로 바닥이 목재일 가능성이 많음
자본	『詩』, 『書』, 『左氏傳』 등	『詩』, 『書』, 『左氏傳』 등	『孝順事實』, 『爲善陰騭』, 『論語』 등 진양대군 글씨

이렇게 기술적 발전을 거듭한 갑인자이지만 세종은 이에 만족하지 않고 더 나은 방법을 모색하면서 중국 북경으로 형조참판 南智를 보낼 때 종사관이 가지고 가도록 한 事目에서 사신에게 중국의 활자인쇄법을 알아 오라는 명령을 내리기도 하였다.

이러한 명령을 내릴 때 활자의 형태나 조판에 관한 중요한 사실도 포함되어 있는바, 우리나라의 활자 인쇄는 밀랍을 사용하여 자못 일이 많고 후에 고친 활자는 네 모퉁이를 평평하고 바르게 하였기에 활자의 체제가 두 가지 모양인데, 이와 비교할 때 중국 활자의 글자체와 인출하는 일은 어떻게 다른지를 자세히 물어 올 것을 주문하였다.[52]

이때는 갑인자를 주조한 바로 다음 해에 해당하고 고친 활자의 모양은 네 다리가 있는 활자에서 흔들림을 줄이고자 바닥을 평평하게 한 것이 바로 갑인자이며 그전의 활자는 네 다리를 가진 활자임을 추정할 수 있다. 또 조판에 있어서도 전에는 밀랍을 사용하였기 때문에 일이 많았음도 언급하고 있다. 세종이 이와 같이 중국의 활자 인쇄기술을 알고자 하였으나 사신이 돌아와 올린 답은, 중국은 활자 인쇄보다는 목판 인쇄로 더 활빌하게 책을 출판하고 있다고 하여 큰 도움을 받을 수 없었다.

이 초주갑인자는 이후 재주갑인자가 주조되기 전까지 약 150년 동안 사용되면서 두 차례 補鑄를 거쳐 여러 주제의 문헌을 찍는 데 지속적으로 사용되었다. 또 이 초주갑인자는 小字만으로 찍은 책도 있으며, 특히 大字의 다른 활자 등 주조와 사용 시기가 다른 활자들과 혼합하여 조판되어 책을 찍는 데도 사용되었다.

52 『世宗實錄』 卷69, 1435年(세종 17) 8月 24日(癸亥) 條.

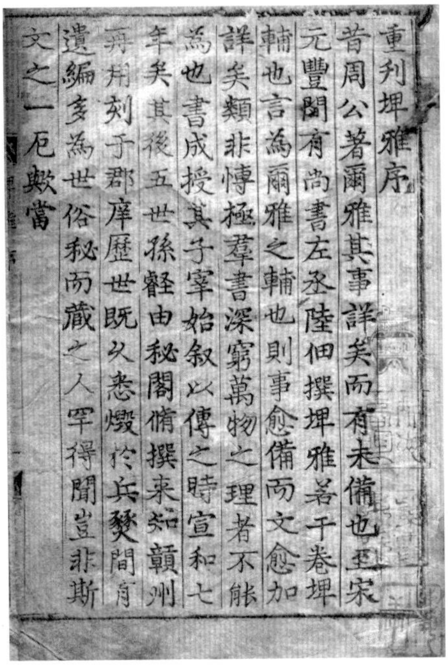

重刊埤雅序
昔周公著爾雅其事詳矣而有未備也至宋
元豐間有尚書左丞陸佃撰埤雅若干卷埤
輔也言為爾雅之輔也則事愈備而文愈加
詳矣類非博極群書深窮萬物之理者不能
為也書成授其子宰始叙以傳之時宣和七
年矣其後五世孫壑由秘閣脩撰來知贛州
再用刻于郡庠歷世既久悉燬於兵燹間有
遺編多為世俗秘而藏之人罕得聞豈非斯
文之一厄歟當

그림 4-19 『埤雅』53

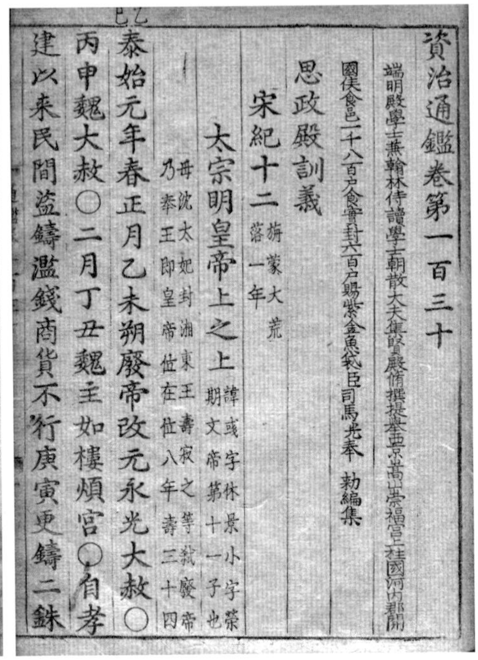

資治通鑑卷第一百三十
端明殿學士兼翰林侍讀學士朝散大夫集賢殿脩撰提舉西京嵩山崇福宫上柱國河内郡開
國侯食邑二千六百户食實封六百户賜紫金魚袋臣司馬光奉 勑編集
思政殿訓義
宋紀十二 旃蒙大荒落一年
太宗明皇帝上之上 諱彧字休景小字榮期文帝第十一子也母沈太妃封湘東王壽寂之等弑廢帝乃奉王即皇帝位在位八年壽三十四
泰始元年春正月乙未朔廢帝改元永光大赦○自孝
丙申魏大赦○二月丁丑魏主如樓煩宮○
建以來民間盜鑄濫錢商貨不行庚寅更鑄二銖

그림 4-20 『資治通鑑』 권130[54]

표 4-6 초주갑인자 인본 대표 목록

시기	서명	시기	서명
1434	眞書山讀書記乙集上大學衍義	1495~1544	精選唐宋千家聯珠詩格
1435	詩傳大全	1499	成宗實錄
1435	分類補註李太白詩	1501	弘治十四年辛酉二月生員進士
1437	歷代將鑑博議	1506~1567	須溪先生校本韋蘇州集
1438	資治通鑑綱目	1506~1544	經國大典
1438	朱文公校昌黎先生集	–	燕山君日記
1444	七政算內篇	–	陳思王集
–	四餘纏度通軌	–	文選
–	唐柳先生集	–	資治通鑑綱目
–	新編音點性理群書句解	1506~1567	增刊校正玉狀元集註分類東坡詩
1450	妙法蓮華經	1530	歐陽文忠公集
1418~1450	資治通鑑	1536	司馬溫公經進稽古錄
–	纂註附音資治通鑑外紀增義	1539	皇華集
–	新編音點性理群書句解	1542	高麗史節要
–	太陽通軌	1543	大典後續錄

53 개인 소장본.

54 개인 소장본.

–	大統曆日通軌	1544	性理源撮要
–	宣德十年月五星凌犯	1545~1569	近思錄
–	庚午元曆	1548	天磨蠶頭錄
–	太陰通軌	1550	中宗實錄
–	緯度太陽通經	1555	經國大典註解
–	授時曆捷法立成	1556	眞文忠公續文章正宗
–	授時曆立成	1545~1567	新編音點性理群書句解
1418~1450	朱文公校昌黎先生集	–	詳說古文眞寶大全前集
–	五星通軌	–	資治通鑑綱目
–	交食通軌	–	皇華集
1453	高麗史節要	–	晉書
1457	永嘉眞覺大師證道歌	1507~1608	王荊文公詩
–	國朝寶鑑	1545~1608	資治通鑑綱目
–	原從功臣錄券	1566	心經附註
1469	經國大典	1568	夙興夜寐箴
1482	壬寅年元日內宴御製詩	1571	明宗實錄
–	壬寅度載軸	1580	分類補註李太白詩
1483	鼓吹續編	1567~1608	晉書
1476	海東諸國記	–	朱文公校昌黎先生集
1469~1404	文選	1568~1608	句解南華眞經

※ '–'는 정확한 연도는 모르나 전후로 표기된 시기와 비교적 근접한 시기임을 의미함.

2) 再鑄甲寅字(庚辰字)

(1) 개요

재주갑인자는 선조 연간에 두 번째로 주조된 갑인자체의 활자로, 그 정확한 주조 시기에 대하여 그간 두 가지 견해가 있었다. 그 첫 번째는 선조 6년 癸酉年(1573)에 주조되었다는 견해이다. 그 근거로 柳希春의 『眉巖日記草』 11월 6일 기사에서 甲寅字 주조의 철은 먼저 466근 1냥 1전을 받아 내놓았는데, 주자로 불리어진 것은 397근 3전이고 남은 철이 16근 2냥이며 쇳가루가 27근이다[55]라는 기록에 근거하여 이른바 '癸酉字'라고 명명되기도 하였다.

또 다른 이 활자의 주조 관련 기록은 『光海君日記』 10年(1618) 7月 戊申 條에서 戊午年 7월 22일 戊申에 鑄字都監이 아뢴바, "평시부터 서적을 인출하는 것은 오로지 활자에 의존해 왔는데, 그 후 庚辰年(1580)에 선왕께서 甲寅字의 改鑄를 명하셔서 나라에 보급시켜 오래도록 이롭게 하셨습니다. 그런데 불행히 한 번 병란을 겪어서 옛 활자를 다 잃어

55 柳希春, 『眉巖日記草』, 1573年(선조 6) 11月 6日 條.

버리고 오로지 목각(木刻)을 사용하게 되니 자체(字體)가 어그러지고 잘못되고 쉽게 닳아 없어져 금방 새겨도 금방 깎여져 힘과 비용이 배나 듭니다."[56]라는 언급에서 갑인자의 개주가 庚辰年에 있었음을 확인할 수 있다. 이에 따라 '庚辰字'라는 명칭도 사용되었다. 그간의 선행연구에서 이 두 기록에 대하여 개주의 규모 차이라는 의견도 있었다.

이를 보강하는 자료로 개인 기록 중에 임진왜란이 일어나 臨海君(1574~1609)을 모시고 함경도로 피난한 바 있었던 金貴榮(1519~1594)의 문집인 『東園集』에 1580년 庚辰의 갑인자 鑄成이 사실이 수록되어 있다. 이 기록은 주조 당시에 쓴 것이고, 그 내용도 『光海君日記』의 기사와 일치하고 있다. 이에 따르면,

> …만력 경진년(1580) 정월에 왕이 御札을 내려 말씀하기를 "활자가 이미 오래되어 닳고 무뎌져 본모습을 잃었고, 또 목활자를 섞어 써서 인출한 책이 매우 정교하지 못하다. 지금 별도로 한 담당국을 설치하여 옛 활자를 改鑄해야 할 것이다." 이에 朴淳 등에게 명하여 그 일을 감독하도록 하며 黃允吉 등에게 그 작업을 董督하도록 하였다. 내장되어 있던 『대학연의』 책의 갑인자체를 빼내어 본으로 삼아 9개월 만에 일을 마쳤다. 上이 찍은 종이를 보시고 마음에 들어 하며 말씀하기를 "새로 주조한 활자가 꽤 좋으니 만약 舊字와 섞어 쓴다면 인출한 것이 반드시 같지 않은 게 있게 될 것이다. 새로 주조한 것은 庚辰이라 하고, 이전 甲寅字와는 각각 써야 좋을 것이다."[57]

라 하여 주조할 때의 字本이 『大學衍義』였으며 주조 기간은 9개월, 일을 담당하였던 사람은 朴淳과 黃允吉 등이었고 앞서 사용하던 갑인자와 구분하여 사용하라는 지시로부터 재주갑인자의 주조에 대한 자세한 사실을 알 수 있다.

이와 더불어 김귀영은 당시 활자 주조의 감회를 다음과 같은 시로 표현하였다.

---

56 『光海君日記』 卷46, 1618年(광해군 10) 7月 22日(戊申) 條: 戊午七月二十二日戊申鑄字都監啓曰 自平時 書籍印出 專賴鑄字 而厥後庚辰 先王又命改鑄甲寅字 通行一國 爲萬世利 不幸一經兵燹 舊字蕩失 專用木刻 字體舛訛 刓缺亦易 旋刻旋刓 功費倍蓰

57 金貴榮, 「題鑄字都監契軸并小識」, 『東園集』: …萬曆庚辰正月 上下御札 若曰 活字旣久 殘頑失眞 兼且雜用木字 印書殊不精 今宜別設一局 改鑄舊 字. 乃命臣朴淳等監其事 臣黃允吉等董其役 出內藏大學衍義甲寅字爲範本 九閱月而功訖. 上覽印紙嘉之曰 新字頗好 若與舊字混中 印必有不類者矣 新鑄字 目庚辰 與前甲寅字 各用可也.

燕問書史屬宸衷 평소 책 사이에 마음을 붙이셨는데
活本殘頑舊範銅 인쇄본은 무디고 동활자는 오래되었네
爰命重臣開鑄局 중신들에게 명하여 주조청을 여시고
更頒豊籲勸勤工 풍성한 봉급 내리시며 일에 힘쓰게 하셨네
甲寅字作庚辰字 갑인자로 경진자 만들어
先哲功光後聖功 선철(갑인자를 만든 세종)의 공을 가지고 후성(경진자를 만든 선조)의 공을 빛나게 했네
心得躬行能事畢 활자 주조의 마음을 내어 몸소 실행하여 일을 잘 마치셨으니,
右文治化日興隆 문을 숭상하는 정치의 교화가 날로 융성해지네

한편 이 활자로 찍은 印本으로는 선조 16년(1583) 鄭惟吉이 발문을 쓴 『箋註靖節先生集』과 李山海가 서문을 쓴 『梅月堂集』, 1584년의 『精忠錄』 등이 있다. 이후 임진왜란으로 말미암아 출판활동이 중지됨에 따라 이 활자로 찍은 책은 20여 종으로 많지 않다.

이 경진자의 서체는 초주갑인자와 전체적으로 유사하나 글자획이 상대적으로 굵고 정교하지 못하지만 비교적 단정한 편에 속하며, 판식에 있어서는 版心 내에 상하의 魚尾가 3葉花紋으로 나타난다는 특징이 있다.

표 4-7 재주갑인자 인본

書名		刊行年	備考
箋註靖節先生集	10권 3책	宣祖 16년	黃義敦舊藏本
梅月堂集		宣祖 16년	國立圖書館 一山文庫
會纂宋岳鄂武穆王, 精忠錄		宣祖 17년	國立圖書館 一山文庫
光國功臣會盟錄	1책	宣祖 23년	慶北 安東郡 柳時泳藏
光國原從功臣錄		宣祖 24년	慶北 安東郡 柳時泳藏
許蘭雪軒集		宣祖 39년	淸芬室書目
資治通鑑綱目		未詳	淸芬室書目 殘本 1책
書傳大全		未詳	淸芬室書目 殘本 1책
古今歷代標註十九史略		未詳	淸芬室書目 殘本 1책
分類補註李太白詩		未詳	淸芬室書目 殘本 1책
西涯擬古樂府		未詳	淸芬室書目 3권 3책
排字禮部韻略	6권	未詳	黃義敦舊藏本
東萊博義	2권	未詳	高麗大學校 華山文庫
海東辭賦	2권	未詳	高麗大學校 華山文庫

春秋經傳集解	未詳	屛山書院 零本 2책
小學集說	未詳	屛山書院 零本 1책
論語集註	未詳	慶北大 翠庵文庫
詩傳	未詳	慶北大 翠庵文庫
大學章句·大學或問(합철)	未詳	慶北大 翠庵文庫

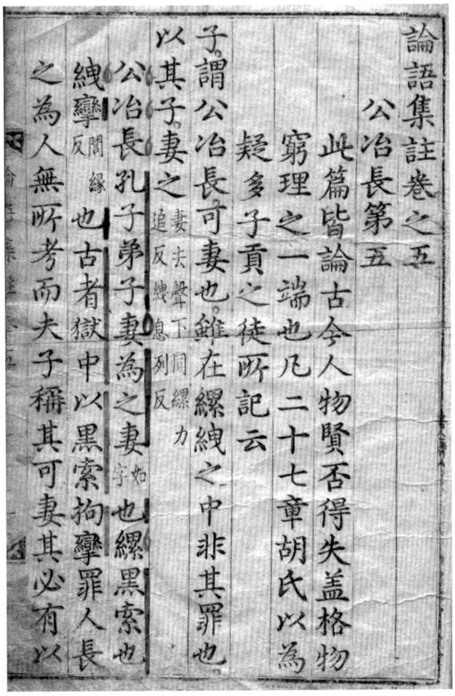

論語集註卷之五
公冶長第五
此篇皆論古今人物賢否得失蓋格物窮理之一端也凡二十七章胡氏以為疑多子貢之徒所記云
子謂公冶長可妻也雖在縲絏之中非其罪也以其子妻之 妻去聲下同縲力追反絏息列反
公冶長孔子弟子妻為之妻 如字 也縲黑索也絏攣 閭緣反 也古者獄中以黑索拘攣罪人長之為人無所考而夫子稱其可妻其必有以

그림 4-21 『論語集註』 권5[58]

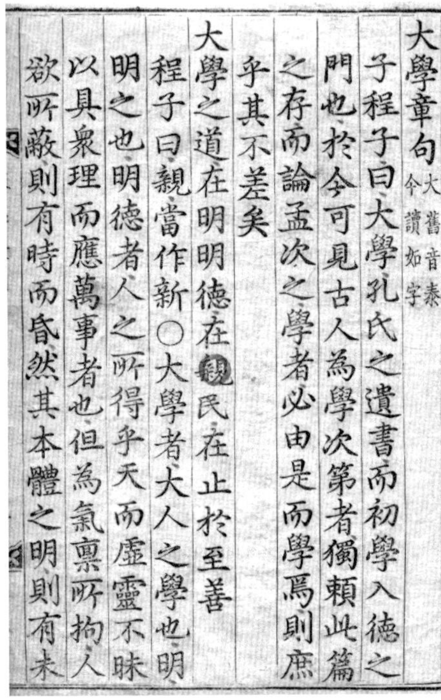

大學章句 大舊音泰今讀如字
子程子曰大學孔氏之遺書而初學入德之門也於今可見古人為學次第者獨賴此篇之存而論孟次之學者必由是而學焉則庶乎其不差矣
大學之道在明明德在親民在止於至善
程子曰親當作新○大學者大人之學也明明之也明德者人之所得乎天而虛靈不昧以具衆理而應萬事者也但為氣禀所拘人欲所蔽則有時而昏然其本體之明則有未

그림 4-22 『大學章句』[59]

3) 三鑄甲寅字(戊午字)

임진왜란 후의 서적 출판활동은 금속활자의 인쇄가 중지되고 이후 훈련도감에서 전쟁 전에 사용되었던 금속활자의 여러 서체를 따라 목활자로 제작한 訓鍊都監字가 활용되었다. 이에 종래의 금속활자 인쇄제도를 복구하고자 鑄字都監을 설치하고 다시 갑

58 경북대학교 도서관 소장본.

59 경북대학교 도서관 소장본.

인자체의 동활자를 주조한 것이 戊午字이다. 그러나 이러한 의지도 처음 논의되었던 1616년에는 書籍校印都監에서 만류하여 이루어지지 못하였다.

이때 서적교인도감에서는 鑄字의 일에 대하여 이미 윤허를 받았고 만약 당시의 鑄字都監을 별도로 하나의 局으로 설치하게 되면 교인도감의 員役과 工匠을 나누어 보내야 할 것이므로 쓸데없는 낭비가 매우 심할 뿐만 아니라 힘이 분산되어 지금 찍고 있는 여러 서적들을 제대로 완성하지 못하게 될 것을 우려하였다. 또 활자를 만드는 일은 모두가 校印하는 일과 같은 일로서 별도로 도감을 설치하지 않더라도 들어갈 물품들을 전례대로 마련해 주어 교인도감에서 글자를 만들도록 하면 편리하고 온당하게 될 것[60]이라고 전하여 도감이 만들어지지 않았다.

그러나 1618년에 이르러서는 훈련도감자가 목활자인 까닭에 쉽게 닳아지므로 금속으로 다시 활자를 만든 것에 대하여 鑄字都監이 글을 올렸다. 그 내용은 평시에 서적을 인출하는 것은 주로 활자로 하였고 경진년에 이르러 선왕(선조)이 甲寅字를 다시 고쳐 만들도록 명하였다. 그런데 불행히 병란을 겪어서 옛 활자를 다 잃어버리고 오로지 木刻을 사용하게 되니 字體가 어그러지고 잘못되고 쉽게 닳아 없어져 금방 새겨도 금방 깎여져 힘과 비용이 배가 든다고 하였다. 이에 광해군이 經籍에 신경을 써 출판의 옛 제도를 회복시킬 생각으로 특별히 局을 설치하였고 쇠를 녹여서 야금하는 것이 세밀하고 공역이 아주 큰데도 전후에 담당한 낭청이 진력을 다하여 감독하여 일 년 만에 공역을 마쳤으니 수고에 대한 포상을 원한다는 내용이었다.[61]

이 활자의 주조에 대하여 일부 선행연구에서는 선조 때의 補鑄라고 보기도 하였지만 그 인본으로 볼 때 서체가 달라 별도의 주조로 다루는 것이 타당할 것이다.

---

60 『光海君日記』 卷37, 1616年(광해군 8) 8月 21日(己未) 條: 書籍校印都監啓曰 鑄字事 已爲蒙允矣 鑄字都監 今若別設一局 則校印都監員役 工匠 將爲分送 非但糜費甚多 勢分力岐 方印諸書 難以成形 當初大臣啓辭 以都監太多 姑爲停止 誠有所見 鑄字之役 無非校印之事 雖不別設一局 只容入之物 依前磨鍊 自校印都監 使之鑄成 則似爲便當…

61 『光海君日記』 卷46, 1618年(광해군 10) 7月 22日(戊申) 條: 戊午七月二十二日戊申鑄字都監啓曰 自平時 書籍印出 專賴鑄字 而厥後庚辰 先王又命改鑄甲寅字 通行一國 爲萬世利 不幸一經兵燹 舊字蕩失 專用木刻 字體舛訛 刓缺亦易 旋刻旋刮 功費倍蓰 幸賴聖上留心經籍 思復舊制 特命結局 繼述列聖右文之意 豈非今日之盛擧乎 顧其鎔冶細密 役功浩大 而前後次知郎廳 盡心監董 纔一年而畢役 極爲可嘉 似有依例酬勞之事 而係干恩典 惶恐敢啓…

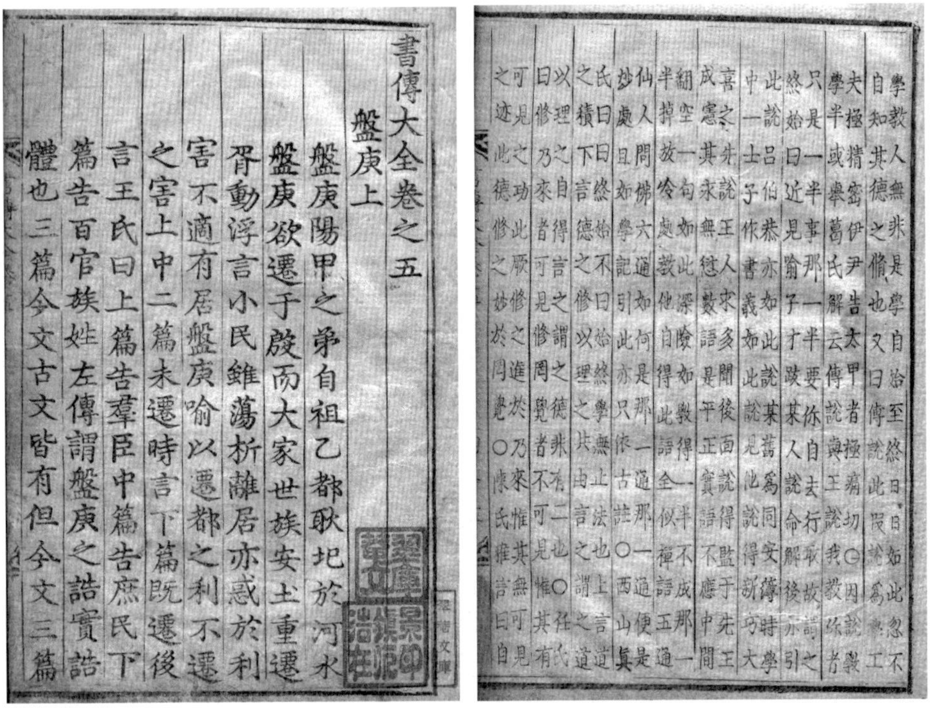
書傳大全卷之五
盤庚上
盤庚陽甲之弟自祖乙都耿圮於河水
盤庚欲遷于殷而大家世族安土重遷
胥動浮言小民雖蕩析離居亦惑於利
害不適有居盤庚喻以遷都之利不遷
之害上中二篇未遷時言下篇既遷後
言王氏曰上篇告羣臣中篇告庶民下
篇告百官族姓左傳謂盤庚之誥實誥
體也三篇今文古文皆有但今文三篇

그림 4-23 『書傳大全』 권5[62]

戊午字로 찍은 인본은 많지 않아 1620년에 찍은 『勞酒宴頌德會編』, 1622년의 『皇華集』, 1623년의 『書傳大全』, 그 밖의 『詩傳大全』 등이 있다. 인본이 적은 것은 광해군 말기의 失政으로 서적 인쇄가 제대로 이루어지지 못하였고 인조 2년(1624) 李适의 난과 인조 14년(1636) 병자호란으로 모두 산실되었기 때문으로 추정된다.

갑인자 계열의 활자 중에서 특징적인 부분은 판심 내의 어미가 3葉花紋黑魚尾로 재주갑인자와 같고 글자의 서체는 '於'의 왼쪽 부수가 '方'부이며 '所' 자의 좌우가 분리된 것과 '其'의 좌측 아래 획이 아래에서 위로 삐친 것 등이다.

4) 四鑄甲寅字(戊申字)

전쟁으로 인한 피해가 복구되고 사회경제적으로도 안정을 찾으면서 문교를 진흥하고

---

62 경북대학교 도서관 소장본.

학문을 지원하기 위하여 중앙 정부 차원에서 다시 활자를 주조하여 서적을 찍어 내고자 하였다.

戊申字의 주조 배경은 당초 교서관의 鑄字가 임진년 전쟁으로 산실된 뒤 다시 주조하지 못해 木活字로만 책을 인쇄하여 글자 모양이 정교하지 않았다. 1668년 이때에 이르러 전 호조판서 김좌명이 銅鐵로 글자를 주조한 뒤 箚子를 올려 工匠 등의 粮料와 役價를 호조와 병조로 하여금 달수를 정하여 지급하게 해 달라고 청하여[63] 이루어진 것이다.

이 무신자는 1672년 守禦廳에서 前守禦使 金佐明(1616~1671) 때에 銅으로 大字 6만 6천1백여 자, 小字 4만 6천6백여 자를 주조한 것을 왕에게 글을 올리고 校局(校書館)으로 이송하였다.[64]

한편 무신자를 주조한 김좌명의 문집인 『歸溪遺稿』의 卷上에 수록된 '別紙'에 따르면 그가 1668년 7월에 올린 疏箚에서, 과거 祖宗朝에서는 銅을 녹여 活字를 만들어 많은 書籍을 印行하였고 丁未字와 乙亥字 등의 別號도 있으며 그 字體와 주조법이 매우 精妙하였다. 그러나 여러 차례의 兵燹을 거친 이래로는 散失되어 남은 것이 없으며, 流傳하는 서적도 完秩로 전해지는 것이 稀少해졌다. 당시 芸局에 주로 쓰는 것은 木活字로 字體와 刻法도 제대로 모양을 이루지 못하였다. 당시 김좌명이 『紀效新書』를 印出하면서 銅活字를 鑄成하고자 하였으나 이루지 못하였고 여러 해를 지나 1668년 봄에 玉堂에 있는 散秩된 『綱目』 중에서 數冊을 試取하여 그 字樣이 정교하고 좋은 것을 가려서 木刻으로 父字를 만들고 銅으로 주조하여 지금 鑄成된 것이 大略 7,000字이나, 1字가 疊用된 경우가 적게는 4~6개이며 많게는 40~50개이므로 도합 계산한다면 주조된 것이 60,000字에 가까웠다.[65]

이 기록들에 의하여 무신자는 현종 9년(1668) 봄부터 김좌명에 의하여 守禦廳에서 銅鐵로 활자가 주조되기 시작하여 같은 해 8월 5일에 주조가 완료되었음을 알 수 있다. 이후 1671년 3월 김좌명이 죽은 후인 1672년 10월에 활자가 수어청에서 교서관으로 옮거

63 『顯宗改修實錄』 卷19, 1668年(현종 9) 8月 5日(辛未) 條: 初校書館鑄字 自壬辰兵亂散失之後 更不能鑄 只以木字印册 故字樣甚不精 至是 前戶曹判書金佐明 始以銅鐵鑄字而陳箚 請工匠等糧料役價 令戶兵曹 限數朔支給

64 『顯宗改修實錄』 卷26, 1672年(현종 13) 10月 4日(乙巳) 條: 守御廳以銅鑄大字六萬六千一百餘字 小字四萬六千六百餘字入啓 移送校局 前守禦使金佐明時所鑄字也

65 金佐明, 『歸溪遺稿』 卷上, 疏箚 '辭戶曹判書箚' 戊申七月, '別紙' 條.

지게 되었다. 또 무신자의 자본이 玉堂에 소장되었던 중국판 綱目이라 하였지만 그 서체로 미루어 볼 때 역시 갑인자 계열의 글자였던 것으로 추정된다.

이 무신자는 주조된 이래 임진자가 주조되기 전인 英祖 말기까지 백여 년간 사용되면서 각종 司馬榜目을 비롯하여 四書, 歷史書 등 150종이 넘는 서적의 인출에 사용되었다.

그림 4-24 무신자 병용 한글 금속활자의 상부와 하부의 鑄造에서 어긋난 모습[66]

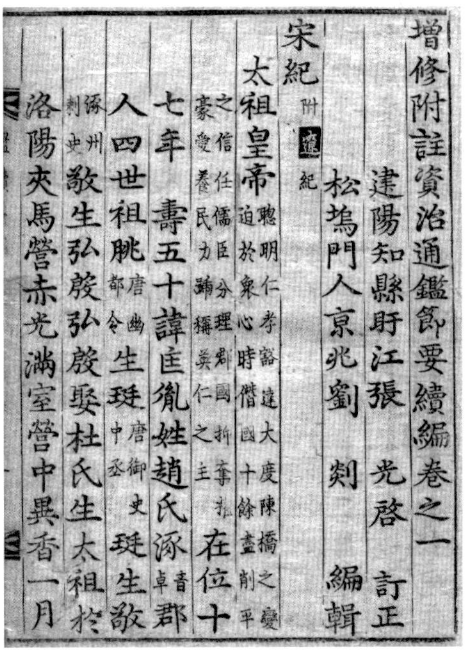

增修附註資治通鑑節要續編卷之一
建陽知縣盱江張 光啓 訂正
松塢門人京兆劉 剡 編輯
宋紀 附 遼紀
太祖皇帝
在位十
七年壽五十諱匡胤姓趙氏涿郡
人四世祖朓生珽珽生敬
敬生弘殷弘殷娶杜氏生太祖於
洛陽夾馬營赤光滿室營中異香一月

그림 4-25 『增修附註資治通鑑節要續編』 권1[67]

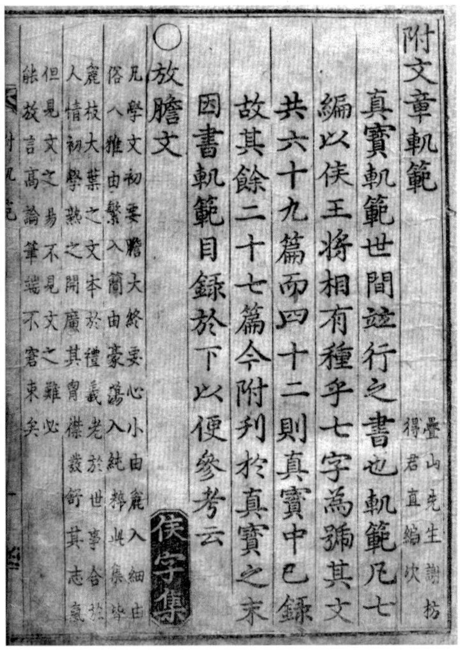

附文章軌範
真寶軌範世間並行之書也軌範凡七
編以侯王將相有種乎七字爲號其文
共六十九篇而四十二則真寶中已錄
故其餘二十七篇今附列於真寶之末
因書軌範目錄於下以便參考云
放膽文

그림 4-26 『文章軌範』[68]

66 위 그림에서 보는 바와 같이, 활자의 하부가 전방에서 후방으로 약간 밀려 주성된 결과로 보이고, 하부의 터널형 모양이 상부에 비하여 조금 작게 만들어진 형태로 나타난다. 그 결과 하부의 약간 작은 터널 형태 위에 상부의 약간 크면서 평면인 육면체(그 윗면이 글씨면)의 목활자가 주조 시 父字가 어긋나게 결합되어 이중으로 포개어진 형태 즉 重疊된 모양으로 鑄成되었음을 파악할 수 있다.
* 사진 출처: 국립중앙박물관, 『한글활자』, 서울: 국립중앙박물관, 2006, p. 175.

67 경북대학교 도서관 소장본.

68 경북대학교 도서관 소장본.

5) 五鑄甲寅字(壬辰字)

임진자는 영조 48년(1772)에 정조가 동궁으로 있을 때 갑인자본인 『心經』과 『萬病回春』을 바탕으로 15만 자의 동활자를 주조한 것이다. 초주갑인자를 다섯 번째로 개주한 활자로서 '五鑄甲寅字'라고 부르며 교서관에서 관리하였다.

이 활자의 주조·인쇄와 관련한 기록으로 『正祖實錄』 1年(1777) 8月 3日 條에서, 활자의 주조가 완성되었으며 이는 세종 갑인년에 金墩 등에게 명하여 『孝順事實』·『爲善陰騭』의 글자를 구리로 본을 떠서 20여 만 자를 만들었고 세속에서 이를 衛夫人字라고 불렀다. 宣祖朝에 이르러 이 활자를 重修했고, 정조가 동궁으로 있을 적에 신료들에게 명하여 甲寅字를 교정해서 15만 자를 주조하도록 하여 芸閣에 두고 『經書正文』과 『啓蒙集箋』을 인출한 것이 임진자라고 하였다.[69]

이와 같은 내용이 『日省錄』의 正祖 18年(1794) 1月 24日의 기록[70]에도 태종 대의 계미자로부터 세종 대의 경자자, 갑인자의 자본과 주조 관련 기록과 더불어 임진자의 주조와 인쇄 관련 사실이 언급되어 있다.

1772년에 임진자가 주조된 구체적인 시기는 임진자 字藪인 『新訂字藪』의 鑄字跋인 徐命膺의 "重鑄四書輯釋叙"의 내용[71]과 서명응이 이 叙文을 쓴 때가 바로 7월임을 밝히고 있고 『英祖實錄』의 '英祖 48年 壬辰 3月 15日'의 記事에서도 "임진자의 주조 시기는 1772년 3월 15일 이전부터 6월 15일 전후의 3개월간 주조된 것"이라 하였다.[72] 1772년 6월에 鑄成된 15만여 자의 임진자는 校書館인 芸閣에서 7櫃에 나뉘어 보관되었고, 丁酉字가 만들어지고 함께 사용되다가 후일 정유자가 1857년 鑄字所 화재로 소실된 후에는 임진자만 남아 현재까지 전하고 있다.

---

69 『正祖實錄』 卷4, 1777年(정조 1) 8月 3日(丙申) 條: 鑄字成 世宗甲寅 命金墩等以『孝順事實』·『爲善陰隲』字 範銅爲字 凡二十餘萬字 俗稱衛夫人字是也 至宣廟朝 重修其字 上在春邸 命宮僚 校正甲寅字 鑄十五萬字 藏于芸閣 印行經書正文『啓蒙集箋』是爲壬辰字…

70 『日省錄』, 1794年(정조 18) 1月 24日: 太宗朝癸未以經筵古註詩書 左傳爲本 命李稷等鑄十萬字是爲癸未字 世宗朝庚子命李藏等改鑄是爲庚 子字 甲寅以庚子字纖密 出經筵所藏孝順事實爲善陰騭等書 爲字本 命金墩等鑄二十餘萬字 是爲甲寅字集其大成 行三百有餘年 歲久寢刓矣 英宗朝 予在春邸 以甲寅字爲本 使芸閣鑄十五萬字藏之 是爲 壬辰字卽『經書正文』等書印本也 卽位之元年 復以甲寅字本 鑄十五萬字 于關西藏于內閣 是爲丁酉字卽 八子百選等書印本而 今又印經書

71 徐命膺, 「重鑄四書輯釋叙」, 『新訂字藪』: 今年夏 我聖上…命芸閣重加範鑄 閱三月盡韻府而止焉 將印一部成書 以試其字體…皇明崇禎紀元後三壬辰(1772)抄秋…徐命膺拜手稽首謹叙

72 윤병태, 『朝鮮後期 活字와 冊』, 서울: 범우사, 1992, pp. 157–159.

그 인본에 대해서는 정조 때의 御定書와 命撰書를 연대순으로 엮어 놓은 『羣書標記』에 따르면 영조 48년(1772)에 인출된 『易學啓蒙集箋』, 동왕 49년(1773)의 『資治通鑑綱目續編』, 동왕 51년(1775)에 인출된 『經書正文』, 정조 1년(1777)의 『明義錄』, 동왕 2년(1778)에 인출된 『續明義錄』 등 이후 일제강점기 데라우치 총독 때 인출한 『靑丘詩鈔』에 이르기까지 그 찍은 종수가 적지 않다.

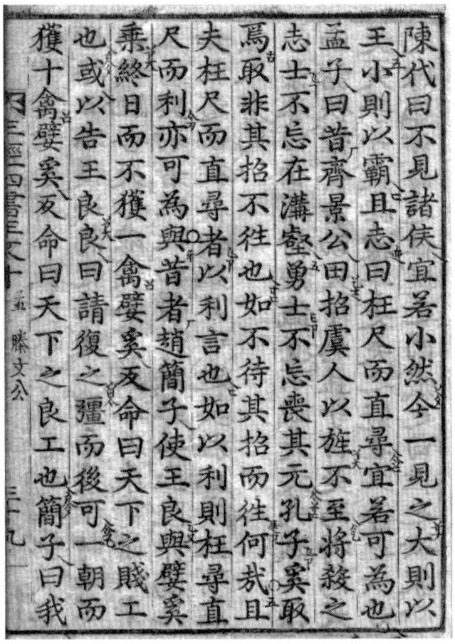
陳代曰不見諸侯宜若小然今一見之大則以
王小則以霸且志曰枉尺而直尋宜若可爲也
孟子曰昔齊景公田招虞人以旌不至將殺之
志士不忘在溝壑勇士不忘喪其元孔子奚取
焉取非其招不往也如不待其招而往何哉且
夫枉尺而直尋者以利言也如以利則枉尋直
尺而利亦可爲與昔者趙簡子使王良與嬖奚
乘終日而不獲一禽嬖奚反命曰天下之賤工
也或以告王良良曰請復之彊而後可一朝而
獲十禽嬖奚反命曰天下之良工也簡子曰我

그림 4-27 『三經四書正文』 권10[73]

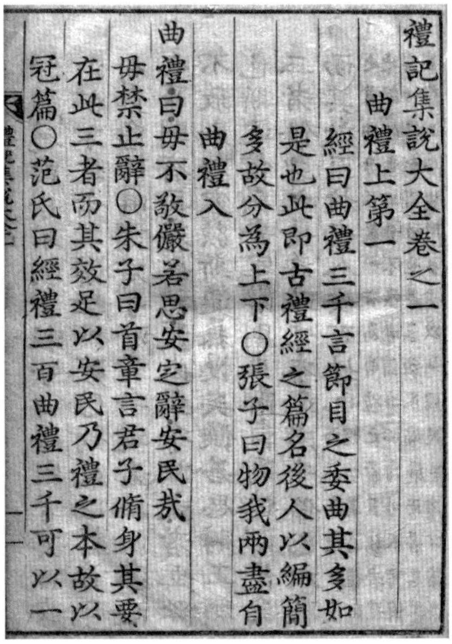
禮記集說大全卷之一
曲禮上第一
經曰曲禮三千言節目之委曲其多如
是也此即古禮經之篇名後人以編簡
多故分爲上下○張子曰物我兩盡自
曲禮入
曲禮曰毋不敬儼若思安定辭安民哉
毋禁止辭○朱子曰首章言君子脩身其要
在此三者而其效足以安民乃禮之本故以
冠篇○范氏曰經禮三百曲禮三千可以一

그림 4-28 『禮記集說大全』 권1[74]

이 활자를 주조할 때 만든 字藪는 『新訂字藪』[75]이며 7欌에 나누어진 주자의 欌別 활자 수를 정리하면, 다음과 같이 전체 142,767자를 주조하였음을 확인할 수 있다.[76]

표 4-8 임진자의 欌別 활자 수의 총계

大字	舊: 34,848자	小字	舊: 39,582자
	新: 67,478자		新: 859자
	凡: 102,326자		凡: 40,441자
총계: 142,767자			

73 개인 소장본.

74 경북대학교 도서관 소장본.

75 규장각한국학연구원 소장본, 청구기호 奎7928.

76 윤병태, 『朝鮮後期 活字와 册』, pp. 157–158.

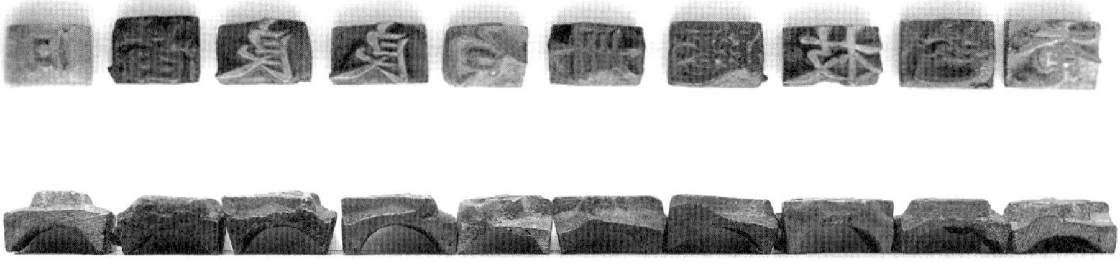

그림 4-29 임진자의 높이 비교[77]

주조된 활자의 형태는 뒷모습이 터널형으로 파여 있다. 교서관에 보관되어 있다가 1911년 6월 1일 자로 궁내부 소속의 규장각이 총독부 취조국으로 도서와 함께 인계하였던 임진자의 수는 102,894자, 소자 75,181자이며 植字版 32개도 포함되어 있었다. 이 활자들은 후에 국립중앙박물관으로 이관되었다. 현재 갑인자의 조판틀로 알려진 유물의 활자는 임진자이며 일제강점기 때 今西龍이 『國朝寶鑑』을 찍을 때 복원한 것으로 소장품은 국립중앙박물관, 고려대학교 박물관, 국립민속박물관(608자) 등에 보관되어 있다.

임진자의 대체적인 크기는 다음과 같다.

① 中　字: 세로 1.0~1.3cm, 가로 1.4~1.6cm, 높이 0.6~0.8cm
　　　　('再' 자: 1.3×1.5×0.8cm, 무게 8.14g)
② 小　字: 세로 1.0~1.3cm, 가로 0.7~0.9cm, 높이 0.6~0.7cm
　　　　('入' 자: 1.1×0.7×0.7cm, 무게 2.51g)
③ 印版臺: ㉠ 고려대 박물관: 세로 32.5cm, 가로 46cm, 두께 7cm
　　　　㉡ 국립민속박물관: 세로 36cm, 가로 44cm
　　　　㉢ 국립중앙박물관: 세로 37.2cm, 가로 49.8cm, 두께 11.2cm
④ 鐵亐里: ㉠ 고려대 박물관: 세로 27cm, 가로 37.7cm
　　　　㉡ 국립민속박물관: 세로 25cm, 가로 36cm
　　　　㉢ 국립중앙박물관: 세로 24.2cm, 가로 35.4cm

77 국립중앙박물관 역사부, 『한글금속활자』, 서울: 국립중앙박물관, 2006, p. 185.

그림 4-30 임진자 조판틀

그림 4-31 임진자

6) 六鑄甲寅字(丁酉字)

(1) 주조 기록과 인본

丁酉字(六鑄甲寅字)는 正祖가 1777년(正祖 1) 8월 3일에 平安監司였던 徐命膺에게 명하여 箕營(平壤監營)에서 갑인자 서체로 15만 자를 더 주조하게 한 동활자를 일컫는다.[78] 이는 정조가 동궁 시절이었을 때인 1772년에 15만여 자의 임진자를 초주갑인자로 주조하게 하였기 때문에, 그가 국왕으로 등극하면서 서명응에게 그 加鑄를 명령한 것으로 보인다.

이때의 『正祖實錄』 기록에 따르면 왕이 春邸에 있을 적에 동궁의 신료들에게 명하여 갑인자를 교정해서 15만 자를 주조하여 壬辰字라 하고 芸閣에 보관하고 『經書正文』과 『啓蒙集箋』을 인출하였다. 이해에 전 평안감사 徐命膺에게 명하여 箕營에서 갑인자를 본으로 하여 15만 자를 더 주조해서 올리도록 했었으니 이것이 丁酉字이다.

따라서 정유자는 그 이전인 1772년에 주조된 임진자가 제5주 갑인자인 까닭에 제6주 갑인자로 통칭되고 있다. 이들 임진자와 정유자는 그 底本이 동일한 갑인자라 글자체로는 구분하기 어렵고, 조판 방법 또한 동일하기 때문에 두 활자본은 印本의 식별이 대단히 어렵다[79]는 점이 특징이라 할 수 있다.

정유자의 구체적인 주조 활자 수는 그 字藪인 『奎章字藪』[80] 第62張에 따르면,

---

78 『正祖實錄』 卷4, 1777年(정조 1) 8月 3日(丙申) 條: 鑄字成…上在春邸 命宮僚 校正甲寅字 鑄十五萬字 藏于芸閣 印行『經書正文』·『啓蒙集箋』 是爲壬辰字 是年命前平安監司徐命膺 開鑄箕營 以甲寅字爲本 加鑄十萬字以進 是爲丁酉字…

79 천혜봉, 『한국 서지학』, 서울: 민음사, 2006, pp. 318-319.

80 규장각한국학연구원 소장본, 청구기호 奎7908.

七欌鑄 大字十萬五千六百三十八字
小字四萬四千五百三十二字
凡十五萬一百七十字

라 하여, 모두 150,170자가 주성되었음을 확인할 수 있다.

이러한 정유자는 교서관에 보관한 임진자와 서체가 같아서 두 활자들을 구분하여 사용하기 위해 奎章閣의 本院인 內閣에 따로 두고 사용하였다.[81] 그러다가 1857년(哲宗 8, 丁巳) 10월 15일 밤에 빈전도감 화재로 곁에 있던 鑄字所가 불탈 때, 여러 활자와 함께 정유자도 대부분 燒失되고 말았다.[82] 鄭元容의 『袖香編』 '鑄字所 鐵木鑄字' 항목에서는 이때 타 버린 衛夫人字 105,638자와 소자 44,532자가 정유자에 해당한다.

이 정유자로 찍어 낸 대표적인 인본으로는 1781년 『唐宋八子百選』, 1799년 『御定杜陸千選』, 1796년 『史記英選』 등이 있다.

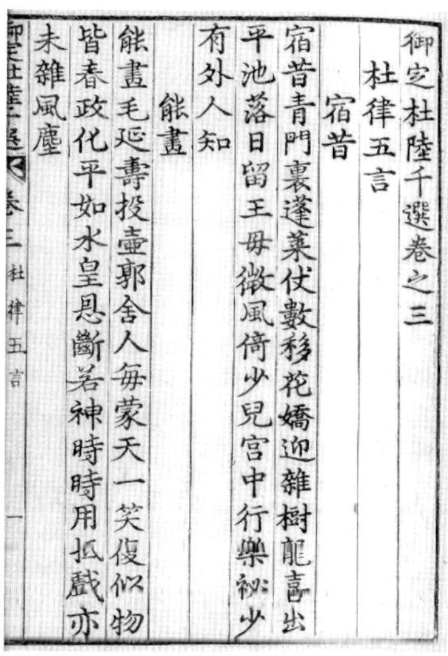
御定杜陸千選卷之三
杜律五言
宿昔
宿昔青門裏蓬萊仗數移花嬌迎雜樹龍喜出
平池落日留王母微風倚少兒宮中行樂祕少
有外人知
能畫
能畫毛延壽投壺郭舍人每蒙天一笑復似物
皆春政化平如水皇恩斷若神時時用抵戲亦
未雜風塵

그림 4-32 『御定杜陸千選』 권3[83]

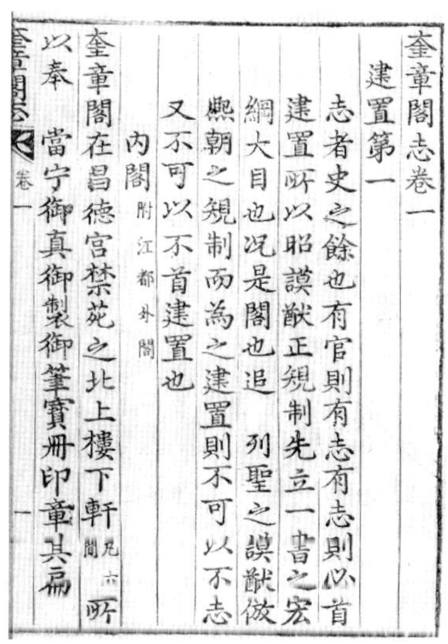
奎章閣志卷一
建置第一
志者史之餘也有官則有志有志則必首
建置所以昭謨猷正規制先立一書之宏
綱大目也況是閣也追 列聖之謨猷徵
熙朝之規制而為之建置則不可以不志
又不可以不首建置也
內閣 附江都外閣
奎章閣在昌德宮禁苑之北上樓下軒 閣凡六所
以奉 當宁御真御製御筆寶冊印章其扁

그림 4-33 『奎章閣志』 권1[84]

81 『書傳大全』 卷10 末尾. 규장각한국학연구원 소장본, 청구기호 奎中225.
卽位之元年 復以甲寅字本 鑄十五萬字于關西 藏于內閣 是爲丁酉字 卽八子百選等書 而今又印經書 內外閣所藏 凡三十萬字

82 ① 鄭元容, 『袖香編』, '鑄字所 鐵木鑄字' 條 (서울: 同文社), 1971, pp. 372-373. 影印本.
② 윤병태, 『朝鮮後期 活字와 册』, p. 182.

83 경북대학교 도서관 소장본.

84 경북대학교 도서관 소장본.

⑵ 현존 丁酉字

정유자는 기록상 1857년 주자소가 화재로 소진될 때 약 15만 자가 타 버린 것으로 알려져 있다. 그러나 최근 규장각과 개인 및 일본의 소장처에서 중자와 소자의 일부가 발견되었다. 이 활자들의 형태는 기존에 알려져 있던 터널형의 임진자와는 구분되어 네 변에 벽체가 있거나 가운데 십자형 경사가 있는 새로운 형태의 활자이다.

활자의 서체를 대조하여 정유자와 같음이 확인되었고, 일부 활자들은 녹아서 글자를 알아볼 수 없거나 활자의 형체가 뭉그러져 있기도 하며 두 글자가 합쳐지기도 하는 등 화재로 인해 녹아서 변형된 모습을 보여 주고 있어서 정유자의 신빙성을 높여 준다.

① **규장각 소장**

그림 4-34 규장각 소장 정유자 보관 모습

▲ 규장각 소장 정유자 대자 앞면

▲ 규장각 소장 정유자 대자 뒷면

▲ 규장각 소장 정유자 앞뒷면

▲ 정유자와 정유자 인본 글자의 자형 비교

▲ 규장각 소장 정유자 소자 앞면

▲ 규장각 소장 정유자 소자 뒷면

그림 4-35 규장각 소장 정유자

② 일본 동경예술대학 소장

이 활자는 1932년도에 당시 일본의 문부성 행정가였던 正木直彦(후에 동경미술학교교장)이 학교 시작과 동시에 구입한 것으로, 대자 88점과 소자 53점이 소장되어 있다.

그림 4-36 일본 동경예술대학 소장 정유자

그림 4-37 화재 피해를 입은 활자

활자 중에는 화재로 녹은 것이 많고 서로 엉겨 붙은 활자도 있다. 대자와 소자의 분포를 부수별로 보면 다음과 같다.

㉠ 대자

▲ 忄부수: 忳, 惇, 悿, 恓, 性, 恨, 慘, 忱, 愾, 慺

▲ 扌부수: 推, 措, 授, 抆, 扑, 捃, 抉, 撽, 拯, 扛

▲ 月부수: 胶, 臑, 服, 胠, 朕, 膞, 胕, 胤, 肯(3점)

▲ 辶부수: 造, 遠, 逵, 迁, 迂, 逝, 遲, 逮

▲ 食부수: 饋, 飴, 餫

▲ 骨부수: 骴, 髖, 骹

▲ 髟부수: 鬚, 鬆

▲ 熟, 歎, 跡, 盜, 爻, 愆, 慕(3점), 脊, 友, 嘗, 詣(2점), 拜, 勉 등

㉡ 소자

▲ 言부수: 譬, 譏, 誇, 許, 誐

▲ 扌부수: 掞, 措, 摑, 摪

▲ 糸부수: 緒, 紈, 紗, 素, 紅, 緄

▲ 酉부수: 酣, 酤, 醞, 酥

▲ 心부수: 思, 恁, 恣, 忍, 懸, 惠, 懟, 愼, 性, 恨, 恓, 懇

▲ 月부수: 腹, 腌, 膀

▲ 廷, 舸, 欺 등

③ 국립중앙박물관 소장 청동활자

1931년 9월 10일 林歌太郎으로부터 40달러에 구입한 것으로, 대형 131점, 중형 1점, 細長形 22점이다.

④ 개인 소장

기관에 소장된 것 외에 개인이 소장한 것으로, 중자 3자(不, 舒, 欣)와 소자 2자(關, 言[]) 등 5자가 알려져 있다.

7) 갑인자 계열 활자 비교

활자명	甲寅字(초주 갑인자)	庚辰字(재주 갑인자)	戊午字(삼주 갑인자)
주조 시기	세종 16년(1434) 7월	선조 13년(1580) 정월	광해군 9년(1617) 5월
제작 기관			鑄字都監
소요 시일	약 2개월(1434년 9월 9일까지)	약 9개월(1580년 9월까지)	약 14개월(1618년 7월 22일까지)
수량	20여 만 자	알 수 없음	알 수 없음
특징	• 밀랍을 사용하지 않고 활자의 바닥을 평정하게 하여 틈새에 나무와 대나무 쐐기를 박아 인출 시 흔들리지 않음 • 臺와 圍裏의 재질에 대한 기록이 없으므로 고정과 연결 방법이 불확실함 • 활자 조판에 나무와 파지를 쓰고 있으므로 바닥이 목재일 가능성이 많음	• 초주갑인자가 폐기되지 않고 별도로 보관됨 • 초주갑인자에 비하면 정교도가 떨어짐 • 전래되는 인본들이 깨끗하고, 임진왜란 발발로 간행이 중단되어 그 종수가 많지 않아 희소함	• 개주한 활자 중에서 가장 필획에 힘이 없고 둔탁하며 만든 솜씨가 거칠어 인쇄가 깨끗하지 못함 • 於, 所, 以 등의 글자가 특이하며, 특히 '所' 자가 가장 뚜렷한 차이점을 보임 • 현존하는 인본이 적음
자본	『효순사실』, 『위선음즐』, 『논어』 등과 진양대군 글씨	『대학연의』	갑인자 계열 인본
활자명	戊申字(사주 갑인자)	壬辰字(오주 갑인자)	丁酉字(육주 갑인자)
주조 시기	현종 9년(1668)	영조 48년(1772)	정조 1년(1777)
제작 기관	守禦廳		평안감사 徐命膺
소요 시일			
수량	대자: 6만 6100여 자 소자: 4만 6000여 자	15만 자	대자: 10만 5638자 소자: 4만 4532자[85]
특징	• 오랜기간에 걸쳐서 사용됨 • 현종~숙종 전기 인출본은 정교함 • 후기 인출본은 보주가 많고 목활자 혼입이 있으며, 인쇄가 조잡함	• 校書館에 보관	• 內閣에 보관 • 정조 18년(1794) 주자소로 이관 • 철종 8년(1857) 화재로 소실
자본	갑인자 계열 인본	갑인자본 『심경』, 『만병회춘』	갑인자 계열 인본

85 『주자소응행절목』에 衛夫人銅字는 수량과 함께 '丁酉自箕營鑄成'이라는 기록이 있어 정유자임을 알 수 있다.

4. 丙辰字

1) 병진자 개요

병진자[86]는 조선시대 최초로 납을 녹여 만든 금속활자로, 병진자 주조와 관련된 『世宗實錄』의 기사[87]는 다음과 같다.

> 1436년 思政殿訓義[88] 『資治通鑑綱目』을 간행하기 위해 晉陽大君 李瑈(世祖)로 하여금 큰 글자로 써서 이를 새로 鑄造하여 새 글자로써 綱을 삼고 옛 글자로써 目을 삼게 하였다.

라고 되어 있다. 즉 세종대왕이 晉陽大君 李瑈에게 큰 글자의 자본을 쓰게 하여 綱을 삼은 것이 丙辰字이고,[89] 目에 해당하는 옛 글자는 甲寅字를 말한다. 병진자의 재료로는

---

86 丙辰字 및 그 인본에 대하여 언급하고 있는 선행연구는 다음과 같다.
윤병태, 『朝鮮朝活字考』; 大型活字 (서울: 연세대학교 도서관학과, 1976).
청주고인쇄박물관, 『한국의 옛 인쇄문화』, 청주: 청주고인쇄박물관, 2009, pp. 80–81.
심우준, 『內賜本 版式 · 古文書 套式 硏究』, 서울: 一志社, 1990, pp. 27–32.
천혜봉, 「內閣文庫의 韓國古活字本에 대하여」, 『書誌學』 3호(1970), pp. 50–52.

87 『世宗實錄』 卷74, 1436年(18) 7月 29日(壬戌) 條: 李季甸과 金汶에게 명하여 『綱目』·『通鑑』의 訓義를 撰述하게 하고, 柳義孫으로 하여금 서문을 짓게 하였다. 그 서문에, "朱文公의 『綱目』은 『春秋』의 필법을 본받았으니, 그 글은 『史記』이나 그 뜻은 經書이다. 임금께서 集賢殿 副校理 李季甸 · 金汶 등에게 명하시기를, '무릇 학문하는 방법은 經學을 근본으로 삼아야 되니, 진실로 마땅히 먼저 읽어야 될 것이다. 그러나 다만 경학만 공부하고 『史記』를 통하지 않는다면 그 학문은 넓지 못할 것이다. 史學을 공부하고자 한다면 『綱目』의 한 책과 같은 것이 없다. 지난번에 이미 『資治通鑑』의 訓義를 찬술하였으므로, 또 이 책으로 인하여 『綱目』까지 아울러 註解하여 후학에게 은혜를 베풀고자 하니, 너희들은 그것에 힘을 쓰라.' 하였다. 이에 季甸 등이 참작하고 增損하여 그 요긴인 말을 뽑아서 章節에 따라 나누어 붙이되, 무릇 버리고 취하기를 모두 임금의 재단을 받았었다. 계속하여 集賢殿 副校理 李思哲과 修撰 崔恒 등에게 명하여 校正하게 하여 3년(1438년 11월에 인쇄)이 지나서 책이 이루어졌으나, 다만 그 舊註는 글자 모양이 조금 자잘하므로 주상께서 춘추가 높아지시면 보시기가 어려울까 염려하여, 晉陽大君 李瑈로 하여금 큰 글자로 써서 이를 새로 鑄造하여 새 글자로써 綱을 삼고 옛 글자로써 目을 삼게 하였으며, 또 권질이 무겁고 큰 것은 정리해서 상·중·하로 만들기도 하고 상·하로 만들기도 하여서, 총 1백49권이었다. …"라고 되어 있다.

88 徐居正, 『筆苑雜記』: 세종이 일찍이 司馬溫公의 『資治通鑑』에 유념하였는데, 해석이 미비하고 句讀가 분명하지 못함을 염려하여 儒臣들에게 명하여 여러 책을 널리 採集해서 일에 따라 小字雙行으로 간주를 달아서 보기에 편리하도록 하였다. 이에 胡三省의 『音注』와 『源委』, 『釋文』, 『集覽』 등의 책을 근거하여 加減하였으며, 미진한 부문이 있으면 다른 책을 널리 채집하여 보완하였다. 또 글이 심오하고 난해한 부분에는 곧 朱史의 全句를 註記하였으며, 혹 句字를 句 아래에 써서 구두를 알기에 편리하게 하였고, 글자의 訓과 音에 이르러서도 모두 자세히 구비하였다. 이것은 모두 세종의 재가를 받았는바, 명칭을 『思政殿訓義』라 하였다. 『綱目通鑑』 또한 이와 같이 주해를 하였으니, 訓義의 정밀함이 고금에 없는 바이다.

89 윤병태는 『朝鮮朝活字考』; 大型活字, p. 13에서 이 활자를 '綱目大字'라 하였다.

『慵齋叢話』와 『海東野言』[90] 그리고 『青莊館全書』[91]와 『增補文獻備考』[92] 등에서 '範鉛爲字'로 기록하고 있는데, 이를 볼 때 납이 재료로 사용되었음을 알 수가 있다.[93] 한편 김종직의 『佔畢齋集』 권18, 「聞善源移疾隱几 戲贈」이라는 시의 제2首 제목과 그 詩句에 "또 이때 나는 명을 받고 『大學』, 『中庸』의 監印을 맡아 典校署에서 鉛을 주조하여 大字를 만들었다."[94]에서 '납 녹여 활판 만드니(笑看燒鉛爲活板)'라는 기록이 확인된다. 『資治通鑑綱目』이 간행된 이후 中宗 年間에는 綱의 大字를 찍기 위해 병진자를 모방한 木活字를 만들어 혼용하고 目의 中字와 小字는 마멸된 初鑄甲寅字와 나무 補字를 사용하였으며, 宣祖 年間 前期에는 綱의 大字를 倣丙辰木活字를 만들어 丙辰字를 대체하고 目의 中字·小字는 再鑄甲寅字를 사용하여 간행하기도 하였다. 한편 1585년(선조 18)에도 再鑄甲寅字本 『論語集註』의 서문인 「論語集註序說」이 倣丙辰木活字로 인출되었다.[95]

丙辰字 인본 및 倣丙辰字體木活字 인본 어미 비교

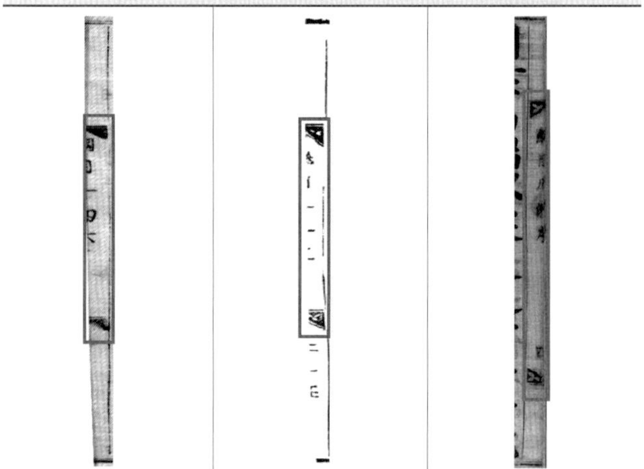

병진자본 上下下向黑魚尾	방병진자체 목활자본	
	上下下向3葉花紋魚尾 中宗 年間	上下內向3葉花紋魚尾 宣祖 年間

---

90 『海東野言』 2 成宗 條: 又命世祖書綱目大字 世祖時爲首陽大君 遂範鉛爲字 以印綱目 卽今所謂訓義也

91 李德懋, 耳目口心書 4, 『青莊館全書』 卷51: 世祖潛龍時 亦範鉛爲字

92 『增補文獻備考』 卷242 藝文考: 又命世祖大王書綱目大字 範鉛爲字 以印綱目 卽今所謂訓義也

93 활자의 주조 시기에 대한 기록은 없으나 주조를 명한 날짜가 1436년 7월 29일이고 『資治通鑑綱目』이 간행된 날짜가 1438년 11월인 것으로 볼 때, 이 사이에 字樣과 鑄造 작업이 이루어진 것으로 추정된다.

94 「又」 時余承命 監印大學 中庸 在典校署 鑄鉛爲大字

95 천혜봉, 『한국 금속활자 인쇄사』, pp. 110-111.

2) 병진자 인본 이미지

(1) 병진자

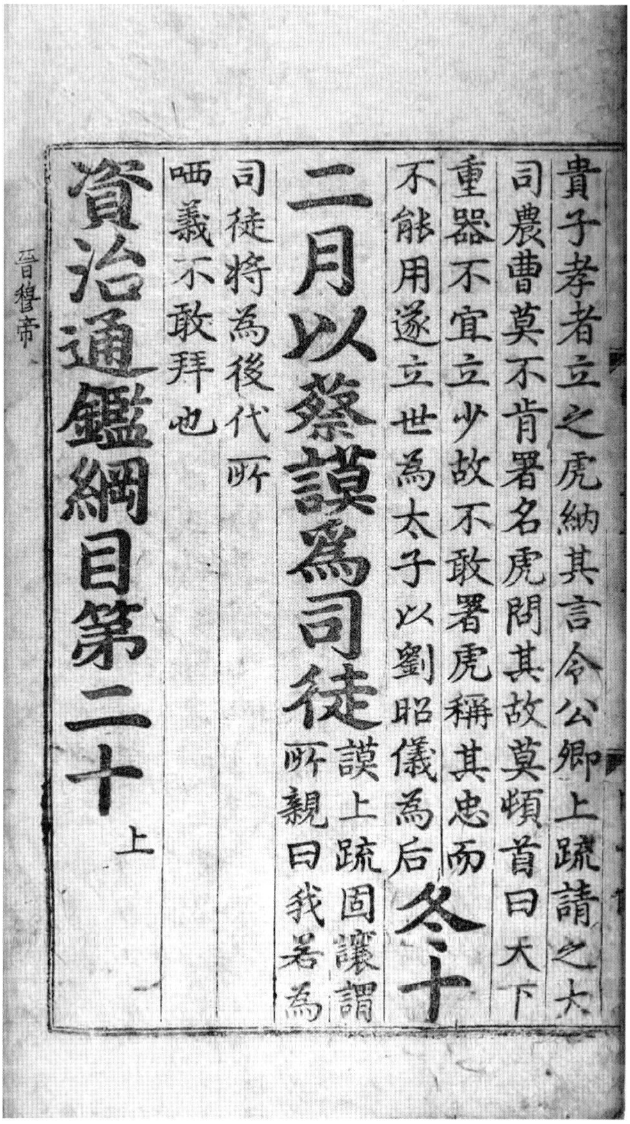
貴子孝者立之虎納其言令公卿上䟽請之大
司農曹莫不肯署名虎問其故莫頓首曰天下
重器不宜立少故不敢署虎稱其忠而
不能用遂立世為太子以劉昭儀為后 冬十
二月以蔡謨為司徒 謨上䟽固讓謂所親曰我若為
司徒將為後代所哂義不敢拜也
資治通鑑綱目第二十上
晉穆帝

그림 1 38 『資治通鑑綱日』第20上, 世宗 年間[96]

96 개인 소장본.

(2) 방병진자체 목활자

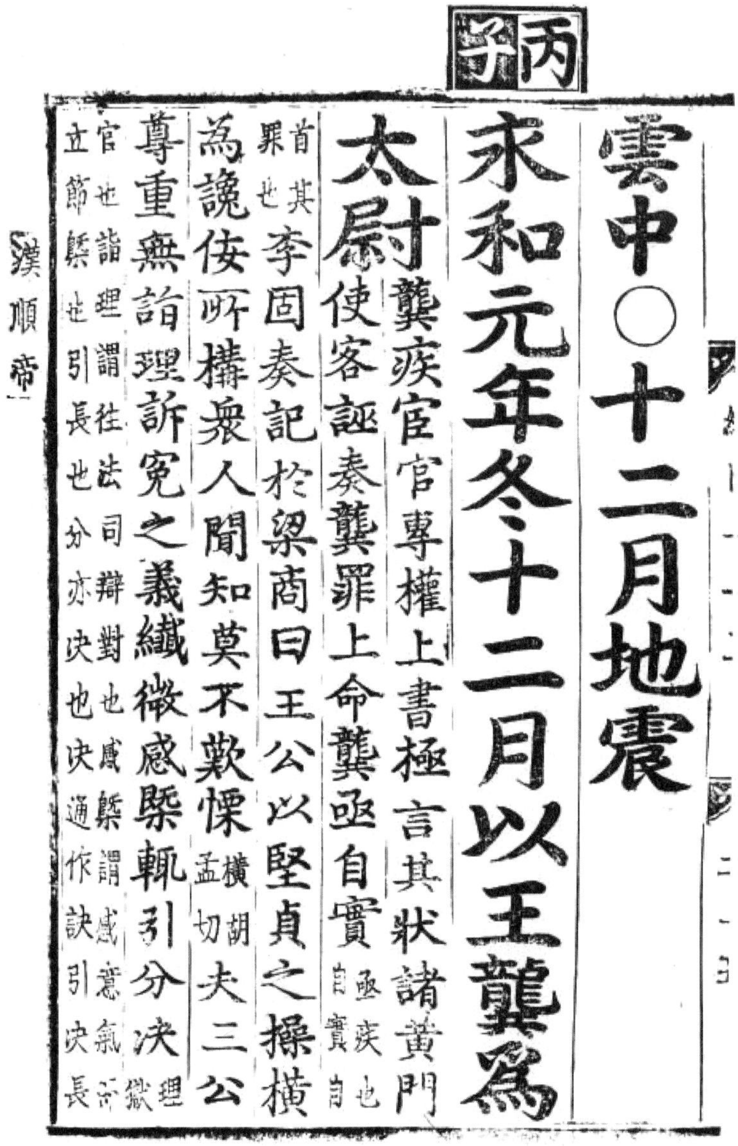
丙子
雲中○十二月地震
永和元年冬十二月以王龔爲
太尉龔疾宦官專權上書極言其狀諸黃門
使客誣奏龔罪上命龔亟自實亟疾也自實自
首其罪也李固奏記於梁商曰王公以堅貞之操橫
爲讒佞所構衆人聞知莫不歎慄橫胡孟切夫三公
尊重無詣理訴冤之義纖微感槩輒引分決理獄
官也詣理謂往法司辯對也感槩謂感意氣而
立節槩也引長也分亦決也決通作訣引決長
漢順帝

그림 4-39 『資治通鑑綱目』, 中宗 年間[97]

97 손보기, 『새판 한국의 고활자』, 서울: 보진재, 1982, p. 269.

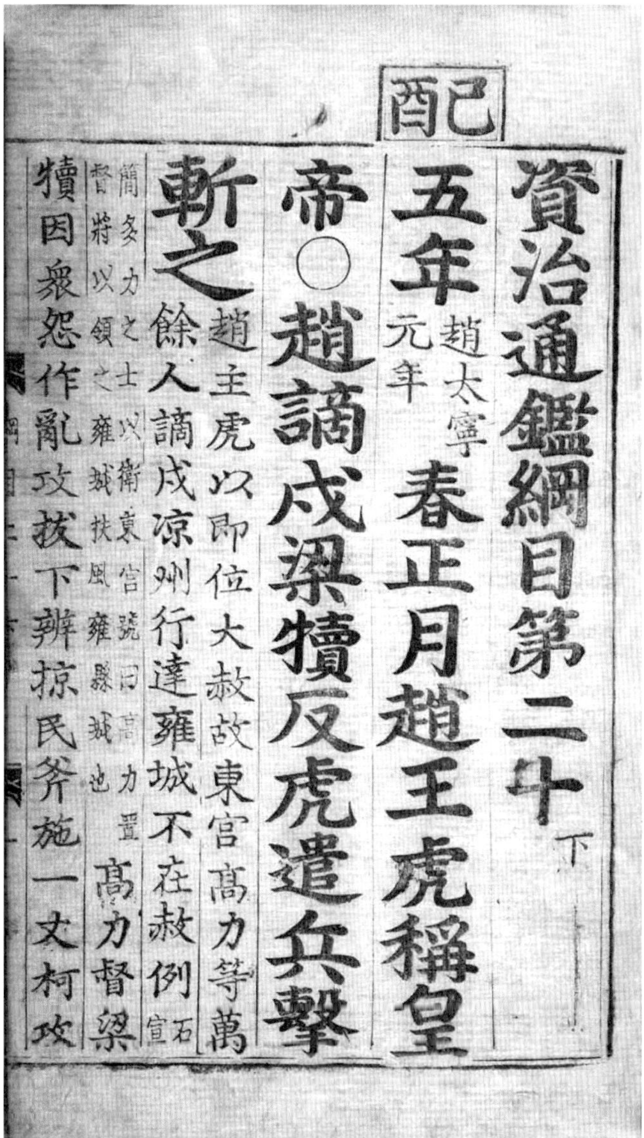
己酉

資治通鑑綱目第二十下

五年 趙太寧元年 春正月趙王虎稱皇

帝○趙謫戍梁犢反虎遣兵擊

斬之 趙主虎以即位大赦故東宮高力等萬餘人謫戍涼州行達雍城不在赦例 石宣簡多力之士以衛東宮號曰高力置督將以領之雍城扶風雍縣城也 高力督梁

犢因衆怨作亂攻拔下辨掠民斧施一丈柯攻

그림 4-40 『資治通鑑綱目』第20下, 中宗 年間[98]

98 개인 소장본.

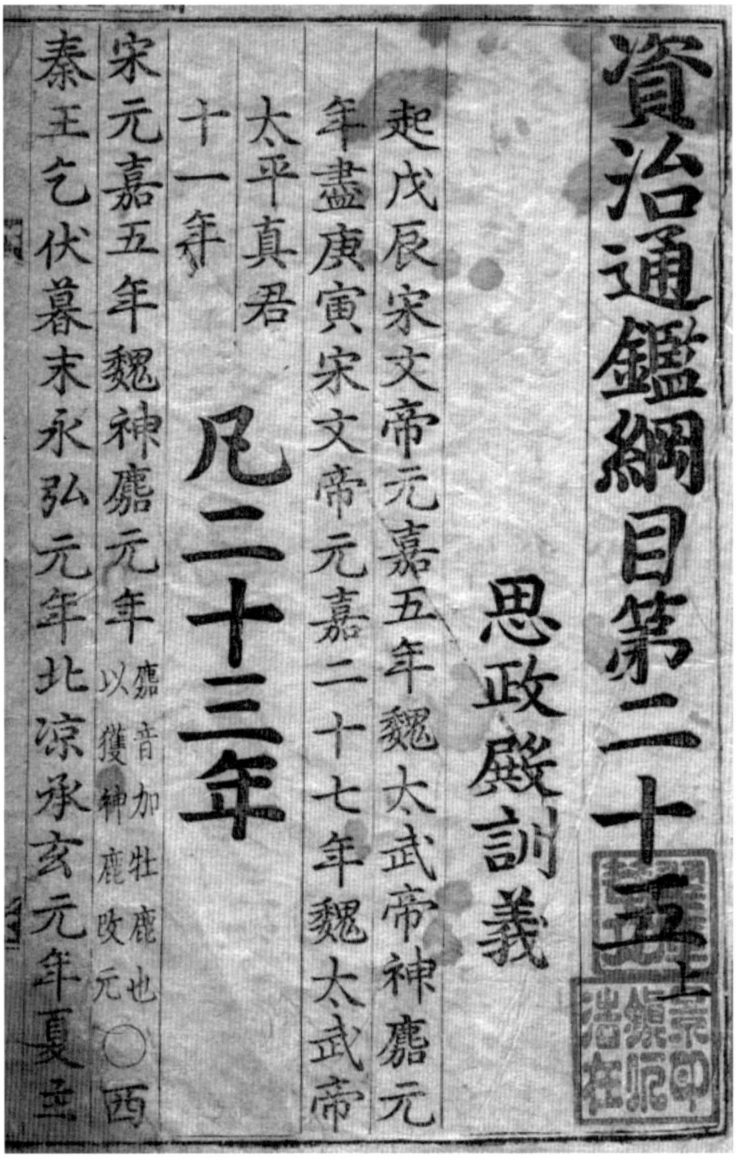

그림 4-41 『資治通鑑綱目』第25上, 宣祖 年間[99]

99 경북대학교 도서관 소장본.

5. 庚午字

1) 경오자 개요

庚午字[100]는 安平大君 李瑢(1418~1453)의 書體를 字本으로 1450년(문종 원년)에 鑄造된 銅活字이다. 경오자에 대한 문헌 기록은 『成宗實錄』과 『慵齋叢話』 등에서 확인할 수가 있다. 그러나 鑄造年代와 名稱이 서로 다르게 기록되어 있는데, 그 내용은 다음과 같다.

> ① 庚午字說: 『成宗實錄』 49卷, 1474年 11月 22日(癸酉) 條
> … 임금이 우부승지 金永堅에게 이르기를, "요즈음 무슨 鑄字로 책을 인쇄하는가?" 하자 대답하기를, "甲寅(1434)·乙亥(1455) 두 해에 鑄字한 것입니다. 그러나 인쇄는 庚午字보다 좋은 것이 없었는데, 李瑢이 쓴 것이라 하여 이미 헐어 없애고…"[101]
>
> ② 壬申字說[102]: 成俔(1439~1504) 『慵齋叢話』 卷7 活字 條
> 壬申年(1452) 즈음에 문종께서 庚子字를 다시 녹여서 安平大君에게 글씨를 쓰도록 명하니 이를 임신자라 한다.[103]

위의 상이한 기록으로 인해 鑄造年代와 名稱(庚午字/壬申字)에 대하여 여러 이견이 있어 왔다. 그러나 『新編筭學啓蒙』과 『歷代十八史略』의 권말에 있는 鑄字跋과 印出記[104]가 동일하게

---

100 庚午字에 대한 선행연구는 다음과 같다.
정재철, 『고문진보 연구』, 서울: 문예원, 2014.
千惠鳳, 『한국금속활자인쇄사』, 파주: 범우, 2012.
______, 『韓國金屬活字本』, 서울: 汎友社, 1993.
「庚午字攷: 主로 鑄造年代와 字名을 중심으로」, 『成大論文集』 13집(1068).
金秀亨, 「訓鍊都監字本에 關한 硏究」, 성균관대학교 대학원 석사학위논문, 1979.
南權熙, 「庚午字本 『新編筭學啓蒙』과 諸版本 硏究」, 『書誌學硏究』 第16輯(1998).
藤本幸夫, 「庚午字本 『歷代兵要』攷」, 『朝鮮學報』 第119·120輯(1986).
송성숙, 「17세기 훈련도감의 인쇄·출판 활동」, 『書誌學硏究』 第42輯(2009).

101 上謂右副承旨金永堅曰 今用何鑄字印書 對曰 甲寅乙亥兩年所鑄字也 然印書莫善於庚午字而以瑢之所寫已毁之

102 『正祖實錄』 卷45, 1796年(정조 20) 12月 15日(丙戌) 條 ; 許葑 著, 『海東野言』 卷2, 成宗 條 ; 李肯翊, 『燃藜室記述』 別集 14 文藝典攷 鑄字 條 ; 李裕元, 『林下筆記』 卷17, 文獻指掌編 鑄字 條 ; 宋近洙 考證, 「退溪先生文集攷證」 卷5, 要存錄, 八板 條 ; 李廷馨, 『退堂集』 卷6, 東閣雜記 乾, 太宗 永樂己亥 條 ; 『增補文獻備考』 卷242 藝文考 歷代書籍 本朝 등에서 壬申字라 하지만 이는 『慵齋叢話』에 의거한 것이다.

103 壬申年(1452)間 文宗改鎔庚子字 命安平大君書之 名曰壬申字

104 鑄字之設可印羣書以傳永世誠爲無/窮之利矣然其始鑄字樣有未盡善者

기록되어 있고, 인출기 외에도 徐居正의 『筆苑雜記』와 『文宗實錄』 및 『端宗實錄』 등의 기록에서도 壬申年(1452) 이전에 活字가 鑄造되어 印本이 인출된 사실을 확인할 수 있다. 아울러 활자가 주조될 당시 成俔은 나이가 어렸고 간접적으로 자료를 인용하였을 것이므로 활자의 명칭을 庚午字로 하는 것이 더 타당하다는 견해가 일반적이다. 관련 기록은 다음과 같다.

① 徐居正, 『筆苑雜記』: 세종 말년에 安平大君 李瑢이 쓴 字樣(庚午字)과 姜希顔이 쓴 字樣(乙亥字)을 가지고 다시 주조하니…[105]

② 『文宗實錄』 卷8, 1451年 7月 15日(辛亥) 條: 司憲府에서 아뢰기를, "舊例에 鑄字所는 반드시 文臣이 맡도록 하였는데, 지금 金永湔·鄭永通은 문신이 아니면서 맡고 있으니, 舊法에 어긋납니다. 또한 일이 많을 때라도 7인 이상을 두지 않았는데, 지금은 일이 없으면서 2명을 더 두었으니, 역시 쓸데없는 인원이 아니겠습니까?" 하니, 임금이 말하기를, "비록 문신이 맡더라도 일에 착오가 많으므로 2명을 더 두어 그 직임에 오래 있어서 착오가 없게 하고자 할 따름이다." 하였다.

그때 주자소에서 『十八史略』을 인쇄하는데 틀린 곳이 많았다. 정영통 등이 이

印書者病其功不易就永樂庚子冬十/有一月我
殿下發於宸衷命工曹參判臣李蕆新鑄字/樣極爲精緻命知申事臣金益精左代
言臣鄭招等監掌其事七閱月而功訖/印者便之而一日所印多至二十餘紙
矣恭惟我/恭定大王作之於前令我
主上殿下述之於後而條理之密又有加焉/者由是而無書不印無人不學文敎之
興當日進而世道之隆當益盛矣視彼/漢唐人主規規於財利兵革以爲國家
之先務者不啼啻霄壤矣實我朝鮮萬世 / 無彊之福也永樂二十年冬十月甲午
正憲大夫議政府參贊集賢殿大提學/知經筵同知春秋館事兼成均館大司成
臣卞季良拜手稽首敬跋 ▶ 庚子字 鑄字跋

宣德九年秋七月/殿下謂知中樞院事臣李蕆曰卿所嘗監造
鑄字印本固爲精好矣第恨字體纖密/難於閱覽更用大字本重鑄之尤佳也
仍/命監其事集賢殿直提學臣金墩直集賢
殿臣金鑌護軍臣蔣英實僉知司譯院/事臣李世衡議政府舍人臣鄭陟奉常
注簿臣李純之訓練觀參軍臣李義長/等掌之出經筵所藏孝順事實爲善陰
論語等書爲字本其所不足/命晉陽大君臣瑈書之自其月十有二日
始事再閱月而所鑄至二十有餘萬字/越九月初九日始用以印書一日所印
可至四十餘紙字體之明正功課之易/就比舊爲倍矣恭惟我
殿下聖學無厭萬機之暇潛心載籍思欲便/利於用廣布於下俾人人皆得以講明
焉凡再變而鑄字之文尤爲盡美誠我/朝鮮萬世之寶也哉宣德九年九月日
中訓大夫試集賢殿直提學知製 敎/經筵侍讀官臣金鑌拜手稽首敬跋 ▶ 初鑄甲寅字 鑄字跋
景泰二年八月日印出 ▶ 庚午字 印出記

105 世宗末年 用瑢所書樣及姜希顔所書字樣改鑄…

틈을 타서 安平大君 李瑢을 夤緣하여 이 직임을 받은 것이다.[106]

③『端宗實錄』卷2, 1452年 8月 8日(戊辰) 條:『十八史略』과『古文眞寶』를 반사하였다.

경오자는 주자소가 임시로 廢止되었던 1450년(문종 원년) 7월 4일 이후부터 10월 28일 이전에 주조된 것으로 추정되지만, 정확하게 누가 주도하여 어느 시기에 주조되었는지에 대한 문헌기록은 전하지 않고 있다. 다만 간접적으로 사료의 기록을 통해 추정해 보면, 세종이 1450년 2월 17일 승하하자 父王의 명복을 빌기 위하여 대군들이 佛事는 물론 여러 종의 佛經을 인출하게 된다. 그러나 대군들의 이러한 행동에 대하여 儒臣들이 중지하라는 반대 상소가 많으므로 문종은 1450년 7월 4일에 임시로 鑄字所를 폐지하라는 전지를 이조에 내린다. 그러자 掌令 河緯地(1412~1456) 등이 7월 8일에 '鑄字所의 革罷는 옳지 못한 일'이라 건의하자, 文宗은 鑄字所를 혁파한 것이 아니라 지금 印出할 만한 서적이 없기 때문에 임시로 폐지한 것이고, 그 鑄字(庚午字)를 그대로 本所에 두어 만일 印出할 서적이 있으면 전과 같이 印出토록 하겠다고 하였다.

한편 대군들은 鑄字所가 임시로 폐지되자 正音廳에서 佛經을 印出하게 된다. 이에 右司諫 崔恒 등이 同年 10월에 상소를 올려 "궐내에서 鑄字를 다시 鑄成하여 經文을 찍어 궁중의 부녀와 宦侍들까지도 쉽게 읽을 수 있도록 한다고 하니 놀라지 않을 수 없다."고 하였으며, 아울러 安完慶과 魚孝瞻 등은 10월 28일에 正音廳도 혁파해야 된다는 청을 하자 文宗은 "주조한 글자(庚午字)가 모두 이미 鑄字所로 나갔고, 工匠 또한 모두 이미 주자소에 소속시켰으니, 이제 [正音]廳에 남아 있는 것은 몇몇 書板뿐이다. 요행히 模印할 일이 있을 때에는 宦侍 등의 무리에게 맡아서 하게 하면 별로 쓸데없는 비용이 드는 폐단은 없을 것이다."[107]고 하였다.

---

106 司憲府啓 舊例 鑄字所 必令文臣任之 今金永湔·鄭永通 非文臣而任之 有違舊法 且雖多事時 不過七人而止 今則無事 而加設二員 不亦冗乎 上曰 雖以文臣掌之 事多錯誤 故加設二員 欲使久於其任 不致錯誤而已 時鑄字所印十八史略 多舛誤 永通等乘間 夤緣安平大君 瑢 受此任

107『文宗實錄』卷4, 1450年(문종 즉위년) 10月 28日(戊戌) 條. 命召安完慶·魚孝瞻·申叔舟·河緯地·李英耉·尹沔等 上御思政殿 引見…完慶·孝瞻等曰 正音廳 臣等聞命以來 信殿下不爲印經而設也 今日所以啓之者 全以別設衙門 令宦官主之 而致左右勢張之患也 今曰 大君印經 吾何禁之 臣等聞命 膽落實深 殿下如此 則何人能禁宗室非義之事乎 雖難禁之事 而付諸有司 則是爲不禁之禁也 請須命罷 上曰 所鑄之字 皆已出諸鑄字所 工匠亦皆已屬于鑄字所 此廳所存 但小小書板而已 幸有模印之時 則以宦寺等輩主之 別無冗費之弊…

그럼에도 불구하고 正音廳에서의 서적 印出에 대한 상소가 계속되자 文宗은 "正音廳의 일은 의논할 만한 일이 못 되나 여러 사람의 의논이 이와 같다면, 근일에 처음으로 『小學』을 찍고 있는데 이 책의 인출이 끝나면 즉시 모두 鑄字所에 도로 붙이겠다."[108]는 등 여러 차례에 걸쳐 경오자를 주자소로 다시 돌리겠다[109]고 下敎를 한다.

이에 正音廳에서는 『小學』을 마지막으로 찍고 동년 12월 17일(丁亥)에 마침내 경오자 활자를 주자소에 다 돌려주었으며[110] 端宗 즉위년(1452) 11월 2일(庚申)에는 정음청조차도 革罷되었다.[111]

이러한 실록의 기사를 볼 때, 경오자 주조와 관련하여 안평대군이 자본을 쓰는 등 주축이 되고, 여러 大君들의 주도하에 文宗 즉위년(1450) 7월 4일 이후부터 10월 28일 이전에 鑄成되었음을 추정해 볼 수 있다.

2) 경오자 인본 리스트

경오자는 안평대군의 글자를 바탕으로 주조되었다는 이유로 1455년(世祖 元年)에 姜希顔(1417~1464)의 서체로 된 乙亥字가 주조될 때에 녹여서 사용되었다.[112] 따라서 경오자의 사용 시기가 길지 않아 현재까지 알려진 印本이 많지 않은데, 그 인본은 대체로 다음과 같다.

(1) 『詳說古文眞寶大全』 前, 後集

① 『宣祖實錄』 135卷, 34年(1601) 3월 19일 소

108 『文宗實錄』 卷4, 1450年(문종 즉위년) 10月 30日(庚子) 條: 正音廳事 非可議之事 然衆議如是 近日始印小學 畢印此書 則卽皆還付鑄字所…

109 『文宗實錄』 卷4, 1450年(문종 즉위년) 11月 9日(己酉) 條: 議政府使舍人金吉通啓曰 使臣請廣州·原平奴婢 此必其官守令或鄕吏品官 請之也 使臣欲官其親戚 然矣 若尹重富妻族 則使臣豈自知之乎 世宗朝 嚴立科條 請須推劾 且正音廳册房 盡還鑄字所 報漏閣 雜工 亦宜罷之 上御思政殿 引見都承旨李季甸及吉通 敎曰 兩邑奴婢 旣已給之 不必推劾 非族親而請托者 憲府今已擧劾矣 正音廳 畢印《小學》後 當盡還鑄字所 報漏閣 亦將罷之 若册房 不可罷也

110 『文宗實錄』 卷5, 1450年(문종 즉위년) 12月 17日(丁亥) 條: 上謂承政院曰 近日正音廳 畢印『小學』 其鑄字 當下鑄字所 然聞 本所窄狹 無可藏之處 仍置正音廳 令鑄字所官吏 往來監掌 何如 都承旨李季甸對曰 宜合置一處 不可分兩所 往來掌之 右承旨鄭昌孫 往 審便否 竟盡還鑄字所

111 『端宗實錄』 卷4, 1452年(단종 즉위년) 11月 2日(庚申) 條: 罷正音廳

112 乙亥字를 주조할 때 녹여서 사용된 이유에 대해 白麟은 庚午字의 字樣이 松雪體라 親明反元의 政治的 및 社會的 문제와 결부되었기 때문이라고 본 반면, 千惠鳳은 世祖의 王位簒奪을 반대한 安平大君에 대한 反感 때문이었다고 보았다. 천혜봉, 『韓國書誌學』, 서울: 民音社, 2010, p. 331과 白麟, 「李朝時代의 鑄字印刷」, 『韓國圖書館史硏究』, 서울: 韓國圖書館協會, 1981, pp. 179–181.

李震亨이 安平字(경오자)本『詳說古文眞寶大全』을 진상[113]

② 『宣祖實錄』 169卷, 36年(1603) 12월 29일 조

司正 李希愿이 安平字(경오자)本『詳說古文眞寶大全』 7책을 진상[114]

③ 『壄隱逸稿』 卷4 附錄 遺事, 「詳說古文眞寶大全跋」 金宗直

… 우리나라에 유입된 이래 壄隱 田先生(田祿生)이 가장 먼저 合浦에서 간행하였고, 그 뒤에 管城(沃川)에서 이어 간행했는데, 두 본이 서로 增減이 있다. 景泰 초년(1450)에 翰林侍讀 倪先生(倪謙, 1415~1479)이 지금 통행본을 가지고 와서 우리나라에 전해 주었다.[115] 거기에 수록된 시와 문장은 구본에 비해 수배나 되므로 이름을 『大全』이라 하였다.[116]

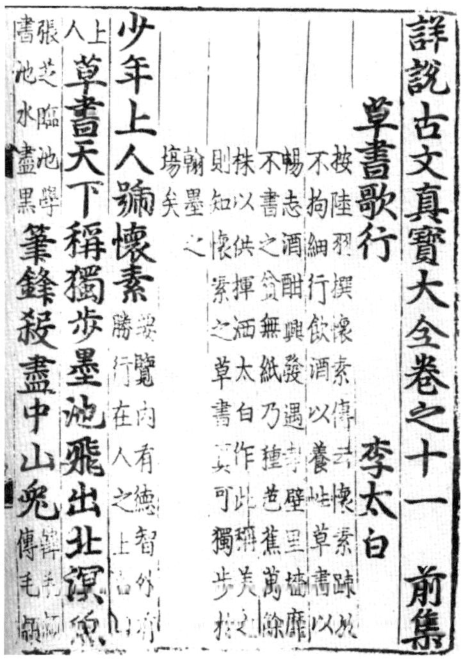
詳說古文眞寶大全卷之十一 前集
草書歌行 李太白
少年上人號懷素
草書天下稱獨步墨池飛出北溟魚
筆鋒殺盡中山兎

그림 4-42 『詳說古文眞寶大全』 卷11[117]

113 近日李震亨 進安平字古文眞寶 具崇 進左傳 以書册進上

114 司正李希愿 進安平君字古文眞寶七册

115 『世宗實錄』 卷127, 1450年(세종 32) 閏1月 1日(丙午) 條: 翰林侍講倪謙 刑科給事中司馬恂來

116 …自流入東土 壄隱田先生首刊于合浦 厥後繼刊于管城 二本互有增減 景泰初 翰林侍讀倪先生將今本以遺我東方 其詩若文 視舊倍蓰 號爲大全

117 손보기, 『새판 한국의 고활자』, p. 277.

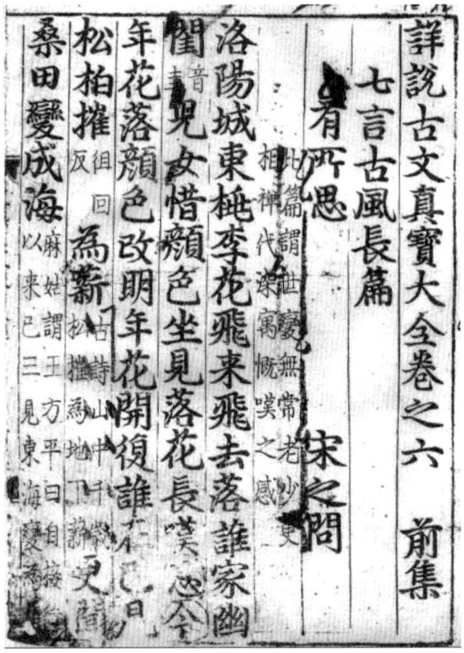

그림 4-43 『詳說古文眞寶大全』 卷6[118]

표 4-9 국내외 경오자본 『詳說古文眞寶大全』 소장처[119]

구분	권차	소장처	비고
전집	7~8	이경희	보물 제967호
	9~12	연세대 도서관	
		성암고서박물관	전집 일부가 소장되어 있는 것으로 알려짐
후집	1	규장각(가람문고)	일부 결락
	1~3, 6~10	龍谷大學圖書館	일본
	2~3	고려대 도서관(晩松文庫)	
	3~6	강태영	서울시 유형문화재 제88호
	5~8	성암고서박물관	
	7~10	연세대 도서관	일부 결락
	9	故 李謙魯 山氣文庫	
	10	고려대 도서관(華山文庫)	일부 결락 華山 李聖儀가 쓴 경오자본 간행경위 발문이 있음
	1책	국회도서관 金庠基博士藏	
판식	四周單邊, 9行15字, 註雙行, 上下內向黑魚尾, 版心題 ; 眞寶大傳		
庚午字本은 후에 목판으로 번각되었는데, 현재 국립중앙도서관에 『후집』 권4와 고려대 도서관에 『후집』 권5가 일부 결락된 상태로 소장되어 있고, 기타 개인 소장본이 다수 전하고 있음			

---

118 韓國圖書館學硏究會, 『韓國古印刷史』, p. 183.

119 표는 남권희, 「庚午字本 《新編算學啓蒙》과 諸版本」, 『書誌學硏究』 第16集(1998), p. 354와 정재철, 『고문진보 연구』, 서울: 문예원, 2014, pp. 85-88의 내용을 참고하여 작성한 것이다.

(2)『新編筭學啓蒙』, 朱世傑(元) 著[文宗 1(朝鮮, 1451) 刊]. 청주고인쇄박물관 소장

형태 사항: 3卷3冊(全). 四周單邊, 有界, 10行 17字, 註雙行, 白口 上下內向黑魚尾

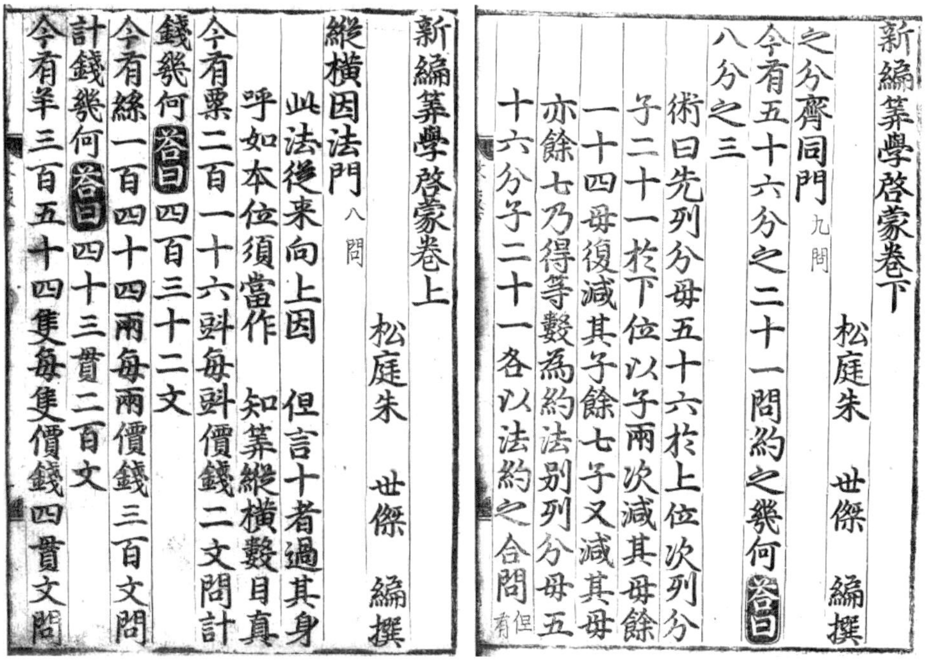
新編筭學啓蒙卷上
松庭朱　世傑　編撰
縱横因法門 八問
此法從來向上因　但言十者過其身
呼如本位須當作　知筭縱横數目真
今有粟二百一十六斛每斛價錢二文問計
錢幾何 荅曰 四百三十二文
今有絲一百四十四兩每兩價錢三百文問
計錢幾何 荅曰 四十三貫二百文
今有羊三百五十四隻每隻價錢四貫文問

新編筭學啓蒙卷下
松庭朱　世傑　編撰
之分齊同門 九問
今有五十六分之二十一問約之幾何 荅曰
八分之三
術曰先列分母五十六於上位次列分
子二十一於下位以子兩次減其母餘
一十四母復減其子餘七子又減其母
亦餘七乃得等數爲約法別列分母五
十六分子二十一各以法約之合問
有但

그림 4-44 『新編筭學啓蒙』卷上, 下 卷首題面

(3)『歷代兵要』, 李瑈 奉敎 編[端宗 元年癸酉(朝鮮, 1453) 4月 刊]. 日本 京都大學附屬圖書館 所藏

① 형태 사항: 13卷 13冊(卷3, 1冊 闕). 插圖. 四周單邊, 有界, 10行 17字, 註雙行, 上下內向黑魚尾. 版心題 ; 兵要, 題簽題(印刷) ; 歷代兵要

② 본문 구성

- 「歷代兵要序」
- '歷代兵要目錄' 14장, '歷代傳授總圖' 17장, 본문 '歷代兵要卷第1~13'
- '歷代傳授總圖'에 부분적으로 목판 인쇄
- 권3(1책) 없음[120]

120 藤本幸夫, 「일본 현존 조선 초기 활자 인본에 대하여」, 『고려의 금속활자와 세계인쇄사의 재조명 발표집』, 성남: 한국학중앙연구원, 2012, pp. 88-89 참조.

(4)『歷代十八史略』, 曾先之 編. 日本 足利學校 遺蹟圖書館 所藏

형태 사항: 四周單邊, 有界, 10行 17字, 版心題 ; 史略

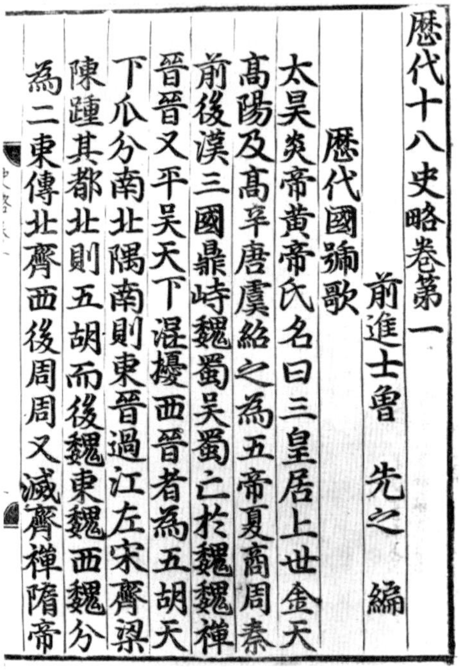

歷代十八史略卷第一
前進士曾 先之 編
歷代國號歌
太昊炎帝黃帝氏名曰三皇居上世金天
高陽及高辛唐虞紹之爲五帝夏商周秦
前後漢三國鼎峙魏蜀吳蜀亡於魏魏禪
晉晉又平吳天下混擾西晉者爲五胡天
下瓜分南北隅南則東晉過江左宋齊梁
陳踵其都北則五胡而後魏東魏西魏分
爲二東傳北齊西後周周又滅齊禪隋帝

그림 4-45 『歷代十八史略』 卷1[121]

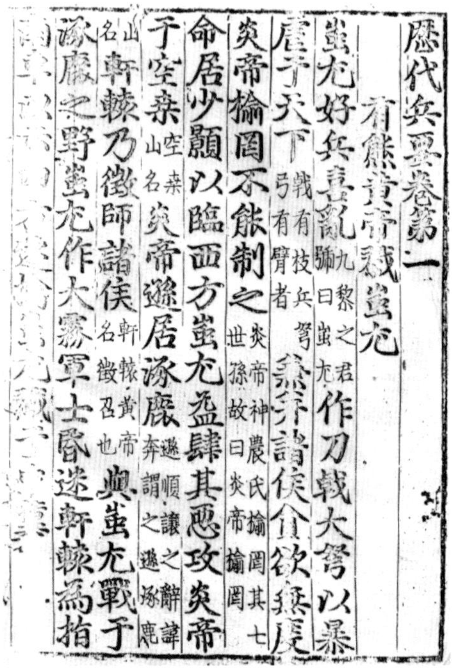

歷代兵要卷第一
有熊黃帝誅蚩尤
蚩尤好兵喜亂九黎之君號蚩尤作刀戟大弩以暴
虐于天下戰有技兵弩有臂者兼并諸侯貪欲無厭
炎帝榆罔不能制之炎帝神農氏榆罔其七世孫故曰炎帝榆罔
命居少顥以臨西方蚩尤益肆其惡攻炎帝
于空桑空桑山名炎帝遜居涿鹿遜順讓之辭諱謂之遜涿鹿
山名軒轅乃徵師諸侯軒轅黃帝名徵召也與蚩尤戰于
涿鹿之野蚩尤作大霧軍士昏迷軒轅爲指

그림 4-46 『歷代兵要』 卷1[122]

이상과 같이 현재까지 경오자 인본으로 알려진 것은『歷代兵要』·『歷代十八史略』·『詳說古文眞寶大全』·『新編筭學啓蒙』 등이 있으나 앞의 2종은 日本으로 유출되었고 國內에는『詳說古文眞寶大全』의 殘卷과『新編筭學啓蒙』만이 전하고 있다. 경오자 인본들은 모두 경오자가 鑄成된 후 비교적 初期에 印出되었으며, 당시 명필가로 알려졌던 안평대군의 글씨를 字本으로 삼아 鑄成된 활자인 까닭에 안평대군의 독특한 筆體가 잘 나타나고 있다. 다음은 안평대군이 쓴「桃花源記」의 筆跡을 경오자본 자형과 비교한 것이다.

121 千惠鳳,『韓國典籍印刷史』, 서울: 汎友社, 1990, p. 260.

122 韓國圖書館學硏究會,『韓國古印刷史』, p. 185.

▲「桃花源記」

▲『歷代十八史略』卷1

▲「桃花源記」

▲「桃花源記」

▲『新編算學啓蒙』卷上

▲『詳說古文眞寶大全』卷6

▲「桃花源記」

▲『新編算學啓蒙』卷上

▲『歷代兵要』卷1

▲「桃花源記」

▲『歷代十八史略』卷1

▲『歷代兵要』卷1

그림 4-47 「桃花園記」 筆跡과 경오자 자형 비교

그림 4-48 경오자 주요 자형

3) 경오자체 훈련도감자 인본 리스트[123]

서명	책수	간년 및 간기	비고
書傳大全	零本 7冊	[1608–1623]	華山文庫
	零本 2冊		薪菴文庫
孝經大義	1冊	[1631]	
史纂抄選		[1612]	국립중앙도서관
史纂			
小學諸家集註	6卷 4冊	1612, 刊記: 皇明萬曆四十年壬子仲冬上澣	奎章閣
	零本 1冊	未詳	華山文庫
攷事撮要	2冊	1613, 内賜記: 萬曆四十一年九月日…五臺山史庫上	奎章閣
『南豊先生近體詩抄』	1冊 (32張)	[15世紀 後半(成宗 年間:1469–1494)] 四周單邊, 半郭 28.0×20.0cm, 11行18字, 上下黑魚尾 ; 34.6×23.6cm	奎章閣
朱文公校昌黎先生集	零本 6冊	[1610]	華山文庫
	零本 1冊	未詳	薪菴文庫
		未詳	景和堂文庫
朱文公校昌黎先生外集	零本 2冊	[1610]	華山文庫

123 송정숙, 「17세기 훈련도감의 인쇄·출판 활동」, 『書誌學硏究』 第42輯(2009), p. 295와 김수형, 「訓鍊都監字本에 關한 硏究」, 성균관대학교 대학원 석사학위논문, 1978, p. 30 참조.

(1)『朱文公校昌黎先生集』. 韓愈(唐) 著 ; 朱熹(宋) 校

① 형태 사항: 四周雙邊, 9行16字, 註雙行, 上下內向花紋魚尾

唐나라 때의 문인 韓愈(768~824)의 시문집으로, 1438년(세종 20) 왕명에 따라 초주갑인자로 간행된 바 있으며, 본 책은 1610년(광해군 2)에 訓鍊都監에서 간행한 것이다.

② 간행 관련 기록: 李恒福, 「訓鍊都監印韓昌黎集跋」, 『白沙集』 卷2

도감에서 屯田을 혁파한 이후로는 군량을 충족시키는 방법이라면 무엇이든 반드시 세세한 일까지 다 빠뜨림 없이 추진해 오면서, 간혹 여러 서책을 간행하여 이를 팔아서 군량을 저축하기도 하였다. 그러다가 뒤에 安平大君이 쓴 印本 두어 서책을 얻어 이를 베껴 새겨서 활자로 만들어 놓으니, 글자 모양이 원만하여 좋았다. 그래서 이 활자를 가지고 맨 먼저 이 책을 인쇄해 놓으니, 이에 好事하는 사대부들이 서로 다투어 사려고 달려왔다. …

권말 간행 관련자 명단

訓鍊都監

都提調推忠奮義平難忠勤貞亮竭誠效
節協策扈　聖功臣大匡輔國崇祿大
夫議政府左議政兼領　經筵事監春
秋館事　世子傅鰲城府院君李恒福
提調崇祿大夫行知中樞府使兼知春
秋館事五衛都摠府都摠管　金　睟
兼提調正憲大夫兵曹判書兼知春秋
館事　世子右賓客同知　經筵成均
館事　李廷龜
提調嘉義大夫吏曹參判兼同知春秋
館事　鄭賜湖
監校郎廳通訓大夫行禮賓寺主
簿　李　隼
監官禦侮將軍前訓鍊院判
官　愼　識

萬曆三十八年(1610) 八月日

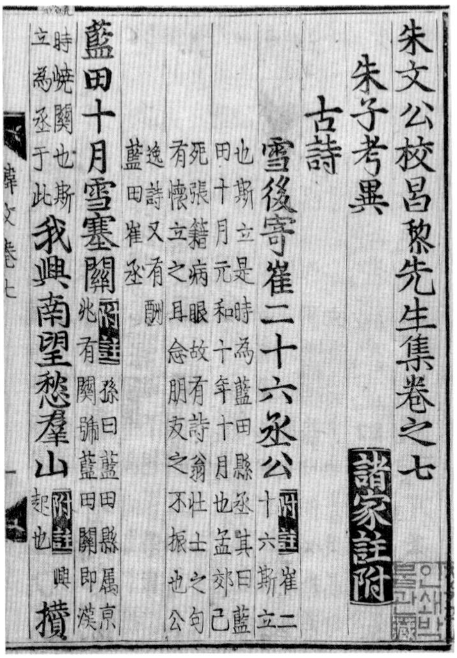

朱文公校昌黎先生集卷之七 諸家註附
朱子考異
古詩
雪後寄崔二十六丞公
藍田十月雪塞關
我興南望愁羣山

그림 4-49 『朱文公校昌黎先生集』 卷7[124]

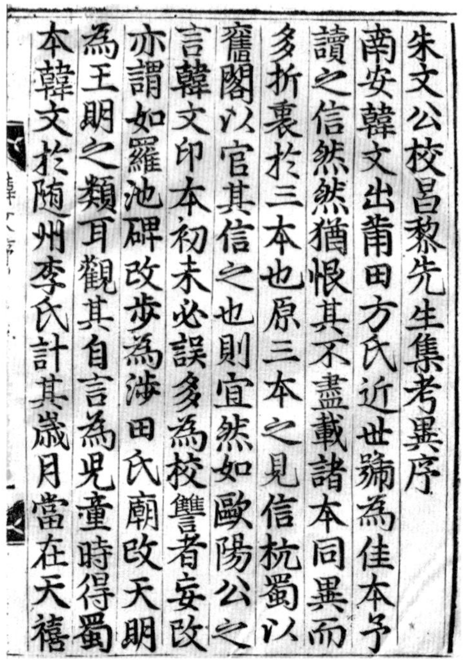

朱文公校昌黎先生集考異序
南安韓文出莆田方氏近世號為佳本予讀之信然然猶恨其不盡載諸本同異而多折衷於三本也原三本之見信杭蜀以舊閣以官其信之也則宜然如歐陽公之言韓文印本初未必誤多為校讐者妄改亦謂如羅池碑改步為涉田氏廟改天明為王明之類耳觀其自言為兒童時得蜀本韓文於隨州李氏計其歲月當在天禧

그림 4-50 「朱文公校昌黎先生集考異序」[125]

(2) 『史纂』; 『史纂抄選』

① 형태 사항: 四周雙邊, 9行16字, 註雙行, 上下內向花紋魚尾
明代의 王世貞이 司馬遷의 『史記』 중 「世家」, 「書」, 「列傳」의 일부를 뽑아 편찬했던 『史記纂』(全選, 抄選)을 저본으로 하여 1612年(光海君 4) 訓練都監에서 간행한 책이다.

② 간행 관련 기록: 李恒福, 「史纂後跋」, 『白沙集』 卷2
『韓昌黎集』을 이미 간행한 뒤에, 마침 太廟에 일이 있어 내가(李恒福) 齋房에 앉아서 재계를 하고 있는데, 員外 趙緯韓(1567~1649)이 나를 찾아왔다. 내가 그와 함께 『한창려집』을 이어서 또 다른 서책을 간행해야 한다는 문제로 걱정을 하였다. 그러자 원외 조위한이 『史記』를 간행할 것을 권하며 평소에 스스로 초(抄)해 놓은 열전(列傳)을 가지고 와서 나에게 보여 주었다. 그러자 相國 李德馨이 그 소식을

124 淸州古印刷博物館, 『한국의 옛 인쇄문화』, p. 243.
125 韓國圖書館學硏究會, 『韓國古印刷史』, p. 231.

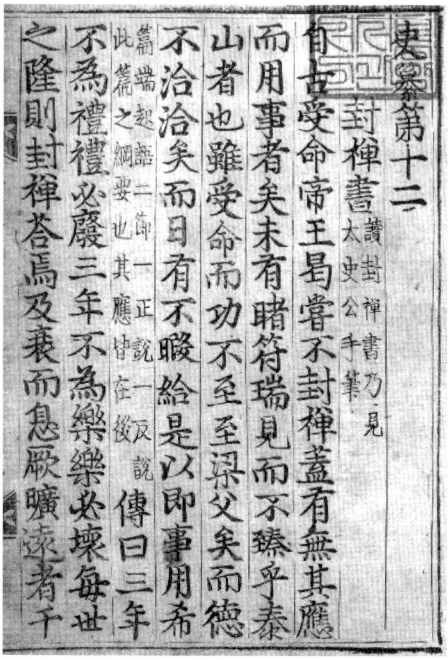
史纂第十二
封禪書 讀封禪書乃見太史公手筆
自古受命帝王曷嘗不封禪蓋有無其應
而用事者矣未有睹符瑞見而不臻乎泰
山者也雖受命而功不至至梁父矣而德
不洽洽矣而日有不暇給是以即事用希
篇端起語二節一正說一反說此篇之綱要也其應皆在後 傳曰三年
不為禮禮必廢三年不為樂樂必壞每世
之隆則封禪答焉及衰而息厥曠遠者千

그림 4-51 『史纂』 권12 권수면
국립중앙도서관 소장(청;b1220-2)

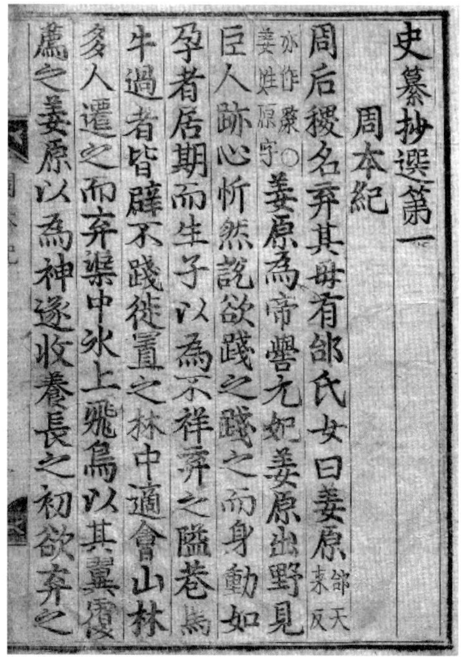
史纂抄選第一
周本紀
周后稷名弃其母有邰氏女曰姜原 邰天來反
亦作姜嫄姜姓原字○姜原為帝嚳元妃姜原出野見
巨人跡心忻然說欲踐之踐之而身動如
孕者居期而生子以為不祥弃之隘巷馬
牛過者皆辟不踐徙置之林中適會山林
多人遷之而弃渠中氷上飛鳥以其翼覆
薦之姜原以為神遂收養長之初欲弃之

그림 4-52 『史纂抄選』 권1 권수면
국립중앙도서관 소장(청;b12200-8)

듣고 즐거워하면서 자기 집에 소장되어 있는 한 本을 내주었고, 海平 尹根壽도 따라서 이 일을 찬성하였다.

또 王弇州(王世貞의 호)의 『史記纂』 17권을 模楷하게 하고, 書信을 서로 왕래하여 그 버리고 취할 것을 論定하였다. 감주가 抄한 것은 全選과 抄選의 구별이 있으므로, 지금 전선에서는 53편을 취하고, 추선에서는 20편을 취하여 모두 73편으로 만들었다.

권말 간행 관련자 명단

訓鍊都監

都提調推忠奮義平難忠勤貞亮竭誠效
節協策扈 聖功臣大匡輔國崇祿大
夫議政府左右議政兼領 經筵事監春

秋館事 世子傅鰲城府院君臣李恒福
提調輔國崇祿大夫行判中樞府
事　　　　　　　　　　臣金　晬
兼提調崇政大夫行戶曹判書臣黃　愼
兼提調崇政大夫行兵曹判書兼判義
禁府事　世子虞賓客　　臣朴承宗
提調資憲大夫行司憲府大司憲同知
春秋館事　　　　　　　臣鄭賜湖
　都廳通訓大夫行弘文館副應教知
　製　教兼　經筵侍講官春秋館編
　修官　　　　　　　　臣崔起南
　監校官通訓大夫行奉常寺僉
　正　　　　　　　　　臣車天輅
皇明萬曆四十年(1612) 壬子夏五月日

③ 본문 구성

○『史纂抄選』(20편)

卷1: 周本紀, 始皇本紀, 呂后本紀, 孝文本紀, 越世家, 趙世家
卷2: 魏世家, 孔子世家, 司馬相如列傳, 匈奴列傳, 大宛列傳, 禮書, 樂書,
　　律書, 三代世家, 十二諸侯年表, 六國年表, 秦楚之際月表,
　　漢興以來諸侯年表, 高祖功臣侯年表

○『史纂』;『史纂全選』(53편)

卷1: 伯夷列傳, 老子韓非列傳, 伍子胥列傳, 子貢列傳, 商君列傳
卷2: 蘇秦列傳, 張儀列傳, 陳軫列傳
卷3: 孟子荀卿列傳, 孟嘗君列傳, 平原君列傳, 虞卿列傳, 信陵君列傳,
　　春申君列傳
卷4: 范雎列傳, 蔡澤列傳, 樂毅列傳, 廉頗藺相如列傳, 魯仲蓮列傳
卷5: 屈原列傳, 刺客列傳, 李斯列傳
卷6: 陳涉世家, 張耳陳餘列傳, 項羽本紀, 蕭相國世家, 留侯世家
卷7: 陳丞相世家, 淮陰侯列傳, 田儋列傳

卷8: 陸賈列傳, 吳王濞列傳, 季布列傳, 張釋之列傳, 馮唐列傳,
魏其武安侯列傳, 灌夫列傳
卷9: 李將軍列傳, 袁盎列傳, 韓長孺列傳, 魏將軍驃騎列傳
卷10: 汲鄭列傳, 佞幸列傳, 日者列傳, 滑稽列傳, 儒林列傳, 酷吏列傳
卷11: 游俠列傳, 貨殖列傳, 太史公自序列傳
卷12: 封禪書, 河渠書, 平準書

6. 乙亥字

1) 을해자 개요

乙亥字는 1455년(世祖 1) 安平大君 李瑢(1418~1453)의 글씨를 자본으로 한 庚午字를 녹인 뒤 仁齋 姜希顔(1417~1464)[126]의 글씨를 字本으로 하여 주조된 銅活字이다. 이 금속활자는 鑄成된 세조 원년(1455) 干支인 乙亥年을 따라 乙亥字로 명명되었는데, 甲寅字와 더불어 宣祖朝까지 약 150년 동안 사용되었으며, 선조 초기에 이르러서는 주조된 지 100여 년이 지나 정밀하지 못하고 오자가 많이 생겨서 補鑄가 이루어졌다.

을해자를 처음으로 고증한 李仁榮(1911~?)은 『應製詩註』에 수록된 序, 跋文이 강희안 글씨임을 확인하고 비교·실사하여 을해자로 확정하였다.[127]

126 을해자의 자본을 쓴 강희안은 詩·書·畵에 모두 뛰어난 당대의 명필가로, 王羲之와 趙孟頫에 비견되었으며, 특히 篆書·隸書·八分體에서도 일가를 이루었다.

127 李仁榮, 「乙亥字小攷」, 『書物同好會會報』 17號(1942), pp. 26-29.

표 4-10 『應製詩註』[128]와 을해자 인본 글자 비교

『應製詩註』	而	而	而	而	而
	而				
『東文選』 권85	而	而	而	而	而
	而	而	而	而	而
『應製詩註』	於	於	於	於	
『東文選』 권85	於	於	於	於	於
『應製詩註』	之	之	之	之	之
	之	之	之	之	之
	之	之	之	之	之
	之	之	之	之	之
	之	之	之		
『東文選』 권85	之	之	之	之	之

128 권태억, 「응제시주해제」, 『한국문화』 제3집(1982), pp. 320-323.

을해자 주조와 관련한 실록의 기록으로는 『성종실록』 卷49, 1474年(성종 5) 11月 22日 條[129] 기사를 들 수가 있다.

129 『成宗實錄』 卷49, 1474年(성종 5) 11月 22日(癸酉) 條: 御晝講 講訖 同知事李承召啓曰 嘗聞世宗欲盡印諸史 而史記前漢

> 書講에 나아갔다. 講하기를 마치자, 同知事 李承召가 아뢰기를, "일찍이 듣건대 세종께서 여러 가지 史書를 다 인쇄하고자 하였는데,『史記』와『前漢書』는 인쇄하였고, 그 나머지 사서는 마치지 못하고 파하였기 때문에,『사기』와『전한서』는 요즈음 사대부들의 집에 더러 있으나, 그 나머지 여러 史書는 겨우 秘閣에만 간직하고 민간에는 없기 때문에 배우는 자가 볼 수 없으니, 청컨대『後漢書』등 여러 사서를 간행하게 하소서." 하니, 임금이 우부승지 金永堅에게 이르기를, "요즈음 무슨 鑄字를 써서 책을 인쇄하는가?" 하자, 대답하기를, "갑인·을해 두 해에 鑄字한 것입니다. 그러나 인쇄는 庚午字보다 좋은 것이 없었는데, 李瑢이 쓴 것이라 하여 이미 훼손되었으며, 姜希顔에게 명하여 (字本을) 쓰도록 하여 (활자를) 鑄成하였으니, 乙亥字가 바로 그것입니다." 하니, 임금이 김영견에게 명하여 여러 史書를 인쇄해서 반포하게 하였다.

이 기사에서 同知事 李承召(1422~1484)가 여러 역사서의 간행을 건의하는 내용 중에 왕이 右副承旨 金永堅에게 책의 간행에 사용하는 활자의 종류를 묻는 내용이 있다. 이에 김영견은 갑인년(1434)과 을해년(1455)에 주조한 활자를 사용한다고 답하며, 을해자는 강희안에게 명하여 자본을 쓰도록 하여 주조한 것이라 하였다.『성종실록』기사 외에도 金宗直(1431~1492)이 쓴「新鑄字跋」에도 乙亥年(1455)에 주조된 것을 '乙亥字'라 칭하고 강희안이 글자본을 書寫한 것이라 언급하였다.

한편 을해자는 漢文字와 한글자가 있는데, 대자·중자·소자 등 3가지 크기의 활자로 제작되었고 함께 사용된 한글자는 1461년(世祖 7)에 주조되었다. 대자는 세조의 서체를 자본으로 삼았으며, 중자·소자는 강희안의 글씨를 바탕으로 하여 그 서체의 특징이 분명하지만 소자는 폭이 좁고 雙行注로 사용되어 그 특징이 잘 나타나지 않는다.

을해자 병용 한글 활자는 1461년(세조 7) 9월,『大佛頂如來密因修證了義諸菩薩萬行首楞嚴經』언해본을 찍어 내기 위해 銅으로 주성하였다. 이후 이 한글 활자를 사용하여 1466년(세조 12)경에 임금이 廷臣들과 함께 정한『周易傳義』의 구결을 찍어 낸 것이 있으며, 1482년(성종 13)에는『金剛經三家解』의 언해본을 인출하였다. 여기서 한자의 대자는 丁

書則印之 其餘史則未畢而罷 故史記前漢書則今士大夫之家稍有之 其他諸史則僅藏於秘閣 而民間絕無 故學者不得覽焉 請印頒後漢書等諸史 上謂右副承旨金永堅曰 今用何鑄字印書 對曰 甲寅乙亥兩年所鑄字也 然印書莫善於庚午字而以瑢之所寫 已毀之 命姜希顔寫之而鑄成 乙亥字是也 上命永堅印頒諸史

丑字, 중간 자와 작은 자는 乙亥字로 찍었으며, 구결과 언해는 을해자 병용 한글자로 찍어 냈다. 그 외에도 『杜工部詩』·『靈驗略抄』·『救急簡易方』·『武經七書』 등이 있다.

을해자의 크기는 대자 1.8×2.3cm, 중자 1.3×1.5cm, 소자 1.0×1.0cm 정도로 추정되며 자체는 편편하고 대체로 세로에 비해 상대적으로 폭이 넓다. 을해자의 주조와 관련된 정확한 날짜와 완성에 걸린 시일에 대해서는 아직까지 확인된 기록이 없다.[130]

2) 을해자 인본 리스트

을해자는 1455년 주조된 이후 補鑄를 거치며 선조조까지 사용되었기 때문에 그 인본도 갑인자본 다음으로 많고 현재 전존본도 비교적 많이 전래되고 있다. 을해자본 중에서 각종 불경류[131]와 『高麗史』·『訓辭』·『歷代兵將說』 등이 초기 인본에 해당되며, 아울러 1473년(成宗 4) 6월에는 세종·문종·세조·예종의 實錄이 을해자로 인출[132]되기도 하였다.[133] 이렇듯 불경류와 실록 등 여러 책의 출판에 을해자가 사용되자 점차 활자의 마멸과 함께 부식이 생김에 따라 宣祖朝에 이르러서 을해자에 대한 補鑄 논의가 이루어졌다. 다음의 기사를 통하여 그 일례를 확인할 수 있다.

---

130 이 활자의 실물로 을해자 병용 한글활자의 小字가 국립중앙박물관에 소장되어 있다.

131 『妙法蓮華經』·『金剛般若波羅密經』·『大方廣圓覺修多羅了義經』·『大佛頂如來密因修證了義諸菩薩萬行首楞嚴經』·『禪宗永嘉集』·『天台四敎儀』 등은 刊經都監 설치 이전인 1457년(세조 3) 9월에서 1461년(세조 7) 초에 인출되었다.

132 1466년(세조 12) 11월 17일 대사헌 양성지는 『세종실록』과 『문종실록』을 을해자로 인출할 것을 上書하였다.
『세조실록』 卷40, 1466年(세조 12) 11月 17日 條:
① 祖宗의 實錄은 한 나라 萬世의 역사인 것입니다. 太祖·太宗·恭靖王의 실록은 모두 4件을 써서 春秋館과 외방의 3史庫에 각기 1件씩을 收藏하게 하고, 世宗·文宗 兩朝의 실록은 다만 1件만을 써서 춘추관에 수장하였으니, 매우 未備한 일입니다. 그러나 이를 쓰려고 하면 일을 이루기가 어렵지만 다행히 지금 새로 小字를 鑄造하였으니, 빌건대 典校署에 명하여 3件을 印出하여 외방의 3史庫에 수장하게 하소서.
② …지금 兩朝(세종·문종)의 實錄 1件은 이미 重大하게 만들어 수장하였고, 지금 小字로 3件을 印出하되 쇠와 주석의 장식과 綾段의 표지는 없애고서 수장하면 大小의 變에도 不可함이 없고 일도 또한 쉽게 성취할 수가 있을 것입니다. 또 太祖·太宗·恭靖大王의 實錄도 또한 1件은 小字로 印出하여 수장하도록 하소서.

133 실록의 인출이 끝나자 그 功을 위로한 사실이 『성종실록』 卷31, 1473年(성종 4) 6月 8日(丁卯) 條 기사에서 확인된다.
① 春秋館堂上 申叔舟·韓明澮·崔恒에게 각각 熟馬 1匹을 내려 주고, 姜希孟·梁誠之에게 각각 兒馬 1필을 내려 주었다. 이는 世宗·文宗·世祖·睿宗의 實錄 印出을 끝낸 공을 논한 것이나. 監印官으로서 10개월 이상을 채운 자는 虎皮·鹿皮 각 1장을, 10개월 미만 되는 자는 혹은 호피, 혹은 녹비 1장씩을 내려 주었다.
② 吏曹에 傳旨하여 實錄을 印出한 書員·書吏 등 15인에게는 1일마다 別仕 2를 주고, 匠人 17인에게는 1일마다 別仕 3을 주도록 하였다.
③ 戶曹에 傳旨하여, 實錄을 印出한 書員 鄭智에게는 綿布 2필을, 匠人 禹仁壽 등 3인에게는 각각 면포 3필을, 李同 등 2인에게는 각각 면포 1필을, 蠟紙匠 朴福同 등 4인에게는 각각 正布 1필을 지급하게 하였다.

『선조실록』 卷162, 1603년(선조 36) 5月 23日 條: 춘추관이 아뢰기를, "校書館에 현재 보존되어 있는 鑄字 중에서 乙亥字가 수효도 꽤 넉넉하고 크지도 작지도 않아 '실록'을 인출하는 데 적당합니다. 그러나 글자가 腐蝕되어 흠이 많으므로 새겨서 보충하지 않는다면 일을 시작하기가 쉽지 않을 듯합니다. 교서관에서 요사이 책을 인출하는 일이 없었으므로 黃楊木이 매우 부족한데 갑자기 준비하기가 어려우니, 황해도·평안도·강원도 등 황양목이 나는 곳에서 각각 큰 것으로 40주씩 형편에 따라 작별하여 시급히 올려 보내도록 각도의 監司에게 下諭하심이 어떻겠습니까?" 하니, 전교하기를, "많은 듯하니 평안도에는 시키지 않아도 무방하겠다." 하였다.

선조 연간에 補鑄된 을해자의 인본 가운데 비교적 앞선 것으로 諺解本『內訓』·諺解本『朱子增損呂氏鄕約』·『三略直解』·『司馬法集解』·『十一家註孫子』 등이 있다. 한편 을해자본은 시대에 따라 版式이 달라져서 판본의 판심부에서 차이가 나타나는데, 대개 세조조에서 성종조까지의 판본은 版心의 魚尾가 上下內向黑魚尾이고 중종조의 것은 黑口에 上下內向花紋魚尾이며, 명종조와 선조조의 것은 上下內向花紋魚尾이다.

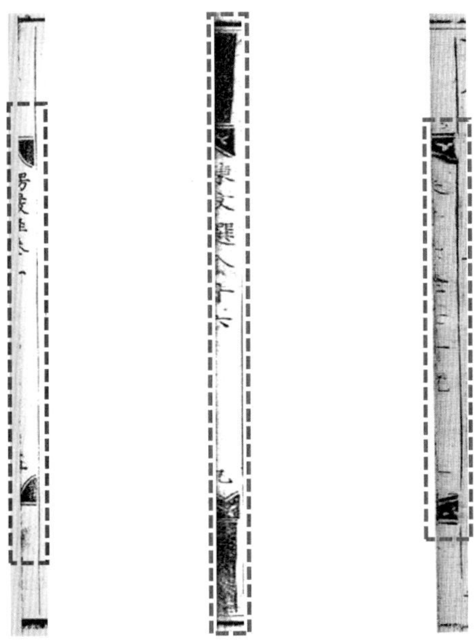

① 세조조에서 성종조　② 중종조　③ 명종조와 선조조

그림 4-53 을해자본 판심의 형태: 판구 및 어미의 차이

3) 을해자 인본 이미지

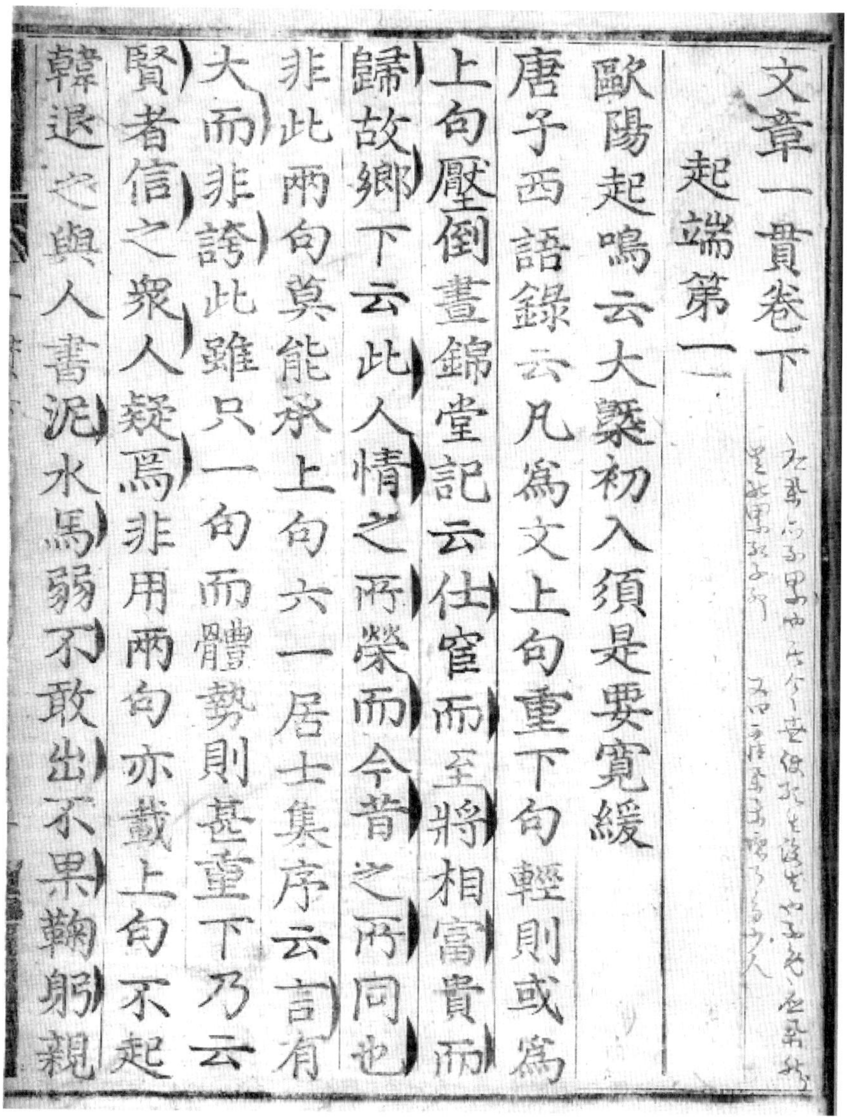

文章一貫卷下
起端第一
歐陽起鳴云大槩初入須是要寬緩
唐子西語錄云凡爲文上句重下句輕則或爲
上句壓倒晝錦堂記云仕宦而至將相富貴而
歸故鄉下云此人情之所榮而今昔之所同也
非此兩句莫能承上句六一居士集序云言有
大而非誇此雖只一句而體勢則甚重下乃云
賢者信之衆人疑焉非用兩句亦載上句不起
韓退之與人書泥水馬弱不敢出不果鞠躬親

그림 4-54 『文章一貫』 卷下[134]

---

134 경북대학교 도서관 소장본.

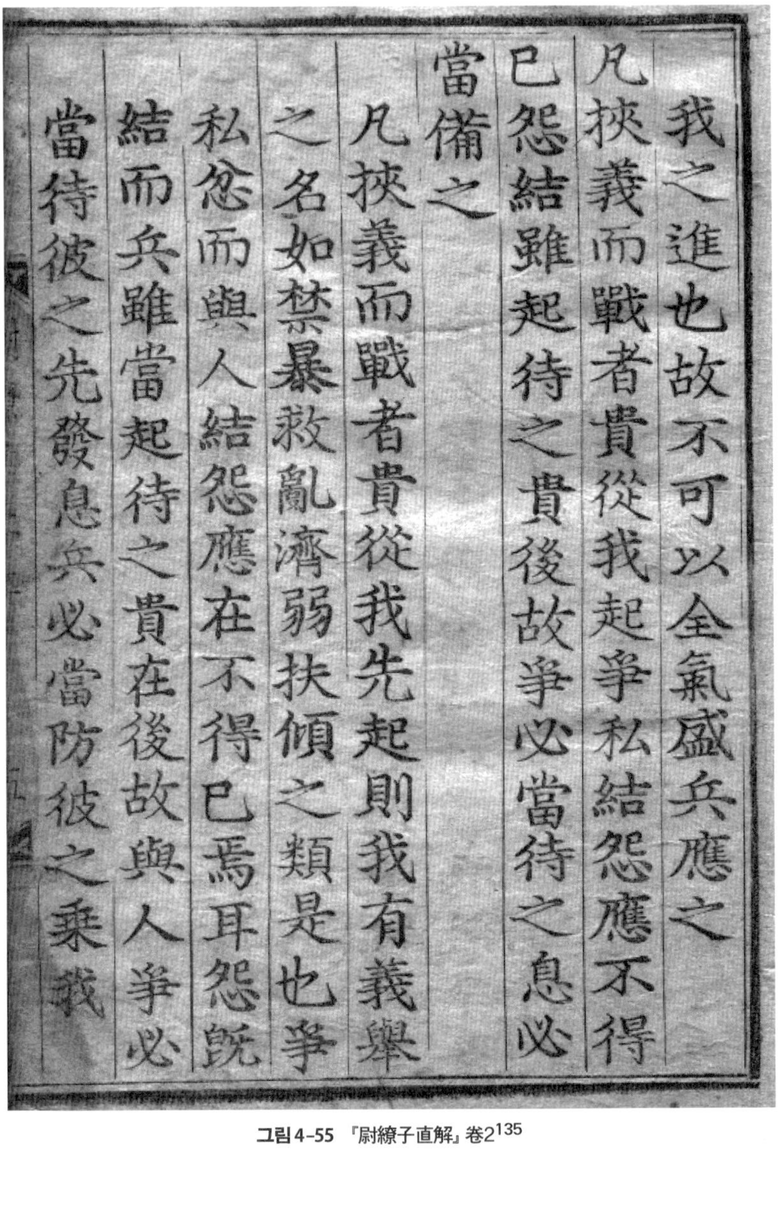

我之進也故不可以全氣盛兵應之
凡挾義而戰者貴從我起爭私結怨應不得
已怨結雖起待之貴後故爭必當待之息必
當備之
凡挾義而戰者貴從我先起則我有義舉
之名如禁暴救亂濟弱扶傾之類是也爭
私忿而與人結怨應在不得已焉耳怨既
結而兵雖當起待之貴在後故與人爭必
當待彼之先發息兵必當防彼之乘我

그림 4-55 『尉繚子直解』 卷2[135]

135 경북대학교 도서관 소장본.

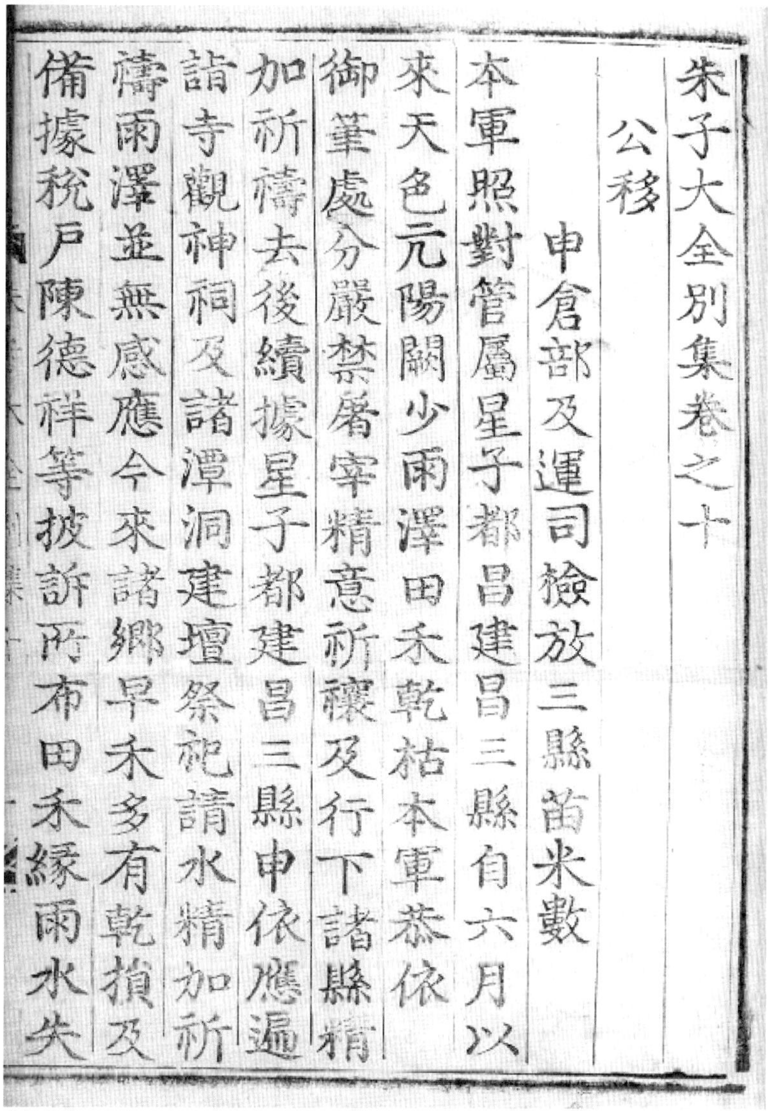
朱子大全別集卷之十
公移
申倉部及運司檢放三縣苗米數
本軍照對管屬星子都昌建昌三縣自六月以
來天色元陽闕少雨澤田禾乾枯本軍恭依
御筆處分嚴禁屠宰精意祈禳及行下諸縣精
加祈禱去後續據星子都建昌三縣申依應遍
詣寺觀神祠及諸潭洞建壇祭祀請水精加祈
禱雨澤並無感應今來諸鄉旱禾多有乾損及
備據稅戶陳德祥等披訴所布田禾緣雨水失

그림 4-56 『朱子大全別集』 卷10[136]

136 경북대학교 도서관 소장본.

7. 丁丑字

1) 정축자 개요

세조는 1457년(세조 3) 9월에 젊은 나이로 죽은 懿敬世子(追存 德宗)의 명복을 빌고자 『金剛般若波羅蜜經』 등의 佛經을 금속활자본과 목판본으로 간행하는데, 이때 『금강반야바라밀경』[137]의 正文을 인출하기 위해 금속활자인 丁丑字를 주조하게 된다.

정축자와 관련된 주조 기록이나 鑄字 事實은 확인되지 않으나, 1457년 初鑄甲寅字로 인출된 『永嘉眞覺禪師證道歌註解』에 수록된 세조의 御製跋文과 강희맹·김수온·한계미·한계희 등의 발문에 따르면 『金剛經五家解』와 『金剛經三家解』의 正文 字本을 세조가 직접 쓴 것으로 기록되어 있다.

『금강경오가해』와 『금강경삼가해』의 전존본이 알려지면서, 인출에 사용된 활자에 대한 여러 의견이 있었는데, 대체로 『금강경』 중자·소자의 인출에 '오가해'는 갑인자가 사용되었고, '삼가해'는 을해자가 사용된 것[138]으로 보고 있다. 그러나 『금강경』의 정문을 인출하는 데 사용된 활자에 대해서 윤병태는 『金剛經』 正文을 세조가 직접 써서 字本으로 삼았다고 하여 '金剛經正文大字'라 하였고,[139] 또한 손보기는 세조가 덕종이 필사한 『금강경』의 정문을 쓸 때 덕종의 字體를 본따서 만들었다고 하여 '德宗字'라고도 하였고,[140] 천혜봉은 이 활자가 주조된 시기인 정축년(1457)에 의거하여 '丁丑字'라고 하였다.[141]

현재 국내에 전존하는 정축자 인본을 정리하면 다음과 같다.

서명	책수	소장기관
『금강경오가해』	1책(권상)	성암고서박물관 구장
『금강경삼가해』 언해	2책(권1, 5)	세종대왕기념사업회
	4책(권2~5)	규장각한국학연구원 가람문고
	2책(권3, 4)	성암고서박물관 구장
	3책(序, 권1, 5)	동국대학교 도서관

137 역기서 『금강반야바라밀경』은 『金剛經五家解』와 『金剛經三家解』를 말한다.

138 李仁榮, 『淸芬室書目』, 서울: 寶蓮閣, 1968, p. 271.

139 윤병태, 『朝鮮朝活字考 ; 大型活字』, 서울: 연세대학교, 1976, pp. 31-36.

140 손보기, 『금속활자와 인쇄술』, 서울: 세종대왕기념사업회, 1977, pp. 208-209.

141 천혜봉, 「丁丑字攷」, 『歷史學報』, 第35·36合輯(1967), pp. 269-291.

2) 을해자 대자와 정축자 자형 비교

	生		心		如	
을해자 대자	生	生	心	心	如	如
정축자	生	生	心	心	如	如

3) 인본 이미지

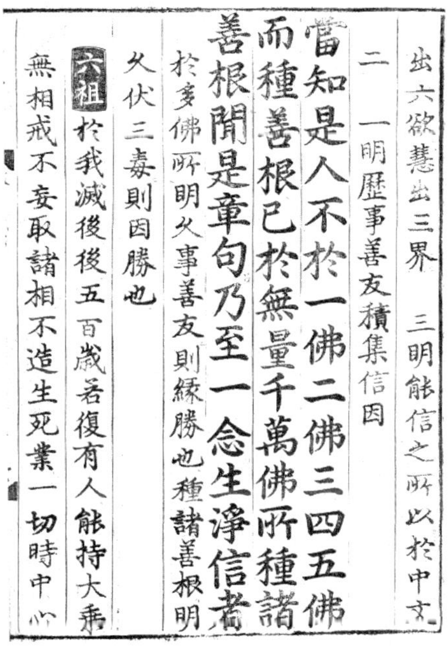
出六欲慧出三界　三明能信之所以於中文
二　一明歷事善友積集信因
當知是人不於一佛二佛三四五佛
而種善根已於無量千萬佛所種諸
善根聞是章句乃至一念生淨信者
於多佛所明久事善友則緣勝也種諸善根明
久伏三毒則因勝也
六祖 於我滅後後五百歲若復有人能持大乘
無相戒不妄取諸相不造生死業一切時中心

그림 4-57 『金剛般若波羅蜜經』 五家解[142]

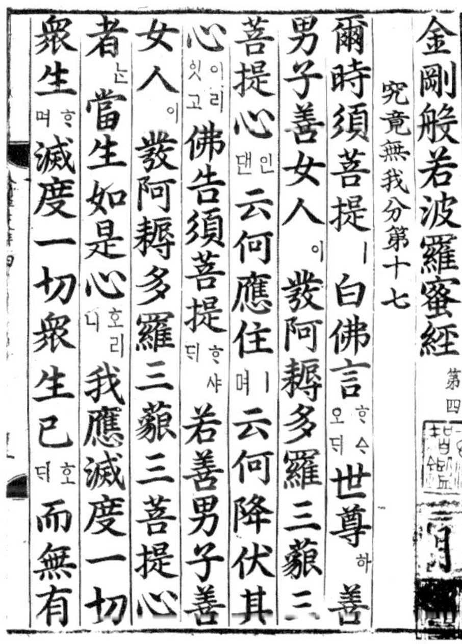
金剛般若波羅蜜經 第四
究竟無我分第十七
爾時須菩提ㅣ白佛言ᄒᆞᄉᆞ오ᄃᆡ世尊하善
男子善女人이發阿耨多羅三藐三
菩提心인댄云何應住ㅣ며云何降伏其
心이리잇고佛告須菩提ᄒᆞ샤ᄃᆡ若善男子善
女人이發阿耨多羅三藐三菩提心
者는當生如是心ᄒᆞ리니我應滅度一切
衆生ᄒᆞ며滅度一切衆生已ᄒᆞᄃᆡ而無有

그림 4-58 『金剛般若波羅蜜經』 三家解[143]

---

142 千惠鳳, 『韓國典籍印刷史』, 서울: 汎友社, 1990, p. 266, 구 성암고서박물관 소장.

143 韓國圖書館學研究會, 『韓國古印刷史』, p. 197, 구 성암고서박물관 소장.

8. 戊寅字

1) 무인자 개요

戊寅字는 1457년(세조 3) 12월 24일 예조참판 李純之와 司宰副正 金石梯에게 책의 간행을 명한 후 세조가 筆削하여 1458년(세조 4) 정월에 완성된 『交食推步法假令』과 世宗과 세조가 지은 『易學啓蒙要解』 大文을 찍기 위해서 주조한 銅活字이다.

무인자로 인출된 간행본은 『交食推步法假令』과 『易學啓蒙要解』가 있는데, 『교식추보법가령』의 본문 대자와 『역학계몽요해』의 본문 大字 및 細註[144]는 무인자를 이용하여 조판·인출하였고, 中字·小字는 初鑄甲寅字가 사용되었다.

한편 이 활자의 이름에 대해서는 여러 의견이 있어서 천혜봉은 주조한 해의 干支인 무인년(1458년)에 의거하여 '무인자'라고 하였고,[145] 윤병태는 무인자본인 『교식추보법가령』에 의하여 '交食大字' 또는 '交食推步法大字'라고 하였다.[146] 또 이인영[147]과 손보기[148]는 무인자의 자본이 세조의 글자체를 닮았다고 하여 '世祖體字'라고도 하였다.

2) 전존본

현재까지 알려진 무인자본은 규장각한국학연구원 소장의 『교식추보법가령』 2권(상·하) 1책, 李謙魯 소장의 『역학계몽요해』 영본 2책(권1·2) 그리고 구 성암고서박물관 소장의 『역학계몽요해』 영본 2책(권4·5)이 있다.

---

144 천혜봉, 「世祖朝 新鑄의 '戊寅字'와 그 刊本: 主로 그 鑄字의 考證을 中心으로」, 한국비블리아학회지, p. 114.

145 上揭書, pp. 102-131.

146 윤병태, 『朝鮮朝活字考』, (서울: 연세대학교, 1976), pp. 37-41.

147 이인영, 『淸芬室書目』, 서울: 寶蓮閣, 1968, p. 274.

148 손보기, 『새판 한국의 고활자』, p. 90.

149 서울대학교 규장각한국학연구원, 『규장각과 책의 문화사』, 서울: 서울대학교 규장각한국학연구원, 2009, p. 17.

150 韓國圖書館學硏究會, 『韓國古印刷史』, p. 199.

151 上揭書, p. 200.

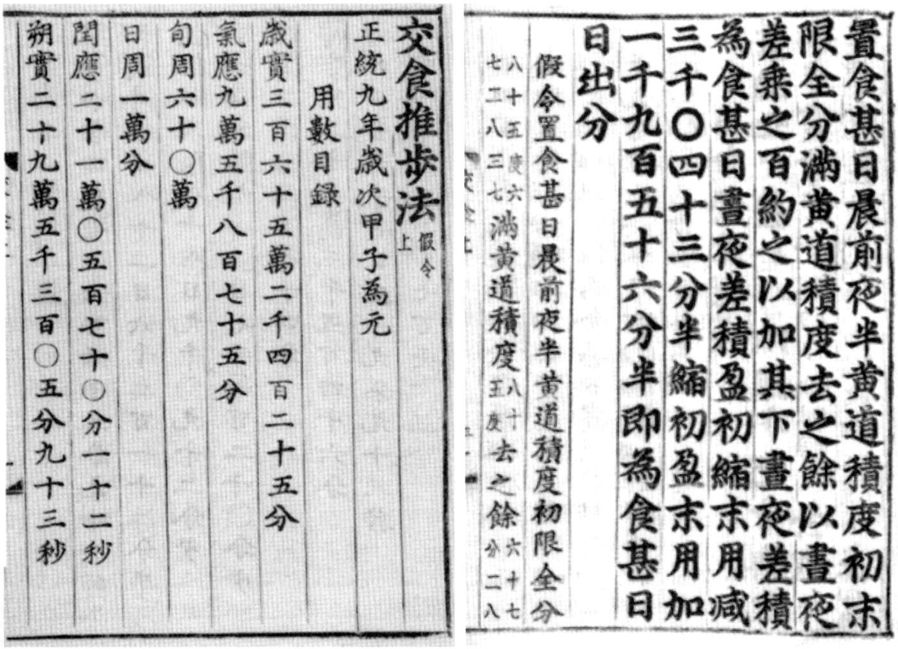

交食推步法 假令上
正統九年歲次甲子爲元
用數目錄
歲實三百六十五萬二千四百二十五分
氣應九萬五千八百七十五分
旬周六十〇萬
日周一萬分
閏應二十一萬〇五百七十〇分一十二秒
朔實二十九萬五千三百〇五分九十三秒

置食甚日晨前夜半黃道積度初末
限全分滿黃道積度去之餘以晝夜
差乘之百約之以加其下晝夜差積
爲食甚日晝夜差積盈初縮末用減
三千〇四十三分半縮初盈末用加
一千九百五十六分半即爲食甚日
日出分
假令置食甚日晨前夜半黃道積度初限全分
八十五度六十七二八三七滿黃道積度八十五度去之餘六十七分二八

그림 4-59 『交食推步法假令』 상[149]

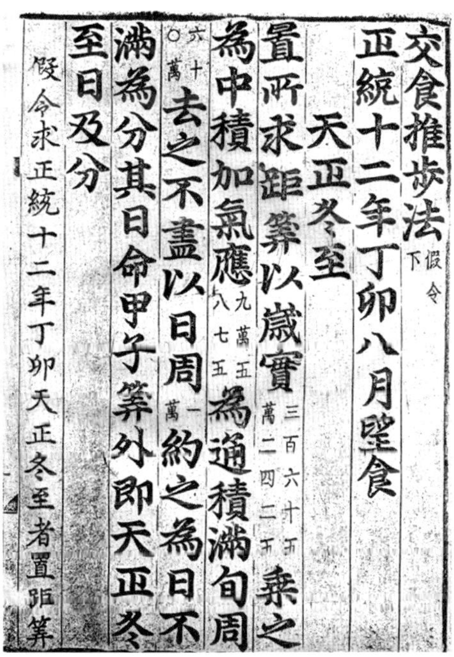

交食推步法 假令下
正統十二年丁卯八月望食
天正冬至
置所求距筭以歲實三百六十五萬二四二五乘之
爲中積加氣應九萬五八七五爲通積滿旬周六十〇萬
去之不盡以日周一萬約之爲日不
滿爲分其日命甲子筭外即天正冬
至日及分
假令求正統十二年丁卯天正冬至者置距筭

그림 4-60 『交食推步法假令』 하[150]

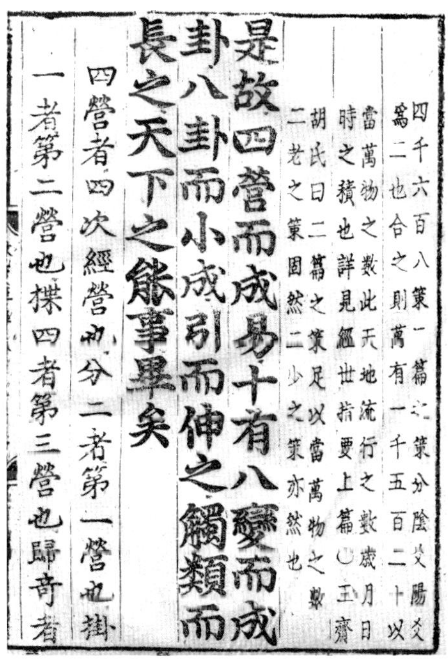

四千六百八策一篇之策分陰爻陽爻
爲二也合之則萬有一千五百二十以
當萬物之數此天地流行之數歲月日
時之積也詳見經世指要上篇〇玉齋
胡氏曰二篇之策足以當萬物之數
二老之策固然二少之策亦然也
是故四營而成易十有八變而成
卦八卦而小成引而伸之觸類而
長之天下之能事畢矣
四營者四次經營也分二者第一營也掛
一者第二營也揲四者第三營也歸奇者

그림 4-61 『易學啓蒙要解』[151]

9. 乙酉字

1) 을유자 개요 및 주조 관련 기록

1465년(세조 11)에 주조된 乙亥字는 鄭蘭宗(1433~1489)이 쓴 松雪體 글자를 字本으로 하여 대자·중자·소자로 주조한 것이며, 한글 구결을 인쇄하기 위해 한글활자도 함께 만들었다. 을유자 주조와 관련된 문헌 기록은 成俔의 『慵齋叢話』와 金宗直이 甲辰字를 주조하고 쓴 「新鑄字跋」[152]에서 확인된다. 두 기록의 내용을 보면, 먼저 『용재총화』에서는 "세조 11년(1465) 『圓覺經』을 인출하고자 정난종에게 자본을 쓰게 하여 주조한 활자가 을유자인데, 그 자체가 매우 고르지 않다."[153]라고 하였으며, 김종직의 발문에는 "세조 11년(1465)에 만든 乙酉字는 鄭蘭宗이 쓴 것으로, 그 字體가 단정하지 않아 사용할 수 없으므로 새로운 활자를 주조하게 된 것이다."라고 하였다.

이상 성현과 김종직의 기록으로 볼 때, 을유자는 『大方廣圓覺脩多羅了儀經』의 인출을 위해 정난종의 자본을 바탕으로 주조된 것이다. 현재까지 알려진 을유자본은 10여 종이 안 되는 것으로 보아 '자체가 단정하지 않아 새로운 활자인 갑진자를 주조하기 위해 사용'된 것으로 보인다.[154]

한편 정난종은 庚午字의 자본을 쓴 安平大君 李瑢(1418~1453)과 을해자의 자본을 쓴 姜希顔(1417~1464) 등과 함께 조선 전기 명필가로 이름이 높았는데, 본관은 東萊, 자는 國馨, 호는 虛白堂, 시호는 翼惠이다. 그는 송설체에 뛰어났으며 특히 초서와 예서를 잘 쓴 것으로 알려져 있다. 그의 필적이 온전하게 남아 있는 자료가 드문 편이고 『觀瀾亭帖』, 『海東名跡』, 『大東書法』 등에서 모각된 그의 글씨 일부를 확인할 수 있다. 石文으로 서울 원각사탑의 「圓覺寺碑陰」, 양주의 「高靈府院君申叔舟墓表」, 「尹子雲神道碑」, 連山 「金鐵山碑」 등이 남아 있고 주로 鐘銘에 글씨를 남긴 金文으로 양양의 「洛山寺鐘銘」, 강원도 고성 「楡岾寺鐘銘」, 양주 「奉先寺鐘銘」, 덕수궁의 「興天寺鐘銘」이 있다.[155]

---

152 金宗直, 新鑄字跋: …成於成化乙酉者 謂之乙酉字 鄭蘭宗之所書 今方竝用焉…中略…乙酉字 則其字不端不可用 予欲別鑄新字…

153 成俔, 『慵齋叢話』 卷7, 活字 條: 世祖…其後乙酉年 欲印圓覺經 命鄭蘭宗書之 字體不整 名曰乙酉字…

154 성현의 『용재총화』 외에도 을유자에 대한 기록으로, 『新增東國輿地勝覽』 卷2 「備考篇-東國輿地備考1」·許葑의 『海東野言』·李肯翊의 『燃藜室記述』 別集 卷14, 「文藝典故」 '鑄字'·李裕元의 『林下筆記』 卷17, 「文獻指掌編」 '鑄字'·李廷馨의 『知退堂集』 卷6, 「東閣雜記」 乾 등에서 확인이 되지만 대부분 『용재총화』의 내용을 차용하고 있다.

155 옥영정, 「을유자 및 을유한글활자의 주조와 조판에 관한 연구」, 『조선전기 한국의 금속활자』, 청주: 청주고인쇄박물관, 2008, pp.

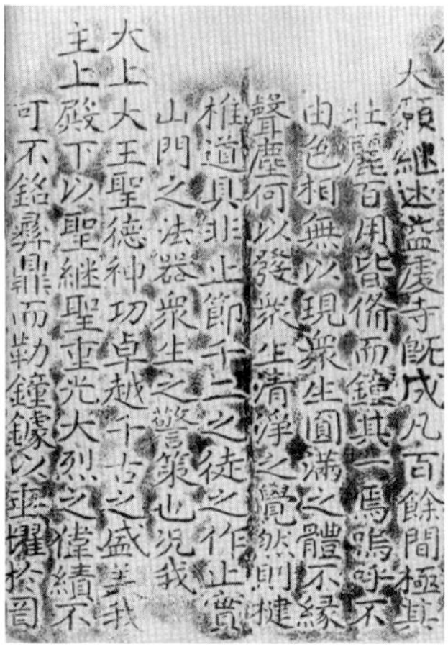

▲ 洛山寺鐘銘

▲ 圓覺寺碑文

그림 4-62 정난종의 글씨

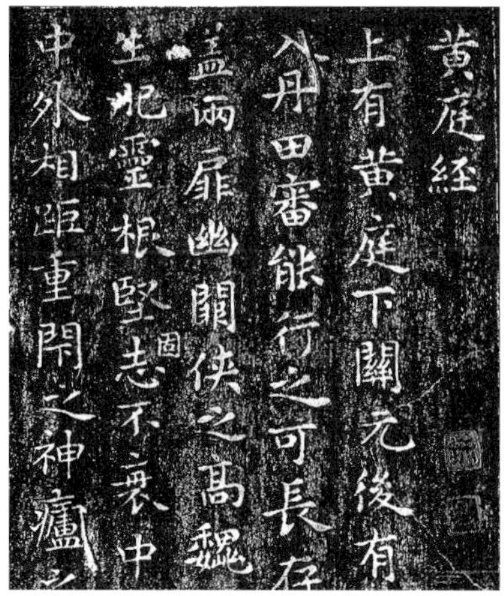

▲『黃庭經』

그림 4-63 王羲之의 楷書

을유자의 자체에 대하여 김종직은 「新鑄字跋」에서 "을유자는 그 자체가 단정하지 못하고 크기가 일정하지 않아 쓸 수 없다." 하였고 成俔은 『慵齋叢話』에서 "그 자체가 매우 고르지 않다." 하였다. 이렇게 평가하는 데에는 왕희지의 해서와 견주어 봤을 때 획이 모두 두껍고 해정하지 않기 때문이었을 것이다. 하지만 이러한 글씨의 특징을 바르지 않다고 평가하는 것은 활자본의 글씨로는 적합하지 않다는 의미도 내포하고 있다.

또 정난종의 서체는 조맹부체를 기반으로 한 것이기 때문에 왕희지의 楷書와는 차이가 크다. 왕희지의 해서는 을유자보다 획이 가늘고 글자의 결구에 있어 변화가 크기보다는 해정한 글씨체라고 말할 수 있을 것이다. 그에 비하여 을유자는 획이 매우 두꺼우며 획과 획 사이가 모두 붙어 있는 형태를 보인다. 그렇기 때문에 답답하고 글자 간의 조화가 어눌한 것처럼 느껴진다. 하지만 이것은 왕희지의 해서와 비교하였을 때 보이는 현상이고, 그저 글씨를 두껍게만 쓴 것이 아니라 획의 逆入에 있어 철저하게 법도를 지켜 中峰의 글씨를 썼기 때문에 글자가 웅장해 보인다. 당시는 복고주의적인 왕희지체로 돌아가자고 주장하는 서품이 대세를 이루던 시대였다.[156]

357–358.

156 이호창, 「虛白堂 鄭蘭宗 書藝 硏究」, 경기대학교 대학원 석사학위논문, 2013, pp. 27–30.

또 조맹부는 송 황실의 자손인데도 원나라 조정에 나아가 출세한 사람으로, 32세에 원 세조 쿠빌라이에게 발탁되어 무려 5대에 걸쳐 관직에 머물렀다. 이것이 빌미가 되어 명나라 동기창도 조맹부를 혹독하게 비판했고, 조선의 이황 같은 도학자들도 송설체를 버리고 왕희지의 王法으로 복귀하였다.

2) 을유자 인본 리스트

을유자는 '字體不整'으로 1485년 갑진자를 주조하기 위해 녹였기 때문에 그 전존본이 희소한 편이나 글자 크기가 작아 비교적 卷帙이 큰 책들이 전하고 있다. 현존하는 을유자 인본의 소장처별 서명과 전존 卷冊 수는 다음과 같다.

표 4-11 을유자 인본의 현존본 목록

서명	간행 연도	권책수	권차	행자수	반곽 크기 (책 크기)(cm)	소장처
大方廣圓覺 脩多羅了義經	世祖 11 (1465)	2책	上1之1, 下1之1~2, 下2之1~2	6행 大 13자 中 19자	19.6×13.3 (27.7×18.0)	장서각(1책) 고려대학교
		1책	下3之1~2		19.8×13.3 (27.8×18.3)	고려대학교
		1책	上2之1~3		19.5×13.3 (26.9×18.1)	고려대학교 (호림박물관 1책)
		4책	上1之2, 上2之1~3, 下1之1~2, 下2之1~3, 下3之1~2		19.4×13.4 (38.2×18.6)	국립중앙도서관 영남대(1책) 아단문고(1책)
		4책	上1之2, 上2之1~3, 下1之1~2, 下2之1~3, 下3之1~2		19.5×13.3 (28.0×18.4)	성암고서 박물관
		1책	上1之2		19.5×13.2 (28.4×18.6)	규장각 아단문고(1책)
御製兵將說	世祖 11 (1465)	2권 1책	권1~2	大 7행 12자 中 9행 17자 小 18행 17자	21.6×14.4 (25.5×16.3)	규장각
佛果圜悟禪師 碧巖錄	世祖 11 (1465)	3권 1책	권6~8	11행 19자	19.8×14.0 (27.7×18.2)	국립중앙 도서관
		10권 5책	권1~10	11행 19자		삼성출판박물관
六經合部 中 金剛經 등 三經	世祖 代	1책		8행 17자	17.4×10.3 (23.5×14.0)	고려대학교
文翰類選大成	成宗 17 (1486)	1책(2장)		13행 21자	21.8×15.0 (29.8×19.5)	충남대학교
		1책	권22			청주고인쇄 박물관
		3권 1책			22.0×15.2 (30.5×20.0)	성균관대 존경각

文翰類選大成	成宗 17 (1486)	1책	권111	13행 21자	22.0×15.3 (28.2×17.8)	국립중앙도서관
		1책(5장)	補遺		21.6×15.0 (28.4×18.7)	국립중앙도서관
		1책	권4 下		21.6×15.1 (28.5×16.8)	국립중앙도서관
		1책	권24		21.7×15.0 (27.6×18.0)	국립중앙도서관
		1책	권147		21.4×15.2 (27.5×18.7)	국립중앙도서관
		1책	권67~68		21.6×15.0 (31.0×19.7)	계명대학교
		1책	권48~49		22.1×15.0 (28.8×18.3)	규장각
		3권 1책	권38~40		21.7×14.8 (29.0×18.8)	고려대학교
		30권 13책	권25~34, 36~38, 40~42, 59~60, 73~74, 107~111, 132~136		21.8×15.1 (26.6×17.8)	성암고서박물관
		4권 3책	권2~3, 59~60		21.8×15.1 (28.5×19.0)	성암고서박물관
		1책	권41~42		22.3×15.3 (26.4×18.5)	한중연 장서각
		1책	권53~54		21.6×15.0 (30.4×20.0)	규장각
唐書	成宗 代	3권 1책	권10~12	13행 21자	21.5×15.0 (29.3×19.5)	충남대학교
		1책	권82~83		21.7×14.8 (29.4×19.0)	계명대학교
		2책	권15, 18		21.7×15.2 (28.8×19.0)	고려대학교
		46책	권1~13, 15~21, 23~34, 36~49		21.7×15.3 (28.8×19.1)	국립중앙도서관
		3권	권79~81		21.6×15.0 (29.6×19.0)	고려대학교

(1)『大方廣圓覺脩多羅了義經』

唐代 宗密의『圓覺經疏鈔』를 세조가 구결을 달고 1464년(세조 10) 을유자를 주조하여 인쇄하였다. 이듬해인 1465년(세조 11) 3월에는 信眉·孝寧大君·韓繼禧·成任·姜希孟 등이 세조의 명을 받아 언해하고 간경도감에서『圓覺經諺解』를 간행하여 分身舍利와 함께 서울 圓覺寺의 13층 탑에 안치하였다.

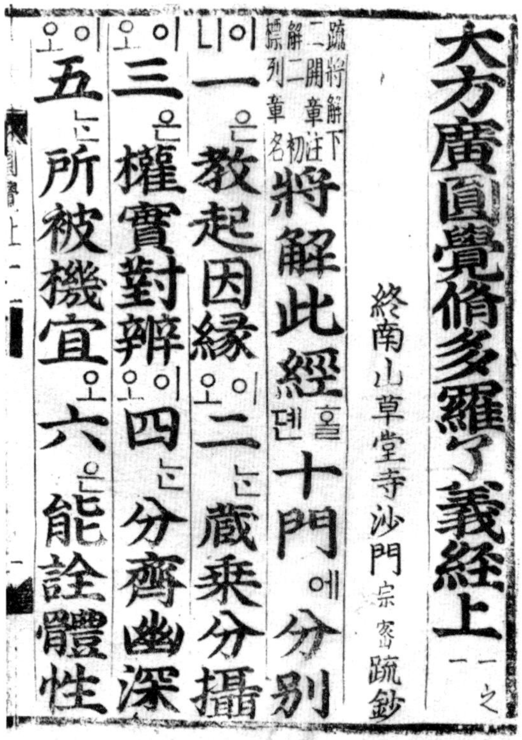
大方廣圓覺脩多羅了義經上一之一
終南山草堂寺沙門 宗密 疏鈔
疏將解下 二開章注 解二章初 標列章名
將解此經호ᄃᆡ十門에分別
이니 一은 教起因緣이오 二는 藏乘分攝
이오 三은 權實對辨이오 四는 分齊幽深
이오 五는 所被機宜오 六은 能詮體性

그림 4-64 『大方廣圓覺脩多羅了義經』 上[157]

현재 을유자 『원각경』은 완질본이 전해지지 않고 장서각의 1책을 비롯하여, 국립중앙도서관과 (구)성암고서박물관에 각각 1책이 결락된 4책씩 남아 있으며 고려대학교에 2책, 1책, 1책 합쳐서 3종 4책이 있다. 그 밖에도 규장각, 아단문고, 호림박물관, 영남대, 월정사, 개인 등이 소장하고 있다. 장서각본은 다른 소장처에 없는 서문이 본문의 上卷 一之一과 합쳐져 있으며, 월정사본은 上卷 二之二의 후반부와 上卷 二之三이 합쳐져 있다. 이 중에 보물로 지정된 것은 장서각(1514호), 아단문고(1219호, 1219-1호), 월정사(793-11호), 김민영(1219-2호) 소장본이다. 을유자본 『원각경』의 분권 내용과 현존본을 표로 정리하면 다음과 같다.[158]

157 韓國圖書館學研究會, 『韓國古印刷史』, p. 203.

158 성현의 『용재총화』 외에도 을유자에 대한 기록으로, 『新增東國輿地勝覽』 卷2 「備考篇-東國輿地備考1」·許葑의 『海東野言』·李肯翊의 『燃藜室記述』 別集 卷14, 「文藝典故」 '鑄字'·李裕元의 『林下筆記』 卷17, 「文獻指掌編」 '鑄字'·李廷馨의 『知退堂集』 卷6, 「東閣雜記」 乾 등에서 확인이 되지만 대부분 『용재총화』의 내용을 차용하고 있다.

표 4-12 『원각경』의 분권과 현존본

구분	분권 내용	장수	소장처 1	소장처 2	
제1책	圓覺經略鈔序	111		장서각	
	圓覺經略疏序				
	圓覺經序				
	上一之一		고려대 만송문고		
제2책	上一之二	102		규장각, 아단문고	국립중앙도서관, 성암고서박물관
제3책	上二之一	29	호림박물관	고려대 신암문고	
	上二之二	90	개인, 월정사(27–90)		
	上二之三	28	월정사		
제4책	下一之一	38		고려대 만송문고, 아단문고	
	下一之二	33			
	下二之一	34	영남대		
	下二之二	32			
제5책	下三之一	78		고려대 경화당문고, 개인(김민영)	
	下三之二	61			

한편『大方廣圓覺修多羅了義經』의 조판과 글자의 특징을 살펴보면 다음과 같다.[159]

① 1行 4줄 활자 배열: 주석 부분

② 한글 활자: 諺解가 아닌 吐

4줄 細註	한글 口訣	
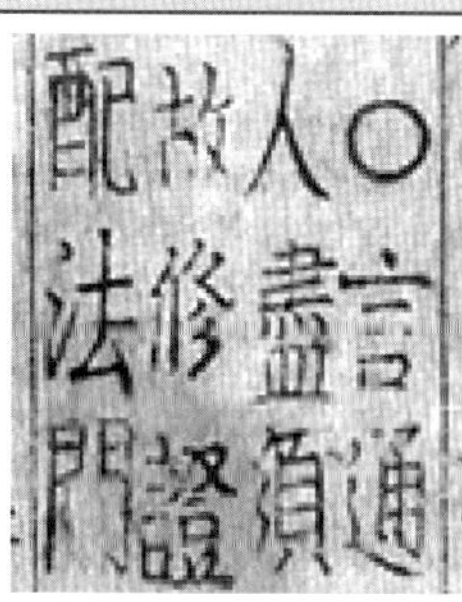	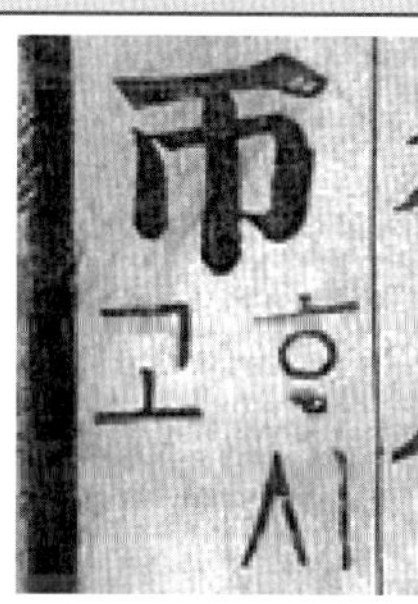	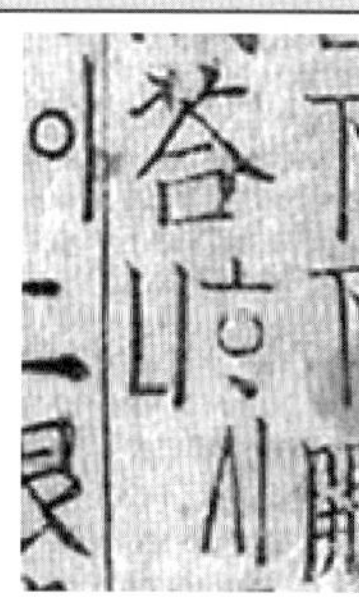
1장 앞면 4행	中字 1장 뒷면 6행	小字 1장 앞면 3행

159 이하 내용은 上揭書 pp. 371–372를 참조한 것이다.

③ 字間朴只: 활자 사이에 나무 등을 끼워 고정시키는 재료의 흔적이 찍힘

④ 활자 가로·세로를 추정할 수 있는 크기의 흔적

大字					小字	한글 小字

33A-6-3	41A-1-6	41A-1-7	49A-4-13	56A-4-3	6A-1_2-5	59A-2_2_1-11

⑤ 鐵亐里의 분리: 광곽의 네 모서리가 떨어져 있음

	『大方廣圓覺脩多羅了義經』		『文翰類選大成』	
匡郭			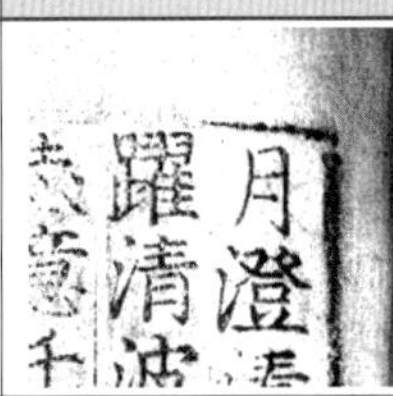	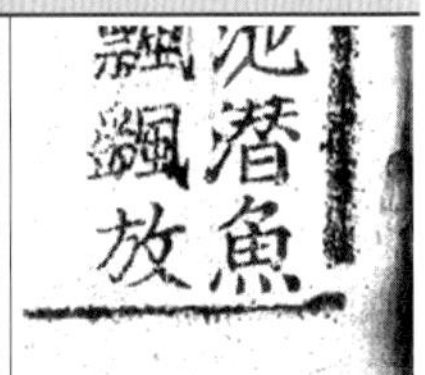
	2A_위	2A_아래	6A_위	6A_아래
			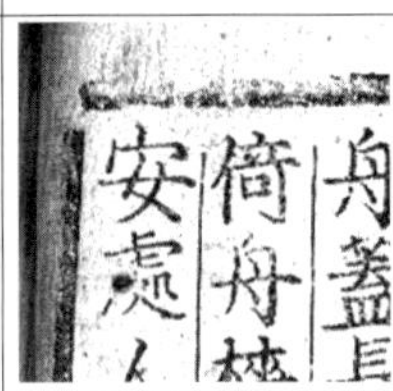	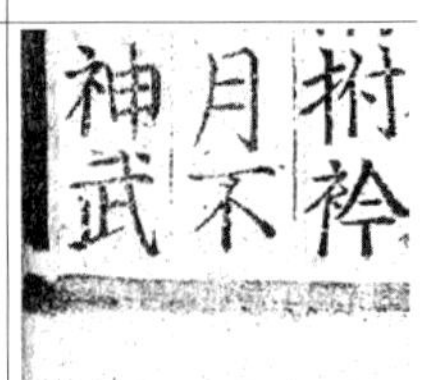
	5B_위	5B_아래	11B_위	11B_아래

⑥ 印札의 길이: 『大方廣圓覺脩多羅了義經』 19cm, 『文翰類選大成』 21.3cm

⑦ 글자의 오와 열은 중자만 조판한 경우 비교적 가지런하지만 대자, 중자, 소자의 배열에서는 가지런하지 못한 경우도 있다.

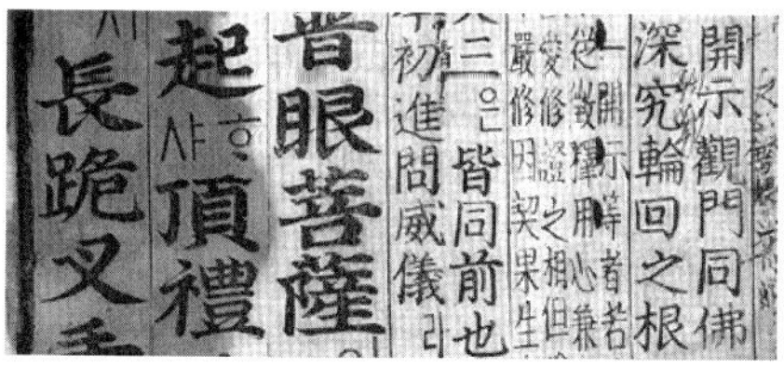

▲ 『大方廣圓覺脩多羅了義經』(혼합 배열)

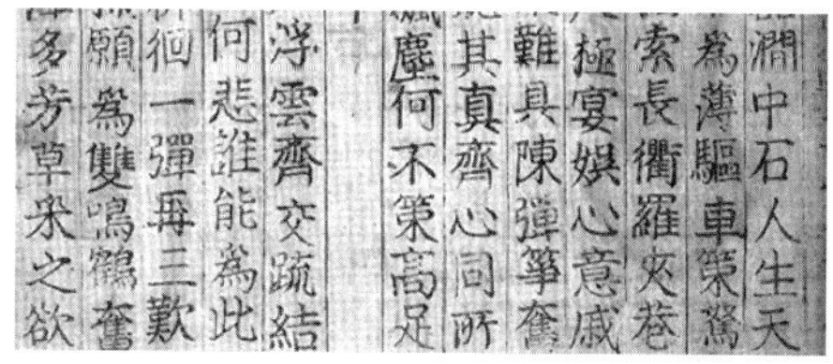

▲ 『文翰類選大成』(중자 배열)

그림 4-65 문헌별 을유자 조판 형태

(2) 『御製兵將說』

1461년(세조 7) 9월에 세조가 친히 찬한 『兵將說』에 申叔舟·崔恒·李承召·徐居正 등이 주해와 부록을 덧붙여 1462년(世祖 8)에 간행한 兵書이다. 단권 1책의 권두에는 1462년(세조 8) 2월에 申叔舟 등이 임금께 올린 「御製兵將說解箋」과 같은 해에 申叔舟가 쓴 序文이 실려 있다. 본문은 兵說과 將說로 나뉘어 있고 세조가 찬한 兵將說 원문은 大字, 字句를 중심으로 한 註解는 中字로 쓰여 있다.

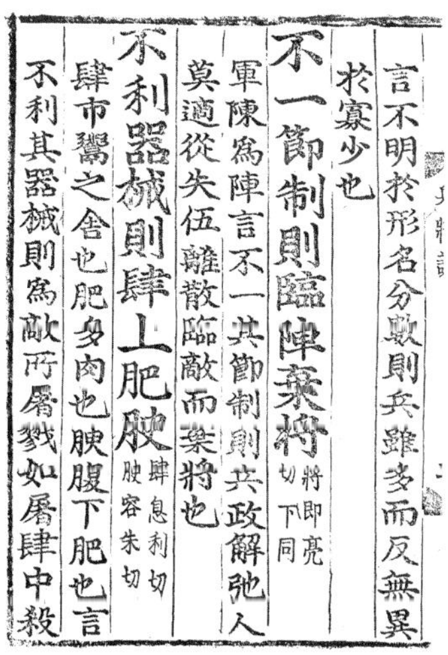

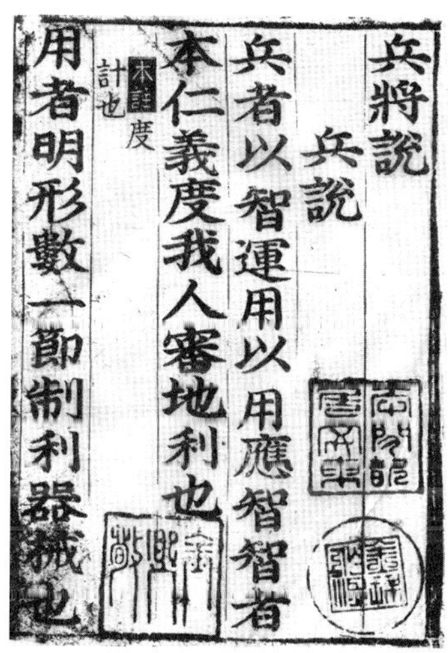

그림 4-66 을유자 대자·중자 『兵將說』[160]

160 (좌) 손보기, 『새판 한국의 고활자』, p. 289. (우) 韓國圖書館硏究會, 『韓國古印刷史』, p. 205.

(3) 『佛果圜悟禪師碧巖錄』

『벽암록』은 중국 송나라의 雪竇 重顯(980~1052)과 圜悟 克勤(1063~1135), 두 사람에 의해서 완성되었다. 설두는 운문종 계열의 사람이고, 원오는 임제종 계열의 사람이다. 그러나 이 두 사람은 모두 蜀지방 四川省 출신으로서 설두는 1052년 입적했고, 원오는 1063년에 태어났다. 重顯이 『傳燈錄』의 1,700개 공안 가운데 유명한 화두 100가지를 선별하여 각각에 송을 붙였다. 이를 『雪竇頌古』라 한다. 그리고 圜悟 克勤은 이것을 텍스트로 삼아 강의를 했다. 이 강의를 들었던 제자들이 정리한 것을 훗날 출판했는데, 이 책이 바로 『佛果圜悟禪師碧巖錄』이다. 『벽암록』은 大慧 宗杲(1089~1163)가 불살라 버려 세상에서 자취를 감출 뻔했는데, 원나라의 장명원이 다시 판각하여 세상에 유통되게 되었다.

佛果圜悟禪師碧巖録卷第四
垂示云動則影現覺則氷生其或不動不覺不免
入野狐窟裏透得徹信得及無絲毫障翳如龍得
水似虎靠山放行也瓦礫生光把定也真金失色
古人公案未免周遮且道評論什麼邊事試舉看
三十一 舉麻谷持錫到章敬遶禪床三匝振錫一下卓
然而立 曹溪樣子一模脫出直得驚天動地 敬
云是是 泥裏洗土塊賺殺一船人是什麼語話
繫驢橛子 雪竇著語云錯 放過則不可猶較一
著在 麻谷又到南泉遶禪床三匝振錫一下卓
然而立 依前泥裏洗土塊再運前來鰕跳不出

그림 4-67 을유자 중자본 『佛果圜悟禪師碧巖錄』 卷4[161]

161 개인 소장본.

(4)『文翰類選大成』

『文翰類選大成』은 明代 李伯璵가 正統 연간(1439~1449)에 淮王 祁銓의 명을 받아 편집하고 동시대 馮厚가 교정한 것으로, 前代부터 明代까지 시대별로 역대의 문장을 뽑아서 엮은 것이며 현존 을유자본 가운데 가장 많이 남아 있는 인본이다.

10. 甲辰字

1) 갑진자 개요

甲辰字[162]는 1484년(성종 15)에 궐내에 소장되어 있던 『歐陽文忠公集』과 『烈女傳』의 글자를 자본으로 하고 부족한 자는 朴耕으로 하여금 쓰게 하여 1465년에 주조되었던 乙酉字를 녹여 만든 동활자이다. 이 활자는 인쇄 종이의 소모량을 줄이고, 앞서 주조되었던 乙酉字가 불경을 찍기 위해 만든 활자이기 때문에 당시 유신들이 글자 모양이 단정하지 못하다는 이유로 인쇄하기 더욱 꺼려했던 점에 연유하여 주조된 것이다.

> 갑진년(1484) 가을 8월에 전하께서 승정원에 傳旨를 내리시고 이르시길 "甲寅字와 乙亥字는 매우 精好하기는 하나 字體가 너무 커서 印行하는 서적이 簡帙이라도 繁重하였다. 또한 이미 세월이 오래되어 散落하고 없어져서 비록 補鑄하여 사용하려고 하여도 그 처음과는 비길 바가 되지 못한다. 을유자는 그 자체가 단정하지 못하여 사용할 수 없다. 내가 별도로 새로운 활자를 주성함에 細大와 疎密을 적당하게 하여 여러 가지 서적을 인행하여 사방에 廣布하고자 하는데 어떠하겠는가![163]

1484년 8월 24일에 활자 주조에 착수하여, 그해 12월에 큰 자의 주조를 마쳤고, 작

162 성현의 『慵齋叢話』 권7에서는 갑진자의 주조 시기를 1471년으로 보고 활자명을 '辛卯字'라고 언급하고 있고, 1796년 12월 15일(丙戌) 조 『정조실록』에도 '成宗朝에는 辛卯字와 癸酉字가 있었다.'는 기사가 있다. 여기서 신묘자는 갑진자를 말하는 것인데, 아마도 『용재총화』와 『정조실록』의 내용은 갑진자의 주조 시기를 잘못 알고 기록한 것으로 보인다.

163 金宗直, 「新鑄字(甲辰字)跋」: …甲寅秋八月 我殿下傳旨于承政院 若曰 甲寅乙亥字極爲精好 然而字體差大 所印之書 簡帙繁重 且已歲久散落 將盡雖補鑄 而用之不類其初 乙酉字 卽其字不端不可用 予欲別鑄新字 令細大疎密適宜以 印諸書以布四方何如…

은 자는 이듬해 3월에 완성하였다. 활자의 크기는 甲寅字 및 乙亥字보다 작고,[164] 주조된 수량은 큰 자와 작은 자를 합쳐 30여 만 자이다. 활자 주조는 행호군 李有仁이 감독하고 좌승지 權健이 관장[165]하여 李世卿, 李岾, 劉用平, 柳廷秀, 安潤德, 金石精 등에게 일을 分掌하게 하였다.

갑진자는 역사적으로 갑인자와 을해자 다음으로 오래 사용되었는데, 임진왜란 때까지 무려 3세기에 걸쳐 사용되었기 때문에 인본이 비교적 많이 전하고 있다. 인본을 보면 초기에 인쇄된 것은 활자체가 해정하여 정교하지만 中宗 연간에 인출된 인본에서는 보주된 활자가 많이 섞여 있고, 없어진 활자도 많으며 활자가 작고 획이 가늘어서 쉽게 마멸되어 16세기 후기의 인본 가운데에는 인쇄가 깨끗하지 못한 것이 확인된다.

2) 갑진자 관련 기록

(1)『실록』

① 『성종실록』 권169, 1484년(성종 15, 갑진) 8월 21일

전교하기를 "내가 唐本 歐陽脩集을 보건대, 글자 모양의 크고 작은 것이 알맞으니, 이 글자 모양으로 글자를 鑄造하는 것이 어떠한가?" 하자, 승지들이 함께 아뢰기를, "允當합니다." 하니, 行 護軍 李有仁이 감독하여 주조하고, 左承旨 權健이 관장하라고 명하였다.[166]

② 『성종실록』 권173, 1484년(성종 15, 갑진) 12월 12일

주자청의 당상관인 李有仁이 와서 大字를 다 주조하였다고 아뢰니, 이유인에게 鑪鍋 1部, 활 1張을 하사하고, 낭관인 승문원 부정자 김석정, 성균관 학록 안윤덕 등에게는 馬粧 각 1부를 하사하고, 보자 행 사용 류용평에게는 한 품계를 올려서 서용하게 하고, 장인에게는 1등 면포 4필과 차등 면포 3필을 하사하게 하였다.[167]

---

164 1486년에 인출된 『纂註分類杜詩』 권14의 큰 자는 가로, 세로의 크기가 불과 1.1cm 정도이며, 작은 자 또한 세로 0.8cm, 가로 0.5cm에 지나지 않는다.

165 『成宗實錄』 卷169, 1484年(성종 15, 甲辰) 8月 21日 乙亥 條.

166 傳曰 予見唐本歐陽修集 字體小大適中 以此字樣鑄字 何如 承旨僉啓曰 允當 命行護軍李有仁監鑄 左承旨權健掌之

167 鑄字廳堂上李有仁來啓畢鑄大字 賜李有仁鑪鍋一部 弓一張 郎官承文院副正字金石精 成均館學錄安閏德等馬粧各一部 補字行司勇劉用平陞敍一階 賜匠人一等綿布四匹 次等綿布三匹…

③ 『성종실록』 권174, 1485년(성종 16. 을사) 1월 26일

승정원에 전교하기를, "이제 갑진자로 장차 『唐書』를 인쇄하고자 한다. 그러나 『王荊公集』을 먼저 인쇄하는 것이 좋겠다." 하니, 승지들이 대답하기를, "『왕형공집』이 둘이 있는데, 하나는 註가 있고 하나는 주가 없습니다. 만약 주가 있는 책을 인쇄하자면 갑진년에 주자할 때에 미처 다 주자하지 못하여 인쇄하기가 어렵습니다." 하자, 전교하기를, "비록 주(註)가 없을지라도 인쇄하라." 하였다.

승지들이 아뢰기를, "『왕형공집』은 주자를 마치기를 기다려서 주를 함께 인쇄하는 것이 어떻겠습니까? 그리고 『사문유취』를 文士들이 모두 보고자 하나 卷帙이 지극히 많아서 중국에도 많이 없으므로, 사서 온 것이 적고 나라에 간직한 것도 한 질에 불과하니, 청컨대 먼저 인쇄하소서." 하니, 전교하기를, "내가 『왕형공집』을 먼저 인쇄하려고 하는 것은 여러 史記의 자획이 頑缺되어 인쇄하지 않을 수 없는데, 지금 새 주자는 글자체의 모양을 알지 못하여 이 책을 인쇄한 뒤에 여러 사기에 미치려고 하는 것이다. 그대들은 자기가 좋아하는 책을 먼저 인쇄해 내기를 청하니, 그렇다면 당초에 어찌 取稟할 필요가 있겠는가?" 하였다. 승지들이 대답하기를, "『사문유취』는 신 등이 좋아할 뿐 아니라, 사람들이 모두 하고 싶어 하는데, 나라의 所藏도 단지 한 件이 있을 뿐이며, 外間에서도 많이 있지 아니하므로, 이로 인하여 전자에 李瓊仝, 李世匡 등이 모두 인쇄하기를 청하였던 것입니다. 그때에 비록 成命은 없었으나 俞音 이 있었기 때문에 신 등이 성상의 뜻을 알지 못하여 감히 아뢴 것입니다. 待罪하기를 청합니다." 하니, 전교하기를, "만약 국가의 일에 관계된다면 그대들이 말하는 것이 가하겠지만, 이제 내가 『왕형공집』을 인쇄하려고 하는 것이 무엇이 옳지 못함이 있기에 감히 말하는가? 『사문유취』는 권질이 본래 많아서 인쇄하기가 쉽지 아니하나 『왕형공집』은 권질이 적어서 인쇄하기가 간단하고 쉬우므로, 내가 이 때문에 먼저 인쇄한 뒤에 다른 여러 史記에 미치려고 할 뿐이다."[168]

---

168 傳于承政院曰 今以甲辰字, 將印唐書 然先可印王荊公集 承旨等對曰王荊公集有二, 一有註 一無註 若印有註册 則甲辰鑄字時 未及鑄 印出爲難 傳曰 雖無註 其印之 承旨等啓曰 王荊公集 姑俟畢鑄字 并註印之 何如 且事文類聚 文士皆欲見之 然卷帙至多 中國亦不多有 買來少 國藏亦不過一帙 請先印之 傳曰 予欲印王荊公集者 以諸史字畫頑缺 不可不印 而今新鑄字 未知體樣 欲印此册 而後及諸史耳 爾等以已所好之書 請先印出 然則當初何必取稟乎 承旨等對曰事文類聚非獨臣等好之 人皆欲焉 國藏只有一件 外間亦不多有 因此 曩者李瓊仝 李世匡等 皆請印出 而其時雖無成命 然有俞音 故臣等未知

④『성종실록』 권176 , 1485년(성종 16, 을사) 3월 3일

새로 찍은『王荊公詩集』을 문신들에게 내려 주었다.[169]

(2) 成俔,『慵齋叢話』 卷7(1525)

성종께서 신묘년에 荊公 王安石의『歐陽公集』 글자를 사용하여 글자를 주조하니 그 체가 경자자보다 작되 더욱 정묘하여 辛卯字라 이름하고…[170]

(3) 金宗直,「新鑄字跋」

갑인년(1484) 가을 8월에 우리 전하께서 승정원에 傳旨를 내리시고 이르시길 "甲寅字와 乙亥字는 매우 精好하기는 하나 字體가 너무 커서 印行하는 서적이 簡帙이라도 繁重하였다. 또한 이미 세월이 오래되어 散落하고 없어져서 비록 補鑄하여 사용하려고 하여도 그 처음과는 비길 바가 되지 못한다. 을유자는 그 자체가 단정하지 못하여 사용할 수 없다. 내가 별도로 새로운 활자를 주성함에 細大와 疎密을 적당하게 하여 여러 가지 서적을 인행하여 사방에 廣布하고자 하는데 어떠하겠는가!"라고 하셨다.[171] 드디어 內藏의『歐陽公集』과『烈女傳』 등을 출납하여 자본을 만들고 行上護軍 李有仁과 都承旨 權建 등에게 명하여 그 일을 감독하도록 명하시고 典籍 李世卿과 別坐 李坫과 前判官 劉用平과 博士 柳廷秀와 學正 安潤德과 正字 金石精 등을 左右로 나누어 管掌하도록 명하셨다. 字(本)이 부족한 것은 行可猛 朴耕으로 하여금 補寫하도록 명하셨다. 그달 24일부터 역사가 시작되어 을사(1485)년 3월 某日에 이르러 功力이 畢成되니 주성된 활자는 大小 도합 30餘 萬 字이다. 이 활자를 사용하여 서적을 인행하니 明正과 姸妙와 줄을 이어 마치 구슬을 꿴 듯하였다.[172]

上意 敢啓 請待罪 傳曰 若關係國家事 則爾等言之 可也 今予之欲印王荊公集 有何不可 敢爾言之乎 事文類聚 卷帙固多未易印出 王荊公集則卷帙少 印出簡易 予以故欲先印 而後及諸史耳 大抵院出納王命而已 何其言之若是乎 其勿待罪

169 賜新印王荊公詩集于文臣等

170 …成宗於辛卯年 用王荊公歐陽公集字鑄之 其體小於庚子 而尤精 名曰辛卯字…

171 주) 153과 동일.

172 …遂出內藏歐陽公集 烈女傳爲字本 命行上護軍(臣)李有仁 都承旨(臣)權建監其事 典籍(臣)李世卿 別坐(臣)李坫 前判官(臣)劉用平 博士(臣)柳廷秀 學正(臣)安潤德 正字(臣)金石精 分左右以掌之 字之不足者 使行可猛(臣)朴耕補寫之 自是月二十四日始事 至乙巳三月日畢功 爲字大小共三十余萬 用之以印書明正姸妙累累若貫珠焉…

3) 갑진자 인본 리스트[173]

연번	서명	권수	간행시기	비고
1	王荊文公詩 (再刊本)	50권	成宗 16년 (中宗朝)	國立圖書館 一山文庫 清芬室書目
2	纂註分類杜詩	25권	成宗 16년	國立圖書館 一山文庫
3	東國通鑑	56권	成宗 16년	國立圖書館 一山文庫
4	靑丘風雅	上下권	成宗 16년	國立圖書館
5	晉山世藁		成宗 24년	清芬室書目 殘本 1책
6	新編古今事文類聚	236권	成宗 24년	國立圖書館 一山文庫 殘本 7책
7	須溪先生評點, 簡齊詩集	10권	成宗朝	清芬室書目
8	私淑齊集	17권	成宗朝	清芬室書目
9	四佳文集	15권	成宗朝	清芬室書目 殘本 1책
10	史鉞	1권	成宗朝	國立圖書館 一山文庫
11	諸家曆象	4권	成宗朝	華山書林書目
12	治療方	8권	成宗朝	華山書林書目
13	李長吉集	1책	成宗·中宗 間	日本內閣文庫
14	司馬法集解	3권	成宗·中宗 間	清芬室書目
15	歐陽論範	2권	成宗·中宗 間	國立圖書館 一山文庫
16	宋朝名臣言行錄	12권	成宗·中宗 間	國立圖書館 一山文庫 殘本 2책
17	皇朝名臣言行錄	續集 8권 別集 13권	成宗·中宗 間	清芬室書目 殘本 2책
18	文獻		成宗·明宗 間	檜淵書院 殘本 1책
19	東萊先生唐書詳節		成宗·明宗 間	檜淵書院 殘本 1책
20	論語集註重訂, 輯釋章圖通義大成(論語章圖)	10책	成宗·明宗 間	檜淵書院
21	增廣事聯詩學大成	30권	連山郡 2년	清芬室書目
22	治平要覽	150권	中宗 11년	서울大學校圖書館
23	續醫說		中宗 29년	三木榮 朝鮮醫書誌
24	東來先生十七史詳節		中宗 30년	清芬室書目 殘本 1책
25	聖訓演	1책	中宗 32년	國立圖書館 一山文庫
26	雅音會編		中宗 35년	國立圖書館 一山文庫
27	儷語編類		中宗 37년	玉山書院
28	南唐書	30권	中宗朝	清芬室書目 殘本 1책
29	玉機微義	50권	中宗朝	清芬室書目 殘本 1책
30	孫武子直解	2권	中宗朝	清芬室書目 殘本 1책
31	朝鮮賦	1권	中宗朝	日本 末松保和 藏本

173 金斗鍾, 『韓國古印刷技術史』, 서울: 탐구당, 1974, pp. 179-181.

32	愼言集訓		中宗朝	日本 末松保和 藏本
33	文中子中說	10권	中宗朝	日本 文求堂 善本書目
34	新刊補註釋文黃帝內經素問	12권	中宗朝	三木榮 朝鮮醫書誌
35	二程全書		中宗·明宗 間	檜淵書院
36	五朝名臣言行錄	前集 10권 後集 14권 續集 8권 別集 29권 外集 17권	中宗·明宗 間	日本 內閣文庫
37	新編醫學正傳		明宗 8년경	國立圖書館 一山文庫 零本 1책
38	文章辨體	50권	明宗 10년	國立圖書館 一山文庫 零本 1책
39	唐詩正音抄		明宗 10년	國立圖書館 一山文庫 零本 1책
40	西山先生眞文忠公文章正宗	40권	明宗 11년	淸芬室書目 零本 4책
41	續眞文忠公文章正宗		明宗 11년	淸芬室書目 零本 4책
42	文獻通考	348권	明宗 13년	國立圖書館 一山文庫 殘本 2책
43	本草發揮 上下	상·하권	明宗 16년	華山書林書目
44	醫說	10권	明宗 16년	日本 內閣文庫
45	新編婦人大全良方	24권	明宗朝	金斗鐘 舊藏本
46	御藥院方	11권	明宗朝	日本 內閣文庫
47	目 警 編	10권	明宗朝	日本 內閣文庫
48	後山先生集	30권	明宗朝	日本 內閣文庫
49	韓文正宗	2권	明宗·宣祖 間	國立圖書館 一山文庫 殘本 1책
50	春秋左傳直解		明宗·宣祖 間	國立圖書館 一山文庫 殘本 2책
51	醫林類證集要		明宗·宣祖 間	國立圖書館 一山文庫 殘本 5책
52	東國史略	6권	明宗·宣祖 間	國立圖書館 一山文庫
53	唐詩品彙	100권	明宗·宣祖 間	淸芬室書目
54	唐百家詩呂溫集	20권	明宗·宣祖 間	國立圖書館
55	新編集成馬醫方	1권	明宗·宣祖 間	黃義郭 舊藏本
56	四書章圖重訂輯釋通義大成	23책	宣祖 3년경	日本 蓬左文庫
57	要集(甲辰字, 丙子字 合部)		年代 未詳	淸芬室書目
58	增廣太平惠民和劑局方		年代 未詳	淸芬室書目(經籍訪古志)
59	指南總論 圖經本草	3권 1권	年代 未詳	淸芬室書目(經籍訪古志)
60	栻疣集(金守溫 文集)	15권	年代 未詳	金台俊 舊藏本
61	新刊小學史斷大全	2권	年代 未詳	末松保和 藏本
62	文選對策輯略	2권	年代 未詳	末松保和 藏本
63	西山讀書記下集大學衍義	43권	年代 未詳	奧平武彦 舊藏本
64	藝文類聚	100권	年代 未詳	奧平武彦 舊藏本
65	鼓吹續編	10권	年代 未詳	奧平武彦 舊藏本

4) 갑진자 인본

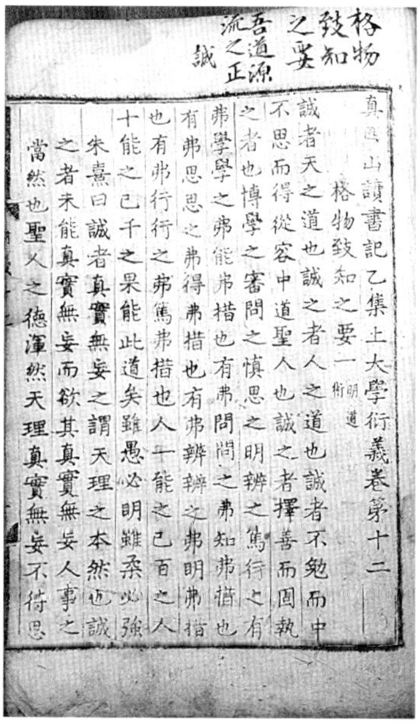
格物致知之要 吾道源流之正 誠

眞西山讀書記乙集上大學衍義卷第十二

格物致知之要一 明道術

誠者天之道也誠之者人之道也誠者不勉而中不思而得從容中道聖人也誠之者擇善而固執之者也博學之審問之愼思之明辨之篤行之有弗學學之弗能弗措也有弗問問之弗知弗措也有弗思思之弗得弗措也有弗辨辨之弗明弗措也有弗行行之弗篤弗措也人一能之己百之人十能之己千之果能此道矣雖愚必明雖柔必強

朱熹曰誠者眞實無妄之謂天理之本然也誠之者未能眞實無妄而欲其眞實無妄人事之當然也聖人之德渾然天理眞實無妄不待思

그림 4-68 『眞西山讀書記乙集上大學衍義』 卷12[174]

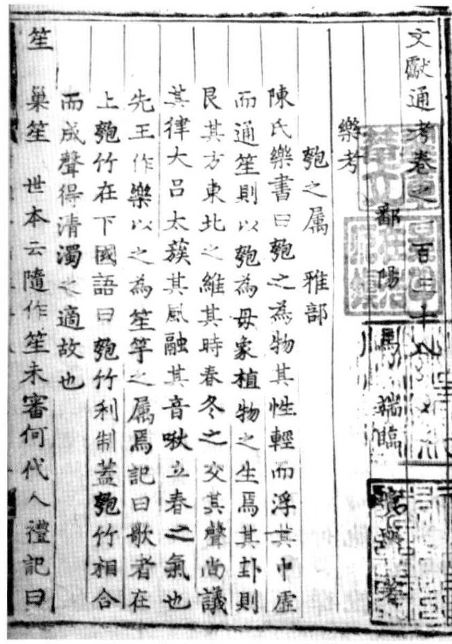
文獻通考卷

匏之屬 雅部

陳氏樂書曰匏之爲物其性輕而浮其中虛而通笙則以匏爲母象植物之生焉其卦則艮其方東北之維其時春冬之交其聲尚議其律大呂太簇其風融其音啾立春之氣也先王作樂以之爲笙竽之屬焉記曰歌者在上匏竹在下國語曰匏竹利制蓋匏竹相合而成聲得淸濁之適故也

巢笙 世本云隨作笙未審何代人禮記曰

笙

그림 4-69 『文獻通考』 권138[175]

11. 癸丑字

1) 개요

계축자는 1493년(成宗 24)에 중국 明에서 새로 간행한 『資治通鑑綱目』을 자본으로 하여 大字·小字를 새로 주조한 동활자이며, 성종이 甲辰字(1484) 小字를 만든 후 큰 글자가 필요해 주조한 것으로 추정된다. 『成宗實錄』에는 계축자 주조와 관련된 사실이 수록되어 있지 않으나 成俔의 『慵齋叢話』에 "성종이 辛卯字(甲辰字)를 주성한 뒤 다시 중국의 신판 『綱目』을 자본으로 하여 계축자를 주조하였다."[176]는 기록이 있어 그 정황을 파악할 수 있다.

계축자는 甲辰字[177]의 글자가 너무 작고 획이 가늘어 마멸되기 쉽고 인쇄가 깨끗하지

174 경북대학교 도서관 소장본.

175 경북대학교 도서관 소장본.

176 『慵齋叢話』 卷7 活字 條: 成宗於辛卯年 用王荊公歐陽公集字鑄之 其體小於庚子 而尤精 名曰辛卯字 又得中朝新板綱目字鑄之

177 갑진자는 1484년(성종 15) 8월 24일에 주조를 시작하여 이듬해 3월에 완성된 동활자로, 자본은 중국 王荊公과 歐陽脩

못하다는 단점을 보완하기 위하여, 그 대자와 소자를 동시에 갑진자 및 갑인자 계열보다 좀 더 크게 만들었으며, 글자 획도 굵다.[178]

실물은 없으나 인본으로 추정할 때 활자 크기는 大字 가로 2.1cm, 세로 1.6cm, 小字 가로 1.0cm, 세로 1.6cm 정도이며, 주조된 전체 활자의 수는 알 수 없다.

표 4-13 甲辰字와 癸丑字의 字形 비교

甲辰字	『東萊先生晉書詳節』	『文獻通考』	『蘇詩摘律』	『東萊先生東漢詳節』

癸丑字	『資治通鑑綱目』	『新增東國輿地勝覽』	『資治通鑑綱目發明』	『新增東國輿地勝覽』

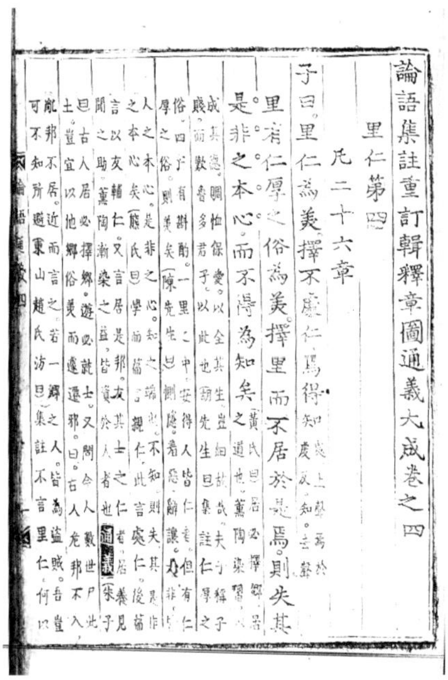

그림 4-70 甲辰字『論語集註重訂輯釋章圖通義大成』卷4[179]

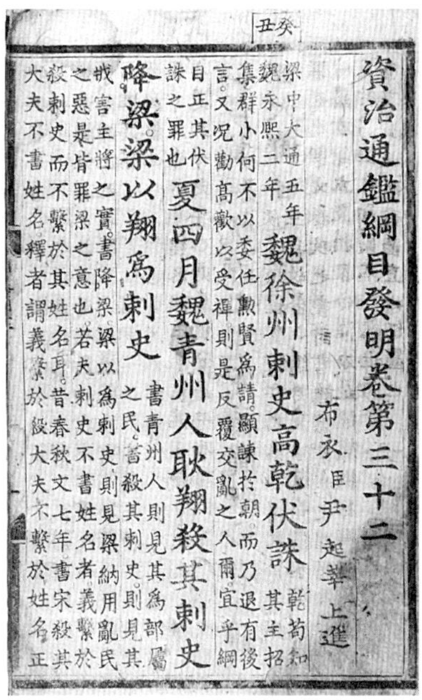

그림 4-71 『資治通鑑綱目發明』卷32[180]

(1007~1072)의 문집, 『烈女傳』을 기본으로 하였다. 부족한 글자는 朴耕(?~1507)에게 쓰게 하여 中字·小字로 30여 만 자를 주조하였으며, 활자의 크기는 中字 가로 1.1cm, 세로 1.0cm, 小字 가로 0.5cm, 세로 0.5cm로 추정된다.

178 천혜봉, 『한국금속활자본』, 서울: 범우사, 2003, p. 99.

179 개인 소장본.

180 개인 소장본.

2) 계축자 인본 리스트

계축자 인본은 전존본이 드물어 현재 파악되는 것으로 5종이 있다. 초기 인본으로는 1493년(성종 24)에 인출된 『朝鮮賦』[181]가 있으나 현재는 번각본만 전하고 있다. 다음으로 『東國輿地勝覽』은 1481년(성종 12)에 盧思愼 등이 왕명을 받들어 50권으로 편찬한 것을 1485년(성종 16)에 55권으로 재편하여 1487년(성종 18)에 을해자로 인출했으나 내용이 미흡하여 1499년(연산군 5)에 계축자로 다시 인출하였다.[182] 이후 1528년(중종 23)에 李荇 등이 新增에 착수하여 1530년에 계축자로 『新增東國輿地勝覽』을 인출하였다.

이 외에도 1502년(연산군 8)에 인출된 『資治通鑑綱目』과 계축자 小字로 간행된 『宋朝奏議』 그리고 『新編古今事文類聚』의 '目'에 사용된 大字, 『皇朝名臣言行錄』 人名의 '目'에 사용된 大字가 전하고 있다.

표 4-14 계축자 인본[183]

서명	간행년	소장처	비고
朝鮮賦	1493년(成宗 24)	국립중앙도서관 一山文庫(南原飜刻本)	1冊
東國輿地勝覽	1499년(燕山君 5)[184]	개인 소장 零本 2冊 청주고인쇄박물관 1冊 (구)성암고서박물관 1冊 서울대학교 규장각 가람문고 1冊 日本 京都大學圖書館 河合文庫 10冊	50卷
資治通鑑綱目	1502년(燕山君 8)	보성고등학교 殘本 2冊	
新增東國輿地勝覽	1530년(中宗 25)	국립중앙도서관 一山文庫 殘本 1冊 日本 國會圖書館	55卷
宋朝奏議	未詳	국립중앙도서관 一山文庫	小字

---

181 명나라 사신 董越이 조선을 다녀간 후 撰述한 책으로 1531년 南原에서 번각한 책이 『清芬室書目』에서 확인된다.

182 1497년(연산군 3)에 成俔, 任士洪 등으로 하여금 다시 수교·보완하여 1499년 완성된 것이 계축자본 『東國輿地勝覽』이다.

183 金斗鍾, 『韓國古印刷技術史』, p. 182.

184 천혜봉(2006), 1493년(성종 24) 주조, 1502년(연산군 8) 인출. p. 356.
일본 京都大學도서관 소장, 영본 28권 10책 ; 권1~10, 14~23, 27~30, 36~37, 51~52.

3) 인본 이미지

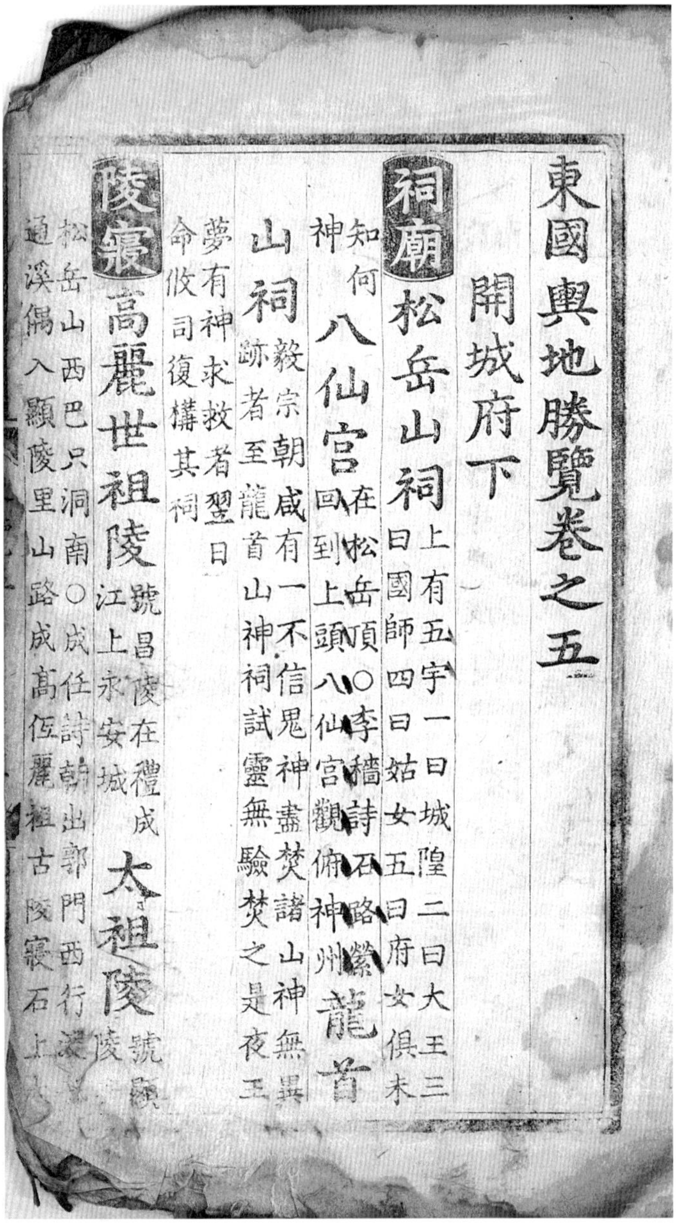
東國輿地勝覽卷之五

開城府下

祠廟 松岳山祠 上有五宇一曰城隍二曰大王三曰國師四曰姑女五曰府女俱未知何神 八仙宮 在松岳頂○李穡詩石路縈回到上頭八仙宮觀俯神州 龍首山祠 毅宗朝咸有一不信鬼神盡焚諸山神無異跡者至龍首山神祠試靈無驗焚之是夜王夢有神求救者翌日命攸司復搆其祠

陵寢 高麗世祖陵 號昌陵在禮成江上永安城 太祖陵 號顯陵 松岳山西巴只洞南○成任詩朝出郭門西行溪通溪偶入顯陵里山路成高低麗祖古陵寢石上

그림 4-72 『東國輿地勝覽』 卷5[185]

185 개인 소장본.

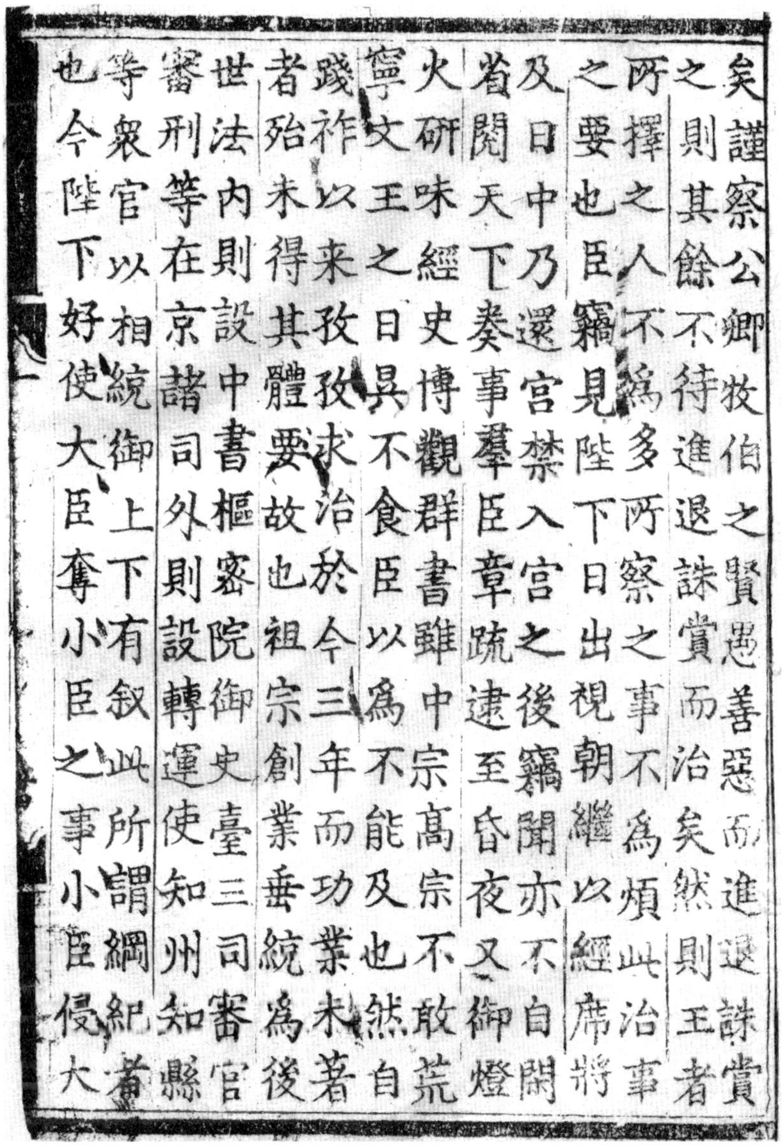

矣謹察公卿牧伯之賢愚善惡而進退誅賞
之則其餘不待進退誅賞而治矣然則王者
所擇之人不爲多所察之事不爲煩此治事
之要也臣竊見陛下日出視朝繼以經席將
及日中乃還宮禁入宮之後竊聞亦不自閑
省閱天下奏事羣臣章疏逮至昏夜又御燈
火研味經史博觀群書雖中宗高宗不敢荒
寧文王之日昃不食臣以爲不能及也然自
踐祚以来孜孜求治於今三年而功業未著
者殆未得其體要故也祖宗創業垂統爲後
世法内則設中書樞密院御史臺三司審官
審刑等在京諸司外則設轉運使知州知縣
等衆官以相統御上下有叙此所謂綱紀者
也今陛下好使大臣奪小臣之事小臣侵大

그림 4-73 『宋朝奏議』[186]

186 韓國圖書館研究會, 『韓國古印刷史』, p. 221.

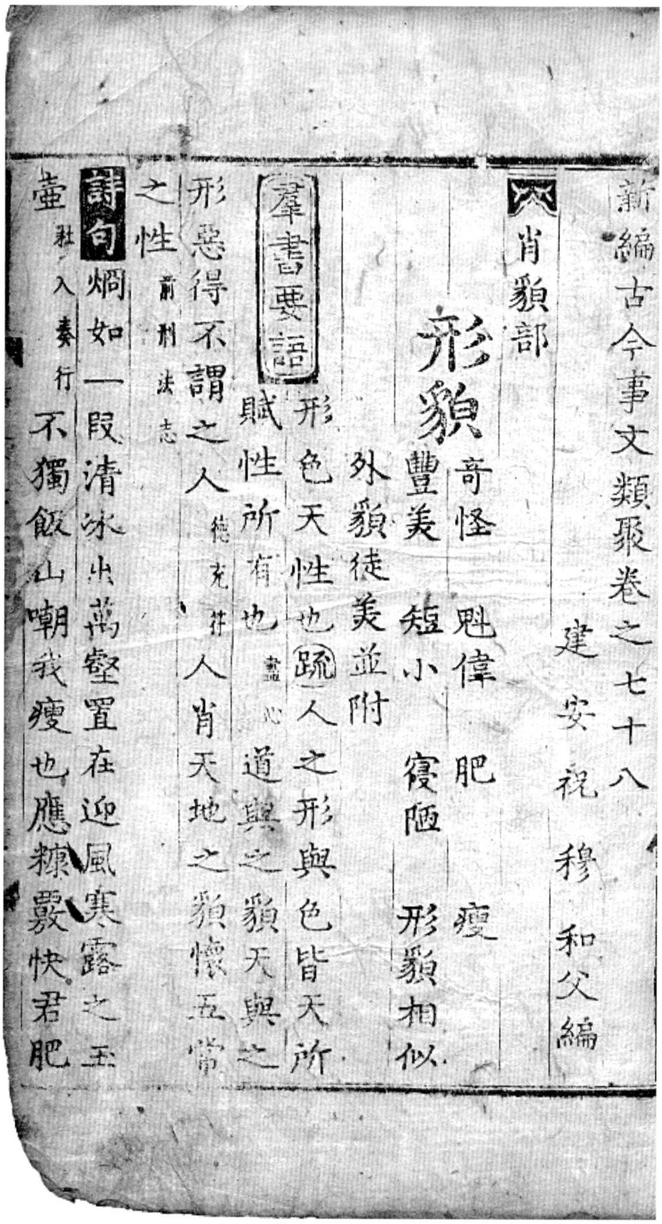
新編古今事文類聚卷之七十八 建安祝穆和父編

肖貌部

形貌

奇怪 魁偉 肥 瘦

豐美 短小 寢陋 形貌相似

外貌徒美並附

羣書要語

形色天性也踐人之形與色皆天所賦性所有也盡心道與之貌天與之形惡得不謂之人德充符人肖天地之貌懷五常之性前刑法志

詩句

烱如一段清冰出萬壑置在迎風寒露之玉壺杜入奏行不獨飯山嘲我瘦也應糠覈快君肥

그림 4-74 甲辰字 『新編古今事文類聚』 卷78, 分類(目)의 大字 癸丑字 '形貌'[187]

187 개인 소장본.

皇朝名臣言行錄別集下卷第九
吳玠 涪國武安王
字晉卿德順軍人少隸曲端軍以戰功初補
副尉權隊將建炎三年轉涇原都監知懷德
軍冬加忠州刺史四年春擢熙河路副總管
改秦鳳副總管張浚用爲都統制紹興初加
鎭西軍節使又加川陝宣撫處置副使加檢
校少保奉寧保靜軍節度五年改所統制爲
行營護軍明年加檢校少師靜難軍節度川

그림 4-75 乙亥字『皇朝名臣言行錄』人名(日)의 癸丑字 '吳玠'[188]

188 개인 소장본.

12. 丙子字

1) 개요

중종 11년(1516)에 鑄字都監에서 만든 동활자로, 明板『資治通鑑』을 字本으로 하여 주조하였다.

2) 병자자 활자 관련 기록

丙子字 鑄造에 관한 기록을 살펴보면, 중종조에 들어와 주로 사용하던 갑인자와 갑진자가 없어지거나 흩어진 것이 많고 닳거나 깨진 것 등이 늘어나 중종 10년(1515)에 부분적으로 補鑄하여 사용하였지만, 활자의 전반적인 마멸현상과 부족한 글자에 대한 목활자의 혼용도 늘어났다. 이에 弘文館 副提學 金謹思 등이 활자 주조에 대한 건의를 올린 글에서 서적의 저장은 유래가 오래되었고, 성현의 말씀과 가르침 및 역대의 난을 다스리고 흥망 등은 모두 거기에 실려 있기 때문에 다스리는 데에 뜻을 둔 자라면 누구나 이를 중하게 여겼다고 하면서, 앞의 세종은 文教를 깊이 생각하고 서적에 깊은 뜻을 두었던 까닭에 빠진 장서가 없고 반포하지 않은 서적이 없으며, 동활자를 정밀하게 주조토록 하였으며 종이도 깨끗하여 인쇄가 정교하고 節目도 상세하였다. 그러나 세월이 흘러 編帙이 완전하게 보존된 것이 거의 없고 지금에 이르러 더욱더 잃어서 거의 없어졌다고 글을 올렸다.

이러한 건의에 대하여 왕은 근일에 인쇄한 책이 세종조의 것보다 못하고, 교서하는 관원이 인쇄의 감독을 철저하게 하도록 할 것이며 올린 책들과 사사로이 보관하던 책도 많이 찍어 내어야 하는데, 校書館이 인쇄를 감독하면 또 전과 같을 것이므로 都監을 따로 설치하여 정하게 찍어 내어 반포하라고 하였다.[189] 이에 따라 중종 11년(1516) 정월에 주

189 『中宗實錄』卷23, 1515年(중종 10) 11月 2日(甲申) 條: 弘文館副提學金謹思等上箚 略曰 書籍之藏 其來尙矣 有志致治者莫不以斯爲重 蓋聖賢之立言垂敎 歷代之治亂 興亡 俱在於斯 世宗大王覃思文教 極意書籍 藏無闕書 書無不布 範銅爲字 極其精緻 紙潔印精 前古所罕 節目之詳 且盡如是 而其文治煥然 高出百王者 亦可因是而想見矣 第以世遠年久 全編整秩所存無幾 加之廢朝 散亡殆盡 誠可痛惜…傳曰 今見箚子 至當 近日刊印書册 皆不如世宗朝 予所常慨恨者也 求遺書 實關於治道 其令求貿可也 校書官員不精監印 推治亦可 所啓書册 宜多數印出 私藏書册亦可搜求印出 然使校書館監印 則又必如前 別設都監 精印頒布 且凡稀貴書册 亦令外方 酌定刊板印布

자도감이 마련되고[190] 4월에 그 일을 맡아 보던 관리들에게 승직의 표창[191]까지 하며 활자 주조를 진행시켰다. 5월 들어서 심한 旱災로 인해 주자도감이 혁파되었는데, 그사이에 주조된 활자의 수량이 어느 정도였는지는 알 수 없지만, 1516년 정월에 주자도감이 설치된 것을 시작으로 5월에 혁파되기까지의 주자 인쇄를 新鑄 丙子字를 이용한 인쇄라 할 수 있다.

또한 1519년 7월에 侍講官 李希閔이 외방 향교에 서책이 없어 書肆를 설치하기를 청하였으며, 李耔 등이 서책을 인출할 수 있는 활자의 주조를 청한 기록이 나타난다.

> …시강관 李希閔이 아뢴 바 외방 鄕校의 유생들이 비록 글을 읽으려고 하여도 서책이 매우 적으므로 널리 배포해 달라는 요청에 왕은 "그 말이 타당하니 이번에 書肆를 설치하도록 한다면 비록 외방이라도 쉽게 구득할 수 있게 될 것이다."라고 하였다. 昭格署의 구리쇠 그릇들이 모두 工曹에 있으니 이로써 금자를 주조함이 어떠할까라는 의견에 李耔가 아뢰기를 "구리쇠는 우리나라에 많이 있는데 校書館에서 인출한 서책은 대부분 모두 글자가 이지러져 비록 산다 하더라도 읽을 수가 없습니다. 지금 서사를 설치한다고 하더라도 많이 인출해 내지 못한다면 외방 사람들이 구득할 수 없는데, 글자를 주조하면 많이 인출할 수 있을 것입니다."라고 하였다.[192]

이러한 기록을 볼 때 서사의 설치와 銅의 사용은 금지하고 昭格署 및 외방의 유기로 활자를 주조하게 하였음을 알 수 있다. 이때에 주조한 활자를 그해의 간지를 붙여서 己卯字라 부르고 있으나, 일반적으로 자체가 丙子字와 같다는 점에서 병자자의 補鑄로 여기고 있다. 병자자는 갑인자와 을해자, 갑진자 다음으로 오래도록 사용하였는데, 임진왜란 직전까지 70여 년간 사용하였다.

---

190 『中宗實錄』 卷23, 1516年(중종 11) 1月 22日(甲辰) 條: 設鑄字都監 使議政領之

191 『中宗實錄』 卷24, 1516年(중종 11) 4月 13日(甲子) 條: 臺諫啓前事 不允 憲府啓 鑄字都監郎官 分勝負 勝邊賞以陞職 若雜類之官 則如是猶可也 待文臣不可如是 以此而陞職 則彼人等必且羞之 請勿陞職 傳曰 鑄字都監郎官賞職 有古例 非始於今也 不允

192 『中宗實錄』 卷36, 1591年(중종 14) 7月 3日(甲午) 條: 侍講官李希閔曰 外方鄕校儒生 雖欲讀書 書册甚少 請令廣布 上曰 此言果是 今若設書肆 則雖外方果可易得 昭格署銅鐵器 皿皆在工曹 以此鑄字何如 耔曰 銅鐵則我國果多有之 校書館所印書册 類皆刓缺 雖買之 不可讀 今雖設書肆 若不能多印 則外方之人不可得矣 鑄字則庶可多印…

3) 인본 이미지

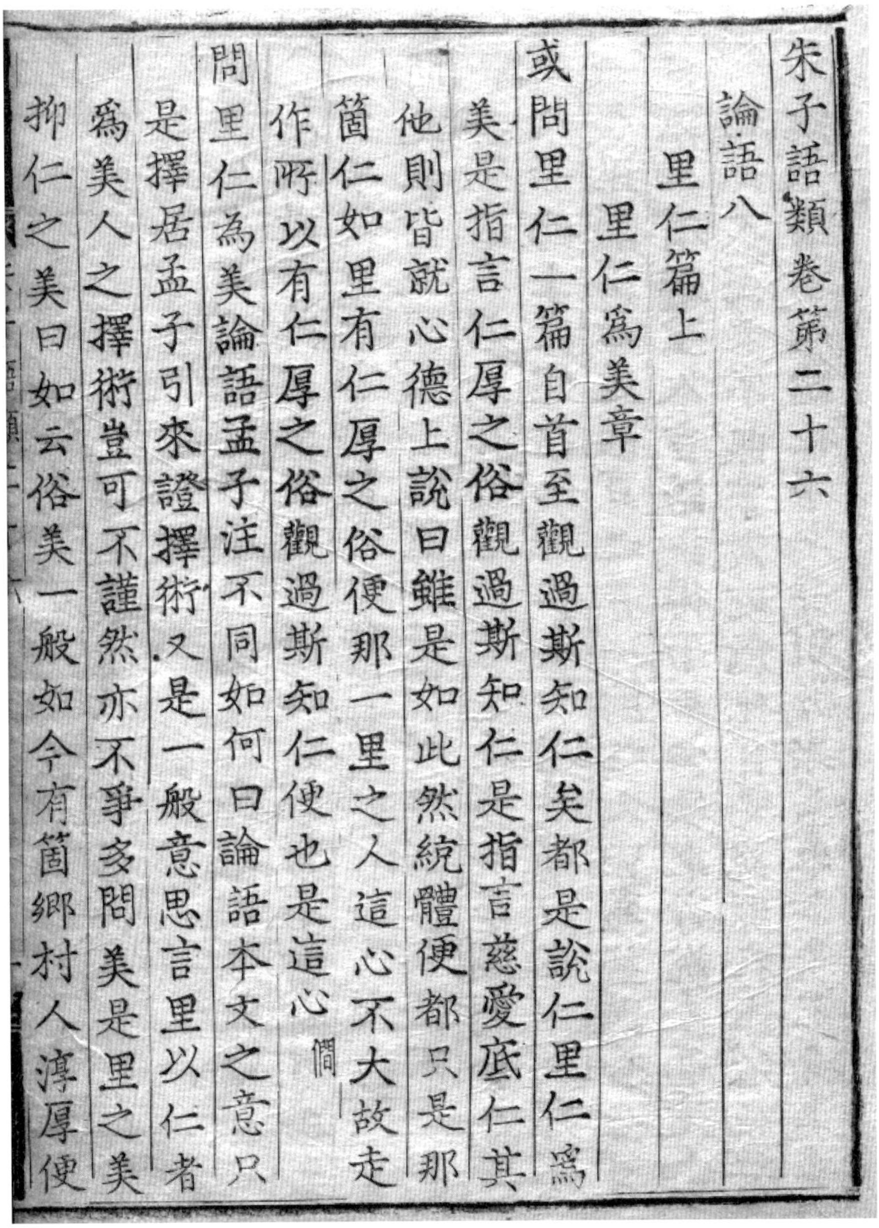

朱子語類卷第二十六

論語八

里仁篇上

里仁爲美章

或問里仁一篇自首至觀過斯知仁矣都是說仁里仁爲美是指言仁厚之俗觀過斯知仁是指言慈愛底仁其他則皆就心德上說曰雖是如此然統體便都只是那箇仁如里有仁厚之俗便那一里之人這心不大故走作所以有仁厚之俗觀過斯知仁便也是這心個

問里仁爲美論語孟子注不同如何曰論語本文之意只是擇居孟子引來證擇術又是一般意思言里以仁者爲美人之擇術豈可不謹然亦不爭多問美是里之美抑仁之美曰如云俗美一般如今有箇鄉村人淳厚便

그림 4-76 『朱子語類』 권26[193]

193 경북대학교 도서관 소장본.

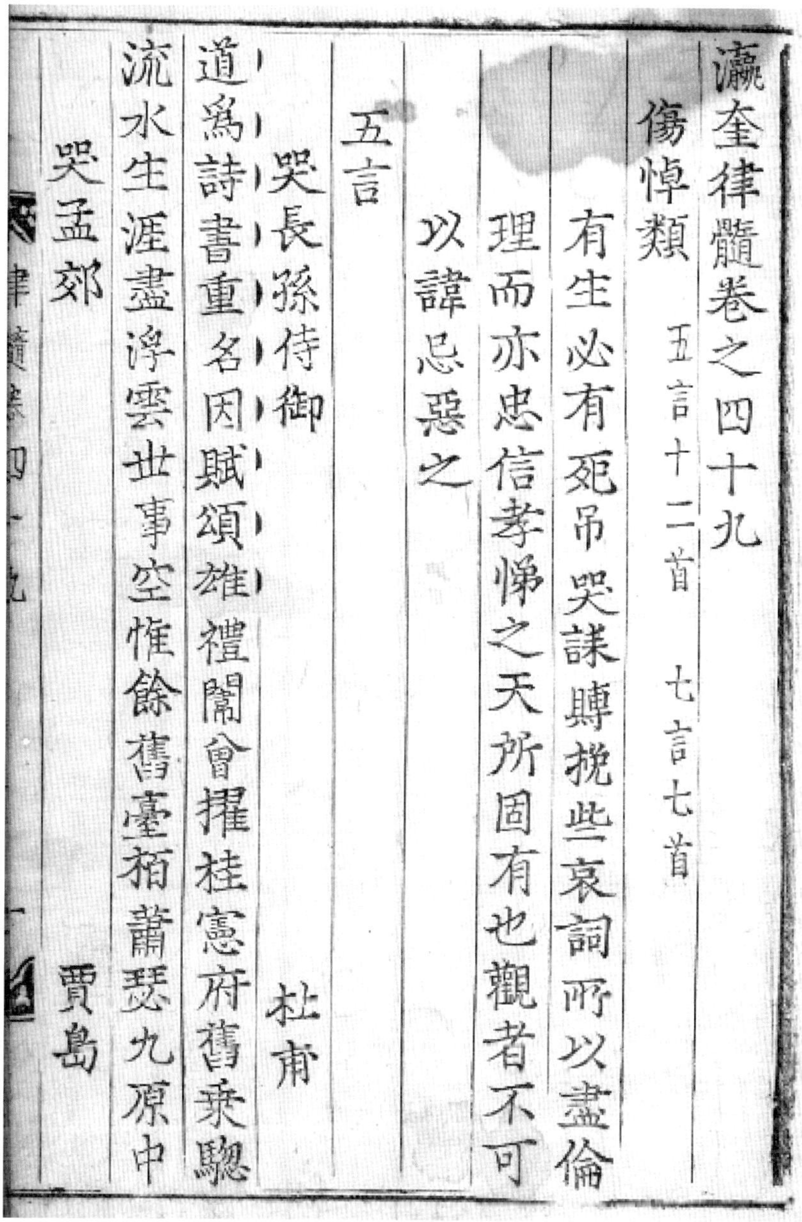

그림 4-77 『瀛奎律髓』 권49[194]

194 경북대학교 도서관 소장본.

4) 특징

병자자의 자본이 된 것은 明代『資治通鑑』으로 그 자체는 庚子字와 비슷하나, 경자자의 자획이 훨씬 더 박력 있고 예리하다고 할 수 있다. 병자자와 경자자의 자형을 비교하면 다음과 같다.

5) 인본 리스트

병자자로 찍은 책을 예시하면 다음과 같다.

書名	刊行 年度	비고
大宋眉山蘇氏家傳文集大全	中宗 12	국립중앙도서관
纂註分類杜詩	中宗 18	국립중앙도서관
唐柳先生文集外傳	中宗 18	청분실서목 殘本
迂齋先生標記 崇古文訣	中宗 30	日本蓬左文庫
玉海	中宗 30	국립중앙도서관
文苑英華	中宗 31	국립중앙도서관
使朝鮮錄	中宗 32	黃義敦 舊藏本
瀛奎律髓	中宗朝	日本蓬左文庫
呂律新書解	中宗朝	趙炳舜藏本
新編大東聯珠詩格	中宗·明宗 間	청분실서목
新編類聚大東詩林	中宗·明宗 間	고려대학교
大明會典	明宗 7	日本蓬左文庫
十一家註孫子	明宗 13	日本前田尊經閣
歷代兵要	明宗朝	청분실서목
要集	明宗朝	청분실서목
朱子語類	宣祖 8	국립도서관

13. 經書 한글활자

1) 개요

선조 연간에는 다양한 활자가 주조되었는데, 乙亥字[195]의 補鑄, 庚辰字의 주조 및 보주를 시작으로 『小學諺解』·『大學諺解』·『中庸諺解』·『論語諺解』·『孟子諺解』·『孝經諺解』 등 經書의 언해본을 간행하기 위해 경서 한글활자가 주조되기도 하였다. 경서 한글활자는 을해자와 비슷해 '倣乙亥字' 또는 '乙亥字體 經書字'라 부르기도 하였지만 사실상 그것과는 달리 완전히 새로 만든 활자이다.

2) 경서 한글활자 주조 관련 기록

이 활자와 관련된 주조 기록이 전하지 않아 자세한 주조 사실을 확인할 수 없으며, 다만 경서 한글활자 초인본인 『小學諺解』의 권말에 수록된 李山海(1539~1609) 跋文[196]을 통해서 살펴볼 수 있다.

> 선조 18년(1585)에 국역 경서의 교정을 위해 校正廳을 설치하고 유신을 선발하여 먼저 『소학』의 舊本을 바로잡고 번잡한 것을 줄인 다음 번역을 하였다. 이듬해인 선조 19년(1586) 여름에 끝나 깨끗이 정서하여 올리니, 임금이 이를 옳게 여겨 芸閣(교서관)으로 하여금 수백 부를 간행하도록 하명하였다.

이와 같은 기록에 따라 경서 한글활자는 1586년 이후에 주조되었을 것으로 추정된다. 『소학』에 이어 『四書』, 『孝經』 등이 차례로 번역 및 교정되었고 1590년 사이에 차례로 인쇄되었다. 이러한 번역·교정·인쇄 그리고 內賜된 과정으로 볼 때 이 활자의 주조는 1587년(丁亥) 4월부터 수개월 사이에 이루어졌던 것으로 추정된다.[197] 이처럼 정확한

---

195 을해자는 1455년(세조 원년)에 주조되어 약 1세기 동안 사용되다가 1573년(선조 6) 癸酉에 補鑄가 이루어졌다. 그해 보주한 활자로 초인한 책이 12월에 沈忠謙에게 內賜한 국역본 『內訓』이다. 경서 인본은 원래 있던 활자를 사용하지 않고 새롭게 주조된 활자로 인출한 활자본으로서, 보주 을해자본과 구별된다.

196 선조가 이산해에게 跋文을 쓰게 한 것이 1587년 4월이다.

197 천혜봉, 『한국금속활자본』, p. 111.

주조 연대를 알 수 없어서 간지로 명명하는 데 어려움이 있으나 서체 비교 등을 통해 '을해자체 경서자', '경서자', '경서 한글활자'[198]로 부르기도 한다.

3) 특징

경서 한글활자는 정교하고 모양이 가지런한 편이며, 크기는 가로 1.6cm, 세로 1.2cm 정도로 추정된다. 인출에 사용된 활자는 이전의 활자보다 단정한 편으로, 을해자와 비슷하지만 을해자보다 자획이 가늘고 예리한 느낌이 난다. 또한 을해자의 둔탁한 필획과 姜希顔[199] 필적의 특징을 짙게 나타낸 둥근 필의에서 벗어나 단정해 보인다.[200]

표 4-15 乙亥字와 경서 한글활자의 字形 비교

乙亥字	『南華眞經』	『大明一統志』	『朱子大全』	『司馬法集解』	『國朝五禮儀』
	也	所	於	而	以
	『東文選』	『春秋胡氏傳』	『韻會玉篇』	『周禮』	『大明律諺解』
	也	所	於	而	以
경서 한글활자	『孟子諺解』	『論語諺解』	『論語諺解』	『孟子諺解』	『論語諺解』
	也	所	於	而	以
	『論語諺解』	『中庸諺解』	『中庸諺解』	『中庸諺解』	『孟子諺解』
	也	所	於	而	以

198 청주고인쇄박물관, 『한국의 옛 인쇄문화』, p. 118.

199 을해자는 세조가 즉위한 뒤 왕명으로 안평대군의 글씨를 자본으로 한 경오자를 녹여 강희안(1417~1464)이 쓴 글자본으로 개주한 것으로, 강희안의 글씨를 자본으로 했다 하여 '강희안자'라고도 한다.

200 천혜봉, 『한국금속활자본』, p. 110.

4) 경서 한글활자 인본

경서 한글활자는 선조 때 교정청에서 경서 언해본을 간행하는 데 주로 사용되었으며, 인본으로는 『소학언해』[201]·『대학언해』·『중용언해』·『논어언해』·『맹자언해』·『효경언해』 등 경서의 언해본을 들 수 있다.

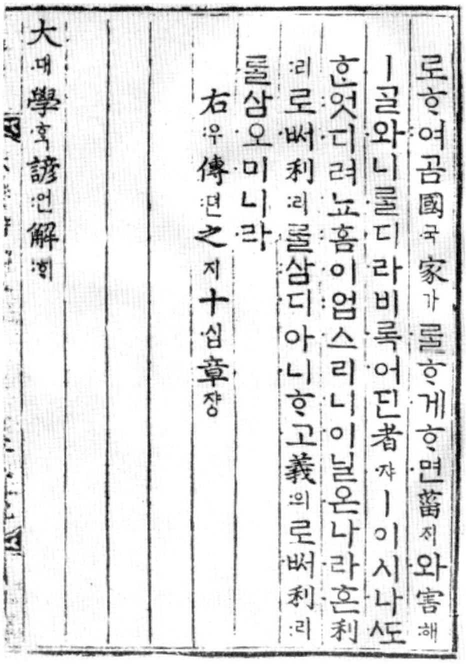

『大學諺解』[202]

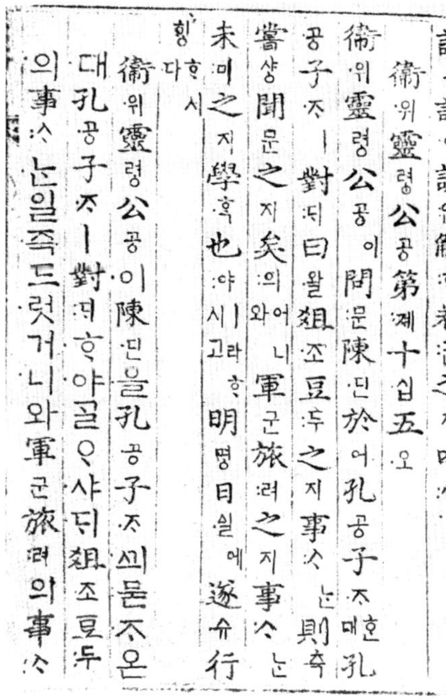

『論語諺解』 卷4[203]

그림 4-78 경서 한글활자 사서언해류

201 1588년(선조 21) 도산서원에 반사된 『小學諺解』 전질이 현재 한국국학진흥원에 소장되어 있으며, 같은 판본으로 경북대학교 도서관에 零本 2책이 소장되어 있다.

202 漢陽大學校附設 國學研究所, 『大學諺解』, 서울: 大提閣, 1974, p. 57.

203 漢陽大學校附設 國學研究所, 『論語諺解』, 서울: 大提閣, 1974, p. 367.

5) 인본 이미지

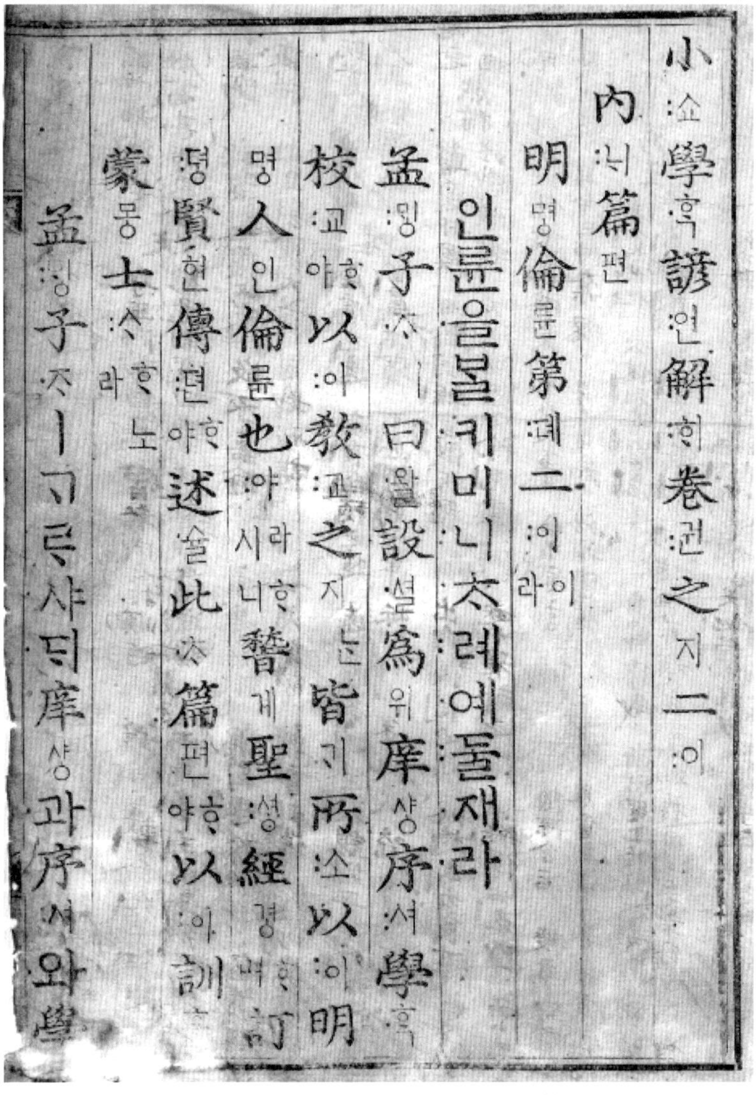

그림 4-79 경서 한글활자본『小學諺解』卷2[204]

204 경북대학교 도서관 소장본.

14. 觀象監活字(印曆字)

1) 개요

관상감은 매년 정기적으로 반포하는 각종 曆書를 찍어 내기 위하여 금속활자와 목활자를 보유하고 있었다. 이러한 활자를 관상감이 언제부터 소유하면서 각종 역서를 찍어 냈는지는 자세히 알 수 없으나, 문헌 기록과 현존하는 책력을 조사한 결과 임진왜란 이전으로 소급해 볼 수 있다.

관상감활자의 특징은 連鑄活字가 많이 사용되었다는 점이다. 일반적으로 책력에는 동일한 용어, 즉 날짜·干支·절기를 비롯한 曆注의 '不宜出行'·'動土'·'沐浴'·'移徙' 등과 같은 관용어가 한 덩어리로 주조되어 사용되었다. 또 자주 改鑄되었기 때문에 금속활자에 종류가 다른 것이 있고 목활자의 혼용도 빈번하다. 曆書의 특성상 도판이 포함되어 있는 것도 많고 전체를 목판으로 간행한 것도 적지 않으며 그 인본의 종류도 매우 다양하다.

2) 주조 관련 기록

관상감활자를 언제부터 주조하기 시작했는지는 정확하지 않으나 沈守慶(1516~1599)이 지은『遣閑雜錄』의 기록을 살펴보면 당시의 주자 인쇄와 반포 상황을 짐작할 수 있다.

> …曆書는 국가의 큰 정사로, 중국에서는 매년 역서를 반포한다. 우리나라도 역서를 만드는데 중국과 비슷하여 별다른 차이가 없다… 항상 이것을 鑄字로 인쇄하여 中外에 반포하였는데, 임진년 여름에 왜구가 都城을 함락하여 모든 曆器 등의 물건이 깡그리 없어지게 되었다. 그해 겨울에 義州로 따라갔던 日官 몇 명이 우연히『七政算』과『大統曆註』 등의 서적을 얻어서 癸巳曆을 만들어서 목판으로 몇 권 인쇄하여 반포하였다. 계사년(1593) 겨울에 성상이 환도하였는데, 어떤 사람이 옛날 曆書를 인쇄하던 鑄字를 얻어 바치므로 옛 역서에 의하여 인쇄 반포하게 되어 다행이라[205] 하였다.

205 沈守慶,『遣閑雜錄』: 曆書國家之大政也 中朝每年頒曆 而我國造曆…常以鑄字印出 頒行中外 而壬辰夏 倭寇陷都城 曆器等物 蕩失無 其冬義州隨駕日官數人 偶得七政算大統曆註等書 造癸巳曆 以刻板印出若干卷頒行 癸巳冬 車駕還都 有人得印曆鑄字獻之 乃依舊造曆印出頒行 可謂幸也

이 기록에서 임진왜란 이전부터 이미 주자로 책력을 찍어 냈음을 알 수 있고 책력의 특성상 매년 내용이 바뀌고 같은 단어가 쓰이므로 활자로 찍어내는 것이 효과적이었을 것으로 추정된다.

3) 책력의 간행과 유통

조선시대의 책력은 중국에서 먼저 만들어진 책력을 冬至使가 들어가 받아와서 우리 관상감에 보내어 만들게 하였다. 이 역할을 수행한 書雲觀의 『書雲觀志』 「治曆」에 기록된 책력의 간행 과정은 다음과 같다.

간행 과정에서 판하본을 만드는 첫 단계로 겨울과 여름의 末官이 초본을 베껴 내면 곧 寫字官을 시켜 간본을 깨끗하게 베껴 쓰게 하고, 각 계절별로 해당 首官, 副官, 末官이 각자 나누어 맡아 검토하였다. 이후 새기고 교정하는 단계에서 담당 서원을 시켜 정해진 기한에 맞춰 목판에 새기게 하고 다시 각각 세 번씩 검토하였다.

교정이 끝나면 감동관 4명이 돌아가며 인쇄하는 일을 감독하고 正月板부터 四月板까지 모두 네 판을 만들어 公件부터 私件까지 정해진 역서 인출 수에 맞추어서 인쇄하였다. 매번 4월 초하루에 인쇄하기 시작해서 5월 그믐에 마친 후에는 版木을 부수어서 함부로 인쇄하는 폐단을 막으면 그 나머지 몇 판은 저절로 엄격히 단속되니 그것들은 印出所에 주고, 다만 나머지 節氣에 관한 내용을 담은 판 하나만 초판의 경우처럼 감독하였다.

인쇄하는 일이 끝나면 검찰관들이 번갈아 서로 검토하고 官印을 찍기를 예와 같이 하고 해당 각 관원들이 관아에 모여서 진헌할 역서들을 두루 살펴보았다. 그 결과 일 획 반 획이라도 빠진 곳이 있으면 담당 서원이 빠진 곳마다 보충해 넣으며 이때 唱準書員이 나아가 각 자리를 향해 소리 내어 읽으면서 틀린 곳을 바로잡는다. 그런 다음 담당 서원을 시켜서 工匠이 搗砧, 粧績하는 것을 감독하게 하였다. 역서를 반포할 때에 이르러 만약 틀린 곳이 발견되면 임금께 아뢰어 해당 관원의 잘못을 경중에 따라 처리하였다.

매년 책력의 간행은 전년 10월 보름 이전까지 완료되어야 했는데, 책력의 간행을 위해 역일 계산이 선행되었다. 역일이 계산되면 寫字官이 정서한 뒤에 인쇄 작업에 들어가는데, 인쇄에 앞서 모든 刊版에 대한 교정과 교열 과정을 세 차례 거치게 되어 있었다. 인쇄의 감독은 일과감인관 2인과 감동관 2인이 맡았고 정월부터 4월까지 인쇄할 판을 만들었으며, 이 기간 동안 4개의 版本을 제작하여 公用과 私用을 각각 인쇄했다. 그러나

1차 인쇄한 板木은 훼철하고 남은 한 판은 印出所에 보내 8월 보름 이후 40일 동안 나머지 부분을 인쇄하도록 했기 때문에 책력을 간행하는 데에는 10개월 정도 소요되었다.

4) 인본

보물 제1319호인 『庚辰年大統曆』은 모두 15장으로 구성되어 있다. 그중 첫 장은 정월에서 12월까지 윤4월을 포함한 13개월 24절기에 관한 내용과 年神方位之圖이고, 제2장~제14장은 책력의 본체인 1월에서 12월까지의 月曆이다. 달력에는 날짜별로 일상생활에서 매일 하기 좋은 일과 좋지 않은 일을 나열하고 있다. 마지막 제15장은 부록 격으로, 간지별로 피해야 할 일들을 열거한 부분과 이 책력의 편찬·인쇄에 관여한 사람들의 이름을 수록하고 있다.

이 책력이 만들어진 때는 조선 선조 13년(1580)이나 대개 역서를 편찬하고 인쇄하는 것은 새해가 시작되는 전년도의 동지이므로 이 대통력을 인쇄한 것은 선조 12년(1579)으로 추정된다. 현재 알려진 인본 중 관상감에서 활자로 찍은 임진왜란 이전의 역서로는 유일한 것이다.

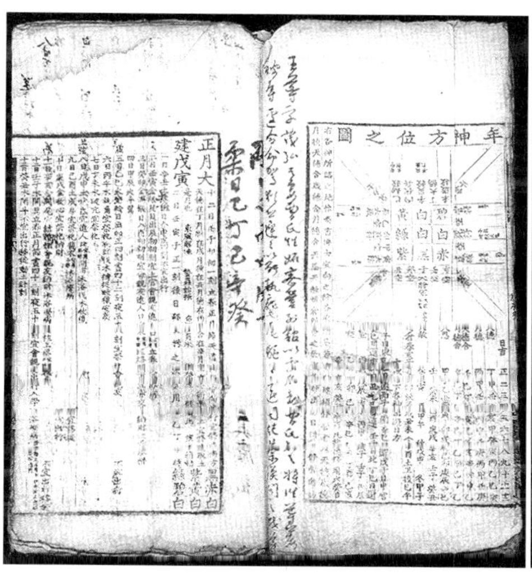

그림 4-80 『庚辰年大統曆』 1월 시작 부분

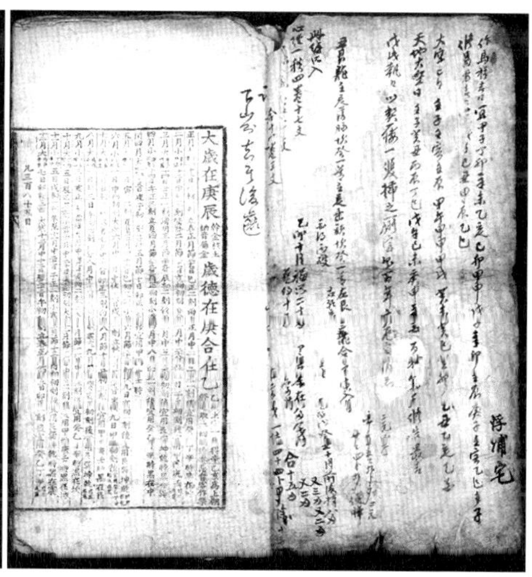

그림 4-81 『庚辰年大統曆』 권수제면

보물 제160-10호로 지정된 『柳成龍備忘記入大統曆』은 모두 5책으로 되어 있는데, 柳成龍이 비망의 목적으로 당시의 『大統曆』에 중요한 사실을 일기처럼 기입한 것이다. 갑오(1594)·병신(1596)·정유(1597)·갑진(1604)·병오(1606)의 책력이다.

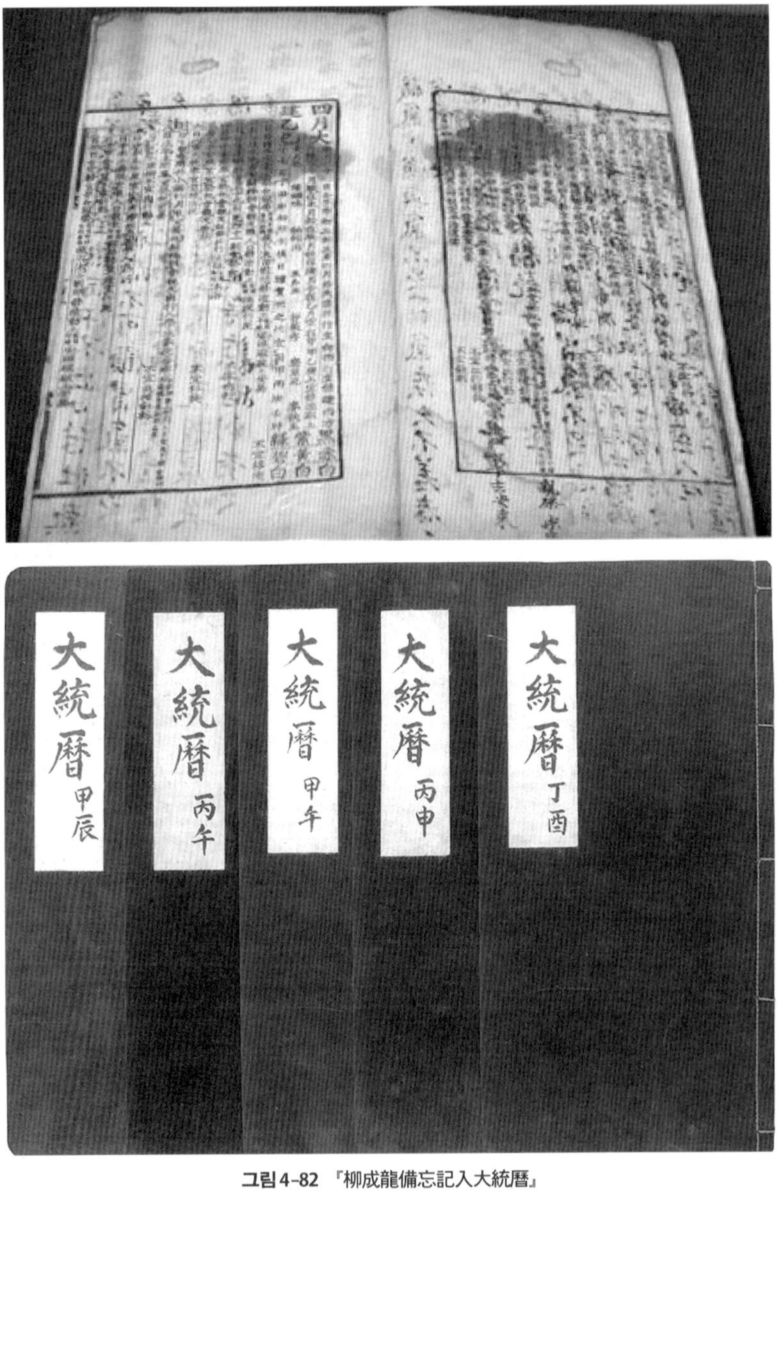

그림 4-82 『柳成龍備忘記入大統曆』

5) 책력의 종류

조선시대에 사용하던 책력은 채택한 시기, 궁중과 일반, 현재와 미래 등에 맞도록 편찬되고 활용되었다. 대표적인 예는 다음과 같다.

① 大統曆: 명나라 시기의 책력으로, 고려 후기에 전해져서 조선시대 孝宗 4年(1653)에 시헌력을 사용할 때까지 쓰임
② 時憲曆: 독일인 신부 湯若望(Adam Schall, 1591~1666) 등이 서양역법에 따라 편찬한 책력으로, 孝宗 4年(1653)에 채택하여 사용
③ 內用三書: 궁궐 내에서 사용하기 위해 간행한 왕실용 책력으로, 민간에서 사용하는 책력과 비슷하지만, 국왕이나 왕실 행사에 참고가 될 만한 운세와 길흉 등에 대한 내용으로 구성(內用三曆, 三曆, 三書라고도 함)
④ 明時曆: 高宗 31年(1897)에 시헌력을 개칭한 것으로, 시헌력과 거의 유사
⑤ 曆: 學部觀象所에서 간행한 책력으로, 양력월을 기준으로 구성되어 있고 대왕 및 대비의 誕辰日과 祭日이 수록
⑥ 百中曆: 100년 동안의 일월, 성진, 절후 등을 미리 예측하여 만든 책력
⑦ 千歲曆: 曆을 추산하는 기술이 발달함에 따라 향후 100년간의 역을 미리 추산하여 간행한 책력
⑧ 萬歲曆: 高宗 年間에 천세력의 속편으로 간행했는데 조선이 황제국임을 선포함으로써 천세력보다 더 웅장한 의미를 담기 위해 만세력으로 고친 것

당시 이 印曆字의 부족한 활자를 목활자로 크게 보충하여 찍어 낸 역서로는 17세기 후기의 年紀까지 나타난 『百中曆』이 있다. 1708년(숙종 34) 戊子의 『時憲曆』도 활자 모양이 많이 닮아 있었지만 영조 초에 나온 『시헌력』부터는 새로 주성한 활자로 대치되어 서체도 변화되었다.

그리고 『시헌력』과는 별도로 매년 찍어 냈던 『內用三書』 또한 금속활자로 찍고 있었는데, 활자 자체가 다른 역서보다 훨씬 크다. 이 『내용삼서』는 고종 때 인쇄·반포된 것이 비교적 많이 전해지고 있다. 이때의 책력은 사용된 활자의 대부분이 목활자였기 때문에 印曆木活字라고도 부른다.

새됴는 철이며, 본래 10년마다 개주하도록 되어 있었으나, 1811년(순조 11)에 호조판서 沈象圭가 계청한 바에 따라 15년마다 한 번씩 改鑄하는 것을 定式으로 삼았다고 한다.

6) 인본 이미지

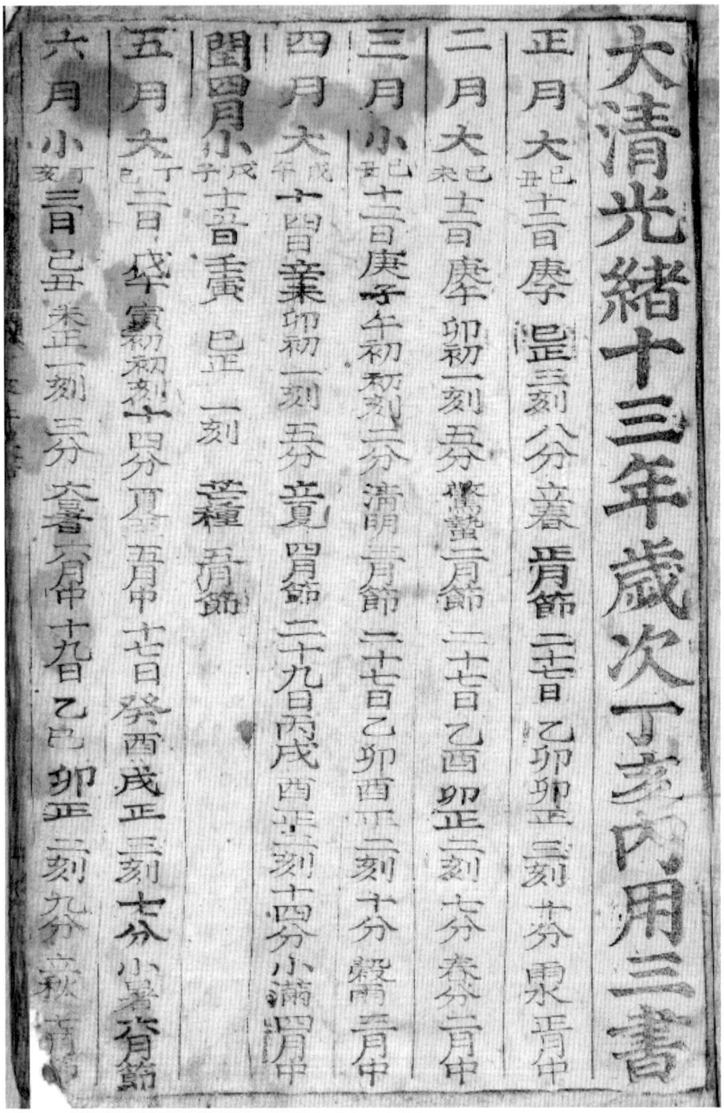

그림 4-83 『大清光緒十三年歲次丁亥內用三書』[206]

206 경북대학교 도서관 소장본.

15. 洛東契字와 顯宗實錄字

1) 낙동계자와 현종실록자의 개요

낙동계자와 현종실록자에 대한 문헌상의 기록은 『顯宗實錄纂修廳儀軌』를 통해서 확인된다.

○ 『顯宗實錄纂修廳儀軌』 丁巳(1677, 숙종 3) 8월 20일: 實錄印出之役 今將垂畢 所印鑄字 當初取用於私家 其數僅三萬餘字 而自都監加鑄 又至四萬餘字 實錄畢印之後 私家鑄字則 所當還給 本主分而二之則 不足印冊 合而用之則 雖卷多之冊 足以印出 鑄字則 幷下校書館而前後漢書之在玉堂者 只是一件 當印出廣布 故敢此仰達矣 且鑄字本主雖給價不欲受云 以其字所印之冊 隨所印 每給一件何如上曰 實錄完畢後 幷下校書館 使之印出前後漢書而 隨所印 每給一件事 依爲之

○ 『顯宗實錄纂修廳儀軌』 「移文秩」, 丁巳(1677, 숙종 3) 10월 24일: 實錄印出時 本廳鑄字 四萬八百二十五介及洛東契取來鑄字 三萬五千八百三十介 合七萬六千六百五十五介移送

위의 기록에 따르면 『현종실록』을 간행하기 위하여 私家 즉 洛東契라는 단체에서 사용하던 금속활자를 빌려 오고 부족한 글자를 새로 주조하여 『현종실록』을 인출한 것으로 확인되며, 낙동계로부터 차용한 활자의 수는 35,830개이고 본청에서 새롭게 주조한 활자의 수는 40,825개였다. 이 내용을 참고로 하여 당시 차용한 사가의 활자를 '洛東契字', '洛東契活字' 등으로 지칭하며, 『현종실록』을 인출하기 위해 새롭게 주조한 금속활자를 대체로 '顯宗實錄字'라고 말한다.

낙동계자에 대하여 백린은 "현종실록의 인출에 있어서 洛東契라는 私人 소유의 銅活字 35,830자를 차용하여…낙동계의 성격은 알 수 없으며, 낙동계 활자와 보조한 활자의 구별이 곤란"[207]하다고 낙동계자를 언급하였다. 한편 윤병태는 낙동계활자와 관련된 연구에서 낙동계활자를 사용하여 초간된 인본 3종(『唐宋八大家文鈔』·『庚子增廣司馬榜目』[208]·『壬子式年司馬

207 白麟, 「朝鮮後期 活字本의 形態書誌學的 硏究(上) ; 宣祖 25 ~ 康熙 4年 사이의 奎章閣所藏圖書를 中心으로」, 『韓國史硏究』 3(1969), pp. 137–139.

208 본 책의 제37장 앞면 7행부터 뒷면 7행까지에는 尹深의 識文이 있는데, 그 기록에서 『경자증광사마방목』의 인출 동기와 인출 시기

榜目』)을 찾아서 자면을 분석해 낙동계활자와 현종실록자의 자면 구별이 가능함과 대표자 등, 여러 가지 문제를 구명[209]하기도 하였다. 두 선학의 연구를 시작으로 이후 현종실록자에 대한 주조 및 개·보주 시기와 서체에 대한 여러 의견이 개진되었고 국립중앙박물관에 소장된 실물 활자의 조사와 고증 그리고 복원 등이 이루어졌다.

선행연구에서 서체에 대한 이견을 살펴보면, 前間恭作은 "衛夫人字體인 晉體에 해당하는 楷書體"[210]라 하였고, 金元龍은 "현종실록자는 갑인자를 본으로 한 倣甲寅字이며, 金佐明의 戊申字를 자본으로 한 것이 틀림없을 것"[211]이라 하였다. 그리고 백린은 "현종실록자의 자체가 진체인 갑인자 계통이라 하여 다른 개주 갑인자와 혼동해서는 안 되며 글자가 작고 단정하여 쉽게 식별된다."[212]고 하였으며, 김두종은 "현종실록자는 端雅楷正한 晉本이다."[213]라 했고 윤병태는 "현종실록자는 갑인자체와 을해자체에서 가장 아름다운 자체를 골라서 자본으로 한 독창적인 서체"[214]라고 했으며 천혜봉은 "현종실록자는 한 획 한 획을 또박또박 떼어 써서 글자에 필력은 약하나 書法에 버릇이 없는 단정한 글자체"라며 갑인자나 을해자와는 다른 글자체라고 했다.[215]

현종실록자의 주조와 개·보주 시기에 대해서도 여러 의견이 있다. 백린은 낙동계자를 들여온 1677년이라고 했고,[216] 윤병태는 대대적인 변동이 4회에 걸쳐 나타난다고 했으며 그 시기를 1674년(낙동계자기)·1677년(현종실록자기)·1702년(영조 5)·1836년(헌종 2)으로 구분하였다.[217] 천혜봉은 1850~1851년에 인출한 『列聖御製』(定宗, 純宗, 翼宗)의 合部本 권

(갑인년, 1675, 현종 15) 그리고 활자로 인행하였다는 내용이 확인된다. 윤심이 쓴 지문의 내용은 다음과 같다.
庚子增廣者 我 殿下卽祚慶科也 榜目至今未梓 豈非缺事 始同年之居遠鄕者多 不待榜徑歸 榜中諸會皆不與 故自慶侍以下不盡錄 深嘗爲三道海運判官慶尙都事 所至輒訪問隨記 又得寫本數十 屬李博士萬封 參互考校 然後乃悉備焉 遂與爲邑者七八人 共鳩財力 歲甲寅(1675)四月 始以活字印分 噫當時二百人 大抵少年 今歲纔十五更 而其先游當者己三十人 居然有人代存沒之感可悲也已 尹深識. 윤병태, 『朝鮮後期의 活字와 册』, 서울: 범우사, 1992, p. 76.

209 윤병태, 「洛東契活字考」, 『도서관』 第31卷 第3號(1976) ; 『朝鮮後期의 活字와 册』

210 前間恭作, 『朝鮮の板本』, 福岡: 松浦書店, 1937, pp. 44-49.

211 金元龍, 「朝鮮後期의 鑄字印刷」, 『鄕士서울』 제7호(서울: 서울시사편찬위원회, 1959), p. 27.

212 白麟, 「朝鮮後期 活字本의 形態書誌學的 硏究(上)」, 『韓國史硏究』 3(1969), pp. 137-139.

213 김두종, 『韓國古印刷技術史』, 서울: 探求堂, 1974, p. 298.

214 윤병태, 『朝鮮後期의 活字와 册』, p. 79.

215 천혜봉, 『한국 금속활자 인쇄사』, (서울: 汎友社, 2012), p. 220.

216 白麟, 「朝鮮後期 活字本의 形態書誌學的 硏究(上): 宣祖 25 ~ 康熙 4年 사이의 奎章閣所藏圖書를 中心으로」, 『韓國史硏究』 3(1969), pp. 137-139.

217 윤병태, 『朝鮮後期의 活字와 册』, pp. 79-85.

96~100, 『憲宗御製』, 『憲宗實錄』 등을 보면 이전의 실록자로 인출한 책과는 글자의 형태, 정교도 등이 달라, 기록에는 없지만 이 시기에 대규모 보주가 이루어졌을 것으로 보고 1677년에 주조된 것을 초주현종실록자로, 1850년에 주조된 것을 재주현종실록자로 구별하였다.[218] 또한 이재정은 "국립중앙박물관 소장 실록자를 고찰한 결과 활자의 서체뿐 아니라 활자의 외형 등이 아주 다양한 모습으로 존재함을 확인하였다."라고 하며 활자의 제작 시기와 활자의 변화 사이에 개연성을 밝히고자 1677년 이전을 낙동계자 시기, 1677~1805년을 전기 현종실록자 시기, 1805~1850년을 후기 현종실록자 시기로 구분하였다.[219]

한편 낙동계자와 현종실록자를 구분하는 방법에 대해서는 대체적으로 크기가 다르다는 것을 들었다. 백린은 갑인자 계통이라 다른 개주갑인자와 혼동하는 학자[220]도 있으나 실록자의 글자가 더 작고 단정하여 쉽게 구분된다[221]고 하였고, 윤병태 역시 낙동계자가 크기가 같은 것이 없지는 않지만 크기가 약간 다르며 낙동계자의 표준자로 '而·所·今·京·州·外' 자를 들어 이로써 구분이 가능하다고 하였다.[222] 천혜봉은 『英宗大王御製』는 보자의 혼입이 많고 활자가 닳아 있는 데 비해, 바로 다음 임금인 『定宗大王御製』는 인쇄가 정교하다는 것과 실록의 기록 등을 보아 1850년에 대규모 개주가 있었을 것으로 보고, 초주와 재주 현종실록자를 구별하였다.[223] 이재정은 국립중앙박물관 소장의 실록자를 관련 인본과 비교하여, 낙동계자와 현종실록자는 거의 구분할 수 없지만 『현종실록』 간행 이전의 책에 나오는 활자들은 글자체뿐 아니라 활자의 모양도 나머지 활자들과 다르기 때문에 낙동계에서 제작했을 가능성이 높다고 하였다.[224]

낙동계자와 현종실록자에 대한 선행연구에서 개별 연구자들은 비슷한 의견을 내기도 하지만 서체와 개·보주 시기 등에서 이견을 보이기도 하였다. 다음은 선행연구의 이견을 정리한 것이다.

---

218 천혜봉, 『한국 금속활자 인쇄사』, (서울: 汎友社, 2012), p. 372.

219 이재정, 「국립중앙박물관 소장 實錄字 고찰」, 『奎章閣』 第40輯(2012), p. 58-59.

220 前間恭作, 『朝鮮の板本』

221 白麟, 「朝鮮後期 活字本의 形態書誌學的 研究(上): 宣祖 25年~康熙 4年 사이의 奎章閣所藏圖書를 中心으로」, 『韓國史研究』 3(1969), p. 138.

222 윤병태, 『朝鮮後期의 活字와 册』, 서울: 범우사, 1992, pp. 79-83.

223 천혜봉, 『한국 금속활자 인쇄사』, pp. 217-218.

224 이재정, 「국립중앙박물관 소장 實錄字 고찰」, 『奎章閣』 第40輯(2012), p. 79.

① 백린	• 변동 시기: 1677년(補鑄) • 글자체: 갑인자 계통 • 낙동계자와 현종실록자의 구분: • 현종실록자가 더 작고 단정함	② 김원룡	• 글자체: 倣甲寅字
③ 前間 恭作	• 글자체: 衛夫人字體	④ 김두종	• 사용 기간: 1677~고종 초(약 190년) • 글자체: 端雅楷正한 晉本(갑인자)
⑤ 윤병태	• 변동 시기: 1674년(낙동계자기) 1677년(현종실록자기) 1702년, 1836년 • 글자체: 갑인자와 을해자를 섞은 독창적인 서체 • 낙동계자와 현종실록자의 구분: 낙동계자의 標準字 6字	⑥ 천혜봉	• 변동 시기: 1677년(초주현종실록자) 1850년(재주현종실록자-대규모 改鑄) • 글자체: 갑인자나 을해자와는 다른 글자체
⑦ 이재정	• 사용 기간: 1677~19세기 말 • 변동 시기: 1677년 이전(낙동계자) 1677~1805년(전기현종실록자) 1805~1850년(후기현종실록자) • 글자체: 갑인자 계통 • 낙동계자와 현종실록자의 구분: 거의 구분할 수 없음		

2) 현종실록자의 형태 및 특징[225]

(1) 활자의 크기, 높이

① 大字: 1.4×1.2cm(국립중앙박물관 소장 활자 측정치 기준)

② 小字: 1.0×0.6cm

③ 높이: 0.6cm

225 이하 현종실록자와 관련된 글은 남권희, 「조선후기 金屬活字의 鑄造와 組版에 관한 연구: 印曆字·顯宗實錄字·校書館印書體字·整理字의 복원」, 『조선후기 한국의 금속활자』, 청주: 청주고인쇄박물관, 2009, pp. 79-121을 참조하여 수정한 것이다.

(2) 활자의 뒷면

① ∩자형: 활자의 고정, 흔들림 방지

② 선행연구: 움푹 파여 있는 것이 銅의 절약을 꾀하면서 점착물을 사용하여 판을 짜는 경우 점착물이 그 속에 꽉 차서 움직이지 않게 하기 위한 고안으로 추정됨

③ 점착물 사용에 대한 근거 부족, 바닥과 닿는 면을 최소화함으로써 활자의 균형과 조판에 수월성이 제고됨

(3) 국립중앙박물관 소장 활자 조사

초주로 추정되는 활자가 후기에 改鑄된 것들보다 크기도 약간 더 크고 무게는 평균적으로 1.5g 더 무거운 것으로 조사되었다.

① 初鑄 추정 활자

표 4-16 初鑄로 추정되는 활자의 크기 및 무게

활자	크기(cm)	무게(g)	비고
馬	1.1×1.25×0.6	5.78	
		4.72	'灬'의 제1, 2획 연결
首		5.13	제1, 2획 분리
		5.59	
風	(상)1.25 (하)1.16×1.1×0.71	5.01	상면이 넓은 사다리꼴

▲ '馬' 字　▲ '首' 字

그림 4-84 初鑄로 추정되는 활자

② 再鑄 추정 활자

표 4-17 再鑄로 추정되는 활자의 무게

활자	무게(g)	비고	활자	무게(g)	비고
馬	3.84	'灬'의 4획 전부 분리	首	3.59	제1, 2획 연결
	4.13			3.53	
	3.43			3.48	
	3.56			3.58	
	4.04			3.52	
	4.72			3.60	
題	3.65			3.43	
	3.88			3.62	
	3.83		風	10개 (3.91/3.90/3.79/3.88/3.25/3.15/3.81g…)	

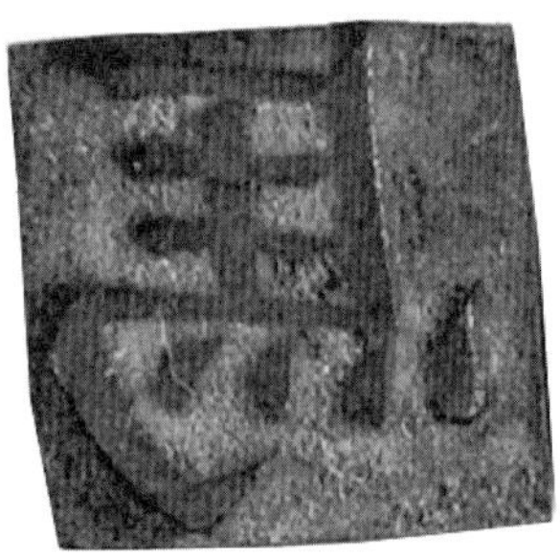

▲ '馬' 字

▲ '首' 字

그림 4-85 再鑄로 추정되는 활자

3) 현종실록자의 전기·후기 활자 인면 비교

현종실록자는 1677년 이전 간행된 낙동계자, 전기 현종실록자(1677년 이후 1814년 이전), 개·보주활자(1677년 이후 1814년 이전), 후기 현종실록자(1857년 이후) 등 네 시기로 나누어 가장 자주 나오는 5~6개의 활자 '於', '之', '以', '而', '爲', '所' 字를 각각 5字씩 인면을 모아 비교하였다.

표 4-18 각 시기별 주요 활자 비교

於	낙동계자본 (1677년 이전)	於	於	於	
	전기 현종실록자본 (1677년 이후 1814년 이전)	於	於	於	於
	개·보주활자본 (1814년 이후 1857년 이전)	於	於	於	
	후기 현종실록자본 (1857년 이후)	於	於	於	
之	낙동계자본 (1677년 이전)	之	之	之	
	전기 현종실록자본 (1677년 이후 1814년 이전)	之	之	之	
	개·보주활자본 (1814년 이후 1857년 이전)	之	之	之	
	후기 현종실록자본 (1857년 이후)	之	之	之	
以	낙동계자본 (1677년 이전)	以	以	以	
	전기 현종실록자본 (1677년 이후 1814년 이전)	以	以	以	
	개·보주활자본 (1814년 이후 1857년 이전)	以	以	以	
	후기 현종실록자본 (1857년 이후)	以	以	以	
而	낙동계자본 (1677년 이전)	而	而	而	
	전기 현종실록자본 (1677년 이후 1814년 이전)	而	而	而	
	개·보수활자본 (1814년 이후 1857년 이전)	而	而	而	
	후기 현종실록자본 (1857년 이후)	而	而	而	

爲	낙동계자본 (1677년 이전)				
	전기 현종실록자본 (1677년 이후 1814년 이전)		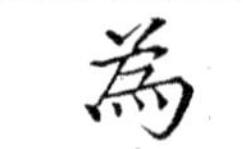		
	개·보주활자본 (1814년 이후 1857년 이전)				
	후기 현종실록자본 (1857년 이후)				
所	낙동계자본 (1677년 이전)	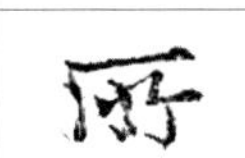			
	전기 현종실록자본 (1677–1814년 이전)		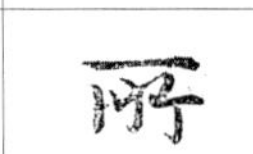		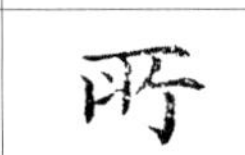
	개·보주활자본 (1814–1857년 이전)	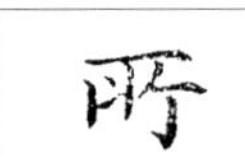	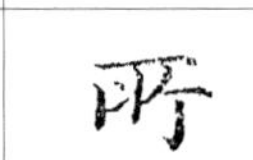	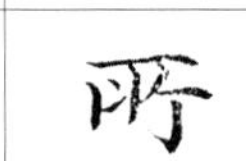	
	후기 현종실록자본 (1857년 이후)	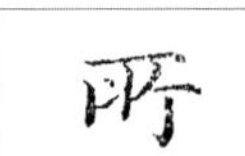	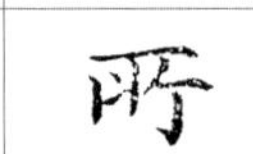		

낙동계자와 전기 현종실록자를 비교하였을 때에는 시기상 혼용되었기 때문에 같은 모양의 자체노 함께 나오고 있으며, 자의 마모가 있어 굵기가 가늘어진 모습도 살펴볼 수 있다. 그리고 낙동계자와 후기 현종실록자를 비교하였을 때에는 많이 달라진 모습을 볼 수 있는데 그 모습은 위의 그림과 같다. 전체를 비교한 것이 아니라 한계는 있지만 자주 쓰이는 활자를 비교하였기 때문에 그 활자들의 변화를 보았을 때 전·후기의 활자는 위의 그림에서도 보이듯이 '於' 字의 부수 변화와 '所' 字의 점이 한 개에서 두 개로 변화되는 모습을 확인할 수 있다. 기록상으로 전해지지는 않지만 현종실록자가 改鑄 및 補鑄되었을 것이라는 단서가 된다.

선행연구[226]에서는 철종 원년(1850) 1월 10일에 先朝御製의 印出이 하명되어 『列聖御製』(正宗, 純宗, 翼宗 등)와 이듬해(1851) 『憲宗實錄』의 인출에 사용된 활자의 鑄造가 세련되고 그

226 천혜봉, 『한국 서지학』, p. 372.

印本이 매우 精巧하여 이 무렵에 改鑄된 것이 실증된다고 하였다. 인본들을 살펴본 결과 純祖 年間 1814년에 간행된 영남대학교 소장본『列聖御製』에서 후기 현종실록자에서 자주 쓰이는 '方'변 '於' 字와 '所' 字가 발견되었다. 순조 5년(1805)에 간행된『正宗實錄』에 '於' 字의 쓰임을 살펴본 결과 전기 인본에서 많이 사용되었던 부수가 '手'로 쓰이는 '扵' 字가 거의 대부분 쓰이고 있었다. 또한 각각 1835년과 1851년에 편찬되었던『純宗實錄』과『憲宗實錄』에서는 '於' 字가 대부분 사용되고 있었으나 1864년부터 편찬하기 시작한『哲宗實錄』에서는 1805년『正宗實錄』 편찬 때까지 주로 사용되었던 '扵' 字가 다시 나오고 있다. 이로써 純祖 年間에도 초기에는 이전의 활자를 사용하다가 1805~1814년 사이에 補鑄 및 改鑄가 이루어졌다고 추정할 수 있다. 하지만 1837년에 간행된『仁陵誌狀』에서는 '方'변의 '於' 字만 나오고 있는데 1857년에 간행되『景陵誌狀』에서는 '扵' 활자가 다시 쓰이고 있다. 이와 관련된 기록은『철종실록』에 다음과 같이 나타난다.

> 夜三更 火起於殯殿都監假家 延燒宣仁門及東北所·部將廳·衛將所·鑄字所·大廳·板堂竝六十二間[227]

다시 말하면 1814년 이후에는 補鑄 및 改鑄된 활자를 사용하다가 1857년 鑄字所에 화재가 나서 새로 補鑄 및 改鑄한 활자 중 일부가 불에 타는 바람에 예전에 남아 있던 활자와 함께 倂用하였다고 추측할 수가 있다.

위의 그림에서도 볼 수 있듯이 후기 현종실록자로 찍힌 면을 살펴보면 자체가 확연히 다른 모습을 볼 수 있다. 주로 1814년에서 哲宗 年間 초기까지의 현종실록자로 간행된 책들에서 이런 현상들이 보인다. 이것으로 보아 1857년 이후에 간행된 현종실록자본은 補鑄 및 改鑄된 활자 중 타고 남은 활자와 예전에 쓰던 활자를 倂用하였을 것으로 추정된다.

17세기 중반부터 사용되어 왔던 현종실록자는 150년 이상 사용하여 마모가 심해져 더 이상 책을 간행하기에 무리가 있었을 것으로 생각되고, 자세한 기록은 없지만 위의 인면들을 비교해 보았을 때 오랫동안 이용되었던 현종실록자의 補鑄 및 改鑄가 純祖 年間인 1805년에서 1814년 사이에 있었을 것으로 추정된다.

227『哲宗實錄』卷8, 1857年(철종 8) 10月 15日(壬戌) 條.

4) 현종실록자 인본 이미지

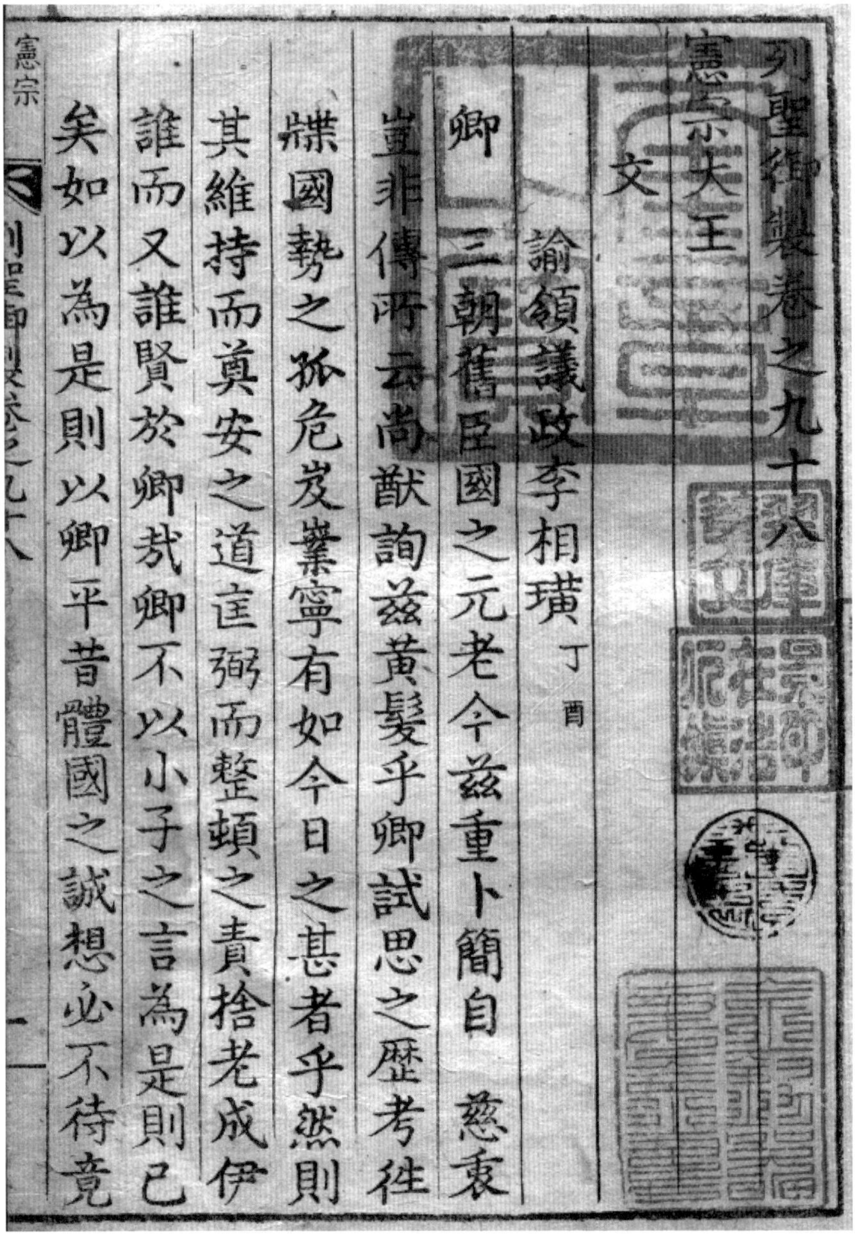

그림 4-86 『列聖御製』 권98[228]

228 경북대학교 도서관 소장본.

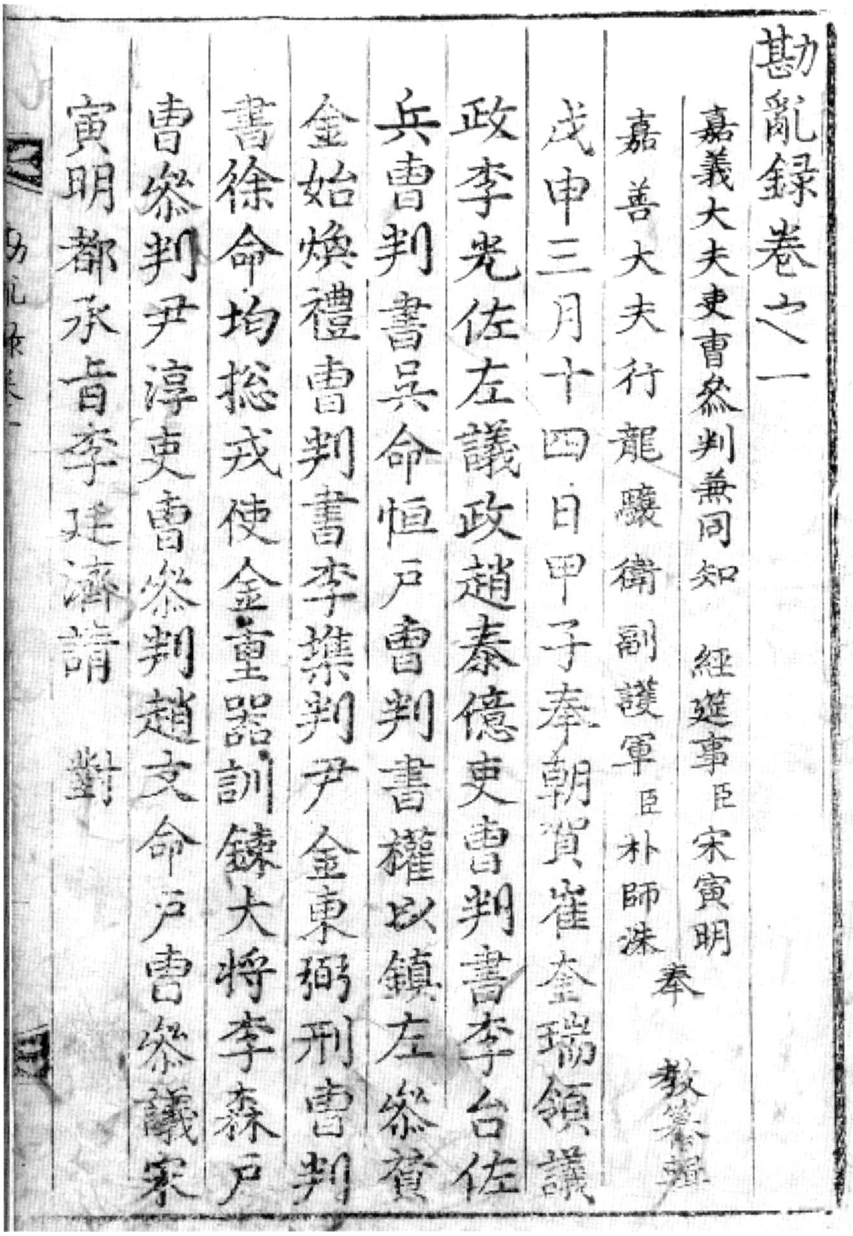

勘亂錄卷之一
嘉義大夫吏曹叅判兼同知 經筵事臣宋寅明 奉 教纂輯
嘉善大夫行龍驤衛副護軍臣朴師洙
戊申三月十四日甲子奉朝賀崔奎瑞領議
政李光佐左議政趙泰億吏曹判書李台佐
兵曹判書吳命恒戶曹判書權以鎭左叅贊
金始煥禮曹判書李集判尹金東弼刑曹判
書徐命均摠戎使金重器訓鍊大將李森戶
曹叅判尹淳吏曹叅判趙文命戶曹叅議宋
寅明都承旨李廷濟請 對

그림 4-87 『勘亂錄』 권1[229]

---

229 경북대학교 도서관 소장본.

5) 낙동계활자와 현종실록자 인본 리스트

(1) 洛東契字本(1673)

서명	간행 연도	변란	행자 수	어미	소장처
庚子增廣司馬榜目	1673	四周雙邊	10行 18字	内向花紋魚尾	고려대
唐宋八大家文抄	1673	四周雙邊	10行 18字	上下内向6瓣花紋魚尾	규장각
壬子式年司馬榜目	1679~1689	四周雙邊	10行 18字	上下内向花紋魚尾	고려대

(2) 洛東契字와 補鑄한 活字의 混用 時期

서명	간행 연도	소장처
顯宗純文肅武敬仁彰孝大王行狀	未詳	서울대학교도서관
漢書	1677	

(3) 顯宗實錄字本(1677년 이후)

서명	권책 수	간행 연도	변란	행자 수	소장처
肅宗實錄	65卷 73冊	1728	四周雙邊	15行 30字	규장각
景宗實錄	15卷 7冊	1732	四周雙邊	15行 30字	규장각
顯宗實錄史院題名記					국립중앙도서관
顯宗實錄	22卷,附,合23冊	1677	四周雙邊	15行 30字	규장각
南華經註解刪補		1680		11行 20字	고려대 화산
顯宗改修實錄	28卷,附,合29冊	1683	四周雙邊	15行 30字	규장각
顯宗純文肅武敬仁彰孝大王行狀	同裝 1冊	1684	四周雙邊	11行 19字	계명대
古詩選		1685			손보기
史記		1689			조병순
端宗大王實錄簿錄		1704			규장각
東國歷代總目		1705			국립중앙도서관
增補歷代總目	1冊(零本)	1706		11行 20字	국립중앙도서관
世說新語補	20卷 7冊	1707		10行 10字	국립중앙도서관
吳字直解	零本	1717		10行 18字	고려대 화산
司馬法直解	1冊 57張	1717	四周雙邊	10行 18字	장서각
司馬榜目		1710			조병순
孫武子直解	3冊	1718	四周雙邊	10行 17字	영남대
六韜直解	3卷 1冊	1718	四周單邊	10行 18字	성암고서박물관
紀效新書別集		1675~1720			조병순
新修自警編	20卷10冊	1720	四周單邊	10行 18字	계명대
東文選		1720			국립중앙도서관
勘亂錄		1729			국립중앙도서관

懿陵誌狀	1冊(18張)	1730	四周雙邊	11行 19字	규장각
漏籌通儀		1754			규장각
列聖御製		1758			손보기
三國史記		1760	四周單邊	10行 18字	고려대
英祖大王御製 續編		1776			국립중앙도서관
列聖誌狀通紀	14卷 8冊	1780	四周雙邊	11行 19字	고려대
景宗改修實錄		1781			서울대
英祖實錄		1781			서울대
正祖實錄	54卷,附錄, 附錄續編,合56冊	1805	四周雙邊	15行 30字	서울대
健陵誌狀	1冊(零本)	1805	四周單邊	11行 19字	규장각
列聖御製(正宗)		1814			국립중앙도서관
列聖御製(純祖)		1836			국립중앙도서관
翼宗御製		1836			국립중앙도서관
列聖御製別編	1冊	1837	四周單邊	10行 20字	국립중앙도서관
元陵誌狀續編	1冊	1837	四周單邊	11行 19字	연세대
健陵誌狀續編	1冊	1837	四周單邊	11行 19字	연세대
仁陵誌狀	1冊	1837	四周單邊	11行 19字	계명대
綏陵誌狀	1冊	1837	四周單邊	11行 19字	성암고서박물관
純祖實錄 (국보 제151-1호)	34卷,附錄, 附錄續編,합36冊	1838	四周雙邊	15行 30字	규장각
憲宗御製		1850			국립중앙도서관
兩陵誌狀續編	1冊	1850	四周單邊	11行 19字	국립중앙도서관
景陵誌狀	1冊	1850	四周單邊	11行 19字	계명대 외 3
憲宗實錄	8卷,附錄, 合9冊	1851	四周雙邊	15行 20字	규장각
哲宗實錄	15卷,附錄,合9冊	1865	四周雙邊	15行 30字	규장각
實錄廳題名記(哲宗)		1865	四周單邊	15行 30字	국립중앙도서관
睿陵誌狀	1冊	1865	四周單邊	11行 19字	규장각
三陵誌狀續編	1冊	1865	四周單邊	11行 19字	국립중앙도서관
宋大家王文公文抄	13冊(零本)	1674 ～1720	四周單邊	11行 19字	고려대
宋大家蘇文定公文抄	卷1～20	未詳	四周雙邊	10行 18字	국립중앙도서관
宋大家歐陽文忠公文抄	1冊(零本)	1650 ～1674	四周雙邊	10行 18字	규장각
李忠定公奏議	卷1～16	未詳	四周單邊	10行 18字	연세대
選文綴英	卷1～3	肅宗 年間		10行 18字	고려대
大學或問		未詳		11行 19字	국립중앙도서관
論語或問					손보기
漢書		1692		10行 19字	성암고서박물관
史記評林	卷56～69 114～216	肅宗 年間		10行 19字	고려대 외 4
唐宋八大家文抄	1～40	未詳	四周雙邊	10行 19字	고려대

16. 丙辰倭諺字

1) 병진왜언자 개요

丙辰倭諺字는 일본어 학습을 위해 安愼徽(1640~?)[230]가 쓴 일본문자 '伊呂波(이로하)'의 히라가나를 글자본으로 하여 1676년(숙종 2) 校書館에서 大字 銅活字로 주조한 '히라가나'이다. 이 활자는 선조 때에 司譯院의 倭學 譯官으로 있던 康遇聖(1581~?)[231]이 편찬한 『捷解新語』를 인출할 때 사용한 활자이며,[232] 교서관에서 주조하였기 때문에 그 밖의 왜언자와 지방에서 거듭 새긴 판본과 구별하기 위해서 '校書館倭諺字'라고 일컫기도 한다.[233]

또한 『重刊捷解新語』(1721)의 序文과 『捷解新語文釋』의 凡例에서 각각 '倭諺大字' 및 '倭諺은 伊呂波'라는 기록을 확인할 수 있다.

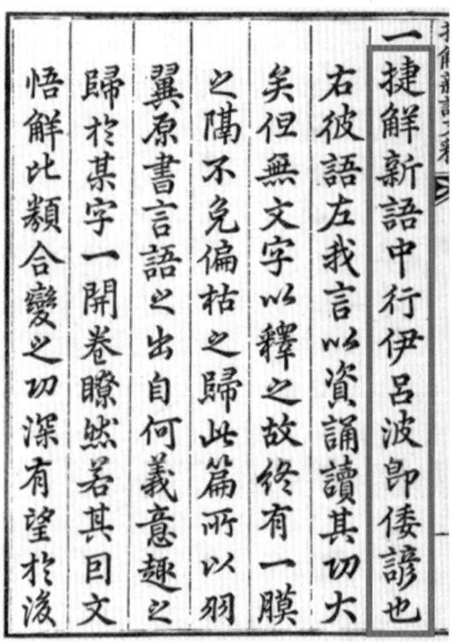
一捷解新語中行伊呂波卽倭諺也右彼語左我言以資誦讀其功大矣但無文字以釋之故終有一膜之隔不免偏枯之歸此篇所以羽翼原書言語之出自何義意趣之歸於某字一開卷瞭然若其曰文悟解比類合變之功深有望於後

그림 4-88 『捷解新語文釋』 凡例[234]

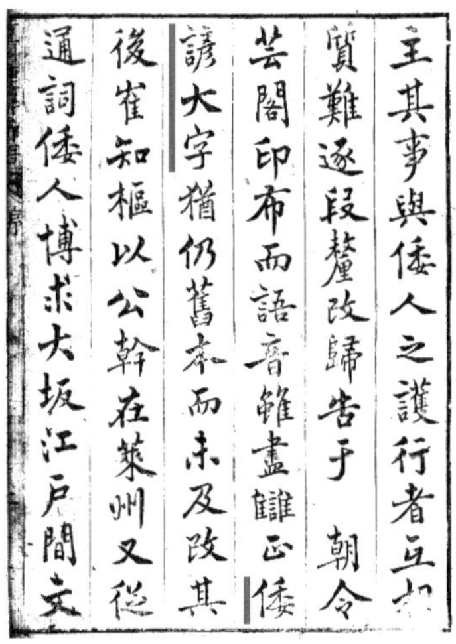
主其事與倭人之護行者互相質難逐段釐改歸告于朝令芸閣印布而語音雖盡釐正倭諺大字猶仍舊本而未及改其後崔知樞以公幹在萊州又從通詞倭人博求大坂江戶間文

그림 4-89 『重刊捷解新語』 序文[235]

---

230 안신휘는 본관이 順興이며, 자는 伯倫, 호는 昚齋이다. 倭學을 전공하였으며, 1662년(현종 3) 壬寅 增廣試에 譯科 5위로 합격하여 同知中樞府事의 관직에 이르렀다.

231 강우성은 조선 중기의 역관이며, 12살 무렵 임진왜란으로 진주성이 함락되면서 많은 사람들 속에 섞여 일본으로 끌려간 것으로 알려져 있다. 1601년에 다시 고국으로 송환되어 돌아왔는데, 일본의 풍속과 언어에도 능통했던 강우성은 1609년 譯科의 倭學에 합격하여 일본과의 통상외교 임무를 수행하였다. 품계는 가선대부에 이르렀으며, 저술로는 일본어 학습서인 『捷解新語』 10권이 있는데 1678년부터 司譯院 倭學의 科試用 교과서로 사용되었다.

232 윤병태, 『朝鮮後期 活字와 册』, p. 87.

233 천혜봉, 『한국 금속활자 인쇄사』, p. 206.

234 개인 소장본.

235 국립중앙도서관 소장본.

영의정 陽坡 鄭太和(1602~1673)가 외교상 漢語와 倭語의 학습이 시급하다고 啓請하여 1670년(현종 11)에 먼저 한어 학습서인 『老乞大諺解』[236]가 인행되었고, 6년 후인 1676년에 『捷解新語』가 인출되었는데, 『通文館志』의 '什物 條'에서 그 기록을 확인할 수 있다. 또 1700년에 제주에서 朴世英에 의하여 목판으로 번각하여 간행된 것도 있다.

○ 捷解新語板: 安同樞愼徵書 康熙丙辰(1676) 陽坡鄭相國啓 令芸閣 鑄字印行 庚辰(1700) 濟州兼軍官朴世英 刊板于濟州

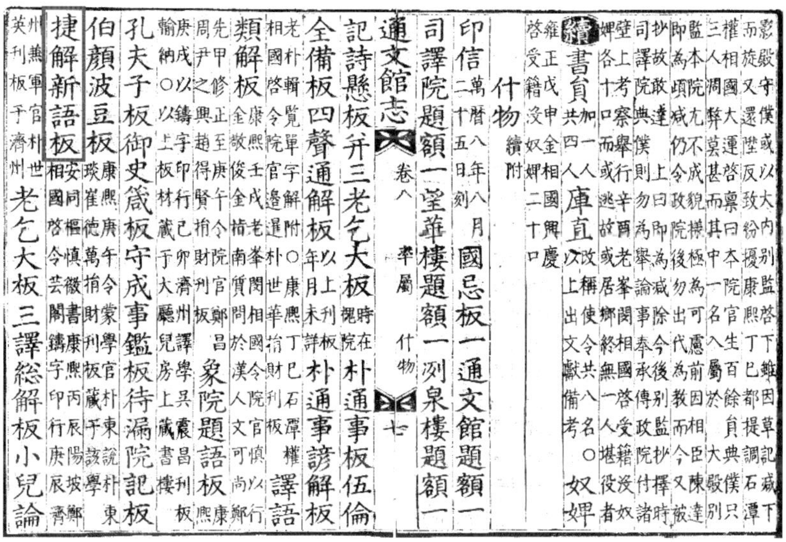
影殿守僕或以大內別監啓下雖因草記減下
而旋又還陞反致紛擾康熙丁巳都提調石潭
權相國大運啓稟曰本院官生百餘員典僕只
三人凋弊莫甚而其中一名入屬於大殿別
監本院尤不成貌極為可慮前因相臣陳達
即為減仍令政院捧後勿出代為教而今又被
抄故敢達上曰即為減除今後別監抄擇時
司譯院典僕則勿為舉論事奉承傳政院付諸
壁上考察舉行辛酉老峯閔相國啓受籍沒奴
婢各十口而或逃故或居鄉終無一人堪役者
續 書員 加一人 共四人 庫直 改稱使令共八名 以上出文獻備考 ○奴婢
雍正戊申金相國興慶 啓受籍沒奴婢二十口
什物 續附
印信 萬曆八年八月二十五日刻 國忌板一 通文館題額一
司譯院題額一 望華樓題額一 冽泉樓題額一
通文館志 卷八 什物 七
記詩懸板幷三老乞大板 時在槐院 朴通事板 伍倫
全備板 四聲通解板 以上刊板年月未詳 朴通事諺解板
老朴輯覽單字解附○康熙丁巳石譯權 相國啓令院官邊暹朴世華捐財刊板 譯語
類解板 康熙壬戌老峯閔相國令院官愼以行 全敬俊全楷南質問於漢人文可尚鄭
先甲修正至庚午令院官鄭昌 周尹之興趙得賢捐財刊板 象院題語板 康熙
庚戌以鑄字印行己卯濟州譯學吳震昌刊板 輸納○以上板材藏于大廳兒房上藏書樓
孔夫子板 御史箴板 守成事鑑板 待漏院記板
伯顏波豆板 康熙庚午令蒙學官朴東說朴東 琰崔德萬捐財刊板藏于該學
捷解新語板 安同樞愼徵書康熙丙辰陽坡鄭 相國啓令芸閣鑄字印行庚辰齊
州兼軍官朴世 英刊板于濟州 老乞大板 三譯総解板 小兒論

그림 4-90 『通文館志』 卷8 什物 條

2) 병진왜언자 특징

병진왜언자의 인본으로는 1676년에 인출된 『첩해신어』가 있으며, 현재 규장각에 2秩이 소장되어 있다. 하나는 廂庫 · 承華章 · 弘齋의 인장이 찍힌 正祖의 手澤本이며, 다른 하나는 廂庫의 인장만 찍힌 규장각 소장의 전래본이다. 규장각 소장본인 『첩해신어』로 살펴본 책의 형태 사항과 각 요소별 활자의 특징은 다음과 같다.

---

236 『通文館志』 卷8, 書籍 條: 驚喜庚戌(1670) 印本 內賜老乞大諺解二本 康熙庚戌 陽坡鄭相國[太和]啓 令芸閣鑄字印行

표 4-19 『捷解新語』 판본의 형태와 특징

『첩해신어』의 형태 사항	『첩해신어』 제1의 요소별 특징
卷册數: 10卷 10册	– 제목인 '첩해신어'는 聯鑄活字임
邊欄: 四周雙邊	卷次인 한자 大字 '第, 一'
半郭: 23.2×17.4㎝	小字 '案, 內, 는, 서' 등
界線: 有界	히라가나 大字 'な, に, か, し' 등
行字數: 6行 大字-11字, 한글 小字-11字	히라가나의 傍書字인 한글 小字
譯 國漢文小字雙行	'나, 닝, 가, 시' 등
魚尾: 上下內向2葉花紋魚尾	한글 번역문 小字雙行
卷末刊記: 康熙十五年 丙辰(1676) 孟冬開刊	

『첩해신어』는 교서관에서 새로 주조한 '왜언자'를 비롯하여 '戊申字'와 '한글 小字'를 병용하여 찍어 낸 것으로 본문에 사용된 활자를 보면, 우선 권수제와 권미제인 '첩해신어'는 大字이며, 크기는 세로 9.3cm, 가로 2.6cm이다. 일본 문자인 히라가나 大字는 왜언자로, 卷次와 '難字解'의 한자와 譯의 한자는 戊申字(1668)의 大字·小字를 사용하였고[237] 한글 小字는 불분명하다.[238]

한편 왜언자는 한자를 흘려 쓴 글자체이기 때문에 목활자로 인출하면 동일한 문자의 모양을 같게 할 수 없어서 학습상 혼란을 줄 수 있으므로 각별히 주조를 啓請해서 만들었던 것이다. 또한 왜언자의 주조는 주로 單字式이지만 발음이 붙은 글자는 連字式으로 된 것이 특징이다.[239]

---

237 무신자 大字의 크기는 세로 1.4cm, 가로 1.6cm이며, 小字의 크기는 세로 1.0cm, 가로 0.8cm이다.

238 윤병태, 『朝鮮後期 活字와 册』, pp. 87-88.

239 천혜봉, 『한국 금속활자 인쇄사』, p. 209.

표4-20 倭諺字의 單字와 連字

單字式 왜언자

連字式 왜언자

3)『첩해신어』의 '戊申字'와 '譯 漢字'의 자형 비교

	『潛谷先生遺稿』(1668년)	『攷事撮要』序文 (1668년)	『聖學輯要』(1696년)	『奮武原從功臣錄券』(1728년)
무신자(四鑄甲寅字)	無	而	者	心
	『첩해신어』 1권 권말	『첩해신어』 10권 권말	『첩해신어』 10권 권말	『첩해신어』 10권 권말
『첩해신어』 譯 漢字	無	而	者	心

이 활자들을 사용한 비교 문헌들의 개별 자형에서 사용된 활자의 글자체가 같음을 확인할 수 있다.

4) 병진왜언자 인본 이미지

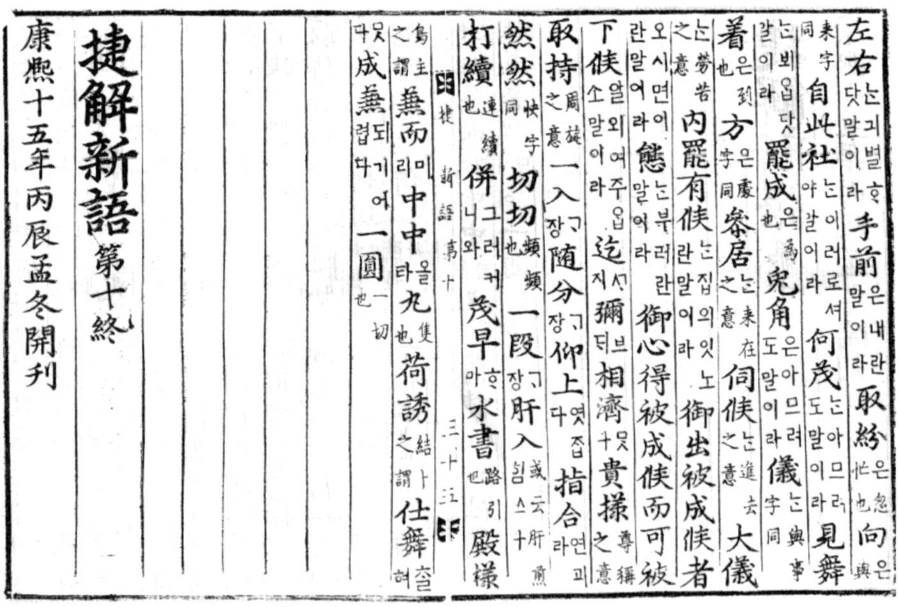
康熙十五年丙辰孟冬開刊
捷解新語第十終

그림 4-91 『捷解新語』(1676년) 第10 卷末[240]

240 서울대학교 규장각한국학연구원,『捷解新語』, 서울: 서울대학교 규장각한국학연구원, 2007, pp. 583–584.

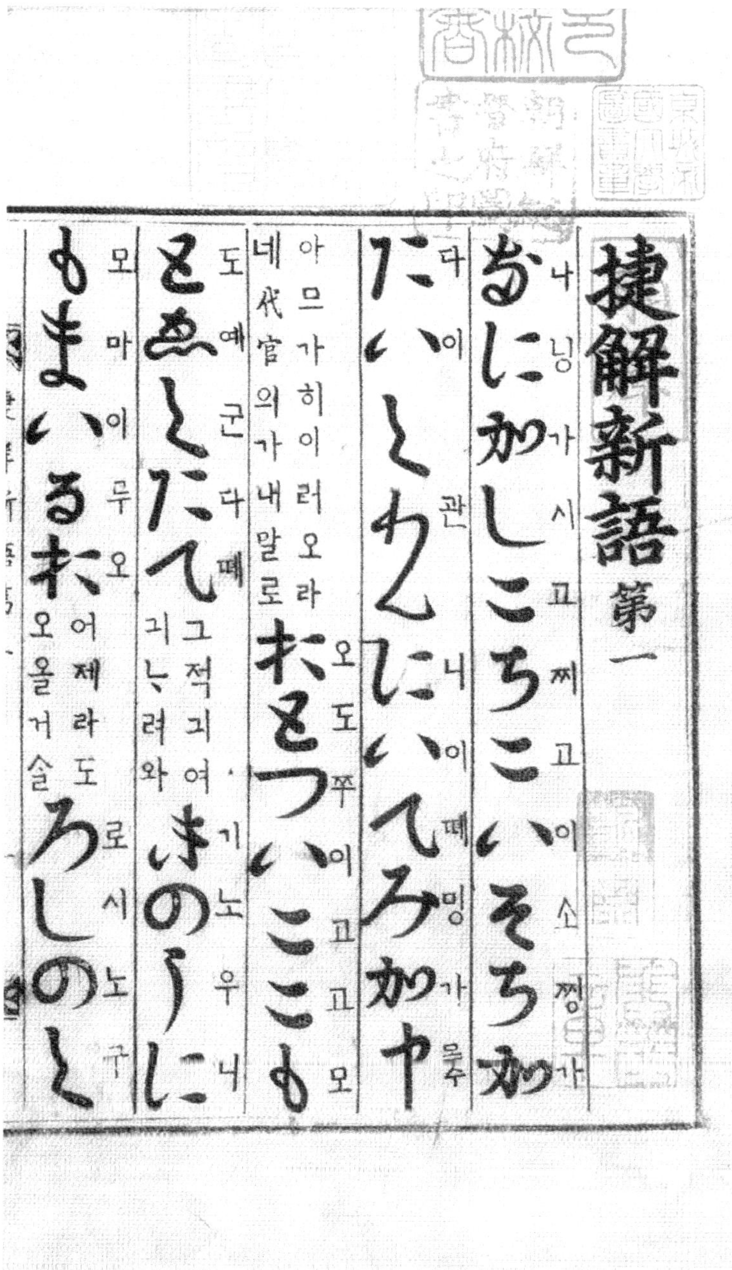
捷解新語 第一

나닝가시고찌고이소찡가

다이관니이뗴밍가우수

아므가히이러오라

네代官의가내말로

오도쭈이고고모

도예군다뗴기노우니

그적기여 · 귀느려와

모마이무오로시노구

어제라도 오올거슬

그림 4-92 『捷解新語』第1 卷首[241]

241 서울대학교 규장각한국학연구원, 『규장각과 책의 문화사』, p. 137.

17. 韓構字

1) 한구자 개요

韓構字는 金佐明(1616~1671)[242]의 아들 金錫胄(1634~1684)가 당대의 명필가인 韓構(1636~1715)의 글씨를 字本으로 숙종 연간(재위 1674~1720) 초인 1677년경에 私家에서 주조한 銅活字이다. 김석주에 의해 처음으로 주조된 한구자(初鑄韓構字)는 이후 두 차례 더 주조되는데, 1782년(정조 6) 정조의 명으로 徐浩修(1736~1799)가 평양에서 주조한 것을 再鑄韓構字라 하며, 1857년 주자소 화재로 재주한구자가 소실되자 1858년(철종 9) 철종의 명으로 다시 주조한 것을 三鑄韓構字라 한다. 한구자는 行書體로 부드러운 필치와 모든 획이 경쾌하게 이어지는 특징이다.

2) 初鑄韓構字

(1) 초주한구자 개요

韓構字는 숙종조 초에 金錫胄가 당대의 명필이었던 韓構[243]에게 독특하고 매력적이며 아름다운 필서체 小字를 쓰게 하여, 이 글씨를 底本으로 주조한 銅活字[244]이다. 조선시대 활자의 대부분이 중국풍의 글씨를 底本으로 하여 鑄造한 것인 데 반해 초주한구자는 당대 조선 명필의 글씨를 저본으로 하였다는 데 의의가 있다.

초주한구자[245]의 정확한 주조 시기는 알 수 없으나 1679년 3월 11일 임금에게 『行軍須知』[246]를 진상하는데, 이를 근거로 한구자의 주조 시기는 이 책의 간행 이전에 이미 본 활자의 다른 인본이 있었던 것을 짐작할 수 있어 늦어도 한구자는 숙종 초 3~4년(1677~1678)경

---

242 1668년(현종 9) 守禦廳에서 戊申字(四鑄甲寅字) 주조를 주관하였다.

243 韓構는 글씨와 詞賦에 재주가 있었고, 1675년(숙종 1) 40세에 별시문과 갑과에서 제2명으로 장원을 하였다(『을묘증광별시방목』 1675년 11월 간). 이후 상경하여 동양위 신익성가에 서생 겸 문객으로 지내며 신씨가의 문적을 정리하고 淨寫하는 일을 하였는데, 이 당시 신익성의 외손인 김석주와 교분을 쌓았다. 신씨가 문집의 版下本을 많이 썼다고 하는데, 지금까지 알려진 것으로는 신익성의 香堂 제자인 詩僧 處能(1617~1680)의 『白谷集』뿐이다. 강경훈, 「잠곡(潛谷) 김육가(金堉家)의 활자주조(活字鑄造)와 문헌생산」, 『문헌과 해석』 통권18호(2002), p. 120.

244 『增補文獻備考』 卷242, 藝文考 1, 歷代書籍, 肅宗26年 條, (「증보문헌비고 예문고」 (서울: 세종대왕기념사업회, 1980), p. 32). "처음(肅宗初)에 淸城 府院君 金錫胄가 '韓構가 쓴 小字를 아름답다'고 하여 銅活字를 만들어 綱目을 간행하였는데, 지금의 이른바 「小字綱目」이다."

245 활자 크기는 대자는 세로 1.0cm, 가로 1.3cm이고 소자는 세로1.0cm, 가로 0.6cm이다.

246 『肅宗實錄』 卷8, 1679年(숙종 5) 3月 11日(丙午) 條

에는 주조되었을 것으로 추정하고 있다.

초주한구자로 인출한 초기 인본으로는 김석주의 조부인 金堉의 『潛谷集』, 외조부 申翊聖의 『樂全堂集』, 신익성의 동생 申翊全의 『東江集』, 외숙부인 申晸의 『春沼子集』 및 申最가 편한 『皇明二大家文抄』와 『詩選』 그리고 壺谷 南龍翼(1628~1692)과 자신이 편한 『儷文抄』 등이 있다.[247] 그 외에도 金錫冑家에서 주조된 활자의 인본으로 추정할 수 있는 것으로 숙종 초경 『資治通鑑綱目』 11행본 2책·『續資治通鑑綱目』 27책·숙종 5년 『行軍須知』 1책·숙종 9년경 『方正學文抄』 3책·숙종 10년 이전 『古文上下篇』 2책·『皇明五大家文詩抄』 2책·『皇明大家文抄』 2책·『柳柳州文集』 6책·『三大家詩集』 10책·『陸宣公奏議』 3책·『大學或問』 1책·숙종 34년 『天東象緯考』 18권 4책·숙종 36년 『拙修齋集』 12권 6책·숙종 37년 『細草類彙』 2책·숙종 38년 『海東遺珠』 1책·『儷文集成』 6책·숙종 말경 『資治通鑑綱目』 및 『續綱目』 86책·영조 7년 『觀象玩點』과 간행년 미상의 『三元交會神書』 1책·『曆事明原』 5권 5책·『七政細草』 1책 등이 있다.[248]

그림 4-93 국립중앙박물관 소장 初鑄韓構字[249]

247 강경훈, 前揭書, p. 119.

248 金斗鍾, 『韓國古印刷技術史』, p. 310.

249 청주고인쇄박물관, 『한국의 금속활자』, p. 133.

조선 후기 대표적인 私鑄 활자인 초주한구자는 김석주 사후 그의 집안에 보관되고 있었는데, 1695년(숙종 21) 3월 21일에 知經筵이었던 박태상이 '戶曹로 하여금 김석주 집안의 금속활자를 사들이게 하여 서적을 印行할 것을 奏請'하자 임금이 이를 허락하여[250] 호조에서 買受하여 校書館에서 책의 인행에 사용하였다.

(2) 초주한구자 관련 기록

① 김석주가 兵機에 대해 편집한 책을 올리다.

金錫胄가 『行軍須知』를 바치었다. 이 책은 대개 『武經七書』의 要旨를 총괄하고, 지난 역사 가운데 兵機에 간절한 것을 뽑아 편집하여 만든 책이다.[251]

② 『行軍須知』 金錫胄 自序

私塾 印書의 餘에 다시 工을 鳩하여 數百本을 인출하여 장차 指南(『兵學指南』)과 함께 中外에 並布하노라.[252]

③ 주강에서 윤대관을 소견하고 지경연 박태상 등의 요청을 허가하다.

자세한 내용은 "晝講에 나아가서 이내 輪對官을 召見하였다. 知經筵 朴泰尙이 戶曹로 하여금 金錫胄의 집에 있는 鑄字를 사들이게 해서 서적을 印行할 것을 요청하고, 또 국가 공유지의 광활한 곳을 시험 장소로 만들어 선비들이 入場할 때 紛亂한 폐단이 없도록 할 것을 청하니, 임금이 모두 허가하였다."[253]

3) 再鑄韓構字

(1) 재주한구자 개요

김석주가 죽은 뒤 金錫胄家에 家藏되어 사용하지 않고 있던 활자를 1695년(숙종 21) 知經筵 朴泰尙의 奏請으로 호조에서 매수하여 책의 인출에 사용하였다. 초기 인본은 정교

---

250 『肅宗實錄』 卷28, 1695年(숙종 21) 3月 21日(壬午) 條

251 『肅宗實錄』 卷8, 1679年(숙종 5) 3月 11日(丙午) 條: 丙午/金錫胄進行軍須知 蓋總括武經七書要旨 且採前史中切於兵機者 裒集成書者也

252 金錫胄, 『行軍須知』 序, 3面: 故於私塾印書之餘 復鳩工印出數百本 將與指南並 布諸中外俾…

253 『肅宗實錄』 卷28, 1695年(숙종 21) 3月 21日(壬午) 條: 御晝講 仍召見輪對官 知經筵朴泰尙 請令戶曹 買取金錫胄家鑄字以印書籍 又請於公家空垈廣闊處 定爲試所 俾無士子入場時紛亂之弊 上皆許之 持平李光著 以懲忿之意 縷縷陳戒 仍及李世華事曰 自兵曹題給之命 卽爲還收 群下孰不欽頌 而日後尤當加工於觀理忘怒之戒 上嘉納之

하였으나 肅宗朝 말기 이후 英祖朝의 인본이 되면 활자에 마멸이 심해져 인쇄가 깨끗하지 못하였다. 그러한 연유로 1782년(정조 6) 平安道 觀察使 徐浩修(1736~1799)에게 명하여 8만여 자를 다시 주조하게 하였는데, 이 활자를 再鑄韓構字 또는 주조된 干支를 따서 壬寅字라고 한다. 再鑄韓構字의 활자 수는 83,660字로 활자의 크기는 대자는 세로 1.0cm, 가로 1.4cm, 소자는 세로 1.0cm, 가로 0.8cm이다.

재주한구자의 인본으로는 정조 7년『雷淵集』15책·정조 11년『文苑黼黻』22책·정조 15년『瓊林聞喜錄』1책·정조 16년『奎華名選』辛丑選 3책·『奎華名選』癸卯選 3책·『正始文程』1책·『豊沛賓興錄』1책·정조 18년『耽羅賓興錄』1책·철종 3년『文苑黼黻續編』6책 등이 있다.

재주한구자는 1782년(정조 6) 주조 당시 內閣에 보관하여 관찬서적을 인출하였다. 이후 1794년(정조 18) 弘文館에 새로 설치한 鑄字所로 옮겨 사용하다가 1857년(철종 8) 10월에 주자소 화재로 활자가 소실되었다.[254]

(2) 재주한구자 관련 기록

①「鑄字所應行節目(板堂考)」

한구의 동활자 83,660字를 임인년(1782, 정조 6)에 주성하였다.[255]

② 李肯翊,『燃藜室記述』

임인년 평안도 관찰사 서호수에게 명하여 한구의 책을 저본으로 하여 八萬餘 字를 주조하게 하고 또한 내각에 저장하라.[256]

③ 삼경에 불이 나다.

三更에 殯殿都監의 假家에서 불이 일어나 宣仁門과 東北所·部將廳·衛將所·鑄字所의 大廳과 板堂을 합하여 62칸에 번져 탔다.[257]

---

254 『哲宗實錄』卷9, 1857年(哲宗 8) 10月 15日(壬午) 條

255 「鑄字所應行節目(板堂考)」: 韓構 銅字八萬三千六百六十字 壬寅自箕營鑄成

256 李肯翊,『燃藜室記述』別集 第14卷, 文藝典故, '鑄字' 條: 壬寅 命平安監司徐浩修 以韓構書爲本 鑄八萬餘字於該營 亦儲之內閣

257 『哲宗實錄』卷9, 1857年(哲宗 8) 10月 15日(壬午) 條:夜三更 火起於殯殿都監假家 延燒宣仁門及東北所 部將廳 衛將所 鑄字所 大廳 板堂竝六十二間

4) 三鑄韓構字

1857년 재주한구자가 소실되자 이듬해 1858년(철종 9) 奎章閣檢校提學 金炳冀와 奎章閣提學 尹定鉉·金炳國 등에게 명하여 31,829자를 주조하게 하였다. 이때 주조된 활자는 글자 획에 박력이 다소 덜하고 주조 솜씨가 거칠며 또 활자체가 정연하지 못하여 별로 이용되지 않았다.[258]

그림 4-94 국립중앙박물관 소장 三鑄韓構字[259]

5) 초주, 재주한구자 인본 판식 및 자형 비교

초주와 재주한구자본의 판식을 비교하면 우선 邊欄에 차이가 나타나는데, 초주한구자본은 四周雙邊이고 재주한구자본은 四周單邊으로 되어 있다. 그리고 행자 수에서는 초주한구자의 초기 인출본(『資治通鑑綱目』, 『續資治通鑑綱目』)은 12행 22자였으나 이후 10행 20자로 행자 수가 줄어들었고, 재주한구자본에서는 모두 10행 20자로 인출되었다.

---

258 삼주한구자는 현재 국립중앙박물관에 수장되어 전하고 있으며, 이를 이용하여 인출한 인본은 알려진 것이 없다.

259 청주고인쇄박물관, 『한국의 금속활자』, p. 133.

續資治通鑑綱目第二十
起甲午宋理宗端平元年盡戊午宋理宗寶祐六年
凡二十五年
端平元年
金天興二年○是歲金亡
春正月金主守緒傳位于其宗室承麟孟珙以蒙古兵入
蔡州守緒及其尚書右丞完顔忽斜虎死之承麟爲亂兵
所殺金亡
蒙古兵以正旦會飲歌吹之聲四望相接城中饑窘歎
息而已孟珙見黑氣壓城上日無光降者言城中絶糧
已三月鞍靴敗鼓皆糜煮且聽以老弱互食諸軍日以
人畜骨和芹泥食之又往往斬敗軍全隊拘其肉以食

그림 4-95 『續資治通鑑綱目』第20, 初期 初鑄韓構字本 四周雙邊, 12行 22字

三大家詩集卷之四
杜工部四
七言古詩
洗兵馬行 公自注收京後作
中興諸將收山東捷書夜報清晝同河廣傳聞一葦
過胡兒命在破竹中秖殘鄴城不日得獨任朔方無
限功京師皆騎汗血馬回紇餧肉蒲萄宮已喜皇威
清海岱常思仙仗過崆峒三年笛裏關山月萬國兵
前草木風成王功大心轉小郭相謀深古來少司徒
清鑒懸明鏡尚書氣與秋天杳二三豪俊爲時出整

그림 4-96 『三大家詩集』卷4, 後期 初鑄韓構字本 四周雙邊, 10行 20字

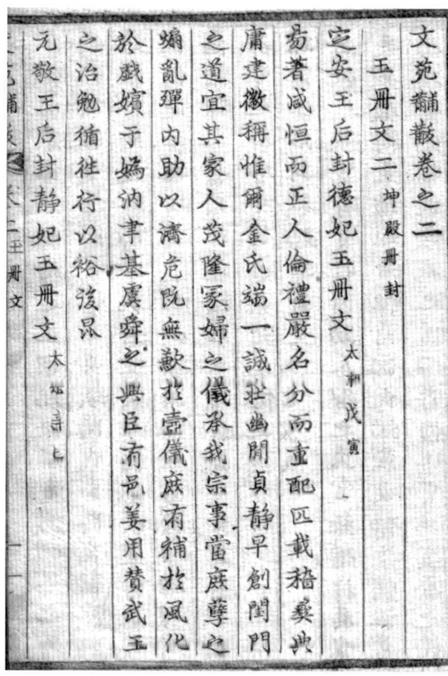
文苑黼黻卷之二
玉冊文二 坤殿冊封
定安王后封德妃玉冊文 太祖戊寅
易著咸恒而正人倫禮嚴名分而重配匹載稽彛典
庸建徽稱惟爾金氏端一誠莊幽閑貞靜早刱閨門
之道宜其家人茂隆冢婦之儀承我宗事當康尊之
嬪亂弭內助以濟危既無歉於壹儀庶有補於風化
於戲嬪于嬀汭聿基虞舜之興臣有邑姜用贊武王
之治勉循往行以裕後昆
元敬王后封靜妃玉冊文

그림 4-97 『文苑黼黻』卷2, 再鑄韓構字本 四周單邊, 10行 20字

6) 한구자 인본 이미지

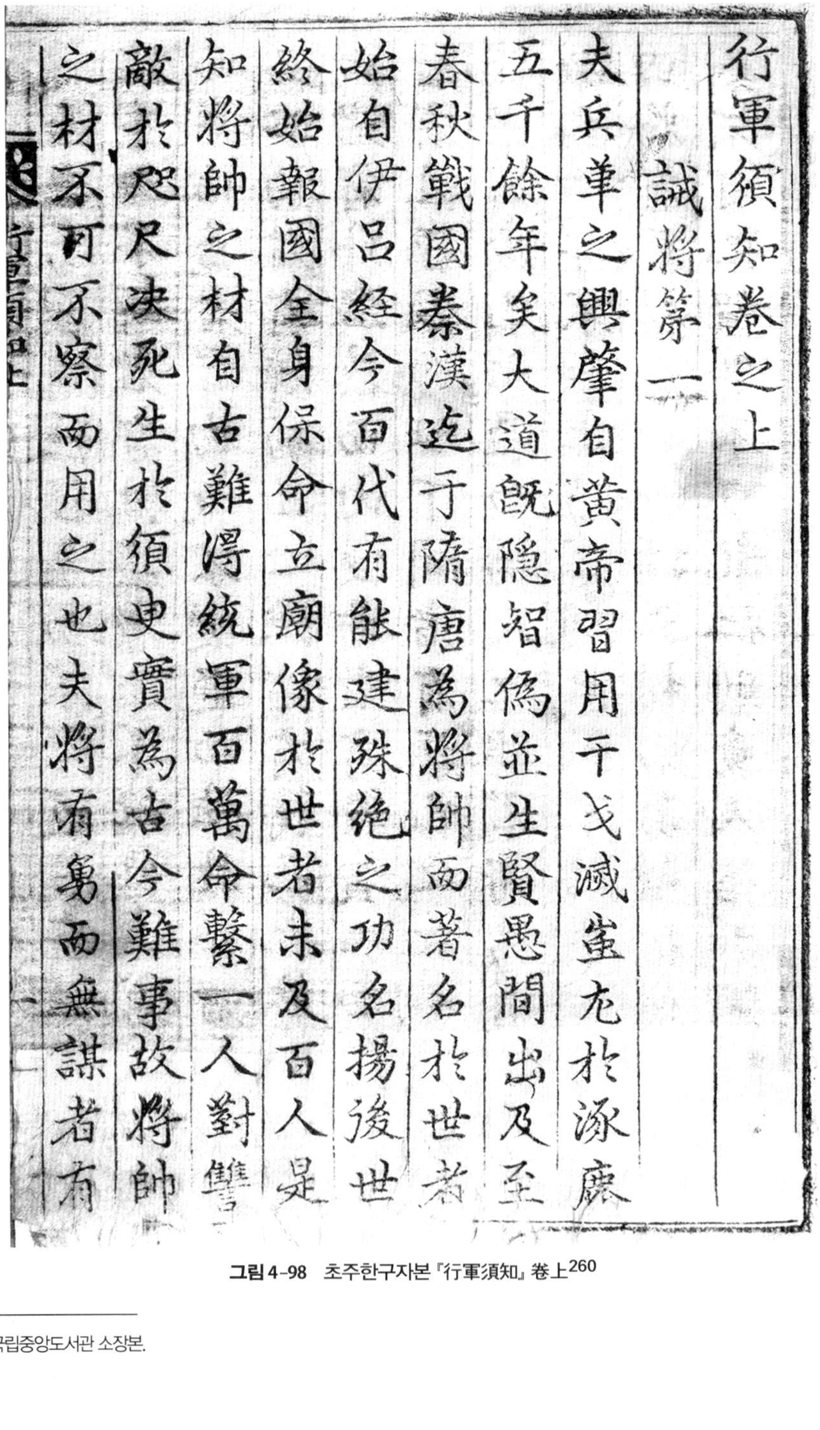

그림 4-98 초주한구자본 『行軍須知』 卷上[260]

260 국립중앙도서관 소장본.

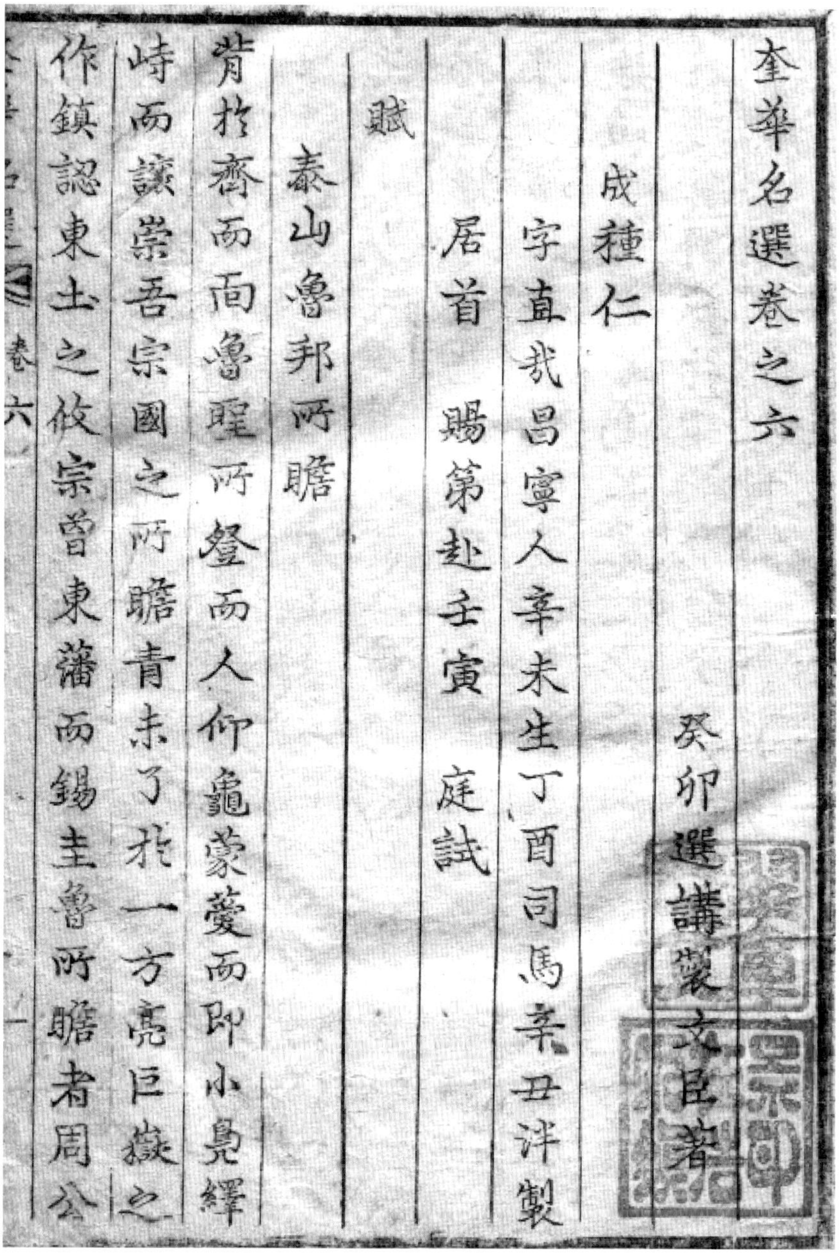

그림 4-99 재주한구자본 『奎華名選』 卷6[261]

261 경북대학교 도서관 소장본.

18. 校書館印書體字

1) 교서관인서체자 개요

校書館印書體字는 숙종조 初(1684년 이전) 중국 명나라의 印書體 刊本에서 글자본을 택하여 교서관에서 주성한 금속활자이다. 인서체라는 새로운 활자체가 이 활자로부터 도입되었으며 주로 조선 후기 문인들의 문집 간행에 많이 사용되었다. 또한 교서관인서체자와 관련한 기록을 바탕으로 이 활자를 주성하는 데 쓰인 재료가 철(무쇠)인 것으로 널리 알려져 왔으나 최근의 실물 분석에 따라 구리가 주재료임이 밝혀졌다.

명칭을 살펴보면, 이 활자를 일반적으로 '교서관인서체자' 또는 '芸閣印書體字' 등으로 부르고 있다. 또한 활자 주조에 사용된 재료가 무쇠[262]라는 점에 착안하여 '운각 무쇠자' 혹은 '芸閣鐵活字'라 부른다. 중국의 明朝體를 字本으로 하였기 때문에 '唐字'라 부르기도 하며,[263] 조선 후기 문집 간행에 많이 이용된 점을 들어 '文集字'라고도 한다.[264]

교서관인서체자는 활자의 주조 시기와 자형의 차이를 통해 전기와 후기로 구분할 수 있다. 1684년에 편찬된 『樂全先生歸田錄』이 가장 이른 시기의 간본으로 알려져 있으며, 이 자본과 같은 형태의 것을 전기 교서관인서체자라고 한다. 이어 나온 초기 인본으로 『息庵先生遺稿』·『文谷集』·『南岳集』 등이 있다. 이후 1723년에 간행된 『藥泉集』과 같은 형태의 자본이 이용된 것을 후기 교서관인서체자라 한다. 『昆侖集』·『三淵集』·『西坡集』 등이 이에 속하는데 대부분 개인 문집이다.

2) 교서관인서체자 관련 기록

(1) 『東國文獻錄』

교서관에 명하기를, 글자(교서관인서체자)를 인쇄하되 부족한 것이 있으면 또한 더 주조하도록 하였다.[265]

---

262 최근 국립중앙박물관 소장의 교서관인서체자를 분석한 결과 동활자로 판명되었다. 다만 조선시대 당시는 금속활자를 통칭하여 철활자, 쇠활자라고 불렀던 것으로 추정된다.

263 前間恭作, 「雜鑄字」, 『朝鮮の板本』, 福岡: 松浦書店, 1937, pp. 69-73.

264 金元龍, 「李朝後期의 鑄字印刷」, 『鄉土서울』 第7號(1959), pp. 27-35.

265 『東國文獻錄』:
命校書館以鑄字印進字有不足又命加鑄…金致仁拜手稽首敬跋

(2)『昆崙集』, 總目(1725년)

초고의 잃은 바가 많아서 시율의 잃고 없음이 많다. 남은 것이 겨우 부 4수, 시 1,500여 수, 문 400여 수이고 그중 골라 뽑은 것은 부 2수, 시 712수, 문 227수, 합이 735판이 된다. 을사년 초여름 철자로 인쇄에 들어가 9~10여 일간 일을 다하여 인쇄하니 400여 본을 얻고 또한 경연에서 奏對한 경서, 기의, 시화, 잡기 등으로 편당 별집을 만들었다.[266]

(3)『玉吾齋集』, 跋文(1725년)

소자 용성에 나가 녹봉을 덜고 재물을 거두어 모아서 교서관에서 신활자를 사용하여 경국에서 인쇄하였다. 태학사 김사서 등의 명으로 일을 맡았다. 숭정 삼경진(1760) 시월일 불초한 손자 載禧가 눈물을 흘리며 삼가 쓰다.[267]

(4)『藥泉集』, 總目

초고의 시가 모두 900여 수인데 그중 골라 뽑은 것이 276수이며, 文이 모두 1,400여 수인데 그중 골라 뽑은 것이 726수로 1,391판이 된다. [景宗] 3년(1723) 계유 봄, 글자를 만들어 인쇄를 시작하매 140여 일 동안 모두 300본을 인쇄하였다.[268]

(5)『宋子大全』附錄 卷12, 年譜

일찍이 그 문집이 간행된 것이 없었는데 교서관에서 마침내 글자를 만들어 인출하여 배포하였다.[269]

266『昆崙集』, 總目(1725년):

草藁多所亡失而詩律之失尤多存者僅賦四首詩一千五百餘首文四百餘首選者賦二首詩七百十二首文二百二十七首合爲七百三十五板乙巳初夏以鐵字入印凡九十餘日而訖工印得四百餘本又有經筵奏對經書記疑詩話雜記等篇當爲別集

267 宋載禧,「玉吾齋集跋」,『玉吾齋集』:

…小子出守龍城 捐俸鳩財 用芸館新鑄活字 開印於京局 太學士金上舒陽澤 亦命工相役 時 崇禎三庚辰(1760)十月日也 不肖孫載禧 涕泣謹書

268『藥泉集』, 總目.

草藁詩凡九百餘首 選二百七十六首 文凡一千四百餘首 選七百二十六首 爲一千三百九十一板 上之三年癸卯(1723)春 以鐵字始印役一百四十餘日而訖 凡印三百本

269『宋子大全』附錄 卷12 年譜:

其文集尚未刊行耶 仍令芸館刊行 遂以鐵字印布

(6)『文谷集』, 跋文

불초 창집이 명을 받고 강화 유수로 부임한 뒤 가까스로 운각활자로써 약간 본을 인출하였다.[270]

(7)『童土集』, 輓章

선생께서 별세하신 지 74년이 지난 신유 봄에 묘막에서 철자로써 책을 인출하니 모두 300본이다.[271]

(8)『茅洲集』, 跋文

집이 본디 가난하여 인쇄할 여력이 없어 큰조카 재순이 안의에서 벼슬을 하면서 3년간 녹봉을 아끼고 재물을 모아 운각활자를 이용하여 약간 본을 인출하였다.[272]

3) 교서관인서체자의 형태 및 특징[273]

(1) 크기, 높이, 무게

그림 4-100 국립중앙박물관 소장 전기 교서관인서체자 높이 비교

270 金昌協,「文谷集跋」,『文谷集』:
…不肖昌集受命居留江都 粗得拮据 取芸館活字 印出若干本…崇禎紀元之七十二年己卯(1699)十二月甲午 泣血謹書

271 朴世采,「輓章」,『童土先生文集』附錄:
…先生下世後七十四年之辛酉(1741)季春 以鐵字 印出于墓下丙舍 凡印三百本

272 金履復,「茅洲集跋」,『茅洲集』:
…家素貧 剞劂無力 適從子在淳宰安義三年 儉俸鳩財 用芸館活字 印若干本…崇禎紀元後一百六十三年庚戌(1790)

273 청주고인쇄박물관,『조선왕실 주조 금속활자 복원사업 종합보고서』, 청주: 청주고안쇄박물관, 2012, p. 347.

전기 교서관인서체자는 후기 교서관인서체자에 비해 활자의 크기가 작고 높이가 낮은 편이며 전반적으로 정사각형에 가까운 형태를 띤다. 후기 교서관인서체자는 전기 교서관인서체자에 비해 활자 크기가 크면서 높이도 더 높고 글자의 새김도 더욱 깊고 정교하다.

국립중앙박물관에 소장된 교서관인서체자 가운데 활자의 높이가 0.45cm 이하인 것은 모두 전기 교서관인서체자이며, 0.8cm 이상인 것은 모두 후기 교서관인서체자로, 약간의 편차를 보이지만 높이가 대체로 일률적이다. 무게는 1.75g에서 6.59g 사이이다.

(2) 뒷면: 주로 터널형

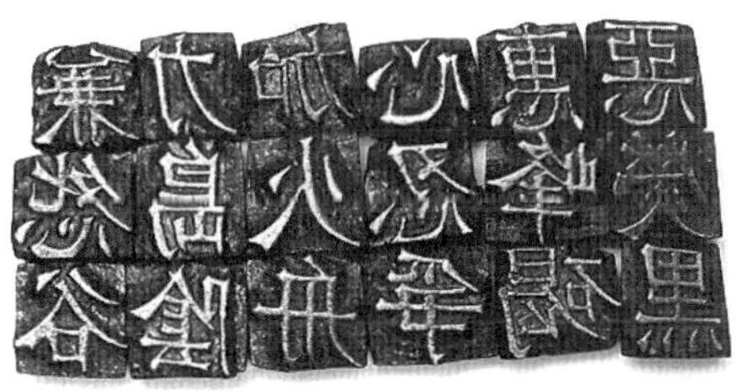

▲ 전기 교서관인서체자 앞면

▲ 전기 교서관인서체자 뒷면

▲ 후기 교서관인서체자 앞면

▲ 후기 교서관인서체자 뒷면

그림 4-101 국립중앙박물관 소장 전기·후기 교서관인서체자의 앞면과 뒷면

그림 4-102 국립중앙박물관 소장 전기·후기 교서관인서체자의 특이한 형태의 뒷면

전기·후기 활자 뒷면의 형태는 주로 글씨와 나란한 방향의 터널형을 유지하고 있으나 그 홈의 깊이와 터널의 각도는 약간 차이가 있으며, 전기 활자에 비해 후기 활자의 홈이 더 깊다. 또한 터널형 외에 평면형, 약간의 굴곡형, '十字'형, 부정형 등이 존재함을 확인할 수 있다.

(3) 글자의 모양

글자의 모양은 전기 활자의 경우 세로획이 굵고 가로획이 가는 반면 후기 활자의 경우 전기 활자에 비해 글자체가 정연한 편이며, 가로획과 세로획이 모두 가늘다.

가장 이른 시기에 인출된 것으로 알려진『낙전선생귀전록』의 '爲' 자의 'ノ' 획이나 '其' 자의 '丨' 획이 비교적 굵은 반면 후기 교서관인서체로 인출된『月谷集』의 '爲' 자의 'ノ' 획이 현저하게 가늘어진 것을 확인할 수 있다.

표 4-21 국립중앙박물관 소장 전기·후기 교서관인서체자 비교

글자	전기 교서관인서체자			후기 교서관인서체자		
	樂全先生歸田錄 (1684)	文谷集 (1699)	尤庵先生文集 (1717)	藥泉集 (1723)	童土先生集 (1741)	月谷集 (1752)
之						
爲						
其						

4) 교서관인서체자 인본 리스트

(1) 인본 리스트

① 전기 교서관인서체자본

서명	간년	행자 수	어미	소장처
樂全先生歸田錄	1684(序)	10行 20字	上3葉花紋魚尾	국중
息庵先生遺稿	1687~1689	10行 20字	上3葉花紋魚尾	규장각, 장서각
滄浪集	1688년경			손보기
晩退軒先生遺稿	1697년경			고려대
文谷集	1699	10行 20字	上白魚尾	국중, 규장각
白軒先生集	1700	10行 20字	上2葉花紋魚尾	국중, 규장각
澤齋遺唾	1700	10行 20字	上下黑魚尾	규장각
東國史略	1700년경			고려대
瑞石先生集	1701	10行 20字	無魚尾	국중, 규장각
明史綱目	1703			고려대
蘇東坡文抄	1675~1720			조병순
柳文抄	1688~1720			조병순
南岳集	1704	10行 20字	上下2葉花紋魚尾	국중, 규장각
鶴谷集	1706	10行 20字	上白魚尾	국중, 규장각
左氏輯選	1708			고려대
農巖集	1709(序)	10行 20字	上白魚尾	국중, 규장각
觀復菴詩稿	1709	10行 20字	上白魚尾	규장각
退憂堂集	1710(跋)	10行 20字	上白魚尾	국중, 규장각
葵窓集	1712	10行 20字	無魚尾	규장각
尤庵先生文集	1719	10行 20字	上下2葉花紋魚尾	국중, 규장각
雪海遺稿	1720년경	10行 20字	上下2葉花紋魚尾	국중, 규장각
壽谷集	景宗 연간	10行 20字	上2葉花紋魚尾	국중, 규장각
藥泉集	1723	10行 20字	上下向白魚尾	국중, 규장각
晦隱集	1723년경	10行 20字	上白魚尾	규장각
夢囈集	1723년경	10行 20字	上白魚尾	국중, 규장각

② 후기 교서관인서체자본

서명	간년	행자 수	어미	소장처
昆侖集	1725	10行 20字	上白魚尾	국중, 규장각
淸冷子遺稿	1725년경	10行 20字	上白魚尾	국중, 규장각
圃陰集	1726	10行 20字	上2葉花紋魚尾	국중, 규장각
西坡集	1729	10行 20字	上白魚尾	국중, 규장각
耐齋集	1730	10行 20字	上下白魚尾	국중, 규장각
柳下集	1730	10行 20字	上白魚尾	국중, 규장각
洛西集	1730			고려대
凝齋遺稿	1731	10行 20字	上白魚尾	국중, 규장각
明齋遺稿	1732	10行 20字	上下白魚尾	국중, 규장각
三淵集	1732	10行 20字	上白魚尾	국중, 규장각
夢梧齋集	1735	10行 20字	上下2葉花紋魚尾	국중
崧岳集	1735	10行 20字	上白魚尾	국중, 규장각
老村集	1735년경	10行 20字	上2葉花紋魚尾	국중, 규장각
恕菴集	1738	10行 20字	上下2葉花紋魚尾	국중, 규장각
順菴集	1740			국중
童土集	1741	10行 20字	上白魚尾	국중, 규장각
東谿集	1741	10行 20字	上白魚尾	국중, 규장각
杜機詩集	1741(序)	10行 20字	上白魚尾	국중, 규장각
杜機詩集續	1741			규장각
迂齋集	1741년경	10行 20字	上白魚尾	국중, 규장각
魯陵志	1741			국중
泛虛亭集	1744	10行 20字	上下2葉花紋魚尾	계명대학교
燕超齋遺稿	1745(跋)	10行 20字	上白魚尾	국중, 규장각
十淸先生集	1748	10行 20字	上白魚尾	국중, 규장각
重峰集	1748	10行 20字	上白魚尾	규장각
月谷集	1752	10行 20字	上白魚尾	국중, 규장각
感興詩諸家註解覽集	1753			국중
丈巖先生集	1756	10行 20字	上白魚尾	국중, 규장각
寒圃齋集	1758(跋)	10行 20字	上白魚尾	국중, 규장각
夢窩集	1758(序)	10行 20字	上白魚尾	국중, 규장각
桂南詩稿	1759(跋)	10行 20字	上白魚尾	국중
東溪遺稿	1759(序)	10行 20字	上白魚尾	국중, 규장각
疎齋集	1759(序)	10行 20字	上白魚尾	국중, 규장각
玉吾齋集	1760	10行 20字	上白魚尾	국중, 규장각

서명	간년	행자 수	어미	소장처
竹軒集	1760	10行 20字	上白魚尾	국중, 규장각
北軒居士集	1760	10行 20字	上白魚尾	국중, 규장각
二憂堂集	1760	10行 20字	上白魚尾	국중, 규장각
打愚先生遺稿	1761	10行 20字	上白魚尾	장서각
晉菴集	1762	10行 20字	上白魚尾	국중, 규장각
悔軒集	1762	10行 20字	上白魚尾	국중, 규장각
陽谷集	1762(後識)	10行 20字	上白魚尾	국중, 규장각
東垣十書	1765			국중
陶谷集	1766	10行 20字	上白魚尾	국중, 규장각
潛冶先生集	1766	10行 20字	上白魚尾	국중, 규장각
絅菴集	1766	10行 20字	上白魚尾	규장각
牧谷集	1767(跋)	10行 20字	上白魚尾	국중, 규장각
丹溪遺稿	1768	10行 20字	上白魚尾	국중, 규장각
一菴集	1768(序)	10行 20字	上白魚尾	국중, 규장각
東國文獻備考	1770			연세대
攷事新書	1771	10行 20字	上下向4葉花紋魚尾	손보기
月塘先生集	1772	10行 20字	上白魚尾	국중, 규장각
月汀先生別集	1773	10行 20字	上白魚尾	국중, 규장각
松溪集	1774	10行 20字	上白魚尾	국중, 규장각
約軒集	英祖 年間	10行 20字	上2葉花紋魚尾	국중, 규장각
書傳正文	英祖 年間			국중
屛山集	英祖 後期	10行 20字	上白魚尾	국중, 규장각
春洲遺稿	英祖 後期	10行 20字	上白魚尾	국중, 규장각
晩靜堂集	英祖 後期	10行 20字	上白魚尾	국중, 규장각
水村集	英祖 後期	10行 20字	上白魚尾	국중, 규장각
凝齋集	英祖 後期	10行 20字	上白魚尾	국중
孟子集註大全				손보기
靜默堂集	1776(序)	10行 20字	上白魚尾	국중, 규장각
愛懶集	1777			손보기
葵亭集	1778			규장각
凌壺集	1779	10行 20字	上白魚尾	국중, 규장각
南坡先生文集	1782			규장각
禮疑類輯	1783			국중
弘文館志	1784			규장각
芸窩集	1784	10行 20字	上白魚尾	국중, 규장각

서명	간년	행자 수	어미	소장처
霽軒集	1786	10行 20字	上白魚尾	국중, 규장각
亮谷遺稿	1789(跋)	10行 20字	上白魚尾	국중, 규장각
李氏三世忠孝錄	1789			고려대
龍山雅戲帖	1789			고려대
太學志慶詩集	1790			국중
江漢集	1790	10行 20字	上白魚尾	국중, 규장각
茅洲集	1790	10行 20字	上白魚尾	국중, 규장각
大學志慶詩集	1790			국중
久菴集	1791	10行 20字	上白魚尾	국중, 규장각
晩洲遺集	1793			규장각
華谷集	1794	10行 20字	上2葉花紋魚尾	규장각
老隱集	1794			규장각
雅亭遺稿	1796		上白魚尾	국중, 규장각
增修無冤錄	1796			국중
風謠續選	1797			국중
天啓丁卯兩湖擧義錄	1798			국중
商谷集	1798	10行 20字	上白魚尾	국중, 규장각
本庵集	1798	10行 20字	上白魚尾	국중, 규장각
修山集	1799년경		上白魚尾	국중, 규장각
貞菴集	1799년경	10行 20字	上白魚尾	국중, 규장각
渼湖集	1799년경	10行 20字	上白魚尾	국중, 규장각
蒼霞集	正祖 年間	10行 20字	上白魚尾	국중, 규장각
壽齋遺稿	正祖 年間	10行 20字	上白魚尾	국중, 규장각
淵庵遺迹	正祖 年間	10行 20字	上白魚尾	규장각
有心齋集	正祖 年間	10行 20字	上白魚尾	국중, 규장각
周易大全	1777~1800			조병순
艮谷遺稿	1800			규장각
睡翁日記	1800			국중
洛涯金先生遺稿	1801	10行 20字	上白魚尾	국중, 규장각
騏峰集	1802	10行 20字	上白魚尾	국중, 규장각
桐江遺稿	1810(序)	10行 20字	上白魚尾	국중, 규장각
儉藏山人詩集	1814(跋)	10行 20字	上白魚尾	규장각, 장서각
蘭溪先生遺藁	1822	10行 20字	上2葉花紋魚尾	국중, 규장각
水北亭集	1832			규장각
青城集	1840(序)	10行 20字	上白魚尾	국중, 규장각

(2) 인본 사진

① 전기 교서관인서체자

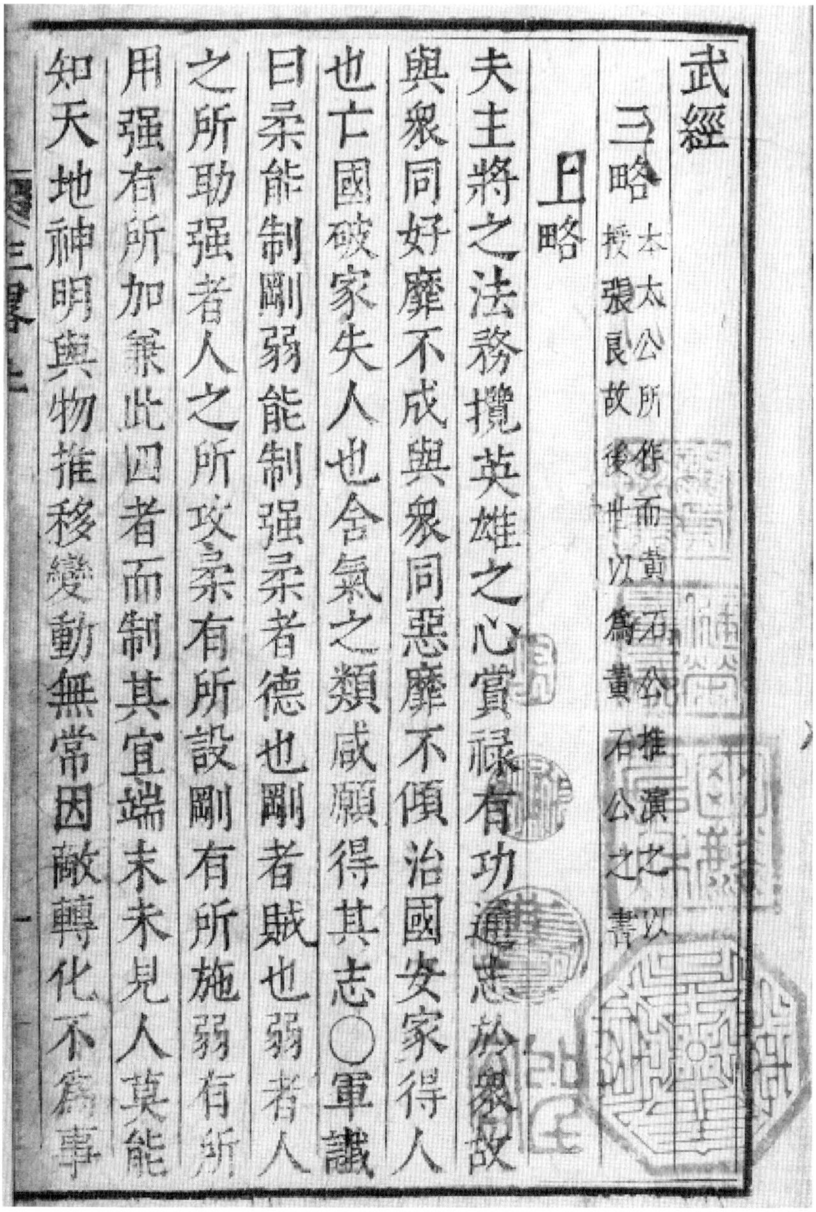
武經

三略 本太公所作而黃石公推演之以授張良故後世以爲黃石公之書

上略

夫主將之法務攬英雄之心賞祿有功通志於衆故與衆同好靡不成與衆同惡靡不傾治國安家得人也亡國破家失人也含氣之類咸願得其志○軍讖曰柔能制剛弱能制強柔者德也剛者賊也弱者人之所助強者人之所攻柔有所設剛有所施弱有所用強有所加兼此四者而制其宜端末未見人莫能知天地神明與物推移變動無常因敵轉化不爲事

三略上 一

그림 4-103 「武經」[274]

274 개인 소장본.

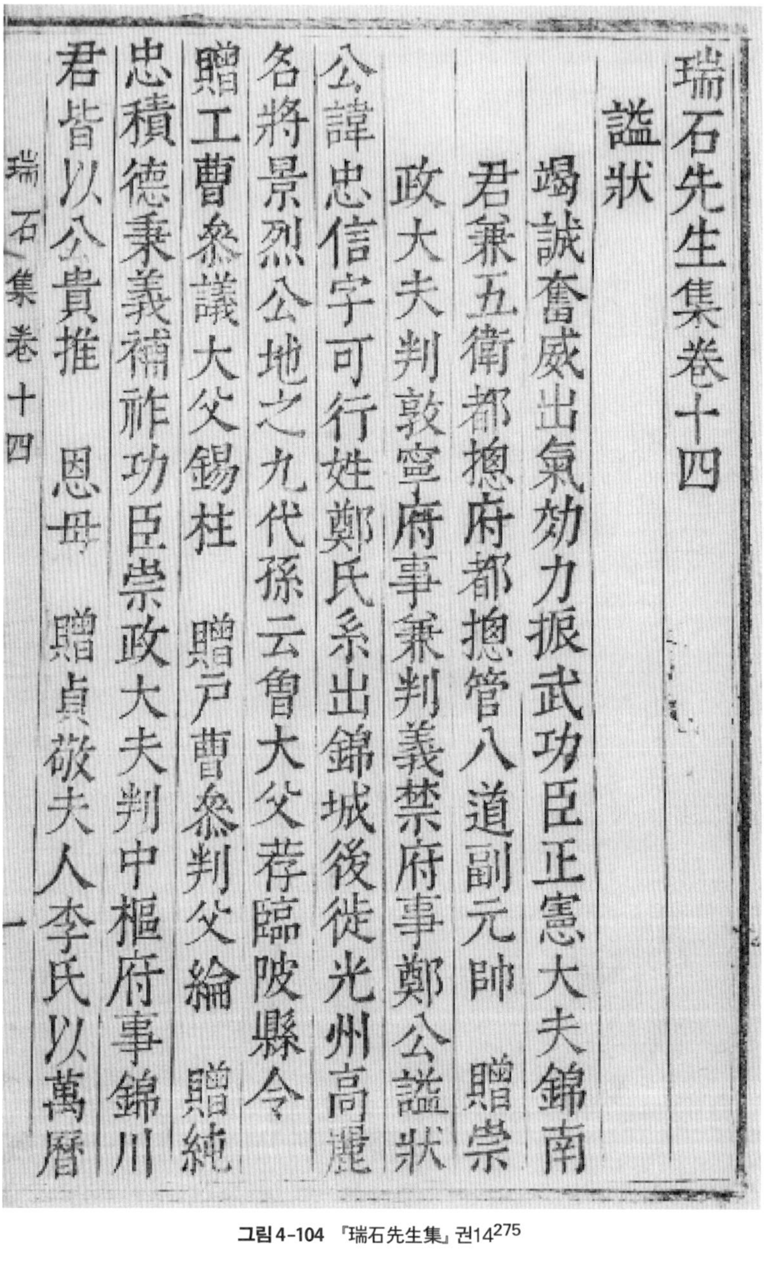

瑞石先生集卷十四

諡狀

竭誠奮威出氣効力振武功臣正憲大夫錦南
君兼五衛都摠府都摠管八道副元帥 贈崇
政大夫判敦寧府事兼判義禁府事鄭公諡狀
公諱忠信字可行姓鄭氏系出錦城後徙光州高麗
名將景烈公地之九代孫云曾大父荐臨陂縣令
贈工曹叅議大父錫柱 贈戶曹叅判父綸 贈純
忠積德秉義補祚功臣崇政大夫判中樞府事錦川
君皆以公貴推 恩母 贈貞敬夫人李氏以萬曆

瑞石集卷十四 一

그림 4-104 『瑞石先生集』 권14[275]

275 경북대학교 도서관 소장본.

② 후기 교서관인서체자

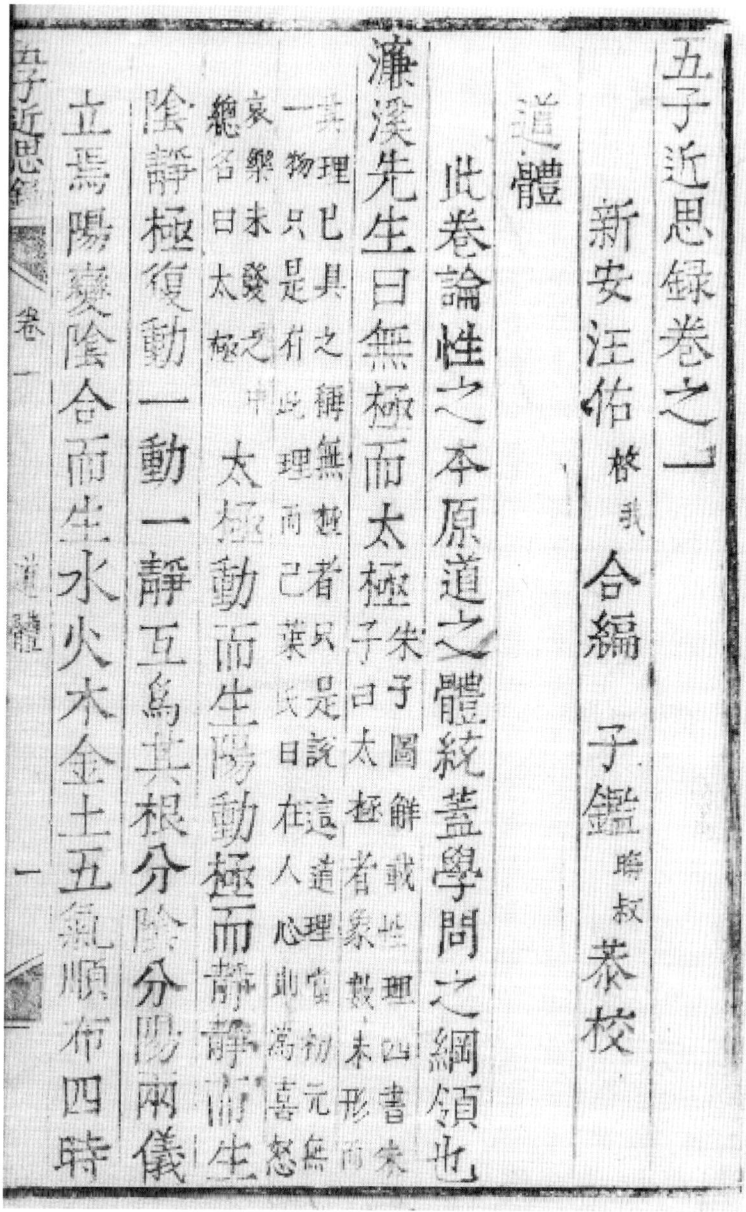
五子近思錄卷之一
新安汪佑 啓我 合編 子鑑 晦叔 恭校
道體
此卷論性之本原道之體統蓋學問之綱領也
濂溪先生曰無極而太極 朱子圖解載性理四書朱子曰太極者象數未形而其理已具之稱無極者只是說這道理當初元無一物只是有此理而已葉氏曰在人心則爲喜怒哀樂未發之中總名曰太極 太極動而生陽動極而靜靜而生陰靜極復動一動一靜互爲其根分陰分陽兩儀立焉陽變陰合而生水火木金土五氣順布四時
五子近思錄 卷一 道體 一

그림 4-105 「五子近思錄」 卷1[276]

276 개인 소장본.

19. 元宗字

1) 원종자 개요

원종자는 1693년(숙종 19)에 주조된 것으로, 원종[277]이 베껴 쓴 『孟子大文』과 『孟子正音』의 글씨를 자본으로 하였으며, 부족한 글자를 숙종이 補寫하여 만들었다. 원종자 주조에 관한 사실은 숙종의 御製御筆인 「元宗大王御書孟子諺解跋」에서 확인되며, 주조된 활자의 수량은 『板堂考』와 『袖香編』[278]에 元宗御筆 孟子眞書字 5,394자 또는 5,594자, 諺書字 4,605자, 숙종어필 서문대자 435자로 기록되어 있다. 원종자는 鑄字所에 보관되어 오다가 1857년(철종 8) 화재로 소실되었다.

2) 원종자 주조 관련 기록

(1) 『孟子諺解』 卷首

임금(숙종)이 원종대왕의 글씨를 자본으로 삼았다.[279]

(2) 鄭元容의 『袖香編』 「鑄字所 鐵木鑄字」

활자의 재료는 銅이다.[280]

(3) 『孟子諺解』 內賜記

주조 시기는 肅宗 19年(1693) 頃이다.[281]

3) 원종자 인본: 『孟子諺解』

이 책은 全 14卷 7冊이며, 판식을 보면 변란은 四周雙邊이고 반곽의 크기는 25.2×

---

277 원종은 인조의 아버지이며, 1627년(인조 5) 추존왕이 되었다.

278 1854년(철종 5) 鄭元容이 조정의 典章儀를 모아 엮은 책이다.

279 『孟子諺解』 卷首: 御製御筆元宗大王御書孟子諺解跋

280 鄭元容의 『袖香編』 「鑄字所 鐵木鑄字」: "元宗御筆孟子 5,394字"

281 『孟子諺解』 內賜記: 규장각한국학연구원 소장 "康熙三十二年(1693)…李重蔓 御筆孟子諺解一件", 구 성암고서박물관 소장 "康熙三十二年(1693)九月十四日內賜判中樞府事沈梓御筆孟子諺解一件命除謝恩左承旨臣權[手決]" 「御製御筆元宗大王御書孟子諺解跋」, "…癸酉(1693)孟夏"

17.3cm에 계선이 있다. 본문의 행자 수는 10行 19字이며 판심은 上下內向 3葉花文魚尾이고 판심제는 '孟子諺解'이다.

『맹자언해』는 『맹자』의 大文에 한자음과 한글 구결을 달고 언해한 책으로, 원종이 쓴 글자를 바탕으로 주조한 동활자로 찍은 것이다. 간행 시기와 관련하여 "御製御筆元宗大王御書孟子諺解…歲在癸酉(1693)孟夏之月"이라는 발문과 함께, 同年 內賜記 및 『承政院日記』의 기록 중에 "원종의 『御筆孟子諺解』를 개간할 때 監董했던 韓信國 등에게 熟馬 1필을 시상하라."는 비망기 등[282]을 통하여 원종자본 『맹자언해』의 간행 연대가 1693년임을 알 수 있다.

표 4-22 원종자로 찍은 현존본

서명	권차	간행 연도	소장처	비고
孟子諺解	14卷 7冊	肅宗 19(1693)	장서각	宣賜之記, 奉謨堂印
	14卷 7冊	肅宗 19(1693)	규장각	宣賜之記, 康熙32年 李重蔓
	14卷 7冊	肅宗 19(1693)	고려대	內賜記 康熙32年 李觀徵 內賜
	卷1~2, 13~14 零本 2冊	肅宗 19(1693)	범우사	
	卷3~4, 5~6 零本 2冊	肅宗 19(1693)	건국대 상허기념도서관	
孟子大文	卷下 零本 1冊	未詳	규장각	
	卷上下 2冊	未詳	영남대	春宮
	卷上下 2冊	未詳	장서각	

282 『承政院日記』, 1693年(숙종 19) 10月 3日:
備忘記 傳于李元齡曰 元宗大王御筆孟子諺解開刊時 監董內官韓信國 熟馬一匹賜給 寫字官李紀·李麟錫 竝相當職除授 題目書寫官李翊臣 兒馬一匹賜給 唱準金碩贇 令本衙門 高品付祿

4) 원종자 인본 이미지

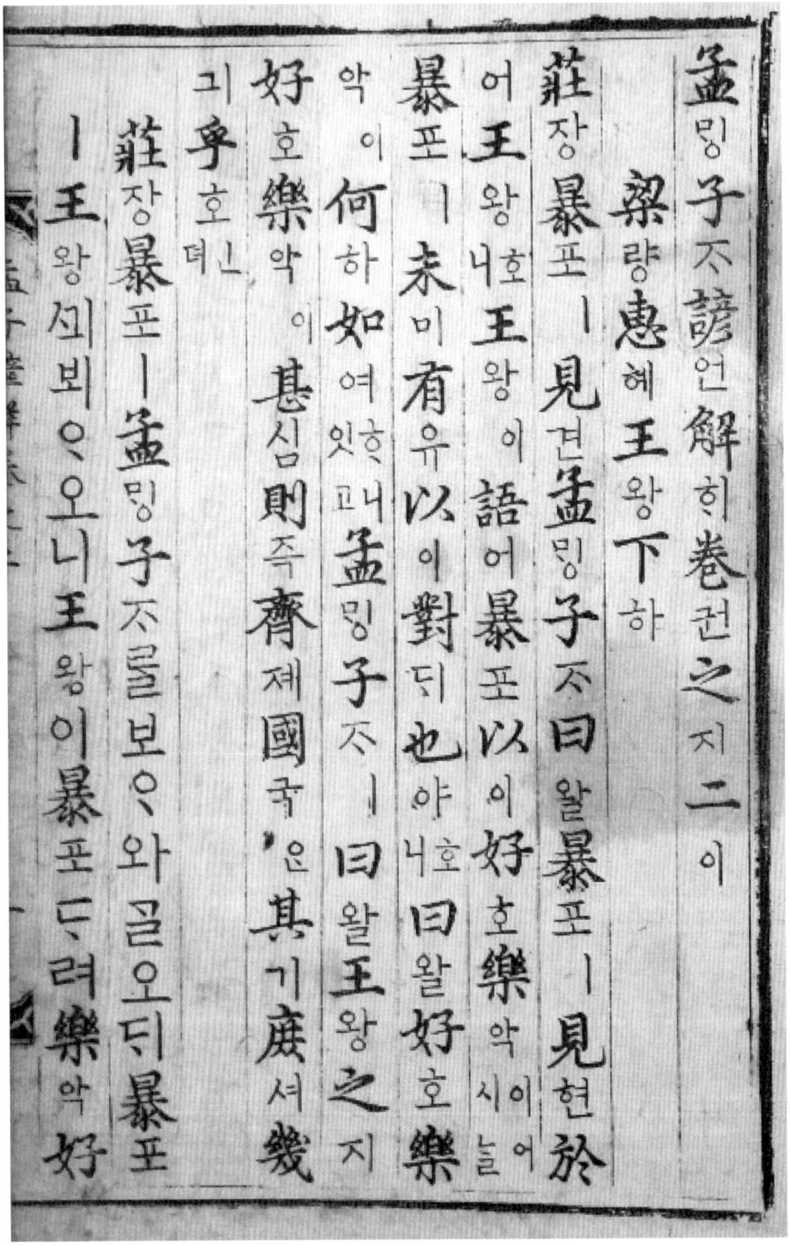

孟밍子ᄌᆞ諺언解ᄒᆡ卷권之지二이
梁량惠혜王왕下하
莊장暴포ㅣ見현孟밍子ᄌᆞ曰왈暴포ㅣ見현於
어王왕ᄒᆞ니王왕이語어暴포以이好호樂악이어시늘
暴포ㅣ未미有유以이對ᄃᆡ也야ᄒᆞ니曰왈好호樂
악이何하如여ᄒᆞ니잇고孟밍子ᄌᆞㅣ曰왈王왕之지
好호樂악이甚심則즉齊졔國국은其기庶셔幾
긔乎호ᄒᆞᆫ뎌
莊장暴포ㅣ孟밍子ᄌᆞᄅᆞᆯ보ᄋᆞ와ᄀᆞᆯ오ᄃᆡ暴포
ㅣ王왕ᄭᅴ뵈ᄋᆞ오니王왕이暴포ᄃᆞ려樂악好

그림 4-106 『孟子諺解』 권2[283]

283 개인 소장본.

5) 원종자 서체 특징

(1) 한자 中字

子	A–1–3	A–2–5	A–3–3	A–7–4	B–1–3	B–1–8
爲	A–4–19	A–5–15	B–2–8	B–3–15	B–5–2	B–6–5
以	A–4–13	A–5–9	B–2–6	B–3–13	B–4–19	B–6–3
之	A–1–11	B–1–19	B–7–1	B–8–1		
而	B–2–4	B–3–8	B–4–17	B–7–5		
也	A–3–17	A–4–10	B–4–2			

(2) 한글 中字

ᄌᆞ	A–1–4	A–2–6	A–3–4	A–7–5	B–1–4	B–1–9
위	A–5–1	A–5–16	B–2–9	B–3–16	B–5–3	B–6–6
이	A–4–14	A–5–10	B–2–7	B–3–14	B–5–1	B–6–4

20. 栗谷全書字

1) 율곡전서자 개요

栗谷全書字는 洪啓禧(1703~1771)가 스승인 陶菴 李縡(1680~1746)가 엮은 『栗谷先生全書』를 인출하기 위해 사우들과 함께 주조하여 사용한 금속활자이다. 이 활자는 기존에 錦營印書體字, 洪啟禧字라고 불렸지만, 현재는 『율곡선생전서』의 인출을 목적으로 주조되었다는 점에서 '율곡전서자'로 그 명칭이 바뀌었다. 주성의 주체가 관서가 아닌 개인이기 때문에 주조와 인출 기술이 미숙하며, 인본을 보면 글자 간에 먹 묻음의 농박 차이가 있음을 확인할 수 있다.[284]

2) 율곡전서자 주조 관련 기록[285]

(1) 『율곡선생전서』 拾遺跋

> 후 5년(1749, 영조 25)에 홍계희가 사우들과 더불어 활자를 주조하여 약간본을 인출하였다. …마침내 뽑은 나머지를 삼가 기록하고 『율곡전서습유』 6권을 만들었다. 선생의 후손인 진오가 교정을 하였다. 일을 마치고 그 원말을 다음과 같이 간략히 기술하였다. 기사년(1749) 가을에 후학 남양 홍계희는 삼가 발문을 적다.[286]

(2) 『율곡선생전서』 중간범례

> 『율곡선생전서』 38편은 영조 임술(1742)에 도암 이재가 식섭 지은 것이다. 발문은 갑자년(1744)에 쓴 것이고, 5년 뒤 기사년(1749)에 인출하여 배포하였다. … 1자 1구도 함부로 보태거나 없애지 않고 한결같이 구본을 의거하여 번각했다.[287]

(3) 『明義錄』[288] 「尊賢閣日記」 上, 을미년(1775, 영조 51), 8월 11일 조

> 내가 서연에서 『율곡전서』를 새로 간행한 일에 대해 "저 주조된 글자는 唐板本과 같

284 천혜봉, 『한국금속활자본』, pp. 138-141.

285 清州古印刷博物館, 『조선후기 한국의 금속활자』, 청주: 청주고인쇄박물관, 2010, pp. 270-271.

286 洪啓禧, 「拾遺跋」:
後五年 啓禧與士友 謨鑄活字 印若干本訖…遂謹錄其選餘 爲全書拾遺六卷 先生後孫鎭五實相校之役 役訖 略書其顚末 如右 己巳秋 後學南陽洪啓禧謹跋

287 「重刊凡例」, 『栗谷先生全書』:
全書三十八編 英祖壬戌 陶庵所手定 跋文成於甲子 後五年己巳 以活字印行 而所布…一字一句 不敢增損 一依舊本飜刻

288 1776년(정조 즉위년)에 세손(정조)의 대리청정을 반대하던 洪麟漢·鄭厚謙 등을 賜死한 일을 기록한 책.

아서 인출한다면 좋을 것 같다."라고 하였는데, 이는 예사롭게 한 말에 불과했다. 그런데 후에 들으니, 홍상간의 말이, "서연 때 명을 받아 집에 있는 율곡전서판의 鑄字를 바치고자 했는데, 병이 나서 인삼을 사기 위해 다른 사람에게 팔았기에 되돌려 받고자 하자 이미 녹여 銅爐口를 만들었다고 하므로 올릴 수 없어 그 대신에 字書의 목판을 바친다." 하였다고 하였다.[289]

3) 율곡전서자 인본 리스트

(1) 『栗谷先生全集』

서명	시기	행자수	글자 크기(cm)	소장처
栗谷先生全集	英祖 25(1749)	11행 20자	대 1.1×1.3 소 0.7×0.7	건국대, 계명대, 연세대, 영남대, 전남대
書社輪誦	英祖 26(1750)	9행 18자		서울대, 영남대, 성균관대
孤靑先生遺稿	미상	11행 20자		서울대
醇言				일본 동양문고
小學	英祖 26(1750)	9행 18자		서울대
二先生遺訓	英祖 26(1750)	9행 18자		국립중앙도서관

이이의 정치와 철학, 역사, 사상을 집대성한 책으로, 앞부분에는 간행의 내력과 편찬 체제를 밝힌 「栗谷先生全書 修正凡例」가 수록되어 있고 賦·詩·疏·箚·啓·書·雜著·拾遺 등으로 되어 있다. 권1에 사와 부, 시, 권2에 시, 권3~7에 소와 차, 권8에 啓와 의, 권9~12에 서, 권13에 應製文, 序, 跋, 記, 권14에 說, 贊, 銘, 祭文, 雜著 1이 수록되었다. 권15~16에 잡저 2와 3, 권17에 神道碑銘, 墓碣銘, 권18에 墓誌銘과 行狀, 권19~26에 聖學輯要, 권27에 擊蒙要訣, 祭儀秒, 권28~30에 經筵日記, 권31~32에 語錄, 권33~38은 부록으로 世系圖와 年譜, 行狀 등이 수록되었다. 연세대학교 중앙도서관 소장본의 형태적 특성을 살펴보면 邊欄은 四周雙邊이며 半郭의 크기는 세로 21.7cm, 가로 15.1cm이다. 行字 數는 11行 20字이고 魚尾는 上下內向2葉花紋魚尾이다.

(2) 『書社輪誦』

조선 후기 문신 李縡(1680~1746)가 寒泉에서 講學을 하던 시기에 제자들에게 일정한 원

---

289 …余於書筵 言栗谷全書新刊事 因曰 彼鑄字如唐板本矣 印出則似好 此不過泛說 而其後聞 相簡稱以書筵時有下令 欲獻渠家所有栗谷全書板鑄字 而病時爲買蔘 出賣於他人 欲推還 則已鑄銅爐口 故不得入呈 其他獻字書木板云云

칙을 정하여 講誦을 하게 하였던바 아침에는『小學』, 저녁에는『詩經』, 낮에는 송나라 諸賢들의 글 중에서 학문에 가장 중요한 것 33편을 돌아가면서 외게 하였는데, 이를 '寒泉書社輪誦'이라 하였다. 이 책은 애초에 틀린 글자가 많았으므로, 홍계희 등이 교정하여 율곡전서자로 간행하였다. 영남대학교 중앙도서관에 소장되어 있는 이 책의 형태적 특징을 살펴보면, 不分卷 1冊으로 邊欄은 四周雙邊이며 半郭의 크기는 세로 19.6cm, 가로 12.5cm이다. 行字 數는 9行 18字이고 魚尾는 上下向4瓣黑魚尾이다.

(3)『孤靑先生遺稿』

조선 중기 문인 고청 徐起의 시문집으로, 홍계희가 율곡전서자로 간행하였다. 형태 사항을 살펴보면, 1冊 26張으로 邊欄은 四周雙邊이며 半郭의 크기는 세로 22.5cm, 가로 15.5cm이다. 行字 數는 11行 20字이고 魚尾의 모양은 上下內向2葉花紋魚尾이다.

(4)『醇言』

율곡 이이가 노자의『道德經』에서 가려 뽑아 주석을 붙인 책이다.『순언』이라는 표제는 홍계희의 발문에서처럼 '옳지 않은 내용을 버리고 옳은 글만을 뽑다'라는 의미를 함축하고 있다.

(5)『小學』

8세 안팎의 아동들에게 유학을 가르치기 위해 만든 修身書이다. 南宋의 유학자 朱熹(1130~1200)의 지시에 따라 제자 劉子澄이 편찬하였으며, 1187년(남송 순희 14)에 완성되었다. 內篇 4권, 外篇 2권 등 전 6권으로 되어 있다. 율곡전서자 인본의 권말에 '庚午(1750)春忠淸監營印行'이라는 인기가 있는 것으로 보아 충청감영에서 찍은 것임을 알 수 있다.

(6)『二先生遺訓』

1750년(영조 26) 홍계희가 율곡전서자를 사용하여 간행한 교화서이다. 주희와 眞德秀(1178~1235)가 지방 수령이던 시절에 백성을 훈유하기 위해 지은 글 한 편씩을 싣고 지은이 자신의 의견을 덧붙여 편집하였다. 국립중앙도서관 소장본의 형태 사항을 살펴보면, 1冊 10張으로 邊欄은 四周雙邊, 半郭의 크기는 세로 19.5cm, 가로 12.3cm이다. 행자 수는 9行 18字이고 魚尾의 모양은 上下向2葉花紋魚尾이다.

4) 율곡전서자 인본 이미지

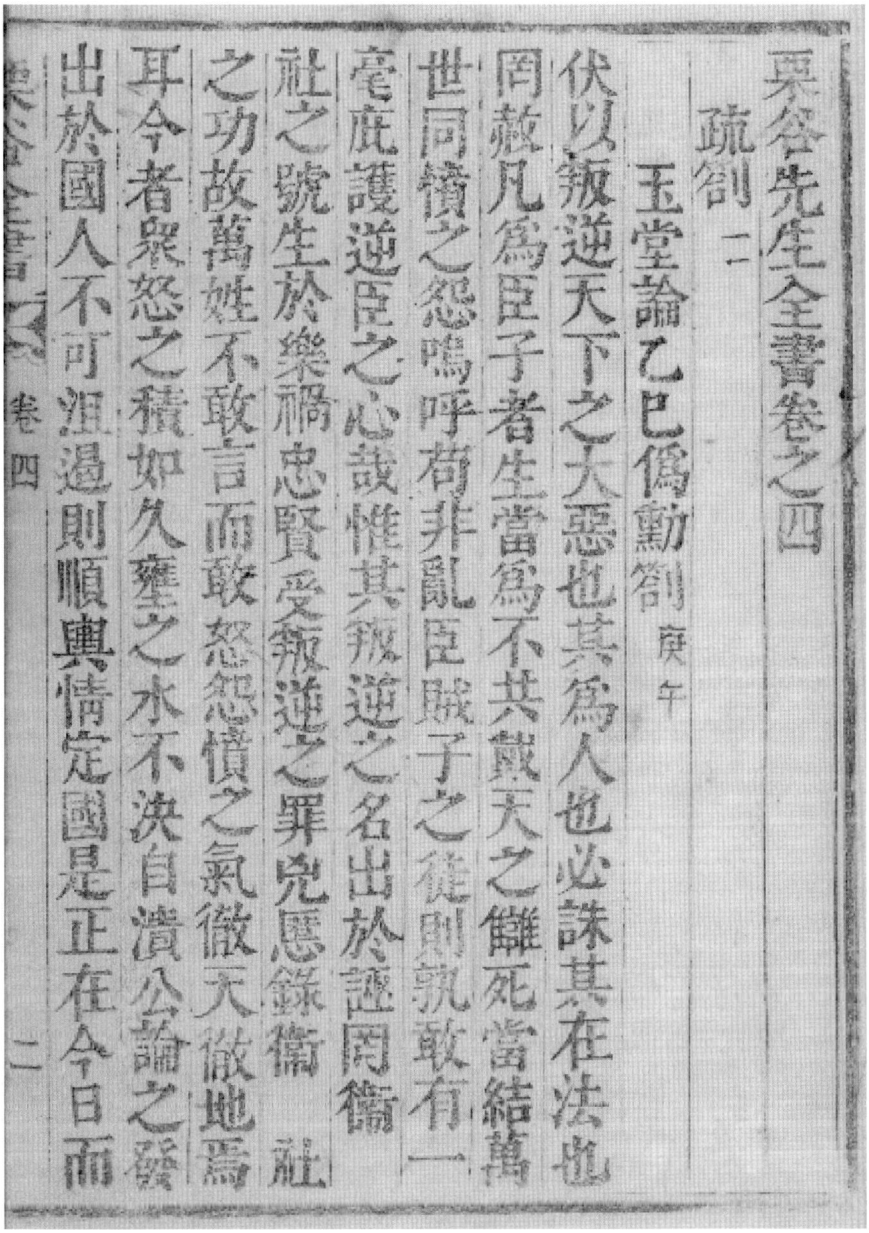

그림 4-107 『栗谷先生全書』 卷4[290]

290 경북대학교 도서관 소장본.

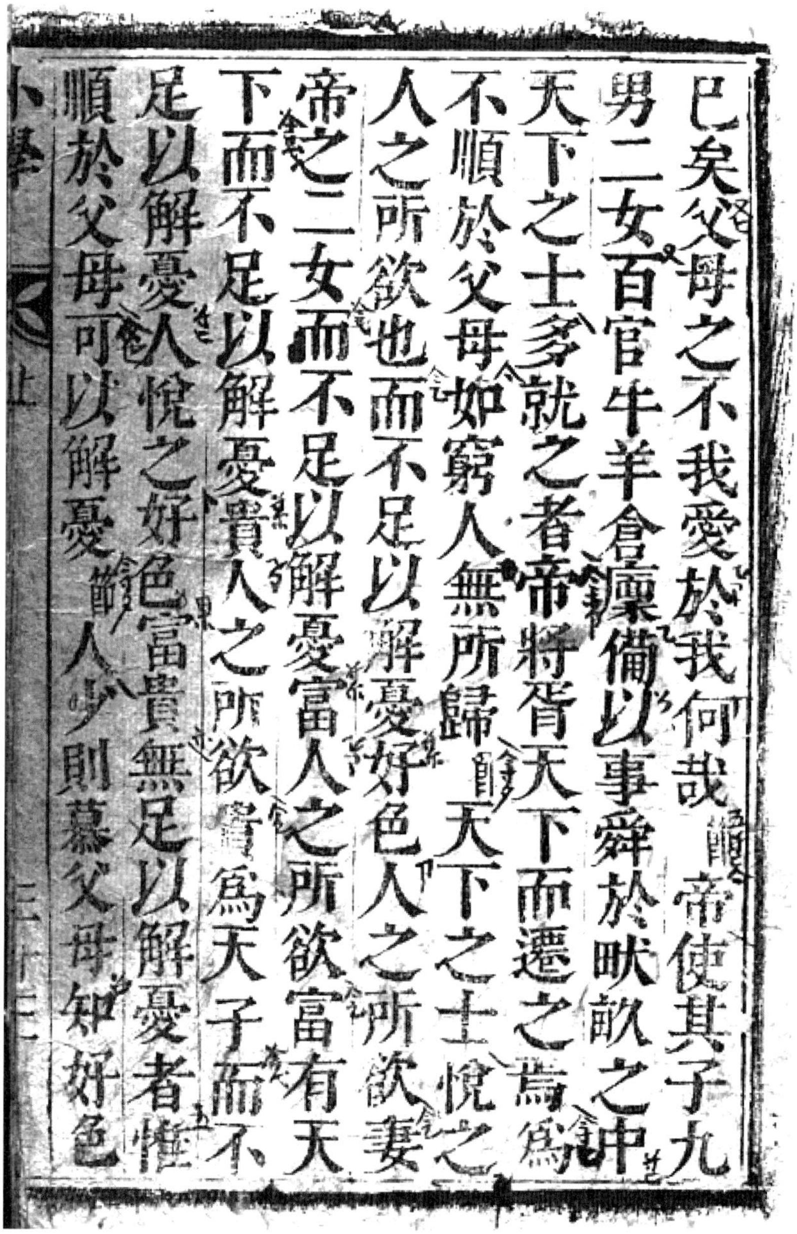
巳矣父母之不我愛於我何哉 帝使其子九
男二女百官牛羊倉廩備以事舜於畎畝之中
天下之士多就之者帝將胥天下而遷之焉
不順於父母如窮人無所歸 天下之士悅之
人之所欲也而不足以解憂好色人之所欲妻
帝之二女而不足以解憂富人之所欲富有天
下而不足以解憂貴人之所欲貴爲天子而不
足以解憂人悅之好色富貴無足以解憂者惟
順於父母可以解憂 人少則慕父母知好色

小學 上 三十三

그림 4-108 『小學』 內篇 제33장[291]

291 개인 소장본.

21. 整理字

1) 정리자 개요

整理字는 정조가 집정한 이후 문예부흥정책에 치중하고 역대 선왕의 인쇄정책을 계승하면서 종래의 활자를 개주하는 데 힘쓰는 과정에서 淸朝의 인쇄문화를 수용해 새로운 글자 모양을 만들어 낸 것 중의 하나이다. 1792년에 四庫全書에 들어 있는 『康熙字典』 글자를 자본으로 만든 목활자인 生生字의 字體가 보기 좋고 정교하여 1795년(정조 19)에는 『整理儀軌通編』을 인출하면서 앞의 생생자를 字本으로 銅活字를 鑄造하여 책 이름에 의거 整理字로 명명하였다.

『弘齋全書』의 「群書標記」에 따르면 慈宮의 週甲慶年에 그 儀軌를 모두 印出하였다.

기록에 따라서 주조에 착수한 해의 干支에 의거하여 乙卯字라고도 불리는 이 활자는 大字의 글자체는 字體가 굵은 印書體이나 小字의 글자체는 작고 字劃이 가는 印書體이며 정교하다.

정리자는 1857년(철종 8) 10월 창경궁 내의 殯殿都監 화재로 인해 鑄字所가 연소될 때 함께 소실되어, 이듬해인 1858년에 韓構字와 함께 다시 주조되었다. 두 번째 改鑄이므로 再鑄整理字라 불리고, 인본들의 상태를 볼 때 초주에 비하여 비록 정교도는 떨어지지만, 구한말까지 각종 교과서, 관보, 법령, 조약문을 비롯한 일반서에 이르기까지 다양하게 사용되었다. 1911년 6월 1일에 宮內府 奎章閣에서 총독부 取調局으로 인계되어 현재에 이르고 있다.

2) 정리자 특징

정리자의 字本은 生生字이며, 활자의 재료는 鍮鐵(황동), 鑄鐵, 鍮鑞이다. 정리자의 수소량은 먼저 초주정리자의 경우 大字는 16만여 자, 小字는 14만여 자이며, 재주정리자의 경우 대자는 약 89,203자, 소자는 약 39,416자가 주조되었다.

小田幹治郞은 「朝鮮活版の沿革」[292]이라는 글에서 조선 전기 활자에 대한 각종 사료의 기록을 인용하고, 유고가 간행된 1931년 이전에 조선총독부에서 보관하고 있던 금속활

292 小田幹治郎, 「朝鮮活版の沿革」, 『小田幹治郎遺稿』, 神戶: 小田梢, 1931 ; 韓國併合史硏究資料 46, 龍溪書舍, 92-112.

자와 목활자의 종류와 수량에 대해 다음과 같이 언급하였는데, 그중 정리자 부분을 살펴보면 다음과 같다.

> 정리자는 정조 16년(1792)의 生生字를 자본으로 해서 주조한 것으로 大小字가 있다. 대자는 세로가 3分이고, 가로 4分, 높이 1分8厘이며, 소자는 세로 2分2厘, 가로 2分4厘, 높이 2分이다. 그 수는 대자가 116,766字이고 소자는 108,100字로 합해서 224,866字이다. 또 諺文 活字도 있는데 대자는 세로 4分5厘, 가로 3分, 높이 1分2厘이고 그 수는 262개이다. 소자는 세로 4分, 가로 2分, 높이 1分2厘이고 그 수는 575개로 합해서 837개이다. 주조 시기는 명확하지 않다.

위의 내용을 표로 정리하면 다음과 같다.

표 4-23 1931년 이전 조선총독부 소장 금속활자

활자	크기	개수	
大字	縱: 3分	116,766字	合: 224,866字
	橫: 4分		
	高: 1分8厘		
小字	縱: 2分2厘	108,100字	
	橫: 2分4厘		
	高: 2分		

하지만 위의 내용은 많이 알려져 있는 정원용의 『袖香編』 기록과는 차이를 보인다.

표 4-24 『袖香編』의 '鑄字所鐵木鑄字'

활자		활자 수
大字	燼餘在	63,969
	新鑄	89,449
	合	153,411
小子	燼餘在	59,307
	新鑄	39,417
	合	98,724

再鑄整理字의 鑄造 수량은 『袖香編』, 『內閣日曆』, 주자사실 편액, 『國朝寶鑑』 등의 기록에서 확인할 수 있는데, 그 수에 차이가 있다. 그것을 표로 정리하면 다음과 같다.

표 4-25 재주정리자 鑄造 수량 비교

구분	『袖香編』	『內閣日曆』 哲宗 9年 9月18日	鑄字事實 편액	『國朝寶鑑』 第98卷 哲宗9年
大字	89,449字	89,203字	89,203字	89,203字
小字	39,417字	39,416字	39,416字	39,416字

(1) 주조 시기와 기간

① 초주정리자: 正祖 19年(1795) 11월 2일~正祖 20年(1796) 3월 16일[293]

② 재주정리자: 哲宗 9年(1858) 9월 18일 완성(9개월 소요)[294]

3) 정리자 주조 관련 기록

(1) 초주정리자

① 『正祖實錄』, 1796년(정조 20) 3월 17일(癸亥)

整理鑄字가 완성되었다. 전교하기를 "우리나라에서 활자로 책을 인쇄하는 법은 국초부터 시작하여 태종조 계미년에 경연에 소장하고 있던 古註本『詩』·『書』·『左傳』의 글자를 대본으로 하여 李稷 등에게 명해서 10만 자를 주조하게 하였으니, 이것을 癸未字라고 한다.

世宗朝 경자년에는 李蕆 등에게 명하여 이를 고쳐 주조하게 하였으니, 이것이 庚子字이고, 갑인년에는 경자자가 纖密하다는 이유로 경연에 소장하고 있던 『孝順事實』·『爲善陰隲』 등의 책을 내다가 이를 자본으로 삼아 金墩 등에게 명하여 20여 만 자를 주조하였으니, 이것이 甲寅字인데 이를 사용한 지 3백 년이 되었다. 정조가 임진년에 동궁에 있으면서 大朝에 앙청하여 대내에 있던 갑인자로 인쇄한 『心經』과 『萬病回春』 두 책을 내다가 이를 자본으로 삼아 5만 자를 주조하여 보관하였으니, 이것이 임진자이다.

정조가 즉위한 원년인 정유년에는 關西伯에게 명하여 본조 사람 韓構의 글씨를 자본

---

293 『日省錄』, 1796年(정조 20) 3月 17日:
自十一月初二日設五爐至丙辰三月十六日上告訖大字十八萬小字十四萬餘名之曰整理字

294 『日省錄』, 1858年(철종 9) 9月 18日:
奎章閣以鑄字旣畢啓 本閣啓言整理大字八萬九千二百三字 小字三萬九千四百十六字 韓構字二萬一千八百二十九字 合十六萬四百四十八字 今旣畢鑄竝與燼餘完字十七萬五千六百九十八字彙類分部入藏于鑄字所 ○敎曰鑄字今旣告訖主管堂上以下別單書入

으로 삼아 8만여 자를 주조하게 하여 역시 內閣에 보관하였다. 대체로 전후로 주조한 활자의 銅體가 일정하지 않아서 인쇄하려면 젖은 종이를 써서 고르게 붙이고 한 판을 찍을 때마다 별도로 몇 사람을 세워서 朱墨으로 활판의 형세에 따라 교정을 하게 하는데도 오히려 비뚤어지는 염려가 있었으며 걸핏하면 시일이 걸리곤 하였다. 그래서 인쇄를 감독하는 여러 신하들이 누차 이를 말하였다.

임자년에 명하여 중국의 四庫全書 聚珍板式을 모방하여 字典의 자본을 취해서 黃楊木을 사용하여 크고 작은 글자 32만여 자를 새기어 '生生字'라고 이름하였다. 을묘년에는 『整理儀軌』 및 『園幸定例』 등의 책을 장차 편찬·인행하려는 계획 아래 명하여 생생자를 자본으로 삼아서 구리로 활자를 주조하게 하여 크고 작은 것이 모두 30여 만 자였는데 이를 '整理字'라 이름하여 奎瀛 新府에 보관하였다."[295]

② 『日省錄』, 1796년(정조 20) 3월 17일

임자년(1792)에 중국의 四庫全書 聚珍板式을 모방하여 字典의 자본을 취해서 黃楊木을 사용하여 크고 작은 글자 32만여 자를 새기도록 명하고 '生生字'라고 이름하였다. 을묘년(1795)에는 『整理儀軌』 및 『園幸定例』 등의 책을 장차 編次하고 印行하고자 생생자를 자본으로 삼아 구리로 본을 떠서 활자를 주조하도록 명하였는데, 鍮鐵(놋쇠) 1,400근과 鑄鐵(무쇠) 600근, 鍮鑞 250근은 호조에서 가져다 쓰고 工匠의 늠료와 각종 物力에 들어가는 錢 2,300냥은 정리소의 남은 돈을 가져다 써서 11월 2일부터 화로 나섯 개를 설치하였고 올해 3월 16일에 공사를 완료하였다. 큰 글자 16만 자와 작은 글자 14만여 자를 만들어 '整理字'라 이름하고 7개의 欌에 나누어 넣어 奎瀛의 新府에 보관하였다.[296]

---

295 『正祖實錄』 卷44, 1796年(정조 20) 3月 17日(癸亥) 條:
整理鑄字成 敎曰 我東活字印書之法 始自國初 太宗朝癸未 以經筵古註 詩書左傳爲本 命李稷 等 鑄十萬字 是爲癸未字 世宗朝庚子 命李蕆 等改鑄 是爲庚子字 甲寅以庚子字纖密 出經筵所藏孝順事實 爲善陰隲 等書爲字本 命金墩等 鑄二十餘萬字 是爲甲寅字 行之者三百年 予於壬辰在東宮 仰請大朝 以內下甲寅字所印心經萬病回春 二書爲字本 鑄五萬字藏之 是爲壬辰字 臨御之元年丁酉 命關西伯 以本朝人 韓構書爲字本 鑄八萬餘字 亦儲之內閣 大抵前後所鑄鑄字 銅體不一 其擺印也 率用濕紙均黏 每刷一版 另立數人 以朱墨逐勢句抹 猶患欹斜 動費時日 監印諸臣 屢以是爲言 壬子命倣 中國 四庫書 聚珍板式取字典字本 木用黃楊 刻成大小三十二萬餘字 名曰生生字 乙卯整理儀軌 及園幸定例等書 將編次印行 命以生生字爲本 範銅鑄字大小竝三十餘萬 名之曰整理字 藏于奎瀛新府

296 『日省錄』, 1796年(정조 20) 3月 17日:
壬子命倣中國四庫書聚珍板式取字典字本木用黃楊刻成大小三十二萬餘字名曰生生字乙卯整理儀軌及園幸定例等書將編次印行命以生生字爲本範銅鑄字鍮鐵一千四百斤鑄鐵六百斤鍮鑞二百五十斤取用地部工匠料廩各樣物力錢二千三百兩取用整理餘錢自十一月初二日設五爐至丙辰三月十六日工告訖大字十六萬小字十四萬餘名之曰整理字分儲七欌藏于奎瀛新府

③ 『日省錄』, 1796년(정조 20) 12월 15일

정리자는 제도가 완비되어 털끝 하나 들어갈 틈이 없고 다 같은 유끼리 묶어서 넣고 꺼내는 방법이 있어서 앞서 주조된 활자에 비하면 간편하고 비용을 절감하는 것이 두서너 배가 넘는다.[297]

④ 『正祖實錄』, 1796년(정조 20) 12월 15일(丙戌)

우리나라의 經籍 인쇄는, 국초에 고려의 옛 제도를 따라서 교서관을 두어 관장하게 하였었는데, 고려에서는 이를 祕書省이라고 하였고, 弓裔 때에는 禁書省이라고 하였으니, 최초에는 궁중에 설치하였었다는 것을 알 수 있다. 태종 3년에 별도로 주자소를 궁중에다 설치하고 古註本『시경』·『서경』·『좌전』을 본으로 구리로 활자를 만들어 典籍을 널리 인쇄하였으니, 이것이 또한 처음으로 글자를 주조한 유래이다. 世宗朝에는 庚子字·甲寅字가 있었고, 文宗朝에는 壬申字가 있었고, 世祖朝에는 乙亥字·乙酉字가 있었고, 成宗朝에는 辛卯字·癸酉字가 있었다. 『龍飛御天歌』·『治平要覽』·『朱子大全』 등의 책은 다 궁중에서 인쇄한 것이니, 祕府本이라고 불리는 본국 초기의 판본들이 다 정밀하고 보기에 편리한 것은 까닭이 있다.

정조가 동궁으로 있던 때에 교서관에 명하여 세종조 갑인자를 본으로 하여 15만 자를 주조하게 하였으니, 바로 『經書正文』의 인본이다. 즉위하던 해인 정유년에 관서 관찰사에게 명하여 다시 갑인자를 본으로 삼아 15만 자를 더 주조하게 하여 내각에 보관하게 하였으니, 바로 『八子百選』 및 새로 인쇄한 『經書大全』의 인본이다. 갑인년에 직접 朱子의 편지 백 편을 골라 내각에 소장되어 있는 주자를 가지고 인쇄하여 배포하고자 하여 창경궁에 있는 옛 홍문관을 수리하여 주자를 옮겨 놓으라고 명하였었다.

을묘년 봄에 자전을 모시고 壽筵에서 돌아온 후 『整理儀軌』를 편찬하려고 인역을 설치하여 동으로 30만 자를 주조하였는데, 이것을 整理字라고 한다. 먼저 『志喜賡載軸』과 전후의 賡載詩를 인쇄하고, 또 『御定奎章全韻』을 내려보내어 인쇄한 후 그 판각을 보관하게 하였다. 올해는 또 정유자로 『御定史記英選』을 인쇄하여 배포하였다. 御定書의 간인이나 活印이 있을 때마다 반드시 여기에서 했던 것은 국초부터 정해져 내려오던 법을

297 『日省錄』, 1796年(정조 20) 12月 15日:
盖其制式齊整 無絲髮隙 又有彙入類出之法 比之前鑄活字 至簡且捷 省費省勞者不啻倍蓰

정조가 계승하려는 의도였다. 그러나 그 명칭은 정조가 지어 주지 않았기 때문에 각신들이 우선 監印所라고 불러 왔으나, 이때에 와서 국초에 설치하던 때의 옛날 호칭을 그대로 써서 주자소라고 부를 것을 명하였다.[298]

⑤ 『國朝寶鑑』 第74卷, 1796年(정조 20)

우리 동방에서 활자로 책을 인쇄하는 법은 국초에 시작되었다. 태종조에 경연청에 소장된 古註本『詩』·『書』·『左傳』을 본으로 하여 李稷 등에게 명해서 10만 자를 주조하였으니 이것이 癸未字이고, 세종조에 李蕆 등에게 명하여 고쳐 주조하게 하였으니 이것이 庚子字이다. 갑인년에는 경자자가 조밀하다는 이유로 경연청에 소장된『孝順事實』·『爲善陰騭』 등의 책을 본으로 하여 金墩 등에게 명해서 20여 만 자를 주조하게 하였는데, 이것이 甲寅字로서 300년간 사용되었다. 당시 정조가 동궁에 있을 때 大朝에 우러러 청하여, 안에서 내려 준 갑인자로 인쇄된『心經』·『萬病回春』 두 책을 본으로 하여 5만 자를 주조하였으니, 이것이 壬辰字이다. 원년인 정유년에 관서 관찰사에게 명하여 갑인자를 본으로 하여 15만 자를 주조하게 하였고, 또 임인년에 관서 관찰사에게 명하여 本朝의 사람 韓構의 글씨를 본으로 하여 8만여 자를 주조하게 하였다. 임자년에 명하여, 중국 四庫全書 聚珍板式을 모방하여 字典의 글자체를 모아서 나무로 크고 작은 32만여 자를 새기게 하고는 이를 生生字라고 이름하였고, 또 생생자를 본으로 해서 글자를 주조하게 하였다. 이때에 이르러 일이 끝나니, 큰 글자가 16만, 작은 글자가 14만여 자였는데, 이를 整理字라고 이름하였다. 그러고는 일곱 개의 書架에 나누어 꽂아 奎瀛新部에 보관하였다. 監印所를 鑄字所로 개칭할 것을 명하였는데, 국초에 처음 설치했던 때의 옛 명칭을 따른 것이었다.[299]

---

298 『正祖實錄』 卷45, 1796年(정조 20) 12月 15日(丙戌) 條:

敎曰 我東之印行經籍 自國初 因勝國舊制 置校書館以掌之 而勝國時謂之秘書省 弓裔 時謂之禁書省 則其最初建置之在於禁中 可知也 太宗三年 別置鑄字所於宮中 用古註 詩書左氏傳 爲本 範銅爲字 廣印典籍 此又鑄字之所由始 而世宗 朝有庚子字甲寅字 文宗朝 有壬申字 世祖朝 有乙亥字 乙酉字 成宗朝 有辛卯字 癸酉字 如龍飛御天歌 治平要覽 朱子大全等書 皆卽宮中印校 謂以秘府 本國初板本之類 皆精好便觀 蓋有以也 予以春邸 令校書館 以世宗朝 甲寅字爲本 鑄十五萬字 卽經書正文印本也 卽阼元年丁酉 命關西伯 復以甲寅字爲本 加鑄十五萬字 藏于內閣 卽 八子百選 及新印 經書大全印本也 甲寅 親選 朱子 書百篇 將以內閣所藏鑄字印頒 命葺 昌慶宮 之舊弘文館 移儲鑄字 乙卯春 陪慈駕還自奉壽之筵 將編 整理儀軌 以設印役 鑄銅字三十萬 謂之整理字 先印 志喜 賡 載軸 及前後賡載之詩 又下 御定奎章全韻 雕印 藏其板今年 又以丁酉字 印頒 御定史記英選 凡有御定書刊印 活印之役 必於此爲之 蓋予所以仰述國初成憲之意 而若其名號 則予未嘗肇錫 故閣臣等 姑且以監印所稱之 至是 命仍用國初建置時舊號 稱之曰鑄字所

299 『國朝寶鑑』 第74卷, 正祖朝 6, 正祖 20(丙辰)年 條:

我東活字印書之法 始自國初 太宗朝癸未 以經筵古註詩·書·左傳爲本 命李稷等 鑄十萬字 是爲癸未字 世宗朝庚子 命李

⑥『燃藜室記述』別集 第14卷, 文藝典故, 鑄字

영종 임진년, 지금 임금이 동궁으로 있을 때에 세종조의 甲寅字를 대본으로 15만 자를 주조하여 外閣에 간수할 것을 명하였고, 원년 정유년에 앞의 대본을 사용하여 또 15만 자를 주조해서 內閣에 간수하였다가 갑인년에 昌慶宮의 옛 弘文館에 모두 옮겨서 간수하고 '鑄字所'라고 이름하였다. 또 『字典』의 글사를 사용하여 크고 작은 木刻 활자 32만여 자를 만들어 '生生字'라는 명칭을 하사하였다. 을묘년에 『整理儀軌』를 간행하기 위해 생생자를 대본으로 하여 본래의 글자와 함께 주조하였는데, 이것이 '整理字'라는 것이다. 정사년에 『小學』·『五倫行實』·『鄕禮合編』을 편찬하였는데, 『소학』과 『향례합편』에는 丁酉字를 사용하고, 『오륜행실』에는 整理字를 사용하여 간행하도록 명하였다.[300]

⑦『新增東國輿地勝覽』第2卷, 비고편 – 동국여지비고 제1권 京都

鑄字所는 宣仁門 안에 있다. 太宗 3年(1403)에 비로소 주자소를 두어 『古註詩傳』과 『左氏傳』의 字本 수십만 자를 주조하고, 丁亥字라 이름하고, 權近이 跋文을 지었다. 世宗 2年(1420)에 그 글자가 바르지 못하므로 다시 녹여서 새로 주조했는데, 글자 모양이 정밀하였다. 이를 이름하여 庚子字라 하며 卞季良이 발문을 지었다. 世宗 16년에 또 경연에 소장된 『孝順事實』·『爲善陰騭』·『論語』 등의 책을 내다가 字本을 삼았는데, 경자자에 비하여 조금 크고 글자의 체가 매우 좋았다. 20여 만 자를 주조하고, 甲寅字라 이름하였다. 또 세조에게 명하여 『綱目』의 큰 글자체를 납으로 틀을 만들어 『강목』을 찍으니, 즉 지금 이른바 『思政殿訓義』이다. 金鑌이 발문을 지었다.

文宗 2年(1452)에 경자자를 다시 녹여서 安平大君에게 글씨를 쓰게 하여 壬申字라 이름하고, 姜希顔에게 명하여 쓰게 하여 乙亥字라 이름하였다. 世祖 11년에 『圓覺經』을 찍으

藏等改鑄 是爲庚子字 甲寅 以庚子字纖密 出經筵所藏孝順事實·爲善陰隲等書 爲字本 命金墩等 鑄二十餘萬字 是爲甲寅字 行之者三百年 予於壬辰在東宮 仰請大朝 以內下甲寅字 所印心經·萬病回春二書 爲字本 鑄五萬字藏之 是爲壬辰字 臨御之元年丁酉 命關西伯 以本朝人韓構書 爲字本 鑄八萬餘字 亦儲之內閣 大抵前後所鑄鑄字 銅體不一 其擺印也 率用濕紙均黏 每刷一版 另立數人 以朱墨逐勢句抹 猶患欹斜 動費時日 監印諸臣 屢以是爲言 壬子命倣中國四庫書 聚珍板式 取字典字本 木用黃楊 刻成大小三十二萬餘字 名曰生生字 乙卯 整理儀軌及園幸定例等書 將編次印行 命以生生字爲本 範銅鑄字 人小竝三丨餘萬 名之曰整理字 藏丁奎瀛新府 命監印所 改稱鑄字所 仍國初建置時舊號也

300 李肯翊, 『燃藜室記述』, 別集, 第14卷, 文藝典故, '鑄字' 條:
英宗壬辰 今上在春邸 命以世宗甲寅字爲本 鑄十五萬字 藏于外閣 元年丁酉 用前本 又鑄十五萬字 藏于內閣 甲寅 並移藏于昌慶宮之舊弘文館 名之曰鑄字所 又用字典字 木刻大小三十二萬餘字 賜名生生字 乙卯 爲印整理儀軌 以生生字爲本鑄如本字曰整理字 丁巳 小學五倫行實鄕禮合編編成 命小學鄕禮合編 用丁酉字 五倫行實 用整理字印頒.

려고 鄭蘭宗에게 명하여 쓰게 했는데 글자체가 바르지 못하였다. 이를 이름하여 乙酉字라 한다. 成宗 2年(1471)에 王荊公歐陽公集字를 사용하여 주조했는데, 글자체가 경자자보다 작고 더욱 정밀하며, 이름하여 辛卯字라 한다. 또 중국의 新板綱目字를 얻어서 주조했는데, 이름하여 癸丑字라 한다.

영조 48년 정조가 春邸에 있을 때 갑인자를 자본으로 15만 자를 주조하게 하여 교서관에 저장하고, 정조 원년에 전의 자본을 사용하여 또 15만 자를 주조하여 규장각에 저장했는데, 이것을 丁酉字라 한다. 18년에 모두 지금의 주자소, 즉 옛 홍문관에 옮겨 보관하고, 이름하여 鑄字所라고 했다. 또 字典字를 사용하여 나무로 대소 32만여 자를 새겼는데, 生生字라는 이름을 하사하였다. 이듬해에 또 생생자를 본으로 하여 本字와 같이 주조하여 『整理儀軌』를 찍었는데, 이름하여 整理字라 한다. 정조조에 폐청으로 內閣鑄字所를 삼고, 奎瀛新府라고 편액했다. 또 板堂이 있어서 冊板과 鑄字를 보관해 두고, 무릇 내각에서 서적을 찍을 때에는 언제나 이 주자소를 開局한다. 藏置한 銅鑄字(木活字)는 이름이 생생자이다. 곁에 考文館이 있는데, 어느 때 창설한 것인지 알지 못한다. 혹은 바로 옛 홍문관이라고도 한다.[301]

(2) 初鑄整理字 鑄成 관련 인물

초주정리자의 주성과 관련된 인물에 관한 기록은 『日省錄』과 『承政院日記』에서 확인할 수 있는데 『承政院日記』의 기록이 좀 더 자세하다. 이를 정리하여 표로 나타내면 다음과 같다.

---

301 『新增東國輿地勝覽』 第2卷, 비고편-東國輿地備攷 第1卷 京都:

鑄字所 在宣仁門內 太宗三年始置鑄字所 鑄古註詩傳左氏傳字本數十萬字 名丁亥字 權近撰跋 世宗二年 以其字不正 改鎔新鑄 字樣精緻 名曰庚子字 卞季良撰跋 十六年 又出經筵所藏孝順事實爲善陰騭論語等書爲字本 比庚子字差大字體甚好 鑄二十餘萬字 名曰甲寅字 又命世祖書綱目大字 範鉛爲字 以印綱目 卽今所謂思政殿訓義也 金鑌撰跋

文宗二年 改鎔庚子字 命安平大君書之 名曰壬申字 命姜希顔書之 名曰乙亥字 十年 欲印圓覺經 命鄭蘭宗書之 字體不正 名曰乙酉字 成宗二年 用王荊公歐陽公集字鑄之 字體小於庚子字 而尤精 名曰辛卯字 又得中朝新板綱目字鑄之 名曰癸丑字

英宗四十八年 正宗在春邸 命以甲寅字爲本 鑄十五萬字 藏于校書館 正宗元年 用前本 又鑄十五萬字 藏于奎章閣 是爲丁酉字 十八年 並移藏于今所 卽舊弘文館 命之曰鑄字所 又用字典字 木刻大小三十二萬餘字 賜名生生字 翌年 又以生生字爲本 鑄如本字 印整理儀 名曰整理字 正宗朝以廢廨爲內閣鑄字所 扁以奎瀛新府 又有板堂藏置冊板及鑄字 凡內閣印書時每於此所開局 所置銅鑄字 名生生字 傍有考文館 未知何時所創 或云 卽舊弘文館

표 4-26 초주정리자 주성에 관련된 인물[302]

직책	직위	이름	일수	사급품	수량
監董閣臣	直提學	李晩秀		鹿皮	1令
	原任直閣	尹行恁			
看役	看役前同知	柳明杓		木	2疋
	鑄字監官 差定牌將	黃仁爀		木	2疋
	分類唱準	趙潁			
員役	書吏	劉相祐, 朴允默		木	2疋
	使令	吉光福		木	1疋
	房直	姜再乭		米	3斗
	水工	銀孫			
	軍士	德柱			
工匠	守欌諸員	鄭甲成, 徐景裕, 金孝一, 徐景禧	120일	木, 布	各1疋
	印出匠	韓昌得			
	刻手邊首	劉澤龍	90일	木	3疋
工匠	刻手	朴亨蕃	90일	木	2疋
		李相眞	76일	木, 布	各1疋
		李潤澤	68일	木	1疋
		李周都	65일	木	1疋
		朴文浩	59일	木	1疋
		太聖遇	58일	木	1疋
		朴昌福	57일	木	1疋
	小爐匠邊首	金仁璟	75일	木, 布	各1疋
	小爐匠	金世萬	73일	木, 布	各1疋
		李萬春	69일	木	1疋
		李繼成	68일	木	1疋
		文昌兼	65일	木	1疋
		張時福	60일	木	1疋
		俞泰龍	31일	布	1疋
工匠	豆錫匠邊首	李震福	95일	木	2疋
	豆錫匠	李得希, 張龍中, 林順乭, 李興福	93일	木	2疋
		洪範金, 崔道學, 朴慶大, 姜仁得, 金千乭, 金貫昌, 鄭敬文, 張春得, 金福興, 尹得大	91일	木	2疋
		表命得, 張壽命, 張海彬	90일	木	2疋
		丁仁相, 尹相俊, 李希得, 曺漢得, 金壽千	40일	布	1疋
使喚牢子		李壽贊		布	1疋
巡令手		李聖燁		布	1疋

302 『承政院日記』, 1796年(정조 20) 3月 17日, 원본 1,761책

⑶ 재주정리자

이미 앞서 언급된 바와 같이 1857년에 빈전도감 화재로 주변에 있던 주자소도 불이 나서 소장하고 있던 많은 활자가 불에 타 버렸다. 이를 대신하기 위하여 이듬해인 1858년에 정리자를 보충하여 주조하게 되었다.

①『國朝寶鑑』第89卷, 哲宗 9年(1858)

鑄子所가 불탔다. 趙斗淳이 아뢰기를, “끊임없이 유포되던 나라의 문자가 모조리 타서 재가 되었습니다. 5백 년을 귀중하게 보존해 오던 것이 드디어 전할 것이 없게 되었으니, 어찌 애석하지 않겠습니까. 지금 바로 다시 만들도록 하소서.” 하니, 상이 이를 윤허하여 규장각을 시켜 주조하게 했는데, 9개월 만에 일이 끝났다. 그리하여 整理大字 8만 9천2백3자와 小字 3만 9천4백16자 및 韓構字 3만 1천8백29자를 타고 남은 온전한 글자 17만 5천6백98자와 함께 類와 部별로 분류 정리하여 주자소에 보관하였다.

②『弘齋全書』卷165, 日得錄5, 文學[5] 正祖

지금의 生生字와 整理字는 고르고 반듯하며 새기고 주조한 것이 정교하여, 衛夫人字나 韓構字 등의 활자와 비교하면 젖은 종이를 고르게 붙여야 한다든가 글자가 삐뚤거나 흔들리게 인쇄될 근심이 없다. 활자의 배열도 간편하고 빠르며 비용과 수고를 줄일 수 있어서 중국의 聚珍板式보다 도리어 더 나으니, 진실로 책을 간행한 이래로 드러나지 않았던 비법이 모두 여기에 모여 있다. 다만 그 글자체가 너무 모나서 圓厚한 뜻을 자못 잃은 것이 흠이 될 뿐이다.[303]

⑷ 재주정리자 주성 관련 인물

재주정리자의 주성에 관련된 인물은『내각일력』에서 확인할 수 있으며, 표로 정리하면 다음과 같다.

303『弘齋全書』卷165, 日得錄 5, 文學 5:
今之生生字整理字 均齊方正 刻鑄精工 視衛夫人韓構諸字 無濕紙墊排攲斜挑動之患 擺印簡捷 省費省勞 比之中國聚珍之式 反復勝之 誠刊書以來不發之祕 悉萃于玆 而但其字體圭角太露 頗失圓厚之意 爲可欠耳

표 4-27 재주정리자 주성에 관련된 인물[304]

직책	이름	賜給	수량
原任提學	尹定鉉	大豹皮	1令
提學	金炳國		
看役	孫瀅洙	外職調用	
看役	吳仁杓		
寫字官	李晉圭	加資	
	劉昉祜	實官待窠調用	
分類唱準	金仁豊, 文鎭遠, 趙鎭永	賞加書	
書吏	李在桓, 朴基福, 劉熙福, 羅敬煥	豆錫	
前任書吏	劉在根		
守欌諸員	全啓勳		
刻手邊首	李東郁		
小爐匠邊首	柳相賢		
豆錫匠邊首	邊致庠	帖加	
小木匠邊首	宋應龍		
餘捕校員役工匠等		丙辰年例施賞	

(5) 정리자 조판 관련 기록

① **정리자 이전의 활자**(『日省錄』, 1796年/정조 20, 3月 17日)

대저 전후 鑄字(임진자, 정유자, 한구자)는 동체가 한결같지 않아서 활자를 배열할 때에 모두 물에 젖은 종이를 사용하여 균점하게 하여, 매번 한 판을 인출할 때는 따로 여러 명을 세워 朱墨으로써 구절을 따라 지우게 하였는데, 오히려 삐뚤어지고 비스듬하게 움직여, 비용과 시일에 근심이 있었으며, 監印을 맡은 제신도 이를 여러 번 말하였다.

② **정리자의 조판**(『弘齋全書』 卷165, 日得錄 5, 文學)

지금의 生生字와 整理字는 고르고 반듯하며 새기고 주조한 것이 정교하여, 衛夫人字나 韓構字 등의 활자와 비교하면 젖은 종이를 고르게 붙여야 한다든가 글자가 삐뚤거나 흔들리게 인쇄될 근심이 없다. 활자의 배열도 간편하고 빠르며 비용과 수고

304 『內閣日曆』, 1858年(철종 9) 9月 18日

를 줄일 수 있어서 중국의 聚珍板式보다 도리어 더 나으니, 진실로 책을 간행한 이래로 드러나지 않았던 비법이 모두 여기에 모여 있다. 다만 그 글자체가 너무 모나서 圓厚한 뜻을 자못 잃은 것이 흠이 될 뿐이다.

위의 내용에서도 알 수 있듯이 정리자 이전에는 조판 시 물에 젖은 종이를 사용하여 활자가 흔들리지 않게 고정하였음을 알 수 있다. 그렇게 하면 물에 젖은 종이가 말라서 활자가 고정되기까지 시간이 많이 소요되며 활자가 삐뚤어지고 비스듬하게 움직여 많은 불편이 있었다. 그러나 정리자에 이르러서는 젖은 종이를 사용하지 않고 간편하고 빠르게 조판할 수 있었음을 알 수 있다. 즉 정리자는 활자의 규격이 일정하여 종이나 밀랍 등 활자를 고정하는 재료 없이 조판이 가능하였음을 짐작할 수 있다.

(6) 철우리 관련 기록

정리자는 활자의 크기가 균일하여 고정된 철우리를 사용하여 매번 조립하는 번거로움을 줄였는데 그 철우리의 수량과 행자 수가 『鑄字所應行節目』에 기록되어 있다. 그것을 표로 나타내면 다음과 같다.

표 4-28 『鑄字所應行節目』 中 정리자 관련 우리(1814년, 순조 14)

구분		판수/좌수	행자수	비고
生生字	鐵亏里	25板	10行20字	
	鐵亏里	20板	10行18字	
	小亏里	10板	10行22字	5板印札鐵條所入裁折移用於分韵小板
整理字鐵亏里		30板	10行20字	
整理儀軌木亏里		15板	10行22字	8坐杜律分韻小板移用

정리자의 인본을 토대로 파악하여 보면 주자소가 불타기 전인 哲宗 8年(1858)까지 정리자 인본의 행자 수는 10行 20字이고, 『정리의궤』의 행자 수는 10行 22字이다. 『杜律分韻』, 『陸律分韻』, 『文史咀英』에서는 10行 18字로 배열되어 있다.

(7) 整理字 관련 주자 사실(『國語』 卷21, 1859年/철종 10)

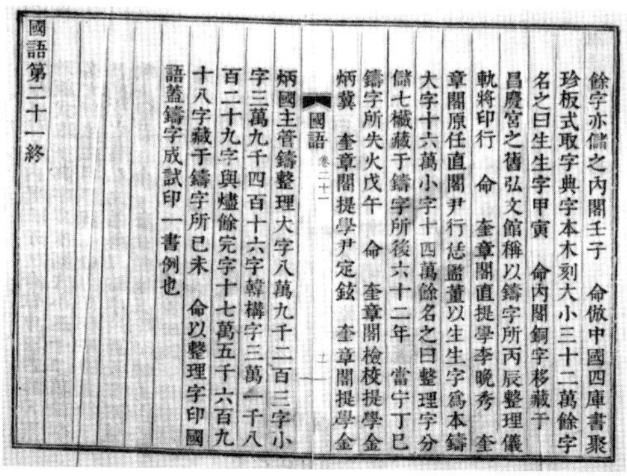

…命倣中國四庫全書聚/
珍板式取字典字本木刻小三十二萬餘字/
名曰生生字甲寅 命內閣銅字移藏于/
昌慶宮之舊弘文館稱以鑄字所丙辰整理儀/
軌將印行 命 奎章閣直提學李晩秀
奎/章閣原任直閣尹行恁監董以生生字爲本鑄/
大字十六萬小字十四萬餘名之曰整理字分/
儲七橨藏于鑄字所後六十二年 堂宁丁巳/
鑄字所失火戊午 命 奎章閣檢校直提學金/炳冀
奎章閣提學尹定鉉 奎章閣提學金/
炳國主管鑄整理大字八萬九千二百三字
小/字三萬九千四百十六字韓構字三萬一千八/
百二十九字與燼餘完字十七萬五千六百九/
十八字藏于鑄字所己未 命以整理字印國/
語蓋鑄字成試印一書例也

4) 정리자의 형태

동으로 주조된 정리자는 현재 국립중앙박물관에 소장되어 있으며, 중자·소자 각각 10만여 자씩 남아 전하고 그 형태는 뒷면이 '∩'형으로 파인 터널형이다.

(1) 크기, 높이, 무게[305]

정리자의 크기, 높이, 무게는 다음 표와 같다.

활자 크기	세로(cm)	가로(cm)	높이(cm)	무게(g)	실측(mm)
大字	0.9~1.1	1.1~1.4	0.8	3.95	'銖' 字 11×13×8
小字	1.0~1.8	0.5~0.6	0.8	1.84	'同' 字 7×7×7

그림 4-109 국립중앙박물관 정리자의 글자면 모습

305 남권희, 「韓國古活字特別展의 展示資料에 대한 槪觀」, 『한국 古活字 특별전』, 청주: 청주고인쇄박물관, 2002, pp. 128-141.

(2) 뒷면: 터널형

국립중앙박물관 소장의 재주정리자를 기준[306]으로 살펴보면 뒷면은 깊은 터널형으로 나타난다.

그림 4-110 정리자의 형태와 높이 비교

(3) 국립중앙박물관 소장 활자 조사[307]

① **整理字 小字**

306 국립중앙박물관 역사부, 『조선의 금속활자 校書館印書體字』, 서울: 국립중앙박물관, 2007.

307 2009년 10월 23일 국립중앙박물관에 소장되어 있는 정리자를 조사하였다.

② 小字 '亘' 자, '穎' 자의 측면·바닥면 형태

글자	측면			바닥면
 '亘' 字			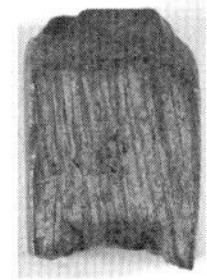	
 '穎' 字				

'亘' 字는 뒷면 평면, 다리 부분의 주형이 무너진 것으로 보이며, 옆면의 연마흔과 주물 주입이 제대로 되지 않아 생긴 것으로 추정되는 흔적이 보인다. '穎' 字는 다리 한쪽의 하단에 주물주입구로 보이는 돌출부가 있다.

(4) 초주정리자로 추정되는 활자

국립중앙박물관에 소장되어 있는 정리자는 초주정리자와 재주정리자가 혼합되어 있다. 그중 다른 활자와는 무게에서 확연히 차이가 나는 활자가 발견되었는데, 그 무게는 약 6~8g 사이이며 초주정리자로 추정된다.

활자 이름	수량(개)	무게(g)
藥	1	7.58
謐	2	7.44/7.07
弧	1	7.20
弛	2	6.05/6.23

그림 4-111 정리자의 측면 모습

위의 그림에서 점선으로 테두리를 그려 놓은 것이 초주정리자로 추정되는 활자이다.

(5) 활자 무게

초주정리자로 추정되는 활자와 다르게 그 외의 정리자는 무게가 약 3.5~6g 사이였다.

활자 이름	수량(개)	무게(g)
世	1	4.22
廣	3	3.99/3.81/4.18
廟	4	4.13/4.52/4.56/5.41
住	4	4.81/4.66/4.53/4.58
伐	4	3.90/4.44/4.26/4.80
盧	1	4.41
廚	1	4.74

(6) 활자의 주조 형태

대부분의 활자에서 조선 후기 활자에 나타나는 현상이 그대로 나타나서 먼저, 주조 시 상하틀이 어긋나고 옆면을 연마한 흔적이 나타난다. 또 일부 활자에서는 몸체가 어긋나고 좌우의 두께가 고르지 못하고 치우친 활자(3.84g)도 있으며, 하부 터널의 상면과 자면 사이가 일정하지 못한 활자도 있다. 즉, 터널의 높이가 일정하지 않고 좌우도 불균형하게 나타난다. 뿐만 아니라 활자의 옆면에 주물이 고르게 차지 않은 현상이 보이는데, 이는 주조시 주물의 온도나 주입 기술이 미숙했기 때문으로 판단된다.

그림 4-112 배열된 정리자의 모습(국립중앙박물관 소장 활자)

5) 정리자 인본 리스트

(1) 초주정리자본

현존하는 인본에 따른 초주정리자본의 본문 행자 수와 판식은 다음과 같다.

서명	권수	간행년	반곽(cm)	행자 수	어미	비고
園幸乙卯整理儀軌	4卷 4冊	正祖 20年(1796)	23.8×16.7	12行 22字	上下向黑魚尾	사주쌍변
五倫行實圖	5卷 4冊	正祖 21年(1797)	21.4×14.0	10行 20字	上下向黑魚尾	사주쌍변
杜律分韻	5卷 3冊	正祖 22年(1798)	19.4×13.8	10行 18字	上下向黑魚尾	사주쌍변
陸律分韻	39卷 13冊	正祖 22年(1798)	19.5×14.1	10行 18字	上下向黑魚尾	사주쌍변
太學恩杯詩集	5卷 2冊	正祖 23年(1799)	21.7×14.0	10行 20字	上下向黑魚尾	사주쌍변
論孟人物類聚	1冊(27張)	正祖 23年(1799)	21.6×13.8	10行 20字	上下向黑魚尾	사주쌍변
華城城役儀軌	9冊	正祖 24年(1800)	24.0×16.8	12行 22字	上下向黑魚尾	사주쌍변
御定洪翼靖公奏藁	35卷 18冊	純祖 年間(1800~1834)	22.5×15.8	10行 20字	上下向黑魚尾	사주쌍변
書傳人物類聚	1冊(15張)	純祖 元年(1801)	21.7×14.0	10行 20字	上下向黑魚尾	사주쌍변
小學問答	1冊(23張)	[純祖 2年(1802)]	21.7×14.0	10行 20字	上下向黑魚尾	사주쌍변
御定大學類義	21卷 10冊	純祖 5年(1805)	22.5×15.5	10行 20字	上下向黑魚尾	사주쌍변
杜律分韻	5卷 2冊	純祖 5年(1805)	14.9×9.6	10行 20字	上下向黑魚尾	사주쌍변 整理小字
東省校餘集	2卷 1冊	純祖 14年(1814)	22.7×15.5	10行 20字	上下向黑魚尾	사주쌍변
凔虛閒漫稿	7卷 3冊	純祖 14年(1814)	22.3×15.4	10行 20字	上下向黑魚尾	사주쌍변
弘齋全書	184卷 100冊	純祖 14年(1814)	22.5×15.5	10行 20字	上下向黑魚尾	사주쌍변
慈慶殿進爵整禮儀軌	2卷 1冊	純祖 27年(1827)	23.8×16.7	12行 22字	上下向黑魚尾	사주쌍변
進爵儀軌	2卷 1冊	純祖 28年(1828)	23.7×16.6	12行 22字	上下向黑魚尾	사주쌍변
進饌儀軌	3卷 4冊	純祖 29年(1829)	23.9×16.6	12行 22字	上下向黑魚尾	사주쌍변
文史咀英	8卷 4冊	純祖 29年(1834)	19.4×13.8	10行 18字	上下向黑魚尾	사주쌍변
桂苑筆耕集	20卷 4冊	純祖 34年(1834)	22.1×15.7	10行 20字	上下向黑魚尾	사주쌍변
進饌儀軌	3卷 3冊	憲宗 14年(1848)	23.7×16.8	12行 22字	上下向黑魚尾	사주쌍변
御製賡韻	不分卷 3冊	哲宗 5年(1854)	22.7×15.5	10行 20字	上下向黑魚尾	사주쌍변
楓皐集	16卷 8冊	哲宗 5年(1854)	22.5×15.6	10行 20字	上下向黑魚尾	사주쌍변
丙辰賡進詩	1冊(83張)	哲宗 7年(1856)	22.5×15.4	10行 20字	上下向黑魚尾	사주쌍변

(2) 재주정리자본

현존하는 인본에 따른 재주정리자본의 본문 행자 수와 판식은 다음과 같다.

서명	권수	간행년	반곽(cm)	행자 수	어미	비고
國語	21卷 4冊	哲宗 10年(1859)	23.7×16.7	10行 20字	上下向黑魚尾	사주쌍변
陶菴先生文集	50卷 25冊	[哲宗 13年(1862)]	22.6×15.8	10行 20字	上下向黑魚尾	사주쌍변
皇明詔令	21卷 10冊	高宗 年間(1863~1907)	23×16.3	10行 20字	上下向黑魚尾	사주단변
吳淸卿獻策論	1冊(16張)	高宗 年間(1863~1907)	21.3×14.4	10行 19字	無	사주단변

列聖御製	3冊	高宗 初期[1864]	25.1×16.8	10行 20字	上下向4瓣花紋魚尾	사주단변
英國條約	1冊(33張)	高宗 20年(1883)	21.4×14.4	10行 19字	無	사주단변
英國條約附通商章程稅則續約	1冊(33張)	高宗 20年(1883)	21.1×14.2	10行 19字	無	사주단변
進饌儀軌	3卷 3冊	高宗 24年(1887)	24.5×17.6	12行 22字	上下向黑魚尾	사주쌍변
离院條例	41張	[高宗 25年(1888)]	21.1×14.1	10行 19字	上下向黑魚尾	사주단변
离院條例	1冊(60張)	高宗 28年(1891)	22.8×15.3	10行 19字	上下向黑魚尾	사주쌍변
崇禎紀元後五乙酉式年司馬榜目	1冊(94張)	高宗 28年(1891)	24.7×16.7	10行 18字	上下向4瓣花紋魚尾	사주단변
崇禎紀元後五乙酉慶科增廣司馬榜目	1冊	高宗 28年(1891)	24.5×16.1	10行 18字	上下向4瓣花紋魚尾	사주단변
崇禎紀元後五戊子式年司馬榜目	1冊	高宗 28年(1891)	24.5×16.7	10行 18字	上下向4瓣花紋魚尾	사주단변
進饌儀軌	1冊(零本)	高宗 29年(1892)	25×17.9	12行 22字	上下向黑魚尾	사주쌍변
高山縣各司行下禮木新定節目	1冊(14張)	高宗 30年(1893)	23.0×16.5	10行 20字	上下向黑魚尾	사주단변
弘文館各道行下禮木新定節目	1冊(27張)	高宗 30年(1893)	23.6×16.6	10行 20字	上下向黑魚尾	사주단변
三陟府各司行下禮木新定節目	13張	高宗 30年(1893)	23.3×16.7	11行 20字	上下向黑魚尾	사주단변
參禮驛各吏行下禮木新定節目	1冊(9張)	高宗 30年(1893)	33.4×21.4	11行 20字	上下向黑魚尾	사주단변
草記	1冊	[高宗 31年(1894)]	25.1×15.9	10行 22字	無	사주단변
政事	1冊(13張)	高宗 31年(1894)	25.0×15.8	10行 22字	無	사주단변
軍國機務處議案	1冊(79張)	高宗 31年(1894)	25.0×16.0	10行 22字	無	사주단변 계선 없음
關抄	1冊(31張)	高宗 32年(1895)	16.4×9.5	10行 20字	上下向黑魚尾	사주단변 整理小字
東國史略	6卷3冊	高宗 32年(1895)	22.1×15.6	10行 19字	上下向黑魚尾	사주단변
初學階梯首集	1冊(15張)	[高宗 32年(1895)]	23.4×15.4	10行 20字	上下向4瓣花紋魚尾	사주단변
保護淸商規則	1冊(8張)	高宗 32年(1895)	30.1×20.2			
內務衙門訓示	12張	高宗 32年(1895)	23.0×15.4	10行 20字	上下向黑魚尾	사주단변
地方制度	1冊(63張)	高宗 33年(1896)	25.3×16.3	11行 22字	上下向黑魚尾	사주단변 계선 없음
儒學經緯	1冊	高宗 33年(1896)	24.0×15.2	10行 20字	上下向黑魚尾	사주단변
公法會通	10卷 3冊	高宗 33年(1896)	30.0×19.0	10行 21字	上下向黑魚尾	사주단변 계선 없음
新訂尋常小學	3卷 3冊	高宗 33年(1896)	20.3×13.5	8行 17字	上下向黑魚尾	사주단변 계선 없음
戶口調查規則	1冊(7張)	高宗 33年(1896)	30.2×18.5			
地方制度改正하난請議書	1冊(63張)	高宗 33年(1896)	25.4×16.5	11行 22字	上下向黑魚尾	사주단변 계선 없음
楓崖先生文集	2卷 1冊	[光武 1年(1897)]	22.7×15.5	10行 20字	上下向黑魚尾	사주단변
디구략론(地璆略論)	1冊	光武 1年(1897)	22.2×15.3	10行 20字	上下向黑魚尾	사주단변

各府尹牧使郡守 解由規則	1冊(4張)	光武 3年(1899)	24.4×16.7	10行 21字	上下向黑魚尾	사주단변
大韓國大淸國通商 條約	1冊(9張)	光武 3年(1899)	22.3×15.8	10行 20字	上下向黑魚尾	사주단변
東國歷代史略	6卷 3冊	光武 3年(1899)	24.7×16.5	10行 21字	上下向黑魚尾	사주단변
大韓歷代史略	6卷 3冊	[光武 3年(1899)]	24.1×16.7	10行 21字	上下向黑魚尾	사주단변
八商社	1冊	光武 3年(1899)	24.7×16.6	10行 20字	上下向黑魚尾	사주단변
解由規則	1冊(4張)	光武 3年(1899)	24.6×16.4	10行 21字	上下向黑魚尾	사주단변
進宴儀軌	4冊	光武 5年(1901)	25.0×17.8	12行 22字	上下向黑魚尾	사주쌍변
上之卽祚三十二年 甲午式年司馬榜目	3卷 3冊	光武 6年(1902)	26.1×18	11行 20字	上下向4瓣 花紋魚尾	사주단변
上之卽祚二十九年 辛卯慶科增廣司馬榜目	2卷 2冊	光武 6年(1902)	25.7×17.7	11行 20字	上下向4瓣 花紋魚尾	사주단변
孟子	7卷 3冊	[高宗 末(1880~1906)]	20.3×13.5	9行 17字	上下向黑魚尾	사주단변
論語	5卷 1冊	[高宗 末(1880~1906)]	20.6×13.7	9行 17字	上下向黑魚尾	
通文	1冊(14張)		22.1×15.7	10行 20字	上下向黑魚尾	사주단변
易言	4卷 4冊		22.3×15.1	10行 20字	上下向白魚尾	사주단변 한글활자본
編註醫學入門	7卷 19冊		23.8×17.3	10行 19字	上下內向4瓣 花紋魚尾	사주단변
各大臣間規約條件	1冊(8張)		25.0×16.0	11行 22字	無	사주단변
大學	1冊(18張)		20.4×13.7	9行 17字	上下向黑魚尾	사주단변

이상에서 초주정리자와 재주정리자로 간행된 현존 인본을 정리하였는데, 그것을 다시 본문의 행자 수를 기준으로 구분하여 종 수를 정리하면 다음과 같다.

구분	행자 수	종수
초주정리자본	12行 22字	7종
	10行 20字	15종
	10行 18字	3종
재주정리자본	12行 22字	3종
	11行 22字	3종
	11行 20字	4종
	10行 22字	3종
	10行 21字	5종
	10行 20字	16종
	10行 19字	7종
	10行 18字	3종
	9行 17字	3종
	8行 17字	1종

6) 정리자 인본 이미지

① 초주정리자본

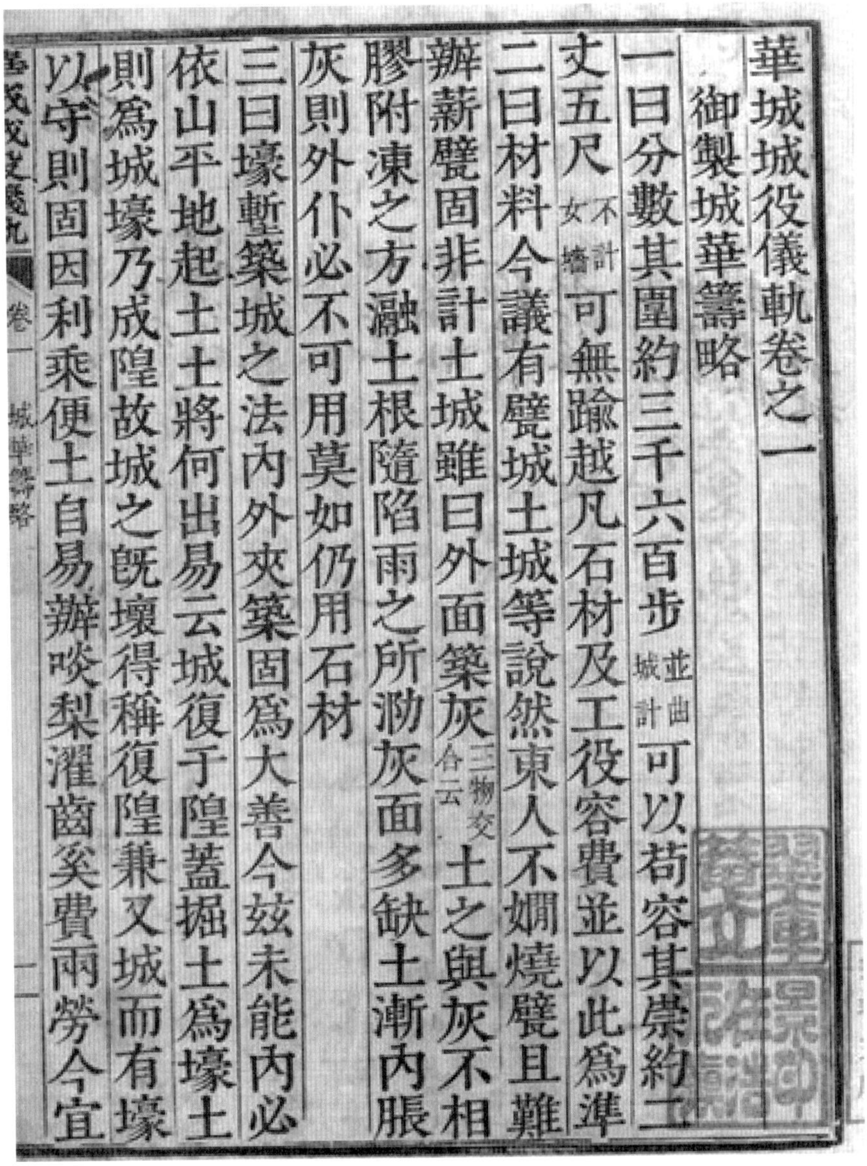
華城城役儀軌卷之一
御製城華籌略
一曰分數其圍約三千六百步並曲城計可以苟容其崇約二丈五尺不計女墻可無踰越凡石材及工役容費並以此爲準
二曰材料今議有甓城土城等說然東人不嫻燒甓且難辦薪甓固非計土城雖曰外面築灰三物交合云土之與灰不相膠附凍之方瀜土根隨陷雨之所泐灰面多缺土漸內脹灰則外仆必不可用莫如仍用石材
三曰壕塹築城之法內外夾築固爲大善今玆未能內必依山平地起土土將何出易云城復于隍蓋掘土爲壕土則爲城壕乃成隍故城之旣壞得稱復隍兼又城而有壕以守則固因利乘便土自易辦啖梨濯齒奚費兩勞今宜

그림 4-113 『華城城役儀軌』 卷1[308]

308 경북대학교 도서관 소장본.

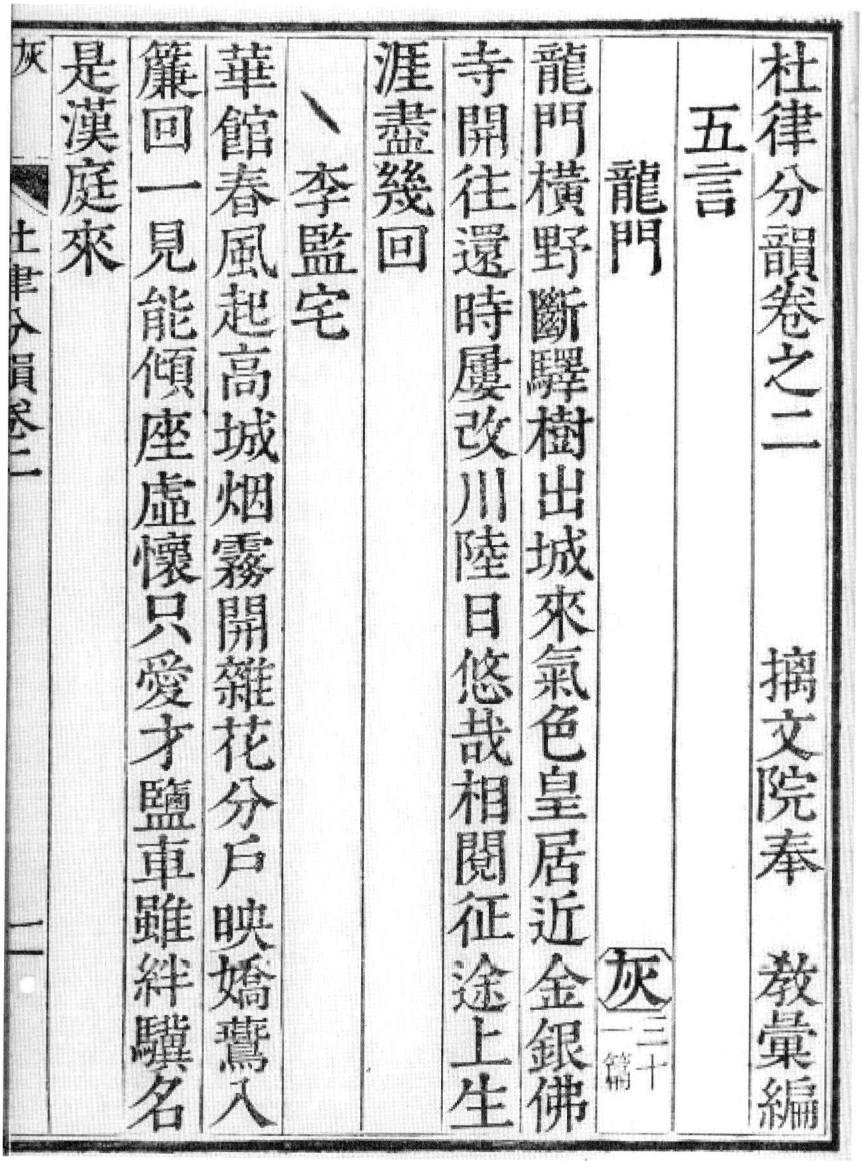

杜律分韻卷之二　摛文院奉　敎彙編

五言

龍門　灰 三十一篇

龍門橫野斷驛樹出城來氣色皇居近金銀佛寺開往還時屢改川陸日悠哉相閱征途上生涯盡幾回

丶李監宅

華館春風起高城烟霧開雜花分戶映嬌鶯入簾回一見能傾座虛懷只愛才鹽車雖絆驥名是漢庭來

灰　杜律分韻卷二　二

그림 4-114 『杜律分韻』 권2[309]

309 경북대학교 도서관 소장본.

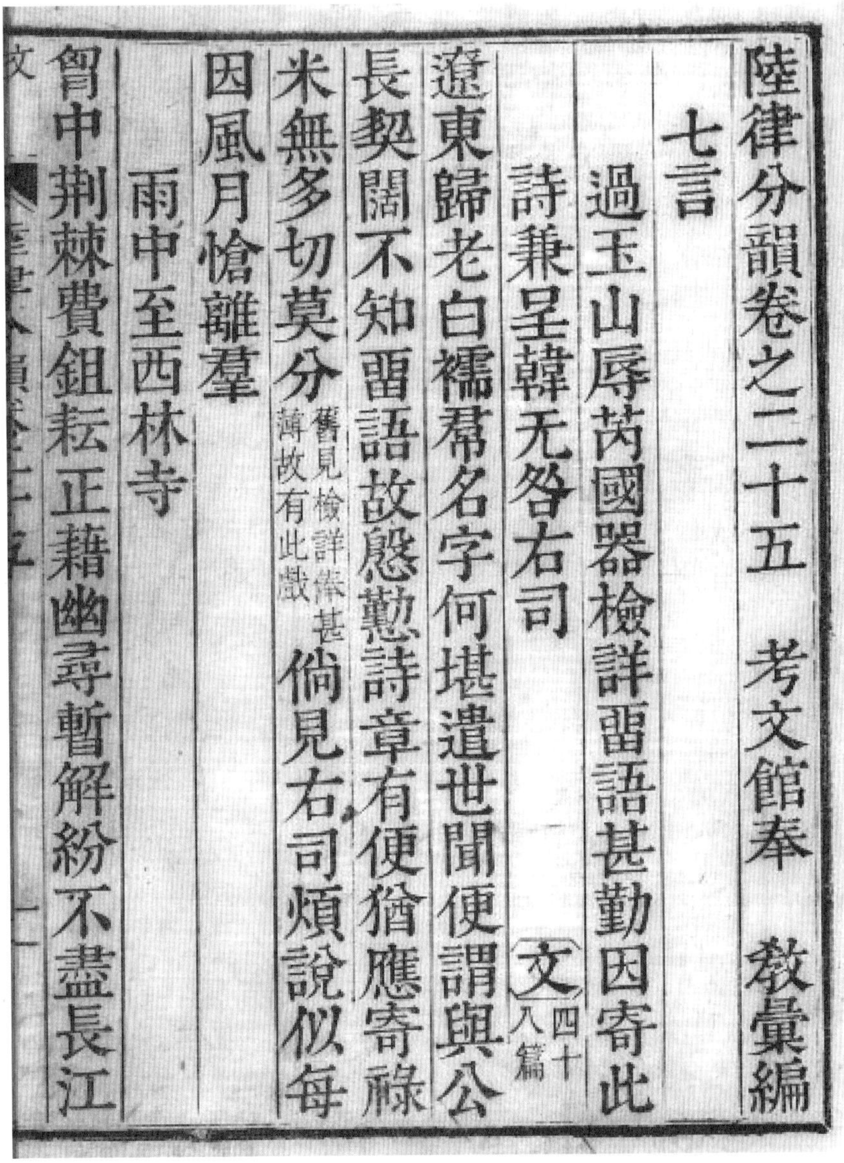

그림 4-115 『陸律分韻』 권25[310]

310 경북대학교 도서관 소장본.

② 재주정리자본

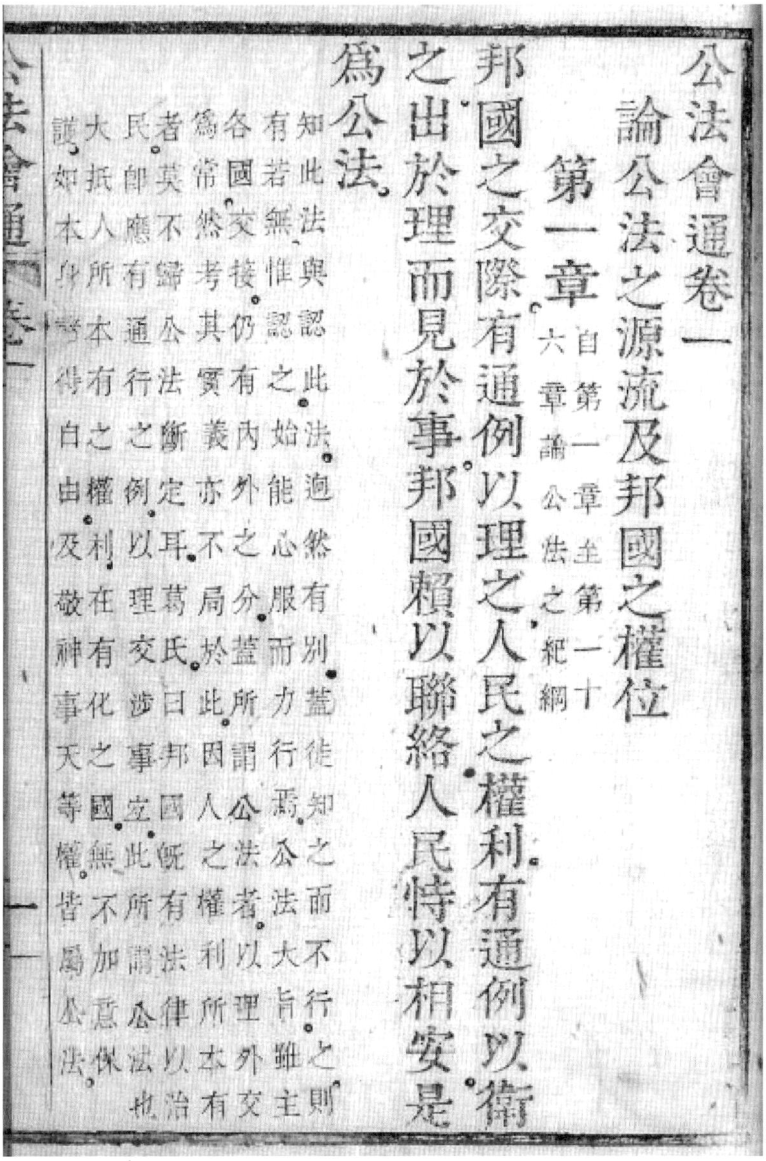

公法會通卷一

論公法之源流及邦國之權位

第一章 自第一章至第一十六章論公法之紀綱

邦國之交際有通例以理之人民之權利有通例以衛之出於理而見於事邦國賴以聯絡人民特以相安是爲公法

知此法與認此法迺然有別蓋徒知之而不行之則有若無惟認之始能心服而力行焉公法大旨雖主各國交接仍有內外之分蓋所謂公法者以理外交爲常然考其實義亦不局於此因人之權利所本有者莫不歸公法斷定耳葛氏曰邦國旣有法律以治民者卽應有通行之例以理交涉事宜此所謂公法也大抵人所本有之權利在有化之國無不加意保護如本身[illegible]得自由及敬神事天等權皆爲公法

그림 4-116 『公法會通』 권1[311]

311 경북대학교 도서관 소장본.

22. 整理字體 鐵活字

1) 整理字體 鐵活字 개요

整理字體 鐵活字는 1798년(정조 말) 무렵에 민간에서 정리자를 모방하여 주조한 활자이다. 상업적인 서적 간행에 사용해 온 것으로 알려져 왔으나 누가, 언제, 어디서 만들었는지에 대한 기록이 없어 활자명에 대한 의견이 분분하다. 정리자체 철활자라는 이름은 정리자를 모방한 것이어서 '정리자체'라 하고, 활자를 주조하는 데 사용된 재료가 철이기 때문에 '철활자'라고 한 것이다. 이 활자의 초창기 연구에서는 목활자로 보아 金斗鍾은 '정리자체 목활자'라고 했으며, 철활자라고 밝혀진 뒤에 尹炳泰는 '정리자를 닮은 철자', 千惠鳳은 '정리자체 철활자'라고 하였다. 한편 孫寶基는 希顯堂과 관계있다고 보아서 '희현당자'라고 하였는데, 이후 윤병태가 손보기의 의견에 동의해 '희현당 철자'라고 하였다. 이렇듯 이 활자에 대해서는 학자들마다 활자명에 이견이 있다.

<table>
<tr><td>①
김두종</td><td>• 활자명: 정리자체 목활자
• 활자 재료: 나무
• 최초 인본: 『家禮集考』
• 사용 기간: 순조 원년~고종 12년
• 인본 수: 24종</td><td>②
윤병태
(1)</td><td>• 활자명: 정리자를 닮은 철자
• 활자 재료: 철
• 최초 인본: 『南征日錄』, 『丁卯擧義錄』
• 사용 기간: 1798년경~19세기
• 인본 수: 80종</td></tr>
<tr><td>③
천혜봉
(1)</td><td>• 활자명: 정리자체 철활자
• 활자 재료: 철
• 최초 인본: 『文谷年譜』
• 사용 기간: 순조 2년~고종 年間</td><td>④
손보기</td><td>• 활자명: 희현당자
• 활자 재료: 철
• 최초 인본: 『分類補註李太白詩』
• 사용 기간: 1798년~1911년
• 인본 수: 30종</td></tr>
<tr><td>⑤
천혜봉
(2)</td><td>• 활자명: 정리자체 철활자
• 활자 재료: 철
• 최초 인본: 『정묘거의록』</td><td>⑥
윤병태
(2)</td><td>• 활자명: 희현당 철자
• 활자 재료: 철
• 최초 인본: 『정묘거의록』
• 사용 기간: 1798년~1876년
• 인본 수: 79종</td></tr>
</table>

대체적으로 활자의 재료와 민간에서 정리자를 모방했다는 점에서는 의견이 일치하지만 활자명에 있어서는 이견을 보이고 있다. 希顯堂이란 金時傑(1653~1701)이 1699년(숙종 25)에 전라도 관찰사로 부임하여 학문을 장려하기 위해 세운 글방의 이름으로, 1876년(고종 13)

후손 金啓鎭이 '장차 그 희현당에서 활자를 모아 선생연보를 인출'[312]이라 언급한 내용을 바탕으로 한 명칭이 희현당자 또는 희현당 철자이다. 이후 발견된『朴公贈吏曹參判忠節錄』의 권말에도 희현당에서 개간[313]했다는 기록이 있어 윤병태는 '희현당 철자'라고 부르는 것이 좋을 것 같다고 하였다. 하지만 천혜봉은 1872년(고종 9)에 성균관의 丕闡堂에서도 이 활자로『太學賡載軸』을 찍고 '丕闡堂刊印'으로 표시한 것과, 1874년(고종 11)에 서울의 甲楔所에서『甲戌楔』를 찍으면서 갑계소를 인출로 표시한 것을 예로 들어 간행 요구자의 의뢰에 따라 의뢰처가 간인으로 표시되었다며, 이는 당시 민간의 상업적 인쇄의 특징에 해당하므로 활자 이름을 희현당 철자라고 결정하는 것은 좀 더 신중한 검토가 필요하다고 하였다.

정리자체 철활자는 순조 이후 구한말까지 호남지방을 비롯한 서울 등에서 文集·族譜·經書·訓蒙書·韓醫書·曆象書·地理學書·擧義錄·倡義錄·忠義錄·孝行錄 및 각종 傳記類 등 민간에서 필요로 하는 서적을 간행하여 보급하는 데 사용되었다. 정리자체와 비교하여 지게다리가 강조되는 특징이 있으며 크기와 조판 형식은 정리자본과 거의 같다. 대체적으로 정리자와 모양이 비슷하지만 之·也·於·心 등의 글자는 차이가 있으며, 言·列·必·焉·然·更·非 등의 글자에는 다른 활자와 구별할 수 있는 정리자체 철활자만의 특징이 나타난다.

표 4-29 정리자체 철활자의 특징자

言	列	必	然	焉	更	非

특히 이 활자는 조선 말에 筆書體 鐵活字와 같이 족보 등의 印出에 사용된 적이 많다. 주조된 활자의 수는 알 수 없으나 그 크기(가로×세로)는 대략 대자가 1.3cm×1.1cm이고, 소자가 0.7cm×0.7cm이다. 활자의 재료가 구리보다 다루기 힘든 철이고 민간에서 주

312 先祖蘭谷先生 按完營 後百六十有六年 裔孫啟鎭通判是府 將裒希顯堂活字 印先生年譜

313 崇禎記元後癸未孟夏希顯堂開刊

조했기 때문에 주조술이 거칠어 글자의 모양이 일정하지 않고 획이 고르지 않은데, 소자는 더욱 그렇다. 그러나 이 활자는 호남지방을 중심으로 서울지방 등에서 주로 사용되면서 민간에서 필요로 하는 서책을 인출하고 널리 보급하여 교육문화 및 면학의 저변을 확대하는 데 크게 기여하였다. 정리자체 철활자 실물은 현재 원광대 박물관, 연세대 중앙도서관 등에 일부가 보관되어 있다.

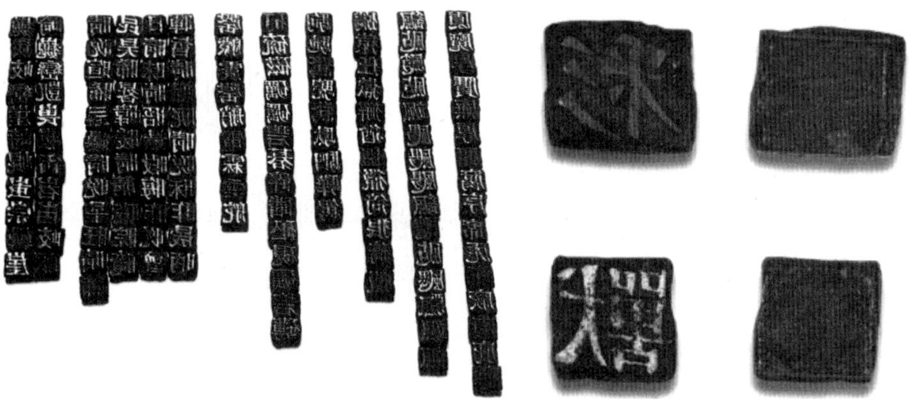

그림 4-117 원광대학교 박물관 소장 整理字體 鐵活字[314]

2) 정리자체 철활자 인본[315]

(1) 정리자체 철활자 전기 간행본

서명	권책수	간행시기	변란	행자수	소장처
丁卯擧義錄	1冊	1798년(정조 22)	사주쌍변	10行 20字	국립중앙도서관, 규장각한국학연구원
南征日錄	4卷 2冊	정조 연간	사주쌍변		국립중앙도서관
南門倡義錄	68張	정조 연간	사주단변	10行 20字	국립중앙도서관
夏亭先生遺集	1冊	1800년(정조 24)	사주쌍변	10行 20字	고려대학교 도서관
夏亭先生遺集	1책	1800년(정조 24)	사주쌍변	10行 20자	계명대학교 도서관

314 청주고인쇄박물관(2012), p. 139.

315 윤병태, 『朝鮮後期의 活字와 冊』, pp. 280-285와 청주고인쇄박물관, 『조선시대 한글 활자와 철활자』, 청주: 청주고인쇄박물관, 2010, pp. 63-68 참조.

家禮集考	7卷 8册	1801년(순조 1)	사주쌍변	6行 21字	국립중앙도서관
家禮集考	8卷 8册	1801년(순조 1)	사주쌍변	6行 21자	성균관대학교 도서관
寒喧劄錄	5卷 3册	[1801년(순조 1)]	사주단변	10行 20字	규장각한국학연구원
明齊先生遺稿	46卷, 別4卷, 合26册	순조 연간	사주쌍변	10行 20字	규장각한국학연구원
文谷年譜	2卷 1册	1802년(순조 2)	사주쌍변	10行 20字	국립중앙도서관
麻方統彙	4册	1802년(순조 2)	사주단변	10行 21字	장서각
晩隱遺稿	1册	1802년(순조 2)	사주쌍변	10行 21字	국립중앙도서관
文谷年譜	2册	1802년(순조 2)	사주쌍변	10行 20字	
屛溪先生集	60卷 30册	순조 연간	사주쌍변	10行 20字	국립중앙도서관
順興安氏 保宥錄	20張	1803년(순조 3)	사주쌍변	10行 20字	국립중앙도서관
兒戲原覽	1册 (64張)	1803년(순조 3)	사주단변	10行 21字	국립중앙도서관
牛山先生年譜	2卷 1册	1805년(순조 5)	사주단변	10行 22字	계명대학교 도서관
兒戲原覽	1册	1805년(순조 5)	사주단변	10行 21字	고려대학교 도서관
錦囊經	2卷 1册	1806년(순조 6)	사주쌍변	10行 20字	계명대학교 도서관
黎湖先生年譜	4卷 2册	1809년(순조 9)	사주단변	10行 20字	규장각한국학연구원
篠叢遺稿	1册 (63張)	1810년(순조 10)	사주단변	10行 20字	규장각한국학연구원
屯菴集	6卷, 附錄, 合3册	1811년(순조 11)	사주단변	10行 20字	규장각한국학연구원
在澗集	6卷 3册	1813년(순조 13)	사주단변	10行 20字	규장각한국학연구원
湖南貢膳定例附篇		1820년(순조 20)			
活溪先生遺稿	2卷	1822년(순조 22)	사주단변	10行 20字	규장각한국학연구원
朴公贈吏曹 參判忠節錄		1823년(순조 23)			
列聖朝受敎	13張	1829년(순조 29)	사주단변	8行 12字	국립중앙도서관
茂松尹氏族譜	6卷 5册	1831년(순조 31)	사주단변	10行 20字	국립중앙도서관
廣平大君章 懿公子孫譜	9卷 9册	1833년(순조 33)			국립중앙도서관
結城張氏族譜	續卷 1册	순조 연간			개인
金海金氏世譜					
論語集註大全					윤병태[316]
周易大全					
書傳大全					
編註醫學入門					

316 윤병태, 『朝鮮後期의 活字와 册』.

(2) 정리자체 철활자 중기 간행본

서명	권책수	간행시기	변란	행자수	소장처
頤齋集	8卷 4冊	1836년(헌종 2)	사주단변	10行 20字	국립중앙도서관
性堂集	5卷 2冊	1845년(헌종 11)	사주쌍변	10行 20字	규장각한국학연구원
全州李氏 益安大君波譜	22卷 7冊	1847년(헌종 13)	사주단변	11行 24字	국립중앙도서관
璿源李氏 敬寧君派世譜	10卷 10冊	1848년(헌종 14)	사주단변		고려대학교 도서관
龍灣誌	2冊	1849년(헌종 15)	사주쌍변	10行 22字	규장각한국학연구원
完山李氏派譜		헌종 연간			윤병태
平昌李氏世譜					개인
河東鄭氏族譜					개인
文化柳氏派譜	7卷 6冊	1850년(철종 1)	사주단변	12行 25字	국립중앙도서관
觀書隨錄	10卷 5冊	1852년(철종 3)	사주쌍변	10行 20字	동국대학교 도서관
飮水讀仙	1冊 (19張)	1854년(철종 5)		8行 16字	고려대학교 도서관
茂長邑誌	1冊 (47張)	1857년(철종 8)	사주단변	10行 20字	성균관대학교 도서관
永順太氏族譜	1卷 1冊	1857년(철종 8)	사주단변		동경대학교 도서관
溫陽鄭氏 波世譜	5卷 5冊	1858년(철종 9)	사주쌍변	12行 24字	국립중앙도서관
桃源遺蹟	2卷 1冊	1859년(철종 10)	사주단변	9行 18字	국립중앙도서관
國語	18卷 3冊		사주쌍변	10行 20字	성균관대학교 도서관
陵城朱氏 判下事目	12張		사주단변	10行 18字	국립중앙도서관
泊翁詩抄	9卷4冊		사주단변	10行 21字	연세대학교 도서관
泊翁詩鈔	9卷 4冊	1860년(철종 11)	사주단변	10行 21字	규장각한국학연구원
南原尹氏 重刊族譜	13卷 13冊	1861년(철종 12)	사주단변	12行 24字	규장각한국학연구원
時憲紀要	2編 2冊	1860년(철종 11)	사주단변	10行 21字	규장각한국학연구원
竹山朴氏 重鐫族譜		철종 연간			
淸州韓氏族譜					
諸家曆象集					

(3) 정리자체 철활자 후기 간행본

서명	권책수	간행시기	변란	행자수	소장처
菱湖集	3卷 1冊	1865년(고종 2)	사주단변	10行 20字	장서각
戒懼菴集	14卷 7冊		사주단변	10行 20字	규장각한국학연구원
地理全書 靑烏先生葬經	1冊 (9張)	1866년(고종 3)	사주쌍변	8行 17字	규장각한국학연구원
地理新法 胡舜申	1冊 (43張)		사주쌍변	10行 20字	규장각한국학연구원
慶州李氏 金石錄	24卷 10冊	1868년(고종 5)	사주단변	10行 20字	규장각한국학연구원
陽湖影堂志	1冊		사주단변	10行 20字	고려대학교 도서관
慶州李氏派譜	2卷 2冊		사주단변	11行 24字	장서각
慶州李氏世譜	零本 3冊	1869년(고종 6)	사주단변		고려대학교 도서관
密城朴氏族譜	7編 11冊		사주단변	10行 21字	장서각
太宗大王 率功臣六十六 人會盟錄	1冊		사주단변	11行 24字	고려대학교 도서관
伴鷗堂遺稿	3卷 1冊	1870년(고종 7)	사주단변	10行 18字	고려대학교 도서관
籌學入格案	2卷 2冊		사주단변	5行	장서각
宜寧南氏族譜					
伴鷗堂遺稿	2冊		사주쌍변	10行 18字	
太學賡載軸	32張	1872년(고종 9)	사주단변	10行 20字	국립중앙도서관
仁同張氏世譜	13卷 7冊		사주단변	11行 24字	국립중앙도서관
甫山集	4卷 2冊	1873년(고종 10)	사주단변	10行 20字	규장각한국학연구원
正粹錄	2卷 1冊	1874년(고종 11)	사주단변	10行 20字	장서각
甲戌稧	1冊 (4張)		사주단변	10行 18字	규장각한국학연구원
桐漁年譜	1冊 (43張)	1875년(고종 12)	사주단변	10行 20字	규장각한국학연구원
太師武烈公 遺蹟	4卷 1冊		사주단변	9行 20字	장서각
蘭谷先生年譜	1冊 (41張)	1876년(고종 13)	사주쌍변	10行 18字	규장각한국학연구원
五服名義	3卷 3冊		사주단변	11行 23字	규장각한국학연구원
寶城宣氏五世 忠義錄	1冊 (77張)	1879년(고종 16)	사주단변	10行 22字	연세대학교 도서관
密陽朴氏世譜		고종 연간			
東萊鄭氏派譜		고종 연간			
明山論	1冊 (22張)	고종 연간	사주쌍변	10行 20字	규장각한국학연구원
坡州廉氏族譜 事實		고종 연간			

(4) 정리자체 철활자 간행 시기 미상본

서명	권책수	간행시기	변란	행자수	소장처
潛窩遺稿	4卷 2册	미상	사주쌍변	10行 20字	규장각
益城唐孝子行錄	1册 (12張)		사주단변	12行 22字	고려대
德水金氏世譜					
安東權氏世譜					
礪山宋氏族譜					
固城李氏桃村公派譜					
心經附註	4卷 2册		사주단변	10行 17字	고려대
分類補註李太白詩					
陶菴先生集	50卷 25册		사주쌍변	10行 20字	동국대
慕巖先生文集	2卷 1册		사주단변	10行 20字	연세대
三憂堂文先生實記	4卷 2册		사주단변	10行 20字	연세대
性堂集	5卷 2册		사주쌍변	10行 20字	연세대
所菴先生文集	20卷 10册		사주쌍변	10行 20字	연세대
順興安氏舊系寶錄	1册 (8張)		사주단변	12行 24字	연세대
安齋文集	2卷 1册		사주단변	10行 19字	연세대
李齋集	8卷 4册		사주단변	10行 22字	연세대
寒暄箚錄	5卷 3册		사주단변	10行 20字	충남대
渾溪先生言行錄	2卷 1册		사주단변	10行 20字	계명대
活溪先生遺稿	2卷 1册		사주단변	10行 20字	연세대
明齋先生遺稿	1册		사주단변	10行 20字	
心經附註	2册		사주쌍변	10行 17字	
孟子集註大全	1册		사주단변	10行 22字	

3) 인본 이미지

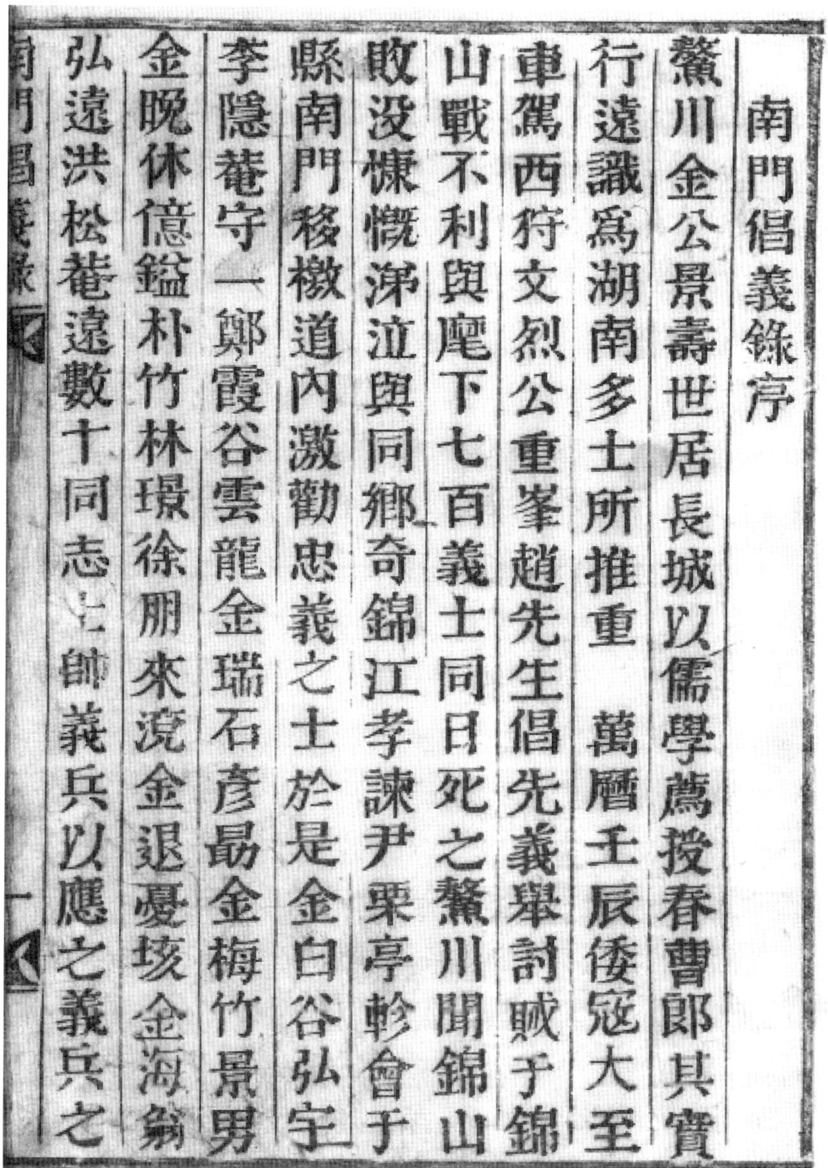

南門倡義錄序

鰲川金公景壽世居長城以儒學薦授舂曹郎其實
行遠識爲湖南多士所推重　萬曆壬辰倭寇大至
車駕西狩文烈公重峯趙先生倡先義擧討賊于錦
山戰不利與麾下七百義士同日死之鰲川聞錦山
敗沒慷慨涕泣與同鄉奇錦江孝諫尹栗亭軫會于
縣南門移檄道內激勸忠義之士於是金白谷弘宇
李隱菴守一鄭霞谷雲龍金瑞石彥勗金梅竹景男
金晩休億鎰朴竹林璟徐朋來滉金退憂垓金海翁
弘遠洪松菴遠數十同志士帥義兵以應之義兵之

그림 4-118 「南門倡義錄」[317]

317 경북대학교 도서관 소장본.

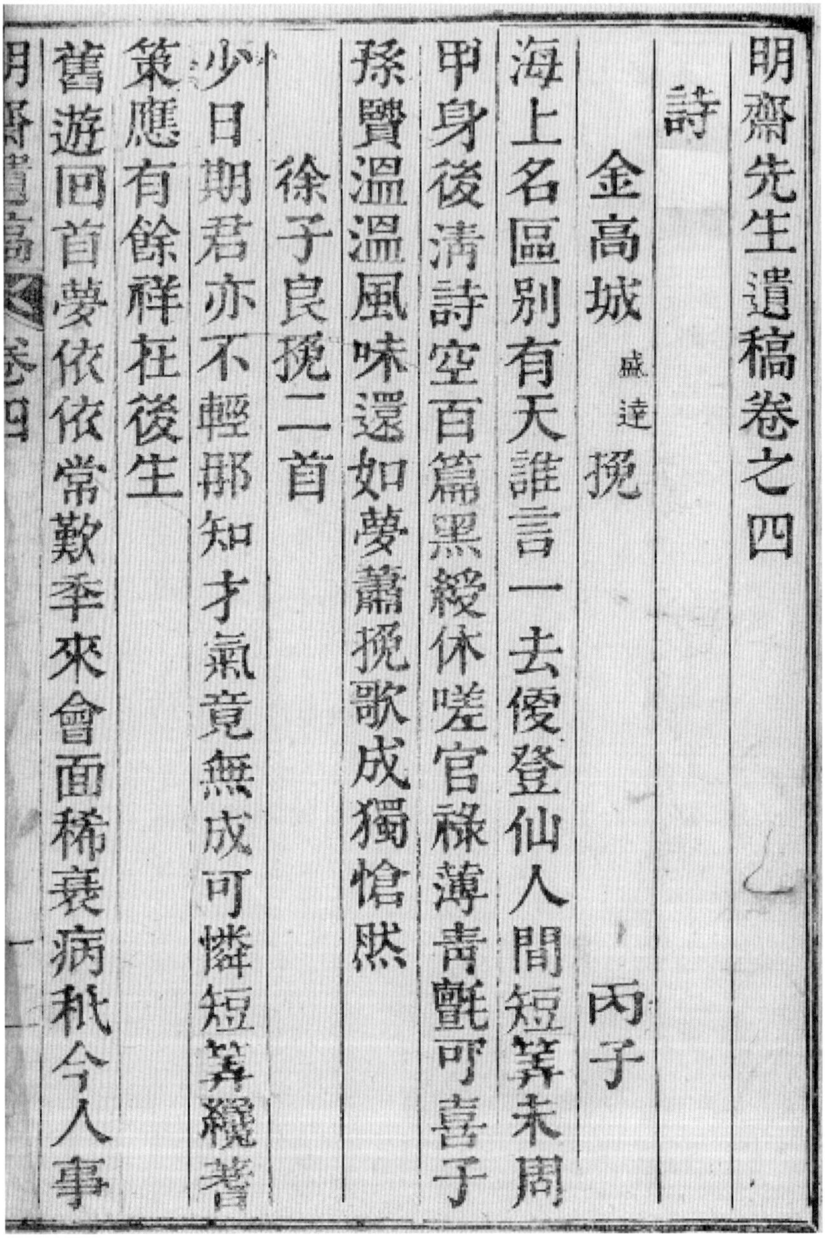

그림 4-119 『明齋先生遺稿』 권4[318]

318 경북대학교 도서관 소장본.

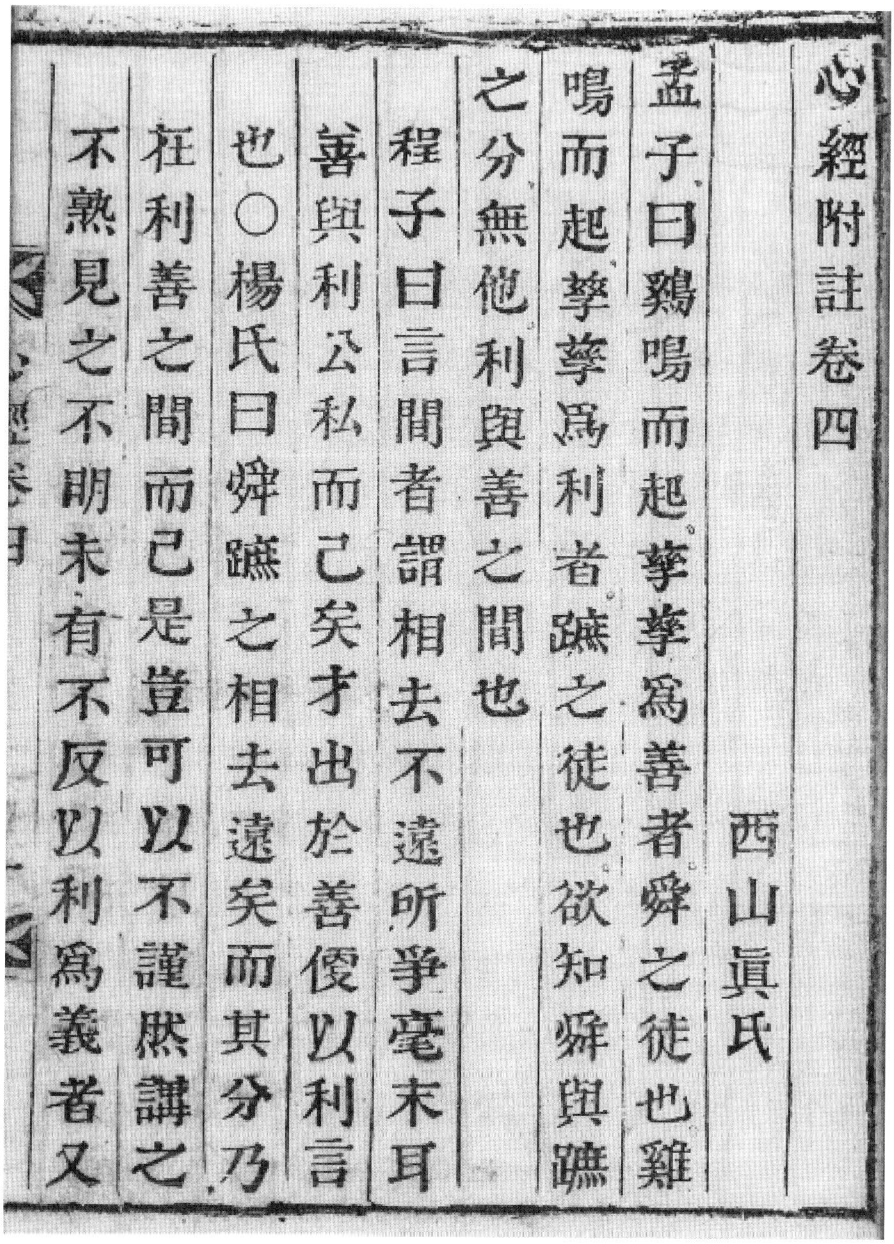

心經附註卷四

西山眞氏

孟子曰鷄鳴而起孳孳爲善者舜之徒也雞鳴而起孳孳爲利者蹠之徒也欲知舜與蹠之分無他利與善之間也

程子曰言間者謂相去不遠所爭毫末耳善與利公私而已矣才出於善便以利言也○楊氏曰舜蹠之相去遠矣而其分乃在利善之間而已是豈可以不謹然講之不熟見之不明未有不反以利爲義者又

그림 4-120 『心經附註』 권4[319]

319 경북대학교 도서관 소장본.

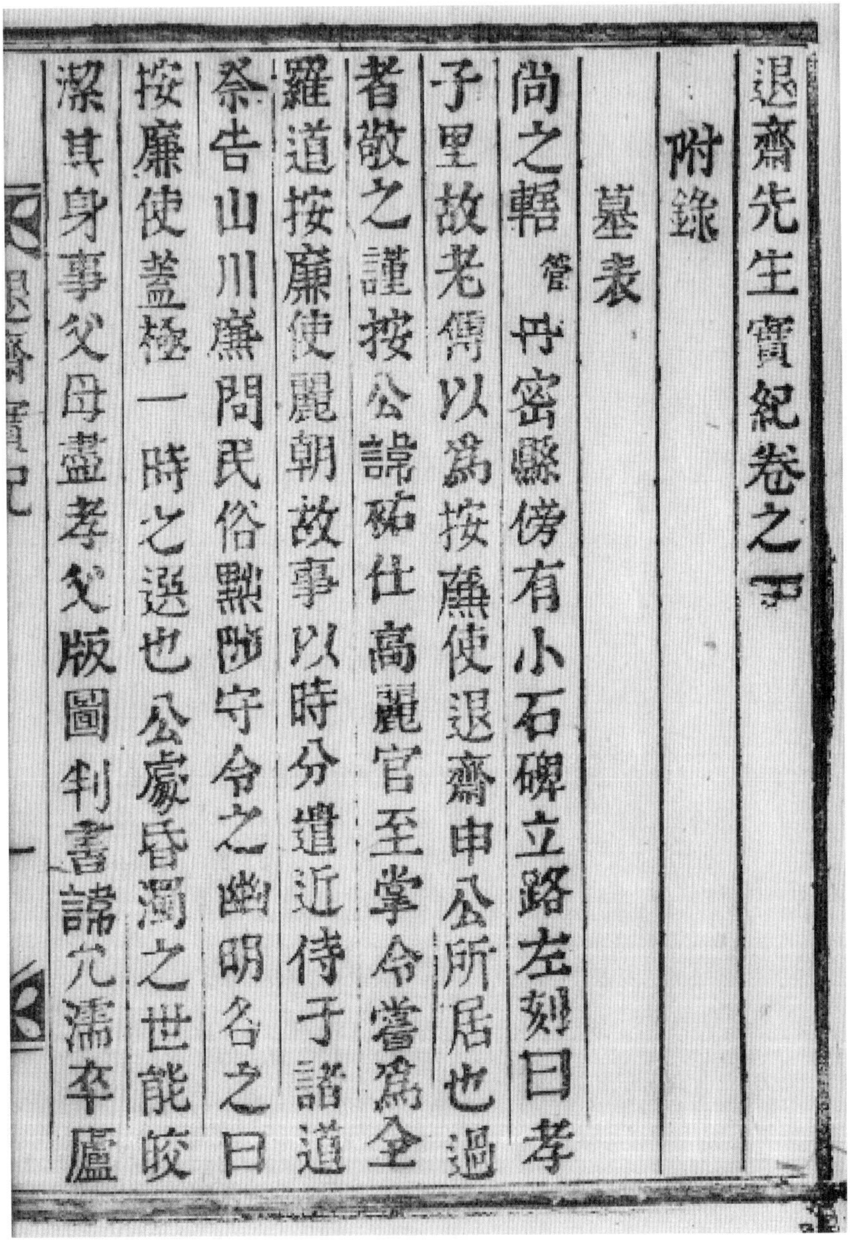
退齋先生實紀卷之下

附錄

墓表

尙之轄管丹密縣傍有小石碑立路左刻曰孝
子里故老傳以爲按廉使退齋申公所居也過
者敬之謹按公諱祐仕高麗官至掌令嘗爲全
羅道按廉使麗朝故事以時分遣近侍于諸道
叅告山川廉問民俗黜陟守令之幽明名之曰
按廉使蓋極一時之選也公處昏濁之世能皎
潔其身事父母盡孝父殁圖判書諱允濡卒廬

退齋實紀 一

그림 4-121 『退齋先生實紀』 권1[320]

320 경북대학교 도서관 소장본.

4) 정리자와 정리자체 철활자 비교

자본이 유사하고 형태적으로 닮은 生生字·初鑄整理字·再鑄整理字·整理字體 鐵活字를 비교해 보았다. 비교할 때 사용된 인본으로 생생자는 『太學恩杯詩集』, 초주정리자는 『園幸乙卯整理儀軌』, 재주정리자는 『國語』, 정리자체 철활자는 『家禮集考』를 사용하였다.

	之	也	於	心	者	而	乎
생생자	之	也	於	心	者	而	乎
초주정리자	之	也	於	心	者	而	乎
재주정리자	之	也	於	心	者	而	乎
정리자체 철활자	之	也	於	心	者	而	乎
	爲	曰	人	其	今	上	以
생생자	爲	曰	人	其	今	上	以
초주정리자	爲	曰	人	其	今	上	以
재주정리자	爲	曰	人	其	今	上	以
정리자체 철활자	爲	曰	人	其	今	上	以

23. 全史字

1) 전사자 개요

全史字는 "순조의 생모인 수빈 박씨의 오빠 朴宗慶(1765~1817)이 재물을 모아 1816년(순조 16)에 청나라 聚珍板 全代史(二十一史)의 글자를 자본으로 20만 자를 주성한 인서체 동활자이며, 박종경이 사사로이 만든 인서체 활자인 점에서 그의 호를 따서 '돈암인서체자'라고 부르기도 한다."[321]

전사자는 표제면의 기록, 서체, 간행처 및 간행자에 따라 '전사자체', '취진판본', '철자', '인 금석집동주자', '취진자', '대릉활자', '수천정활자', '운현궁활자' 등으로 불려져 왔다.

표 4-30 전사자의 다양한 명칭 용례 일람표[322]

번호	명칭 용례	연도	쓴 사람	문헌명	쓴 곳	비고
1	전사자체	1822	남공철	영옹속고	표제면	
2	취진판본	1822	남공철	고려명신전	표제면	
3	철자	1834	정만석	만모유고	발문	정기안
4	인 금석집동주자	183[ ]	이규경	오주연문장전산고	문중의 소주	1817 규장각
5	취진자	1843	홍경모	이계집	발문	홍량호
6	대릉활자	1859	이돈영	완산지장	표제면	
7	수천정활자	1879	금상현	위암선생시록	표제면 뒷면	금상악
8	전사자	1914	전간공작	朝鮮の板本	강연, 59쪽	1을 인용
9	운현궁활자	1931	경성대 도서관	…전관목록	24쪽	

2) 전사자 주조 관련 기록

전사자의 주조 및 소장처, 활자의 유통에 관해서는 돈암 박종경의 『敦巖集』과 이규경(1788~1856)의 『오주연문장전산고』를 통해 알 수 있다. 먼저 주조와 관련하여 『돈암집』 권10의 附錄 下 年譜의 내용을 살펴보면 다음과 같다.

321 천혜봉, 『한국금속활자본』, pp. 157-161.

322 윤병태, 『朝鮮後期의 活字와 册』, p. 379 참조.

> 오세유고 및 근재와 금석 두 선생의 문집을 교수하였다. … 이름하기를 박씨오세유고라 하고, 권머리에 총서를 지었다. 두 선생의 문집 또한 교정하고 정돈하여 철활자로 인행하였다.[323]

즉 박종경이 『반남박씨오세유고』와 백부 박윤원(1734~1799)의 문집인 『近齋集』, 부친 박준원의 문집인 『錦石集』을 인출하기 위하여 전사자를 주조한 것임을 확인할 수 있다.

이 밖에 『五洲衍文長箋散稿』, 「經史篇」의 내용을 통해 소장처 및 활자의 유통을 살펴보면 다음과 같다.

> 나의 왕고 형암 선생이 『사소절』 3권을 지었으니, 사전·부의·동규이다. 미처 간행하지 못하고 베끼어 전해 왔었는데 서울에 사는 도사 최성환이 편을 나누어 2권으로 만들어서 주자로 간행하였다. … 최성환의 자는 성옥이고 본관은 예성이다. 무인으로 벼슬이 도사인데 판서 박종보의 집에 소장한 『금석집』을 간행했던 동활자를 빌려다가 간행하였다.[324]

이 내용은 도사 최성환이 활자를 빌려 와서 이규경의 조부인 이덕형이 저술한 『사소절』을 간행했다는 내용이다. 당시 최성환이 빌려 왔던 활자는 박종경의 형 박종보(1760~1808)가 소장하고 있었으며, 이 활자가 바로 『금석집』을 인출할 때 사용했던 전사자이다.

기존 연구에 따르면 전사자의 자본은 『돈암집』 권6의 「書錦石集後」에서 '철당본활자' 라는 내용과, 남공철의 『穎翁續藁』 표제면에서 '전사자체'라고 인출되어 있는 점으로 보아 중국본을 저본으로 한 인서체자임을 알 수 있다. 이에 관해 윤병태는 실물 대조를 통해 武英殿聚珍字로 인쇄한 『고금도서집성』을 저본으로 하였음을 밝혔다. 또한 활자의 재료와 수량에 관하여 「서금석집후」에서는 '鑄唐本活字二十萬'이라 하여 철활자 20만 자가 주조되었음을 밝혔다.[325] 이렇게 만들어진 활자는 1816년(순조 10)에서 1922년에 걸쳐 약 108년

---

323 校修五世遺稿及近齋錦石兩先生文集…名之曰朴氏五世遺稿 撰総叙弁卷 兩先生文集 亦考校整頓 鑄活字印行

324 李圭景, 「士小節分編刻本辨證說」, 經史篇 經史雜類 其他典籍, 『五洲衍文長箋散稿』.
我王考炯庵先生著士小節三卷 曰士典 曰婦儀 曰童規 未及刊行 鈔寫相傳 都下崔都事瑆煥 分編作二卷 以鑄字印行矣…
崔瑆煥 字星玉 蕊城人 武人 官都事 借朴公判書宗輔第收藏印錦石集銅鑄字擺印

325 朴宗慶, 「書錦石集後」, 『敦巖集』 권6:
諸公校正全稿…其後幾年 幸鳩物財 鑄唐本活字二十萬 將始印工…崇禎紀元後四丙子(1816)孟夏 不肖宗慶泣血謹書

간이나 사용되었으며, 고서를 포함하여 고문서 등 각종 문서의 인출에도 매우 다양하게 활용되었다. 다음 그림은 족보 간행을 위해 작성한 통문으로, 전사자로 인출한 사례이다.

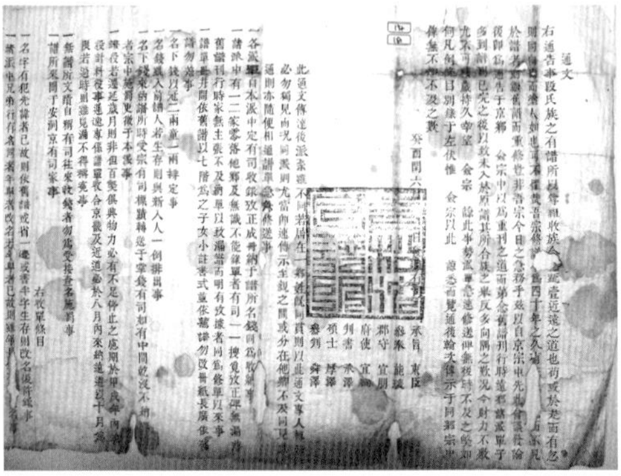

그림 4-122 전사자를 이용하여 통문을 인출한 사례

3) 현존 활자

① 소장처: 서울대학교 규장각한국학연구원(중자 186자, 소자 33자), 국립중앙박물관(소자)

② 크　기: 중자 - 11.7~13.4mm×9.6~11.3mm×6.5~7.9mm

　　　　 소자 - 6.1~6.7mm×9.5~10.3mm×6.5~7.2mm

③ 무　게: 중자 - 3.1~4.3g

　　　　 소자 - 1.8~2.2g

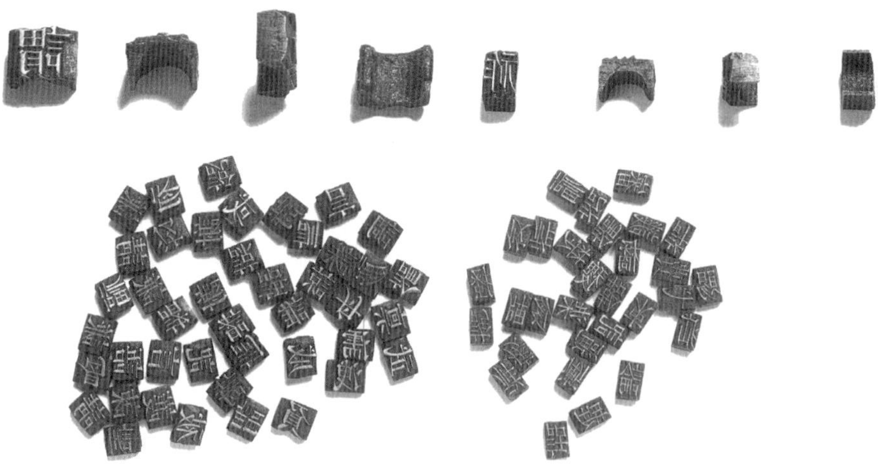

▲ 전사자 중자　　▲ 전사자 소자

그림 4-123 전사자

4) 전사자 인본 리스트

현존하는 전사자본으로는 『금석집』(1816), 『반남박씨오세유고』(1816), 『근재집』(고종 연간), 『근재례설』, 『영옹속고』(1822), 『영옹속고(급)재속』, 『영옹재속고』, 『고려명신전』(1822), 『만모유고』, 『이계집』(1843), 『완산지장』(1859), 『위암선생시록』(1879), 『각세신편팔감상목』, 『동원십서』, 『격몽요결』 등이 있다.

표 4-31 현존하는 전사자 인본

서명	시기	행자 수	반곽 크기(cm)	소장처
錦石集	純祖 16 (1816)	10행 20자	21.8×14.9	계명대, 고려대, 국중, 단국대, 서울대, 성균관대, 연세대, 한중연
潘南朴氏五世遺稿		12행 20자	21.8×14.9	계명대
潁翁續藁	純祖 22 (1822)	10행 20자	21.4×14.8	계명대, 국중, 부산대, 서울대, 성균관대, 연세대, 영남대, 이화여대, 충남대, 한중연
高麗名臣傳		10행 20자	21.5×14.7	고려대, 국중, 국회도서관, 부산대, 서울대, 성균관대, 숙명여대, 한중연
耳溪集	憲宗 9 (1843)	10행 20자	21.4×14.8	계명대. 고려대, 국민대, 국중, 단국대, 서울대, 성균관대, 연세대, 영남대, 중앙대, 충남대, 한중연
覺世新編八鑑常目	1856	10행 20자	29.6×18.8	
完山誌狀	哲宗 10 (1859)	10행 20자	21.3×14.9	계명대, 국중, 서울대
韋菴先生詩錄	高宗 16 (1879)	10행 21자	34.0×21.1	고려대, 국중, 성균관대, 연세대, 전남대, 한중연
古佛應驗明聖經	1883	10행 20자	21.4×15.0	경북대, 계명대, 영남대
孚佑帝君藥言寶典	1884	10행 20자	21.6×14.9	국중, 영남대
各國約章合編	1887			한중연
完山誌狀	1895	10행 20자	21.5×14.7	국립중앙도서관
近齋集	高宗 年間	10행 20자	20.5×14.6	경희대, 계명대, 고려대, 국중, 국회도서관, 단국대, 서울대, 성균관대, 연세대, 한중연,
近齋禮說	미상	10행 20자	21.4×14.9	고려대, 국중, 서울대
潁翁續藁(及)再續		10행 20자	21.9×15.0	국회도서관
潁翁再續藁		10행 20자	21.4×15.7	연세대학교
晩慕遺稿		10행 20자	21.4×14.8	국민대, 국중, 서울대
覺世新編八鑑常目		10행 20자	21.4×14.7	서울대
東垣十書		10행 20자	21.8×14.0	국회도서관
擊蒙要訣		10행 20자	23.3×15.7	연세대
文昌帝君惺世經		10행 20자	21.7×14.9	
文昌帝君夢授秘藏經		12행 20자		고려대

5) 전사자 자형의 특징

『近齋集』(1817년경)										
於	於	於	於	於	於	於	於	於	於	於
爲	爲		也	也		心	心	心	日	日
而	而	而	而	而	而	而	而	而	而	而
之	之	之	之	之	之	之	之	之	之	

6) 印書體字 계열 字形 비교

於	전기 교서관인서체자	於	於	於	於	於
	후기 교서관인서체자	於	於	於	於	於
	율곡전서자	於	於	於	於	於
	초주정리자	於	於	於	於	於
	재주정리자	於	於	於	於	於
	정리자체 철활자	於	於	於	於	於
	전사자	於	於	於	於	於

爲	전기 교서관인서체자	爲	爲	爲	爲	爲
	후기 교서관인서체자	爲	爲	爲	爲	爲
	율곡전서자	爲	爲	爲	爲	爲
	초주정리자	爲	爲	爲	爲	爲
	재주정리자	爲	爲	爲	爲	爲
	정리자체 철활자	爲	爲	爲	爲	爲
	전사자	爲	爲	爲	爲	爲
之	전기 교서관인서체자	之	之	之	之	之
	후기 교서관인서체자	之	之	之	之	之
	율곡전서자	之	之	之	之	之
	초주정리자	之	之	之	之	之
	재주정리자	之	之	之	之	之
	정리자체 철활자	之	之	之	之	之
	전사자	之	之	之	之	之

7) 전사자 인본 이미지

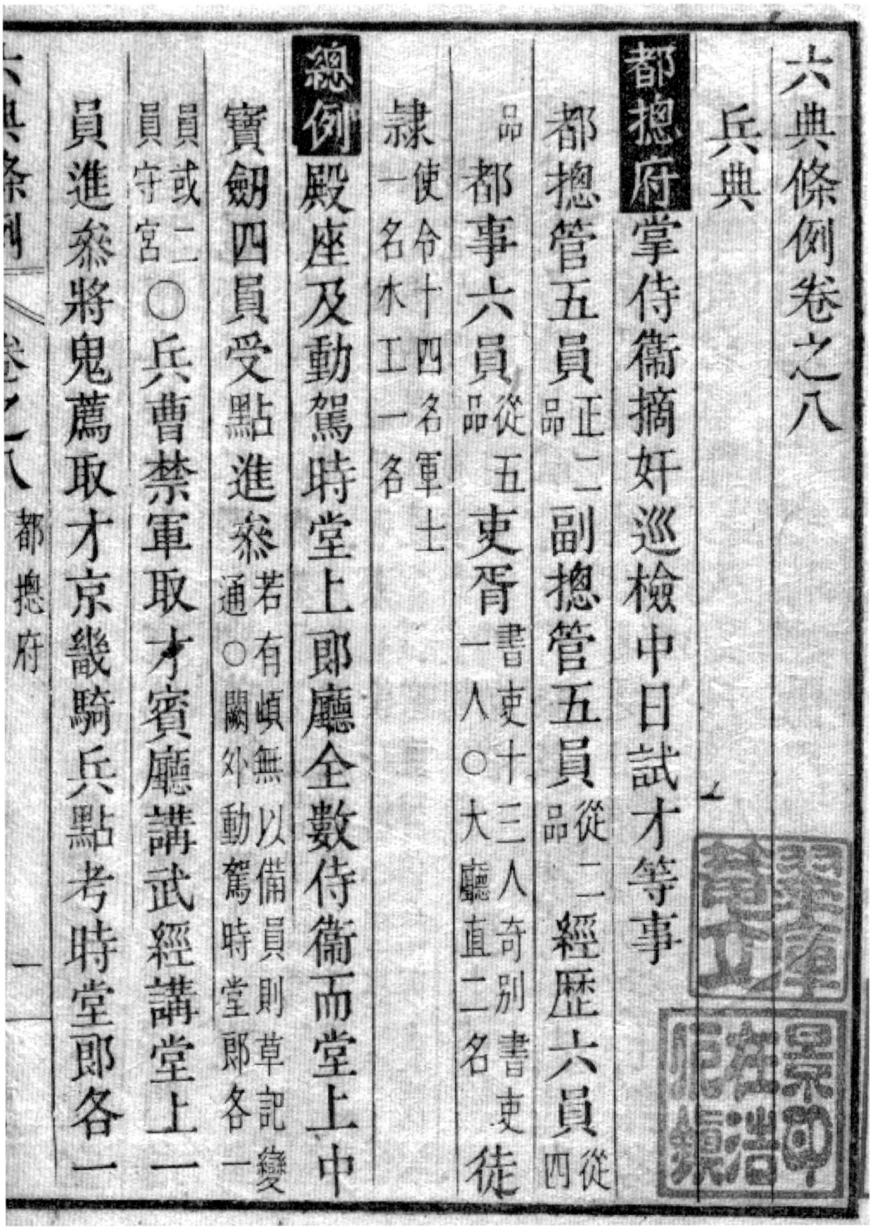

六典條例卷之八

兵典

都摠府掌侍衛摘奸巡檢中日試才等事

都摠管五員正二品副摠管五員從二品經歷六員從四品都事六員從五品吏胥書吏十三人奇別書吏一人○大廳直二名徒隷使令十四名軍士一名水工一名

總例殿座及動駕時堂上郞廳全數侍衛而堂上中賓劒四員受點進參若有頓無以備員則草記變通○闕外動駕時堂郞各一員或二員守宮○兵曹禁軍取才賓廳講武經講堂上一員進參將鬼薦取才京畿騎兵點考時堂郞各一

六典條例 卷之八 都摠府 一

그림 4-124 『六典條例』 권8[326]

326 경북대학교 도서관 소장본.

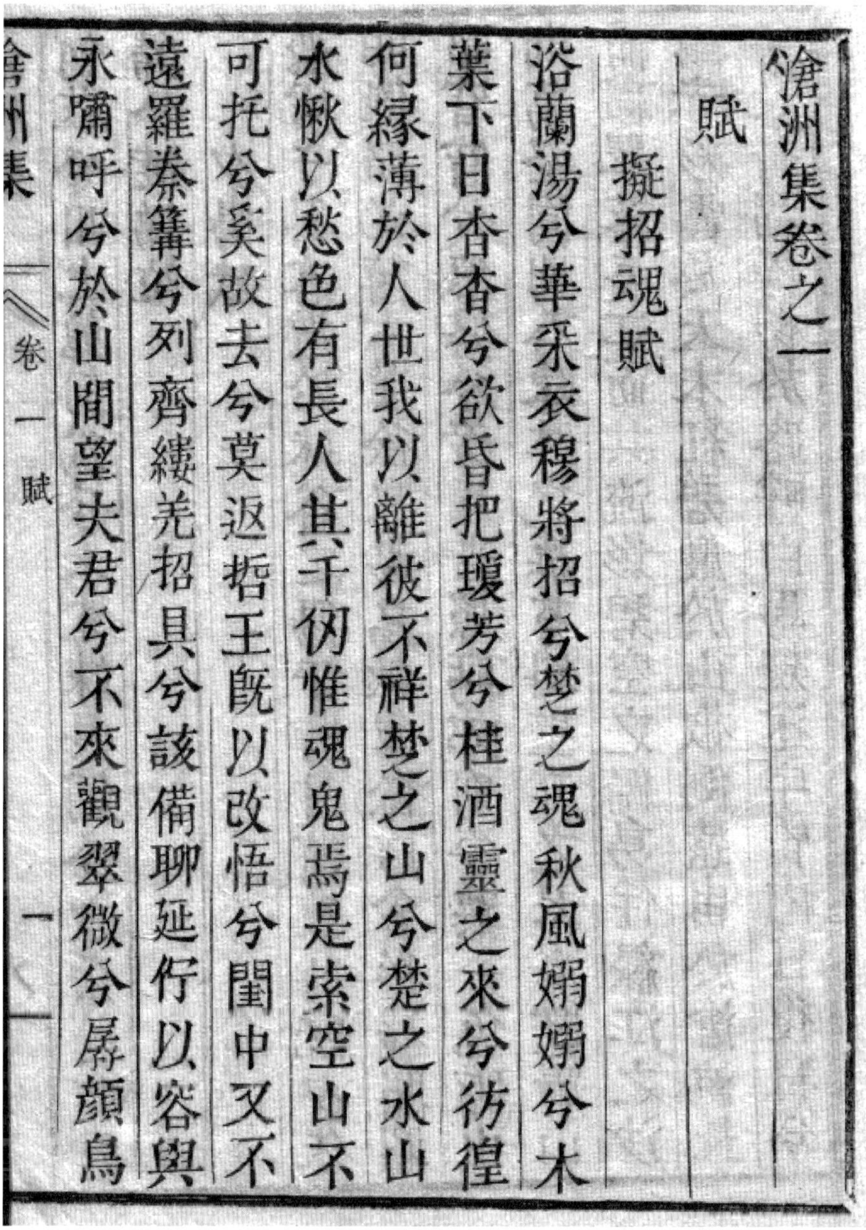

滄洲集卷之一

賦

擬招魂賦

浴蘭湯兮華采衣穆將招兮楚之魂秋風嫋嫋兮木葉下日杳杳兮欲昏把瓊芳兮桂酒靈之來兮彷徨何緣薄於人世我以離彼不祥楚之山兮楚之水山水愀以愁色有長人其千仞惟魂鬼焉是索空山不可托兮奚故去兮莫返哲王旣以改悟兮閨中又不遠羅秦篝兮列齊縷羌招具兮該備聊延佇以容與永嘯呼兮於山間望夫君兮不來觀翠微兮孱顔鳥

滄洲集 卷一 賦 一

그림 4-125 『滄洲集』 권1[327]

327 경북대학교 도서관 소장본.

24. 筆書體 鐵活字

1) 필서체 철활자 개요

순조 초에 민간에서 주조하여 상업적으로 사용해 오던 활자 중에 寫字員들이 사용해 온 필서체를 바탕으로 주조한 철활자가 있었다. 누가, 언제, 어디서 처음으로 만들었는지에 대한 기록이 없어서 글자체와 재료에서 이름을 따서 '筆書體 鐵活字'라 한다.

그림 4-126 원광대학교 소장 필서체 철활자[328]

이 활자는 주로 순조조부터 고종조까지 민간의 문집, 족보, 실기 등을 찍어 내는 데 이용되었고, 『선원속보』[329] 인출에도 활용되었다. 대한제국시대에 이르러서는 궁내부에서 쓰이다가 나라의 주권을 잃자 총독부로 인계되었다. 이때의 활자 수는 큰 자 9,149자, 작은 자 7,107자로 기재되어 있다.[330] 그것이 그 뒤 국립중앙박물관으로 옮겨져 오늘날에 이르고 있다.[331] 이 활자는 정리자체 철활자와 더불어 19세기 이후 민간 인쇄를 촉진시켜 서민문화와 시민의식 계발에 기여한 점에서 인쇄문화사상 의의가 크다.

2) 필서체 철활자 주조 관련 기록

1859년(철종 10) 『동래정씨파보』의 권말 기록을 보면 '활자 주인 白琦煥'이라는 표시가 있고 그가 鄭基曾의 집에 가서 족보를 찍을 때, 주인으로서 擇字人[332] 역할을 했음이 드러

328 남권희, 「조선시대 금속활자의 주조와 조판에 관한 연구: 校書館印書體字한글활자 · 希顯堂鐵活字 · 筆書體鐵活字의 복원」, 『조선시대 한글 활자와 철활자』, 청주: 청주고인쇄박물관, 2010, p. 93.

329 고종 연간에 간행된 조선왕실의 종합족보.

330 ① 朝鮮總督府參事官分室書類 (一)事務關係書類.
② 白麟, 「朝鮮後期 活字本의 形態書誌學的 硏究 下」, 『韓國史硏究』 4, 서울: 한국사연구회, 1969, pp. 155.

331 그 외 민속박물관과 연세대학교 학술정보원에도 소장되어 있다.

332 활자의 소유주로서 이곳 저곳으로 가지고 다니면서 비용을 받고 책을 찍어 주었음.

나 있다.[333] 그가 활자를 주조한 장본인인지는 알 수 없으나, 이것은 백기환이라는 민간인이 활자의 주인이었음을 실증해 주는 자료이다.

3) 필서체 철활자 인본 리스트

초인본으로는 순조조에 인출된 『楊州趙氏族譜』, 『愚谷先生訓子格言』을 비롯하여 헌종조에 인출된 『昌寧成氏思肅公波譜』, 『義會堂忠義集傳』, 『東國闕里誌』, 『昌寧成氏桑谷波譜』, 『二憂堂集』이 있으며 철종조로 접어들어 활인된 책 중에는 『昌寧成氏族譜』, 『景濂亭集』, 『歸休堂集』, 『東萊鄭氏派譜』, 『松穆館燼餘稿』, 『和軒文集』이 있다. 고종조로 들어와서는 『陝川李氏世譜』, 『函鐘魚氏世譜』, 『曲阜孔氏族譜』, 『驪州李氏波譜』를 비롯하여 대한제국시대에 인출된 『璿源續譜』 등이 있다.

표 4-32 현존하는 필서체 철활자 인본

서명	권책수	간행시기	변란	행자수	소장처
白村金先生遺事	3卷 3册	순조 5년(1805)	사주단변		
景濂亭集	5卷 2册	철종 1년(1850)	사주단변	9行 18字	연세대학교 도서관
曲阜孔氏族譜	5卷 5册	순조 연간(1801～1834)	사주단변	10行 24字	국립중앙도서관
歸休堂集	3卷 1册		사주단변	10行 20字	연세대학교 도서관
金海金氏世家事蹟	71張		사주단변	10行 22字	국립중앙도서관
東岡先生遺稿	8卷 2册		사주단변	10行 20字	연세대학교 도서관
文化柳氏世譜	14卷 14册	순조 연간	사주단변	12行 24字	성균관대학교 존경각
璿源系譜記略	117張	1890년경	사주단변	10行 23字	국립중앙도서관
璿源續譜	6卷 1册		사주쌍변	10行 24字	연세대학교 도서관
璿源續譜 (檜山君派)	2卷 2册	고종 20년(1883)	사주쌍변	10行 24字	국립중앙도서관
璿源續譜	3卷 1册		사주단변	10行 24字	연세대학교 도서관
松穆館燼餘稿	1册		사주단변	9行 20字	연세대학교 도서관
愚谷先生訓子格言	1册	순조 31년(1831)	사주단변	10行 20字	전북대학교 도서관
義會堂忠義集傳	4卷 1册	헌종 3년(1837)	사주단변	10行 20字	연세대학교 도서관
樗軒集	2卷 1册		사주단변	10行 20字	연세대학교 도서관
全義李氏世譜	76張	철종 4년(1853)	사주단변	12行 20字	국립중앙도서관
重山齋集	0卷 4册		사주단변	10行 20字	연세대학교 도서관
昌寧成氏文孝公波譜	3卷 3册	철종 1년(1850)	사주단변	12行 27字	국립중앙도서관
測量圖解	50張		사주쌍변	10行 20字	연세대학교 도서관
太古亭文公實記	1卷 1册			9行 19字	연세대학교 도서관

333 『東萊鄭氏派譜』: 筆書體鐵活字版 當宁十年己未(1859)冬 後孫 鄭元容謹書跋末 印譜後錄印板工匠 活字主人 白琦煥 擇字人 白琦煥 참조.

4) 필서체 철활자 인본 이미지

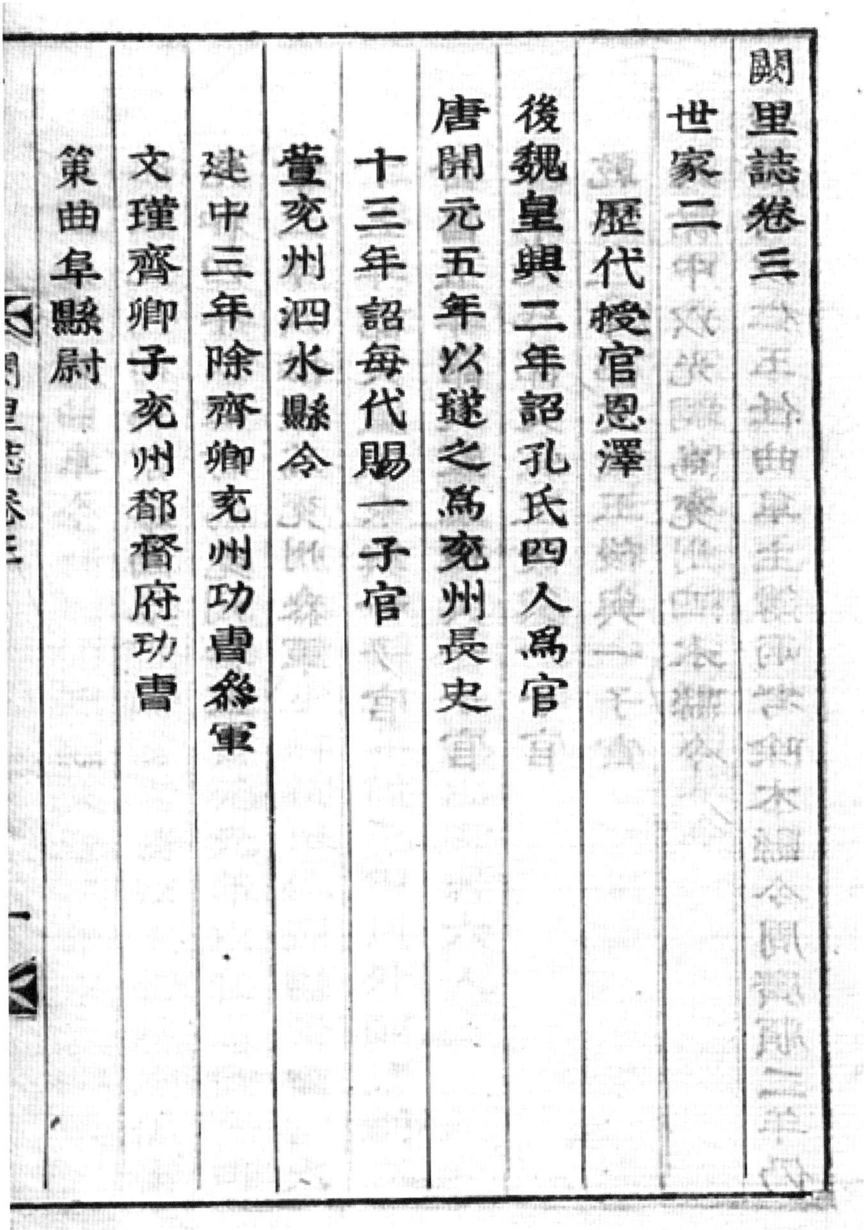

闕里誌卷三

世家二

歷代授官恩澤

後魏皇興二年詔孔氏四人爲官

唐開元五年以璲之爲兗州長史

十三年詔每代賜一子官

萱兗州泗水縣令

建中三年除齊卿兗州功曹參軍

文瑾齊卿子兗州都督府功曹

策曲阜縣尉

闕里誌卷三 一

그림 4-127 『闕里誌』 권3[334]

334 경북대학교 도서관 소장본.

제2절 한글 금속활자

1. 조선 전기 한글 금속활자

1) 初鑄甲寅字 병용 한글활자

초주갑인자와 함께 사용된 한글활자를 '갑인자 병용 한글활자'라 부른다.[335] 세종은 한글을 창제하면서 『龍飛御天歌』와 『訓民正音解例本』을 목판으로 간행하였고, 세조는 『月印千江之曲』과 『釋譜詳節』을 합하여 『月印釋譜』를 간행하였다. 세종의 왕비인 昭憲王后가 죽은 후 세종이 왕후의 명복을 빌기 위해 한글로 찬불가를 지은 것이 『월인천강지곡』이고, 수양대군이 1447년에 부처의 일대기를 정리하고 한글로 편찬한 것이 『석보상절』이다. 이 한글활자는 이 책들을 간행할 때 특별히 주조된 활자로 보이며, 주자소에서 1434년에 주조한 초주갑인자와 1447년 무렵에 만들었을 것으로 추정되는 병용 한글활자를 조판하여 간행한 것으로 보인다.[336]

〈그림 4-128〉과 〈그림 4-129〉의 『월인천강지곡』 및 『석보상절』의 한문자는 초주갑인자를 썼고 한글자는 한글 大字와 한글 小字를 사용하였는데, 이후로 이 한글 대자는 사용된 적이 없는 듯하다. 『東國正韻』(1448)의 한글 대자를 '東國正韻 한글자'라 하고, 『洪武正韻』(1455)의 한글 대자를 '洪武正韻 한글자'라 하며 그 재료는 목활자로 보인다.

---

335 손보기는 『월인석보』 한글자가 나무자로 알려져 있었으나 얼룩점으로 보아 금속으로 만들어졌을 가능성이 있고, 1447년에 주조된 '석보상절 한글자'라고 언급하였다. 한편 천혜봉은 『韓國典籍印刷史』, 서울: 汎友社, 1990, p. 236에서 주조 목적에 따라 '月印釋譜 한글字'로 불러도 좋을 듯하다는 견해를 피력한 바 있다.

336 청주고인쇄박물관, 『한국의 금속활자』, 청주: 청주고인쇄박물관, 2012, p. 32.

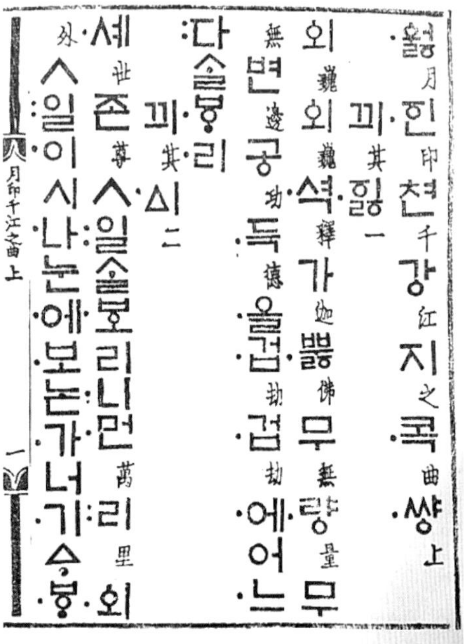

그림 4-128 『月印千江之曲』卷上

그림 4-129 『釋譜詳節』卷24

2) 乙亥字 한글활자

세조는 1455년 안평대군 글씨를 자본으로 한 경오자를 녹여 강희안의 글씨를 자본으로 을해자를 만들었다.[337] 이 을해자와 함께 쓰인 한글활자를 '을해자 병용 한글활자'라 한다. 손보기는 이 한글활자가 『홍무정운』의 한글 목활자와 비슷한 글자체라 하였고, 주로 한문책에 토를 달거나 언해에 쓰였다고 하였다.[338] 옥영정은 본격적으로 많이 쓰인 한글 활자로서, 조선 전기에 쓰인 활자본 언해서의 많은 부분을 차지한다고 하였다.[339] 현재 국립중앙박물관에 소자 29자가 실물로 남아 있다.

---

337 『成宗實錄』 卷49, 1474年(성종 5) 11月 22日(癸酉) 條:
然印書莫善於庚午字而以瑢之所寫 已毁之 命姜希顔寫之而鑄成 乙亥字是也

338 손보기, 『금속활자와 인쇄술』, 서울: 세종대왕기념사업회, 2000, pp. 206-207.

339 옥영정, 「17세기 출판문화의 변화와 서적간행의 양상」, 『다산과 현대』 제3호(2010), pp. 59-60.

그림 4-130 을해자 한글활자 글자면(반전)과 뒷면[340]

을해자 한글활자로 인쇄된 현존본은 『楞嚴經』 諺解(1461)와 고려대학교 도서관 화산문고에 소장된 『論語大文口訣』이 있다.

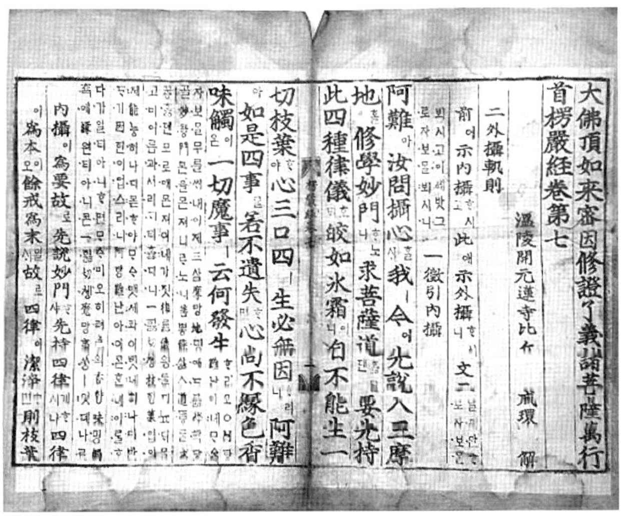

그림 4-131 『楞嚴經』 諺解 卷7 卷首題

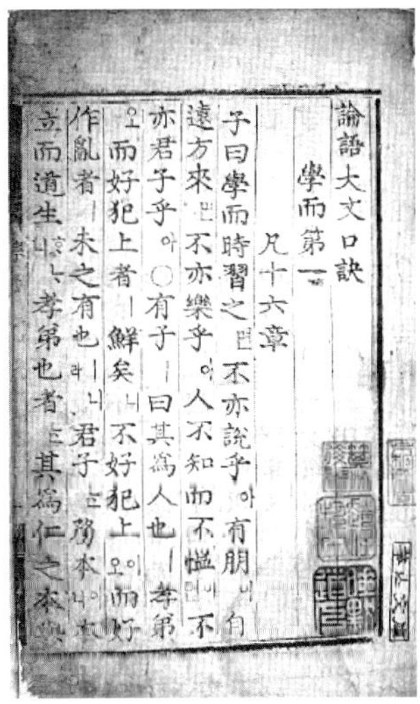

그림 4-132 『論語大文口訣』

340 국립중앙박물관, 『활자의 나라, 조선』, 서울: 국립중앙박물관, 2016, p. 61.

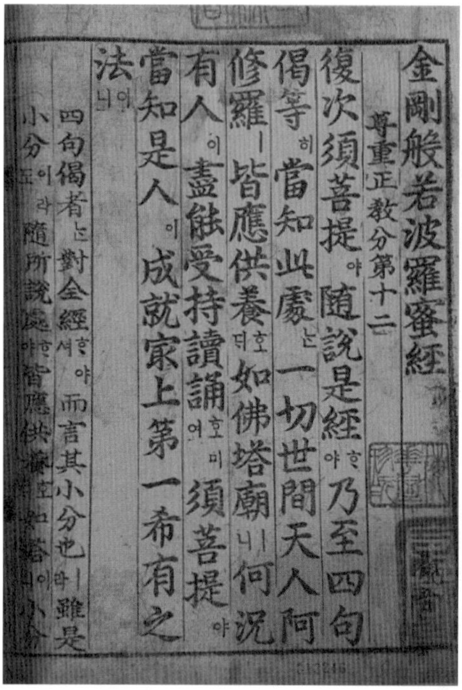

그림 4-133 『金剛般若波羅密經』

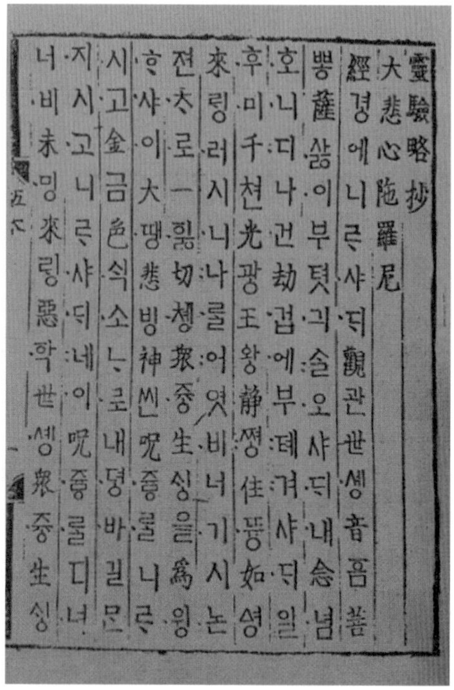

그림 4-134 『靈驗略抄』

또한 『金剛般若波羅密經』(1482)은 丁丑字와 乙亥字 한글활자를 함께 인쇄하였고, 成宗 16년(1485)에 간행된 『靈驗略抄』는 乙亥字 小字와 乙亥字 한글활자로 인출하였으며, 권말에는 『五大眞言集』이 목판본으로 인쇄되어 있다.[341]

이 외에도 『周易傳義』, 『分類杜工部詩』 諺解(1481), 『簡易辟瘟方』(1541), 『內訓』(1573) 등이 전해지고 있다.[342] 한편 乙亥字 飜刻本으로 『飜譯小學』이 있는데 활자본은 전해지지 않으나[343] 당시 을해자와 을해자 한글활자로 인쇄된 것으로 보인다. 10卷 10冊으로 간행되었으나 고려대 도서관에 零本 3冊(卷6~9), 零本 1冊(卷8), 국립중앙도서관에 零本 1冊(卷10), 규장각에 零本 1冊(卷9), 개인 소장의 零本 1冊(卷3~4)이 현존하고 있다. 이 책은 明나라 何士信이 편찬한 『小學集成』을 底本으로 하여 中宗 13년(1518)에 意譯 간행되었다.[344]

---

341 천혜봉, 『한국 서지학』, 서울: 민음사, 2006, p. 343.

342 강순애, 「朝鮮朝 한글活字 版本을 통해 본 活字鑄造法의 技術的 發展에 관한 考察」, 『書誌學硏究』 第39輯(2008), pp. 38–39.

343 활자본의 낱장이 배접지에 발견된 것이 전한다.

344 신정엽, 「朝鮮時代 小學의 刊行과 版本」, 경북대학교 대학원 석사학위논문, 2009, pp. 93–94.

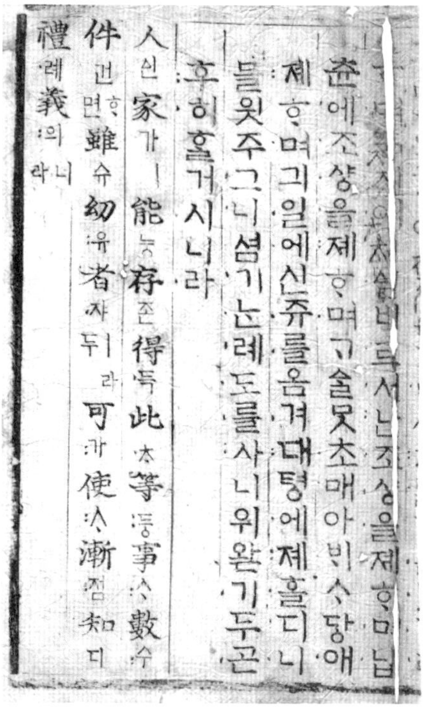

乙亥字本 『飜譯小學』[345]

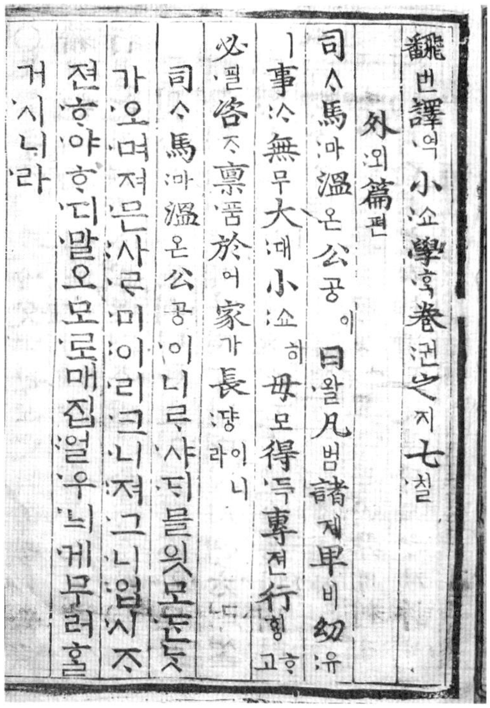

乙亥字 飜刻本 『飜譯小學』[346]

그림 4-135 『飜譯小學』의 原本과 飜刻本

3) 乙酉字 한글활자

을유자는 세조 11년(1465) 『圓覺經』을 인출하고자 鄭蘭宗에게 자본을 쓰게 하여 주조한 활자이다. 을유자로 인출된 책으로는 『兵將說』, 『佛果圜悟禪師碧巖錄』, 『六經合部』, 『文翰類選大成』, 『唐書』 등이 있으나 그 인면을 살펴보면 앞서 살펴본 갑인자와 을해자에 비해 글자체가 고르지 못한 것을 알 수 있다. 『慵齋叢話』에서는 "그 자체가 매우 고르지 않다."[347]고 언급하였고 김종직의 「新鑄字跋」에서도 "세조11년(1465)에 만든 을유자는 정난종이 쓴 것으로, 그 자체가 단정하지 않아 사용할 수 없으므로 새로운 활자를 수조하게

---

345 개인 소장 1장(이 책의 을해자본은 발견되지 않았음).

346 신정엽, 「조선시대 소학의 간행과 판본」, 경북대학교 대학원 석사학위논문, 2009, p. 94.

347 『慵齋叢話』 卷7: 其後乙酉年 欲印圓覺經 命鄭蘭宗書之 字體不整 名曰乙酉字

된 것이다."라 하여 을유자를 녹여 갑진자를 주조하였다고 하였다. 따라서 을유자의 인본은 많이 존재하지 않으며 을유자 한글활자는 『大方廣圓覺修多羅了義經』, 일명 『圓覺經』의 구결에만 쓰이고 현재까지 다른 인본은 전하지 않는다.

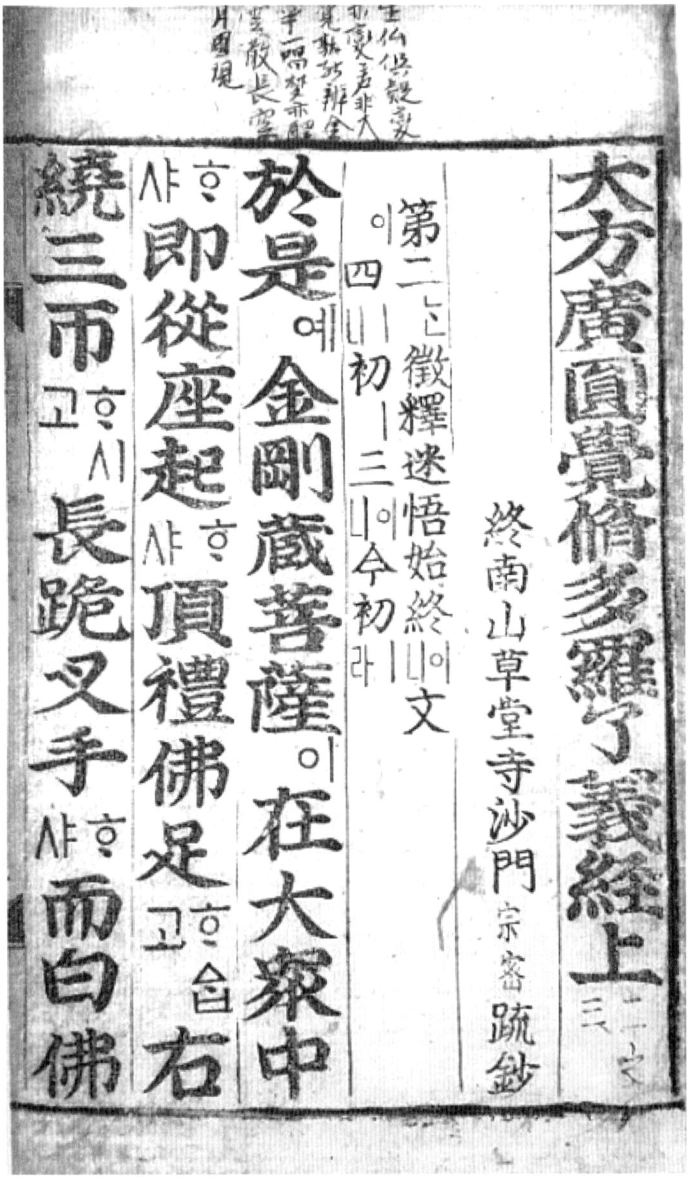

그림 4-136 乙酉字本『圓覺經』

2. 조선 후기 한글 금속활자

1) 戊申字 한글활자

무신자가 만들어지기 전까지 목활자인 訓鍊都監字가 언해본 보급에 큰 역할을 해 왔으며 언해본을 인쇄하기 위해 훈련도감 한글자도 함께 제작되었다. 이후 무신자가 만들어지고 사서삼경 언해본과 『四書栗谷先生諺解』 등 18세기까지 갑인자 계열의 다양한 한글본을 인쇄하는 데 이용되었다.[348] 이 한글활자는 1668년 6월 김좌명에게 명하여 교서관에서 활자를 주조하게 하였고,[349] 8월 5일에는 금속활자가 완성되었다[350]는 기록이 있어 주조 시기를 추측해 볼 수 있다.

현존본을 살펴보면 1695년에 반사된 『中庸諺解』[351]와 『大學諺解』(1695), 『論語諺解』(1696), 『孟子諺解』(1693), 『書傳諺解』, 『詩經諺解』, 『周易諺解』가 있으며, 1744년에 반사된 『小學諺解』가 있다.

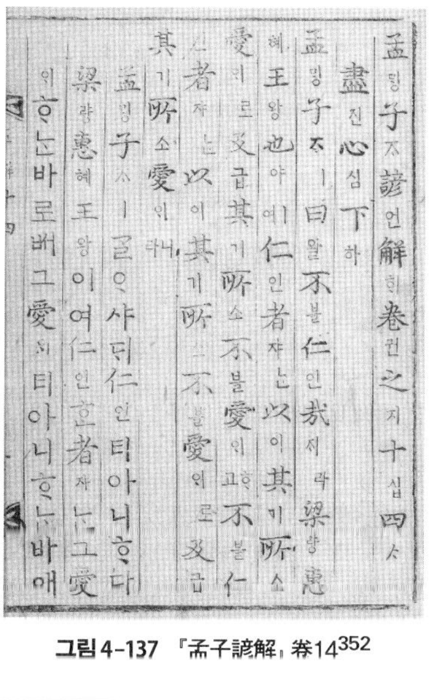

그림 4-137 『孟子諺解』 卷14[352]

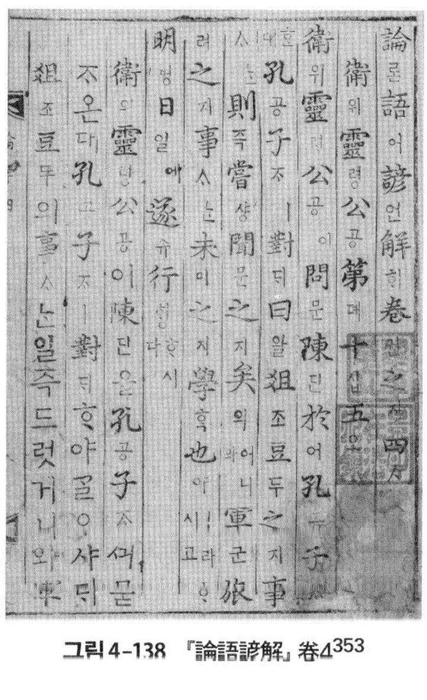

그림 4-138 『論語諺解』 卷4[353]

---

348 옥영정, 「17세기 출판문화의 변화와 서적간행의 양상」, 『다산과 현대』 제3호(2010), p. 60.

349 『國朝寶鑑』 卷40, 顯宗朝 9年(1668, 戊申)

350 『顯宗實錄』 卷19, 1668年(현종 9) 8月 5日(辛未) 條.

351 구 성암고서박물관 소장, 內賜記: 康熙三十四年三月十七日內賜司憲府大司憲 尹搢 中庸諺解一件 命除謝恩 右承旨臣李(手決)

352 경북대학교 도서관 소장본.

353 경북대학교 도서관 소장본.

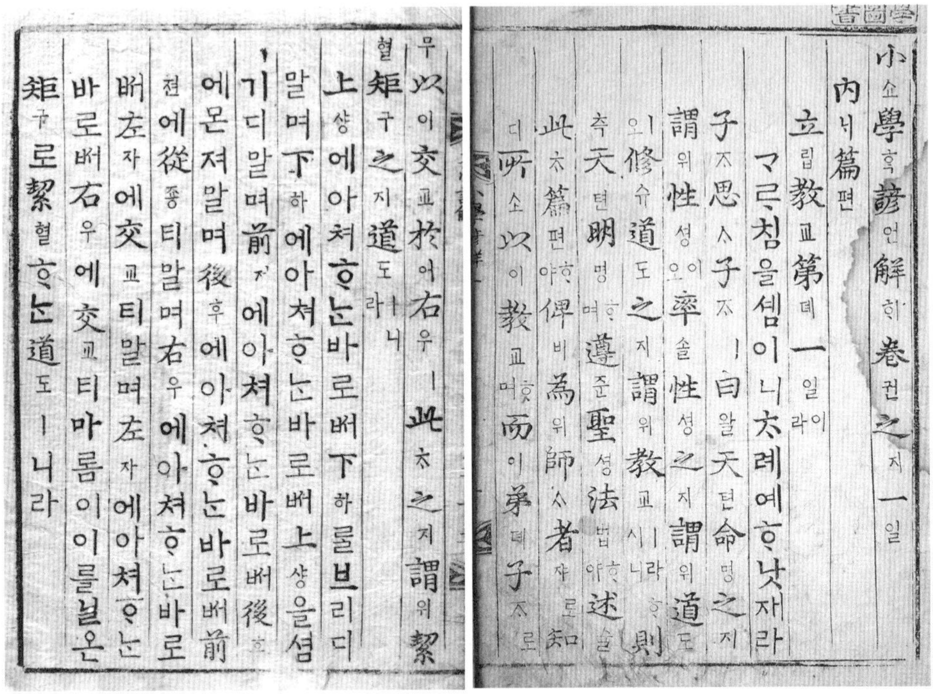

그림 4-139 무신자 한글활자본 『大學諺解』[354]·『小學諺解』[355]

1744년에 반사된 『小學諺解』는 영남대 도서관,[356] 국립중앙도서관,[357] 고려대 도서관, 계명대 도서관에 소장되어 있으며 형태사항은 四周雙邊, 有界, 10行 17字, 上下內向2葉花紋魚尾이다.

『四書栗谷先生諺解』는 13卷 13冊 중 大學 1卷 1冊, 中庸 1卷 1冊, 論語 4卷 4冊, 孟子 7卷 7冊으로 구성되어 있는데, 跋文에 '崇禎三己巳(1749)春後學南陽洪啓禧(1703~1771)謹識'의 기록으로 보아 1749년에 간행된 것을 알 수 있다.

---

354 개인 소장본.

355 신정엽, 「조선시대 소학의 간행과 판본」, 경북대학교 대학원 석사학위논문, 2009, p. 102.

356 內賜記: 乾隆九年三月二十四 內賜副司果 宣政殿小學訓義諺解一件 命除謝恩 右承旨臣趙(手決)

357 任珽의 내사본

358 일본 동경대학교 오구라문고 소장본. 이미지 출처 'http://kostma.korea.ac.kr/'

359 일본 동경대학교 오구라문고 소장본. 이미지 출처 'http://kostma.korea.ac.kr/'

360 韓國圖書館硏究會, 『韓國古印刷史』, 서울: 韓國圖書館硏究會, 1976, p. 167.

▲『孟子栗谷先生諺解』권2[358]

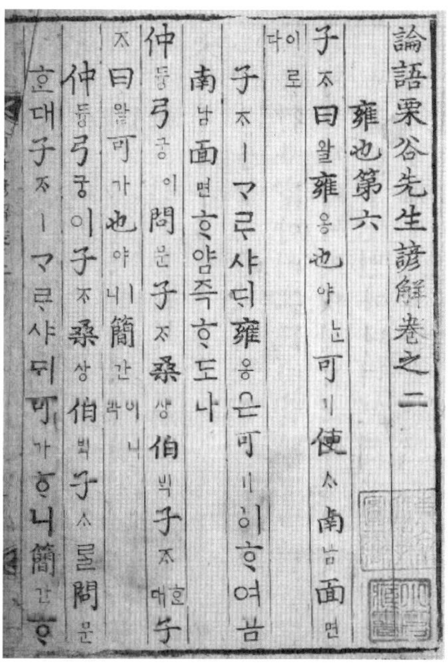

▲『論語栗谷先生諺解』권2[359]

▲『大學栗谷先生諺解』[360]

그림 4-140 『四書栗谷先生諺解』

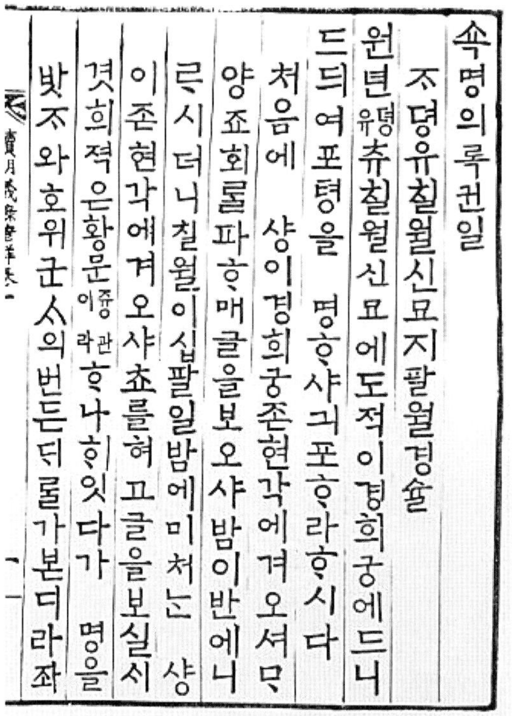
쇽명의록권일
조뎡유칠월신묘지팔월경슐
원년유뎡츄칠월신묘에도적이경희궁에드니
드듸여포텽을 명ᄒᆞ샤긔포ᄒᆞ라ᄒᆞ시다
처음에 샹이경희궁존현각에겨오셔ᄆᆞ
양죠회롤파ᄒᆞ매글을보오샤밤이반에니
ᄅᆞ시더니칠월이십팔일밤에미처ᄂᆞᆫ 샹
이존현각에겨오샤쵸롤혀고글을보실시
것희젹은황문이즁관라ᄒᆞ나히잇다가 명을
밧ᄌᆞ와호위군ᄉᆞ의번든뒤롤가본디라좌

그림 4-141 戊申字 한글활자본 『쇽명의록』

또한 1778년(정조 2) 교서관에서 간행한 『續明義錄』이 있는데, 『쇽명의록』은 1776년(영조 52) 洪麟漢, 金厚謙 등이 세자 섭정을 반대하다가 죽은 일을 기록한 金致仁의 『明義錄』 속편이다. 『쇽명의록』은 丁酉字로 인출되었으나, 언해본은 목활자와 무신자 병용 한글활자가 사용되고 있다.[361] 이 외에도 『老乞大諺解』(1670), 『女四書』(1736), 『御製常訓諺解』(1745) 등이 있다.

2) 壬辰字 한글활자

壬辰字는 1772년(영조 48)에 정조가 동궁으로 있을 때, 갑인자로 인쇄한 『心經』과 『萬病回春』을 자본으로 하여 5만 자를 주조한 금속활자이다.[362] 『大學諺解』, 『綸音諺解』(1783) 등

---

361 청주고인쇄박물관, 『조선시대 한글 활자와 철활자』, 청주: 청주고인쇄박물관, 2010, p. 197.

362 『日省錄』, 1796年(정조 20) 3月 17日(癸亥). 『정조실록』 권4, 1777年(정조 1) 8月 3日(丙申) 條에는 15만 자로 기록상의 오류가 보이기도 한다.

이 있다. 『綸音諺解』는 현재 서울대학교 규장각에 소장되어 있는데 정조의 윤음과 한글 언해 부분이 합쳐져 있다.

3) 丁酉字 한글활자

정유자는 1777년(정조 1) 徐命膺에게 명하여 箕營에서 주조하도록 하였고 갑인자를 본으로 하여 15만 자를 만든 금속활자이다.[363] 정유자 한글활자는 주로 『綸音』 등 순한글로 인쇄된 경우가 많다. 이 활자의 인쇄본은 1782년(정조 6)에 인쇄된 『유듕외대쇼신셔륜음』이 있으며 『論語諺解』, 『大學諺解』, 『中庸諺解』, 『孟子諺解』, 『書傳諺解』, 『小學諺解』 등 다양한 판본이 전하고 있다.

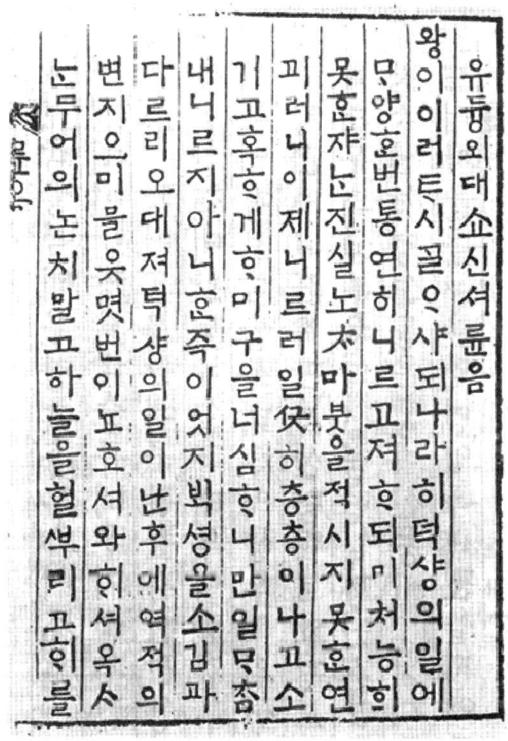
유듕외대쇼신셔륜음
왕이이러ᄐᆞ시ᄀᆞᆯᄋᆞ샤되나라히텩샹의일에
ᄆᆞ양ᄒᆞᆫ번통연히니르고져ᄒᆞ되미처능히
못ᄒᆞᆫ쟈ᄂᆞᆫ진실노ᄎᆞ마붓을적시지못ᄒᆞᆫ연
피러니이제니르러일쯧히층층이나고소
기고혹ᄒᆞ게ᄒᆞ미구을너심ᄒᆞ니만일ᄆᆞᄎᆞᆷ
내니르지아니ᄒᆞᆫ즉이엇지ᄇᆡᆨ셩을소김과
다ᄅᆞ리오대져텩샹의일이난후에역적의
변지ᄋᆞ미믈읏몃번이뇨호셔와ᄒᆡ셔옥ᄉᆞ
ᄂᆞᆫ무어의논치말고하ᄂᆞᆯ을헐ᄲᅮ리고ᄒᆡ를

그림 4-142 『유듕외대쇼신셔륜음』

363 『정조실록』 卷4, 1777年(정조 1) 8月 3日(丙申) 條.

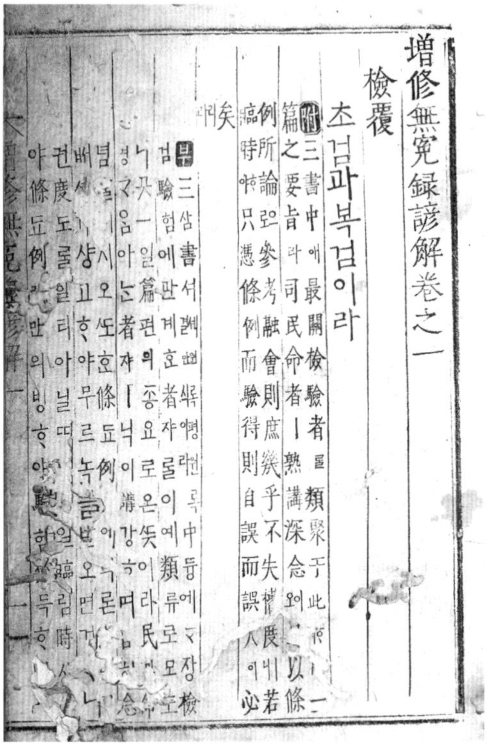

그림 4-143 『增修無冤錄諺解』 卷1

4) 校書館印書體字 한글활자

교서관인서체자는 17세기 초 중국 明나라에서 印書體 간본의 글자를 바탕으로 주조한 금속활자이다. 이 활자로 인해 조선 후기에 인서체라는 새로운 글자체가 폭넓게 사용되었고 특히 조선 후기 문인들의 문집 간행에 많이 사용되었다. 이 활자의 한글활자는 『增修無冤錄諺解』 인출에 사용되었으나, 정확한 주조 연대는 알 수 없다. 『증수무원록언해』는 1792년(정조 16)에 徐有隣 등이 『增修無冤錄大全』[364]을 언해하여 3권 2책으로 간행한 檢屍에 관한 법의학서이다.

364 이 책의 본문은 校書館印書體字로, 跋文은 丁酉字로 찍었다.

이 인서체 한글활자는 대한제국시기까지 사용하였는데, 1894년 갑오개혁으로 생긴 학부편집국에서 후기 교서관인서체자를 바탕으로 학부 인서체 목활자를 만들어 교과서 인쇄에 사용하기도 하였다.[365]

이와 같이 조선 전기에는 15세기에 주조된 月印釋譜 한글활자, 乙亥字 한글활자, 乙酉字 한글활자가 있었고 初鑄甲寅字 병용 한글활자는 한글 대자와 한글 소자를 사용하였다. 을해자 한글활자는 조선 전기 다양한 언해본 인출에 많이 활용되었고, 을유자 한글활자는 『圓覺經』 구결 인쇄에 사용되었다.

16세기에 만들어진 經書 한글활자는 주로 四書諺解의 언해 부분을 인쇄하는 데 사용되었고 임진왜란 이전에 간행되어 반사된 기록이 많다.

조선 후기 17세기 한글 금속활자로는 戊申字 한글활자와 元宗字 한글활자가 있는데, 특히 무신자 한글활자는 양란 이후 사서언해본 보급에 큰 영향을 끼쳤다.

18세기에 주조된 한글 금속활자로는 壬辰字 한글활자, 丁酉字 한글활자, 校書館印書體字 한글활자가 있다. 임진자와 정유자 한글활자는 순한글로 간행된 책이나 사서언해에 주로 쓰였으며 교서관인서체자 한글활자는 한글에 인서체를 받아들이면서 대한제국시기까지 학부인서체 목활자에 영향을 미치기도 하였다.

한글활자는 각 시기별로 글자체가 많이 달라지기도 하였다. 초주갑인자 병용 한글활자는 글자가 정방형에 자음과 모음이 수직으로 떨어지고, 방점과 특정 종성이 사용되고 있었다. 조선 후기로 오면서 한글활자는 지금의 글자와 비슷한 형태를 가지게 되었고 마지막으로 인서체를 도입하면서 현재의 한글자체가 형성된 것으로 보인다.

365 이철찬, 「대한제국시대 학부의 도서편찬 및 간행에 관한 연구」, 상명대학교 대학원 박사학위논문, 2008.

제3절 목활자와 그 인본

1. 功臣錄券字

1) 功臣錄券字 개요

공신은 왕조 변천기나 왕위 계승 때, 그와 관련된 사건 또는 국난을 극복한 후, 국가나 왕실을 위해 공을 세운 사람에게 그 공적의 보답으로 주던 칭호 또는 그 칭호를 받은 사람을 의미한다.

우리나라 공신제도의 유래는 고려시대부터 그 내용을 확인할 수 있다. 공신에 관한 내용이 처음 등장하는 것은 고려 개국공신에 대한 기록에서이다. 고려 태조 왕건을 왕으로 추대한 공적으로, 고려 태조 1년(917) 8월 홍유(洪儒), 배현경(裴玄慶), 신숭겸(申崇謙) 등 2,000여 명이 3등급으로 구분되어 각각 공을 세운 정도에 따라 상을 받았다.

조선 역시 고려의 공신제도를 받아들여 시행하였다. 조선 개국 후 개국의 공을 포상하기 위해 개국공신을 책봉하였는데, 고려시대보다 공신의 규모와 인원이 증가한 것이 차이점이다. 원종공신제도라 하여 정공신 외에 공이 인정되는 다수의 인물도 원종공신으로 책봉한 것 역시 차이점이다. 이때 공신의 인원이나 규정을 정하고 녹권을 발급하는 등의 관련 업무를 담당하는 공신도감과 같은 전담기구가 임시로 설치·운영되었다.

조선의 태조 이성계는 왕위에 오른 후 다음 달인 태조 1년(1392) 8월에 공신도감을 설치하였다. 그해 9월에 개국에 참여한 배극렴(裵克廉), 조준(趙浚) 등 44명을 1, 2, 3등으로 나누어 개국공신으로 책봉하였다. 공신들에게는 공신전과 노비를 지급하고, 여러 특전을 부여하였다. 또한 같은 달에 조견(趙狷), 한상경(韓尙敬) 등 7명을 2등, 3등으로 나누어 책봉하였으며, 11월에는 이미 원종공신으로 책봉하였던 황희석(黃希碩)을 개국공신 2등으로 책봉하였다. 이처럼 조선이 개국된 직후 계속적으로 공신의 인원을 늘리며 공신을 책봉한 사실을 확인할 수 있으며, 이후에도 전란이나 내란이 있을 때마다 여러 차례 공신 책봉이 진행되어, 조선 시대에는 모두 28차례에 걸쳐 공신 책봉이 이루어졌다.

원종공신은 정공신 이외의 작은 공을 세운 사람에게 준 공신의 칭호로, 조선에서 이 제도를 처음으로 도입하였다. 이성계가 등극할 때 반대당의 제거나 즉위식을 도왔거나 왕위에 오르기 전에 오랫동안 죽음을 무릅쓰고 협력한 사람들에게 사급하였다.[366] 태조 1년(1392) 10월부터 태조 4년(1395) 2월까지 13회에 걸쳐 1,396명을 원종공신으로 책봉하였다.

원종공신은 본래는 '元從功臣'이라 하였다. 이 칭호가 '原從'으로 바뀐 것은 중국 명나라 태조 '주원장(朱元璋)'의 휘(諱)를 피휘(避諱)한 까닭이다.

2) 공신녹권의 체제와 내용

고려시대 초기에는 공신의 증명으로 녹권만을 사급하였으나, 후기에 들어서는 공신들에게 녹권과 교서를 함께 사급하였다. 이러한 제도는 조선시대에도 이어져, 초기에 책봉되었던 개국, 정사, 좌명공신에게는 녹권과 교서가 동시에 사급되었다. 이후 정난공신을 책봉할 때부터 정공신에게는 교서만을, 원종공신에게는 녹권만을 사급하였다. 이때 공신교서는 왕이 직접 내리는 문서를 뜻하며, 일일이 필사하여 정공신에게 사급하였다. 공신녹권은 왕이 명령을 내리면 공신도감에서 왕을 대행하여 공신들에게 배포한 문서를 뜻한다.

조선 초기 원종공신녹권은 발급받는 원종공신의 수가 후기에 비하면 상대적으로 적은 편이었다. 『개국원종공신녹권』의 경우 처음에는 일일이 필사하여 배포하다가, 원종공신 책봉 대상자 수가 늘어남에 따라 일일이 녹권을 필사하여 사급하기 어렵게 되었다. 많은 분량의 녹권을 수백, 수천 명에게 동시에 신속하게 사급하기 위해 권수에 기재되는 녹권의 수급자와 관련 내용만 바꾸고 나머지 내용은 동일하게 활자로 인쇄하였다.

조선 초기에 사급된 『개국원종공신녹권』의 체제는 대체로 동일하다. 그 내용은 크게 권수, 본문, 권말의 세 부분으로 구분되며, 각 부분의 편성 체제를 정리하면 다음과 같다. 권수는 권수제, 수급자의 직함과 성명으로 구성되어 있다. 본문은 대체적으로 공신 책봉에 관한 왕명을 받은 날짜와 봉명자의 직함과 성명, 녹권의 반사 사유를 기재한 왕의 전지, 등급별 공신의 직함과 성명, 포상 시행에 관한 왕명을 받은 날짜 및 봉명자의 직함과 성명, 등급별 공신의 포상규정 및 특전을 명시한 왕의 전지로 구성되었다. 권말

366 남권희, 「용천기 개국원종공신녹권에 관한 서지적 분석」, 『서지학연구』 제10권(1994), p. 404.

은 대체적으로 녹권의 반사를 주관한 기관의 명칭과 그 기관에 속한 구성원들의 직함과 성씨 또는 성명, 수결로 구성되었다.

녹권의 반사 사유에 해당하는 공신의 공로 사례 및 종합공적에 대해 기술하게 되는데, 공신의 공로 사례 및 종합공적에 대한 구체적인 유형을 예로 들면, 다음과 같다.

> 첫째는 이성계가 30년간 장수나 조정의 재상으로 활약하는 동안 죽음을 무릅쓰고 위험을 막아 주고 생민을 보호하여 쉽게 대업을 이루게 한 사람들이다.
> 둘째는 흉도들이 무리 지어 난을 꾸미고 정변을 예측할 수 없자 몇몇 장상들의 계책에 따라 그 죄책을 성토하고 흉도들을 굴복시키는 데 참여한 사람들이다.
> 셋째는 신씨가 왕위를 훔쳐서 정치를 어지럽힐 때 안위를 이성계에게 의지하고 그 덕예를 칭송한 사람들이다.
> 넷째는 태조가 즉위할 때 일관으로 하여금 천시를 점쳐서 왕위에 오르도록 권유한 사람들이다.
> 다섯째는 즉위식에서 역대의 제도를 참고하여 원만하게 끝낸 공로가 있는 사람들이다.[367]

공신에게 부모처봉작(父母妻封爵), 자손음직(子孫蔭職), 유급후세(宥及後世), 입비기공(立碑記功)의 포상을 시행하라고 명했다. 부모처봉작은 공신의 부모와 처에게 품계를 주는 것이고, 자손음직은 자손에게 음직을 주는 것이며, 유급후세는 공신과 그 자손이 죄를 범하더라도 영구히 사면하는 것이며, 입비기공은 비를 세워 공을 기록하는 것이다.

3) 목활자로 인쇄된 『開國原從功臣錄券』

앞서 언급되었듯이 공신녹권은 처음에는 필사로 발급되었다. 그중 십여 점이 전해지고 있는 『개국원종공신녹권』을 보면 녹권의 본문 내용은 같으나 각자에게 서식을 주고 써 오게 했기 때문에 글씨체가 서로 다르고, 각 줄의 글자 수에서도 차이가 있다. 또한 글자를 잘못 쓰고 빠진 것이 많이 이를 바로잡은 후 '이조지인(吏曹之印)'을 일일이 찍었다. 이와 같은 필사의 어려움을 해결하기 위하여 태조 4년(1395)에 사급된 녹권 중에는 목활

367 남권희(1994), p. 405.

자와 목판 인쇄를 병행하여 찍어 낸 것도 있다. 이들 녹권의 끝은, 공신도감 인원의 명단을 겸직한 직함까지 모두 연달아 써서 글자가 작고 촘촘하기 때문에 목판으로 인쇄하였고 그 밖의 본문은 모두 목활자로 찍었다. 이어 태조 6년(1397)에 심지백(沈之伯)에게 사급한 『개국원종공신녹권』에서도 녹권문 전체를 목활자로 찍어 내었다. 이들 1395년과 1397년 사이에 발급된 『개국원종공신녹권』을 찍은 목활자를 '녹권자' 또는 '공신녹권자'라 부른다. 활자를 만든 솜씨가 치졸하여 활자 모양과 글자 획이 가지런하지 않고 인쇄 상태가 조선 초기 인출 목활자본 중 현존하는 가장 오래된 인본인 점에서 중요하다.

4) 인본 리스트

(1) 『韓奴介 開國原從功臣錄券』

이 녹권은 태조 4년(1395)에 前中直大夫司宰監인 韓奴介에게 사급한 녹권이다. 현재(1956년 기준) 함경남도 신창군 오매리에 사는 韓奴介의 19대손인 韓泰淑이 소장한 것으로 알려져 있다.

한노개는 張寬錄券에 '前摠郞 韓奴介'로 등재되어 있으나 실록 등 여러 사료에도 그에 관한 기록이 전혀 없어 인적사항을 확인하기 어렵다. 그러나 태조의 처향이 안변 한씨들이며 태조 휘하의 군사로 활약을 많이 했던 경향으로 미루어 보아 韓奴介도 같은 경우로 추정된다.

이 녹권은 폭별로 인쇄한 종이 5폭을 연이어 붙였다. 두루마리의 왼쪽 끝에는 나무로 된 권축을 달았다. 광곽은 세로가 25cm이며, 전체 길이가 265.6cm이다.

본문의 내용은 다른 녹권과 마찬가지로 녹권 발급처 및 녹권을 받는 자의 직함과 성명, 본관을 기재하고, 이어 공로 사례 및 포상하명기, 종합공적 표현, 포상대상자 226명의 식명난사, 공신의 특선 및 상선, 도감관여자의 직명단자 및 수결로 끝나는데 총행수는 182행이다. 폭을 연이은 선에는 사방 6.5cm의 이조지인을 찍었으며, 제1폭 머리 부분 제2행과 제3행, 그리고 제5폭의 제157행, 즉 도감관여자의 직명단자 부분부터 끝까지는 목판으로 인쇄되어 있다.

이것은 당시의 녹권 사급 대상 인원이 많았기 때문에 제1폭에서 제4폭까지는 포상대상자의 관직, 성명, 본관만을 인쇄한 후에 인출하였고, 제5폭은 고정적인 내용이어서 목판으로 인쇄한 것이다. 관직명을 같은 줄에 모두 기록하는 것이 통례였는데, 제5폭의 도감관여자의 관직명 부분은 30~40자에 달하여 조판 자수에 제한이 있는 목활자 대신 목판으로 인쇄한 것이다. 실제로 제4폭까지는 보통 1행에 19~23자 정도가 인쇄되어 있으나 도감관여자 부분은 39자까지 인쇄되어 있는 것을 확인할 수 있다.[368]

(2)『李原吉 開國原從功臣錄券』

조선 태조 4년(1395) 李原吉에게 발급된 원종공신녹권으로 크기는 세로 30.4cm, 가로 372cm이며, 종이는 닥종이에 총 행수는 243행, 한 행의 자수는 대체로 9자에서 12자로 배열되어 있다.

판종은 목활자에 목판본이 일부 포함되어 있고 문서 끝부분 공신도감 임원의 직명단자가 기록된 23행만 목판으로 되어 있으며, 시작 부분의 '功臣都監'이란 내용으로부터 전부는 목활자로 인출된 권자본이다. 전체에 걸쳐 '吏曹之印'이 22곳에 날인되어 있고, 권말의 임원 서명부분에는 전체 18명 중 14명의 수결이 직함과 성명 다음에 기록되어 있다.

녹권 전체에 걸쳐 나타난 인물은 전부 695명인데, 그중 李原吉은 본관이 완산이며 녹권을 받을 당시의 직위는 前左右衛保勝別將으로 품계는 그다지 높지 않았다.

이원길의 녹권은 필사로 된 金天理 녹권, 金懷鍊 녹권과 내용상 거의 같고, 특히 金天理 녹권과 많이 일치한다. 다른 녹권들과 비교하여 토지를 지급하지 않은 이유는 태조 4년(1396) 5월에 대간의 상언에서 국가의 군량을 확보하기 위하여 원종공신에게 토지 지급을 중지할 것을 건의한 것이 받아들여졌기 때문으로 추측할 수 있다. 그러나 같은 시기에 발급된 韓奴介의 녹권에서는 226명에게 밭 15결을, 태조 6년(1397) 10월에 발급된 沈之伯의 녹권에서는 75명에게 밭 15결을 내린 바 있다.[369]

이 문서는 조선 전기 개국공신에 대한 대우 및 국가 성립에 영향을 미친 인물에 대한 연구, 공신록의 양식과 관련하여 중요한 가치를 지닌 역사적 자료로 평가된다.

(3)『(미상) 開國原從功臣錄券』

이 녹권은 누군가를 태조 4년(1395) 윤9월에 개국원종공신으로 책록하는 증서이다. 앞

368 박봉숙, 「조선 태조조 개국원종공신녹권의 서지적 연구」, 이화여자대학교 도서관학과 석사학위논문, 1987, pp. 33-37.

369 남권희(1994), pp. 406-407.

장이 훼손되어 수취자를 알 수 없다. 이 녹권에는 여러 공신들의 공적과 포상 및 처리 내용, 수취 대상 699명의 명단 및 포상 내용, 도감관여자의 직명단자 등이 기술되어 있다. 이 녹권 역시 문서 끝부분 도감관여자의 직함과 성씨 부분만 목판으로 인쇄하였고, 나머지 부분은 목활자로 인쇄하였다.[370]

⑷『沈之伯 開國原從功臣錄券』

이 녹권은 태조 6년(1397) 10월에 공신도감에서 왕의 명령을 받아 司宰副令 沈之伯에게 내린 녹권이다. 沈之伯에 대하여는 알려진 바가 확실치 않으나 함경도 출신으로서 이성계를 따라 공을 세웠던 사람으로 추정되고 있다.

이 녹권의 형태는 세로 30.5cm, 가로 140cm의 전체를 목활자로 인쇄한 두루마리인데 3폭의 저지를 연이어 붙였다. 광곽의 길이는 세로가 30.5cm, 가로가 135.5cm이다. 사방 6.8cm인 吏曹之印을 접지 부분에 2개씩 4개를 찍고, 글자를 고친 부분에는 3개를 찍어 총 7개를 주인했다. 두루마리 좌단에는 권축을 달았다.

본문의 내용은 沈之伯의 직함, 성명, 본관을 적었고, 이어 공로 사례를 4회에 걸쳐 열거하고 포상하라는 포상하명기를 적었다. 포상 대상자 75명의 직명단자, 공신의 특전 및 상전, 도감관여자의 직명단자 및 수결이 차례로 되어 있다. 이 녹권에 기록된 공신들에게는 각기 밭 15결을 내렸고, 각 공신의 부모와 처에게는 땅을 주고 벼슬을 내렸으며, 자손에게는 벼슬을 주었다. 한 행의 최대 글자 수는 도감관여자의 직명단자에 속하는 제70행의 37자이며, 보통은 한 행에 19~20자 정도가 인쇄되어 있다. 총 87행이다.

이 녹권은 본래 함경남도 단천군 피도면 沈元錫이 대대로 물려받아 보존해 오던 것을 일제 말기 사학자 李仁榮이 사들인 것이라고 한다. 그 후 이인영의 부인이 동아대학교에 기증하여 오늘에 이르고 있다.

이 문서는 이두문이 많이 사용되어 그 문체와 내용이 귀중한 역사적 자료가 되며, 녹권 전체를 목활자를 이용하여 찍어 냈다는 점에서 중요성이 더욱 크다. 또한 조선 전기의 목활자 인쇄물 가운데 남한에 전해지고 있는 것으로는 상태가 비교적 온전한 편이다.

370 한국고문서자료관 홈페이지

5) 인본 이미지

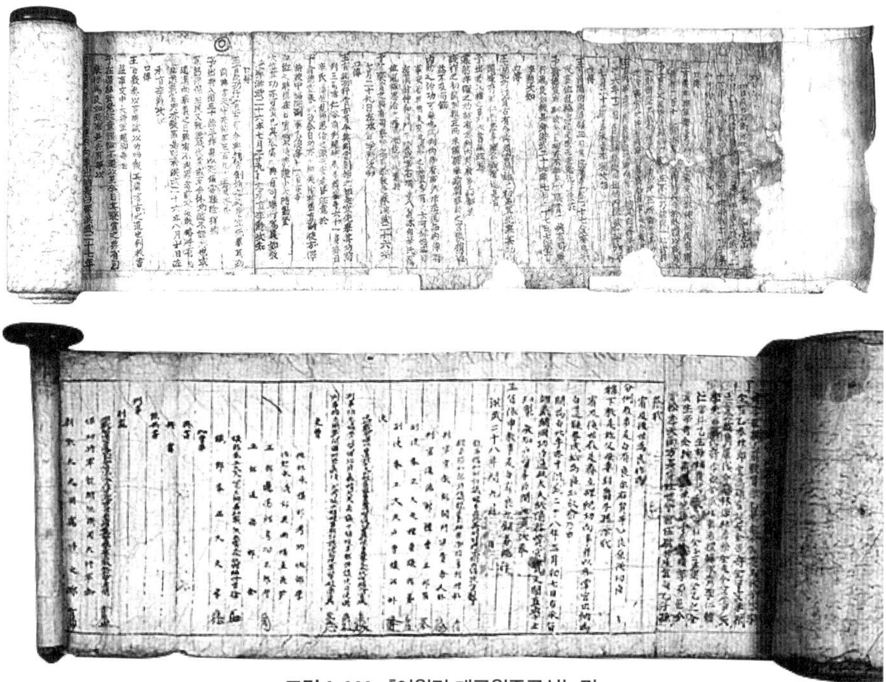

그림 4-144 『이원길 개국원종공신녹권』

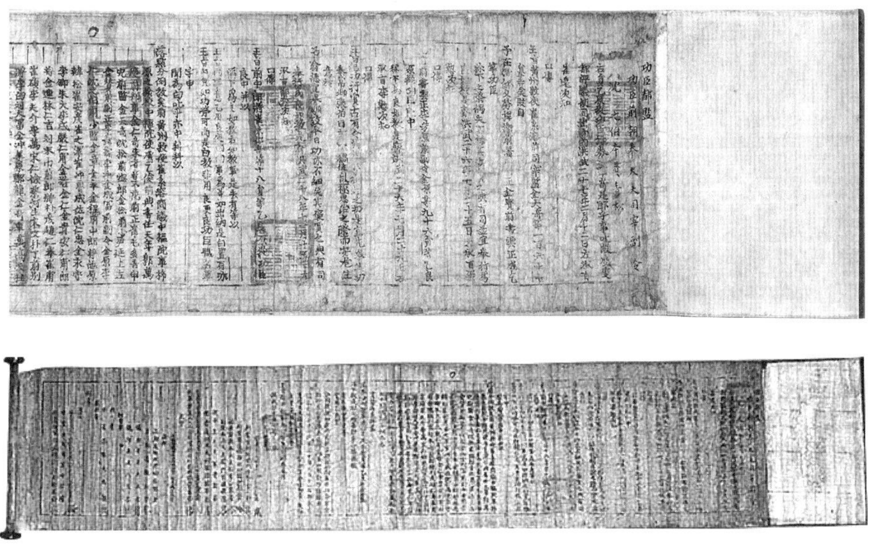

그림 4-145 『심지백 개국원종공신녹권』

2. 東國正韻字

1) 동국정운자 개요

세종 30년(1448)에 인쇄 반포한 『東國正韻』은 중국 韻書인 『廣韻』·『集韻』·『韻會』·『洪武正韻』 등을 참고하여 우리나라의 한자음을 새로운 체계로 정리한 최초의 음운서이다.[371] 『東國正韻』은 『訓民正音』의 제정 원리와 배경을 연구하는 데 중요하며, 이 책을 간행할 때 사용된 목활자를 '동국정운자'라 한다.

운서를 간행하는데 한자 대자만을 만들기 위해 鑄字하는 것은 경비상 어려움이 따랐기 때문에 목활자로 만들었다. 『동국정운』은 훈민정음이 반포된 이듬해인 세종 29년(1447) 9월에 완성하고 세종 30년(1448) 11월에 간행하여 各道, 성균관, 사부학당 등에 반사하였다. 당시 참여인물은 申叔舟, 崔沆, 成三問, 朴彭年, 李塏, 姜希顔, 李賢老, 曺變安, 金澹 등 집현전 학자들이었다.

동국정운자는 세로 2.1cm, 가로 1.9cm 크기로 된 松雪體系 네모꼴 활자이다. 한글활자의 크기는 세로 1.9cm, 가로 1.6cm이며, 고딕체 方形이다. 한자 大字는 晋陽大君 瑈의 글씨를 본떠서 만들었으며, 墨蓋字의 陰文은 安平大君 瑢의 자체와 비슷하다.

2) 동국정운자 관련 기록

(1) 『東國正韻』 완성에 따른 申叔舟의 서문

이달에 『동국정운』이 모두 6권 완성되었는데, 명하여 간행하였다. 집현전 응교 신숙주가 교지를 받들어 序文을 지었는데 이르기를 "하늘과 땅이 화합하여 조화가 유통하니 사람이 생겨나고, 陰과 陽이 서로 만나 기운이 맞닿을 땐 소리가 생겨나고, 소리가 생겨나면 七音이 스스로 갖춰지고, 칠음이 갖춰지면 四聲이 또한 구비된다. 칠음과 사성이 經緯로 서로 사귀면서 맑음과 흐림, 가벼움과 무거움, 깊음과 얕음, 빠름과 느림이 자연히 생겨난 까닭으로, 庖犧가 卦를 그리고 蒼頡이 글자를 만든 것 역시 다 그 자연의 이치에 따라서 만물의 실정을 통한 것이다. 沈約·陸法言 등 여러 선비에 이르러서 글자로 구분하고 종류로 모아서 聲調를 고르고 韻律을 맞추면서 聲韻의 학설이 일어나기 시작하

371 고려대학교민족문화연구소, 『韓國圖書解題』, 서울: 영운문화사, 1990, p. 144.

며 글 짓는 이가 서로 이어서 각각 기교를 내보인다. 理論하는 사람이 많아서 또한 잘못됨이 많았는데, 이에 司馬溫公이 그림으로 나타내어 邵康節이 數學으로 밝혀서 숨은 것을 찾아내고 깊은 것을 긁어내어 여러 학설을 통일하였지만 五方의 음이 각각 다르므로 옳고 그름의 분변이 여러 가지로 시끄러웠다.[372]

(2)『東國正韻』을 각 도와 성균관·사부학당에 반사함

『동국정운』을 여러 도와 成均館 그리고 四部學堂에 頒賜하고 거듭 下教하기를 "본국의 인민들이 俗韻을 익혀서 익숙하게 된 지 오래되었다. 갑자기 변화를 줄 수 없으니 억지로 가르치지 말고 배우는 자로 하여금 뜻에 따라 하게 하라."[373]

(3) 崔文靖公의 碑銘

영릉(세종)이 처음으로 諺文을 창제하니, 神異한 생각과 밝은 지혜는 그 어느 왕보다도 뛰어났다. 그러나 집현전의 여러 유생들이 合辭로 불가함을 아뢰었으며, 심지어 항소하여 극단적인 논쟁을 하는 자가 나타나는 상황에 이르렀다. 영릉이 공과 문충공 신숙주에게 명하여 그 일을 담당하게 하였으며『훈민정음』,『동국정운』등의 책을 지으니, 우리 동방의 語音이 비로소 정해지게 되었다. 비록 규모와 조치는 모두 세종의 뜻을 여쭈어 정하였으나 공이 협력하고 도운 것 또한 많았다.[374]

(4)『燃藜室記述』, 世宗朝故事本末

그때 임금이 처음으로 언문을 만들자 집현전의 모든 선비가 함께 불가함을 아뢰었고, 심지어는 상소하여 극도로 논한 이까지 발생하였다. 임금이 崔恒 등에게 명하여『훈민정음』과『동국정운』등의 책을 지었다.[375]

372『世宗實錄』卷117, 世宗 29年(丁卯, 1447) 9月 29日(戊午)

373『世宗實錄』卷122, 世宗 30年(戊辰, 1448) 10月 17日(庚午) 頒《東國正韻》于諸道及成均館 四部學堂 仍敎曰 本國人民 習熟俗韻已久 不可猝變 勿强敎使學者隨 意 爲之

374 徐居正,『四家集』卷1, 碑誌類
英陵初 制諺文 神思睿智 高出百王 集賢諸儒 合辭陳其不可 至有抗疏極論者 英陵命公及申文忠公叔舟等掌其事 作訓民正音 東國正韻等書 吾東方語音始定 雖規模措置 皆稟睿旨 而公之協贊亦多

375 李肯翊,『燃藜室記述』卷3
時上初制諺文集賢諸儒合辭陳其不可至有抗疏極論者 上命崔沆等作訓民正音東國正 韻等書

3)『東國正韻』의 서지사항

『동국정운』은 6卷 6冊(禮, 樂, 射, 御, 書, 數)으로 구성되어 있으며, 半郭은 세로 23.3cm, 가로 16.2cm이다. 변란은 四周單邊에 계선은 없으며, 어미는 上下內向黑魚尾이다. 서문은 초주 갑인자 소자로 본문 표제자는 갑인자 대자 목활자로 되어 있다. 한자 대자는 '동국정운자'라 하고 한글 대자는 '동국정운 한글자'라 한다. 서문은 9行 15字이고, 본문은 7行 11字이다.

이 책의 기술체제는 91韻 23字로, 글자마다 국어음을 먼저 표기한 다음 그 아래에 한자를 붙였으며 자모는 중국 운서 자모 수에 구애됨 없이 국어음에 입각하여 23자모를 정선하였다.[376] 새김이 정교하여 둥근 필의가 예리하게 잘 나타나 있는 것이 특징이다. 한글 대자의 글자체는 강직한 직선으로 그어진 고딕 인서체로서『훈민정음』의 원형을 잘 나타내고 있으며, 조선 초기의 한자음을 잘 보여 준다.『동국정운』은 현재 국보 제71호(1권, 6권)와 국보 제142호(6권 완질)로 지정되어 있다.

4) 인본 이미지

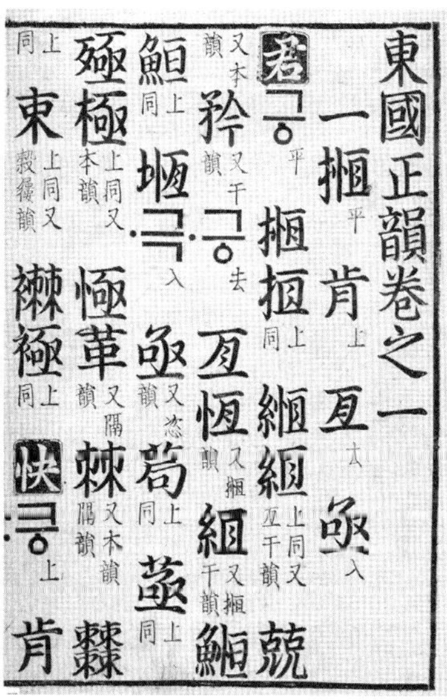

그림 4-146 『東國正韻』 卷1, 국보 제71호[377]

376 고려대학교민족문화연구소, 前揭書, p. 14.

377 문화재청,『국보 전적』; 문화재대관 조선시대, 대전: 문화재청, 2010, p. 194.

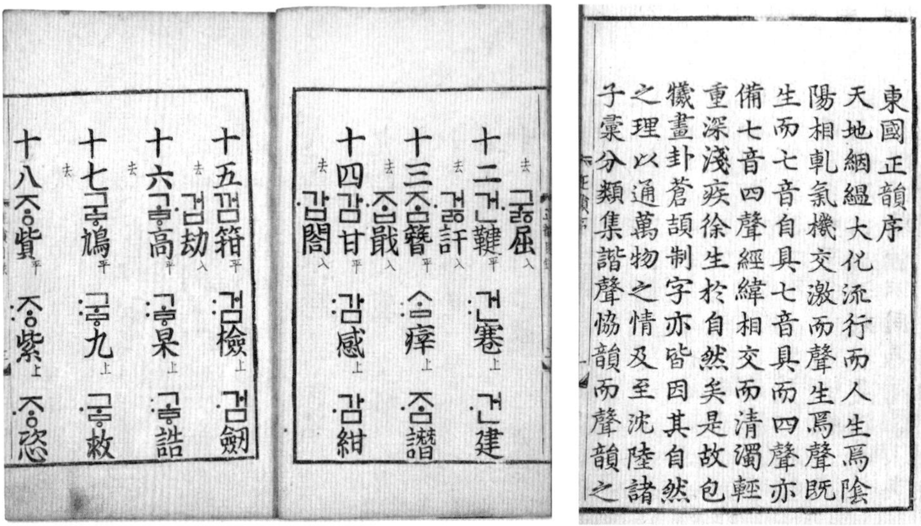

東國正韻序
天地絪縕大化流行而人生焉陰
陽相軋氣機交激而聲生焉聲既
生而七音自具七音具而四聲亦
備七音四聲經緯相交而淸濁輕
重深淺疾徐生於自然矣是故包
犧畫卦蒼頡制字亦皆因其自然
之理以通萬物之情及至沈陸諸
子彙分類集諧聲協韻而聲韻之

그림 4-147 『東國正韻』, 국보 제142호[378]

3. 乙酉字體 木活字

1) 을유자체 목활자 개요

세조는 대군 시절부터 世宗(1397~1450)의 佛書 편찬 및 刊印을 적극 도왔으며, 왕위에 오른 뒤에는 찬탈을 속죄하며 불교에 심취하였다. 또 세조의 왕세자가 1457년(세조 3)에 병으로 죽자 왕세자의 명복을 빌기 위하여 친히 불경을 寫成하기도 하였다.

이러한 세조의 호불 정책과 불서 간행사업은 사찰의 출판에 큰 영향을 주었으며, 이에 많은 불교서적이 목활자로 간행되었다. 당시 사찰에서 사용된 목활자를 '을유자체 목활자'라고 부른다.

378 문화재청, 『국보 전적』; 문화재대관 조선시대, 대전: 문화재청, 2010, pp. 198–199.

2) 을유자체 목활자 특징

이 활자는 사찰 등에서 불서 간행을 목적으로 만들어진 활자로서 15세기 후반 무렵(1465)에 사용되었을 것으로 추정되며, 정확한 제작 장소와 연대가 알려져 있지 않다. 乙酉字(금속활자, 정난종의 글씨)를 저본으로 하고 있으며, 활자의 크기는 세로 1.0cm, 가로 1.0cm의 정방형이다. 글자 크기와 모양이 일정하지 않으며, 글자 획도 가지런하지 않다. 을유자체 목활자의 인본을 확인해 보면 먹색의 농도와 인쇄의 선명도가 乙酉字보다 진한 것을 알 수 있다.

3) 을유자체 목활자 인본 리스트

을유자체 목활자본으로는『開四分律宗記義鏡鈔』,『金剛般若波羅密經』,『摩訶般若波羅蜜多心經引教詳義直解』,『普賢行願品禮懺法補助儀』,『伍燈會元』,『傳法正宗記』,『碧巖錄』,『釋氏要覽』,『圓教六即義』,『釋迦如來行蹟頌』,『右旋行道破邪顯正義』 등[379]과 그 밖에도 알려지지 않은『法寶總錄』卷6,『雪竇明覺和尙頌古』등이 있다.

(1)『開四分律宗記義鏡鈔』

이 책은 총 20권이나 현재 4권 1책(97장)만 전하고 있다. 이 책은 律典類,[380] 大乘部[381]로 분류되며 천태종 계통의 譚山 사문 行滿[382]이 찬술한 사분율[383]의 장소 중 하나이다. 말미에 '正校'라는 朱印이 찍혀 있다. 원래는 송광사에 소장되어 있었으나 현재는 소재가 파악되지 않고 있다.

(2)『金剛般若波羅密經』

『금강반야바라밀경』은 5세기 초 학승 鳩摩羅什(343~413)이 한문으로 번역한 불교 경전이다. 이 경은 보통『金剛經』또는『金剛般若經』,『能斷般若波羅密經』이라고도 한다.[384]

---

379 송일기,「조선시대 목활자본 불교서적의 서지적 연구」,『서지학연구』제62집 (2015. 6), pp. 172-174.

380 승려들의 계율.

381 소승불교가 석가의 가르침, 출가 중심 불교, 개인적 해탈을 구하는 불교라면 대승불교는 석가의 유물을 모시는 탑를 숭배하고 재가신자 중심의 불교이며 일체 중생을 구하는 불교이다.

382 송나라 때의 승려. 萬州 南浦 사람으로 石霜을 따라 禪法을 배웠다. 開寶 연간에 입적했고, 世壽 88세다.

383 비구는 250계, 비구니는 348계이다.

384 국립중앙도서관,『선본해제V』, 서울: 원화인쇄, 2003, p. 18.

세조 연간에 간행된 불서로서 單冊으로 되어 있다. 經典類, 般若部로 분류하고 있으며 현재 규장각에 소장되어 있다.

(3)『摩訶般若波羅蜜多心經引敎詳義直解』

『마하반야바라밀다심경인교상의직해』는 세조 연간에 간행된 불서로서 단권 1책으로 장정되어 있다. 註疏類, 般若部로 분류하며, 현재 청주 고인쇄박물관에 소장되어 있다.

(4)『普賢行願品禮懺法補助儀』

『보현행원품예참법보조의』는 세조 연간에 간행된 것으로서 1책으로 장정되어 있다. 禮懺類와 法儀式으로 분류하며 개인 소장본이다.

(5)『伍燈會元』

『오등회원』은 남송의 선승 普濟(1178~1253)가 기존에 편찬된 5종의 傳燈錄 가운데 요점만을 가려 뽑아 편찬한 선가 어록집의 일종이다. 중국본은 20권으로 편성되어 있으나 세조 연간에 6권 1책으로 간행하였다. 宗義類와 禪宗으로 분류하고 있으며, 현재 동학사에 소장되어 있다.

(6)『傳法正宗記』

『전법정종기』는 송나라 契嵩(1007~1072)이 1061년에 편찬한 선종의 계보문헌으로, 중국본은 총 12권으로 되어 있으나 우리나라에 전하고 있는 본은 단권 1책이다. 史傳類, 傳記部로 분류되며, 개인 소장본이다.

권수에 육조 혜능의 서문이 수록되어 있고, 본문의 육조 혜능 주해는 본문보다 한 줄 아래에서 시작하며 주해문 다음에는 集註가 첨부되어 있다. 권말에는 中峰(1263~1323)의 말을 인용한 발원문과 『佛說大藏寶積經』이 합부되어 있으며, 信士 潭慧那의 발원문이 있다. 이 판본은 중국과 일본에서 간행된 것은 보이지만 조선시대에 간행된 목판본은 없으며 이 목활자본이 유일하다.

4) 인본 이미지

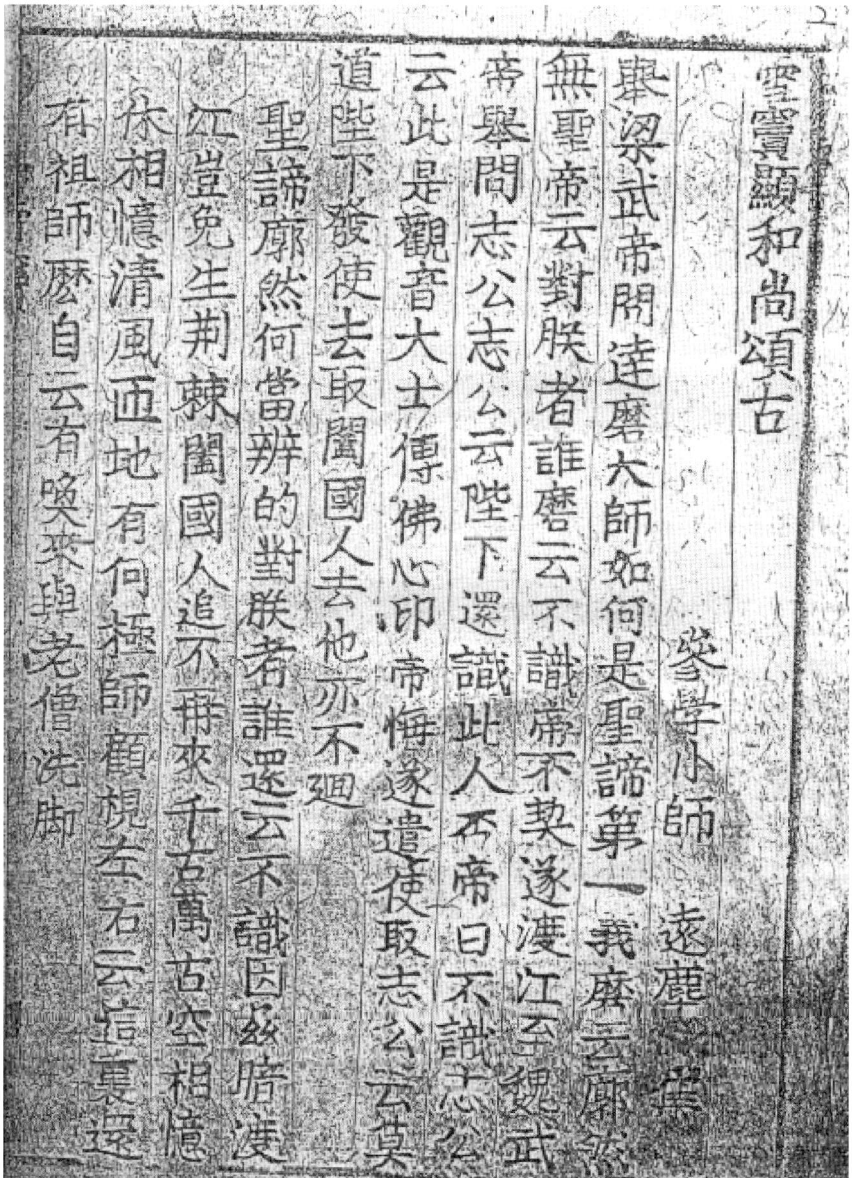
雪竇顯和尚頌古
參學小師 遠塵 [illegible]集
舉梁武帝問達磨大師如何是聖諦第一義磨云廓然
無聖帝云對朕者誰磨云不識帝不契遂渡江至魏武
帝舉問志公志公云陛下還識此人否帝曰不識志公
云此是觀音大士傳佛心印帝悔遂遣使取志公云莫
道陛下發使去取闔國人去他亦不廻
聖諦廓然何當辨的對朕者誰還云不識因茲暗渡
江豈免生荊棘闔國人追不再來千古萬古空相憶
休相憶清風匝地有何極師顧視左右云這裏還
有祖師麼自云有喚來與老僧洗脚

그림 4-148 『雪竇明覺和尙頌古』 권수[385]

385 개인 소장본.

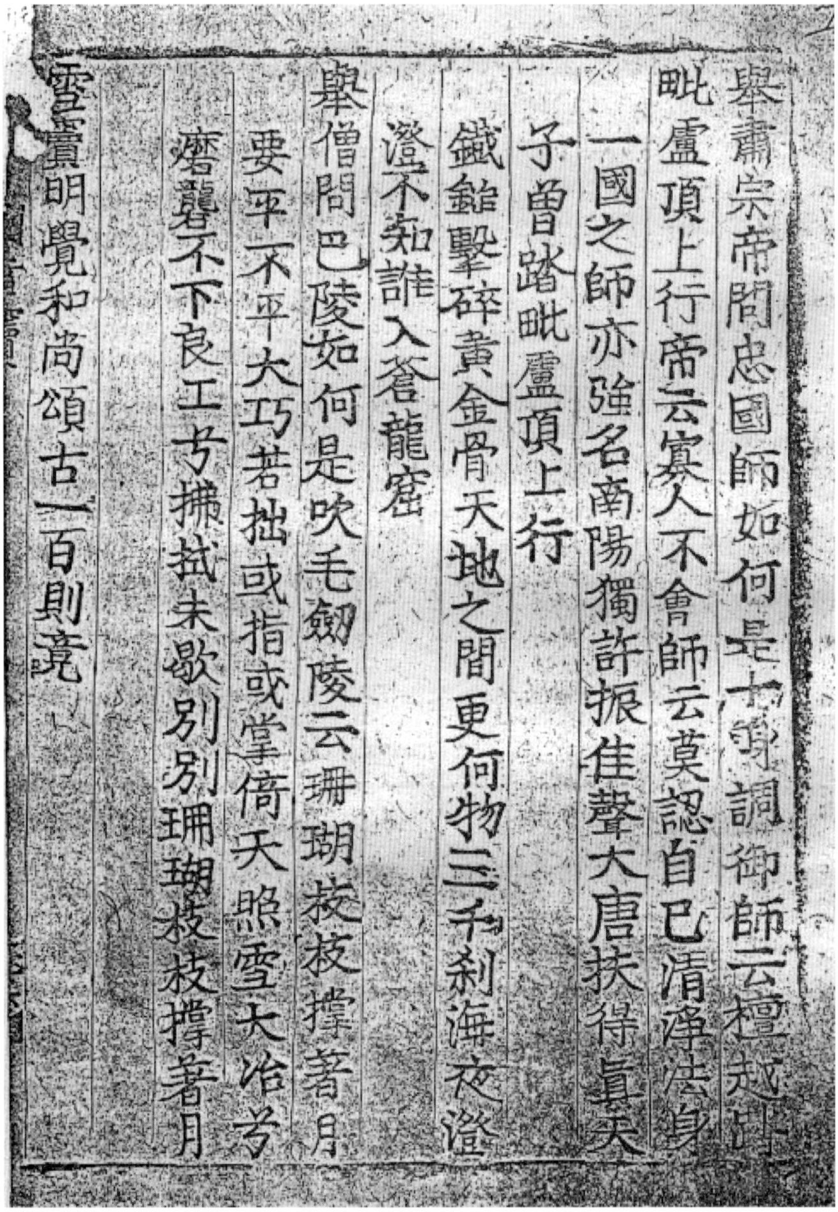

擧肅宗帝問忠國師如何是十身調御師云檀越踏
毗盧頂上行帝云寡人不會師云莫認自己清淨法身
一國之師亦强名南陽獨許振佳聲大唐扶得眞天
子曾踏毗盧頂上行
鐵鎚擊碎黃金骨天地之間更何物三千刹海夜澄
澄不知誰入蒼龍窟
擧僧問巴陵如何是吹毛劒陵云珊瑚枝枝撐著月
要平不平大巧若拙或指或掌倚天照雪大冶兮
磨礱不下良工兮拂拭未歇別別珊瑚枝枝撐著月
雪竇明覺和尙頌古一百則竟

그림 4-149 『雪竇明覺和尙頌古』 권말[386]

386 개인 소장본.

4. 印經木活字

1) 인경목활자 개요

1495년(연산군 1)에는 대비들이 성종의 명복을 빌기 위하여 圓覺寺에서 불경을 대대적으로 간행하고 동일한 내용의 跋文을 작성하여 모든 책의 끝에 붙였다. 이듬해인 1496년에는 임금이 內帑으로 불경의 刊印 사업을 도와주므로 나무활자를 더 만들어 漢字本 『天地冥陽水陸雜文』을 찍어 내었다. 또한 잇따라 단정한 한글의 國譯本 『六祖大師法寶壇經』과 『眞言勸供』을 정교하게 찍었다. 이때 만든 목활자를 '인경목활자' 또는 '인경자'라 하며, 한자와 한글의 활자가 각각 만들어졌고 금속활자로 볼 만큼 깨끗한 것이 특징이다.

2) 인경목활자 조성 및 인출 관련 기록

현존하는 인경자 인본으로는 『천지명양수륙잡문』, 『육조대사법보단경』, 『진언권공』 등 3종이 알려져 있다. 이 밖에 『禪宗永嘉集』은 본문이 아닌 발문에서만 인경자를 사용하고 있다. 이처럼 알려진 종수는 비록 적으나, 이들 서적에 남아 있는 발문 등의 기록을 통해 인경자의 제작 배경, 제작자, 제작 과정 등을 간략하게 살펴볼 수 있다. 먼저 가장 이른 시기에 인출되었던 『선종영가집』[387]의 발문 기록을 살펴보면 다음과 같다.

> 홍치 갑인년(1494)에 성종대왕께서 至治가 융성하던 때에 갑자기 신민을 버리고 홍서하셨으니 온 나라가 遑遑하여 마치 부모를 잃은 것과 같았다. 우리 왕대비전하께서 울부짖으며 가슴을 치고 발을 구르며 오장육부가 찢어지는 듯이 애통해하셨다. 무릇 추원하고 복을 비는 것은 그 극진함을 다해야 하는 것인데, 이에 경률론 중에서 사람들의 안목을 열어 주는 것을 뽑아 국역본 『법화경』, 『능엄경』 각 50건, 『금강경육조해』, 『반야심경』, 『선종영가집』 각 60건, 『석보상절』 20건을 인출하시고, 또 한문본 『금강경오가해』 50건, 『육경합부』 300건을 인출하시어 명복을 비셨다. …
>
> 弘治 8年(1495) 가을 8월 하한, 황학산인 學祖가 삼가 발문을 짓다.[388]

387 보물 774호(동국대 도서관 소장본)

388 "弘治甲寅 我成宗大王 方隆至治之時 奄棄臣民 一國遑遑 如喪考妣 我王大妃殿下 號攀躃踊 五內摧

언급되는 몇몇 서적들이 인경목활자로 인출된 동일한 발문을 첨부하고 있다는 점으로 미루어 본다면, 당시 인경목활자는 보다 편리한 방식으로 동일한 발문을 첨부하려는 목적에서 제작되었다고 볼 수 있다. 그로부터 반년 후 이 활자를 이용하여『천지명양수륙잡문』,『육조대사법보단경』,『진언권공』을 인출하게 된다.

이들 서적의 발문을 통해 인경목활자의 제작자 및 인출 과정을 살펴볼 수 있는데, 먼저 日本 天理大 圖書館에 소장된『천지명양수륙잡문』의 발문 기록은 다음과 같다.

> 우리 대왕대비전하께서 내탕을 내어 목활자를 제작하고 인출하셨다. …
>
> 弘治 9年(1496) 봄 3월 일, 삼가 발문을 짓다.[389]

이는 당시 대왕대비전하인 인수대비가 자신의 私財를 내어서 목활자 제작에 직접적으로 관여하였음을 보여 주는 것이다.

다음으로 경기도박물관 소장 보물 제1053호『진언권공』의 발문을 통해 인경목활자본인『육조대사법보단경』과『진언권공』의 제작 배경 및 제작 과정을 살펴볼 수 있다. 발문의 내용은 다음과 같다.

> …우리 인수대왕대비전하께서는 시류의 급함은 외형에 얽매이고 세상일에 번뇌하여 세속 밖에 청량한 한 줄기 광명이 있음을 알지 못하기 때문이라고 탄식하셨다. 이에 승려로 하여금『육조단경』을 번역하도록 명하고 목활자를 제작하여 300건을 인출하고 당세에 반포하여 후세에 전함으로써 모든 사람이 열람하여 자신을 돌아보아 스스로 넓은 이목을 갖추도록 하셨다. 왕을 축원하는 마음은 문언과 의론이 흉내 낼 수 없겠지만 마땅히 법성과 서로 종시가 되어 결국에는 무궁무진한 지경에 이르게 됨은 의심할 것이 없다. 다만 시식권공과 일용상행의 법사는 부연된 것이 있거나 전도된 것이 있고, 문리에 차서가 없어서 학자들이 이를 병통으로 여겼다. 이에 자세히

裂 凡所以追遠薦福者 無所不用其極 於是擇經律論中 開人眼目者 印出飜譯 法華經 楞嚴經各五十件 金剛經 六祖解 心經 永嘉集各六十件 釋譜詳節二十件 又印漢字 金剛經五家解五十件 六經合部三百件 以資冥釐…弘治八年(1495)秋八月下澣 黃岳山人學祖敬跋"

389 "我王大妃殿下 出施內帑 刊造木字印出…弘治九年(1496)春三月有日 敬跋"

교정하여 바로잡아 400건을 인출하여 중외에 반포한다.

弘治 9年(1496) 여름 5월 일 발[390]

이들 서적의 간행도 인수대비가 주관하였던 것으로 당시 인수대비는 시류에 급급하고, 세상일에 얽매이는 자들의 이목을 넓혀 주고자 승려들에게 『육조대사법보단경』을 국역하도록 해 목활자로 300건을 인출하고 반사하였다. 아울러 『진언권공』을 교정한 후 400건을 인출한 사실도 기록하고 있다.

이처럼 인경목활자본은 당시 인수대비가 직접 내탕금을 내어 간행을 주관함으로써 한 번에 수백 권씩 인출하여 반사할 정도로 대대적으로 간행되었지만 현존하는 인경자 인본은 드물다. 이 목활자를 이용한 불경 인쇄는 1496년 4월에 연산군의 숭유억불 정책 및 인경사업을 주관해 오던 學祖(생몰년 미상)[391]가 유신들의 배척을 받아 중단되었다.

3) 인경목활자 인본 리스트 및 이미지

인출된 불경으로서 현재 전해지고 있는 것은 왕대비의 주재 아래 반사된 한문본 『天地冥陽水陸雜文』 그리고 대왕대비의 주재 아래 반사된 국역본 『六祖大師法寶壇經』 300부와 『眞言勸供』 400부이다.

표 4-33 현존하는 인경 목활자본 인본

서명	시기	행자 수	반곽 크기(cm)	책 크기(cm)	소장처
天地冥陽水陸雜文	연산군 2년 (1496)	8행 15자	21.1×14.8	30.0×19.6	국중, 日本 天理大圖書館, 고려대 등
六祖大師法寶壇經	[연산군 2년 (1496)]	8행 17자	24.3×14.8	31.2×20.8	서울대
眞言勸供	[연산군 2년 (1496) 跋]	8행 17자	24.5×15.0	34.5×21.2	경기도박물관, 서울대

390 "…我仁粹大王大妃殿下 嘆時流之急 縛着名相 煩煎域內 不知世外有清凉底一段光明 所以命僧以國語飜譯六祖壇經 刊造木字 印出三百件 頒施當世 流傳諸後 使人人皆得披閱 反省自家 廓大之面目 其爲願王 豈文言口議之所能髣髴者哉 當與法性 相爲終始 究竟至於無窮無盡之域者 無疑也歟 且施食勸供 日用常行之法事 或衍或倒 文理不序 學者病之 詳校得正 印出四百件 頒施中外焉 弘治九年夏 五月 日 跋"

391 본관은 安東, 속성은 김씨, 호는 燈谷·黃岳山人. 1467년 왕명으로 금강산 楡岾寺를 중창하였고, 1488년(성종 19) 仁粹大妃의 명으로 해인사 중수 및 대장경판당을 중창하였다. 1500년(연산군 6) 왕비의 명으로 해인사의 대장경 3부를 刊印하고 그 발문을 지었으며, 1520년(중종 15) 왕명으로 다시 해인사 대장경 1부를 간인하였다.

5. 錦城木活字

1) 금성목활자 개요

전라도의 중심지였던 羅州牧의 옛 지명이 錦城인데, 닥나무 재배지와 종이 생산지였던 나주목에서는 16세기 이전에 이미 목활자 사용이 이루어지고 있었다. 조선 초기에 나주와 남평에는 10명의 紙匠도 있었다.[392]

금성목활자는 중종 33년(1538)에 문신 金正國(1485~1541)이 방대한 『性理大全』의 내용 중에서 필요한 부분만을 간추려 4권으로 편집하여 『性理大全書節要』 400부를 찍어 낼 때 사용하기 위해 이미 만들어진 활자에 새로 새겨 보충한 활자를 말한다.

김정국은 호남관찰사로 부임하여 당시 都事였던 金晦伯과 1538년(중종 33) 여름부터 가을까지 이 활자를 만들었다. 자본은 을해자 계열의 필서체로 크기는 세로 1.0cm, 가로 1.2cm이다. 을해자 중자 크기는 세로 1.0cm, 가로 1.0cm로 평편하고 폭이 넓은 둥근 필의 계통의 글자인 강희안체이지만 금성목활자는 가로가 좀 더 넓어서 강희안체의 특징을 더 잘 보여 준다. 새김이 정교한 것은 이전 활자이며, 거친 것은 보충한 글자로 추정된다.

『清芬室書目』[393]에서는 明宗·宣祖 초 사이(1546~1573)에 이 활자로 찍은 책으로 柳希春이 지은 『續蒙求分註』를 더 들고 있다.[394]

2) 금성목활자 관련 기록

(1) 『中宗實錄』 87卷, 1538년 3월 11일

서책에 대한 일은 중국에는 書肆가 있어서 閭閻에서도 배우고 싶은 자는 구하여 얻지 못할 책이 없다. 우리나라는 아직 서사가 없으므로 선비들도 필요한 책을 모두 가질 수 없고 빌려 보려 하다가 얻을 수 없으면 또한 이로 인해 학업을 그만두는 사람도 있으니,

---

392 안현주, 「조선시대 임진왜란 이전 전라도의 서적출판에 관한 고찰」, 『한국도서관·정보학회지』(제43권 제1호, 2015. 3), pp. 419-420.

393 9권 1책, 영인본. 이인영이 1937년부터 1944년까지 수집한 고서 중에서 평양 청분실에 소장하였던 전적을 골라 540종 3,097권 1,444책, 2축, 25첩을 수록한 것이다.

394 천혜봉, 『한국목활자본』, 서울: 범우사, 1993, p. 29.
천혜봉, 『한국서지학』, p. 429.

中外가 모두 그러하다.

어린아이들이 읽는 『千字』·『類合』·『孝經』·『小學』 등의 책과 成人이 배우는 『四書』·『五經』·『史記』 등의 책은 모두 학자에게 요긴하여 없어서는 안 될 것이다. 비록 사서 보고 싶으나 파는 자가 없으면 얻을 수가 없는 것이다. 그 판본은 혹 목활자나 鑄字 중에 어느 것이 편리할지를 알 수 없지만 某處에 서사를 창립하고 관에서 매매하게 하면 널리 보급할 수 있을 것이다. 이것은 지극히 아름다운 일로 당시뿐만 아니라 후세에까지 이익이 미칠 것이다.[395]

3) 금성목활자 인본 리스트

(1) 『性理大全書節要』

이 책은 조선 전기의 문신인 金正國이 明의 胡廣(1370~1418) 등이 편찬한 『性理大全』에서 중요한 부분만을 뽑아 1538년(중종 33)에 편집한[396] 임란 이전 지방 관서의 목활자본이다. 4卷 4冊으로 장정되어 있으며, 四周單邊에 행자 수는 10行 19字이고 판구는 大黑口, 어미는 上下內向黑魚尾이다. 판심제에는 '性理大全'과 권차 및 장차가 기입되어 있다.

권말에 수록된 김정국의 후서에는 節要者인 金正國이 中宗 33년(1538) 여름 湖南觀察使의 명을 받고 부임한 이후, 都事 金晦伯과 의논하여 錦城인 羅州牧에 있던 목활자에 부족자와 결자를 새겨 보완하여 그해 가을에 간행하였다는 印出 經緯가 실려 있다.

인본들은 지방 관서 중 잘 새겨진 필서체로 인쇄상태가 정교한 편이다. 지방 목민관이 만들어 직접 간행·보급한 인본이라는 점에서 의의가 크다. 보물 제1157-2호로 지정되어 있으며, 개인 및 청주고인쇄박물관 등에 소장되어 있다.

395 『中宗實錄』 卷87, 中宗 33年(1538) 3月 11日(甲申).
書册事 中原則有書肆 故閭閻之中 欲學者 求無不獲 我國則未有書肆 故爲儒者 亦不能皆有其書 欲借觀而不可得 則亦或有因此而廢業者 是弊 京外皆然也. 童稚所讀 則如《千字》《類合》《孝經》《小學》等書 及成人所學 則《四書》《五經》與《史記》等書 皆切於學者 不可無也 雖欲買而觀之 若無賣之者 則無從可得 若其本版 則或木字或鑄字中 固未知何者爲便也 若於某處 創立書肆 使之官爲買賣 則可以廣布矣 此至美之事 非特當時 利及後世者也.

396 국립중앙도서관, 『선본해제Ⅶ』, 서울: 원화인쇄, 2005, p. 79.

(2) 『續蒙求分註』

『속몽구분주』는 4卷 4冊으로 四周單邊, 10行 21字, 大黑口 上下內向黑魚尾 목활자본이다. 이 책은 眉巖 柳希春(1513~1577)이 종성에 유배되어 있던 시기인 明宗 3년~12년(1548~1557)에 李瀚의 『蒙求』의 체제를 본떠서 편찬한 것으로, 수록 시기는 『몽구』에서 다룬 시기 이후의 民彝와 世敎에 관계되는 儒先들의 고사와 언행을 뽑아 4字句로 만들고 2句씩을 1節로 한 뒤, 그 구에 해당하는 내용을 自述하고, 題名을 『몽구분주』라 한 것이다. 『몽구』는 주조사의 상고에서 남북조에 이르는 시기의 역사적 인물의 고사에서 뽑아서 어린이들이 독송하도록 만든 책으로 모두 2,484자로 되어 있다. 서명의 '몽구'는 『周易』의 "匪我求童蒙 童蒙求我" 구절에서 인용한 것이다.[397]

유희춘은 명종 2년(1547) 양재역 벽서사건에 연루되어 제주도에 안치되었다. 이듬해 2월 함경도 종성에 이배되어 그곳에서 17년을 보낸 뒤 1566년에 충남 논산의 은진에 다시 이배되었으며 선조 원년(1568) 6월에 귀양에서 풀려나게 되었다. 『속몽구분주』의 서문[398]과 발문[399]을 통해 유희춘은 1548년 종성에서 집필을 시작해 1566년 신포(은진)에서 글을 마쳤음을 알 수 있다. 권4의 말미에는 간행에 관여한 인원이 임무별로 기록되어 있다. 교정은 저자의 문인인 李森, 登梓本의 書寫는 朴道生·軍官·徐應畢·裵錦·裵吉相 이상 營吏가 맡았고, 板刻은 승려인 熙允·三峻·信岑·守玄·信雲·寶允 등 13명이 맡았음을 알 수 있다.[400] 이 책은 한국학중앙연구원 도서관 등에 소장되어 있다.

이후에도 『속몽구분주』는 목판 13종, 목활자 3종으로 간행되었다.

---

397 국립중앙도서관, 『선본해제V』, 서울: 원화인쇄, 2003, p. 181.

398 柳希春, 『續蒙求分註』 序文 ; 嘉靖戊午(1548, 明宗13)…柳希春書于鐘山土廬.

399 柳希春, 『續蒙求分註』 跋文: …丙寅(1566년, 明宗21)十二月初吉柳希春書于薪浦宇舍.

400 국립중앙도서관, 『선본해제V』, p. 182.

4) 인본 이미지

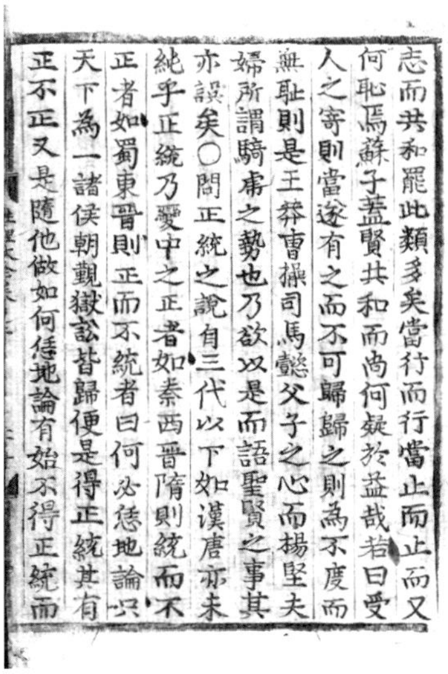

그림 4-150 『性理大全書節要』[401]

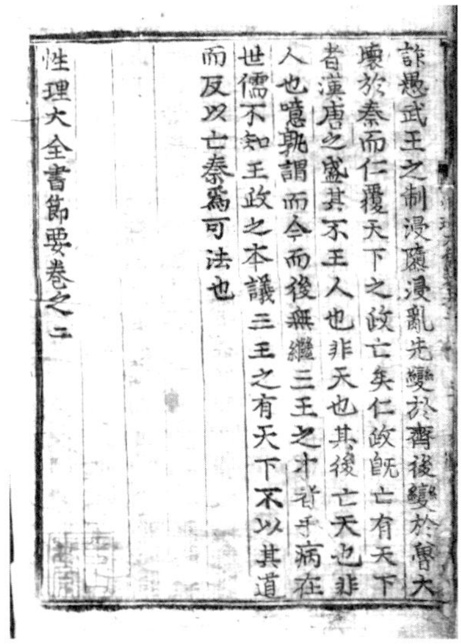

그림 4-151 『性理大全書節要』 卷2, 卷末[402]

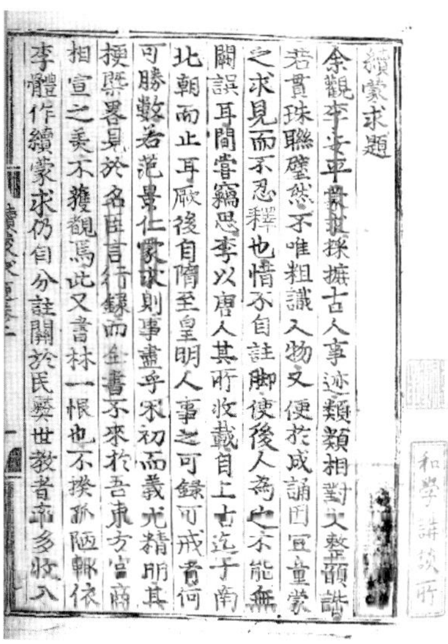

그림 4-152 『續蒙求分註』[403]

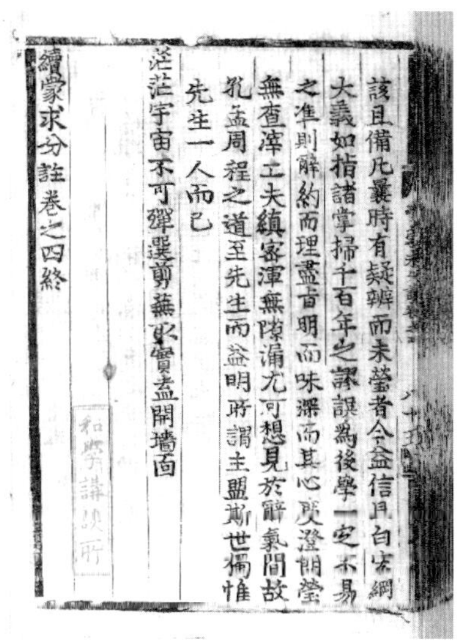

그림 4-153 『續蒙求分註』 卷4, 卷末[404]

401 경북대학교 도서관 소장본.

402 경북대학교 도서관 소장본.

403 한국학중앙연구원 소장본.

404 한국학중앙연구원 소장본.

6. 訓練都監字

1) 개요

조선시대 訓鍊都監은 임진왜란 와중인 1593년 8월에 그 別設을 의정하고,[405] 1594년(선조 27) 2월에 설치되었다. 하지만 연이은 정유재란으로 인해, 전란 중에 士卒을 훈련하기 위한 훈련도감의 養兵 경비 조달이 난관에 봉착하자 1600년 7월에 屯田法을 실시하였다.[406] 그 후 1603년경부터 당시 물력을 동원할 수 있는 유일한 兵營이었던 훈련도감에서 그 병력을 이용하여, 校書館을 대신해 목활자로 책을 찍어서 판매하였다. 이 과정에서 생겨난 것이 훈련도감자이다.

2) 훈련도감자의 주조 배경

훈련도감에서 서적을 인쇄할 때 목활자를 사용하게 된 이유는 기록에 정확히 명시된 것은 없지만, 일반적으로 임진왜란과 병자호란을 겪으면서 금속활자를 주조하기 어려웠기 때문일 것이다. 훈련도감자를 언제부터 제작하기 시작했는지, 초기 印本은 무엇인지 등 밝혀진 것이 없다.

『燃藜室記述』[407]에 나타난 기록을 보면, 목판이 아닌 목활자를 이용하여 책을 간행하게 된 경위가 나타난다.

> 鑄字印書 創自本朝 非中國所有 自壬辰變後 以刻板爲難 多用活字 以考校不審 易致訛誤 可恨 聞 祖宗朝凡書籍有誤者 監印官輒杖之 故絕無錯字 且中朝册板 以梨棗雜木爲之 而我國惟梓木 故板子甚難 刊布不廣 乃我國之拙處也

목판의 판목으로 중국에서는 배나무나 대추나무 등의 잡목을 사용하지만 우리나라에서는 梓木만을 사용하기에 刻字할 판목을 구하기 어려워 목판 인쇄가 쉽지 않았다. 따라서 임진왜란 이후 활자를 사용하였고, 이 활자가 바로 목활자, 즉 훈련도감자라 볼 수 있다.

---

405 『朝鮮王朝實錄』, 宣祖 26년(1593) 8월 庚子 條.

406 『朝鮮王朝實錄』, 宣祖 33년(1600) 7월 丙寅 條.

407 이긍익, 『燃藜室記述』, 別集 제14卷, 文藝典故, 鑄字.

또한 1636년(인조 14)에 이식이 『攷事撮要』를 증보하고 쓴 발문에서 훈련도감의 부서 가운데 책을 인출하는 업무를 담당하는 부서가 나타난다.[408]

> 編旣成 付訓鍊都監書局 用活字印出 而地部以時詘靳紙費 纔印數百本 惜也 …
> 崇禎丙子元月晦 通政大夫成均館大司成知製教李植謹識

『고사촬요』의 기록에 따르면, 1636년에 훈련도감 내에서 서적 인출을 담당했던 '監書局'이라는 부서가 있었던 것을 확인할 수 있다.

3) 훈련도감자의 특징

훈련도감자는 甲寅字體를 비롯해서 庚午字體, 乙亥字體, 甲辰字體, 丙子字體 등 총 5종의 字體가 현재까지 알려져 있다. 하지만 무엇보다 훈련도감자는 도서 판매를 위한 활자의 성격을 띠며, 전문 인쇄와 관련된 교서관의 匠人이 아니라 도서 인쇄 업무에 경험이 없는 병사들이 목활자를 刻成한 것이라 글자 모양이 바르지 않고, 글자 획 역시 고르지 않다. 인쇄 또한 정교하지 못해서 印本이 대체적으로 조잡하다.

『仁祖實錄』[409]의 다음과 같은 기록에서 훈련도감자 제작에 참여한 사람을 확인할 수 있다.

> 국가가 보인(保人)을 주고 급료를 지급하면서 훈련도감의 군졸을 기르는 까닭이 어찌 그 자신만 넉넉히 재주를 갖게 하는 것일 뿐이겠습니까. 군사가 된 사람으로서 포(砲)를 맡은 자는 포를, 검(劍)을 맡은 자는 검을, 활쏘기를 맡은 자는 활을 쏘아 위급한 사태가 발생했을 때 쓰임이 되게 해야 마땅한데, 그 본업을 버리고는 다른 기술을 나누어 일을 삼고 있습니다. 이는 마치 石手·木手·漆手와 금·은 등의 온갖 기술에 이르기까지 모두 배워 능숙한 것처럼 행동하는 여염의 工匠과 다른 점이 없습니다. 그런데도 將官이 된 자 역시 부리기에 편리한 점 때문에 더 이상 단속하지 않고 있으니,

408 이식, 『攷事撮要』의 뒤에 쓴 글[重修故事撮要後序], 「澤堂集」 제9권.
409 『朝鮮王朝實錄』, 仁祖 9年(1631) 7월 庚辰 條.

訓局을 설치하여 군사를 조련하는 뜻이 어찌 이와 같겠습니까. (중략) 답하기를 "아뢴 대로 하라. 황해 감사와 병사는 별로 잘못한 것이 없으니 추고하지 말라. 훈국의 군졸이 딴 기술을 배워 익히는 것은 매우 부당하다. 그러나 이는 대장이 참작하여 처리할 일이지 조정이 간여할 일은 못 된다."고 하였다.

위의 기록을 통해 훈련도감자 제작 참여자는 바로 훈련도감에 소속된 군사임을 확인할 수 있다. 그들은 본업을 버리고 여러 기술을 배워서 기물 제작에 참여하였는데, 그러한 일이 도감 將官의 묵인 아래 이루어졌음을 짐작할 수 있다.

4) 훈련도감자 인본 리스트 및 이미지

앞에서 언급했다시피 훈련도감자는 크게 5종의 字體로 나누어 그 인본을 살펴볼 수 있다.

訓鍊都監字	書名	刊行時期	소장처
甲寅字體	『神器秘訣』	1603	규장각
	『陳設』	1603	규장각
	『武經總要行軍須知』	1603	규장각
	『皇華集』	1606	고려대
	『東國兵鑑』	1608	한중연
庚午字體	『朱文公校昌黎先生集』	1610	연세대
	『大學諺解』	1611	규장각
	『小學諸家集註』	1612	고려대
	『史纂』	1612	국중도
	『詩經諺解』	1613	규장각
	『故事撮要』	1613	고려대
乙亥字體	『內訓』	1611	규장각
	『大學諺解』	1611	규장각
	『小學諸家集註』	1612	고려대
	『四聲通解』	1614	고려대
	『鄕藥集成方』	1633	충남대
甲辰字體	『穌齋先生文集』	1624	고려대
	『象村稿』	1629	계명대
	『五峯先生集』	1636	국중도
	『左傳類抄』	1636	경기대
丙子字體	『皇華集』	1626	고려대
	『經理御史楊先生頌德詩稿』	年代 未詳	규장각
	『唐律廣選』	1634	성암고서박물관

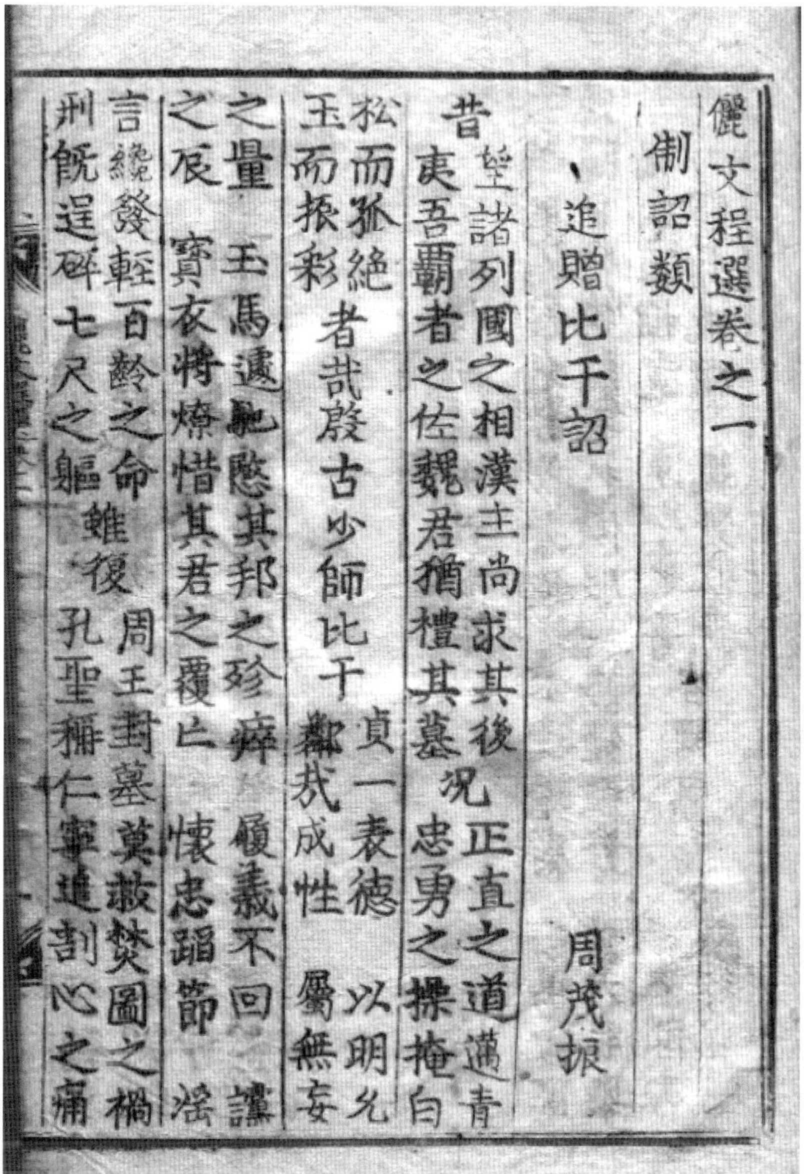
儷文程選卷之一
制詔類
追贈比干詔　周茂振
昔
望諸列國之相漢主尚求其後 況正直之道邁青
夷吾覇者之佐魏君猶禮其墓 況忠勇之操掩白
松而孤絶 貞一表德 以明允
者哉殷古少師比干
玉而振彩 鯁哉成性 屬無妄
之量 玉馬遞馳懸其邦之殄瘁 履義不回讓
之辰 寶衣將燎惜其君之覆亡 懷忠蹈節 溪
言纔發輕百齡之命 雖復 周王封墓 莫救焚圖之禍
刑既逞碎七尺之軀 孔聖稱仁 寧追剖心之痛

그림 4-154 『儷文程選』卷1[410]

410 경북대학교 도서관 소장본.

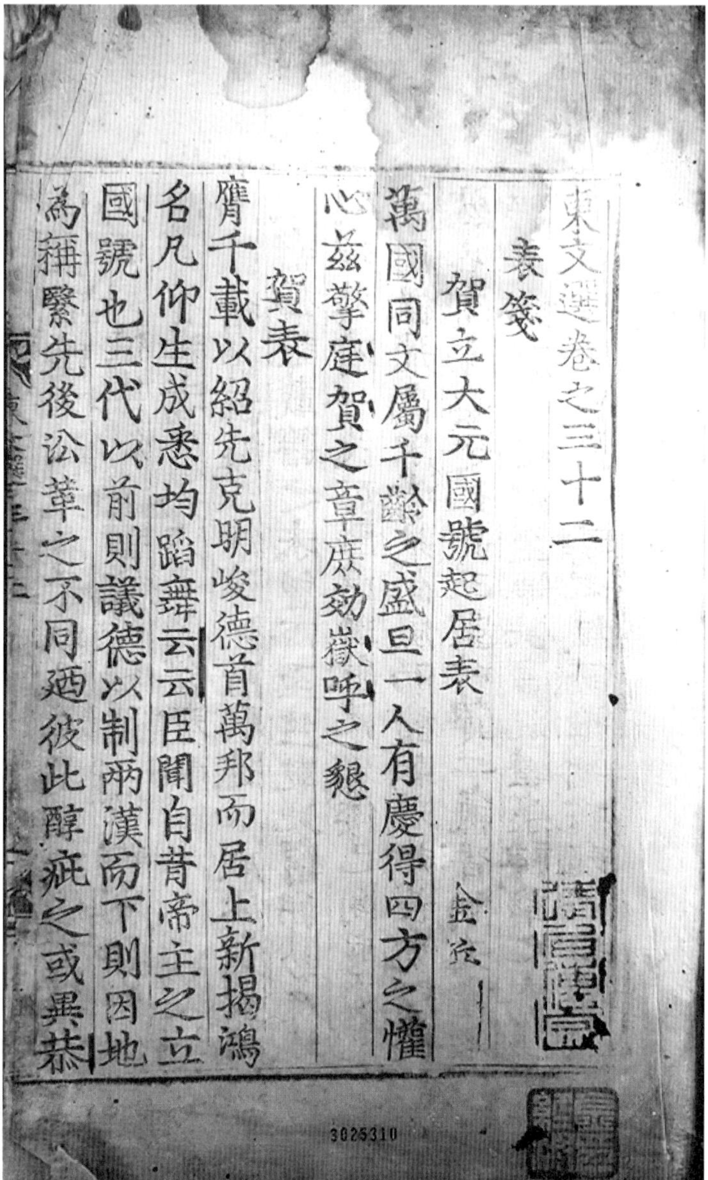

그림 4-155 甲寅字體 訓鍊都監字 『東文選』 卷32[411]

411 경북대학교 도서관 소장본.

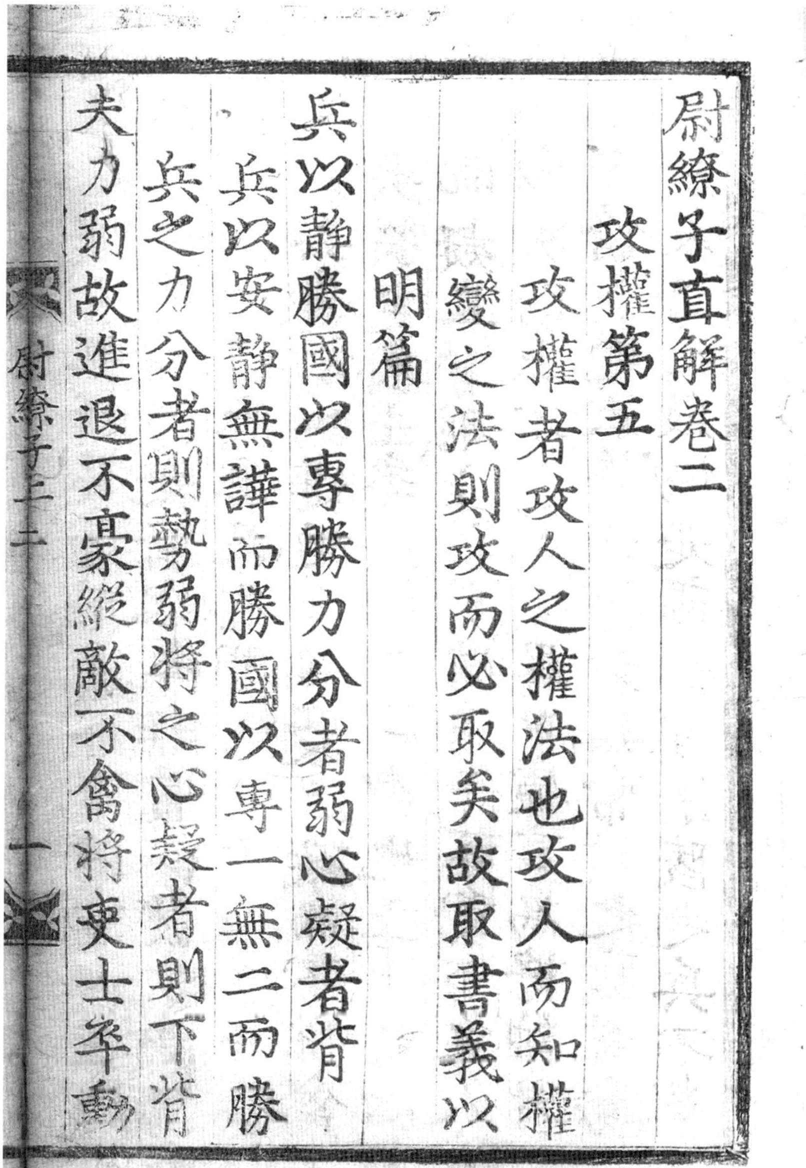

尉繚子直解卷二

攻權第五

攻權者攻人之權法也攻人而知權變之法則攻而必取矣故取書義以明篇

兵以靜勝國以專勝力分者弱心疑者背

兵以安靜無譁而勝國以專一無二而勝兵之力分者則勢弱將之心疑者則下背

夫力弱故進退不豪縱敵不禽將吏士卒動

尉繚子二 一

그림 4-156 甲寅字體 訓鍊都監字『尉繚子直解』卷2

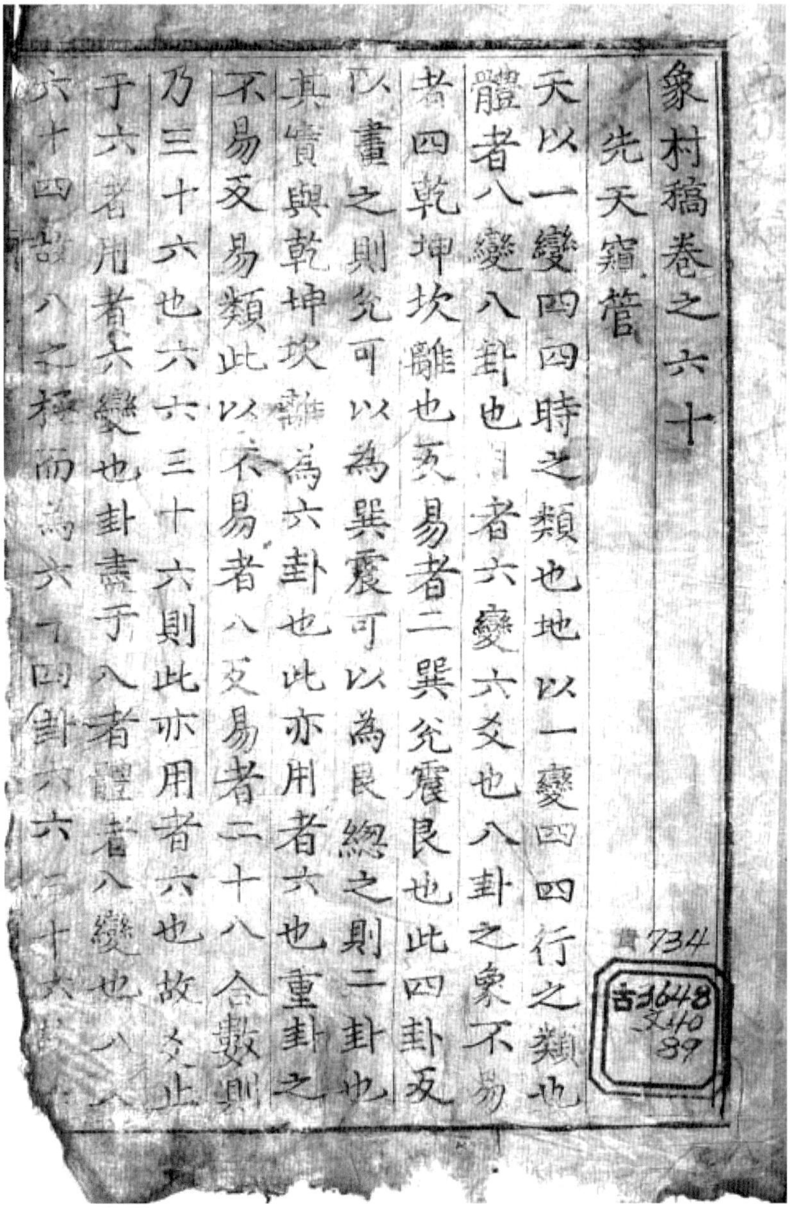

象村稿卷之六十

先天竊管

天以一變四四時之類也地以一變四四行之類也
體者八變八卦也用者六變六爻也八卦之象不易
者四乾坤坎離也反易者二巽兌震艮也此四卦反
以畫之則兌可以為巽震可以為艮總之則二卦也
其實與乾坤坎離為六卦也此亦用者六也重卦之
不易反易類此以不易者八反易者二十八合數則
乃三十六也六六三十六則此亦用者六也故爻止
于六者用者六變也卦盡于八者體者八變也八八
六十四[illegible]八[illegible]而為六十四卦六六三十六[illegible]

그림 4-157 甲辰字體 訓鍊都監字 『象村稿』 卷60

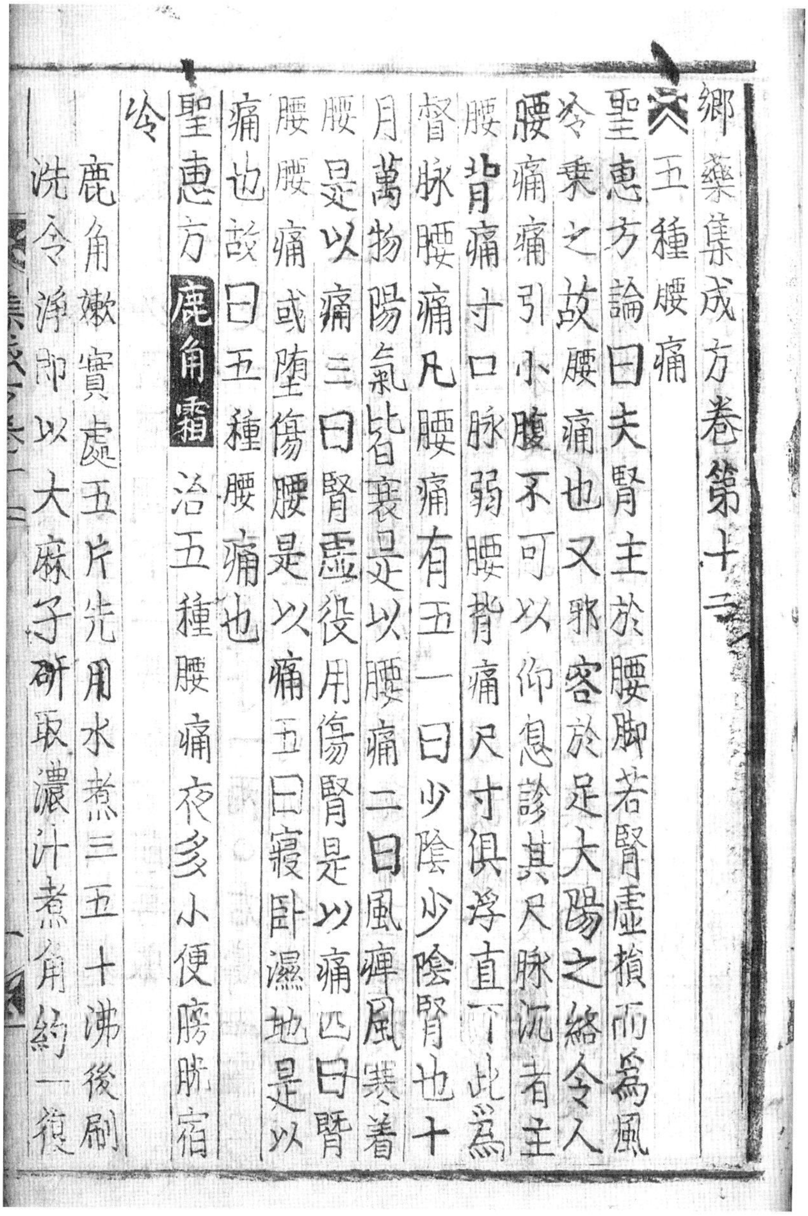
鄉藥集成方卷第十二
五種腰痛
聖惠方論曰夫腎主於腰脚若腎虛損而爲風
冷乘之故腰痛也又邪客於足太陽之絡令人
腰痛痛引小腹不可以仰息診其尺脉沉者主
腰背痛寸口脉弱腰背痛尺寸俱浮直下此爲
督脉腰痛凡腰痛有五一曰少陰少陰腎也十
月萬物陽氣皆衰是以腰痛二曰風痺風寒着
腰是以痛三曰腎虛役用傷腎是以痛四曰腎
腰腰痛或墮傷腰是以痛五曰寢臥濕地是以
痛也故曰五種腰痛也
聖惠方 **鹿角霜** 治五種腰痛夜多小便膀胱宿
冷
鹿角嫩實處五片先用水煮三五十沸後刷
洗令淨即以大麻子研取濃汁煮角約一複

그림 4-158 乙亥字體 訓鍊都監字 『鄕藥集成方』 卷12

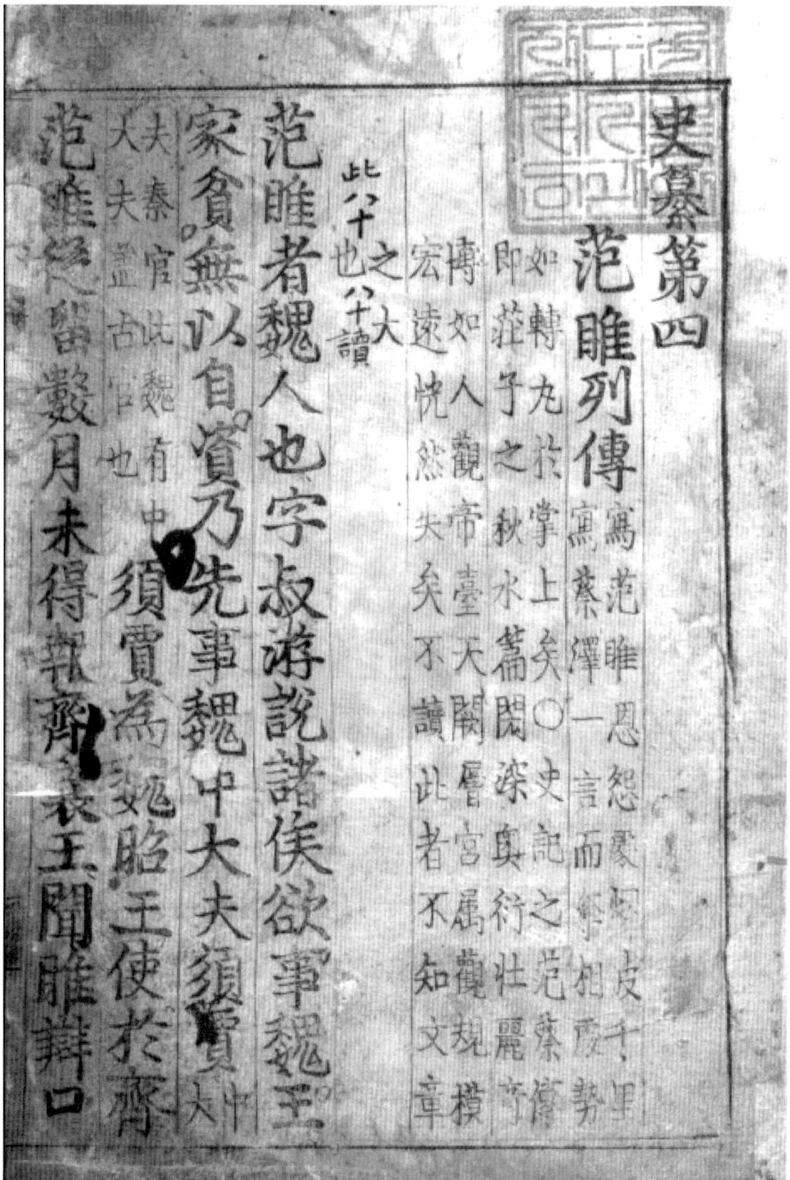

그림 4-159 庚午字體 訓鍊都監字『史纂』卷4

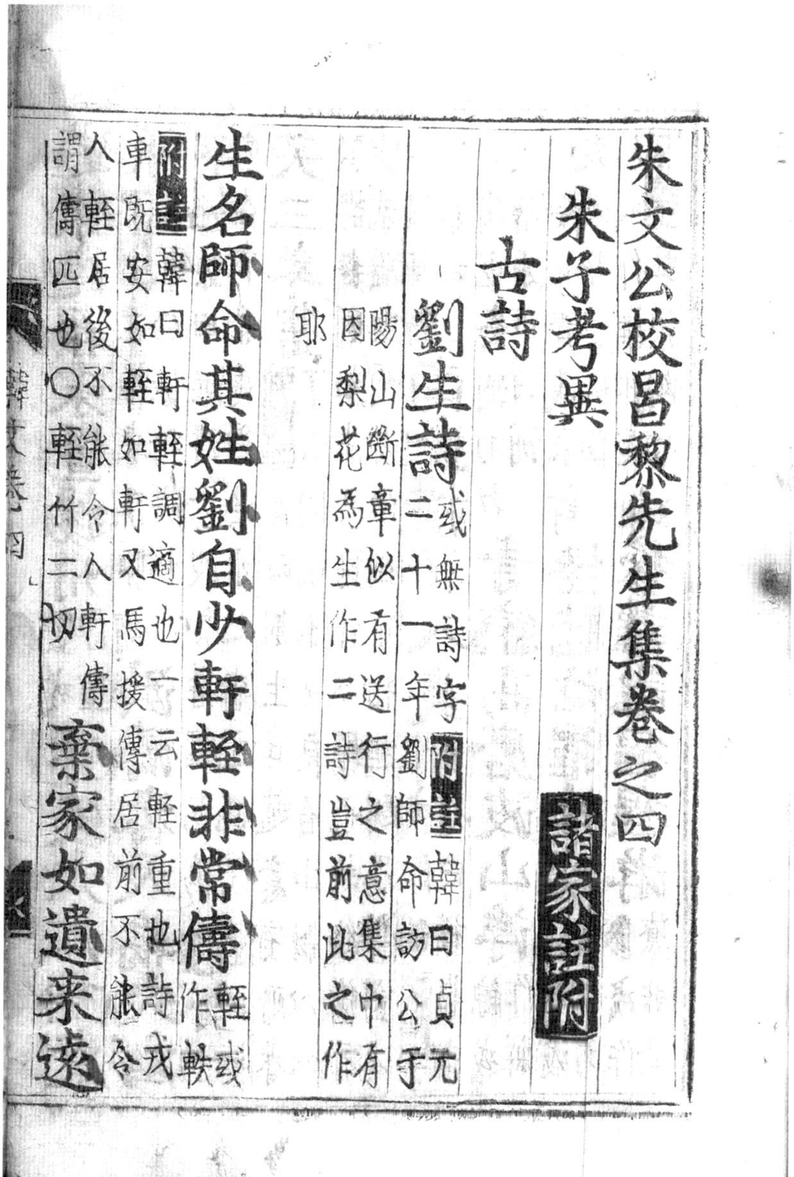
朱文公校昌黎先生集卷之四
朱子考異　諸家註附
古詩
劉生詩 或無詩字 附註 韓曰貞元二十一年劉師命訪公于陽山斷章似有送行之意集中有因梨花爲生作二詩豈前此之作耶
生名師命其姓劉自少軒輊非常儔 輊或作軼 附註 韓曰軒輊調適也一云輕重也詩戎車既安如輊如軒又馬援傳居前不能令人輊居後不能令人軒傳謂傳匹也○輊竹二切 棄家如遺來遠

그림 4-160　庚午字體 訓鍊都監字『朱文公校昌黎先生集』卷4

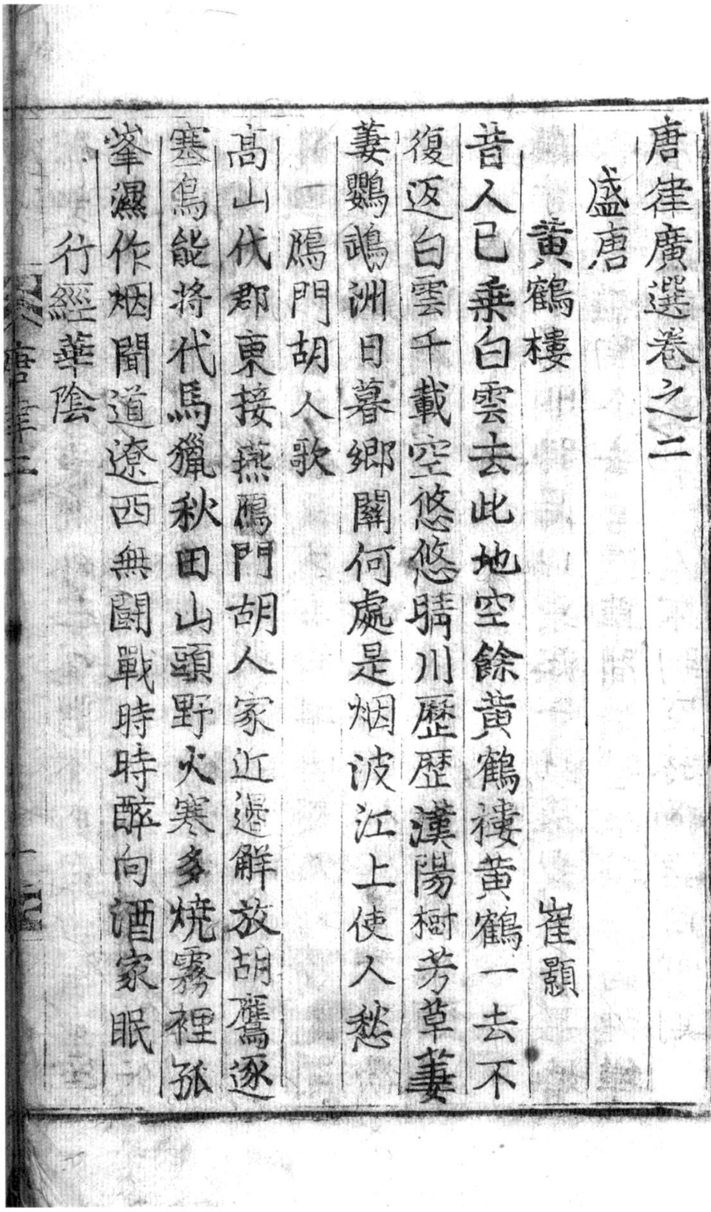

唐律廣選卷之二

盛唐

黃鶴樓　崔顥

昔人已乘白雲去此地空餘黃鶴樓黃鶴一去不復返白雲千載空悠悠晴川歷歷漢陽樹芳草萋萋鸚鵡洲日暮鄉關何處是烟波江上使人愁

鴈門胡人歌

高山代郡東接燕鴈門胡人家近邊解放胡鷹逐塞鳥能將代馬獵秋田山頭野火寒多燒霧裡孤峯濕作烟聞道遼西無鬪戰時時醉向酒家眠

行經華陰

그림 4-161 丙子字體 訓鍊都監字『唐律廣選』卷2

7. 校書館筆書體字

1) 교서관필서체자 개요

校書館[412]필서체자에 관해서는 지금까지도 언제, 어디서, 누가, 어떠한 목적으로 제작한 활자인지 정확하게 밝혀지지 않았다. 그러나 17세기 후기의 문인인 壺谷 南龍翼(1628~1692)이 편찬한 『箕雅』의 인출 시기를 校書館필서체자가 제작된 하한 연대로 추정하고 있다. 동일 저자가 쓴 『壺谷漫筆』의 내용을 통해서 활자의 소장처 및 이용에 관해 대략적으로 살펴볼 수 있다. 현재 남용익의 자서와 문집 기록에 따라 '교서관(운각)필서체자'라 부른다.

2) 교서관필서체자 주조 및 인출 관련 기록

먼저 남용익이 『기아』를 편찬하고 작성한 서문을 살펴보면 다음과 같다.

> …나는 어릴 적부터 여기에 취미가 있어 듣는 대로 기록한 지 여러 해가 되었고, 그것을 상자 속에 쌓아 둔 지 또한 이미 오래되었다. 지금 마침 문형이 되어서 시를 채집하면서 그 직무를 수행하고 있는데, 또 운각주자를 얻으며 비로소 인출·반포하여 오래도록 전하고자 한다. 훗날에 국가에서 우리나라의 시를 續選하는 일이 있다면 아마도 조금이나마 도움이 될 것이다.[413]

즉, 여기서 남용익이 예문관제학에 올라 운각 즉 교서관에 소장되어 있던 주자(芸閣鑄字)를 사용하여 『기아』를 인출할 수 있었던 상황을 엿볼 수 있다. 『호곡만필』의 내용은 다음과 같다.

> 운각제조를 겸할 때, 비로소 활자를 얻어서 장차 인쇄하여 반포하려고 하였는데, 이를 들은 자들이 모여들어서 그 안에 先祖의 이름을 수록해 주기를 다투어 구하였다.…[414]

---

412 芸閣의 이칭이며, 1392년(태조 1) 經籍의 인쇄와 제사 때 쓰이는 향과 축문·印信 등을 관장하기 위하여 설치되었다.

413 …余自幼癖於比 耳剽手箚 積有年所 藏之巾衍 亦已久矣 今適承乏文衡 採詩固其職 而又得芸閣鑄字 始用印布 而壽其傳 它日國家 如有續選東詩之擧 則似不無一助云爾

414 兼芸閣提調 始得活字 將謀印布 聞者坌集 爭求其先世之載名其中…

이 내용 또한 남용익이 운각제조를 겸했을 때 활자를 얻어서 책을 간행했음을 알 수 있는 내용이다. 비록 제작 시기 및 과정에 관해 자세히 알 수는 없으나 남용익이 『기아』의 서문을 작성했던 때인 1688년 무렵에는 이미 교서관필서체자가 제작되어서 교서관에서 소장하고 있었던 정황을 파악할 수 있다.

3) 교서관필서체자 인본 리스트

교서관필서체자로 인출된 현존본은 『箕雅』를 비롯하여, 숙종 연간에 인출된 『詩選』, 『韋蘇州集』, 『柳柳州詩集』, 『陶靖節集抄』, 『歐陽文抄』, 『柳文抄』, 『蘇文抄』, 『蘇東坡文抄』, 『栗谷先生文集』, 『韓文抄』와 인출년 미상의 『諸葛忠武侯全書』, 『翠軒疏剳』, 『孔聖家語』 등이 있어 주로 시문집류의 간행에 이 활자가 이용되었던 것으로 보인다. 이들 서적에 대한 구체적인 형태 서지사항 및 소장처는 다음 표와 같다.

표 4-34 교서관필서체자 현존본

서명	시기	행자 수	반곽 크기(cm)	책 크기(cm)	소장처
箕雅	肅宗 14년 (1688)	10행 20자	21.3×13.7	28.0×18.3	국중, 한중연, 고려대, 계명대, 성암, 연세대
詩選	[肅宗 年間 (1675~1720)]	10행 20자	21.5×13.2	29.0×17.6	고려대, 국중, 서울대, 성암, 연세대
韋蘇州集	[肅宗 年間 (1674~1720)?]	10행 20자	21.7×13.7	28.1×17.8	고려대, 국중, 서울대
柳柳州詩集	[肅宗 年間 (1674~1720)]	10행 20자	21.7×13.7	30.2×18.7	계명대, 고려대, 국중, 서울대
陶靖節集抄	肅宗 年間 (1675~1720)	10행 20자	21.3×14.7	29.3×19.0	고려대, 국중, 서울대
陶靖節集抄目錄	[刊寫年 未詳]	10행 20자	21.8×13.7	29.3×18.1	고려대
歐陽文抄	[肅宗 年間 (1675~1720)]	10행 20자	21.9×13.6	30.4×18.1	고려대, 국중, 한중연
柳文抄	[肅宗 年間 (1674~1720)]	10행 20자	22.2×14.0	29.5×18.2	국중, 서울대, 한중연
蘇文抄	[刊寫年 未詳]	10행 20자	22.0×14.0	27.5×17.5	국중
蘇東坡文抄	[肅宗 年間 (1675~1720)]	10행 20자	21.7×13.5	29.6×18.8	고려대, 영남대, 한중연
栗谷先生文集	[肅宗 年間 (1675~1720)]	10행 20자	22.2×13.4	28.8×18.0	고려대, 서울대, 영남대, 한중연
韓文抄	[肅宗 初 (1675~1685)]	10행 20자	21.6×13.5	27.1×17.4	국중, 고려대, 서울대, 성균관대
諸葛忠武侯全書	[刊寫年 未詳]	10행 19자	20.9×13.5	28.7×18.3	계명대, 고려대, 국중, 영남대, 충남대
翠軒疏剳	[刊寫年 未詳]	10행 20자	21.9×14.1	29.0×18.7	국중, 서울대, 충남대, 한중연
孔聖家語	[刊寫年 未詳]	10행 20자	21.5×13.4	29.2×17.7	건국대, 계명대, 고려대, 국중, 서울대, 성암, 연세대, 영남대 한중연

4) 인본 이미지

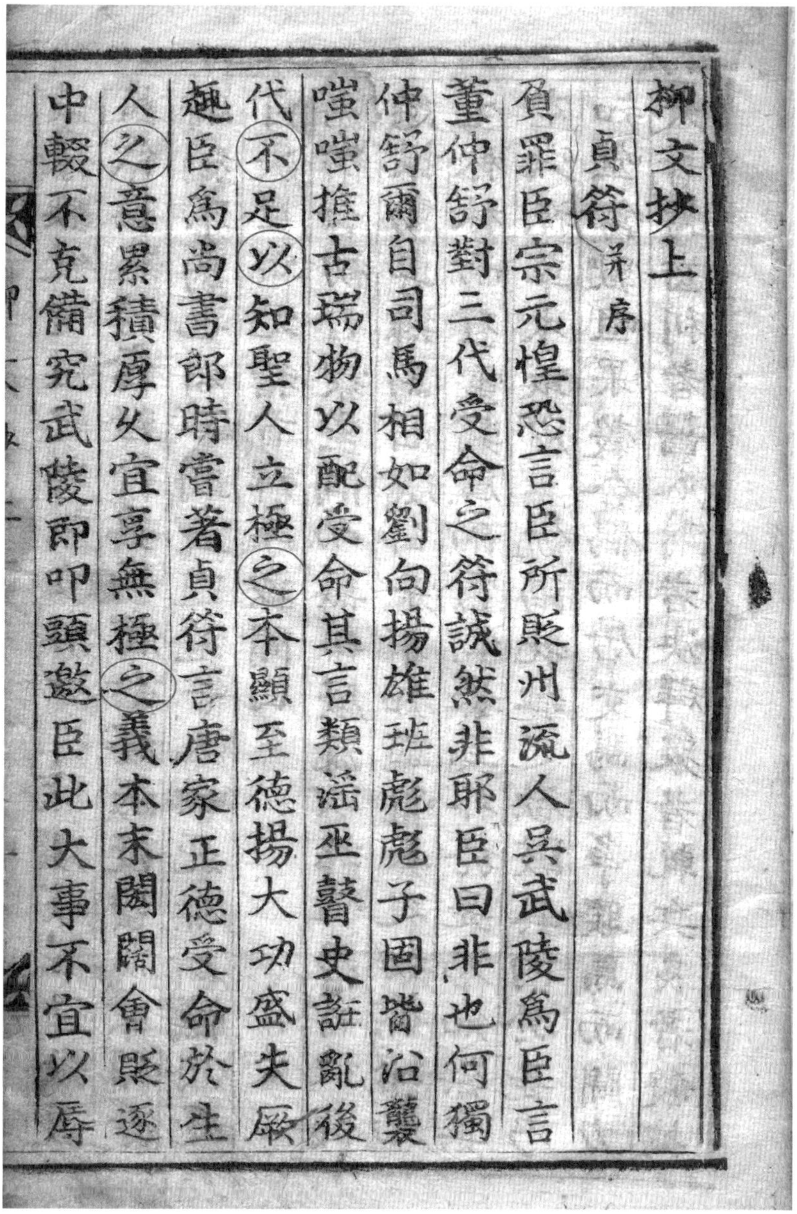

柳文抄上

貞符 并序

負罪臣宗元惶恐言臣所貶州流人吳武陵為臣言董仲舒對三代受命之符誠然非耶臣曰非也何獨仲舒爾自司馬相如劉向揚雄班彪彪子固皆沿襲嗤嗤推古瑞物以配受命其言類淫巫瞽史誑亂後代不足以知聖人立極之本顯至德揚大功盛失厥趣臣為尚書郎時嘗著貞符言唐家正德受命於生人之意累積厚久宜享無極之義本末閎闊會貶逐中輟不克備究武陵即叩頭邀臣此大事不宜以辱

그림 4-162 『柳文抄』 卷上

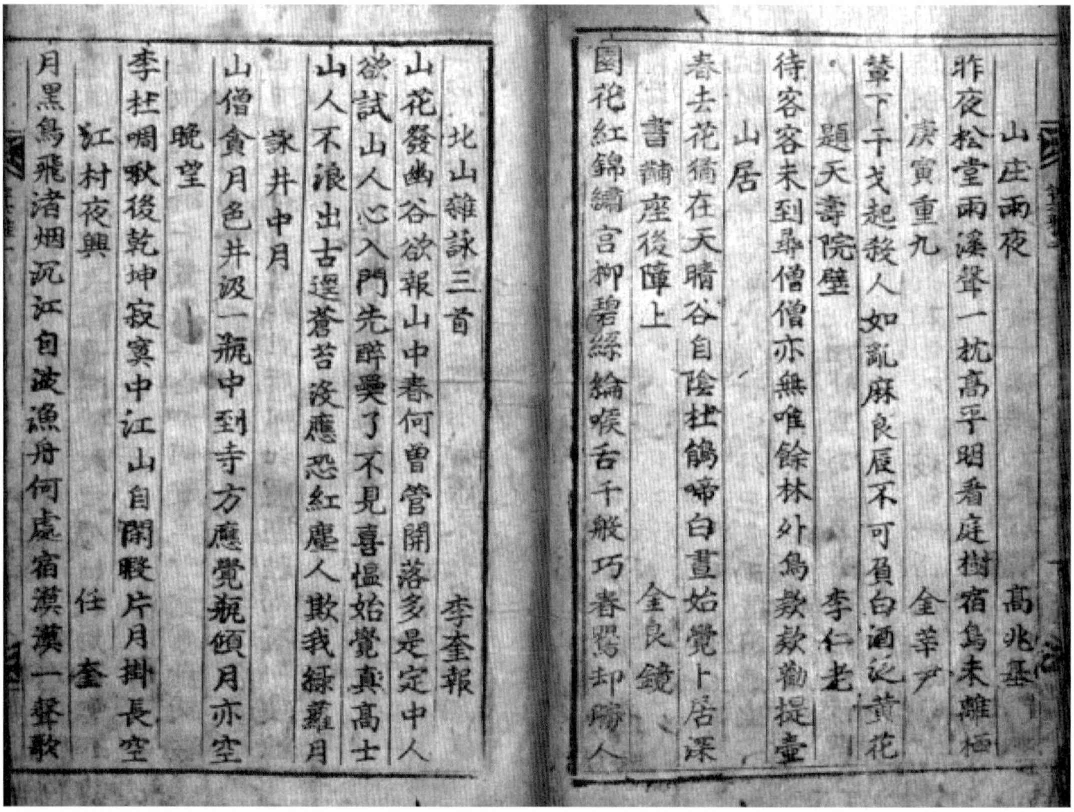

山庄雨夜　高兆基
昨夜松堂雨溪聲一枕高平明看庭樹宿鳥未離栖
庚寅重九　金莘尹
草下干戈起殺人如亂麻良辰不可負白酒泛黃花
題天壽院壁　李仁老
待客客未到尋僧僧亦無唯餘林外鳥款款勸提壺
山居
春去花猶在天晴谷自陰杜鵑啼白晝始覺卜居深
書補座後障上　金良鏡
園花紅錦繡宮柳碧絲綸喉舌千般巧春鸎却惱人

北山雜詠三首　李奎報
山花發幽谷欲報山中春何曾管開落多是定中人
欲試山人心入門先醉叟了不見喜慍始覺真高士
山人不浪出古逕蒼苔沒應恐紅塵人欺我綠蘿月
詠井中月
山僧貪月色井汲一瓶中到寺方應覺瓶傾月亦空
晩望
李杜啁啾後乾坤寂寞中江山自閑暇片月掛長空
江村夜興　任奎
月黑烏飛渚烟沉江自波漁舟何處宿漠漠一聲歌

그림 4-163 『箕雅』

8. 生生字

1) 생생자 개요

생생자는 1792년(정조 16) 규장각에서 정조의 명을 받아 만들어진 목활자로서, 청나라의 四庫全書 聚珍版『康熙字典』의 글자를 字本으로 황양목을 사용해 만들어졌다. 이 목활자는 大字 15만 7200자, 小字 14만 4300자를 만들어 내고 활자 이름을 '생생자'로 하였다.

활자를 제작한 기관은 內閣과 箕營이며, 활자의 서체는 印書體이다. 대자는 자체가 넓적하고 자획이 굵으며, 소자는 근대 활자처럼 글자 모양이 가는 인서체이다. 御製를 찍기 위해 만들어진 활자이므로 새김이 매우 정교하며, 모양이 정연한 것이 특징이다.

2) 생생자 관련 기록

⑴『國朝寶鑑』卷74, 正祖 20年(1796)

임자년에 명하여, 중국 四庫全書 聚珍板式을 모방하여 字典의 글자체를 모아서 나무로 크고 작은 32만여 자를 새기게 하고 이를 生生字라고 이름하였다. 또 생생자를 본으로 해서 글자를 주조하게 하였다. 이때에 이르러 일이 끝났는데 큰 글자가 16만 자, 작은 글자가 14만여 자였으며 이를 整理字라고 이름하였다. 그리고 일곱 개의 書架에 나누어 꽂아 奎瀛新部에 보관하였다. 監印所를 鑄字所로 개칭할 것을 명하였는데, 국초에 처음 설치했던 때의 옛 명칭을 따른 것이었다.

⑵『正祖實錄』正祖 16年(1792) 6月 29日

內閣에 명하여 木字本을 만들게 하였다. 이때에 御製를 印刊하고자 평양감영(箕營)으로 하여금 銅으로 字本을 주조하도록 하였다가 곧 나무로 대신하게 하고 내각으로 하여금 관장하여 만들게 하였다.

⑶『正祖實錄』正祖 20年(1796) 3月 17日

整理鑄字가 완성되었을 당시 정조는 임진년에 동궁으로 있으면서 大朝에 앙청하여 대내에 있던 갑인자로 인쇄한『心經』과『萬病回春』두 책을 내다가 이를 자본으로 삼아 5만 자를 주조하여 보관하였으니, 이것이 임진자였다. 정조가 즉위한 원년인 정유년에는

關西伯에게 명하여 본조 사람 韓構의 글씨를 자본으로 삼아 8만여 자를 주조하게 하여 역시 內閣에 보관하였다. 대체로 전후로 주조한 활자의 銅體가 일정하지 않아서 인쇄하려면 젖은 종이를 써서 고르게 붙이고 한 판을 찍을 때마다 별도로 몇 사람을 세워서 朱墨으로 활판의 형세에 따라 교정을 하게 하는데도 오히려 비뚤어지는 염려가 있었으며 걸핏하면 시일이 걸린다고 인쇄를 감독하는 여러 신하들이 누차 이를 말하였다. 임자년에 왕이 명하여 중국의 四庫全書 聚珍板式을 모방하여 字典의 자본을 취해서 黃楊木을 사용하여 크고 작은 글자 32만여 자를 새기어 '生生字'라고 이름하였다. 을묘년에는 『整理儀軌』 및 『園幸定例』 등의 책을 장차 편찬·인행하려는 계획 아래 생생자를 자본으로 삼아서 구리로 활자를 주조하게 하였더니 크고 작은 것이 모두 30여 만 자였는데, 이를 '整理字'라 이름하고 奎瀛 新府에 보관하였다.

(4) 『茶山詩文集』 卷18, 書

生生字와 관련된 기록으로 茶山의 편지 중에서도 다음과 같은 내용이 있다. 즉, 이 관찰에게 답하기를 "『痲科會通』의 부탁을 여러 차례 저버렸다가 이제야 奉呈합니다. 지난번에 海州와 瑞興 두 곳 수령을 만났더니 간행하려는 뜻을 갖고 있었습니다. 그러나 옛날 奎章閣에 있을 때에 李直學 등 여러 분들 역시 이 책은 없어지게 할 수 없다고 했으며, 閣中에서 일을 주간하는 사람 역시 生生字로 인출하고 싶어 했습니다. 참으로 각중에서 인쇄한다면 훨씬 힘을 덜 것 같은데, 저들과 연락이 있기를 기다려서 그 결과를 보고해 드릴 것이니 우선 지레 일을 시작할 필요는 없습니다. 그리고 교정 정일하지 못하여 正本을 만들 수 없습니다."라 하여 生生字로 책을 출판하려는 당시의 경향을 엿볼 수 있다.

(5) 『新增東國輿地勝覽』 卷2, 「東國輿地備考」 第1卷

관찬의 두 종류 地誌類에서도 "京都에서 字典字를 사용하여 나무로 대소 32만여 자를 새겼는데, '生生字'라는 이름을 하사하였다. 이듬해에 또 생생자를 본으로 하여 本字와 같이 주조하여 整理儀를 박았는데, 이름하여 '整理字'라 한다."는 기록이 있다.

(6) 『審理錄』 卷首, 啓

무오년(1798, 정조 22) 5월에 行左承旨 洪仁浩가 중요한 문서를 生生字로 찍어 보관하자는 의견을 다음과 같이 제시하였다.

"병신년(1776, 정조 즉위년) 이후로 내려진 審理에 대한 錄啓와 判付를 베껴 책으로 만들어서 乙覽(임금이 열람함)에 대비해 왔습니다. 그런데 신이 자주 외람되게도 刑房承旨로 있었기에 명을 받들어 수정한 것이 지금까지 15년 동안 18권에 1000여 안건이나 됩니다. 다만 등사본은 잘못되거나 누락되기 쉬우며 글자가 작아 참고하기에 방해되는 점이 있고, 또 문안이 너무 간략하게 刪削되어 옥사의 본말을 분명하게 알기가 어렵습니다. 그래서 신이 생각해 보건데, 이 謄寫한 책자에다 原案의 개략을 첨부하고, 모든 供招의 긴요한 대목이나 奏讞 가운데 중요한 말로서 상고하지 않을 수 없는 것들을 뽑아내고 抄錄하여 안건마다 細注를 달며, 안건마다 그 밑에 특별히 판부를 게시하여 베껴 교정한 후 生生字로 印出하여 중앙의 형조와 漢城府, 지방의 4都와 8道에 한 질씩 나누어 주어 각기 이를 준수하여 거행하도록 한다면 왕명을 중히 여기는 법도가 될 뿐만 아니라 실로 모범이 되는 준칙의 본의를 드러내 보이기에 적합합니다. 옥사를 신중히 다루라는 典則을 京外에 반포하고, 『무원록』의 諺解를 간행하였으니, 백성들의 목숨을 중하게 여기고 법전의 본보기가 되는 아름다운 규정과 지극한 정성일 것입니다. 하물며 獄案을 직접 살펴보시고 비답과 판부를 내리시되 정황이나 사실에 조금도 빠뜨림이 없어 법률 조목이 金玉처럼 찬란하게 빛나는 것이 있겠습니까? 더욱이도 宜敬編 한 벌을 간행해서 8도에 보이는 것은 事體가 매우 중대한 것이니 묘당 및 各臣에게 하문하시어 처리하심이 어떻겠습니까?" 하니 상이 윤허하였다.

(7) 『日得錄』 卷5, 「文學」 5

한편 생생자나 정리자의 조판 방법과 인쇄의 효율성에 대하여 다음과 같은 기록이 있다. 상이 이르기를 "지금의 生生字와 整理字는 고르고 반듯하며, 새겨 주조한 것이 정교하여, 衛夫人字나 韓構字 등과 비교하면 젖은 종이를 고르게 붙여야 한다든가 글자가 삐뚤거나 흔들리게 인쇄될 걱정이 없다. 인쇄가 간편하고 빠르며 비용과 수고를 덜 수 있어서 중국의 聚珍板式보다 더 나으니, 실로 책을 간행한 이래로 드러나지 않았던 비법이 모두 여기에 모여 있다. 다만 그 글자체가 너무 모가 났기에 圓厚한 뜻을 지니지 않은 것이 흠이 될 뿐이다." 하였다.

(8)『靑莊館全書』卷32,「청비록」1 武英殿 聚珍版

활자의 재료와 인쇄 방법에 대하여 李德懋가 편찬한『청장관전서』의 해당 내용에서는 중국에서의 활자 인쇄 시원과 淸代의 중앙 활자 인쇄에 대한 기록을 다음과 같이 소개하고 있다.

乾隆 甲午年(1774, 英祖 50) 5월에 武英殿聚珍版에 대해서 御製로 지은 10韻과 序가 있는데, 그 서에 이르기를 "永樂大全 가운데 散逸되고 떨어진 簡篇을 校輯하고 이에 천하의 遺籍을 수집하니, 모두 1만여 종이 되었다. 이를 종류별로 수합하여 四庫全書를 만들었는데, 그 가운데 보기 드문 책과 世道·人心에 도움이 되는 책 및 상고할 자료가 되기에 충분한 책을 간행하여 流傳시킴으로써 後學에게 좋은 선물이 되게 하려 하였으나, 종류가 많아서 간행이 쉽지 않았다. 그런데 武英殿의 董事 金簡이 活字法으로 간행하기를 청하기에 그렇게 하도록 하였더니, 棗梨(版刻의 목재로 쓰이는 나무)가 허비되지 않고, 또 시간이 오래 걸리지 않으며 人力도 적게 들고 성능 또한 매우 빨라서 지극히 간편하고도 신속하였다. 옛날 沈括의『夢溪筆談』에 보면 '宋나라 慶歷 연간에 畢昇이라는 사람이 活版을 만들었는데 膠泥(三合土를 말한다)를 구워서 만들었다.' 하였다. 또 陸深의『金臺紀聞』에 보면 '昆陵 사람이 처음으로 鉛字를 사용하였는데, 版木으로 인쇄하는 것에 비해 더욱 공교하고도 편리했다.' 하였으니, 이것이 모두 활판의 시초이다. 그러나 교니를 구워서 만든 활자는 字體가 거칠고 납을 녹여 만든 활자는 자체가 軟하여, 두 가지가 다 나무에 새겨 만든 것처럼 공교하고 치밀하지는 못하다. 그러므로 單字로 활자를 만든바 모두 25만여 字가 되었으므로 비록 수백 종의 책이라도 모두 인쇄하여 발간할 수 있게 되었고, 校讐의 정밀도도 옛날의 泥字나 鉛字보다 훨씬 훌륭하였다. 이에 활자판의 이름을 붙이기가 마땅하지 않아 聚珍이라 명명하고, 이어 시를 지어 붙인다." 하였다. 시는 다음과 같다.

옛것 알려고 사고를 뒤져 보니	稽古搜四庫
지금 다섯 수레가 넘누나	於今突五車
활자 만듦은 오래 전하려 함인데	開鐫思壽世
그 版本 너무도 많네	積版或充閭
당나라 때 서책 다 모으고	張帖唐院集
양나라 때 글도 다 수집되었네	周文梁代餘

이에 활자를 만들어　　同爲製活字
전서를 찍어 내니　　用以印全書
정교하기가 할관체보다 월등하고　　精越鶡冠體

지난해에 江南 지방에서 올린 책 가운데 『鶡冠子』가 있었는데, 곧 활자판이었다. 그러나 字體가 공교롭지 못할뿐더러 잘못된 것이 많았다.

많기는 업가보다 더하네　　富過鄴架儲
기계가 원만하니 雕工이 필요 없고　　機圓省雕氏
성능이 배나 더하니 베끼는 사람도 필요 없네　　功培謝鈔胥
어깨 나란히 하여 일하니 본보기 될 만하고　　聯腋事堪例
진흙 이겨 만들던 법은 거친 것 같다　　埏泥法似疏
銅活字 없앴던 일 후회스러워　　毁銅昔悔彼

康熙 연간에 古今圖書集成을 편찬할 때 동활자를 만들어 활판으로 인쇄하고 나서, 藏工이 무영전에 보관해 두었는데, 오랜 세월이 지나 동활자를 도둑맞기도 하고 이지러지기도 하였으므로 일을 담당한 자가 죄를 받을까 두려워하였다. 마침 건륭 초기에 京師에 돈이 귀하게 되었음을 기화로 동활자를 녹여서 돈을 주조하자고 하여 그렇게 하라고 하였는데, 결국 소득은 적고 소모만 매우 많았으니 이는 잘못된 계책이었다. 만약 동활자를 보관하여 두고 당시의 책을 인쇄하였다면 힘을 절반만 들여도 성과는 배가 되었을 것이다.

목활자 새기면서 내 이를 부끄러워하네　　刊木此慙予
이미 木材가 남아돌고　　旣復羡梨棗
校正 또한 더욱 삼가라 하였네　　還教愼魯魚
책 만들어 후학에게 전하는 것이　　成編示來學
나의 애당초 가졌던 뜻이라네　　嘉惠志符初

이 서와 시를 반드시 各種 책의 끝에 실었으며, 사고전서는 종류별로 헤아려도 1만이 넘으니, 卷으로는 10만 권이 훨씬 넘을 것이다. 1종의 책마다 總纂官 陸錫熊, 紀昀이 반드시 小識를 撰하여 그 책의 得失을 논하게 하였고, 또 詞臣에게 명하여 校訂을 가한 다음 교정된 책장 옆에 반드시 그 성명을 기록하게 하였다.

다시 『四庫薈要』를 만들었는데, 이는 사고전서를 간략하게 간추린 것으로 역시 수만여 권이며 이제 겨우 役事를 끝냈으나 전서는 아직 끝내지 못하였다. 이리하여 중국의 서적을 갖춤과 文雅의 다스림이 이에 성대하게 되었다.

康熙朝에서 편찬 창간한 圖書集成 1만 5200책은 정유년(1777)에 正祖의 명으로 購買하여 奎章閣에 보관하였다.

이와 같이 당시 학자들 사이에서는 중국의 활자 인쇄의 시원과 발달에 대하여 상세한 지식을 가지고 있었으며 이러한 출판 활동이 문화를 융성시키는 바탕이 됨을 인식하고 있었다.

(9) 武英殿聚珍版程式

『武英殿聚珍版程式』은 『四庫全書』를 편찬하기 위해 목활자를 만들고 나서 활자의 제작방식을 판화를 곁들여 설명한 책으로, 1776년 金簡이 편찬하였다.

정조 5년(1781)에 林濟遠이 중국에 사신으로 다녀온 뒤 聞見別單을 올렸는데 그 내용에 따르면 "武英殿聚珍版의 式例를 보니 『사고전서』를 인쇄하는 활자는 인쇄하는 일이 방대하여 구리를 녹여 주조하는 법을 쓰지 않고 대추나무로 수십만 자를 새겨 工費를 절약할 수 있게 하니, 그 일을 시행하는 것이 지극히 치밀하다."라고 기록되어 있다.[415]

415 『日省錄』 正祖 5年(1781) 4月 18日.

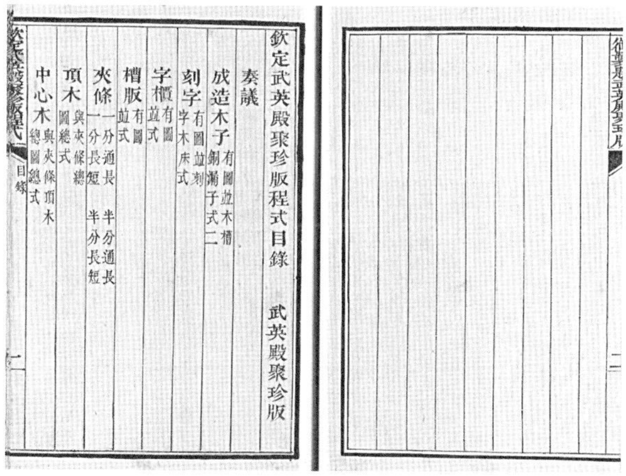
欽定武英殿聚珍版程式目錄　武英殿聚珍版

奏議
成造木子 有圖並木槽銅漏子式二
刻字 有圖並刻字木床式
字櫃 有圖並式
槽版 有圖並式
夾條 一分通長 半分通長 一分長短 半分長短
頂木 與夾條總圖總式
中心木 與夾條頂木總圖總式

▲『武英殿聚珍版程式』

▲ 成造木子圖

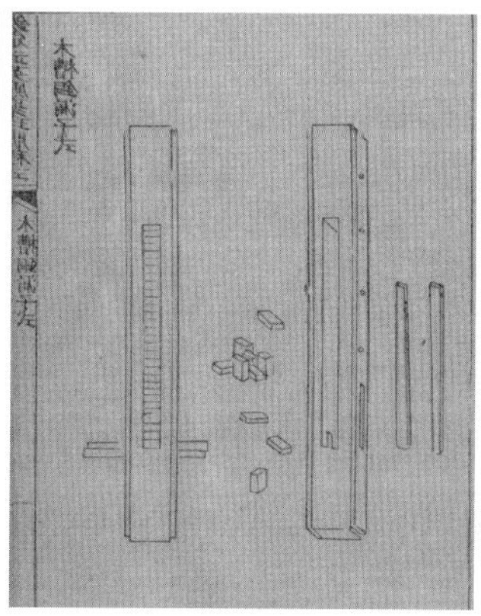
▲ 木槽銅漏子式

▲ 刻字圖

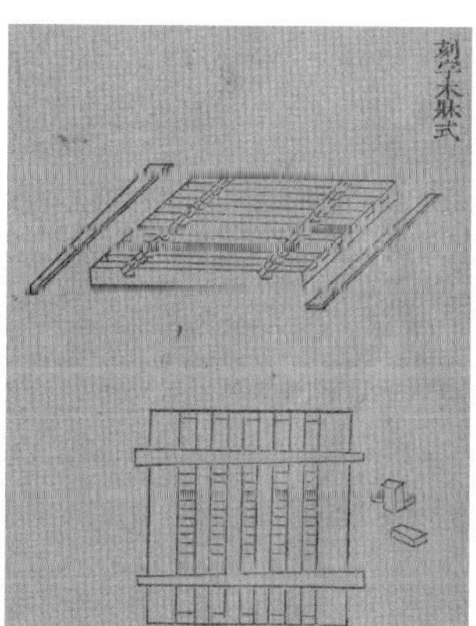

▲ 刻字木牀式

▲ 字櫃圖

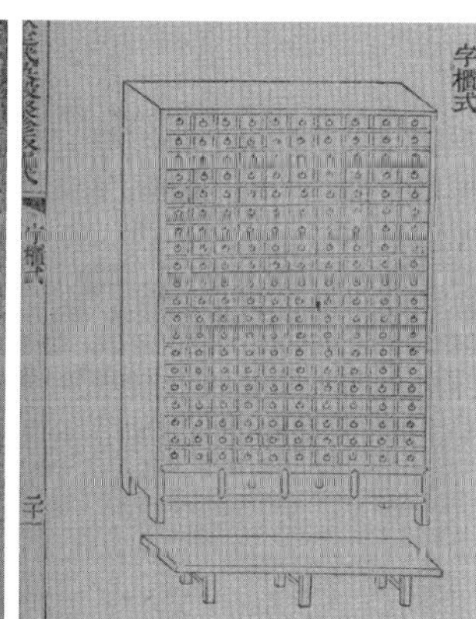

▲ 字櫃式

▲ 槽版圖

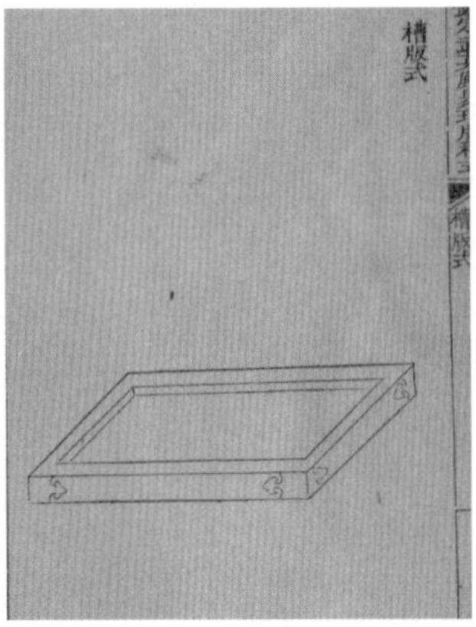

▲ 槽版式

▲ 夾條頂木中心木總圖

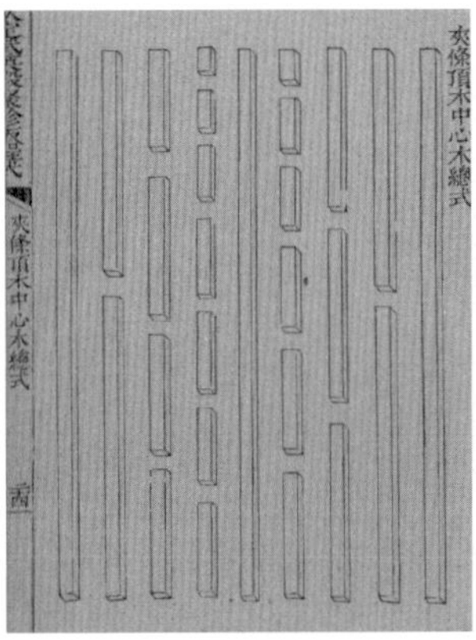

▲ 夾條頂木中心木總式

▲ 類盤圖

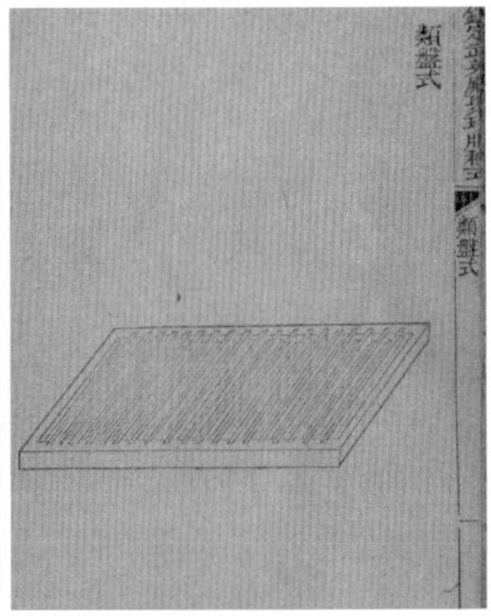

▲ 類盤式

▲ 套格圖

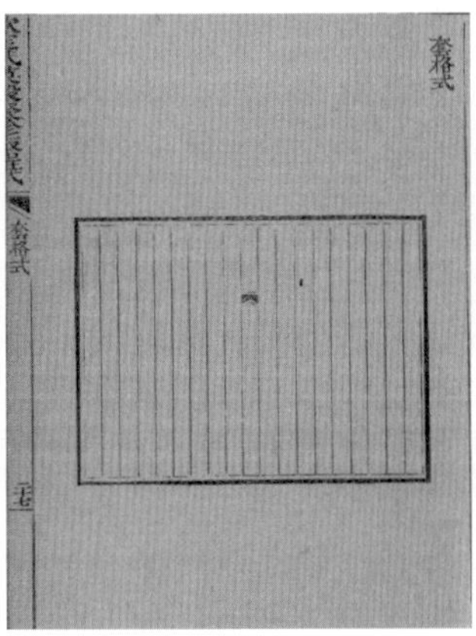

▲ 套格式

▲ 擺書圖

그림 4-164 『武英殿聚珍版程式』과 그에 수록된 활자 제작 방식 도판

(10)『生生字譜』

① **『日省錄』, 正祖 16년(1792) 윤4월 24일**

"내각이 새로 만든『취진자보』는 이미 편찬을 완료하여 바쳤으나, 다시 16만 자를 더 제조한 후에 인쇄하는 데에 분배할 수 있습니다. 御製詩文集들 외에도 經傳, 史書, 禮書, 樂書 가운데 수집하여 천명하고 후학에게 전해 주어야 할 것이 지금 수십여 종이나 됩니다. 성상께서 언제나 비용을 줄일 생각으로 새기지 못하게 하였기에 아직까지 鈔錄한 상태로 두고 널리 반포할 수가 없었습니다. 이는 실로 신들이 성상을 인도하지 못하고 성상의 뜻을 펴 나가지 못했기 때문에 생긴 일입니다. 삼가『취진자보』를 살펴보건대 點劃이 단정하고 체제가 법도에 맞으니, 이로써 御製 서책들을 인쇄하여 서울과 지방에 반포해서 초야의 선비들도 조금이나마 들을 수 있게 한다면, 참으로 인재를 양성하는 중요한 길이 될 것이며 斯文의 큰 다행이 될 것입니다. 또 목판에 새기는 노고가 없이도 후학에게 전해 줄 수 있는 실효가 있을 것입니다. 看役 1인을 별도로 정해서 평양감영에 내려보내고『취진자보』를 가지고서 16만 자를 더 제조하게 하여 거기에 들어가는 재용은 도내 三賑穀 중 2만 석까지 耗條를 가져다가 떼어 주어 이를 판매해서 사용하도록 하는 것이 좋을 듯합니다. 그러므로 감히 이처럼 삼가 진달합니다." 하여 그대로 따랐다.

『생생자보』의 권말에는 原字 14,986자, 重疊字 144,260자, 總 159,246자라는 기록과 함께, 소자도 이와 비슷하다는 기록이 있다. 소자를 따로 기록하고 있는 것으로 보아 총 활자 수량은 大字의 수량을 기록한 것임을 알 수 있고 소자는 정확하지는 않지만 이와 비슷한 정도일 것으로 추측할 수 있다.

그러나 활자의 수량에 대해서『板堂考』에서는 大字 157,200자, 小字 164,300자로 기록되어 있으며,『袖香編』에서는 대자 157,200자, 소자 144,300자로 기록되어 있어 기록마다 차이를 보이는데, 이를 표로 나타내면 다음과 같다.

	『生生字譜』	『板堂考』	『袖香編』
大字	159,246자	157,200자	157,200자
小字	약 159,246자	164,300자	144,300자
합	약 318,492자	321,500자	301,500자

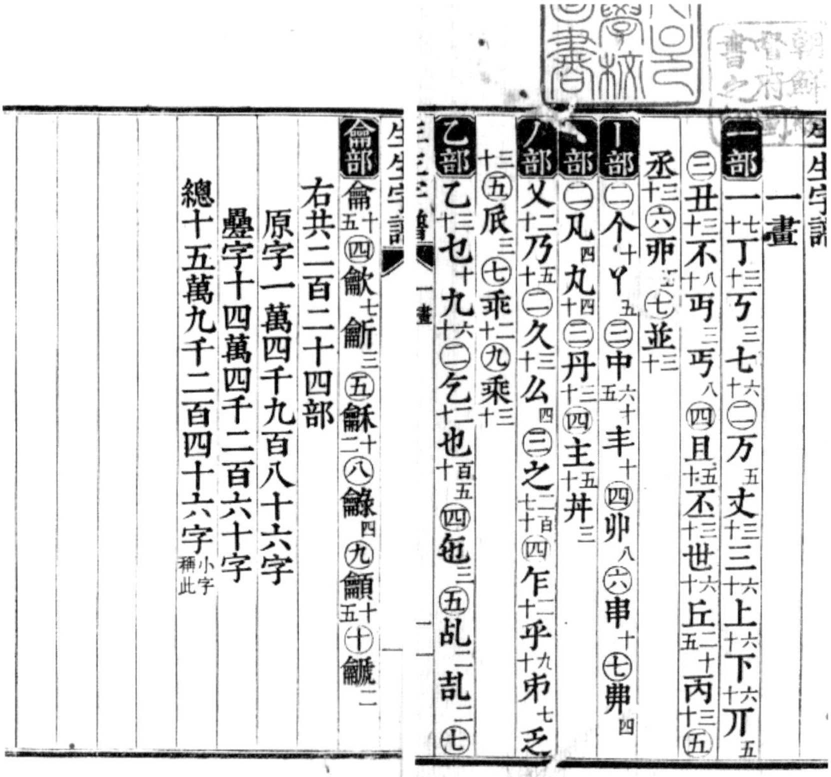

그림 4-165 『生生字譜』[416]

3) 생생자 조판

『鑄字所應行節目』에는 생생자의 丂里에 대한 기록이 있는데 10행 20자의 鐵丂里가 25板, 10행 18자의 鐵丂里가 20板, 10행 22자의 小丂里가 10板 있다고 적혀 있다. 한편 10행 20자의 整理字 鐵丂里가 30板, 10행 22자의 整理儀軌 木丂里가 15板 있다고 한다. 정리자는 생생자를 토대로 만든 활자이므로 위의 판들은 모두 병용하여 쓸 수 있는 가능성이 있다. 『진연의궤』에는 다음과 같은 기록이 있다.

> 『진연의궤』 卷2, 稟目
>
> 임인년 11월 24일
>
> "의궤는 전례대로 生生字로 인쇄하며, 필요한 鐵丂里에 들어가는 熟銅과 含錫, 땜용

416 서울대학교 규장각한국학연구원, 『규장각』, 서울: 규장각한국학연구원, 2015, p. 49.

黃銀 및 鐵間子에 들어가는 豆錫과 함석을 사서 사용하되 공임은 본청에서 지급하는 것이 어떨지 여쭙니다." 하니, 품의한 대로 하라고 결제되었다.

위의 기록을 통해 철우리는 동과 아연의 합금으로 만들어졌음을 알 수 있다. 또한 鐵間子에는 주석과 아연을 합금으로 만들었으며, 황은을 이용하여 땜하였음을 알 수 있다.

4) 생생자 인본 리스트 및 이미지

서명	행자수	어미	간행시기
生生字譜	10행 20자	上下向黑魚尾	미상
御定人瑞錄	10행 20자	上下向黑魚尾	1794년
御定大學類義	10행 20자	上下向黑魚尾	1805년

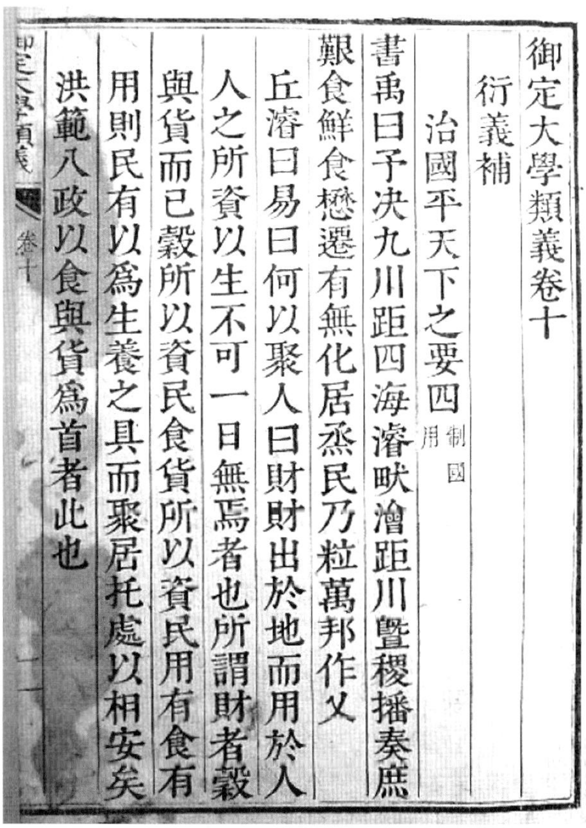
御定大學類義卷十
衍義補
治國平天下之要四 制國用
書禹曰予決九川距四海濬畎澮距川暨稷播奏庶
艱食鮮食懋遷有無化居烝民乃粒萬邦作乂
丘濬曰易曰何以聚人曰財財出於地而用於人
人之所資以生不可一日無焉者也所謂財者穀
與貨而已穀所以資民食貨所以資民用有食有
用則民有以爲生養之具而聚居托處以相安矣
洪範八政以食與貨爲首者此也
御定大學類義 卷十

그림 4-166 『御定大學類義』 권10

9. 春秋綱字

1) 춘추강자 개요

정조는 1796년(正祖 20) 겨울 초계 문신 李書九 등에게 『春秋左氏傳』을 새롭게 편찬할 것을 명하였다. 그 편찬 방법은 朱熹의 『資治通鑑綱目』 및 1436년에 세종대왕이 집현전 부교리 李季甸 등에게 명하여 편찬한 '思政殿訓義 『資治通鑑綱目』'의 범례와 체제를 따르도록 하였는데, 經文(春秋)을 綱으로 하고 傳文(좌씨전)을 目으로 편찬하게 한 것이다. 이듬해(正祖 21, 1797년) 편찬·교정·인출된 『春秋左氏傳』은 前參判 曺允亨과 仁川府使 黃運祚에게 한 벌씩 자본을 쓰게 하여 이를 바탕으로 목활자로 만들어 간행하였다. 당시 經文 大字로 만든 목활자를 '春秋綱字'라 하고[417] 目에 해당하는 中字·小字는 丁酉字로 인출하였다.

『板堂考』의 '鑄字所應行節目'에 따르면 춘추강자 활자의 수는 5,260자다. 이것은 曺允亨·黃運祚 두 사람의 글씨를 자본으로 만든 활자의 총 수이므로 그 절반인 2,630자가 각각의 글씨를 바탕으로 한 활자에 해당할 것이고 그 판수는 각각 457판이었다.

종래 이 經文 大字에 대해 여러 설이 제기되었다. 첫째, 連字[418]인가 單字인가에 대하여 판당고의 활자 수에 따라 인본을 조사해 볼 때, 단자 수와 일치하므로 연자가 아니라는 것을 알 수 있다. 둘째, 목판으로 주장한 설도 단자 수와 인본 비교를 통해 옳지 않음을 알 수 있다. 셋째, 춘추강자의 재료에 있어 藤田亮策과 金元龍은 금속으로 보았지만, 李謙魯·安春根·白麟은 나무로 보았다. 『板堂考』에서 '造成'이라 한 것과 찍은 자국을 검사해 보면 나무 활자임을 알 수 있다. 또 인쇄된 각 판면을 조사해 보면 한 줄에 무리하게 식자하기 위하여 경우에 따라서는 깎아 맞추었기 때문에 위 글자와 아래 글자의 획이 서로 엇물린 것이 간혹 발견되기도 한다.

2) 춘추강자 관련 기록

(1) 重熙堂에서 행 호군 李書九와 행 부호군 成大中을 소견함

> 내가 요즘 『춘추』에 뜻을 기울이고 있는데, 『春秋左傳』의 註解로 아직 善本이 없다. 일전

417 正祖 21年 春秋左傳 鑄字跋 참조.

418 하나의 활자에 자주 쓰이는 낱말이나 여러 개의 활자를 이어서 조각한 활자.

에 성대중을 소견하여 義例를 가르쳐 주고 대략 朱子의『資治通鑑綱目』例를 본떠 經文은 큰 글자로 쓰고 傳文은 작은 註로 쓰게 하였다. 먼저 凡例 서너 장을 만들었는데 소견이 매우 좋으니 이 예에 따라 편집을 하되, 성대중도 왕래하면서 살피게 하는 것이 좋겠다.[419]

(2) 새로 인쇄한『春秋』를 직접 받고 監董한 諸臣 이하에게 차등 있게 시상함

『춘추』三傳 중에『春秋左氏傳』이 時事에 대해 가장 상세히 기술하였는데, 經과 傳이 독자적으로 하나의 책이 되어서 서로 통합되어 붙어 있지 않기 때문에 배우는 자들이 간혹 傳의 글만 공부하고 經의 뜻은 소홀히 하기도 한다. 내가 國事를 보는 틈틈이 이 경을 전심으로 연구하고 병진년(1796) 겨울에 여러 신하에게 명하여 朱子의『資治通鑑綱目』의 예대로 경을 綱으로 삼고 전을 目으로 삼아 정연하여 문란하지 않도록 하고 경을 높이는 뜻을 내포하게 하였다. 옛날 宣廟朝에 일찍이 경전으로 강목을 삼고 부제학 申欽 등이 그 일을 관장하여 베껴서 올렸으나 미처 인쇄하지 못하였다. 또한 우리 世宗 18년 병진년(1436, 세종 18)에 집현전 부교리 李季甸 등에게 명하여『자치통감강목』을 주해하게 하고 '思政殿訓義'라고 이름 붙였다. 이번에 편찬하고 註釋한 것에 대한 義例와 해의 干支가 실로 兩朝의 故事에 부합하니 또한 우연이 아니다. 傳文은 章을 옮기고 순서를 바꾸기도 하였으며, 주해 내용은 번잡한 것을 삭제하고 간략하게 만든 것이 많은데, 모두 27권이다. 또「紀年圖」,「類例」,「世係圖」,「國名譜」,「人名譜」등 여러 편이 있으니, 이를 책머리에 두었다. 정사년(1797, 정조 21) 가을에 鑄字所에 명하여 衛夫人字로 인쇄하여 올리게 하였다. 經文의 大字는 전 참판 曺允亨과 仁川府使 黃運祚가 썼고 각각 1本으로 만들었다. 공역을 마치자 이날을 길일로 잡아 책을 진헌하게 되었다. 내가 이선간에 곤룡포를 갖추고 어좌에 오르니 摠裁大臣 이하가 뜰에 들어와 예를 행한 다음 마련된 儀註대로 책을 진헌하였다.[420]

419『日省錄』, 正祖 20年 丙辰(1796, 嘉慶 1) 12月 12日(癸未).

420『日省錄』, 正祖 21年 丁巳(1797, 嘉慶2) 12月 20日(乙卯).
春秋二傳左氏最詳於時事而經傳自爲一書不相統屬故學者或專政傳文忽略經旨予於機務之暇究心是經丙辰冬命諸臣依朱子 通鑑 綱目例經爲之綱傳爲之目井然不紊以寓尊經之義昔在宣廟朝嘗以經傳爲綱目 副提學 申欽等掌其事繕寫以進未及梓行亦粤我世宗十八年丙辰命集賢殿副校理 李季甸等註解通鑑綱目名曰思政殿訓義今玆編纂註釋之義例與年甲寔符兩朝故事亦不偶然傳文或移章易次註說多刪繁就簡凡二十七卷又有紀年圖類例世係圖國名譜人名譜諸編置之卷首丁巳秋命鑄字所以衛夫人字印進其經文大字前參判 曺允亨 仁川府使 黃運祚書之各爲一本工告訖以是日涓吉進書予具翼善冠

(3) 새로 인쇄한 『춘추』를 받고 채제공 등에게 시상함

鑄字所에서 새로 인쇄한 『春秋』를 올리니, 상이 便殿에 나아가 친히 받았는데, 摠裁官 이하가 궐정에 들어가서 四拜禮를 행하고, 의식대로 책을 올렸다. 하교하기를 "『춘추』는 성인이 大一統한 책이다. 三代 왕의 心法이 공자를 기다려 밝아지고 夫子의 筆法이 朱子를 기다려 나타났다. 그런데 다만 현재 행해지고 있는 책은 經과 傳의 구별이 없다. 그래서 우리 聖祖께서 儒臣에게 나누어 명하여 例를 바로잡고 義를 바르게 하여 經을 綱으로 삼고 傳을 目으로 삼아 대일통의 의의를 붙여서 성취한 것을 허물어짐이 없게 하였다. 다행히도 200년 동안 미처 겨를이 없어 못 하던 끝에 찬술하여 이제 와서 비로소 완전히 인쇄해서 책을 올리는 예를 마무리하게 되었다. 더구나 歲暮를 만나 陽이 회복되는 조짐을 보게 되니 더욱 기쁘다. 올린 『춘추』 1本은 춘추관에 보관하고, 감독한 諸臣에게 각각 1부씩 頒賜하도록 하라." 하고, 드디어 총재관 채제공과 이병모 이하에게 차등 있게 상을 내렸다. 그리고 행 호군 李書九는 편집하고 교열한 공로가 있다 하여 특별히 熟馬 1필을 하사하고, 동지돈녕부사 曺允亨과 仁川府使 黃運祚는 모두 經文을 繕寫한 공로가 있다 하여 加資하였다.[421]

(4) 『林下筆記』 춘추를 쓰도록 명함

正廟朝에 曺允亨과 黃運祚에게 『강목』의 예에 따라 『춘추』를 써서 올리도록 하여, 간행한 판본이 세상에 퍼졌다. 내가 成大中의 『青城集』을 보니, "정묘 정사년에 申緯와 趙鍾永이 모두 布衣로서 成大中과 함께 외람되이 『춘추』를 『강목』의 예에 따라 經文은 크게 쓰고 左氏의 傳文은 작게 쓰라는 명을 받들었다. 한 달이 넘도록 그 일을 하였는데, 士林이 영광으로 여겼다. 이 세 본은 간행되지는 못하였다." 하였다.[422]

(5) 曺允亨의 집에 頒賜한 『春秋』의 卷首에 제함

일찍이 『춘추』를 가지고 大字로 經文을 쓰고 그 밑에 左氏傳을 붙여서 마치 朱子의 『通鑑綱目』처럼 만들고, 인하여 文忠公 曺漢英의 손자인 지돈녕부사 조윤형과 忠烈

袞龍袍陞座總裁大臣以下入庭行禮訖進書如儀

421 『朝鮮王朝實錄』, 正祖 21年 丁巳(1797, 嘉慶 2) 12月 20日(乙卯).

422 李裕元, 『林下筆記』 卷31, 旬一編

> 公 黃一皓의 손자인 돈녕부 도정 黃運祚에게 명해서 함께 各編을 一部씩 쓰게 하였으니, 그것은 한갓 그 글씨만 취한 것이 아니라 家聲을 취한 것이었다. 그런데 책을 간행하고 나니, 지돈녕부사는 이미 작고하였으므로, 책을 어루만지면서 감회를 일으켜 마침내 권수에 시 한 수를 써서 그의 사당에 올리게 하는 바이다.[423]

3) 춘추강자의 형태 및 특징

『春秋左傳』을 경문 대자로 찍은 인본으로는 조필과 황필로 각각 1797년 12월에 찍은 2종이 알려져 있어[424] 1797년에 조성된 것으로 보인다. 그러나 鑄字所應行節目의 『板堂考』에 따르면 1798년(丙午)에 황필본, 1799년(己未)에 조필본이 조성되었다고 하며, 실록의 기록과는 달리 나타난다. 또 그것의 행방은 정확한 기록이 없어 알 수 없고 1857년(哲宗 8) 주자소 화재 시에 다른 활자와 함께 불에 탔을 가능성이 있다.[425]

印本의 자체를 보면 조윤형과 황운조가 쓴 경문 대자는 그 필법이 대체로 유사하나, 황필본은 글씨의 획이 굵고 폭이 넓적하여 男性的이며, 조필본은 획이 좀 가늘고 폭이 좁아 女性的 느낌을 준다.

---

423 正祖, 『弘齋全書』 第7卷 詩3 "詩三 己未"
嘗就春秋 以大字書經文下 附左氏傳 如紫陽網日之法 仍命文忠公曹漢英之孫知敦寧允亨 忠烈公 之孫敦寧都正運祚 並書各編爲一部 不徒取其筆也 取家聲也 書既刊 知敦寧逝矣 撫卷興感 遂題一詩於卷首 以侑其廟云 聖人筆法此麟經 吾道東來揭日星 人字特書新有例 文忠孫子汗幾靑

424 尹炳泰, 『朝鮮後期의 活字와 冊』, p. 116.

425 尹炳泰, 上揭書, p. 235.

4) 인본 이미지

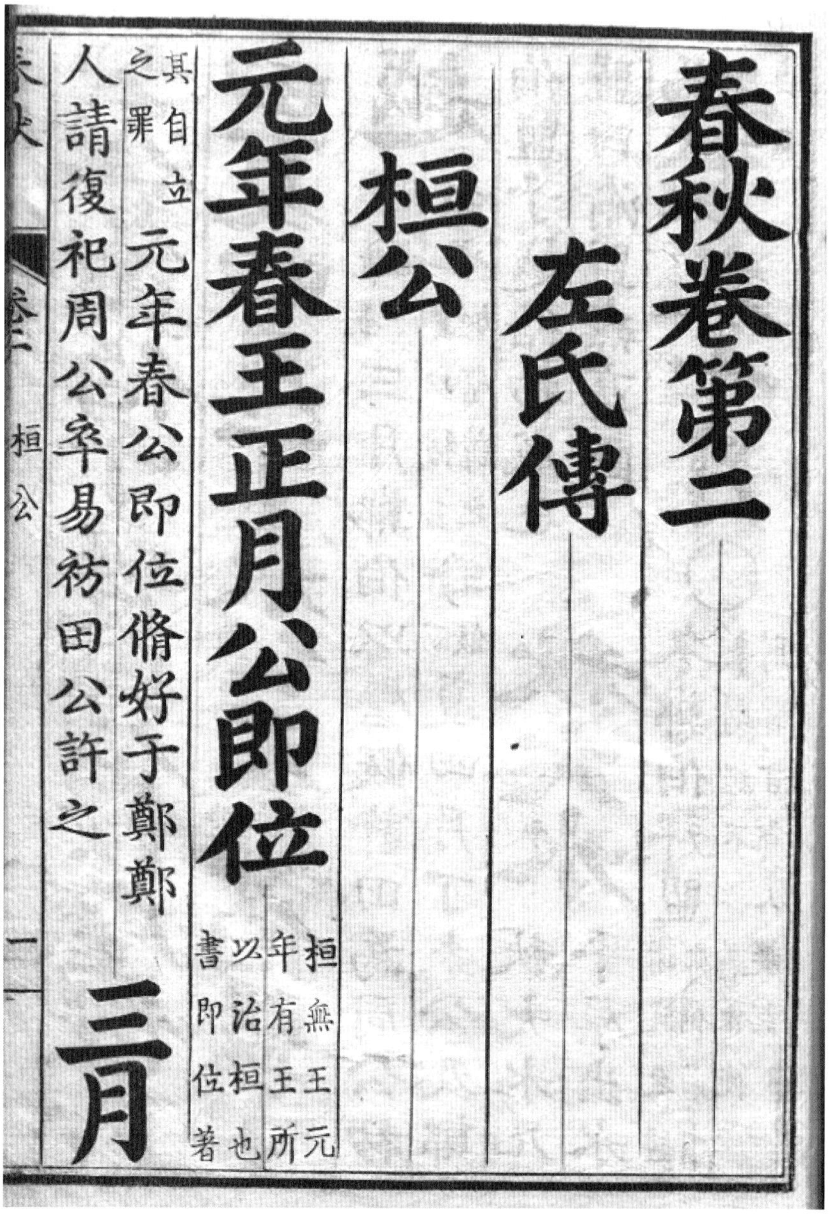

그림 4-167 『春秋』 卷2, 曹筆本[426]

426 경북대학교 도서관 소장본.

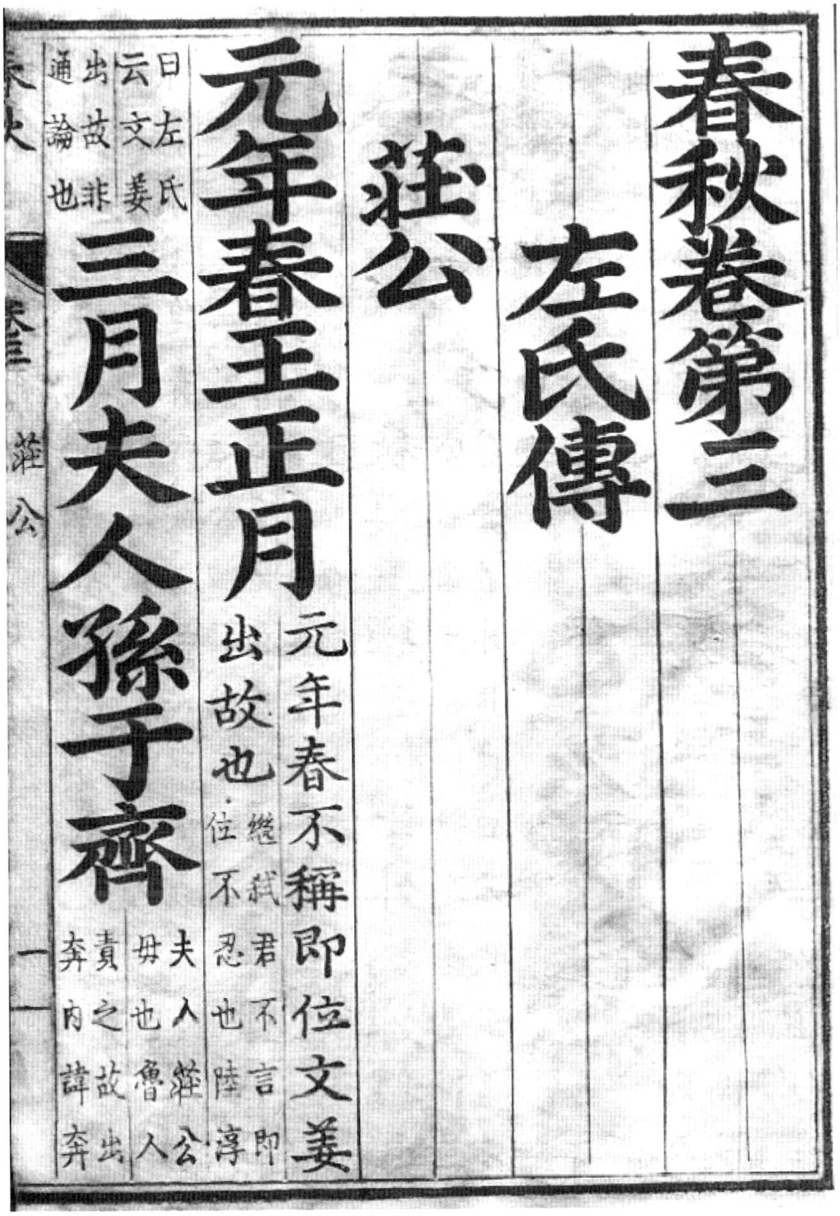
春秋卷第三
左氏傳
莊公
元年春王正月 元年春不稱即位文姜出故也繼弑君不言即位不忍也陸淳曰左氏云文姜出故非通論也
三月夫人孫于齊 夫人莊公母也魯人責之故出奔內諱奔

그림 4-168 『春秋』 卷3, 黃筆本[427]

427 경북대학교 도서관 소장본.

제5장 결론

조선시대

제1절
조선시대 활자 인쇄술의 발달과 지식정보의 소통 개괄

조선은 개국과 함께 성리학을 통치의 기본 이념으로 삼고 성리학에 기반한 제도와 국가 운영 정책을 실현하기 위하여 정치·경제 등 여러 분야에 걸쳐 개혁과 혁신에 박차를 가하였다. 그 과정에서 새로운 국가 수립에 필요한 세부 정책을 전개함에 있어서 소통과 통섭의 차원에서 중요한 매체와 방법으로 활자 인쇄술을 활용하였다.

특히 개국과정에서 공을 세웠던 공신들을 포상하기 위하여 功臣錄券을 목활자로 인쇄하여 나누어 주었다. 더불어 새로운 이념을 정립하고 이를 전파하기 위한 수단으로서 서책의 수입과 간행, 또 교육의 진흥을 위하여 다양한 교육재료 생산에 필수적인 활자 인쇄와 목판 인쇄는 물론 국가 차원의 관리에까지 중점을 두었다.

이를 실천하는 구체적인 방법으로 徐贊이 목활자를 만들어 吏讀로 풀이한『大明律』을 찍어 법률의 이해와 집행에 도움이 되도록 하였다. 개국 초기 왕자의 난을 비롯한 어지러운 여건 속에서도 태종은 鑄字所를 설치하고 왕실과 신료들의 협조로 銅活字인 癸未字(1403)를 주조하여 국가의 정통성을 확립하는 역사서, 사대문서 작성에 필요한 서식과 용어집, 과거시험 등에 필요한 문장 선집, 농업을 장려하기 위한 농서, 당대의 학자나 유명인들의 문집 등을 찍어 내었다.

그러나 1392년 조선 개국 직전까지 존치되었던 書籍院, 書籍鋪, 書籍店 등에서 고려시대의 활자 주조와 인쇄 기술이 전래되었을 가능성이 높음에도 불구하고 조선에서 처음 시도된 금속활자인 계미자의 인쇄술은 고려에 비하여 낙후된 부분이 많았다.

한편 조선에서 국왕의 관심으로 처음 시도된 금속활자에 의한 인쇄 출판은 이후 역대

왕들에게 영향을 미쳐 특히 14세기 전반기의 세종이나 세조 등은 이러한 기술과 성능을 개선하기 위하여 노력한 결과 활자의 주조·조판·인쇄에 이르기까지 많은 관련 분야에서 유래 없는 발전을 이루었다.

이러한 교육과 학문 진흥의 의지를 이어받은 세종은 그 매체가 되는 서책 간행의 효율을 높이기 위하여 당시 최고 수준의 과학기술자들을 동원하여 다양한 시도를 거듭하고 국왕 자신의 관심을 더하였다. 이에 여러 종류의 활자들을 용도에 맞게 주조하였고 인쇄 효율을 높이기 위하여 활자 모양을 정방형으로 바르게 하고 높이를 일정하게 하였다. 또한 밀랍을 녹여 조판틀 바닥에 깔고 활자를 고정시키는 이전의 방식을 개선하여 대나무, 나무, 종이 등을 글자 틈에 끼워 조판해 인출 시 활자가 흔들리지 않게 하였다. 구체적으로 1420년 庚子字에서는 효율을 2배로 증가시켜 하루에 20여 장을 찍었고 그 후 1434년 갑인자에 이르러서는 하루에 40여 장을 찍는 등 기술적인 발전을 거듭하였다.

뿐만 아니라 기술적 진보를 이룬 조선의 활자인쇄술이 중국의 인쇄기술과는 어떠한 차이가 있는지를 알아보기 위하여 중국으로 사신이 갈 때 관련 정보를 획득하여 오게 하였으나 당시 중국은 목판인쇄술이 주류를 이루었던 상황이라 큰 성과를 거두지 못하였다. 활자인쇄에 의한 출판에는 수요적인 측면과 이를 지원하는 기술적인 수준이 동시에 만족되어야 하였다. 특히 기술적 측면에서 우선 고려시대에 이은 활자 주조기술의 확보 부분에서 활자의 주성 성분과 재료의 확보, 서체와 높낮이, 크기, 조판 즉 植字 후에 움직이지 않도록 고정하는 방법, 알맞은 종이의 생산, 활자인쇄에 필요한 油煙墨의 개발 등 여러 분야의 기술이 어우러져 종합적인 금속활자 인쇄출판의 영역을 확립할 수 있었다. 물론 현재까지 이 분야 연구에서 활자를 주성할 때 특정 글자를 몇 글자씩 만들어야 서책 간행에 충분했는지를 보여 주는 기초 자료는 남아 있지 않고 일부 조선 후기에 활자를 주조할 당시 작성해 둔 字藪에 의하여 주조된 개별 글자의 수를 알 수 있을 뿐이다. 그러나 어떠한 근거로 그와 같은 수량을 결정하였는지는 알 수 없다.

세종 때의 甲寅字 서체는 조선 후기까지 지속적으로 채택되어 전후 6차례에 걸쳐 국가적인 차원에서 주조되어 서책 인출에 사용되었다. 세종을 이어 文宗 때에도 安平大君의 글씨체를 字本으로 하여 만들어진 庚午字가 있었으나 世祖에 이르러 당시의 명필가였던 姜希顔의 글씨로 乙亥字를 주조할 때 녹여 없어졌다. 특히 세조는 大君 시절부터 활자의 서체와 주조에 여러 차례 관여하였던 경험이 있어 집권기를 통해서 볼 때 여러 종류의 금속활자를 주성하여 佛經이나 기타 서책의 간행에 적극 활용하였다. 그 예로 전대부터 이어져 오던 갑인자의 활용은 물론 丁丑字, 戊寅字 등에서 특대자, 대자, 중자, 소자, 특소자를 만들어 經文의 본문과 주석을 구분하고 용도에 맞게 쓸 수 있도록 하였다. 그중 佛經類에서 『楞嚴經(언해)』, 『圓覺經』, 『法華經』, 『楞伽阿跋多羅寶經』 등이 간행되고 『儒家類』에서도 『易學啓蒙集傳』 등은 물론 과학서적인 『交食推步法假令』과 『簡易救急方(언해)』, 文學類인 『分類杜工部詩(언해)』 등 여러 분야의 다양한 책들을 활자인쇄를 통하여 배포하였다. 또 鄭蘭宗의 글씨를 자본으로 乙酉字를 주조하여 『圓覺經(언해)』, 『碧巖錄』, 『六經合部』, 『文翰類選大成』 등의 책을 찍어 내었다. 이러한 국가통치의 기본 자료들이 체제를 갖추게 되어 경전과 같은 성리학, 불교, 의학, 천문학, 문학, 산학 등 중국에서 전래된 지식의 소통은 물론 당시 통용되고 있던 지식을 우리말로 언해하여 보급하는 정책을 통하여 정보의 확산을 꾀하였다.

15세기 후반인 성종 대에 이르러서는 조선시대에 만들어진 활자 중 가장 작은 편에 속하는 甲辰字를 중국의 『歐陽公集』과 『列女傳』의 글씨에 朴耕의 글씨를 보충하여 만들어 『新編古今事文類聚』, 『文獻通考』, 『四書章圖』를 비롯한 중국의 역사서 등 거질의 책을 간행하는 데 사용하였다. 글자 크기가 작은 것이 장점이 되었다. 이와는 별도로 상대적으로 큰 글씨의 활자도 만들었는데, 중국의 『資治通鑑綱目』을 자본으로 癸丑字를 만들어 『朝鮮賦』, 『東國輿地勝覽』 등을 찍었다. 이후 癸丑字는 燕山君 때 이르러 『新增東國輿地勝覽』과 『資治通鑑綱目』을 찍는 데도 사용되었다.

이어 16세기 초 中宗 때에는 비교적 크기가 작은 宋朝體 글씨인 丙子字와 己卯字가 주조되어 『朱子語類』, 『瀛奎律髓』, 『文苑英華』와 같은 문학류 서적이 인출되었다. 明宗 무렵에는 이미 앞에서 만들어 여러 서책을 찍는 데 사용되었던 활자들을 補鑄하여 많이 사용하다가 16세기 후반 宣祖 때에 이르러 甲寅字 서체를 이은 再鑄甲寅字, 즉 庚辰字가 주조되어 『梅月堂詩集』, 岳武穆의 『精忠錄』, 『詩傳』 등을 찍었고 특히 1590년경에는 『小學諺解』와 『四書諺解』를 찍어 內賜하거나 배포하여 유생들의 학업에 도움을 주고 구결과 언해의 표준화를 기할 수 있었으며 후에 校正廳에서 국역 경서를 찍는 데도 사용하였다.

1592년에 발발하여 수년간 지속된 임진왜란은 나라의 정치·경제·문화를 황폐화시켰으며 출판문화의 측면에서도 그간 역대에 걸쳐 이루어 놓은 활자 인쇄의 근간을 흔들어 놓은 까닭에 한동안 금속활자 인쇄가 중단되었다. 그 후 전쟁을 위하여 만들었던 訓

鍊都監의 인력을 이용하여 임란 전 사용하였던 여러 종류의 금속활자 모양을 본뜬 목활자를 만들어 학문의 부흥은 물론 『東醫寶鑑』, 『救急方』 등의 의학서와 兵書 등을 찍어 국난을 극복하고자 하였다.

그 과정에서 전쟁이 막 끝난 光海君 때는 三鑄甲寅字라고 불리는 戊午字를 만들어 『詩傳大全』, 『書傳大全』 등의 경서를 찍었으며 동시에 교서관에서 목활자로 儒家 書籍을 인출하기도 하였다. 즉 이 시기에는 전쟁으로 인한 정보와 지식의 단절 상태를 하루빨리 극복하고자 목활자로 서책을 인쇄하고 訓鍊都監과 功臣都監, 內醫院 등에서 종래의 鑄字所나 校書館에서 하던 서책 출판 활동을 대신하였다.

16세기에서 17세기 중반에 이르기까지 중앙에서 금속활자나 목활자 인쇄가 진행되는 동안 지방에서도 감영이나 서원, 祠院 등에서 독자적인 활자 인쇄가 싹트기 시작하여 비록 중앙의 수준에는 미치지 못하지만 나름대로의 특징을 가지고 臨皐書院, 廬江書院, 鳴谷書院, 평양의 秋香堂 등지에서 목활자로 각종 서적을 찍었다.

17세기 후반 들어 사회경제적으로 전쟁의 피해를 차츰 극복하면서 국가적으로도 학문 진작을 위하여 책을 간행·배포하고자 다시 금속활자를 주조하였다. 1668년 金佐明이 호조와 병조의 물자, 인력을 사용하여 守禦廳에서 약 10만 자의 금속활자인 戊申字를 만들었다. 이 활자는 四鑄甲寅字라 불리는 戊申字로서 『攷事撮要』, 『闡義昭鑑』, 『肅廟寶鑑』, 『國語』, 『資治通鑑』을 비롯한 여러 분야의 서적을 출판하는 데 쓰였고 비교적 오랫동안 사용되었다. 사서의 언해본도 찍었으며 현재 국립중앙박물관에 소량의 실물이 남아 있다.

이와 더불어 숙종 때인 1677년에 『顯宗實錄』을 찍기 위하여 민간의 洛東契에서 榜目 등을 찍을 때 사용하던 활자 3만 5천 자를 사들이고 여기에 4만 자를 더 주조하여 소위 顯宗實錄字를 조성하고 실록을 비롯한 여러 문헌들을 찍었다. 또 김좌명의 아들인 金錫胄는 韓構의 글씨체를 바탕으로 비교적 작은 서체인 韓構字를 만들었는데, 후에 정부가 사들여 출판에 활용하였다.

이 시기의 중요한 변화 중 하나로 당시까지 활자의 서체는 筆書體가 대부분이었으나 1684년에 교서관에서 명나라 간행 서책의 글씨로 대표되는 印書體 活字를 주조하여 여러 문집을 찍어 내는 데 사용하였다. 이 활자의 재료에 대하여 사료상에는 '鐵'이라 표현되어 있으나 최근 실물을 가지고 성분을 분석한 결과 구리가 주성분인 동활자로 판단된다. 따라서 '철'은 '쇠'의 한자 표기로 볼 수 있다. 이어 교서관에서는 인서체와 비슷한 크기의 필서체 활자도 만들어 문학류 서적을 찍었다. 특히 이 활자의 서체는 후대에 까지 적지 않은 영향을 끼쳐 중앙에서는 生生字, 整理字, 全史字, 學部木活字에 이르기까지 쓰였고 지방의 문집이나 족보 등을 간행하였다. 1693년에도 추존왕으로 仁祖의 아버지였던 元宗의 글씨로 元宗字를 만들었는데, 이때 한글활자도 만들었으며 동시에 『孟子諺解』를 찍을 때 跋文에 肅宗의 글씨로 만든 활자를 사용하여 이를 肅宗字라 하였다.

18세기 들어 교서관 등 중앙기관에서 인서체 활자로 많은 책을 출판하였으며 이러한 영향 아래 지방의 公州에서는 『栗谷全書』, 『小學』 등을 굵은 인서체 활자로 찍었다.

이 시기 중앙에서는 영조, 정조로 이어지는 문예의 부흥기를 맞아 서책 출판이 활발히 이루어졌다. 이에 따라 활자도 새롭게 조성되어 1772년에는 앞 시기 甲寅字로 찍었던 『心經』과 『萬病回春』의 글자를 바탕으로 15만 자를 주조하여 교서관에 두고 책을 출판하였다. 이 활자는 壬辰字로, 榜目과 經書, 史書 등을 찍는 데 많이 사용하였고 일제강점기 때인 1915년에 이르러 『靑丘詩鈔』를 마지막으로 찍어 내었고 현재는 국립중앙박물관에 대부분이 보관되어 있다. 한편 이 활자와 서체가 거의 같은 활자로 1777년에 평양에서 서명응이 왕명을 받아 주조한 활자인 丁酉字가 있다. 정유자 역시 15만 자를 만들어 규장각의 본원인 內閣에 보관하였다가 1794년에 鑄字所로 옮겨 임진자와 함께 여러 종류의 서책을 찍는 데 사용하였다. 그러나 이 활자는 1857년 주자소 화재로 거의 다 타 버리고 현재 규장각, 국립중앙박물관, 미국이나 일본의 대학, 연구소와 개인이 소장한 것을 합하여 대자·소자 500여 자가 남아 있다.

1782년에는 徐浩修에게 명하여 평양에서 다시 韓構의 글씨로 再鑄韓構字를 8만여 자 주조하여 사용하였지만 역시 1857년 화재로 소실되었다.

이와 같은 금속활자 출판의 활성화와 더불어 1792년(정조 16)에는 중국의 四庫全書 중 『康熙字典』의 글자체를 자본으로 하여 生生字라는 목활자를 제작하였고 또 이 활자와 서체를 이용하여 1795~1796년에 걸쳐 동활자인 整理字를 대자 16만 자, 소자 14만 자를 만들었다. 이 활자의 서체에 대하여 정조는 앞의 生生字보다 좋지 못하다고 평가하였음에도 불구하고 『五倫行實圖』 등 정부 주도의 서적 출판에 많이 사용하였다. 이 활자도 1857년 주자소 화재로 소실되어 이듬해인 1858년에 金炳益 등이 삼주한구자와 함께 재주정리자를 다시 주조하였다. 이 정리자체는 중앙은 물론 지방에서도 希賢堂鐵字

또는 整理字體 鐵活字라고 부르는 유사한 서체의 활자가 1788년경에 만들어져 지방은 물론 중앙에서까지 서책 출판에 활용되었다.

19세기에 들어서면 1816년(순조 16)에 朴宗慶이 중국에서 유행한 聚珍版『全史』의 글자를 바탕으로 인서체 활자인 全史字를 주조하여 여러 문집 등을 찍었다. 전사자는 이리저리 옮겨 다니다가 1926년에 녹여진 것으로 일려져 있으나 최근 규장각과 국립중앙박물관에 대자·소자 일부가 소장되어 있음을 확인하였다. 그 밖에 19세기에는 금속활자를 대규모로 주조하지는 않았지만 憲宗에 이르러 그간 사용하던 顯宗實錄字가 改鑄되어『列聖誌狀』등을 찍는 데 사용되었다.

이 시기 이후의 출판활동은 전통적인 목판인쇄와 더불어 여러 지방에서 목활자를 만들어 사용하거나 서책의 출판을 영업적인 수단으로 영위하는 집단이 생겨나 족보나 문집은 물론 四書 등 기초교육 및 일상에 필요한 간찰집이나 서식류와 같은 책의 출판이 눈에 띄게 많아졌다.

19세기 말에 이르러서는 1880년경 일본에서 만든 납활자, 소위 신식 연활자가 들어오고 한글이 주를 이루는 천주교 서적이 출판되었으며 20세기 초에는 서구식의 石版印刷까지 유행하는 과정에서 전통적인 방식의 금속활자에 의한 출판은 현저하게 줄어들었다.

비록 시대의 흐름에 따라 활자 인쇄에 의한 출판은 위축되었지만 기본적으로 목판 인쇄와 더불어 학문과 정보 전달의 매체인 서적을 만들어 내기 위해 서로 다른 기능과 목적으로 발전하였다. 즉 목판은 다량 인쇄와 영구 보존이 가능하다는 장점이 있는 반면, 판목과 판각에 경비가 많이 들고 제작 공정이 길다는 단점이 있고, 활자는 신속하고 다양한 인쇄가 가능하다는 장점이 있는 반면, 인출량이 적고 초기 경비가 많이 든다는 단점이 있다. 이처럼 목판 인쇄와 활자 인쇄의 장단점이 서로 맞물려 중앙에서는 중국으로부터 전래되는 신속한 정부와 국가에서 편찬·간행된 정보의 재생산과 유포를 위하여 활자 인쇄를 채택하고 지방에서는 중앙에서 배포된 활자본을 목판으로 새겨 넓은 범위로 확산할 수 있는 시스템을 유지하였다.

우리나라는 중국과는 달리 금속을 다루는 주조기술, 금속에 알맞은 먹, 먹을 흡수하는 종이를 개발하여 활자 인쇄의 문제점을 개선하였고, 또 활자가 고정되지 않아 조판이 힘든 문제를 역대 왕들과 기술자들이 여러 가지 방법을 고안하여 극복함으로써 활자 인쇄술이 크게 발전할 수 있었다. 또 이렇게 확립된 기술을 끊임없이 개량하여 효율적 생산을 이루게 되었고 시대의 상황에 맞게 필요한 정보를 생산하여 국가와 학문의 진흥에 이바지하는 틀을 구축하였다.

제2절 1930년대 동아일보 金瑗根[1]의 「조선주자고」

朝鮮鑄字考 (一) 金瑗根

동아일보 / 1931. 10. 24. 기사

朝鮮鑄字는 麗朝로부터 잇서 그 來歷이 甚히 오래다 나는 十餘年前 여러 野史를 보는 중에 비로소 朝鮮活字의 事實을 蒐集한 것이 잇섯다.
世宗大王께서도 그 創作이신 訓民正音을 太宗王께서 創造하신 銅活字로 개간하야 남의 글 남의 印刷를 빌지안코 능히 우리民族의 知識을 向上시키는데 걸림이업섯든 것을 생각하고 스스로 귀히여기고 스스로 깃버하는 마음이 적지안타 더구나 우리의 活字는 世界에서 처음인 것을 內外의 學者가 다 共認하는 바이 어서 그 貴함은 煩論할 것이 업다.
記憶하건댄 十餘年前 共進會 時에도 이 活字展覽會를 開催한 일이 잇섯거니와 듯건댄 數日前에도 京城帝大에서 朝鮮鑄字展覽會를 開催하얏다고한다. 이 기회를 當하야 나는 孤陋함을 무릅쓰고 前에 蒐集하야두엇든 것을 一般에 紹介하여 知識을 나누고저 한다.

---

1 구한말의 한학자이자 국학 저술가로 「朝鮮鑄字考」, 「朝鮮活字考」, 「朝鮮風土記略」, 「檀君」 등을 여러 신문과 잡지에 발표하였다. 여기서 본문은 당시 『동아일보』에 수록된 그대로 띄어 쓰고 표기하였다.

高麗

鑄字印成

高麗 高宗十九年에 鑄字로 詳定禮文 二十八本을 印成하야 여러 官司에 두엇다하얏다 (李相國集)

新序詳定禮文 代晋陽公行 詳定禮文序는 晋陽公崔瑀의 名義로써 李奎報相公이 대신지은 것이다. 그 略에 하얏스되 이 禮文은 仁廟朝께서 여러 古今禮文을 모도와 참작하야 五十卷을 만드럿섯다 그후 여러해를 지내닛가 글자가 다떠러저서 事實을 상고하기가 어렵게 되얏다. 우리 先公(崔忠獻을 가라침인대 崔瑀의 父親이다)께서 수보하야 二本을 만드러 一本은 禮官에 保存케하고 一本은 집에 保藏케하섯다. 이것은 遠慮가 잇슨것이엇섯다. 그後에 果然遷都할때에 禮官이 遑忙中에 이 禮文을 가저오지못하얏다 그리하야 여러가지 례절을 거진 폐하게 되엇섯다. 다행이 집에 보관하얏든 禮文一本을 차저내여 썻스니 先公의 遠志를 더욱 늣기게되얏다. 그리하야 鑄字로써 二十八本을 印成하야 모든 官司에 各기 난화두어 보관하게 하노니 잘보관하야두라고 "謹傳勿替"하얏다(李相國集)

書籍院活字

恭讓王四年에 書籍院을 설립하고 活字를 制作하야 書籍을 印刷하게 하얏다(高麗史)

大明律과 徐贊의 制造字

金祇의 쓴 大明律跋尾에 하얏스되 大明律科條의 輕重이 각각 맛당한바가 잇서 聖上께서 中外에 반포하고저하나 그러나 그 글자를 사람마다 쉬이 알게 하기가 어렵다 三韓때에 薛聰이 지은 方言의 文字를 리두(吏讀)라하야 이것이 風俗의 習慣이 되어 居然히 번혁(變革)하기가 어렵게 되잇다. 中樞院 高士褧과 내가 그일을 맛타서 상구(詳究)하야 글자마다바로 해석하야 몬저썻고 鄭三峯道傳과 工曹典書 唐誠

이 原稿를 다시 교정한 후에 書籍院에 내여주어서 白州知事 徐贊의 제조한 刻字로 인쇄하야 반행(頒行)한다하였다(盎葉記)

右跋文에 대하야 雅亭李德懋난 新語를부처 말하기를 이 글을 상구하여 보면 活字가 太宗朝에 創造되지 안흔줄을 알겟다. 徐贊의 제조한바 刻字란 句語를 보면 이것은 곳 木刻活字인줄 알겠다. 그러면 이것이 徐贊이 창조한 것인지 혹 徐贊의 前에부터 이 法이 잇섯난대 徐贊의 제조한것이 더 新樣으로 햇다난 것인지 알수업스며 또 銅範鑄字가 太宗朝부터 始作되엿난지 하고 그 아래난 年月이 좀틀니난句節과 말이 장황하기로 생략한다(盎葉記)

高麗의 經板

大方廣佛華嚴經 六十三冊이 寧邊郡 妙香山 普賢寺의 藏本이다. 年前 共進會時 古物館에 줄픔하여섯난대 版字가 매우정밀하엿다.

朝鮮鑄字考 (二) 金瑗根

동아일보 / 1931. 10. 25. 기사

朝鮮

癸未字

太宗朝 發未三年에 王께서 하교하시기를 本國에 書籍이 적어서 博覽할수 업다하시고 鑄字所를 설립하라명하시고 內府銅을 내어주사 모범을 지어 鑄字를 제조하야 書籍을 인쇄하게하시고 李稷과 朴錫命과 李膽等을 명하사 그 役事를 감독하게하섯다 (紀年要覽)

王께서 左右近臣에게 하교하시기를 政治를 하랴면 書籍을 만히보아야 할 것이다. 中國에서 오는 書籍은 글자가 써러지고 상하기 쉽다 또은 天下의 글을 다삭이기는 진실로 어려운 것이다. 나는 銅으로 글자 模範을 지여 새書籍을 엇는대로 쌀하 백혀널게 전하면 참으로 무궁(無窮)한 이익이 될 것이다 하시고 이에 古注와 詩傳과 書傳와 左氏傳의 글자로 모본을 삼어 주조(鑄造)하섯다. 이것은 주자가 처음난것이다 "此鑄守所由始也" 일홈을 癸未字라하엿다(東閣雜記)

鑄字의 일홈은 다르게 짓지안코 그주조한해일홈으로 부르게하엿다. 대개鑄字와 活字란 文字가麗朝에 出見되엇는대 그것이 나무나 쇠로주조(鑄造)하였다는說明은업고 오직 大明律跋尾에 말하기를 "白州知事徐贊의 所造刻字루 印出頒行"이라 한것을보면 이것은 銅鑄字가아니오 木刻字됨이 自然判明된다. 또 木刻일지라도 잘 장치(藏置)하야 쓰지안코 인새할일이잇으면 臨時로 사여쓰고 쓴후에는 다시보관하여두는 것이 업섯든 것이다 웨그런고하면 高宗때 鑄字가 그대로 遺傳하지못하기 때문에 恭讓朝에 木 活字를다시 설립한 것이다. 그鑄字란 鑄字가 鐵鑄나 銅鑄가 아닌것이 만일 鐵鑄가트면 恭讓朝까지 遺傳이되지못하도록 폐기(廢棄)하여 두고 書籍백히는데쓰지안흘리치가 업슬것이다. 恭讓王四年에서 太宗三年까지 불과 十二年인대 만일 그 活字란 것이 銅이나 鐵로 제조한 것이면 十餘年前에 太宗께서 親히어람하와 다알아 게실터인즉 그것을 인용할것뿐이시오 새삼스럽게 "且難盡刊天下之書니 豫欲範銅爲字하야 隨所得而印之하야 以廣其傳이면 誠爲無窮之利"라하시는 命令을 아니하여슬것이다 하교(下敎)하신 말삼을 보면 銅範鑄字는 太宗朝에 창조하신 것이 명석(明晳)하고 麗朝에서 鑄字라 명칭(名稱)한 것은 鐵鑄字가 아니오 俗稱木鑄字가 분명하다 또 李廷馨의 저술한 東閣雜記에 "此는 鑄字의 所由始"라쓴것을 보아도 自然이 判明된다.

按太宗께서 銅鑄字鑄造하신 發未三年은 곳 西曆一千四百二年이라 歐洲에서는 獨逸 사람 쓰틈벅(Gntem Berg)이가 一千四百五十年에비로서 鑄字를 지엇다. 이것은 우리보다 四十八年이 뒤써러젓다. 그러면 우리의鑄字는진실로 世界에 嚆矢가 된다.

朝鮮鑄字考 (三) 金瑗根

동아일보 / 1931. 10. 28. 기사

庚子字와 甲寅字

世宗朝 庚子에 活字를 주조하시와 일홈을 庚子字라하시고 또 甲寅에 爲善陰騭자로 본을 삼고 金墩等을 명하사 二十餘萬字를 주조(鑄造)하고 일홈을 甲寅字라 하였다. 이 甲寅字는 四百年동안을 게속하얏섯다.(至今까지 遺傳된다)(紀年要覽)

世宗庚子에 하교하시기를 前에주조한鑄字가 너무 크고 단정치 못하다하시와다시 주조하니 그 모양이 좀적고도 단정함으로 書籍을잘박히게되고 그 일홈을 庚子라 하엿다. 甲寅에 또 爲善陰騭 등의 글자로 모본을 삼고 주조(鑄造)하엿는데 庚子字보다 조곰크고 字體가 매우아름답다 또 首陽大君을 명하사 綱目全秩을 大字로써서 亞鉛(지금의 주자만든 납과가틈)으로 글자를 주조하야 綱目을 간행(刊行)하엿으니 卽今까지 思政殿訓義라하는것이 곳이것이다(東閣雜記)
按此 綱目은 世宗께서 老年에 眼力이 衰하실때에 보시기 위하와 首陽大君의 잘쓰시는 글씨로 굴기가 千字文글자만콤 쓰신 것이다. 思政殿訓義라 함은 世宗께서 思政殿에 脚臨하사 文臣들을命하와綱目의 글자의 뜻을 훈해(訓解)하엿음으로 일홈을 思政殿訓解라한다.

壬申字

文宗朝 壬申에 安平大君의 글씨로 本을 삼아 鑄字를 주조하시고 일홈을 壬申字라 하시다(紀年要覽)

乙亥字와 乙酉字

世祖朝 乙亥에 姜希孟의 글씨로本을삼아 鑄字를 주조하시고 일홈을 乙亥字라하시고 鄭蘭宗(大臣 鄭光弼의 父親이오 文章 鄭士龍의祖父이다)의 글씨로 本을 삼어 주조하시고 일홈을乙酉字라 하섯다(紀年要覽)

乙亥에 世祖께서 安平의쓴 鑄字를 다毁撤하시고 姜希孟의글씨로 다시써서주조하야 일홈을 乙亥字라하셧으니 이 주조는 至今(宣祖 때ㅅ가지를 가르침)ㅅ가지 사용하며 其後乙酉에 圓覺經을인쇄하시랴고 鄭蘭宗의 글씨로주조하얏으니 字體가 좀 단정치 못하다 한다. 일홈을 乙酉字라하셧다(東閣雜記)

辛卯字와 癸丑字

成宗朝 辛卯에 王安石集과 歐陽脩集의 글자를 모본하야 주조하시고 일홈을辛卯字라 하시고 또 명나라 綱目을어더그글자의 본을 모방하야주조하시고 일홈을癸丑字라 하셧다(紀年要覽)

辛卯에 王荊公과 歐陽公의 文集을어더서 그 글자의본으로 주조하얏는데 그 字體는 庚子字보다 좀적으나 더정밀하다 일홈을辛卯字라 하시고 또 中國의 新版綱目을 어더 그글자본으로 주조하야 일홈을 癸丑字라 하셧다(東閣雜記)

韓構字

肅宗朝 二十六年에 韓構의글씨로 本을 삼아주조하고 해의일홈을짓지않코 유독 筆者의 일홈으로 일홈을 지으셧다(紀年要覽)

壬辰字

英宗朝 壬辰에 甲寅字로 배킨 心經과 萬病回春二書의 글자로 본을삼어 十五萬字를 주조하야 藝館에 장치(藏置)하고 일홈을 壬辰字라 하얏섯다. 이 壬辰字를 或藝館活字라고도 한다(陸奏跋尾)

丁酉字와 壬寅字

正宗朝丁酉에 平安道 觀察使 徐命膺을 명하사 甲寅字로本을 삼아 十五萬字를주조하야 內閣에 장치하고 일홈을 丁酉字라 하얏다. 또壬寅에平安道 觀察使 徐浩修를 명하사 本朝人 韓構의 글씨를 모방하야 八萬字를 주조하시고 또 木刻大小 二十二萬字를세조하야 大字 十六萬字와 小字十四萬字를 奎瀛新府에 장치하시고 그 외에 또 生生字와整理字等을만히 주조하셧다(紀年要覽)

朝鮮鑄字考 (四) 金瑗根

동아일보 / 1931. 10. 31. 기사

實錄字

此 實錄字는 姜希孟의 글씨로 쓴 銅活字이다. 이 活字는 歷代實錄을 인쇄하는데만 썻음으로 實錄字란명칭이 잇다. 그러나 이鑄字는 實錄만 인쇄하엿는고로 外間에서는 인쇄한 書籍이 도모지 업서 어더보지못하엿고 向者에 出品된 世宗朝 實錄한 冊을 잠간본즉 글자의 模型이 衛夫人字와 大同小異하다. 實錄字의 實驗品이 업서도 빼수업서 名稱만 써둔다.

韓構字

'王與后弟信之'

右六字는 皇明大家 茅鹿文抄에서 割付한다.

韓構는 肅宗朝의 名筆이다. 그字態의미묘(美妙)함은 새로핀 芙蓉꼿과 가타서 볼스록 사람의 마음과 精神을 깃브게한다. 그 아들의 일에 連坐하야 不幸이 禁錮된 것이 애석하다. 正廟朝에서 西伯 徐浩修를 명하야 韓構字를 주조한것은 右의 字態의 模型과는 좀 변한줄 안다. 奎華名選 文花黼黻諸書를 보면 차이가잇는것을 알수잇다.

'自愛莫蹉跎'

右五字도 또한 韓構字이다. 이는 皇明五大家 詩抄에서割付한 것이다.

生生字

'和風吹漢水'

右五字는 正宗께서 太學에 銀杯를 下賜하시고 太學諸生에게 銀杯詩를 거두어 銀杯詩集을 배키시고 그때에 大提學인 洪良浩에게 內賜하신 詩集卷에서 割付한 것이다. 그 글자는 字典字를 모본한것이다.

整理字

'此吾老友也'

右五字는 正宗朝에 編纂하신 五倫行實에서 割付한 것이다. 이는 正宗께서 整理儀軌를 배키실때에 生生字로 本을 삼아 주조하고 이름을 整理字라 하엿다. 生生字와 整理字는 이름은 다르지마는모양은 꼭갓다. 이整理字로 小學과 五倫行實을배켯다.

整理字新本

'有興者興謂爲侯伯也'

右九字는 國語에서 割付한것이다. 哲宗朝丁巳에 鑄字所에 火니오 藏置하는場所의 이름이다. 이아래는 몃가지 版본을써서 參考코저한다.

五倫行實諺解

'돈을 다주고'

右五字는 正廟朝에서 간행한 五倫行實에서 割付하얏다. 大學諺解의 字劃은衛夫人의 字體의 氣味가잇고 이諺解이字體는 整理字의 氣味가잇다. 災가나서 다타버렷다. 그리하야 己未에 다시 整理字를 조조하야 國語를 새로 刊行하였다.

鑄字의 類別은 우리와가티 六種으로나누어썻다. 芸閣活字와 內閣活字는 鑄字의 種別이아[이하 본문에 없음]

大學諺解

'聞 문티 몯ᄒᆞ며'

右六字는 大學栗谷先生 諺解에서 割付한다. 先生이 宣祖朝의 命令을 밧자와 四書諺解를 쓰시고 미처進御치는못하엿든 것이다. 그 후 英宗朝文臣 洪啓禧가 私力으로 芸館活字를 비러서 간행(刊行)하고 洪公이 跋尾를 지엿다.

朝鮮鑄字考 (五) 金瑗根

동아일보 / 1931. 11. 01. 기사

列聖御製板 上卷

'傷心鴨水風'

右五字는 肅宗朝에서 司直 金壽弘에게 內賜件 列聖御製에서 割付한다. 此篇은 仁祖朝 王子 義昌君 (臣) 珖이 스스로 列聖 御製詩文을 宣祖朝까지 裏錄하야自手로 써서 삭이고배켜서 우에밧첫다. 仁祖께서 명하사 璿牒의 閣에 나눠두라하다. 그 후 肅宗朝에 右議政 臣 金始壽가 건청(建請)하고 三朝(仁祖,孝宗,顯宗) 御製를 繼續하야 배켜 前刊과 합하야 한질을 맨드러내각에 두고 그에는 臣僚들에게 나눠주어서 넓게전하는 것이 좃습니다 하였다. 王께서 그 말이 可타고 允許하시고 이에 義昌君의 嗣子福昌君 楨을 명하사 其父 義昌君의 글자를 모방하야 써서개간하야 璿牒과 가티장치하고 그 남어지는 諸臣에게 頒賜하섯다.

列聖御製板本 下卷

'橫鞭信馬歸'

右五字는 義昌君의 嗣子 福昌君楨의 글씨로 개간한 列聖 御製下卷에서 割付한 것이다.

成均館版

'猶有可比者. 倫. 比也'

右八字는 成均館板 中庸에서 割付한 것이다. 그跋尾에 庚戌三月日 成均館開刊이라 하엿다. 이 成均館에 藏置한 四書三經 板本은 매우조흔本이라고 한다. 洪의 字는 彦明이오 正郞을 지내엿다. 洪公은 그때에 어떤 卿士와 조하하엿다. 그 卿士는 公의 재조가 자긔보다 나흔것을 싀긔하야 그의 前進함을 막으랴고 王께 아리우되 現

金에經書의 인본이 잘못된것이 만습니다. 文臣中에 洪某가 經書에서 매우닛고 쏘 글을 잘 합닏다. 洪某를 시켜 교정하오면 착오가업시 잘될 줄 압니다 하엿다. 王께서 그말대로 윤허(允許)하엿섯다. 洪公은 쯧밧게 어려운명령을 밧고 여러해 동안을 상고하고 교정하야 豕亥와 魚魯의 분변을 정밀하게 하고 邊과體와字劃이 조금도 字學에 틀림이 업시교정하여 간판(刊板)하엿슴으로 成均館이 가장정밀하다고층한다 (順庵集)

大學板本

'其嚴乎 引此以明'

右七字는板本大學에서 割付한다. 이는英宗朝에서 명령하사 洪武正韻體로 쓰라하옵서서 간출하섯다. 이는 世宗朝에서刊行하신 思政殿訓義의 字本과 가티크게하섯다. 世宗께서老年에보시기 위하야 글자를 크게하신 그 뜻과 가트신 쯧으로 이와가티 글자가 크게 하섯나보다. 이大學 아래로련하야 大學或問을 부처맨드럿는데 그 鑄字는 衛夫人字도 아니오 生生字 整理字도 아닌데 鑄字가 매우정묘하기로 아직 부처서 參諜코저한다.

'仁者以財發身'

右六字는 大學或問에서 割付한 것이다.

御製小學指南

'至理盖有存焉'

右六字는 御製小學指南에서 割付한다. 此篇은 英宗께서 望八之年에 小學을 중상(重講)하실째에 늣김이 게서 撰述하섯다. 內籤에 御製小學指南이라 크게 쓰고 思賢閣校正 南北漢藏板이라 써잇다.

'秋興坐氤氳'

右五子는 弘文館志에서 割付한다. 이는正廟朝에서 大提學沈頤之에게 內賜하신 것이다. 世祖朝梁誠之가 建請하되 "所藏內閣名曰弘文館置大提學 俾掌出納"케하소서

하니 이때부터 弘文館이 藏書所가 되엇다. 東廡二層六間을 登瀛閣이라고하고 經籍과 祕書를 장치하얏다. 內籤中央에는 弘文館志라 크게 쓰고 右上傍으로 甲辰新印이라 쓰고 左下傍으로 芸閣活字라쓰고 跋尾는 大提學金鍾秀가 짓고 序文은 正宗께서 御製御筆로 쓰섯다. 芸閣은 芸香閣이다. 登瀛閣과 가티 經籍과 鑄字를 장치한 곳이오 內閣은 正宗께서 創建하신 奎章閣을 內閣이라하고 芸閣에서 藏置한 活字로 印出한 것을 內閣版이라한다. 奎章閣外閣은 江華行宮東偏에잇는대 冊庫에잇든 祕書를 다 옴겨두엇섯다.

'娑嚩訶'

右三字는 佛說大報恩重經에서 割付한다. 跋尾에 "歲柔兆執徐仲夏開印藏于花山龍珠사"라 하얏다. 이는 正廟朝께서 莊祖(思悼世子)를 景慕하시는 뜻으로 이 經을 찬집하신 것이다. 佛像과 父母의 劬勞하신 恩德을 그린 그림 十四葉이 잇다.

'以四聲古韻'

右五字는 杜律分韻에서 割付한다. 이는 正宗때에 擒文院에서 奉教彙編한것이다. 冊은 小本이다. 內籤中央에 "杜律分韻"이라八分으로 쓰고 右上傍으로 "內閣新編"이라 쓰고 左下傍 "乙丑重印"이라하섯다. 活字는 生生字小本이다.

'簡通于本館'

右五字는 大典通編에서 割付하엿고 그 跋尾에 乙巳孟冬嶺營開板이라 써잇다.

'減死定配'

右四字는 御定奎章全韻內賜件에서 割付한다. 이는 活字이다. 이 全韻은 正宗께서 檢書官 李德懋를 면하야 編撰하시고 印成하기전에 李公이 몰(歿)하섯다. 正宗二十年에 奎章全韻을 生生字로 刊出하샤 近臣에게 頒賜하시고 下教하시기를 李德懋의 才識을 니즐수가 업다하시고 其子光葵를 불러 檢書官을 시키시고 또 內閣諸臣에게 명하사 其文集을 開刊하라하시고 內帑錢五百緡을 印刷費에 쓰라고 下賜하섯다.

朝鮮鑄字考 (六) 金瑗根

동아일보 / 1931. 11. 03. 기사

'大臣承牌後'

右五字는 銀臺條例에서 割付한다. 이는 大院君께 攝政七年 庚午에 刊行한것이다. 序文은 大院君이 親히 짓고 自筆로 쓰섯고 大院君章의 圖章이잇다. 이鑄字를 雲峴宮 活字라 한다. 鑄字의 模型은 整理字보다 좀적고 劃이 더 파리하다.

附 梅月堂金鰲新話

日本板字

'不語綉雙鴛'

右五字는 日本에서 刊行된 金鰲新話에서 割付한다. 內籤中央에 朝鮮金時習著라고 잘게 二字式 가로쓰고 그미테 金鰲新話라 크게 篆字로 쓰고 右傍에는 日本 三島中洲 依田百川蒲生重章 小野湖山長 梅外谷彦이라 쓰고 朝鮮李樹廷 李景弼이라 쓰고 左傍에는 大日本明治十有七年 甲申歲初秋 東京基月堂 藏梓라써잇고 그 序文에 먼저 申叔舟의 海東諸國記와 李退溪의 經義讀書의 學問이 淵博함을 稱讚하고 그 아래로連하야 金時習의 金鰲新話는 明나라사람 瞿宗吉의 剪燈新話를 의방하야지엇는데 그 才情이 飄逸하고 文氣가 富贍하기는 剪燈보다낫다. 그러나 金子는 어떠한 사람인 줄을 알지 못하엿다. 大塚君彦의 집에 金鰲新話를 어더둔지가 二百餘年이 되엇으되 저술한사람이 어떠한 이인지 알지 못하엿더니 向者에 朝鮮人士들에게 무러서 비로소 金時習이가 지은줄알고 刻板하야 오래전하랴 한다. 朝鮮이 우리와 조와한지가 오래되엿고 또 近日에는 交際가 매우 親密하다. 그숨은것을 드러내여 표징하는 것도 또한 善隣하는道理에 한가지가 되기로 기뻐서 序言 쓰기로 하고 落款에 明治十七年九月에 學海居士依田百川은 識하노라고 刊行한 것이다. 崔南善氏가 東京帝國大學에서 謄書하여온 그 原本이 아마 이와가튼 본인줄 안다. 이刻字가 우리活字에 련락은 업스나 그 사실이 긔이하야 參考的으로 써둔다. 이우헤는 活字와 板本을 대강썻고 이 아래는 印書한 例義를 써서 參照코저 한다.

鑄字總說

太宗朝 癸未에 鑄字所를 두시고 李稷 等을 명하사 詩書와 左傳으로 字本을 삼고 銅範으로 二十萬字를 주조하야 이것을癸未字라고 하고 世宗庚子에 工曹參判 李蕆 等을 명하야 고처지어 일홈을 庚子字라하고 甲寅에 또 李[ie 孝]顧事實과 爲善陰騭 等書로 字本을 삼고 集賢殿 直提學 金墩 等을 명하사 二十餘萬字를 지어 일홈을 甲寅字라하고 文宗朝에 壬申字를 주조하고 世祖朝에 乙亥乙酉字와 成宗朝에 辛卯癸丑字의 四五萬字를 주조하시고 英宗壬辰에 正宗께서 東宮에 게실때에 大朝에 稟請하시고 甲寅字로 백힌 心經과 萬病回春 二書로 자본을 삼고 十五萬[字]를 鑄造하야 藝舘에 藏置하엿드니 이것은 壬辰字이다. 正宗丁酉에 平安道觀察使 徐浩修를 명하사 本朝人 韓構의 글씨로 字本을 삼어 八萬餘字를 內閣에 두고 壬子에 中國四庫全書聚珍板式을 모방하고 字典字本을 모범하야 木刻大小三十二萬餘字를 제조하야 일홈을 生生字라하고 甲寅에 內閣銅字를 昌慶宮 舊弘文館에 옴겨두고 鑄字所라 名稱하섯다. 또 丙辰에 整理儀軌를 백히시랴고 奎章閣直提學 李晩秀와 奎章閣原任直閣에 尹行恁을 명하사 生生字로 본을삼아 大字十六萬字와 小字 十四萬字를 주조하야 일홈을 整理字라 하고 七欌에 난워담어서 鑄字所에 藏置하섯다. 其後 六十二年 哲宗朝 丁巳에 鑄字所에 火灾가나서 타고 戊午에 奎章閣檢校提學에 金炳冀와 奎章閣提學에 尹定鉉과 奎章閣提學에 金炳國을 명하사 工事를 主管케하시고 整理大字八萬九千二百三字와 小字三萬九千四百十六字와 韓構字三萬一千八百二十九字와 불탄재속에서 주은 완전한 글자 十七萬五千六百九十八字를 鑄所에 장치하고 己未에 整理字로 國語를 刊行하엿다. 爾來 歷代로 주조한 銅範과 鐵範과 木造 等 活字가 數百萬字가 지난다. 純宗四年 庚戌 以後에 總督府에 옴겨둔 鑄字가 六十萬餘字가 保存되어 잇다한다. 其後에 衛夫人字로 靑邱詩抄 一卷을 記念으로 刊行하엿다. (五倫行實 陸奏約選 御定奎章全韻義例 國語 等 跋尾에서 參考補入함)

朝鮮鑄字考 (七) 金瑗根

동아일보 / 1931. 11. 05. 기사

鑄字印刷法

鑄字로 印刷하는法은 銅으로 輪郭과 罫線을 만드러 木盤 우에 노코 밀(黃蠟)과 松津을 끌여서 線內에 담고 植字를 그 線內에 한다. 조희는 잠간 濕氣가 잇게한다. 墨은 松烟製를 쓴다. 먹을 물에 담갓다가 石盤 우에 련마(鍊磨)하야 비(箒)에 먹을 무처 活字面에 바르고 조희을 그우에 펴놋코 馬鬣刷子로 그 조희 우히를 아탑(押搨)하면 자획은 정확(正確)하게 되고 印刷가 선명(鮮明)하게 된다.

陶字製造法

陶字를 制造하는法은 陶家에시 쓰는 재흙을 수비(水備)하야 마른後에 阿膠水로 이겨서 石臼에다 너코 鐵杵로 흠신 씻는다. 그다음에는 견강(堅强)한 나무로板을 만들고 字本의 모양과 長廣을 가량하여서 板에 구멍을 뚤으되 一板에 한 數十 구멍을 뚤허서쓰기에 편리하도록 할 것이다.

그 이긴 재흙을 木板 구멍자리에 담아 며이고 平板으로 눌러 방정하게 한 후에 볏에 쪼여서거지면 鑄字形體의 흙뎅이가 각각 그 구멍에서 빠저나온다. 그 土範에 글字를 사겨 炭火에 련단(鍊鍛)하야 매운잿물에 당그고 두 번 불에 련단하고 두 번 鹽水에 당그고 밀(蠟) 칠을 세 번하야 세 번불에 쬐어 녹게한다.

鐵板과 鐵範과 鐵札을 만들고 紙灰와 松津과 黃蠟을 함께 늡여 木板面上에 바르고 그 우헤 印札과 植字를 다힌 후에 그 木板을 火爐우헤 뜻뜻하게 쏘여서 그 松津과 밀이 녹은후에 平板으로 글字를 꼭 눌러서 그 字가 傾仄지안코 꼭 반듯한 후에 인쇄하고 인쇄한 후에 곳 또 火爐 우에 뜻뜻하게 쏘여서 밀이녹은 후에 綴字를 하면 글자가 더럽거나 상하지안는다 가량 紙灰一斤(柳灰도조타)과 黃蠟, 松津, 各 十四兩量이 적당하나 그斤數에만 구속할 것 업시 반죽이 잘되게 할 것이라 하것다(故事要覽)

鑄字와 板本의 評論

李雅亭은 正宗朝 檢書官으로 王을 뫼시고 多年間 內閣에 書籍을 만히 檢閱하여 만히 編纂하엿슴으로 鑄字의 制造와 板刻의 精麤를 槪論한 바가 잇는대 參考가 될 만하기로 부처 쓴다.

宋劃(삭일참)

中國서는 宋나라 板刻을 보배로 안다. 이것은 刻字와 敍法이 다 정묘한 까닭이다. 明나라에는 조흔 板本이업다. 지금 淸나라의 板本은 宋나라의 板本을 숭상하고 字體는 歐陽詢의 書體를 썻슴으로 그 板本을 매우 귀하게 녀긴다. 우리나라 鑄字에 큰 자는 衛夫人體인대 草書의 氣味가 좀 잇다. 그러나 다쓸만하고 적은 字난 正韻體 인대 글씨 劃이 좀 파리하고 단정치 못하다. 또 板本으로 말하면 글자는 비록 해정(楷整)할지라도 書卷의 氣味가 아조 업다. 衛夫人字中에 藝香閣에 장치(藏置)한 衛夫人字와 내각(奎閣)에 藏置한 衛夫人字로 大字書籍에는 足히 쓸 만하다. 內閣에서 小字를 다시 주조하기를 의논하다가 未決되엇다. 내 생각에는 書籍을 백히는대 大中小三等의 글字를 쓸 것이다. 大字는 잇스니까 말할 것업고 中小二等字만 주조할터이면 中等은 淵鑑類函字를 모본할 것이오 小字는 全唐詩 字本을 베서 모본을 삼어 活字를 주조하고 나히가 점고 재조잇는 寫字官을 택하야 이종류의 글씨를 련습하야 모본하면 書籍의 정묘함은 中國에지지 안흘만큼 되겟다하엿다(盡葉記)

校書

書冊이 정밀하게 되기는 온전히 校正을 잘하는대 잇다. 冊을 교정하는 사람은 맛당히 박학(博學)하고 민첩하고 性品이 안존하고 부즈런하고 글을 조하하는 벽이 잇는 사람을 택하야 위임(委任)하여야 정밀하게 될 것이다. 이 다섯가지 德性이 업는 사람은 이 일을 맛길수가 업는 것이다. 書籍이란 것은 千古에 적지 안는 貴珍인대 어씨 쉽게 녀겨서 무식하고 둔하고 조급(躁急)하고 분주하고 게으르고 문학을 시려하고 미워하는 사람에게 맥겨서 큰 事業을 그릇되게 할 수가 잇겟느냐. 中國書冊을 보면 冊을 맨 놋근 中間左偏에 臣 아모난 교정합니다고 쓴 것은 그 冊 校正의 精不精의 責任을 자긔가 진다는 뜻이다. 이것은 四庫全書의 書籍의 특별한 法이다(同上)

書板을 愛惜
書籍一板을 석이난것이 白帶의 利益이되고 滿人의 利益이되는 것이다. 이는天下에 至極히 귀한보배이다. 校書館에 書板을 장치(藏置)하는 設備가 불완전하야 左右의 변죽(邊竹)이 濕氣를 밧아다 떨어지고 또 인쇄할때에 쓰는 먹픔이 너무 추악하야 모래가 반이나 석긴것을 대강 가라서 板刻우헤 힘써 썩썩칠하니 銅鑄字도 글자획이 상할터인데 하물며 연한나무板을 한번 인쇄한 후에 저즌 것을 쓰거운 볏헤 죽 펴노아두니 板刻이 되떠서 두집어지고 또 터지면서 글자획이 다상한다. 그 판각을 만든 前功이 참 가석하다. 慶尙監營에 書板이 第一 만흔대 비가와서 官廳에 뜰이즐면 冊版을 마당에 죽펴노코 밟고 단기니 水災火災 以外에 書板에 큰재앙이라하겟다. 書板을 두되 海印寺藏經板 두는 스렁에 井井하게 차레로 싸아두는 것이 올코 인쇄하는 먹도 조흔 먹을 조흔 벼루에 가라서 印色法을 모방하야 쓰는 것이 올흔줄로 안다.

朝鮮人의 民族性을 보면 自古로 思考力이 만하 硏究하고 根本問題까지 解得하고저하는 特性을 가지고 잇는것이다. 震天雷라는 大砲라던지 거북船이라던지의 發明을 보거나 現代外國留學生들이 外國文物과 별다른 思想을 알아 끌어드리는 것을 보면 天主敎가 朝鮮에 드러온 原因은 朝鮮人의 性質에 비롯하고 그 機會로 말하면 天主敎書籍이 차차 만하지든 中國과의 密接한 關係이엇섯다.

卽 中國에 來往하든 朝鮮學者들이 中宗大王 째부터 卽 一五二ㅇ年頃에 北京에 가서 天主敎書籍을 배웟다. 그리고 도라올때에는 그런 書籍을 가지고 와서 親知들에게 傳하얏다. 그러나 한가지 注意할點은 그때부터는 天主敎가 宗敎로서나 或 信仰으로서 미든바가 아니오 오지 엇떤 學說과 가티 歡迎을 바덧다.

그때에 이러케 天主敎理가 知識階級에서 歡迎을 바든 原因을 或者는 說明하되 그째 朝鮮名師들은 儒書와 佛經과 道經의 無活氣함에 倦怠를 늣기는 故로 新學說(天主敎理)을 歡迎하얏다고 한다. 다시 말하면 好奇心의 波動이라한다. 그러나 萬一好奇心만으로 밋엇스면 迫害時代에 잇어서 殉敎者가 업섯슬 것이다.

勿論 儒彿仙道의 學說이 決코 人生과 宇宙의 根本問題에 對하야 解答을 充分히 주지못한다. 그런故로 天主教理가 歡迎을 바든것은 첫재 天主教는 天啓로 조차 宇宙와 人生의 모든 問題를 解答하는 唯一한 教인 까닭이고 둘째로는 朝鮮사람의 머리가 特히 根本問題를 잘 硏究하는 性質이잇는 까닭이라 할 것이다.

이것으로 밀우아 보면 다른 모든 나라에는 他國宣教師가 먼저 가서 布教함으로 信者를 어덧스나 朝鮮만은 本國人이 自己손으로 他國人이 傳하고시퍼도 傳하지 못하든 眞理를 國境을 넘어 또는 萬難을 突破하야 輸入한것이다.
또 처음에부터 宗教나 信仰으로 드러오지아[ie 안]코 學說로서 드러온 故로 知識階級에서 미든 것이 또한 다른나라에 例를 보지 못한것이오 오늘날에도 知識階級으로하여금 이事跡을 보아 天主教를 硏究케하는 刺戟을 줄줄로 밋는다.

朝鮮鑄字考(八) 金瑗根

동아일보 / 1931. 11. 06. 기사

板木

書板의 材料를 中國에서는 紅梨木을 쓰고 日本서는 樺木을 쓰고 우리나라에서 楸木을 만히쓴다. 그러면 온전히 楸木만 쓸것이 아니라 紅梨와 楸木을 겸하야 만히 쓰는 것이 올타. 板材를 鹽水에 당것다가 끄어내서 다마른 다음에 글자를 사기는 것이 올타. 板木에 濕氣가잇서 각자(刻字)한 후에 비로소 마르게되면 사긴 印札의 줄과 글자가 주러지며 板이 가즈런치 안케된다. 이것은 내가 國朝寶鑑을 각판(刻板)할 쌔에 그 리치를 잘 알엇다 하얏다. 이 아래는 우리나라 冊이 너무 크고 무거워서 장치(藏置)하고 운반(運搬)하는대 불편한즉 아모조록 冊을 적게하고 紙本을 가볍고 얇게하자는 평론이엇는대 省約한다.

北漢의 書板

肅宗께서 北漢城을 싸흔후에 總攝僧 聖能이 太古寺에 一百三十餘間을 중창하고 또 자긔가 物力을 자비하야 具諺解四書三經과 小微通鑑과 十九史略과 唐詩品彙와 古文百選과 三韻通考와 그 他詩書와 佛經等 五千七百板을 사겨서 장치(藏置)하고 木鑄字 十一斗를 사겨 장치하였다 그 大師의 書籍을 廣惠하랴는 그 誠心과 여러해 동안 각판(刻板)한 그 誠力을 百載下에 스스로 치사(致謝)한다(北漢誌)

(完)

正誤

▲ 第四回分 第四段 第二行 "災가 나서 -" 以下 第八行 "-種別이아"까지의 全七行은 第二段 "整理字新本" 條의 第 二行 "-鑄字所에 火"와 第三行 "니오-"의 間에 잇을 것임

▲ 第五回分 第三段 鑄字鉛板 "秋興坐氤氳"은 第四段 "以四 聲古韻"의 자리에 또 그것은 제 五段 "減死定配"의 자리에 또 그것은 同段前條 "簡通于本 舘"의 자리에 또 그것은 第三 段 "新興坐氤氳"의 자리에 잇어야 할 것이 서로바꾸임

참고문헌(연도별)

〈논문〉

1930년대

김원근, 「朝鮮鑄字考」, 『동아일보』, 1931.

1950년대

김두종, 「한글活字考」, 『崔鉉培先生還甲記念論文集』, 思想界社, 1954.

김두종, 「李氏朝鮮의 後期活字의 改鑄와 潛谷, 金堉先生三代의 貢獻」, 『庸齋 白樂濬博士 還甲記念 國學論叢』, 서울: 思想界社, 1955.

김원룡, 「李氏朝鮮 鑄字 印刷 小史: 鑄字所를 中心으로」, 『鄕土서울』 第3號, 1958.

김원룡, 「李朝後期의 鑄字印刷」, 『鄕土서울』 第7號, 1959.

이홍직, 「十一家註孫子와 癸未活字問題: 新井白石 手寫本을 中心으로」, 『韓國古文化論攷』, 乙酉文化社, 1954.

1960년대

김두종, 「高麗鑄字本의 重刻本과 南明泉和尙頌證道歌」, 『書誌』 第1卷 第2號, 1960.

김두종, 「近世朝鮮後期活字印本에 關한 綜合的 考察」, 『대동문화연구』 4권, 1967.

김두종, 「書體上으로 보는 近世朝鮮活字體의 變遷」, 『書誌』 第1卷 第1號, 1960.

김두종, 「壬辰亂後의 活字印本: 實錄字와 訓練都監字」, 『진단학보』 제29·30호, 1966.

김석순, 「한국의 고활자 소고」, 『도서관문화』 Vol. 5 No. 6, 1964.

김연창, 「東國厚生錄의 鑄字製造法」, 『考古美術』 第4卷 第7號(通卷36號), 1963.

김원룡, 「癸未字補遺」, 『書誌』 第1卷 第1號, 1960.

백 린, 「韓國古活字本에 對한 硏究」, 『圖書館報』 3호, 1965.

백 린, 「古書의 裝釘과 版心에 對하여」, 『도서관문화』 Vol. 7 No. 2, 1966.

백 린, 「癸酉, 庚辰, 戊午字에 對하여」, 『도서관문화』 Vol. 8 No. 1, 1967.

백 린, 「朝鮮後期 活字本의 形態書誌學的 硏究(上): 宣祖25~隆熙4年 사이의 奎章閣所藏圖書를 中心으로」, 『韓國史硏究』 제3호, 1969.

백 린, 「朝鮮後期 活字本의 形態書誌學的 硏究(下): 宣祖25~隆熙4年 사이의 奎章閣所藏圖書를 中心으로」, 『韓國史硏究』 제4호, 1969.

손보기, 「韓國印刷技術史」, 『韓國文化史大系 Ⅲ: 科學·技術史』, 서울: 高麗大學校 民族文化硏究所, 1970.

이겸로, 「癸未字와 春秋左傳」, 『圖書』 第10號, 을유문화사, 1966.

천혜봉, 「庚午字攷: 主로 鑄造年代와 字名을 中心으로」, 『成大論文集』 13輯, 1968.

천혜봉, 「丁丑字攷」, 『歷史學報』 第35·36合輯, 1967.

1970년대

김두종·손보기·천혜봉·전상운·송상용,「韓國의 金屬活字: 總說·文化史的 側面·書誌學的 側面·技術史的 側面·서구과학사학계의 견해」,『한국과학사학회지』1권 1호 1979.

김두종,「日本에 건너간 우리나라의 活字印刷術」,『學術院論文集: 人文社會科學篇』13, 1974.

김두종,「韓國活字印刷術과 近世鉛活字의 輸入」,『신문과 방송』통권93호, 1978.

김수형,「訓鍊都監字本에 關한 硏究」, 성균관대학교 대학원 석사학위논문, 1978.

김현숙,「朝鮮 世祖朝의 印刷文化에 대하여」, 이화여자대학교 대학원 석사학위논문, 1979.

박귀영,「金屬活字에 대한 考察」,『학술저널』4, 1974.

백 린,「韓國의 書誌」,『韓國의 名著』, 현암사, 1970.

손보기,「直指心經: 金屬活字 考證의 經緯와 그 意義」,『圖協月報』Vol. 14 No. 3, 1973.

손보기,「韓國印刷技術史」,『韓國文化史大系 Ⅲ: 科學·技術史』, 高麗大學校 民族文化硏究所, 1970.

심우준,「日本國會圖書館 所藏「纂圖互註周禮」板本考: 特히 癸未字의 綜合的考察을 中心으로」,『人文學硏究』4·5合輯, 1977.

윤병태,「交食推步法〈假令〉大字考」,『圖協月報』Vol. 15 No. 7, 1974.

윤병태,「羅州牧 活字攷」,『도서관』第30卷 第1號, 1975.

윤병태,「孝經大義 大字考」,『圖協月報』Vol. 15 No. 10, 1974.

윤병태,「'錦營印書體字'攷: 그 印本을 中心으로」,『國會圖書館報』111, 1975.

윤병태,「'洛東契活字'考」,『도서관』第31卷 第3號, 1976.

윤병태,「'松營鑄錢監官邊首都錄成冊'과 鑄字所 鑄字에 대하여」,『國會圖書館報』, 1973.

윤병태,「'新訂字藪'考: 朝鮮朝 字譜考 其二」,『한국도서관·정보학회지』3, 1976.

윤병태,「經書正音字攷」,『圖協月報』Vol. 15 No. 11, 1974.

윤병태,「高麗金屬活字本 淸涼荅順宗心要法門과 中奉大夫崇福使別不花」,『국회도서관보』, 1973.

윤병태,「高麗金屬活字本과 그 起源」,『圖協月報』Vol. 14 No. 8, 1973.

윤병태,「高麗活字印出 佛書三種」,『佛敎思想』第2號, 1973.

윤병태,「奎章閣圖書와 韓國活字印刷史 硏究: 그 硏究史와 史料를 中心으로」,『奎章閣』第1輯, 1976.

윤병태,「敦岩印書体字와 그 初印本들: 反「全史字」名攷」,『國會圖書館報』104, 1974.

윤병태,「敦岩印書体字와 그 初印本들: 反全史字名攷 續」,『國會圖書館報』105, 1975.

윤병태,「文繼朴 木活字考: 嶺南地方 活字考 其一」,『한국도서관·정보학회지』4, 1977.

윤병태,「倣聚珍版印書體完營木活字印本의 一例: 種藷譜를 中心으로」,『동대문도서관보』3, 1974.

윤병태,「浮碧樓重修記와 같은 活字 印本들」,『圖書館學』第3輯, 1973.

윤병태,「完營印書體木活字補考」,『동대문도서관보』5, 1976.

윤병태,「倭諺大字考」,『도서관』第30卷 第4號, 1975.

윤병태,「自警編과 箕城秋香當의 活字印本들: 反'甲辰字' 字本論」,『國會圖書館報』99, 1974.

윤병태,「丁酉字의 鑄造와「奎章字藪」」,『圖書館學會誌』제4호, 1979.

윤병태,「朝鮮時代 活字 使用考」,『奎章閣』第2輯, 1978.

윤병태,「增註三字經字考」,『國會圖書館報』107, 1975.

윤병태,「淸涼荅順宗心要法門」,『圖協月報』Vol. 14 No. 7, 1973.

윤병태, 「忠義集傳과 校書館 鐵字 印本들: 反'印譜木活字'論」, 『圖協月報』 Vol. 14 No. 10, 1973.
윤병태, 「韓國의 活字 印刷」, 『月刊 文化財』 5월호(통권 53호), 1976.
전상운, 「韓國靑銅活字 印刷術 發展의 技術史的 背景」, 『研究論文集』 3, 1970.
田川孝三, 「李朝 印刷文化와 日本」, 『東洋學』 2권, 1972.
천혜봉, 「癸未字와 그 刊本: 國寶指定 및 新發見 刊本을 포함한 綜合的 考察」, 『書誌學』 第6號, 1974.
천혜봉, 「高麗 鑄字印刷術의 研究」, 『成大論文集』 第22輯, 1976.
천혜봉, 「高麗鑄字本 白雲和尙抄錄佛祖直指心體要節」, 『圖協月報』 Vol. 14 No. 3, 1973.
천혜봉, 「古文眞寶大全에 대하여: 趙炳舜氏 所藏本을 中心으로」, 『歷史學報』 第61輯, 1974.
천혜봉, 「金屬活字의 叡智」, 『世代』 11, 9, 1973.
천혜봉, 「世祖朝 新鑄의 '戊寅字'와 그 刊本: 主로 그 鑄字의 考證을 中心으로」, 『한국비블리아학회지』 2, 1974.
천혜봉, 「初刊 完帙의 東國正韻: 書誌學的 側面에 있어서의 考察」, 『文化財』 Vol. 7, 1973.

1980년대

김기태, 「『直指心經』의 保存經緯에 대한 考察」, 『奎章閣』 第6輯, 1982.
김상호, 「觀象監活字考」, 『圖書館學』 第14輯, 1987.
박동섭, 「高麗鑄字本 '南明泉和尙頌證道歌'」, 『鄕土安東』 創刊號, 1988.
손보기, 「임진왜란과 일본의 활자 인쇄술」, 『애산학보』 제5집, 1987.
안춘근, 「甲寅字鑄字事實補疑」, 『書誌學研究』 第2輯, 1987.
오국진, 「金石學을 통해 본 祖上의 슬기: 세계 最初의 금속활자 흥덕사 「直指心體」와 그 주조방법 고찰」, 『지방행정』 36권 399호, 1987.
윤병태, 「奎章閣所藏 活字 字譜考」, 『奎章閣』 第11輯, 1988.
윤병태, 「奎章字藪考: 奎章閣所藏 活字 字譜考, 其二」, 『奎章閣』 第12輯, 1989.
윤병태, 「金陵集字考」, 『國立大學圖書館報』 7, 1989.
윤병태, 「敦岩印書體字考」, 『東方學志』 56권, 1987.
윤병태, 「敦岩印書體字에 대하여」, 『人文科學研究所 論文集』 第14卷 1號, 1987.
윤병태, 「倣整理字體鐵字考」, 『인문학연구』 第16卷 第2號, 1989.
윤병태, 「世祖朝 大型活字考」, 『人文科學研究所 論文集』 第10卷 2號, 1983.
윤병태, 「五山集字考」, 『圖書館·情報學論集』 Vol. 5, 1988.
윤병태, 「而已广活字 印本考」, 『奎章閣』 第5輯, 1981.
윤병태, 「世祖朝 大型活字考: 奎章閣本을 中心으로」, 『奎章閣』 第8輯, 1984.
이양재, 「癸未字本考: 麗末鮮初 傳·活字本總目 論抄 Ⅱ」, 『韓國古書同友會報』 제3호, 1986.
이양재, 「麗末鮮初 傳·活字本 總目論抄 Ⅰ: 癸未字 以前本을 중심으로」, 『出版學研究』, 1986.
이희재, 「東西洋 初期活字 印刷方法에 관한 比較研究」, 『國會圖書館報』 180, 1985.
이희재, 「朝鮮建國初 印書文化의 意義」, 『圖書館學』 第13輯, 1986.
이희재, 「朝鮮朝 活字鑄造 및 文獻刊行의 綜合的 評價」, 『圖書館學』 第9輯, 1982.
천혜봉, 「高麗鑄字版 「南明泉和尙頌證道歌」의 重彫本에 대하여」, 『圖書館學』, 第15輯, 1988.
천혜봉, 「세계 초유의 창안인 高麗鑄字印刷」, 『奎章閣』 第8輯, 1984.

천혜봉, 「이천과 世宗朝의 鑄字印刷」, 『東方學志』 Vol. 46-48, 1985.
천혜봉, 「韓中兩國의 活字印刷와 그 交流」, 『民族文化論叢』 第4輯, 1983.
천혜봉, 「興德寺 鑄字印施의 「直指心體要節」」, 『文化財』 제19호, 1986.
천혜봉, 「癸未子本 〈十七史纂古今通要〉 解題」, 『奎章閣』 第9輯, 1986.
하동호, 「韓國古活字典籍을 判別整理하기 위한 한 整理(未定稿)」, 『出版學研究』, 1984.
한동명, 「韓國中世印刷文化의 制度史的 研究」, 경희대학교 대학원 박사학위논문, 1986.
현영아, 「校書館의 書籍印刷에 대한 小考: 正祖朝를 中心으로」, 『도서관학논집』 제11권, 1984.
홍강표, 「朝鮮朝 活字本의 史的 考察: 官鑄本을 중심으로」, 『연구회지』 4집, 1987.

1990년대

김기태, 「『直指心經』의 역사적 배경에 관한 연구」, 『교육논총』 15집, 1998.
김기태, 「『直指心經』의 存續經緯에 대한 研究」, 『論文集』 제29집 제1호, 1995.
김당택, 「『詳定古今禮文』의 편찬 시기와 그 의도」, 『湖南文化研究』 제21집, 1992.
김윤수, 「庚辰字의 再鑄甲寅字論: 《東園集》의 〈題鑄字都監契軸弁小識〉」, 『國會圖書館報』 228, 1993.
김치우, 「乙亥字本과 그 傍系字本考」, 『圖書館學論集』 第27輯, 1998.
남권희, 「庚午字本 新編算學啓蒙과 諸版本 研究」, 『書誌學研究』 第16輯, 1998.
남권희, 「興德寺字로 찍은 《慈悲道場懺法集解》의 覆刻本에 관한 研究」, 『古印刷文化』 第2輯, 1995.
남권희, 「興德寺字로 찍은 「慈悲道場懺法集解」의 撰者와 刊行에 관한 考察: 새로 발견된 覆刻本의 卷首事項을 중심으로」, 『書誌學研究』 第7輯, 1991.
노태천·이영욱, 「려말선초 청동활자의 주조기술에 대한 실험연구」, 『한국전통과학기술학회지』 제1권 제1호, 1994.
손보기, 「임진왜란 때 일본으로 건너간 금속활자 인쇄술」, 『古印刷文化』 창간호, 1993.
안춘근, 「甲寅字鑄字事實補疑·春秋綱木活字新說·匏活字本眞否再論·陶活字」, 『韓國書誌의 展開過程』, 서울: 범우사, 1994.
안춘근, 「鑄字辨釋異說·直指心經은 金屬活字本이 아니다: 直指心經의 活字資料」, 『韓國書誌의 展開過程』, 서울: 범우사, 1994.
안춘근, 「鑄字辨釋異說: 高麗時代의 金屬活字是非」, 『出版學研究』 통권 제32호, 1990.
윤병태, 「御試策과 朝鮮 前期의 小型 活字 印本」, 『古印刷文化』 第4輯, 1997.
윤병태, 「朝鮮時代 平壤의 印刷文化」, 『古印刷文化』 창간호, 1993.
윤병태, 「朝鮮의 活字印刷 出版文化」, 『恒心尹炳泰博士停年紀念論文集: 韓國書誌學論集』, 1992.
윤병태, 「韓國 古活字本의 印出記錄」, 『書誌學研究』 第14輯, 1997.
윤병태, 「希顯堂鐵字考」, 『書誌學研究』 第5·6輯, 1990.
윤상기, 「韓國 古活字名에 대한 研究: 壬辰倭亂 以前의 金屬活字를 中心으로」, 『東義論輯』 第24輯, 1996.
윤상기, 「韓國 古活字名에 대한 研究: 壬辰倭亂 以前의 木活字를 中心으로」, 『東義論輯』 第28輯, 1998.
윤상기, 「韓國 古活字名에 대한 研究: 壬辰倭亂 以後의 金屬活字를 中心으로(乾)」, 『書誌學研究』 第16輯, 1998.
윤상기, 「韓國 古活字名에 대한 研究: 壬辰倭亂 以後의 金屬活字를 中心으로(坤)」, 『書誌學報』 第22號, 1998.

이병주, 「甲辰字本《四佳詩集》殘在 介紹: 卷四十·四十一·四十二 零本을 중심으로」, 『季刊書誌學報』 第4號, 1991.
임태삼, 「韓國 古活字本의 形態書誌的面에서 본 事例本의 比較 研究: 癸未字에서 改鑄甲寅字까지」, 『慶星大學校 論文集』 第13輯 1卷, 1992.
정하미, 「17세기 활자인쇄의 일본적 변용에 대하여」, 『日本歷史研究』 第10輯, 1999.
조병순, 「癸未字 字本에 對하여」, 『季刊書誌學報』 第7號, 1992.
조병순, 「癸未字 字數와 小字 起源에 대한 考察」, 『季刊書誌學報』 第11號, 1993.
조병순, 「癸未字本 組版術의 殘影과 印出能力: 계미자본 조판술의 잔영과 인출능력」, 『季刊書誌學報』 第1號, 1990.
조병순, 「高麗書籍院 活字에 대한 研究: 所謂 癸未字本 組版術을 中心으로」, 『書誌學報』 第18號, 1996.
조형진, 「活字印刷術의 發明 및 元明時代의 發展」, 『圖書館學』 第6輯, 1992.
조형진, 「癸未·庚子·甲寅 活字의 底本考」, 『圖書館學』 7, 1999.
조형진, 「金屬活字印刷의 組板技術」, 『季刊書誌學報』 第13號, 1994.
조형진, 「明代 無錫 華·安 兩氏 家門의 活字印刷」, 『季刊書誌學報』 第15號, 1995.
조형진, 「明時代後期之活字印刷」, 『書誌學研究』 第15輯, 1998.
조형진, 「中國 活字印刷技術의 發明背景과 萌芽期의 發展」, 『書誌學研究』 第13輯, 1997.
조형진, 「清代 前期의 活字印刷」, 『한국문헌정보학회지』 제29집, 1995.
조형진, 「清代 後期의 活字印刷」, 『季刊書誌學報』 第19號, 1997.
조형진, 「韓·中 兩國 活字印刷技術의 交流에 관한 研究」, 『書誌學研究』 第14輯, 1997.
조형진, 「韓中兩國 活字印刷의 技術的 過程」, 『書誌學研究』 第17輯, 1999.
조형진, 「『慵齋叢話』 '鑄字'條 記事의 實驗的 解釋」, 『書誌學研究』 第5·6輯, 1990.
천혜봉, 「甲寅字本 鑑識의 諸問題」, 『蒼史 李春熙教授 定年紀念論叢』, 景仁文化社, 1993.
천혜봉, 「癸未字本《宋朝表牋總類》解題」, 『奎章閣』 第16輯, 1994.
천혜봉, 「고려 사주(寺鑄) 활자본 《불조직지심체요절》」, 『湖西文化論叢』 第13輯, 1999.
천혜봉, 「금속활자」, 『한국사 시민강좌』 제23집, 1998.
천혜봉, 「陶活字本 『東溟先生集』의 발굴」, 『季刊書誌學報』 第15號, 1995.
천혜봉, 「이천과 金屬活字印刷術의 發達」, 『과학과 문화』 5호, 1993.
천혜봉, 「朝鮮朝의 乙亥小字體木活字本 《御試策》: 元나라 銅活字本에 대한 修正論」, 『書誌學研究』 第15輯, 1998.
천혜봉, 「活字印刷 및 印本」, 『古山千惠鳳教授定年紀念選集: 韓國書誌學研究』, 1991.
천혜봉, 「활자인쇄」, 『古印刷文化』 창간호, 1993.

2000년대

강경훈, 「잠곡(潛谷) 김육가(金堉家)의 活字鑄造와 문헌생산」, 『문헌과 해석』, 통권18호, 2002.
강순애, 「朝鮮朝 한글活字 版本을 통해 본 活字鑄造法의 技術的 發展에 관한 考察」, 『書誌學研究』 第39輯, 2008.
김문식, 「『정리의궤』의 간행을 위한 활자, 整理字」, 『문헌과 해석』 통권10호, 2000.
김성수, 「갑인자 계열 금속활자 주조의 발전에 관한 연구」, 『古印刷文化』 第15輯, 2008.
김성수, 「금속활자 주조법에 관한 연구」, 『古印刷文化』 第13輯, 2006.

김성수, 「陶土鑄造法의 實驗鑄造에 관한 연구」, 『書誌學研究』 第33輯, 2006.

김성수, 「壬辰字의 復原 鑄造를 위한 豫備 實驗 연구」, 『書誌學研究』 第37輯, 2007.

김성수, 「조선 후기의 금속활자 주조방법에 관한 연구」, 『書誌學研究』 第39輯, 2008.

김성수, 「조선시대 국가 중앙인쇄기관의 조직·기능 및 업무활동에 관한 연구」, 『書誌學研究』 第42輯, 2009.

김성수, 「후기 갑인자 계열의 조판에 관한 연구」, 『書誌學研究』 第43輯, 2009.

김성수, 「『直指』와 금속활자 인쇄의 가치와 중요성을 규명하기 위한 朝鮮初期 금속활자 간행도서의 주제 분석」, 『書誌學研究』 第28輯, 2004.

김수천, 「興德寺本 「直指」의 서체미에 관한 연구」, 『書誌學研究』 第29輯, 2004.

김영선, 「活字 字譜考」, 『文獻情報學論集』 第8輯, 2002.

김영소, 「金屬活字 直指의 書藝學的 照明」, 『書藝學研究』 第9號, 2006.

김윤식, 「朝鮮 世祖의 學術活動과 書籍文化에 대한 考察」, 『書誌學研究』 第29輯, 2004.

김홍영, 「朴宗慶 全史字의 復元 實驗 研究」, 충남대학교 대학원 석사학위논문, 2008.

남권희·김성수·이승철·임인호, 「프랑스국립도서관 소장 「직지」 원본 조사 연구」, 『書誌學研究』 第35輯, 2006.

남권희, 「고려시대 불교자료의 서지학적 개관」, 『한국사 시민강좌』 제37집, 2005.

남권희, 「구텐베르크 이전, 한국의 금속활자 인쇄문화」, 『古印刷文化』 第12輯, 2005.

남권희, 「鑄物沙鑄造法에 의한 金屬活字 鑄造方法 研究」, 『書誌學研究』 第33輯, 2006.

남 영, 「활자 인쇄술 개발의 前後史에 대한 再檢討: '기술의 우열'에서 '문화적 다양성'으로」, 『中央史論』 29집, 2009.

라경준·김홍영·원광식, 「『직지』 금속활자 복원에 관한 실험적 연구」, 『한국과학사학회지』 제28권 제1호, 2006.

박문열, 「고려시대 금속활자본 「直指」의 傳存 經緯: 프랑스 국립도서관(BNF) 所藏을 중심으로」, 『古印刷文化』 第13輯, 2006.

박문열, 「古印刷術의 組版·印出·製冊用 道具에 관한 研究」, 『人文科學論集』 第32輯, 2005.

박문열, 「金屬活字 製作道具에 관한 研究」, 『인문과학논집』 제26집, 2003.

박문열, 「金屬活字印刷術 發明의 起源에 관한 研究」, 『인문과학논집』 제23집, 2001.

박문열, 「戊申字의 復元에 관한 實驗的 研究」, 『書誌學研究』 第38輯, 2007.

박문열, 「戊午字版 復元의 實驗要素에 관한 研究」, 『書誌學研究』 第37輯, 2007.

박문열, 「蜜蠟鑄造法의 復元에 관한 實驗的 研究」, 『書誌學研究』 第33輯, 2006.

박문열, 「印刷術 起源說과 高麗時代 金屬活字印本에 관한 研究」, 『古印刷文化』 第6輯, 2000.

박문열, 「한국 금속활자인쇄술의 발명과 여말선초의 인쇄출판기관에 관한 연구」, 『古印刷文化』 第12輯, 2005.

반혜정, 「鑄字所 機能에 관한 研究」, 『古印刷文化』 第14輯, 2007.

반혜정, 「鑄字所의 機能에 관한 研究」, 청주대학교 대학원 석사학위논문, 2006.

송정숙, 「17세기 훈련도감의 인쇄·출판 활동」, 『書誌學研究』 第42輯, 2009.

옥영정, 「光州筆書體木活字와 印本 研究」, 『書誌學研究』 第25輯, 2003.

옥영정, 「조선시대 인쇄관청의 活字印刷 匠人 연구: 均字匠을 중심으로」, 『한국문화』 제47집, 2009.

옥영정, 「地方木活字에 의한 文集의 印出에 관한 一考: 湖南地方을 중심으로」, 『書誌學報』 第26號, 2002.

옥영정,「직지와 금속활자의 아름다움: 조선 전기 금속활자를 통하여 살펴본 선조의 미의식」,『書誌學硏究』第28輯, 2004.

옥영정,「한글 금속활자 복원을 위한 주조 및 조판 실험 연구」,『書誌學硏究』第38輯, 2007.

유혜선,「국립중앙박물관 소장 교서관인서체자의 과학적 분석」,『校書館印書體字』, 서울: 국립중앙박물관, 2007.

유혜선,「국립중앙박물관 소장 한글 금속활자의 과학적 분석」,『한글금속활자』, 서울: 국립중앙박물관, 2006.

윤병태,「韓國의 活字印刷 文化」,『古印刷文化』第6輯, 2000.

윤병태,「洪啓禧字와 그 印本」,『古印刷文化』第8輯, 2001.

윤상기,「庚子字와 그 印本」,『古印刷文化』第10輯, 2003.

윤상기,「한국 고활자명에 대한 연구: 임진왜란 이후의 목활자를 중심으로(Ⅰ)」,『서지학연구』第19輯, 2000.

윤상기,「한국 고활자명에 대한 연구: 임진왜란 이후의 목활자를 중심으로(Ⅱ)」,『한국도서관·정보학회지』제33권 제3호, 2002.

윤상기,「한국 고활자명에 대한 연구: 임진왜란 이후의 목활자를 중심으로(Ⅲ)」,『서지학연구』제24집, 2002.

윤상기,「한국 고활자명에 대한 연구: 임진왜란 이후의 목활자를 중심으로(Ⅳ)」,『서지학연구』제29집, 2004.

윤용현·조남철·이승철,「조선왕실 주조 청동활자의 복원과 과학적 분석」,『보존과학회지』Vol. 25, No. 2, 2009.

윤용현,「조선왕실 주조 금속활자 복원활자의 과학 분석」,『書誌學硏究』第38輯, 2007.

이승철,「『직지』에 사용된 활자와 조판에 대한 분석 연구」,『書誌學硏究』第38輯, 2007.

이승철,「금속활자 주조를 위한 蜜蠟鑄造法의 鑄物土 실험연구」,『書誌學硏究』第34輯, 2006.

이승철,「金屬活字 鑄造技術 究明을 위한 復原實驗」, 경북대학교 대학원 박사학위논문, 2006.

이승철,「밀랍을 이용한 금속활자의 대량주조법과 주형토의 물리적 특성에 대한 실험연구」,『書誌學硏究』第37輯, 2007.

이재정,「국립중앙박물관 소장 교서관인서체자의 분류 및 고증」, 국립중앙박물관,『校書館印書體字』, 서울: 국립중앙박물관, 2007.

이재정,「국립중앙박물관 소장 戊申字竝用 한글 금속활자 고증」,『書誌學硏究』第44輯, 2009.

이재정,「국립중앙박물관 소장 한글 금속활자의 특징」, 국립중앙박물관,『한글금속활자』, 서울: 국립중앙박물관, 2006.

이재정,「국립중앙박물관 소장 한글 활자 연구」,『書誌學硏究』第31輯, 2005.

이재정,「國立中央博物館 所藏 活字 調査: 連字活字를 중심으로」,『東垣學術論文集』제7집, 2005.

이재정,「國立中央博物館 所藏 活字에 대한 일고찰: 活字의 所藏經緯와 活用實態를 중심으로」,『書誌學硏究』第29輯, 2004.

이재정,「한국중앙박물관 활자에 대한 일고찰: 활자의 소장경위와 활용실태를 중심으로」,『書誌學硏究』第29輯, 2004.

이재정·유혜선,「국립중앙박물관 소장 한글금속활자의 고증 및 성분분석」,『書誌學硏究』第37輯, 2007.

이재정·유혜선,「국립중앙박물관 소장 금속활자의 과학적 분석」,『書誌學硏究』第33輯, 2006.

이정신,「고려시대 銅의 사용현황과 銅所」,『韓國史學報』제25호, 2006.

이희재,「『백운화상초록직지심체요절』과 조선 초기 활자 인쇄 문화」,『書誌學硏究』第28輯, 2004.

전영표, 「金屬活字의 發明과 印刷本 '直指心經'의 研究」, 『出版雜誌研究』 第13卷 第1號(通卷 第13號), 2005.

정재철, 「금속활자본 『詳說古文眞寶大全』의 문헌학적 연구」, 『大東文化研究』 第61輯, 2008.

조형진, 「『直指』의 字跡에 나타난 直指活字의 特徵 研究」, 『書誌學研究』 第38輯, 2007.

조형진, 「古活字 印刷技術 評價에 관한 研究」, 『書誌學研究』 第25輯, 2003.

조형진, 「금속활자 밀랍주조법 주형재료: 유성 탄소의 복원실험 연구」, 『한국과학사학회지』 제29권 제2호, 2007.

조형진, 「金屬活字 蜜蠟鑄造法 鑄型材料: 炭粉의 復原實驗 研究」, 『書誌學研究』 第30輯, 2005.

조형진, 「금속활자의 백토를 이용한 밀랍주조법 실험 연구」, 『書誌學研究』 第44輯, 2009.

조형진, 「金屬活字 蜜蠟鑄造法 復原을 위한 文獻的 研究」, 『書誌學研究』 第33輯, 2006.

조형진, 「金屬活字 蜜蠟鑄造法 鑄型材料: 炭粉+紙纖維의 復原實驗 研究」, 『書誌學研究』 第32輯, 2005.

조형진, 「金屬活字 蜜蠟鑄造法 鑄型材料: 黑鉛의 復原實驗 研究」, 『書誌學研究』 第31輯, 2005.

조형진, 「金屬活字 印刷의 印出過程 研究」, 『書誌學研究』 第29輯, 2004.

조형진, 「金屬活字의 中國發明說에 관한 研究」, 『書誌學研究』 第42輯, 2009.

조형진, 「金屬活字의 黃土를 이용한 蜜蠟鑄造法 實驗 研究」, 『書誌學研究』 第43輯, 2009.

조형신, 「日本 駿河版 銅活字의 製作過程에 관한 研究」, 『書誌學研究』 第24輯, 2002.

조형진, 「日本의 駿河版은 朝鮮의 活字인가?」, 『書誌學研究』 第26輯, 2003.

조형진, 「直指活字의 鑄造·組版 方法 研究」, 『書誌學研究』 第39輯, 2008.

천혜봉, 「癸未字와 그 印本: 宋朝表牋總類의 해설을 곁들여」, 『古印刷文化』 第10輯, 2003.

천혜봉, 「潛谷 金堉의 編·著書와 活字印刷」, 『民族文化』 第24輯, 2001.

하영삼, 「『生生字譜』에 反映된 18世紀 後半 朝鮮時代 文獻用 漢字頻度」, 『中國學』 第31輯, 2008.

황선주, 「증도가자(證道歌字) 문제」, 『인문과학연구』 第10號, 2001.

황선주, 「흥덕사본 〈직지(直指)〉의 결함과 그 원인」, 『古印刷文化』 第6輯, 2000.

황선주, 「흥덕사자(興德寺字)의 구성」, 『인문과학연구』 第12號, 2003.

2010년대

강순애, 「초주갑인자혼입보자본 『香山三體法』에 관한 서지적 연구」, 『書誌學研究』 第45輯, 2010.

강순애, 「호림박물관 소장의 초주갑인자본 『향산삼체법(香山三體法)』에 관한 서지적 연구」, 『書誌學研究』 第62輯, 2015.

김기호, 「고대 금속활자의 복제를 위한 성분분석과 열역학적 주의점」, 『한국표면공학회지』 제45권 제3호, 2012.

김상호, 「仁祖 및 孝宗實錄字의 刻字考」, 『書誌學研究』 第57輯, 2014.

김성수·마승락, 「금속활자의 발명과 전래에 관한 동·서양 비교 연구」, 『書誌學研究』 第60輯, 2014.

김성수·이승철, 「도토주조법의 복원을 위한 기록 및 실험과정의 재검토」, 『書誌學研究』 第46輯, 2010.

김성수, 「『남명송증도가』의 간행 배경에 관한 분석」, 『書誌學研究』 第47輯, 2010.

김성수, 「『직지』의 인쇄상태 분석에 의거한 興德寺字의 주조형태에 관한 고찰」, 『書誌學研究』 第56輯, 2013.

김성수, 「갑인자 계열 금속활자 인쇄의 조판에 관한 연구」, 『人文科學論集』 제42집, 2011.

김성수, 「고려시대 금속활자본의 특징에 관한 연구」, 『人文科學』 제97권, 2013.

김성수,「證道歌字와 '고려 네다리형 활자'의 연구현황 및 그 가치」,『書誌學研究』第63輯, 2015.

김성수,「證道歌字의 진위 규명을 위한 조선시대 금속활자와의 주조 형태에 관한 비교 분석적 연구」,『書誌學報』第36號, 2010.

김성수,「한국 금속활자 始原의 원천기술 및 興德寺字의 鑄造法에 관한 연구」,『書誌學研究』第54輯, 2013.

김성수,「한국 금속활자인쇄술의 始原과 관련한 鑄字本「남명송증도가」의 간행년도에 관한 연구」,『書誌學報』第39號, 2012.

김성수,「『월인천강지곡』한글활자 복원을 위한 실험 주조·조판 연구」,『書誌學研究』第49輯, 2011.

김소희,「조선후기 금속활자본 교정사례연구: 壬辰字 校正刷本을 중심으로」,『書誌學研究』第61輯, 2015.

김영리,「朝鮮時代 活字本 佛書 研究」, 중앙대학교 대학원 석사학위논문, 2013.

김영진,「朝鮮朝 文集 刊行의 諸樣相: 朝鮮後期 事例를 中心으로」,『民族文化』第43輯, 2014.

남권희·권오덕,「證道歌字 判定의 誤謬에 대한 反論」,『書誌學研究』第64輯, 2015.

남권희·이승철,「고려 금속활자 증도가자(證道歌字) 발견의 의의와 경과」,『충북학』제12집, 2010.

남권희,「高麗 金屬活字 證道歌字의 鑄造法과 印刷技術史的 分析」,『書誌學報』第39號, 2012.

남권희,「구결본 南明泉和尙頌證道歌 증도가의 서지적 고찰」, 구결학회 학술대회 발표논문집, 2012.

남권희,「목판과 활자 인쇄를 통해 본 전통시대 지식과 정보의 소통」,『사회과학 담론과 정책』제6권 1호, 2013.

남권희,「증도가자 기초학술조사 연구 성과」,『書誌學研究』第64輯, 2015.

남권희,「증도가자, 직지보다 앞선 금속 활자 맞다: 위작활자 등 각종 의혹 반박」,『프린팅코리아』Vol. 9 No. 12, 2010.

남권희,「證道歌字와『東國李相國集』」,『書誌學研究』第48輯, 2011.

남권희,「證道歌字의 발견과『南明泉和尙頌證道歌』의 연구」,『書誌學報』第36號, 2010.

남권희,「한국 금속활자 연구의 제문제: 형태와 주조법을 중심으로」,『書誌學研究』第51輯, 2012.

남권희,「興德寺字로 간행된《慈悲道場懺法集解》」,『한국멀티미디어 학회지』제16권 제2호, 2012.

노경희,「현종실록자본『世說新語補』간행과 流傳의 문화사적 의미」,『韓國漢文學研究』52輯, 2013.

박광헌,「湖林博物館 所藏 金屬活字本의 現況과 價值」,『書誌學研究』第56輯, 2013.

박문현,「『直指』書風의 淵源에 관한 研究」,『書藝學研究』第23號, 2013.

박학수,「밀랍주조로 제작된 고 금속활자에 관한 연구」, 한양대학교 대학원 박사학위논문, 2010.

손계영,「여말선초 금속활자를 통해 본 證道歌字 字形의 특징」,『書誌學研究』第63輯, 2015.

손환일,「南明泉和尙頌證道歌(공인본)에 나타난 금속활자본의 특징」,『문화사학』제48호, 2017.

송일기·정왕근,「조선시대 금속활자본 불교서적의 서지적 연구」,『한국문헌정보학회지』제49권 제1호, 2015.

신종락,「한국에서 서양으로서의 인쇄문화 전파: 구텐베르크의 금속활자」,『독일어문학』제53집, 2011.

양승민,「경진자본『梅月堂集』간행 과정과 校訂本」,『韓國漢文學研究』52輯, 2013.

옥영정,「16세기 후반~17세기 조선의 목활자인쇄와 출판문화적 의미」,『한국문화』제72호, 2015.

옥영정,「17세기 출판문화의 변화와 서적간행의 양상」,『다산과 현대』제3호, 2010.

옥영정,「고려 금속활자 연구의 흐름과 새로운 변화」,『書誌學報』第39號, 2012.

옥영정,「湖西地方 木活字本의 현황과 木活字 유형연구」,『書誌學報』第36號, 2010.

유부현,「2012年까지 소개된 高麗金屬活字의 實物과 僞作에 대하여」,『書誌學研究』第54輯, 2013.

유부현, 「『淸凉答順宗心要法門』과 『南明泉和尙頌證道歌』의 비교 고찰」, 『書誌學報』 第39號, 2012.
윤용현·조남철·이병훈, 「밀랍을 이용해 주조된 금속활자와 거푸집의 재료학적 특성」, 『書誌學報』 第39號, 2012.
윤용현, 「靑銅遺物의 鑄造와 復原技術 硏究」, 고려대학교 대학원 박사학위논문, 2013.
이승철, 「밀랍을 이용한 금속활자 주조와 『直指』에 사용된 활자비교」, 『한국멀티미디어 학회지』 제16권 제2호, 2012.
이승철, 「『直指』와 『慈悲道場懺法集解』의 활자분류 비교」, 『書誌學報』 第39號, 2012.
이완우, 「新出 금속활자와 고려시대 서예사」, 『書誌學報』 第39號, 2012.
이재정, 「국립중앙박물관 소장 實錄字 고찰」, 『奎章閣』 第40輯, 2012.
이재정, 「洛東契字를 통해 본 조선시대 文人들의 지적 교류」, 『민족문화연구』 60호, 2013.
이재정, 「조선 활자 인쇄술이 일본 古活字本 인쇄에 미친 영향」, 『동북아역사논총』 46호, 2014.
이재정, 「조선 후기 중국 활자 제작 방식의 도입과 활자의 구입」, 『奎章閣』 第38輯, 2011.
이재정, 「조선시대의 활자 제작과 국립중앙박물관 소장 활자」, 『考古와 民俗』 17輯, 2014.
임인호, 「전통 금속활자 鐘造技術의 復原昭究」, 동국대학교 대학원 석사학위논문, 2013.
임호원, 「朝鮮時代 金屬活字印刷 組版術의 變遷 分析」, 경북대학교 대학원 석사학위논문, 2010.
정원연, 「정유자본 『周易傳義大全』의 간행과 교정」, 『書誌學硏究』 第59輯, 2014.
조형진, 「금속활자 밀랍주조법의 개량 실험 연구」, 『書誌學硏究』 第50輯, 2011.
조형진, 「금속활자 밀랍주조법의 대량 주조 실험 연구」, 『書誌學硏究』 第49輯, 2011.
조형진, 「금속활자의 내화토를 이용한 밀랍주조법 실험 연구」, 『書誌學硏究』 第48輯, 2011.
조형진, 「금속활자의 산청토를 이용한 밀랍주조법 실험 연구」, 『書誌學硏究』 第45輯, 2010.
조형진, 「금속활자의 옹기토를 이용한 밀랍주조법 실험 연구」, 『書誌學硏究』 第47輯, 2010.
조형진, 「金屬活字 蜜蠟鑄造法의 安定性 提高를 위한 實驗 硏究」, 『書誌學硏究』 第57輯, 2014.
조형진, 「金屬活字本說 「南明泉和尙頌證道歌」의 鑑別 方法 硏究」, 『書誌學硏究』 第63輯, 2015.
조형진, 「金屬活字의 靑土를 이용한 蜜蠟鑄造法 實驗 硏究」, 『書誌學硏究』 第46輯, 2010.
조형진, 「臺灣 所藏 日本 古活字의 印刷技術 硏究」, 『書誌學硏究』 第56輯, 2013.
조형진, 「臺灣 所藏 日本 近世活字의 印刷技術 硏究」, 『書誌學硏究』 第58輯, 2014.
조형진, 「日本 伏見版 古活字의 印刷技術 硏究: 富春堂版과의 관계」, 『書誌學硏究』 第59輯, 2014.
조형진, 「日本 叡山版 古活字의 印刷技術 硏究」, 『書誌學硏究』 第53輯, 2012.
조형진, 「日本 要法寺版 및 涸轍書院版 古活字의 印刷技術 硏究」, 『書誌學硏究』 第55輯, 2013.
조형진, 「日本 駿河版 및 紀州版 古活字의 印刷技術 硏究」, 『書誌學硏究』 第60輯, 2014.
조형진, 「日本 勅版 古活字의 印刷技術 硏究」, 『書誌學硏究』 第54輯, 2013.
조형진, 「一山 金斗鍾의 韓國古印刷技術史 硏究」, 『애산학보』 38집, 2012.
조형진, 「『白雲和尙抄錄佛祖直指心體要節』 復原을 위한 組版 및 印出 實驗 硏究」, 『書誌學硏究』 第68輯, 2016.
천혜봉, 「白雲和尙抄錄佛祖直指心體要節」, 청주고인쇄박물관, 白雲和尙抄錄佛祖直指心體要節 影印本 및 解說書, 2013.

〈단행본〉

1940년대

和田萬吉, 『古活字本研究資料』, 東京: 淸閑舍, 1944.

1950년대

김원룡, 『한국고활자개요』, 서울: 乙酉문화사, 1954.

1970년대

김두종, 『韓國古印刷技術史』, 서울: 탐구당, 1974.
反町茂雄 編, 『弘文莊古活字版目錄』, 東京: 弘文莊, 1972.
손보기, 『한국의 고활자』, 寶晉齋, 1971.
韓國圖書館學研究會, 『韓國古印刷史』, 서울: 韓國圖書館學研究會, 1976.

1980년대

김두종, 『韓國古印刷文化史』, 서울: 三星美術文化財團, 1980.
金子和正 編著, 『中國活版印刷法: 武英殿聚珍版程式』, 東京: 汲古書院, 1981.
林泰三, 『古活字本ち文庫』, 東京: 韓國書籍センター, 1989.
文化財管理局, 『과학기술문화재조사보고서(II)』, 文化財管理局, 1986.
白麟, 『韓國圖書館史研究』, 서울: 韓國圖書館協會, 1982.
손보기, 『새판 한국의 고활자』, 寶晉齋, 1982.
손보기, 『세종 시대의 인쇄출판』, 서울: 세종대왕기념사업회, 1986.

1990년대

國立國會圖書館圖書部 編, 『古活字版圖錄: 國立國會圖書館所藏』, 東京: 汲古書院, 1990.
潘吉星, 『中國科學技術史: 造紙與印刷卷』, 北京: 科學出版社, 1998.
안춘근, 『韓國書誌의 展開過程』, 서울: 범우사, 1994.
楊寬 著, 盧泰天·金瑛洙 共譯, 『中國古代冶鐵技術發展史』, 서울: 대한교과서주식회사, 1992.
윤병태, 『朝鮮後期의 活字와 冊』, 서울: 범우사, 1992.
任正爀 編著, 『朝鮮の科學と技術』, 東京: 明石書店, 1993.
中根 勝, 『日本印刷技術史』, 東京: 八木書店, 1999.
천혜봉, 『韓國 書誌學』, 서울: 민음사, 1991.
천혜봉, 『한국 목활자본』, 서울: 범우사, 1993.
천혜봉, 『韓國典籍印刷史』, 서울: 범우사, 1990.

2000년대

「印刷之光」編輯委員會 編, 『印刷之光』, 杭州: 浙江人民美術出版社, 2000.

Koreas alte Druckkunst: Begegnungen-Koreanischer Buchdruck vor Gutenberg, Herausgegebenvom vom Cheongju Early Printing Museum, 29, September-20, November, 2005.

Franz, Horst E. 외, 『금속재료의 균열과 파괴』, 김정근·박해웅 공역, 서울: 골드, 2003.

ジョン·マン 著, 『グーテンベクの時代』, 田村勝省 譯, 東京: 原書房, 2006.

강길구·권호영 공저, 『금속 가공기술』, 서울: 골드, 2006.

국립중앙박물관 역사부 편, 『한글금속활자』, 서울: 同博物館, 2006.

국립중앙박물관 역사부, 『校書館印書體字』, 서울: 국립중앙박물관, 2007.

국립중앙박물관 역사부, 『한글금속활자』, 서울: 국립중앙박물관, 2006.

국립진주박물관 편, 『목활자로 보는 옛 인쇄문화』, 진주: 동박물관, 2004.

국립진주박물관, 『목활자로 보는 옛 인쇄문화』, 진주: 국립진주박물관, 2004.

김도훈, 『인류문화사에 비친 금속이야기 I』, 서울: 과학과문화, 2005.

김영석 외, 『비철금속(VII) 전략금속 주석의 이해』, 서울: 한국철강신문, 2006.

南權熙, 『高麗時代 記錄文化硏究』, 淸州: 淸州古印刷博物館, 2002.

문화재청, 『금속활사상』, 대전: 문화재청, 2001.

史金波·雅森·吾守尔, 『中國活字印刷術的發明和早期傳播』, 北京: 社會科學文獻出版社, 2000.

사회과학원 고고학연구소, 『고고학 연대측정』, 과천: 진인진, 2009.

徐忆農, 『活字本』, 南京: 江蘇古籍出版社, 2002.

서울대학교 규장각한국학연구원, 『규장각과 책의 문화사』, 서울: 동연구원, 2009.

손보기, 『금속활자와 인쇄술』, 서울: 세종대왕기념사업회, 2000.

신경환, 『역사에 나타난 철(鐵) 이야기』, 서울: 한국철강신문, 2008.

엄준상, 『금속공예: 재료, 열처리, 가공과 형상』, 서울: 미진사, 2001.

유대군, 『조선초기 주자소 연구』, 파주: 한국학술정보(주), 2008.

이오희, 『문화재 보존과학』, 서울: 주류성, 2009.

印刷史硏究會 編, 『本と活字の歷史』, 東京: 柏書房, 2000.

張秉倫, 方曉陽, 樊嘉祿, 『造紙與印刷』, 鄭州: 大象出版社, 2005.

張樹棟 外, 『中華印刷通史 1, 2, 3』, 臺北: 財團法人印刷學傳播興才文教基金會, 2004

張秀民 外, 『活字印刷の文化史』, 東京: 勉誠出版, 2009.

정동찬·윤용현·윤내식, 『겨레과학기술 조사연구(XII): 청동종 주물기술』, 대전: 국립중앙과학관 과학기술사연구실, 2004.

조병순, 『高麗本「新刊類編歷擧三場文選對策」硏究』, 서울: 韓國書誌學會, 2006.

千惠鳳, 『한국금속활자본』, 서울: 범우사, 2003.

청주고인쇄박물관 편, 『금속활자 조사보고서』, 청주: 동박물관, 2009.

청주고인쇄박물관 편, 『조선시대 인쇄출판 기관의 변천과 발달』, 청주: 동박물관, 2008.

청주고인쇄박물관, 『甲寅字와 한글활자』, 청주: 청주고인쇄박물관, 2007.

청주고인쇄박물관, 『금속활자 주조 및 인쇄기술사 복원 연구 결과보고서』, 청주: 청주고인쇄박물관, 2006.

청주고인쇄박물관, 『조선전기 한국의 금속활자』, 청주: 청주고인쇄박물관, 2009.
청주고인쇄박물관, 『朝鮮初期 金屬活字 特別展: 계미자 탄생 600주년』, 청주: 청주고인쇄박물관, 2003.
청주고인쇄박물관, 『한국 古活字 특별전』, 청주: 청주고인쇄박물관, 2002.
청주고인쇄박물관, 『한국의 옛 인쇄문화』, 청주: 청주고인쇄박물관, 2009.
何堂坤, 『中國古代金屬冶煉和加工』, 太原: 山西教育出版社, 2009.
한국국학진흥원 국학연구실 편, 『조선의 테크노라트 이천』, 안동: 동진흥원, 2007.
韓汝玢·柯俊 編, 『中國科學技術史: 礦冶卷』, 北京: 科學出版社, 2007.

2010년대

康基柱, 『신편 주조기술』, 서울: 북스힐, 2011.
康基柱, 『新編 鑄造技術』, 서울: 북스힐, 2011.
강탁 외, 『비철금속(Ⅲ) 아연과 납 이용 및 재생』, 서울: 한국철강신문, 2011.
경북대학교 산학협력단, 『증도가자 기초학술조사 연구』, 대전: 국립문화재연구소, 2014.
국립제주박물관 편, 『금속공예에 깃든 고려인의 삶』, 서울: 비에이디자인, 2011.
국립중앙도서관, 『古典에서 만난 우리 금속활자』, 서울: 국립중앙도서관, 2015.
국립중앙박물관 편, 『국립박물관 소장 청동기 거푸집』, 서울: 동박물관, 2010.
국립중앙박물관, 『활자의 나라, 조선』, 서울: 국립중앙박물관, 2016.
남권희·다보성 고미술, 『證道歌字와 高麗時代 金屬活字』, 서울: 다보성 고미술, 2011.
대니얼 버클리 업다이크 지음, 강유선 외 옮김, 『서양 활자의 역사 1』, 서울: 국립한글박물관, 2016.
대니얼 버클리 업다이크 지음, 이은주·조윤경·채유경 옮김, 『서양 활자의 역사 2』, 서울: 국립한글박물관, 2017.
大韓出版文化協會 編, 『SIBF 2013 조선활자 책 특별전』, 서울: 대한출판문화협회, 2013.
문화재청, 『고려금속활자 지정조사 분석결과 보고서』, 대전: 문화재청, 2016.
보먼, 셰리든 지음, 이선복 옮김, 『방사성탄소연대측정법』, 서울: 사회평론, 2014.
서울대학교 규장각한국학연구원, 『규장각』, 서울: 동연구원, 2015.
辛德勇, 『中國印刷史硏究』, 北京: 生活, 讀書, 新知 三聯書店, 2016.
옥영정·이승철 공편, 『인쇄술과 역사발전』, 청주: 청주고인쇄박물관, 2012.
張秀民 著, 韓琦 增補, 姜始妹 옮김, 『中國印刷史 1, 2, 3, 4』, 서울: 세창출판사, 2016.
錢存訓, 『중국의 종이와 인쇄의 문화사』, 김의정·김현용 옮김, 서울: 연세대학교 대학출판문화원, 2013.
정동찬, 윤용현, 『겨레과학인 우리 공예 Ⅱ』, 서울: 민속원, 2010.
千惠鳳, 『한국 금속활자 인쇄사』, 서울: 汎友社, 2012.
청주고인쇄박물관, 『2011-2015 고려 금속활자 복원사업 결과보고서』, 청주: 淸州古印刷博物館, 2016.
청주고인쇄박물관, 『고려 금속활자 조사연구』, 청주: 淸州古印刷博物館, 2011.
청주고인쇄박물관, 『조선시대 한글 활자와 철활자』, 청주: 청주고인쇄박물관, 2010.
청주고인쇄박물관, 『조선후기 한국의 금속활자』, 청주: 청주고인쇄박물관, 2010.
청주고인쇄박물관, 『證道歌 硏究』, 청주: 淸州古印刷博物館, 2011.
청주고인쇄박물관, 『直指硏究』, 청주: 청주고인쇄박물관, 2010.
청주고인쇄박물관, 『한국의 금속활자』, 청주: 淸州古印刷博物館, 2012.

최경은, 『독일 인쇄술의 기원과 발전』, 서울: 연세대학교 대학출판문화원, 2013.
최경은, 『필사에서 인쇄로: 루터성서 이전에 인쇄된 독일어 성서를 중심으로』, 서울: 한국문화사, 2016.
한국국학진흥원 편, 『同과 異, 동서양의 인쇄술』, 파리: 프랑수아 미테랑 예술문화센터, 2015년 10월 30일 (국제학술회의).